KB140776

INDUSTRIAL ENGINEERING

Systems Approach

개정3판

산업경영공학

시스템 접근

박용태 지음

생능출판

저자 소개 **박용태**

저자는 오랫동안 서울대학교 공과대학 산업공학과에 재직한 후 현재 명예교수로 산업공학개론을 강의하고 있다. 동 대학의 기술경영 연합전공과 기술경영 대학원의 주임교수를 역임하였다. 경기고등학교와 서울대학교 산업공학과를 졸업한 후, 미국 University of Wisconsin-Madison 경영대학원에서 Operations Management 전공으로 경영학 석사 및 박사학위를 취득하였다. 대학원에 진학하기 전에는 (주)삼성물산에서 국제영업 실무에 종사하였고, 대학원을 졸업하고 서울대학교에 부임하기 전까지는 과학기술정책연구원에서 산업혁신연구실장과 국제협력연구실장을 역임하였으며, 과학기술부 장관자문관으로 실물정책에 참여한 바도 있다. 따라서 학력으로는 공학과 경영학을 함께 공부하고, 경력으로는 산-학-연-관을 두루 경험한 특이한 이력을 보유하고 있다.

저자는 IEEE on Engineering Management, IEEE Intelligent Systems, R&D Management, Decision Sciences, Technological Forecasting and Social Change, Technovation, Expert Systems with Applications, Concurrent Engineering, Scientometrics, Information Economics and Policy, Technology Analysis and Strategic Management, Industrial Marketing Management, Computers in Industry, Journal of the Operational Research Society, Industrial Management & Data Systems, Industrial Marketing Management 등의 저명한 국제학술지에 백 편 이상의 논문을 발표한 국제적 연구자로서, 기술혁신경영(Technology Innovation Management) 분야의 세계 50대 연구자상을 수상하기도 하였다. 또한, 기술경영경제학회 회장으로 학계와 산업계를 연결하는 조정자의 역할, 컨설턴트의 역할, 교육자의 역할을 활발히 수행해 왔다.

산업경영공학 시스템 접근

초판 발행 2015년 8월 17일
제3판 1쇄 2022년 11월 10일

지은이 박용태
펴낸이 김승기
펴낸곳 (주)생능출판사 / **주소** 경기도 파주시 광인사길 143
출판사 등록일 2005년 1월 21일 / **신고번호** 제406-2005-000002호
대표전화 (031)955-0761 / **팩스** (031)955-0768
홈페이지 www.booksr.co.kr

책임편집 이종무 / **편집** 신성민, 김민보, 유제훈 / **디자인** 유준범, 표혜린
마케팅 최복락, 김민수, 심수경, 차종필, 백수정, 송성환, 최태웅, 명하나, 김민정
인쇄 성광인쇄(주) / **제본** 대신문화사

ISBN 978-89-7050-562-6 93000
정가 35,000원

개정3판 머리말 Preface

산업경영공학 개정판을 출간한 지 벌써 3년의 시간이 지났다. 그동안에도 꾸준히 이 책을 교과서로 채택한 대학들이 늘어난 것은 매우 반갑고 고마운 일이다. 그러나 관심이 커진다는 것이 곧 책의 내용이 좋아지고 수준이 올라간다는 것을 뜻하는 것은 아니다. 다시 찬찬히 읽어보면 여기저기 미흡하고 부족한 부분이 발견되곤 한다. 또 급변하는 세상의 흐름에 발 빠르게 대응하지 못하는 아쉬움도 있다. 개정판을 자주 낸다는 것이 반드시 바람직한 일은 아니지만, 오랫동안 손을 보지 않는 것도 피해야 할 일이다. 따라서 더 이상 미루지 않고 새로운 개정판을 내기로 하였다.

그렇다고 책의 전체적인 구성과 핵심적인 내용이 바뀐 것은 아니고, 부분적이고 보완적인 수정, 추가 및 교체 작업에 초점을 맞추었다. 가장 먼저 한 일은, 책 전반에 걸쳐 설명이 미흡한 부분을 보완한 것이다. 특히, 수리적 내용의 경우에는 원리나 과정을 좀 더 쉽게 설명하려고 노력하였다. 다음으로는, 몇 가지 새로운 주제나 이론을 추가했다. 시간이 흐른다고 전통적 주제가 무의미해지고 기존의 이론이나 방법이 불필요해지는 것은 아니지만, 계속해서 새로운 지식을 받아들여야 책의 범위가 넓어지고 내용이 충실해질 수 있기 때문이다. 이어서, 자료와 정보를 바꾸는 작업도 수행하였다. 특히, 통계 수치나 조사 결과는 가능하면 최근의 값으로 교체하거나 새로운 데이터를 추가하였다. 나아가 이해를 돕기 위한 시각적 자료도 일부 교체 또는 추가하였다.

학제의 융합 추세를 따라, 산업공학의 수요자는 공학도뿐 아니라 다양한 전공 분야의 학생들로 넓어지고 있다. 대학을 넘어 기업 현장에서도 산업공학 출신자들에 대한 평가가 지속적으로 올라가는 추세이다. 그러면서 산업공학이 추구하는 시스템적 시각과 경영 마인드의 중요성은 더욱 커지고 있다. 처음의 초판에서부터 이번의 개정판까지 아무쪼록 본서가 폭넓은 분야에서 시스템 마인드를 몸에 익히고 경영관리적 지식을 습득하는 데 도움이 되기를 기원한다.

늘 그렇지만, 개정 작업의 기획에서부터 제작에 이르기까지 시간과 노력을 아끼지 않은 생능출판사의 관계자 여러분께도 깊은 감사를 드린다.

2022년 10월
저자 씀

개정판 머리말 Preface

산업경영공학 초판을 출간한 지 어느덧 4년여의 시간이 흘렀다. 그 사이에 전국의 여러 대학에서 이 책을 교과서로 채택하면서 과분할 만큼 깊은 관심을 보내준 것에 늘 감사하는 마음이다. 그러면서 여러분께서 개정판의 필요성에 대한 의견을 보내주고 추가 내지 보완해야 할 구체적인 내용도 전해주었다. 모두 저자도 동의하고 공감하는 귀중한 정보들이었다. 또한 그 사이에 산업경영공학 분야의 관심 주제와 실무 수요가 바뀐 부분도 있어서 그 변화를 반영하는 일도 시급한 과제로 느껴졌다. 따라서 개정판을 내는 일을 더 이상 미룰 수 없는 상황이 되었다.

물론 책의 전체적인 구성과 핵심적인 내용이 바뀐 것은 거의 없다. 그러므로 개정판의 성격은 부분적이고 보완적인 수정, 추가 및 교체로 요약할 수 있다. 가장 먼저 한 일은, 책 전반에 걸쳐 설명이 모자란 부분을 보충하고 표현이 어색한 부분을 교정한 것이다. 다음으로는, 몇 가지 새로운 주제를 추가하는 일을 하였다. 이를 통해 책의 범위가 넓어지고 내용이 충실해지는 효과를 얻을 수 있었다. 이어서, 자료와 정보를 최근의 것으로 바꾸는 작업도 수행하였다. 특히, 통계수치나 조사 결과는 가능하면 새로운 값으로 교체하였다. 마지막으로, 이해를 돕기 위한 시각적 자료를 교체 또는 추가하였다.

날이 갈수록 공학도의 시스템적 시각과 경영마인드는 공학교육의 중요한 화두가 되고 있다. 처음부터 지금까지 그랬고 앞으로도 그렇지만, 아무쪼록 본서가 공학도들의 시스템 마인드를 제고하고 공학도들이 경영관리적 지식을 습득하는 데 도움이 되기를 기원한다.

이번에도 서울대학교 기술경영연구실의 대학원생들이 숨어 있던 정보와 새로운 자료를 검색하고 정리하는 과정에서 많은 도움을 주었다. 고마운 마음을 전한다. 또한 개정판의 기획에서부터 제작에 이르기까지 시간과 노력을 아끼지 않은 생능출판사의 관계자 여러분께도 깊은 감사를 드린다.

2020년 1월
저자 씀

머리말 Preface

호기심과 기대감으로 산업공학이라는 학문을 처음 접한 지 어느덧 40년 가까운 세월이 흘렀다. 그 동안 줄곧 산업공학만을 연구하고 산업공학계에만 종사한 것은 아니지만 이제는 산업공학과의 인연이 만만치 않다는 감회가 새삼스럽다. 특히, 교수경력의 후반부에 이르러 산업공학개론 강좌를 운영하면서, 다시 한 번 산업공학 전체를 바라다보고 부분들도 들여다보는 기회를 갖게 된 것은 흐뭇한 즐거움이자 큰 보람이다.

산업공학개론을 강의하면서 처음 부딪히게 된 어려움이 '교재' 문제였다. 한 세기가 넘어선 산업공학의 연륜을 생각하면, 교재로 사용할 수 있는 좋은 교과서도 여러 개 있을 것으로 예상하였다. 그러나 의외로 국내외를 막론하고 선택의 폭이 넓지 않았다. 그 이유가 무엇일까? 아마 가장 큰 이유는 '개론' 교과서 집필의 부담 때문일 것이다. 산업공학은 독립적인 주제들로 구성된 복합학문이다. 따라서 주제별 전문교재를 만드는 것은 그나마 엄두를 낼 수 있어도 전체를 아우르는 개론교재를 만드는 것은 결코 만만한 규모의 작업이 아니다. 결국 어느 개인이 독자적으로 교과서를 만들고 강좌를 운영하기보다는, 여러 사람이 모여 공동으로 교재를 만들고 강의를 분담하는 방식으로 진행되면서 개론 교과서의 출간이 드물게 된 것이다.

또 다른 이유로는 '구성'의 어려움을 들 수 있다. 산업공학은 이질적인 전공의 집합이다. 따라서 저자를 막론하고 모든 주제에 대해 전문지식을 갖출 수는 없다. 잘 모르는 부분에 대한 지식을 제공하는 것은 아무래도 부담스러운 일이다. 또 산업공학은 움직이는 생명체 같은 것이다. 과거에 큰 관심을 받던 주제가 어느새 시들해지기도 하고, 반대로 아무도 예상하지 못한 새로운 주제가 갑자기 대두되기도 한다. 상대적 중요도나 시의적 관심이 자주 바뀌다 보니, 어느 주제를 포함시키고 어느 주제를 제외할지를 정하기도 쉽지 않다.

이러한 어려움에도 불구하고 교과서를 집필해야겠다는 결심을 하게 된 것은 아무래도 '교육효과' 때문이다. 전체적인 체계의 바탕 위에 다양한 세부주제들이 유기적으로 연결되어 있는 '종합교재'가 있어야 개론 강의의 효과가 올라가는 것을 경험적으로 확인한 것이다. 그렇지 않아도 산업공학이 도대체 무슨 학문인지를 알기 어렵다는 말을 많이 하고 산업공학의 구조를 파악하기 힘들다는 말도 자주 듣는 현실에서 개론 강좌의 교과서는 '체계'도 있고 '연결'도 있어야 한다는 믿음을 갖게 된 것이다.

본서의 체계와 구성은 '시스템 접근'이라는 부제에 잘 담겨 있다. 이제 막 산업공학에 입문하는 산업공학도는 물론 여타 공학을 전공하면서 산업공학을 교양과목으로 수강하는 공학도들에게, 시스템이라는 용어는 산업공학을 이해하는 데 가장 중요하고도 효과적인 키워드라고 생각한다. 산업공학개론을 수강하면서 얻을 수 있는 가장 큰 소득은, 특정이론이나 기법에 대한 구체적 지식보다 시스템 접근을 바탕으로 멀리 바라보는 망원경의 시각과 깊이 들여다보는 현미경의 시각을 균형적으로 갖게 되는 것이기 때문이다.

따라서 책의 구성도 시스템 접근의 기준을 따라 이루어져 있다. 먼저 1부는 '산업공학과 시스템', 이어지는 2부는 '시스템 구조와 설계', 다음의 3부는 '시스템 분석과 평가', 마지막의 4부는 '시스템 운영과 관리'로 구성되어 있는 것이다. 강의의 진행도 위의 순서를 따르는 것이 자연스러운 흐름이 된다. 그러나 다양한 주제들이 16개의 장으로 나뉘어 수록되어 있기 때문에 한 학기에 모든 내용을 다루기는 어렵다. 강의자의 전문성과 관심도에 따라, 또 수강생들의 성격과 수준에 따라, 한 학기 강의 분량에 맞도록 적절한 주제를 선별적으로 취사선택하는 것이 필요할 수 있다.

용어에 대해서도 언급할 필요가 있다. 산업공학의 출발과 성장이 서구에서 이루어지다 보니 많은 용어가 영어를 원어로 하고 있다. 그것을 우리말로 번역하여 사용하는 과정에서 불일치나 혼란이 생길 수 있다. 같은 원어에 대해서 저자의 배경과 취향에 따라 다른 용어로 번역할 수 있는 것이다. 또 어떤 용어는 아예 번역된 우리말이 없어 원어를 그대로 사용한 경우도 있고, 시간의 흐름에 따라 용어의 명칭이 달라지는 일도 있다. 혹 용어의 의미와 개념에 혼란이 있다면 독자들의 이해를 구한다.

책을 준비하면서, 교과서는 창작하는 것이 아니라 편집하는 것이라는 사실을 새삼 실감하였다. 교과서의 본질적 성격과 기능은 어느 개인의 독창적 지식과 주관적 견해를 제시하는 것이 아니라 이미 검증된 연구결과와 실무경험을 종합하고, 정리하고, 전달하는 데 있다. 따라서 본서에서는 다양한 이론, 자료, 정보를 직접적으로 인용하거나 간접적으로 원용하고 있다. 혹시 원전을 일일이 그리고 명확하게 제시하지 않은 부분이 있다면 널리 양해해 주기를 부탁드린다.

　교과서를 집필하면서 가까이에 있는 준재들의 도움을 많이 받았다. 서울대학교 산업공학과 기술 경영연구실의 대학원생들이 자료수집에 많은 애를 써주었고 이미 전국의 교육현장에 퍼져 있는 청람의 제자들도 좋은 정보들을 보내 주었다. 동료교수들의 귀중한 의견도 반영하려고 노력하였다. 특히, 박사과정의 김지은 양은 집필의 전 과정에 걸쳐 많은 수고를 해주었다. 책의 기획에서부터 제작에 이르기까지 시간과 노력을 아끼지 않은 생능출판사의 관계자 여러분께도 깊은 감사를 드린다. 이 많은 분들의 도움에도 불구하고 책의 내용과 구성에 잘못되거나 미흡한 부분이 있다면 그것은 전적으로 저자의 책임이다.

　모든 공학이 그러하지만, 산업공학은 전환기의 한가운데에 서 있다. 전통적 주제와 새로운 주제가 뒤섞이고, 공학적 전문지식과 사회과학적 전략감각이 동시에 요구되고 있다. 흔히 산업공학을 공학의 오케스트라를 조율하는 지휘자에 비유한다. 오케스트라의 규모가 커지고 구성이 복잡해질수록 '시스템'을 균형적으로 조정하는 산업공학의 역할과 위상이 커질 것으로 믿는다. 아무쪼록 본서가, 산업공학의 진보적인 혁신과 생산적인 변화에 조금이나마 공헌할 수 있기를 기원한다.

2015년 8월
저자 씀

이 책의 구성 Structure of Book

요리로 치면, 산업공학은 일품메뉴가 아니라 뷔페메뉴에 가깝다. 여러 가지의 독립적이고 이질적인 주제들로 이루어진 학문이라는 뜻이다. 다른 공학 분야들은, 주제들 간의 상하관계나 연속관계가 있어서 먼저 저학년에서 기초지식을 익힌 후 그것을 바탕으로 고학년에서는 심화지식으로 넘어가는 식으로 되어 있다. 하지만 산업공학은 주제의 성격과 목적이 따로따로이다. 이 문제의 분석을 위해서는 그에 필요한 주제를 알아야 하고, 다른 문제의 해결을 위해서는 또 다른 주제를 이해해야 하는 식이다. 그러다 보니 산업공학이 도대체 무슨 학문인지를 알기 어렵다는 말도 많이 하게 되고, 산업공학의 체계가 어떻게 이루어져 있는지를 파악하기 힘들다는 말도 자주 듣게 된다.

산업공학의 이러한 속성은 산업공학이라는 학문이 생성된 배경과 성장한 과정에서 기인한다. 산업공학이라는 학문은 처음부터 목표를 정하고 출발한 분야가 아니고, 미리 정해놓은 방향을 따라 성장한 분야도 아니다. 생산공장이나 경영조직이 점점 크고 복잡한 모양으로 바뀌면서 그 이전까지 없었던 새로운 문제들이 생겨나고, 그것들을 분석하고 해결하기 위한 방안을 찾는 과정에서 자연스럽게 성장하고 발전해 온 분야가 산업공학이다. 생산관리의 문제가 발생하면 생산관리의 주제가 생기고, 품질관리의 문제가 발생하면 품질관리의 주제가 생겼으며, 인력관리의 문제가 발생하면 인력관리의 주제가 생기고, 경제성평가의 주제가 발생하면 경제성분석의 주제가 생기는 식인 것이다. 그러다 보니, 시간의 흐름을 따라 다양한 주제들이 산업공학의 범주 안으로 편입되었다. 그런가 하면, 과거에 큰 관심을 받던 주제가 어느새 시들해지기도 하고, 반대로 몇 년 전에는 아무도 신경을 쓰지 않던 새로운 주제가 갑자기 대두되는 동태적 변화를 겪기도 하였다.

이러한 속성은 산업공학 교과서의 집필에도 고스란히 영향을 미친다. 우선 산업공학의 범위, 즉 교과서의 구성을 어디에서 어디까지로 할 것인지를 정해야 한다. 워낙 주제가 다양하다 보니 모든 주제를 하나의 교과서에 다 담기 어렵다. 또 주제 간의 상대적 중요도, 즉 어떤 주제를 중요하게 다루고 어떤 주제를 가볍게 다룰지를 정하기도 쉽지 않다. 뿐만 아니라, 어떤 순서로 주제들을 배치할지를 결정하는 것도 만만치 않게 힘든 일이다. 실제로, 똑같이 산업공학이라는 제목으로 만들어진 교과서들도 그 내부의 구성이나 순서는 각각인 경우가 많다. 저자에 따라서 산업공학을 바라보는 시각과 관심이 다르기 때문이다.

　이 책은 처음부터 끝까지 '시스템 접근'이라는 관점에서 산업공학을 바라보고 있다. 산업공학에 대한 다양한 시각 가운데, 저자는 시스템이 가장 적합한 기준이라고 믿고 있다. 왜냐하면 산업공학은 본질적으로 시스템 학문의 성격을 지니고 있고, 시스템 관점이야말로 독립적이고 이질적인 구성요소들을 두루 아우를 수 있는 가장 효과적인 틀(framework)이기 때문이다. 따라서 이 책에서는 시스템의 시각과 기준에 따라 주요 주제들을 선정하고, 배열하였다. 책의 전체적 구조가 다음의 그림에 도시되어 있다.

| 책의 전체적 구조 : 주요 내용과 순서 |

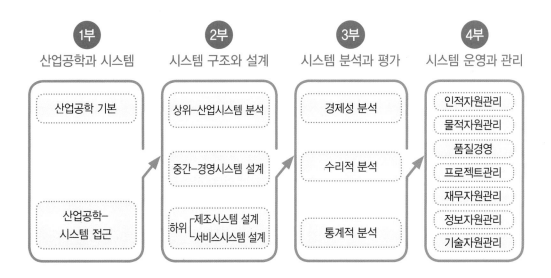

　먼저 1부는 '산업공학과 시스템'이라는 제목을 달고 있다. 산업공학에 대한 서론이자 소개인 셈이다. 1장에서는 산업공학의 생성과 발전과정을 정리한다. 초기에 작고 단순한 시스템의 분석에서 시작하여 점점 더 크고 복잡한 시스템의 관리로 확장되는 산업공학의 역사를 요약하였다. 2장은 산업공학을 설명하는 키워드이자 이 책의 구성원리가 되는 시스템의 구조와 속성에 대해 설명한다. 나아가 산업공학이라는 학문과 시스템이라는 개념이 어떻게 연결되어 있는지를 보여 준다.

　이어지는 2부는, '시스템 구조와 설계'라는 제목으로 되어 있다. 산업공학이 시스템 학문이라면, 우선 산업공학의 대상이 되는 시스템에는 어떤 유형이 있으며, 각각의 유형은 어떤 구조로 이루어지는지를 알아본다. 또 시스템이라는 조직과 공간을 어떤 기준과 원리로 설계하는지에 대해서도 알아본다. 우선 3장에서는 가장 상위에 있고 동시에 가장 규모가 큰 시스템인 산업시스템을 다룬다.

산업의 구조, 산업의 조직, 시장의 형태 등이 주요 주제가 된다. 4장에서는 중간쯤에 있는 기업단위로 내려와서 경영조직의 다양한 유형에 대해 알아본다. 이어지는 5장은 가장 하위에 있으면서 전통적 산업공학의 뿌리가 되는 제조시스템을 대상으로 한다. 제품과 공정의 차이에 따른 제조시스템의 다양한 유형에 대해 알아본다. 마지막의 6장에서는 제조시스템과 차별성을 바탕으로 서비스시스템의 특성과 구조에 대해 살펴본다.

다음의 3부는 '시스템 분석과 평가'라는 제목으로 되어 있다. 여기에서는 산업공학에서 사용하는 주요 방법론에 대한 내용을 담고 있다. 복수의 대안 가운데 가장 적합한 시스템을 선택하거나, 이미 운영 중인 시스템의 문제점을 해결하는 과정에 적용되는 다양한 과학적 이론과 정량적 기법들을 다루고 있다. 우선 7장의 경제성 평가에서는 경제성의 개념과 용어를 이해하고 실제로 경제성 평가에 사용되는 기법들을 소개하고 있다. 다음의 8장에서는 주어진 제약조건하에서 최적의 해답을 찾는 수리적 분석을 다루고 있다. 9장의 통계적 분석에서는 실제 데이터를 이용하여 시스템의 특성을 추정하거나 데이터로부터 유용한 정보를 추출할 수 있는 통계기법들의 원리와 과정을 설명하고 있다. 또한 컴퓨터를 이용하여 시스템의 운영상태를 실험적으로 분석하는 시뮬레이션 기법도 소개한다.

마지막 4부는 '시스템 운영과 관리'라는 제목으로 되어 있다. 산업공학의 '몸통'에 해당되는 부분으로서, 분량도 가장 많고 주제도 가장 다양하다. 워낙 방대한 내용을 담고 있기 때문에, 시스템 관리의 대상이 되는 '자원'을 유형별로 나누어 차례대로 살펴본다. 이 기준에 따라, 10장에서는 인적자원의 관리, 11장에서는 물적자원의 관리, 14장에서는 재무자원의 관리, 15장에서는 정보자원의 관리, 그리고 16장에서는 기술자원의 관리 순서로 수록하였다. 그 외에, 12장에 품질의 관리, 그리고 13장에 프로젝트의 관리를 추가하였다.

이 책을 교재로 사용할 경우, 위에서 설명한 순서대로 강의를 진행하는 것이 자연스러울 것이다. 하지만 많은 주제를 모두 담다 보니 내용이 너무 많고 또 넓다는 의견이 많이 제기되었다. 저자로서는, 책의 범위를 좁히고 분량을 줄이는 문제에 대해 고민하지 않을 수 없었다. 그러나 교과서는 콘텐츠를 담는 용기라는 관점에서 볼 때, 역시 작은 그릇보다는 큰 그릇으로 만드는 것이 낫겠다는 판단을 하였다. 작은 그릇에 조금 담아서 아쉬움을 남기기보다는, 큰 그릇에 많이 담은 후 취향에 따라 골라 먹게 하자는 것이다. 따라서 한 학기에 모든 내용을 다루기는 어려울 것으로 예상된다. 그럴 경우에는 강의하는 분의 전문성과 수강생들의 관심도에 따라 주제를 취사선택하기를 권한다.

차 례 Contents

Part 1

산업공학과
시스템

INDUSTRIAL
ENGINEERING

산업공학은 도대체 어떤 학문인가? 무슨 문제에 대해 어떻게 접근하며, 어디에 쓰이는 학문인가? 세상에는 수많은 학문 분야가 존재한다. 특히, 공학은 매우 다양한 분야들로 구성되어 있다. 그래도 대부분의 공학은 이름만 들어도 그 성격과 내용을 어느 정도 짐작할 수 있다. 하지만 산업공학은 다르다. 그 이름만으로는 무엇을 어떻게 다루는 학문인지를 알기 어렵다. 더구나 다른 공학 분야와 비교하여 역사가 짧은 학문이라 선호도는 높지만, 인지도는 상대적으로 낮은 편이다.

그래서 1부에서는 산업공학의 전체적 모양과 차별적 특성을 소개하는 것으로 시작한다. 산업이라는 개념과 산업공학이라는 학문이 생겨난 배경에서 출발하여, 산업공학이 어떤 과정과 경로를 거쳐 성장하고 발전하였는지를 알아본다. 또 산업공학이 다른 분야, 특히 사회과학과 어떻게 연결되어 있으며, 비슷한 점과 다른 점은 무엇인지도 살펴본다.

산업공학의 범위가 넓고 구성이 복잡하기 때문에, 산업공학을 이해하기 위해서는 시스템 접근이 필수적이다. 시스템과 모델 간의 관계는 무엇이며, 시스템은 어떤 구조로 이루어지고 어떤 형태로 나눌 수 있는지를 알아본다. 또한 시스템 개념을 바탕으로 시스템과 산업공학의 관계도 살펴본다. 따라서 1부가 끝나게 되면 시스템 접근을 통해 산업공학을 바라보고 또 산업공학에 다가가는 마인드를 갖추게 된다. 나아가 최근에 산업공학이 집중적인 관심을 끌고 있는 이유가 무엇인지 또 산업공학도에 대한 사회적 수요가 급증하는 이유가 무엇인지를 이해하게 될 것이다.

Chapter

01

산업공학의
기본

**핵심
주제**

1. 산업의 정의, 산업의 분류
2. 산업공학의 정의, 산업공학의 범위, 산업공학의 성격
3. 산업공학의 태동, 산업공학의 성장과 발전
4. 산업공학과 공학 학제와의 관계
5. 산업공학과 사회과학과의 관계
6. 산업공학과 공학도의 역할

학습목표

- 산업이라는 개념이 생겨난 배경을 이해하고 그것이 산업공학이라는 학문으로 연결되는
  과정을 알아본다.
- 산업공학의 발전과정에서 주요 주제들이 어떻게 변해왔는지 알아본다.
- 공학 안에서 산업공학이 가지는 위상과 의미를 알아본다.
- 산업공학과 사회과학의 공통점 및 차이점을 알아본다.
- 산업공학을 공부하는 공학도가 갖추어야 할 기본 소양과 실무지식을 알아본다.

1 | 산업공학의 정의와 배경

1. 산업 개념의 배경

일반인들이 자주 물어보는 질문이 '도대체 산업공학은 무슨 산업을 다루는 공학인가?'하는 것이다. 기계공학하면 기계산업이 떠오르고 전기공학하면 전기산업이 생각나고 화학공학은 화학산업으로 연결된다. 하지만 산업공학 앞에는 아무 산업의 이름도 붙어 있지 않으니 이런 의문을 갖는 것은 당연하다. 결론부터 말하면 산업공학은 모든 산업을 다루고 모든 산업에 이어져 있다. 기업이 있고 그 안에 인력이 있으며 하드웨어와 설비가 있고 소프트웨어와 정보가 있다면 어느 산업이건 모두 산업공학의 대상이 된다. 이러한 대답의 의미를 이해하기 위해서는 우선 산업공학을 영어로 Industrial Engineering(IE)이라고 부르는 역사적 배경부터 알아야 한다.

산업공학이라는 새로운 학문이 태동한 시기는 20세기 초반으로 거슬러 올라간다. 이 시기는 산업(industry)이라는 '큰' 개념과 기업(firm)이라는 '작은' 개념이 본격적으로 출현한 때이다. 산업혁명에 의한 기술혁신과 자본주의에 의한 시장경제가 만나면서 그야말로 새로운 세계가 열리기 시작한 시점인 것이다. 개인이나 가족 단위의 장인들이 수작업으로 소량 주문의 물건을 생산하던 전통적 형태를 벗어나, 공장이라는 큰 공간에 많은 작업자들을 모아 놓고 상인들

✿ 그림 1-1 **20세기 초반의 제조공장 모습**

이 돌아다니면서 받아온 대량 주문의 물건을 만드는 제조업자(manufacturer)들이 생겨나기 시작했다. 그 후 도시가 커지고 인구가 늘어나면서 개별적인 주문수요에 맞추는 수공업 방식이 아니라 시장 전체의 수요에 맞추는 기계공업 방식의 기업형 생산조직이 나타나게 되었다. 공장 시스템(factory system)으로 불리는 이 조직은 개인회사나 가족회사로 만든 것이 아니라 자본가들을 중심으로 여러 사람이 자금을 투자하여 주식회사라는 형태와 방식으로 만든 것이었다. 거기에는 대규모의 공장이 있었고, 여러 기계가 있었으며, 많은 작업자가 있었다. 그것도 어쩌다 한두 개 생긴 것이 아니라 많은 회사들이 우후죽순처럼 만들어지면서 큰 규모의 집합을 형성하게 되었다. 여기에서 오늘날 우리가 너무나 자연스럽게 받아들이는 기업과 산업이라는 개념이 생겨난 것이다. 즉, 중세의 가내수공업(handicraft manufacturing)에서 시작하여 공장제 수공업(manufacture)을 거쳐 공장제 기계공업(factory system)의 단계까지 발전하면서 '좀 더 조직화된(more-organized)' 제조 기업들의 집합을 뜻하는 산업(industry)이 등장한 것이다.

따라서 20세기 초만 해도 산업이라는 용어는 곧 '크고, 새로운 제조기업'을 의미했다. 그러니까 오늘날 우리가 인식하고 있는 산업의 분류, 즉 기계산업, 전자산업, 섬유산업 하는 개념은 그 당시에는 아예 존재하지 않았던 것이다. 왜 그랬을까? 그 당시 사람들에게는 사람의 손이 아니라 기계를 이용하여 부품을 가공하고, 컨베이어 벨트를 따라 부품을 조립하여 대량으로 제품을 만들어 내는 '주식회사'라는 기업은 전혀 '새로운' 조직체였다. 그래서 이 새롭고 거대한 조직을 통틀어 산업(industry)이라고 부른 것이다. 그러니까, 그 기업이 자동차를 만들건, 의복을 만들건, 식품을 만들건 모두 그냥 산업의 하나였던 셈이다.

그런 관점에서 보면, 산업공학에서 말하는 산업의 의미는 산업혁명(industrial revolution)에

✿ 그림 1-2   1차 산업, 2차 산업, 3차 산업의 예시(왼쪽부터)

서 말하는 산업과 같은 의미이다. 잘 알려진 대로, 산업혁명은 18세기 중반부터 19세기 초반까지 영국에서 시작된 기술혁신과 이로 인해 일어난 사회적·경제적 변혁을 가리킨다. 이 용어는 역사학자 토인비(Toynbee)가 처음 사용한 것으로 알려져 있다. 여기서 말하는 산업혁명은 경제사회 전반의 '혁명적' 변화를 의미하는 것이지 어느 특정산업의 비약적 발전을 가리키는 것은 아니었다. 방적기가 보급되고, 제철공장이 지어지고, 증기기관이 실용화되면서 농업사회가 공업사회로, 수작업 공정이 기계화 공장으로 바뀌는 현상을 통틀어서 부르는 개념인 것이다.

산업을 여러 가지로 나누기 시작한 것은, 다시 말해 산업의 분류 개념이 만들어진 것은 20세기 중반에 이르러서이다. 산업의 종류가 많아지고 규모가 커지면서 모두를 묶어서 그냥 산업이라고 부르기가 어려워졌다. 그러면서 산업 전체를 성격과 내용의 차이에 따라 몇 가지 유형으로 나누어 각각 다른 이름으로 부르고, 나아가 유형들을 비교해 보자는 생각을 하게 되었다. 이 과정에서 오늘날에도 널리 사용되는 경제학자 피셔(Fisher)와 클라크(Clark)의 분류가 제시되었다(1939, 1941). 그들은 industry라는 용어보다 더 넓은 개념인 sector라는 용어를 사용하면서, 물건을 만드는 데 필요한 원자재를 채취하는 농업, 광업, 어업 등의 1차 산업(primary sector), 원자재를 가공하여 물건을 생산하는 제조업, 건설업 등의 2차 산업(secondary sector), 그리고 앞의 두 가지를 제외한 나머지 분야인 상업, 서비스업 등을 3차 산업(tertiary sector)으로 규정하였다. 또한 클라크는 산업 간에는 소득의 크기에 의해 노동력의 이동이 일어난다는 사실을 밝히기도 하였다. 즉, 시간의 흐름을 따라 1차 산업(농업)의 소득이 떨어지면서 노동인구 비율도 꾸준히 줄어들고, 2차 산업(제조업)의 노동인구 비율은 올라가다가 결국은 제자리걸음을 하는 반면, 3차 산업(상업과 서비스)은 소득의 증가와 함께 노동인구의 비율도 계속해서 올라간다는 이른바 클라크의 법칙(Clark's Law)을 제시한 것이다.

그 후, 산업의 종류가 더 다양해지고 새로운 산업이 끊임없이 생겨나면서 모든 산업을 1차, 2차, 3차의 세 가지 정도로 나누는 것이 더 이상 불가능하게 되었다. 그러면서 나오게 된 분류체계가 이른바 표준산업분류(Standard Industry Classification : SIC)이다. 표 1-1에서 보는 것처럼, 표준산업분류는 계층적 구조로 되어 있다. 즉, 모든 산업을 먼저 대분류, 그 안에서 다시 중분류, 그리고 다시 소분류, 세분류하는 식으로 계층을 따라 잘게 나누는 접근을 취한다. 이 분류체계는 세계 각국이 거의 유사한 '표준적'인 기준을 사용하기 때문에 표준산업분류라는 이름으로 불린다.

그러면 산업공학이라는 명칭은 언제 어떻게 생겨난 것일까? 앞에서 설명한대로, 산업자본주의의 확산은 많은 기업과 공장의 출현으로 이어졌다. 크고 복잡한 기업조직이나 생산과정

● 표 1-1   표준산업분류의 분류체계

기호	대분류	중분류	소분류	세분류	세세분류
A	농업, 임업	2	6	17	29
B	어업	1	2	4	8
C	광업	3	7	12	18
D	제조업	23	71	174	473
E	전기, 가스 등	2	4	6	7
F	건설업	2	7	13	43
G	도 · 소매업	3	21	54	162
H	숙박, 음식	1	2	6	22
I	운수업	4	12	21	48
J	통신업	1	2	5	9
K	금융, 보험	3	5	15	34
L	부동산, 임대	2	5	10	21
M	사업서비스	4	16	29	70
N	행정, 국방 등	1	5	8	25
O	교육서비스	1	5	11	23
P	보건, 복지	2	4	10	22
Q	오락, 문화 등	2	7	21	55
R	공공, 개인	4	11	24	49
S	가사서비스	1	1	1	1
T	국제, 외국	1	1	1	2
	20	63	194	442	1,121

주 : 숫자는 분류의 총수

을 운영하게 되면서 그 이전에는 없었던 여러 가지 새로운 문제들이 생겨났다. 예를 들어, 작업은 어떤 순서와 방법으로 하는 것이 더 효율적인지, 재고를 줄이기 위해서는 매번 얼마만큼 주문을 하는 것이 가장 경제적인지, 생산성을 올리기 위해서 작업장의 조명과 습도는 어느 정도로 하는 것이 좋은지, 제품의 품질을 관리하기 위해서는 어떤 방법으로 검사하는 것이 좋은지 등의 문제들이 생겨나는 것이다. 그러다 보면 자연스럽게 새로운 문제를 과학적으로 분석하고, 복잡한 조직을 효율적으로 관리하는 이론과 기법들이 만들어지기 시작한다. 이러한 지식들이 쌓이면서 어느 정도의 규모를 이루게 되면 이것이 하나의 학문 분야, 즉 학제(discipline)가 된다. 산업공학도 마찬가지다. 크고 복잡한 조직을 분석하고 관리하는 기법들이 어느덧 하나의 학제가 될 만큼 많이 개발되고 활용되면서 이 새로운 학제를 부를 이름이 필요하게 되었다. 그 당시에는 크고 복잡한 조직을 '산업'이라고 불렀으니까 새로운 학문 분야의 이름도 '산업공학'으로 붙인 것이다. 그러니까 앞에서 언급한 것처럼, 기업이 있고 그 안에 공장, 설비, 사람, 자원이 있으면 어느 산업이건 모두 산업공학의 대상이 되는 것이다.

산업공학의 범위는 제조기업에만 국한되는 것이 아니다. 무엇이든 크고 복잡한 조직이면 모두 산업공학의 원리와 기법이 활용될 수 있다. 예를 들어, 의료기관, 금융기관, 공공기관, 심지어는 교육기관도 모두 산업공학에서 말하는 '산업'의 범주에 포함된다. 또한 산업공학에서 다루는 주제도 경영활동 전반을 망라하고 있다. 실제로 산업공학 분야의 가장 큰 학술단체인 IIE(Institute of Industrial Engineers)는 산업공학을 '인간, 재료, 설비 및 에너지로 구성되는 종합적 시스템을 설계, 개선 및 설치하는 일'로 정의하고 있다. 분야를 막론하고 '종합적 시스템'의 성격을 지니면 모두 산업공학의 대상으로 보고 있는 것이다. 또 대상활동의 영역도 설계, 개선, 설치 등을 모두 포함한다. 게다가 산업공학에 관련된 지식의 폭도 넓다. 앞에서 말한 산업공학의 정의 뒤에는 '산업공학은 시스템의 운영을 분석하고, 설계하며, 예측하고, 평가하기 위해 수학, 자연과학 및 사회과학의 전문지식과 기법을 활용한다'는 문장이 이어서 나온다. 산업공학의 다학제적(multi-disciplinary) 특성을 설명하고 있는 것이다. 우리가 흔히 산업공학을 공학 안의 경영학이라고 부르는 이유도 여기에 있고, 산업공학과의 커리큘럼에 수학, 통계학, 컴퓨터공학 등의 교과목이 포함되어 있는 이유도 여기에 있다.

2. 산업공학 학제의 배경

⬢ 효율적 공장과 분업 개념의 등장

앞에서 말한 것처럼, 산업공학이라는 학제가 만들어진 것은 20세기 이후의 일이다. 그러나 그 씨앗은 18세기 말 영국에 세워진 근대적 공장의 생산관리에서 파종되었다. 이 시기에는 자본과 기계가 합쳐지면서 기존의 수공업 공장(manufacture)들이 대규모의 기계화 공장(factory system)으로 전환되었다. 그러면서 생산공정의 관리에도 커다란 변화가 일어났다. 예를 들어, 산업혁명의 주역인 제임스 와트(James Watt)와 그의 사업 파트너였던 매튜 볼턴(Matthew Boulton)이 운영하였던 기계제작소는 시대를 100년 정도나 앞선 '효율적인 공장'의 파격적 모습을 보여 주었다. 생산계획의 기본 원리, 공정관리의 효율화, 작업방식의 표준화 등의 혁신적 활동들을 이미 전개하였던 것이다.

비슷한 시기(1776)에 아담 스미스(Adam Smith)와 같은 경제학자들이 제시한 '노동의 분업(division of labor)'이라는 개념은 산업공학의 또 다른 기반을 제공하였다. 분업의 원리는 매우 단순하고도 분명하다. 모든 작업자가 생산과정의 처음부터 끝까지를 혼자서 다 하지 말고, 여러 개의 과업(task)으로 잘게 나눈 후 한 명의 작업자가 한 가지 과업만 전담하게 하면 일을 마치는 데 걸리는 시간도 줄일 수 있고 작업의 효율도 올릴 수 있다는 것이다. 분업의 효과는 개념과 이론으로 끝난 것이 아니라 실제의 생산현장에서 확인되었다. 찰스 배비지(Charles Babbage)는 영국과 미국의 생산현장을 직접 관찰하고 조사하여 분업의 효과가 나타나는 것을 실증적으로 보여 주었으며(1835), 그의 연구결과는 나중에 근대적 공장관리의 기본 원리(Babbage principles)로 널리 알려지게 되었다. 이런 효과를 얻을 수 있는 요인은 크게 두 가지로 요약된다. 첫째는, 반복적인 작업을 통해 작업자의 기능(skill)이 향상되는 효과이다. 둘째는, 한 가지 작업에만 사용할 수 있는 전문 도구(tool)를 사용하는 효과이다. 물론 그 당시에는 산업공학이라는 개념과 용어가 만들어지기 전이기 때문에 이러한 지식과 경험을 산업공학이라는 이름으로 부르지는 않았다. 하지만 역사적 관점에서 보면, 산업혁명의 발상지인 영국에서 산업공학의 씨가 뿌려진 것은 자연스러운 일이라고 할 수 있다.

⬢ 과학적 관리의 혁신

18~19세기에 걸쳐 뿌려진 씨앗은 20세기로 넘어오면서 결실을 맺기 시작한다. 또한 산업공학이라는 새로운 공학 분야의 중심지도 영국에서 미국으로 바뀌게 된다. 이 과정에서 선구자적 역할을 한 것이 프레드릭 테일러(Frederick Taylor)의 '과학적 관리의 원리(principles of scientific management)'이다. 테일러는 개념적 이론이 아니라 실습과 실험을 바탕으로 작업을 수행하고 설비를 관리하는 과학적 원리와 기법을 개발하였다. 여기서 '과학적(scientific)'이라는 말의 뜻은 곧 '표준화된 규칙(rule)'을 의미한다. 사실 그 이전까지 생산현장에서 이루어진 방식은 한마디로 주먹구구식이었다. 그러나 테일러는 일을 하는 기준과 절차를 '표준화'하는 원리를 제시하였다. 이 원리의 내용을 좀 더 자세히 살펴보면, 첫째, 작업의 내용을 하나의 과업으

❋ 그림 1-3   산업공학의 선구자들 : 왼쪽부터 테일러, 길브레스 부부, 간트

로 설정하고 각각의 과업을 수행하는 방식과 절차를 규격화 및 표준화하여 생산성을 올린다. 둘째, 작업의 시간과 동작을 체계적으로 분석하여 직무를 표준화함으로써 작업의 능률을 향상시킨다. 셋째, 이러한 관리가 제대로 이루어지게 하기 위해 차별적인 성과급제도를 운영하는 것이었다. 이 원리는 단위당 생산비를 획기적으로 절감시킨 대단한 혁신이었다. 이러한 공헌을 기려서 이 방식을 테일러시스템(Taylor system)으로 명명하고, 테일러를 '산업공학의 아버지'로 부르고 있다.

테일러의 원리는 다양한 후속연구로 이어졌다. 프랭크 길브레스(Frank Gilbreth)와 릴리안 길브레스(Lillian Gilbreth) 부부는 작업의 방법과 작업의 측정에 관한 이론 및 기법을 개발하였다. 산업공학의 전통적 주제의 하나인 작업관리(work study)의 토대를 마련한 것이다. 헨리 간트(Henry Gantt)는 생산 일정을 체계적으로 관리하는 시각적 도구인 간트(Gantt) 차트를 제시하였다. 이들은 모두 초창기에 산업공학의 기반을 닦은 선구자들이다.

이동조립 방식과 대량생산 체제의 등장

이동조립(moving assembly)의 원리를 바탕으로 포드자동차에서 개발된 이 생산방식은 컨베이어(conveyor) 벨트 위에서 부품을 이동시키면서 순차적으로 조립하는 원리를 통해 생산비용을 크게 줄이면서 기록적인 매출 성장을 이루어 내는 엄청난 성과를 거두었다. 흔히 포드시스템(Ford system)이라고 불리는 이 생산방식은 제품의 표준화, 부품의 규격화, 공정의 효율화 등을 통해 본격적인 대량생산 시대를 열었다.

품질관리에 대한 연구

품질관리(Quality Control : QC)도 산업공학의 범위를 넓히는 데 기여한 주제이다. 20세기 초만 해도 모든 생산제품에 대해 품질검사를 실시하는 전수검사방식을 사용하였다. 하지만 이 방법은 비과학적이었으며 막대한 검사비용이 들었다. 게다가 생산량이 크게 늘어나면서 모든 제품의 품질을 검사하는 것이 현실적으로 불가능하게 되었다. 이 문제를 해결하기 위해 1920년대 벨 연구소(Bell Lab)의 슈하트(Shewhart)에 의해 만들어진 것이 품질관리도(control chart)였다. 1920년대 말에는 닷지(Dodge)와 로믹(Romig) 등에 의해 표본추출검사(acceptance sampling) 기법이 개발되었다. 이러한 성과를 통해 통계적 품질관리(Statistical Quality Control : SQC)가 산업공학의 중요한 주제로 자리 잡게 되었다.

작업심리에 대한 연구

1920~30년대에 걸쳐 이루어진 작업환경의 실험과 연구는 작업자, 즉 인간에 관한 지식을 산업공학의 영역으로 끌어들이는 데 큰 공헌을 하였다. 이 기간 동안에 웨스턴 전기회사의 호손(Hawthorne) 공장에서는, 하버드 대학교의 마요(Mayo) 교수가 중심이 되어 작업장에서의 실험, 작업자에 대한 관찰, 근로자에 대한 심층면접 등의 방식을 이용한 현장연구가 진행되었다. 연구 결과, 작업능률에는 작업의 물리적 조건보다도 심리적 요인과 인간관계가 더 중요하다는 사실이 알려지게 되었다. 이 연구는 산업공학의 범위를 넓히는 것은 물론, 나아가 현대 인사관리의 발전과 산업사회학이나 조직이론의 태동에 중요한 계기를 마련하였다.

❋ 그림 1-4   호손 실험 광경

재고관리에 대한 연구

1915년 웨스팅하우스의 해리스(Harris)에 의해 제안된 경제적 주문량(Economic Order Quantity : EOQ) 모형은 오늘날에도 과학적 재고관리(inventory control)의 바탕이 되고 있다. 이 모형은 최소의 비용으로 최적의 주문량을 결정하는 기본 공식을 제시하였다. 특히, 경제적 주문량을 도출하는 과정에 미적분학을 사용하였다는 점에서 큰 주목을 끌기도 하였다. 이 모형은 나중에 완충재고(buffer stock) 개념을 포함하면서 다양한 재고관리 모형으로 확장되었다.

학제의 형성

현장의 문제를 해결하기 위한 여러 기법들이 개발되고 사용되었지만 이것들이 모여 하나의 학문 분야, 즉 학제가 되기 위해서는 그 문제에 관심 있는 사람들이 한군데로 모여야 한다. 즉, 전문가 집단의 조직적 활동이 필요한 것이다. 당연히 산업공학이라는 학제도 산업공학 전문가들의 선구자적인 노력에 힘입어 태동되고 성장한 학문이다. 20세기 초반에 산업공학 전문가들이 모인 조직은 1916년에 출발한 테일러 소사이어티(Taylor Society), 1920년에 결성된 'The Society of Industrial Engineers', 1922년에 출범한 'The American Management Association' 등을 들 수 있다. 이 가운데 'Taylor Society'와 'The Society of Industrial Engineers'의 두 조직은 1936년 'Society for the Advancement of Management'로 통합되었다.

1948년에는 드디어 'American Institute of Industrial Engineers(AIIE)'라는 학회가 발족되었다. AIIE는 산업공학이라는 학제의 독자적 발판을 마련한 조직이었다. 사실 그 전까지 만들어진 이런저런 조직들은 대부분 산업공학의 전문조직이라기보다는 다른 공학이나 경영학의 일부로 파생된 조직이라고 할 수 있었다. 그러나 AIIE가 만들어지면서 빠른 시간 안에 산학 네트워크가 구성되었고 독립적인 학술지인 〈Journal of Industrial Engineering〉도 발간되었다. 1981년, 미국 중심의 지역조직에서 세계적인 국제조직으로 범위를 넓히기 위해 명칭에서 American을 떼고 그냥 'Institute of Industrial Engineers(IIE)'로 바꾸기까지 AIIE는 산업공학의 정착과 성장에 큰 역할을 담당하였다.

2 | 산업공학의 성장과 변화

1. 오퍼레이션리서치(OR)의 공헌

산업공학의 비약적 발전을 가져온 또 다른 계기는, 제2차 세계대전을 전후로 한 오퍼레이션리서치(Operations Research : OR) 분야의 부상이다. Operations Research는 Research on Operation을 줄여 쓴 말이다. 즉, Operations에 대한 연구라는 뜻이다. 원래 Operations라는 용어는 군사작전을 의미하였다. 다시 말해, 군대에서 대규모의 작전(operation)을 효율적으로 수행하기 위한 과학적 기법을 연구하는(research) 분야를 가리키는 것이다. 실제로 OR 연구의 시작은 제2차 세계대전과 밀접하게 연결되어 있다. 그 당시 영국과 미국을 중심으로 방어전략이나 수송전략과 같은 군사작전을 효과적으로 수행하기 위한 수리적 연구가 집중적으로 진행되었다. 이 과정에는 많은 수학자, 공학자, 경제학자들이 참여하여 크고 복잡한 문제들을 수리적으로 설계하고 최적의 해(solution)를 찾는 기법을 개발하였다. 이러한 노력을 통해 수리연구 분야는 비약적으로 발전하였고 나아가 OR이라는 새로운 분야로 자리 잡게 된 것이다.

제2차 세계대전 동안 개발된 많은 OR 기법들은 전후에 민간부문으로 폭넓게 확산되었다. 그 결과, OR의 범위가 더욱 넓어지면서 경영과학(management science)이라는 용어가 등장하였다. 그러면서 Operations Research의 줄임말인 OR과 Management Science의 줄임말인 MS를 결합한 OR/MS라는 용어가 사용되기 시작하였다. 나아가 관련된 학술단체도 OR과 MS를 아우르는 INFORMS(Institute for Operations Research and Management Sciences)로 통합되었다. OR과 경영과학은 산업공학의 범위를 넓히는 중요한 계기를 만들었다. 그 이전까지는 주로 생산현장의 실무 중심 기법을 다루는 좁은 영역에 머물렀다면 그 이후부터는 수리적 원리의 이론 중심 기법을 아우르는 넓은 영역까지 포함하게 된 것이다.

2. 경제성 공학의 등장

OR/MS의 발전과 맞물리면서 산업공학의 또 다른 중심축으로 떠오른 것은 경제성 공학 (engineering economy) 또는 공업경제학(engineering economics)이다. 시스템의 규모가 커지고 관리가 복잡해지면서, 제한된 자원을 효율적으로 배분하고 경제적으로 운영하는 문제가 경영 관리의 중요한 과제로 등장하게 되었다. 더구나 갈수록 시장의 불확실성(uncertainty)과 투자의 위험(risk)이 커지면서 여러 대안 가운데 최적의 대안을 선택하는 경제성 평가의 원리와 기법이 본격적으로 개발되기 시작하였다. 나아가 경제학의 효용이론과 경영학의 재무관리 등이 접목 되면서 오늘날 경제성 분석은 산업공학과 사회과학을 이어주는 연결고리의 역할을 하고 있다.

3. 컴퓨터의 도입과 확산

1970년대 이후 컴퓨터의 도입과 확산도 산업공학의 발전에 지대한 영향을 끼쳤다. 당연한 말이지만, 컴퓨터의 가장 큰 역할은 '방대한 데이터의 빠른 계산'에 있다. 종전까지의 산업공 학은 이론적 알고리즘의 개발에서 큰 성과를 거두었다. 그러나 컴퓨터의 활용이 이루어지기 전까지는 답을 찾는 데 걸리는 막대한 계산시간이 항상 걸림돌이 되었다. 그 때문에 이론이 말 그대로 이론에 머무르면서 실무적 활용으로 연결되지 못하는 한계를 안고 있었다. 하지만 컴 퓨터가 도입되고 그 성능이 좋아지면서 이론과 실제 사이의 거리가 크게 줄어들 었다. 특히, 컴퓨터 시뮬레이션은 크고 복잡한 경영시스템의 문제를 실험실 규 모의 문제로 축소시키는 데 큰 공헌을 하였다. 나아가 컴퓨터는 이론의 실용 화를 넘어 생산활동의 혁신에도 큰 영향 을 미쳤다. 기계와 컴퓨터의 결합을 바 탕으로 CAD(Computer-Aided Design)나 CAM(Computer-Aided Manufacturing)이

✿ 그림 1-5 초기의 컴퓨터

등장하면서 생산시스템의 혁신이 일어난 것이다. 더불어 자재관리, 일정관리 등도 컴퓨터를 통해 자동화되는 변화가 나타났다.

또한 컴퓨터는 산업공학 안에 정보관리라는 새로운 분야가 만들어지는 계기를 제공하였다. 그 이전까지 물적 자원의 관리와 인적 자원의 관리에 한정되었던 산업공학이 정보 자원의 관리까지 포함하면서 그 범위가 크게 확대된 것이다. 1960년대 중반에 경영정보시스템(Management Information System : MIS)이라는 개념이 나온 이후, 1970년대의 의사결정지원시스템(Decision Support System : DSS)을 거쳐, 오늘날 전사적 자원관리로 불리는 ERP(Enterprise Resource Planning) 시스템이나 빅데이터(big data)의 분석기법이 나오면서 정보 자원의 관리는 이미 산업공학의 새로운 축을 형성하고 있다.

4. 운영관리와 서비스공학의 부상

초기의 산업공학은 당연히 제조공정의 효율적 관리에 초점을 맞추었다. 그러나 제2차 세계대전 이후 산업공학의 기본 원리와 기법들이 제조업 이외의 분야(non-manufacturing)에 적용되기 시작하면서 산업공학의 범위는 크게 넓어지게 되었다. 그중에서 가장 대표적인 분야가 바로 서비스 산업이다.

서비스공학(service engineering)이 관심을 끌기 시작한 1980년대 초에는, 주로 서비스시스템(service system)과 서비스 프로세스(service process)의 설계에 초점을 맞추었다. 또한 서비스 시스템의 효율성과 생산성을 올리는 기법도 다양하게 개발되었다. 그러다가 그 범위와 영역이 점점 넓어지면서, 서비스전략과 서비스 마케팅에 대한 얘기도 포함되고, 새로운 서비스의 개발과 비즈니스 모델의 설계 문제도 다루기 시작하였다. 오늘날의 산업공학은 제조 분야 못지않게 서비스 분야에 대한 이론과 실무도 균형적으로 다루고 있는 실정이다. 그러면서 기존의 생산관리(Production Management: PM)라는 용어보다 운영관리(Operations Management: OM)라는 용어가 더 널리 사용되고 있다.

5. 시스템공학의 등장

산업공학의 본질적 성격에 비추어 볼 때, 시스템 접근(systems approach)이 강조되기 시작한 것은 매우 자연스러운 현상이다. 앞에서 여러 번 언급한 것처럼, 초기의 산업공학은 '크고 복잡한' 경영조직, 특히 생산조직을 대상으로 출발하였다. 그러나 그 조직이 점점 더 커지고 점점 더 복잡해지면서 조직의 구조나 내용을 파악하기가 쉽지 않게 되었다. 그러면서 조직을 전체와 부분으로, 내부와 외부로, 상위와 하위로 나누어 보는 접근이 등장하였다. 여기서 '시스템(system)'이라는 용어가 나오고 시스템 개념을 바탕으로 조직을 설계, 분석, 운영하는 시스템공학(system engineering)이 태동되었다.

다른 공학도 마찬가지이긴 하지만 산업공학이야말로 가장 전형적인 시스템공학의 특성을 지닌다. 경영시스템 내의 다양한 구성요소들의 상호작용을 이해해야 하고, 나아가 경영시스템 내부와 외부환경과의 인터페이스(interface)도 고려해야 하기 때문이다. 이러한 인식을 바탕으로, 산업공학의 접근방법도 시스템의 원리나 특성을 반영하는 이른바 시스템 접근을 강조하게 되었다. 오늘날 많은 대학에서 산업공학과를 산업시스템공학과로 부르는 것은 이러한 추세를 반영하는 현상이다.

6. 산업경영공학으로 확대

오늘날 산업공학의 범위는 기업 내부의 경영시스템에 머물지 않고 기업을 둘러싼 외부의 시장, 산업 나아가 글로벌 마켓으로 확대되고 있다. 이제는 제품이나 서비스의 개발과정에 생산자의 전문성뿐 아니라 고객과 사용자의 의견과 지식도 반영해야 한다. 또한 기술적 측면뿐 아니라 전략적 분석도 중요하고, 생산부문뿐 아니라 마케팅부문, 재무부문, 인사부문 등에 대한 이해와 지식도 요구된다. 공학과 사회과학, 특히 경영학과의 연계가 강조되고 있는 것이다.

예전부터 산업공학을 종종 공학 안의 경영학이라고 하였지만, 최근에는 아예 산업경영(industrial management)공학이라고 부르는 일도 흔하게 되었다. 물론 이러한 현상이 산업공학이 경영학과 비슷해진다는 것을 의미하지는 않는다. 산업공학은 엄연히 공학이고, 따라서 경영학과 비교하여 주제의 공통성은 크다고 할 수 있지만 접근방법은 다르다. 하지만 두 분야의 접점이 넓어지고 융합의 대상이 늘어나는 추세는 분명히 나타나고 있다.

표 1-2에 산업공학의 생성과 발전과정을 정리하였다.

표 1-2   산업공학의 생성과 발전과정 : 세대별 변화

세대	기간	키워드
태동기	~1900년대	산업혁명 (industrial revolution)
도입기	1900~1930년대	과학적 관리 (scientific management)
정착기	1930~1950년대	산업공학 (industrial engineering)
성장기	1940년대 중반~1970년대	오퍼레이션리서치 (operations research)
확장기	1980~2000년	산업시스템공학 (industrial and systems engineering)
전환기	2000년 이후~현재	산업경영공학 (industrial management)

7. 공학 학제의 진화과정

그렇다면 공학 안에서 산업공학의 위상은 어디에 있으며 그 의미는 무엇일까? 공학이 본격적인 학제로 자리 잡기 시작한 것은 19세기 후반이라고 할 수 있다. 이 시기에 산업자본주의와 자유민주주의가 확산되면서, 한편으로는 자연과학의 산업적 응용을 위한 다양한 공학(engineering)이 생겨나고 다른 한편으로는 인문과학의 사회적 연계를 지향하는 사회과학(social science)이 생겨났다.

공학의 시작은, 18세기에 기존의 군사공학(military engineering)과 대비되는 뜻으로 민간공학(civil engineering)이 등장하면서부터이다. 그림 1-6을 보자. 그 이전까지의 공학은 주로 사관학교와 같은 군사교육기관에서 전쟁의 수행에 필요한 기술을 가르치는 것에 초점을 맞추었다. 따라서 그때까지의 공학은 군사공학이라고 부르는 것이 더 적절하였다. 그러다가 군사공학에서 개발된 기술과 실무적 경험들이 민간인들의 일상생활에 활용되기 시작하면서 민간(civil)공학이라는 용어가 만들어졌다. 여기서 활용된 기술의 내용과 용도는 주로 도로나 건물을 짓는 일, 관개수로를 건설하는 일 등에 집중되었다. 따라서 민간공학은 곧 토목공학을 가리

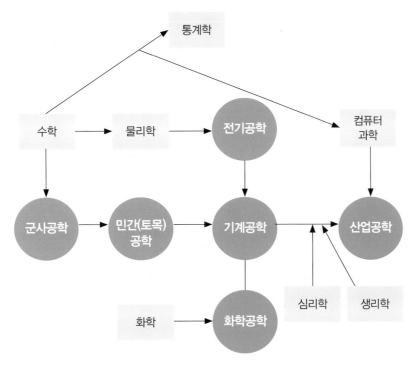

★ 그림 1-6   공학 학제의 형성과 확대과정

키는 것으로 인식되었다. 그 후 수학이나 물리학의 응용을 통해 기계공학과 전기공학이 출현하였고 화학을 바탕으로 화학공학이 등장하였다. 비로소 토목공학, 기계공학, 전기공학, 화학공학으로 이루어진 이른바 4대 공학이 만들어진 것이다. 그 이후 주요 산업 분야별로 특화된 공학들이 추가로 만들어지고, 정보이론, 제어이론 등을 토대로 컴퓨터 관련 공학들이 생겨나면서 오늘날의 공학 학제가 완성되었다.

여타 공학에 비해 산업공학은 비교적 늦게 만들어진 신생 학문이다. 다양한 산업 분야에 관련된 공학들이 만들어진 후, 그 분야의 생산시스템이나 경영시스템이 점점 크고 복잡해지면서 시스템의 설계, 분석, 운영 등의 지식이 필요해짐에 따라 생겨난 학문이기 때문이다. 학제가 만들어진 시점은 늦었지만 관련 학제 간의 네트워크가 가장 넓고 단단한 것이 산업공학이기도 하다. 모든 공학에 다 연결되어 있고 또 산업 간의 연결고리를 제공하기도 한다. 우리가 산업공학을 '모든 공학으로 이루어진 오케스트라의 지휘자'에 비유하는 것도 그러한 이유 때문이다.

3 | 산업공학과 사회과학

산업공학은 사회과학과 가장 가깝게 맞닿아 있는 공학이다. 특히, 경영학과 경제학은 산업공학과 유사한 주제와 관심을 공유하고 있다. 흔히 산업공학을 '공학 안의 경영학'으로, 산업공학과를 '공대 안의 경영대'라고 부르는 것도 그러한 성격을 지니고 있기 때문이다. 물론 같은 주제를 다룬다고 해도 공학과 사회과학은 접근방향과 분석방법이 다르기 때문에 정체성(identity)의 혼란을 일으킬 염려는 없다. 하지만 산업공학을 제대로 이해하기 위해서는 사회과학에 대한 폭넓은 이해가 필요한 것은 분명하다.

1. 공학과 사회과학의 분리

그렇다면 공학과 사회과학은 어떤 관계를 유지해 왔을까? 우리가 잘 알고 있는 것처럼, 넓은 의미의 과학기술과 사회과학, 좁은 의미의 공학과 경영학은 오랫동안 서로 분리되어 독립적인 영역을 다루어왔다. 왕조시대의 유교적 가치관과 봉건적 사회제도는 문과가 이과를 지배하는 이중구조를 당연한 것으로 받아들였다. 또한 근대의 교육제도에서도, 직업가치와 사회계급의 우열은 사라졌다고 해도 고교시절의 어린 학생들을 문과와 이과로 나누어 서로 다른 길을 가도록 설계되어 있다. 대학에서도 서로 간의 학문적 교류가 거의 없었고 사회에 진출해서도 업무의 연계나 인력의 이동이 매우 제한적으로 이루어져 왔다.

그림 1-7을 보자. 공학과 사회과학의 분리는 근대과학의 태동에서부터 시작되었다. 오늘날 우리가 이해하고 있는 학문 분야, 즉 학제(discipline)는 16세기 말에서 17세기 초에 일어난 과학혁명(scientific revolution)으로부터 시작되었다. 르네상스 시대의 인문주의와 개념주의에 대한 비판적 사고에서 출발하여, 사람들은 실증에 의한 보편적 지식을 강조하기 시작하였다. 신의 섭리로 주어지는 것이 아니라 인간의 지적 활동으로 얻은 것이 바로 지식이라는 생각을 하게 된 것이다. 지식의 원리를 선험적인 종교나 철학이 아니라 경험적인 과학에서 찾게 되면

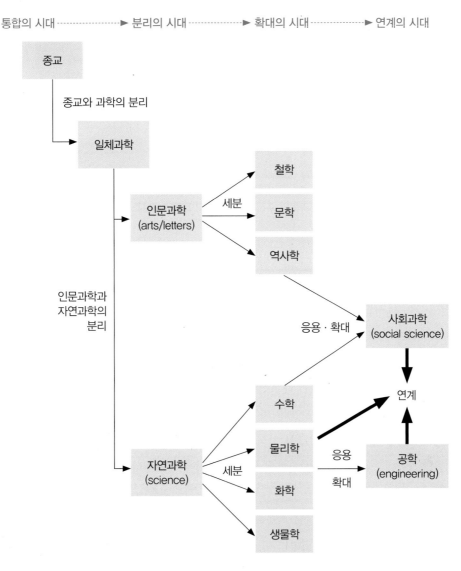

🔅 그림 1-7 　학제의 진화과정 : 분리와 통합

서, 코페르니쿠스의 지동설에서 출발하여 뉴턴에 의해 완성된 근대과학이 등장하였다. 비로소 학문이라는 분야가 종교로부터 완전히 결별하여 하나의 독자적인 체계이자 영역으로 자리잡게 된 것이다.

근대과학은 18세기를 거쳐 19세기 초에 이르러 실험적 근거를 강조하는 자연과학과 관념적 사고에 기초한 인문과학으로 나뉘면서, 자연과학을 지칭하는 'science'에 대비하여 인문과학은 'arts' 또는 'letters'라는 명칭을 갖게 되었다. 19세기 후반에는, 한편으로는 자연과학의 산

❀ 그림 1-8   근대과학의 주인공 : 왼쪽부터 코페르니쿠스, 갈릴레이, 뉴턴

업적 응용을 위한 다양한 공학(engineering)이 만들어지고 다른 한편으로는 인문과학의 사회적 연계를 지향하는 사회과학(social science)이 생겨났다. 비로소 오늘날 우리가 알고 있는 학제의 전체적 구조가 완성된 것이다.

그러나 이러한 확대의 과정에서도, 처음부터 뿌리가 달랐던 공학과 사회과학은 여전히 상당한 거리를 두고 서로 떨어져 있었다. 이러한 차이의 근본적인 원인은 두 분야가 다루는 지식 자체의 성격이 근본적으로 다르기 때문이다. 서구의 근대과학은 이른바 데카르트적 이원주의(Cartesian dualism)에 뿌리를 두고 있다. 다시 말해, '자연과 인간', '물질과 정신', '자연계와 사회계'는 엄격히 구분할 수 있고 서로의 지식 자체가 본질적으로 다르다는 사고방식을 유지하여 왔다. 동양철학에도 이와 유사한 이론의 뿌리가 깊이 존재하였다. 따라서 동서양을 막론하고 과학기술(engineering/natural science)을 hard science, 사회과학(social science)을 soft science라는 두 개의 거대한 영역(super-domain)으로 분리하는 사고가 지배적이었던 것이다.

이 차이를 가장 간명하게 설명하는 이론으로는 이른바 '블랙박스(black box)이론(Rosenberg, 1982)'을 들 수 있다. 그림 1-9에서 볼 수 있는 것처럼, 이 이론의 핵심은 어떤 시스템의 변화를 투입(input) → 변환(transformation) → 산출(output)의 세 단계로 이루어지는 과정으로 파악할 때, 경제학자(경영학자)와 공학자의 관심이 각 단계에서 서로 다르다는 것이다. 즉, 경제학자(경영학자)는 가시적으로 그 수준과 성과가 나타나고 따라서 정량적으로 그 크기를 측정할 수 있는 투입과 산출과정의 분석에 초점을 맞추는 데 반해, 공학자는 겉으로 드러나지 않는 내부의 변환과정, 즉 블랙박스를 다룸으로써 둘 사이에는 사고방식과 의식체계의 차이뿐 아니라 학문의 내용과 방법의 차이가 존재해 왔다는 주장이다.

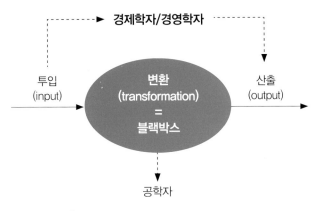

✤ 그림 1-9 　블랙박스이론의 기본 구조

2. 공학과 사회과학의 연계

20세기 중반까지 세분화 내지 독립화의 과정과 전통을 유지하던 과학기술과 사회과학은, 20세기 후반에 접어들면서 학제 간의 '연계'를 모색하게 된다. 오늘날에도 진행되고 있는 일차적인 연계의 움직임은 사회과학 내에서 독립적인 학제들 간의 연계, 또한 과학기술 내에서 독립적인 학제들 간의 연계라는 제한적인 모습으로 나타나고 있다. 예를 들어, 공학 내에서 세분화된 학과들이 통합적인 학부로 재편되거나 관련 학과가 공동으로 연합전공을 구성하거나 하는 것은 이러한 추세의 대표적인 현상이라고 할 수 있다.

하지만 21세기에 들어서면서 최근에 일어나고 있는 이차적인 연계는 보다 근본적인 구조조정의 모습을 보이고 있다. 그 이유는 사회구조가 근본적으로 달라지고 기술 분야 간 융합현상이 활발히 일어나고 있기 때문이다. 미래사회와 미래기술에 대한 예측은 한결같이 경제사회구조의 변혁과 함께 첨단기술과 사회과학의 융합을 제시하고 있다. 그러다 보니 사회과학과 과학기술 간의 결합을 통해 아예 새로운 학제(neo-discipline)를 만들어 보는 가능성을 찾고 있다. 여러 분야가 모여 융합학과를 신설하는 것이 좋은 예이다. 기술과 사회가 서로 상호작용을 하면서, 한편으로는 사회의 변화를 수용할 수 있는 기술을, 다른 한편으로는 기술의 변화에 적응할 수 있는 사회를 위한 학문이 무엇인가를 고민하고 있는 것이다.

산업공학은 이러한 새로운 패러다임이 활발하게 일어나고 있는 대표적 분야이다. 앞에서 살펴본 것처럼, 산업공학은 본질적으로 다학제적 속성을 지니고 있다. 그리고 성장과 발전과정에서 끊임없이 사회과학과의 연계와 융합을 추구하여 왔다. 또한 공학과 사회과학을 이어 주는 가교의 역할도 수행하여 왔다. 이러한 산업공학의 본질적 특성과 독특한 위상은 학문 간의 융합이 진행될수록 더욱 분명하게 드러날 것이다.

3. 산업공학과 공학도

산업공학의 본질적 특성이 다른 공학과 다르다 보니, 산업공학도는 넓게 조망하는 망원경적 시각과 깊게 이해하는 현미경적 지식을 동시에 필요로 한다. 한마디로, 그림 1–10에 나타나 있는 것처럼 다기능 관리자(multi-functional manager)가 되어야 하는 것이다. 사회의 리더로서 산업과 시장의 변화를 읽을 수 있는 통찰력, 기업의 CEO로서 올바른 방향을 찾을 수 있는 전략적 감각, 유능한 관리자로서 인적자원과 물적자원을 효율적으로 다룰 수 있는 실무능력

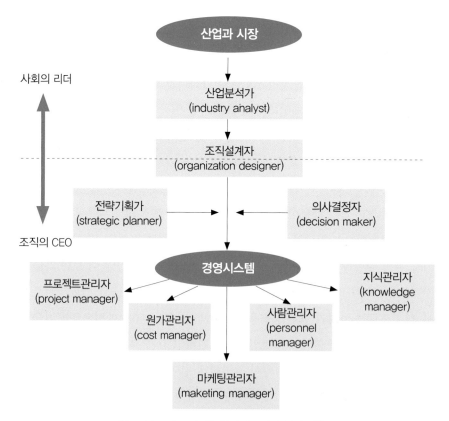

🌸 그림 1-10   **다기능관리자로서의 산업공학도**

모두를 균형적으로 갖추는 데 필요한 기본적인 자질과 지식이 필요하다.

- 시장과 산업을 분석할 수 있는 자질과 능력(industry/market analyst)
- 경영조직을 설계할 수 있는 자질과 능력(organization designer)
- 전략적 사고와 기획을 할 수 있는 자질과 능력(strategic planner)
- 경제성에 따라 의사결정을 할 수 있는 자질과 능력(decision maker)
- 경영프로젝트를 관리할 수 있는 자질과 능력(project manager)
- 재무회계를 이해하는 자질과 능력(managerial economist)
- 원가관리를 할 수 있는 자질과 능력(cost manager)
- 마케팅을 이해하는 자질과 능력(marketing manager)
- 인적 자산을 관리할 수 있는 자질과 능력(personnel manager)
- 지적 자산을 관리할 수 있는 자질과 능력(knowledge manager)

위에 제시된 산업공학도의 자질과 능력을 자세히 들여다보면, 이 책의 구성도와 매우 비슷하다는 것을 느낄 수 있을 것이다. 한마디로, 산업공학 교과서의 주요 내용은 산업공학도에게 필요한 지식과 자질이 무엇인가 하는 질문에 대한 답과 일치한다고 보면 틀림이 없다.

EXERCISE 연습문제

01 '산업공학'이라는 이름에서 '산업'의 의미를 역사적 배경과 연관하여 설명하라.

02 1번 문제와 관련하여 '산업공학'이라는 학문이 생겨난 배경을 간단히 설명하고, 산업공학이 무슨 분야(주제)를 다루는 학문인가를 설명하라.

03 흔히 산업공학을 '공학 안의 경영학'이라고 부른다. 그 배경에 대해 설명하라.

04 클라크(Clark)의 산업분류 기준을 제시하고, '클라크 법칙(Clark's Law)'의 의미를 설명하라.

05 산업공학에서 다루는 세부 분야에는 어떤 것들이 있는지 알아보고, 그중 하나를 골라 그 분야의 목적과 기능에 대해 조사해 보라.

06 산업공학의 뿌리가 되는 테일러(Taylor)의 '과학적 관리의 원리(principles of scientific management)'의 핵심 내용을 설명하라.

07 초기 산업공학의 토대를 이루는 테일러(Taylor)의 연구와 길브레스(Gilbreth) 부부의 연구를 조사해 보라.

08 산업공학의 기본 원리와 기법들이 제조업 이외의 분야(non-manufacturing)에 적용된 사례를 조사해 보라.

09 공학 안에서 산업공학의 위상과 의미를 공학 학제의 진화과정과 연결하여 설명하라.

10 산업공학의 생성과 발전과정을 태동기, 도입기, 정착기, 성장기, 확장기로 나누어, 각 단계의 특성과 주요 키워드에 대해 정리하라.

11 사회과학과 산업공학의 결합을 통해 최근 형성된 새로운 학제의 사례를 조사해 보라.

12 산업공학과(산업시스템공학과, 산업경영공학과 등)의 학부전공과목 커리큘럼을 보고, 각 과목이 본문에 나온 산업공학도의 10가지 자질과 능력 중 어떤 것과 관련되어 있는지 조사해 보라.
(http://ie.snu.ac.kr 참조)

Chapter

02

산업공학과
시스템 접근

🔄 학습목표

- 시스템과 모델의 정의가 무엇이며, 시스템과 정의는 어떤 관계인지를 알아본다.
- 시스템의 구조는 어떻게 묘사할 수 있으며, 시스템을 어떤 유형으로 나눌 수 있는지를 알아본다.
- 시스템 접근의 의미를 이해하고, 시스템 접근의 구체적 절차를 알아본다.
- 산업공학에서 시스템 접근을 강조하는 이유와 시스템 접근을 위한 사고방식을 알아본다.

1 | 시스템과 모델

1. 시스템의 정의

이 책의 제목을 보면, '시스템 접근'이라는 부제가 붙어 있다. 책 제목에 넣을 정도면 그만큼 시스템 접근을 강조한다는 의미일 것이다. 도대체 그 이유가 무엇일까? 얼마나 중요하면 제목에 넣었을까? 이미 앞장에서 산업공학은 시스템이라는 용어와 밀접하게 연결되어 있다는 점을 설명하였다. 산업공학을 제대로 이해하려면 시스템 마인드를 제대로 갖추어야 하고, 산업공학을 효과적으로 활용하려면 시스템 접근을 잘해야 하는 것이다. 그렇다면 시스템 마인드와 시스템 접근은 과연 무엇인가? 이 장에서는 산업공학과 시스템 간의 관계를 좀 더 자세히 알아보도록 한다.

시스템(system)은 통합이나 전체를 의미하는 그리스어 'systema'에서 유래한 용어로, 다양한 '구성요소'들이 서로 '상호관계'를 가지면서 연결되는 '전체'를 뜻한다. 우리 주위에는 여러 요소들이 모여 만들어진 집합들이 무수히 존재한다. 그러나 이 모든 집합들이 모두 시스템이 되는 것은 아니다. 산업공학에서 말하는 시스템이 되려면 다음 몇 가지 요건을 만족시켜야 한다. 먼저, '목표(objective)'가 있어야 한다. 여러 요소(component)들이 모여 있지만 아무 목표도 없이 그냥 모여만 있다면 그것은 시스템이 아니다. 그 다음에는 그 목표를 달성하기 위한 '기능'을 해야 한다. 기능은 '투입(input)'을 받아들여 '산출(output)'로 변환하는 것을 말한다. 이 활동이 체계적으로 이루어져야 하는 것이다. 또한 이 과정에서 많은 요소들이 따로따로 움직이는 것이 아니라 서로 유기적인 '상호작용'을 해야 한다. 따라서 시스템은 '주어진 목표를 달성하기 위해, 투입을 받아들여 체계적인 변환을 통해 산출을 생산하는 과정에서 구성요소들이 유기적으로 상호작용하는 집합체'라고 정의할 수 있다.

예를 들어보자. 따뜻한 봄날에 공원에 많은 사람들이 나와 산책을 하고 있다고 하자. 하나의 공간 안에 많은 사람들이 모여 있는 하나의 집합이다. 그러나 이것은 시스템이 아니다. 사람들이 어떤 공동의 목표를 가지고 모인 것이 아니기 때문이다. 또한 사람들이 조직적인 활동, 즉 기능을 하지 않기 때문이다. 그렇다면 자동차를 조립하는 큰 공장의 경우는 어떨까? 여기에도 많은 작업자들이 모여 하나의 집합을 이루고 있다. 이들에게는 생산성과 품질을 올린다는 목표가 주어져 있다. 또 부품을 가공하여 완제품을 생산하는 기능을 수행하고 있다. 그러기 위해서 정해진 매뉴얼대로 각자의 역할을 수행하면서 동시에 다른 사람들의 작업과도 보조를 맞추어야 한다. 즉, 상호작용을 하고 있는 것이다. 따라서 이것은 하나의 시스템이 된다.

2. 모델의 의미

이제 시스템과 밀접하게 관련된 개념들을 살펴보자. 시스템이라는 개념은 '사실(fact)' 또는 '관측(observation)'에서 출발한다. 즉, 현실에서 발견되는 현상들 또 현실에서 많은 사람들이 사실로 믿고 있는 것들(things or phenomena that are found in reality and believed to be true)이 기반이 되는 것이다. 이러한 사실이나 관측이 모여 있는 것이 시스템이다. 한마디로 시스템은 사실과 관측의 집합(set of facts and observations that are found in reality)이다. 시스템은 크게는 산업이나 경영조직 전반에 존재하고 작게는 작업현장이나 사무공간에도 존재한다.

문제는 이 시스템이 너무 크고 복잡할 때 생겨난다. 우리는 시스템에 대해 자세하게 그리고 정확하게 알고 싶어 한다. 그러나 그러기에는 시스템이 너무 크고 복잡하다. 그러면 어떻게 할 것인가? 시스템을 작고 단순하게 바꾸는 수밖에 없다. 여기서 모델이라는 개념이 도입된다. 그림 2-1에서 보는 것처럼, 크고 복잡한 시스템을 단순화된 표현으로 전환시켜 분석이 가능하도록 만든 것이 바로 '모델(model)'이다. 그리고 시스템을 모델로 바꾸는 작업을 '모델 수립(modeling)'이라고 한다.

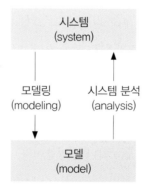

⚘ 그림 2-1   시스템과 모델의 관계

따라서 산업공학에서 가장 먼저 해야 할 일은 모델의 선택이다. 당연한 말이지만, 하나의 시스템에 대해서 서로 다른 여러 개의 모델이 만들어질 수 있다. 그러므로 분석의 대상이 되는 시스템이 주어지면, 우선 그 시스템을 어떤 형태의 모델로 만들 것인가를 정해야 한다.

크게 보면, 모델은 물리적(physical) 형태로 만들 수도 있고 상징적(symbolic) 형태로 만들 수도 있다. 예를 들어, 생산공장이라는 시스템을 모델로 바꾸는 문제를 생각해 보자. 한 가지 방법은 큰 규모의 실제 공장을 작은 규모의 가상 공장으로 바꾸는 것이다. 원래의 공장이 지니고 있는 물리적 특성, 즉 전제적 구조나 내부 설비 등은 그대로 두고 규모만 축소시키는 식이다. 말하자면 미니어처 공장을 만드는 셈이다. 이것은 물리적 형태의 모델이다.

다른 방법은 공장이 지니는 여러 가지 속성을 수리적 상징으로 표현하는 것이다. 이를테면 제품 하나 하나의 생산량을 $X_1, X_2, \cdots$ 하는 식의 변수(variable)로 표시하고 각 제품의 이익을 $a_1,$ $a_2, \cdots$ 하는 식의 계수(parameter)로 표시하는 식이다. 그러면 이 공장에서 만들어지는 총이익은 $a_1X_1 + a_2X_2 + \cdots$ 의 함수로 나타낼 수 있다. 이것은 상징적 모델, 특히 수학적 모델(mathematical model)이다.

산업공학에서는 경우에 따라 물리적 형태의 모델을 사용하기도 하지만, 대부분의 경우에는 수학적 모델을 사용한다. 물론 두 가지 모델이 서로 배타적인 것은 아니다. 다시 말해, 두 가지 중 반드시 하나만을 선택할 필요는 없다는 것이다. 비용과 시간의 제약이 없다면, 물리적 모델과 수학적 모델을 모두 사용하는 것이 가장 바람직한 접근이 될 수도 있다.

우리가 모델을 수립(modeling)하는 이유와 목적은 크게 세 가지 정도로 요약할 수 있다. 첫째, 앞에서 언급한대로 시스템이 너무 크고 복잡한 경우이다. 이 경우, 시스템을 축소하거나 단순화하기 위해서는 시스템의 주요 요인만 추출하여 모델링을 해야 한다. 둘째, 아직 시스템이 존재하지 않는 경우이다. 이럴 때, 새로운 시스템을 설계하기 위해서는 시스템의 형태와 기능을 표현하는 모델링이 필요하다. 셋째, 민감도 분석(sensitivity analysis)과 반복(replication)이 필요한 경우이다. 민감도 분석은 다른 조건이 일정할 때 하나의 구성요소의 값이 바뀌면 전체 시스템이 얼마나 변화하는지를 살펴보는 일종의 실험이다. 상황의 변화에 따른 영향을 미리 알아보고자 하는 것이다. 모델링을 하면 조건을 바꾸어가면서 실험을 반복할 수 있기 때문에 민감도 분석이 가능해진다.

2 | 시스템의 구조와 형태

1. 시스템의 구조

앞에서 설명한 것처럼, 시스템은 주어진 목표(objective)를 달성하기 위해 입력(input)을 받아들여 조직적인 변환(transformation)을 통해 출력(output)을 생산하는 구성요소들(components)의 집단이다. 그러나 하나의 집단이라고 하더라도, 자세히 들여다보면 규모, 모양, 구성이 다른 경우가 많다. 즉, 누가 어떤 목적으로 설계하고 분석하는가에 따라 시스템을 이해하는 내용과 관찰하는 시각이 달라지는 것이다.

이러한 차이가 생겨나는 이유는 여러 가지이다. 우선 첫째는 시스템의 계층 때문이다. 하나의 시스템은 여러 개의 하위시스템(subsystem)으로 나눌 수 있다. 즉, 상위와 하위가 연결되는 계층적 구조를 갖는 경우가 많다. 이때 계층의 폭과 깊이가 어느 정도냐에 따라 시스템의 구조가 달라지게 된다. 둘째는 시스템 내부와 외부의 경계(boundary) 때문이다. 시스템은 자신의 내부뿐 아니라 자신을 둘러싸고 있는 외부환경과 끊임없이 상호작용한다. 여기서 시스템의 내부와 외부를 어떻게 나눌 것인지, 내부와 외부의 내용물을 어떻게 정할 것인지에 따라 시스템의 구조가 바뀌게 된다. 셋째는 시스템의 과정(process) 때문이다. '시스템은 투입-변환-산출 및 피드백 과정의 연속'이다. 즉, 하나의 순환과정을 이루는 것이다. 따라서 이 과정을 어떤 방향과 순서로 구성하느냐에 따라 시스템의 구조도 달라지게 된다.

⬢ 기본 구조

먼저, 가장 기본적인 시스템의 구조를 보자. 앞에서 여러 번 설명한 것처럼, 시스템의 핵심요소는 투입(input)-변환(transformation)-산출(output)이다. 따라서 그림 2-2에서 보는 것처럼, 이 세 가지 요소로 구성한 것이 시스템의 기본 구조이다. 모양은 단순하지만 시스템에 투입되는 요소의 종류는 다양하다. 자본, 인력, 정보, 에너지, 재료 등 유형과 무형의 요소를 모두 포함할 수 있다. 이러한 투입물은 시스템 내부에서의 변환과정을 거쳐 재화나 서비스와 같은 산출물로 출력된다.

❀ 그림 2-2　시스템의 기본 구조

🔷 확장구조

확장구조는 투입-변환-산출의 기본 구조에 목표(purpose), 환경(environment), 하위시스템(subsystem), 상호작용(interface), 통제(control), 피드백(feedback)의 요소들을 더하여 구성된다.

그림 2-3을 보면서 각각의 요소에 대해 좀 더 자세히 알아보자. 첫째, 시스템은 공동의 목

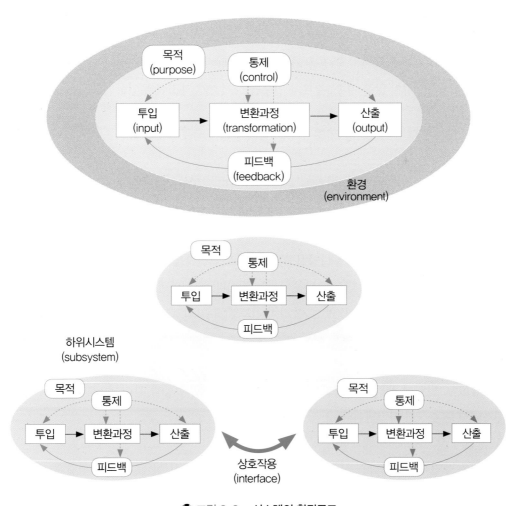

❀ 그림 2-3　시스템의 확장구조

표(purpose)를 달성하기 위하여 관련 요소들이 유기적으로 결합한 것이다. 따라서 목표는 시스템이 움직이는 방향을 제시하고 시스템의 성공 여부를 가늠하는 기준을 제공한다. 둘째, 시스템은 내부와 외부로 구성된다. 이때 환경(environment)은 시스템 내부에 포함되지 않는 외부를 의미한다. 환경은 시스템 내부로 투입을 제공하고 산출물을 제공받는 역할을 한다. 이 경우에, 시스템 내부와 외부환경은 경계(boundary)에 의해 분리된다. 셋째, 시스템은 상위와 하위의 계층구조를 이룬다. 하위시스템(subsystem)은 상위시스템의 목적에 맞추어 실질적이고 구체적인 가공이나 처리기능을 수행하는 부분을 가리킨다. 상위시스템의 규모가 크고 모양이 복잡할수록 여러 개의 소규모 하위시스템으로 분할하는 것이 필요하다. 넷째, 시스템의 구성요소, 즉 하위시스템들은 서로 연결되어 있다. 상호작용(interface)은 하위시스템들이 서로 연결되어 시스템의 목적에 맞는 역할과 기능을 수행하는 것을 의미한다. 다섯째, 시스템은 나름대로의 규칙(rule)에 따라 움직인다. 통제(control)는 시스템 전체의 변환과정이나 하위시스템들의 작업과정이 일정한 규칙과 절차에 의해 수행되도록 통제하는 것이다. 마지막으로, 시스템은 지속적인 수정과 개선의 과정을 거친다. 피드백(feedback)은 시스템의 산출물이 정확하지 않거나 만족스럽지 않을 경우, 결과의 일부를 다시 변환과정에 투입하여 재처리하는 것을 의미한다.

2. 시스템의 형태

시스템의 구조가 달라지면서 다양한 형태의 시스템이 만들어진다. 구성요소의 내용과 특성에 따라 여러 유형의 시스템으로 나누어지는 것이다. 그렇다면 시스템의 구체적인 모습들은 어떤 형태로 나눌 수 있을까? 우선, 물리적 시스템(physical system)과 추상적 시스템(abstract system)으로 구분할 수 있다. 자원, 인력, 에너지, 정보 등의 요소로 구성된 시스템은 물리적 시스템이다. 예를 들어, 생산시스템, 물류시스템, 회계시스템, 혈액순환시스템 등은 모두 물리적 시스템이다. 반면에 생각하는 사고체계나 공부하는 학문체계 등과 같이 개념과 논리로 구성된 시스템은 추상적 시스템이다.

자연적 시스템(natural system)과 인위적 시스템(artificial system)으로 나눌 수도 있다. 자연적 시스템은 자연계에 존재하는 시스템을 말한다. 인간, 동물 및 식물들로 구성된 생태계, 태양과 행성으로 구성된 태양계 등은 물리적 시스템이자 동시에 자연적 시스템이다. 이에 반해 인위적 시스템은 사람에 의하여 조직되고 관리되는 시스템을 가리킨다. 운송시스템, 통신시스템, 제조시스템 등은 모두 인위적 시스템이다. 인간과 컴퓨터가 상호작용하거나 컴퓨터에 의해 제어되는 자동화시스템도 인위적 시스템의 좋은 예이다. 더 넓고 크게 보면, 교육시스템, 경제 시스템, 의료시스템 등의 사회시스템도 모두 인위적 시스템이다.

다음으로 시스템이 움직이는 패턴의 임의성 정도에 따라 확정적 시스템(deterministic system)과 확률적 시스템(probabilistic system)으로 분류할 수 있다. 여기에서는 시스템의 방향과 속도가 얼마나 규칙적이냐가 분류의 기준이 된다. 먼저 확정적 시스템은 말 그대로 확실히 예측할 수 있는 방식으로 작동하는 시스템이다. 이 경우에는, 시스템 구성요소의 상태와 상호관계를 파악할 수 있기 때문에 시스템의 투입요소를 알면 그에 따른 산출결과도 정확히 예측할 수 있다. 반면, 확률적 시스템은 시스템의 움직임이 어느 정도의 범위 안에서 움직이기는 하지만 항상 예측의 오류가 발생하는 경우이다. 즉, 구성요소의 상호관계를 확률적으로만 설명할 수 있어 미래에 대한 불확실성이 항상 존재하는 시스템을 가리킨다.

외부환경과의 상호작용 여부에 따라 폐쇄형 시스템(closed system)과 개방형 시스템(open system)으로 구분하기도 한다. 폐쇄형 시스템은 환경과의 상호작용이 없는 시스템을 말한다. 예를 들면, 프로그램에 따라 작동되는 신호체계나 로봇의 제어시스템 등은 바깥의 교통량이 어느 정도인지, 공장의 온도가 어느 정도인지에 영향을 받지 않는 폐쇄적 시스템이다. 이에 반해 개방형 시스템은 외부환경과의 상호작용을 통해 스스로의 상태를 조정하는 시스템을 뜻한다. 개방형 시스템은 입력과 출력장치를 통해 다양한 정보, 물질, 에너지 등을 외부와 주고받는다. 생태계의 모든 생명체는 물론 사회에 존재하는 경영조직이나 정보시스템 등은 모두 개방형 시스템에 해당된다.

여기에서 시스템의 유형에 대해 자세하게 설명하는 이유는 무엇일까? 그 이유는, 산업공학에서 다루는 시스템들이 이 다양한 형태를 모두 포함하기 때문이다. 어느 경우에는 물리적 시스템을 대상으로 하지만 다른 경우에는 추상적 시스템에 초점을 맞추기도 한다. 대부분 인위적 시스템을 다루지만 필요에 따라 자연적 시스템의 특성과 행태에 대한 정보를 활용하기도 한다. 또, 산업공학의 다양한 분석기법들은 확정적 시스템을 가정한 기법들과 확률적 시스템을 가정한 기법들로 나눌 수 있다. 폐쇄형 시스템의 조직이 분석대상인 경우도 있지만 개방형 시스템의 조직을 대상으로 하는 경우도 많다.

3 | 시스템 접근

1. 기본 개념

지금까지 시스템이라는 개념에 대해 길게 설명하였다. 그 배경과 이유는 두말할 필요도 없이 산업공학은 시스템 접근(systems approach)에 기반을 두기 때문이다. 시스템 관점에서 보면 산업공학이 다루는 모든 대상은 하나의 시스템이다. 특히, 기업의 경영 조직은 전형적인 시스템이다. 앞에서 설명한 시스템의 요소와 특성을 모두 보유하고 있는 것이다. 산업공학이 다루는 대상이 시스템이라면 산업공학의 접근방법도 시스템적일 수밖에 없다.

그림 2-4를 보자. 우선, 산업공학에서 다루는 시스템은 이익의 극대화나 비용의 최소화 같은 '목표'를 지향한다. 또 끊임없이 외부 '환경'의 변화에 유연하게 대응한다. 전체조직은 생산, 마케팅, 재무, 회계, 인사, 연구개발, 정보시스템 등의 '하위시스템'으로 구성되고 하위시스템

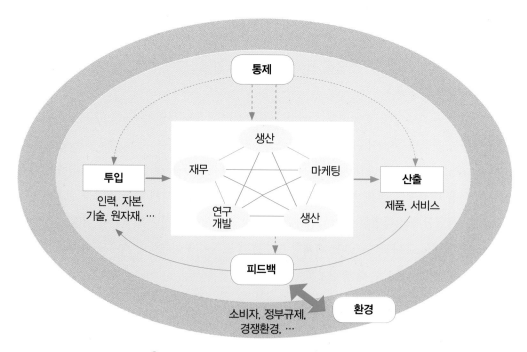

✪ 그림 2-4　시스템 관점에서의 기업경영시스템

들은 서로 '상호작용'한다. 또 모든 경영조직은 '투입−변환−산출 및 피드백' 과정의 연속이다. 그리고 이러한 과정은 마음대로 흘러가는 것이 아니라 정해진 규정이나 기준을 따르는 '통제' 기능을 가진다. 따라서 산업공학이 시스템 개념에서 출발하여 시스템 접근을 하는 것은 매우 자연스러운 일이다.

그렇다면 다음의 질문은 시스템 접근의 구체적인 내용에 관한 것이 될 것이다. 시스템 접근은 과연 무엇을 어떻게 하는 것을 말하는지를 알아야 하는 것이다. 시스템 접근은 한마디로 '시스템 개념을 이용하여 주어진 문제의 해결을 시도하는 접근방법'이라고 할 수 있다. 즉, 시스템을 구성하고 있는 요소와 그들 사이의 상호작용을 고려하면서, 문제를 종합적인 관점에서 파악하고 해결하고자 하는 과학적인 접근방법을 말한다. 따라서 시스템 접근의 핵심은 시스템 구성요소들의 개별활동과 전체 시스템의 종합활동을 동시에 고려하는 점이다. 부분을 전체의 일부로 보면서 동시에 전체를 부분의 종합으로 보는 접근인 것이다.

시스템 접근은 크게 시스템 마인드, 시스템 분석 그리고 시스템 경영을 아우르는 개념이다. 첫째, 시스템 마인드(systems mind)는 인식과 사고의 체계를 가리킨다. 어떤 문제가 주어지면, 본능적으로 시스템의 관점에서 그것을 이해하는 시각이 필요하다는 것이다. 현상이나 사물을 하나의 집합으로 인식하여 전체를 설명하는 큰 그림을 그린 후에, 다음으로 전체를 구성하는 요소들로 분해하여 하나하나의 작은 그림들을 그리는 자세가 곧 시스템 마인드이다. 둘째, 체계적이며 과학적으로 문제를 해결하는 시스템 분석(systematic analysis)이다. 주어진 목표를 달성하고 한정된 자원을 효율적으로 활용하기 위해서는 크고 복잡한 문제를 작고 단순한 모델로 변환한 후 모델의 구조와 행동을 정확하게 분석할 수 있어야 한다. 그래야만 시스템의 설계와 운영에 관한 최적의 해(solution)를 구할 수 있다. 셋째, 구성요소 간의 관계를 적절하게 조정하고 통합하는 시스템 경영(systems management)이다. 다양한 구성요소들이 파편처럼 흩어져 각각의 원리와 방식으로 행동하면 효과적인 시스템이 될 수 없다. 모든 요소들을 유기적인 네트워크로 묶을 수 있는 관리기술과 운영기준이 필요하다.

2. 주요 절차

그렇다면 시스템 접근은 어떤 단계와 절차로 이루어지는가? 물론 시스템의 규모나 복잡도에 따라 아주 정밀한 과정을 모두 거쳐가야 할 수도 있고 비교적 단순한 과정으로 끝날 수도 있다. 하지만 어느 경우라도 크게 '이해-분석-해결'의 절차를 밟게 된다. 먼저 주어진 문제를 시스템 관점에서 이해하고, 다음으로 복잡한 문제를 시스템 기법으로 분석하고, 마지막으로 문제의 해결방안이나 대안을 제시하는 순서로 이루어지는 것이다.

이 과정을 좀 더 자세히 살펴보면, 그림 2-5에서 보는 것처럼 총 7단계의 흐름으로 구성된다.

- 1단계 : 문제를 정의 및 구성한다(problem definition and formulation). 먼저 시스템이 안고 있는 문제의 성격을 정의하고 내용을 구성한다.
- 2단계 : 모델을 수립한다(modeling). 복잡한 시스템을 하위시스템과 구성요소로 분해하고, 여러 가지 상징을 사용하여 분석 가능한 수준의 모델로 묘사한다.
- 3단계 : 목적과 평가 기준을 설정한다(development of objectives and criteria). 문제해결의 목적이 무엇이며 그 목적이 달성되었는지를 평가하는 기준을 제시한다.
- 4단계 : 기본 가정과 제약조건을 설정한다(determination of assumptions and constraints). 시스템이 가동되기 위해서 필요한 기본 가정과 시스템이 사용할 수 있는 자원의 한계를 설정한다.
- 5단계 : 문제해결의 해(solution)를 도출한다(development of algorithms and solution). 적합한 알고리즘(algorithm)을 활용하여 주어진 목적의 달성에 가장 바람직한 해를 찾는다.

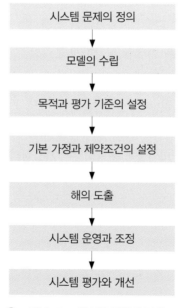

시스템 문제의 정의

↓

모델의 수립

↓

목적과 평가 기준의 설정

↓

기본 가정과 제약조건의 설정

↓

해의 도출

↓

시스템 운영과 조정

↓

시스템 평가와 개선

✿ **그림 2-5   시스템 접근의 절차**

- 6단계 : 도출된 해를 적용하여 시스템을 운영 및 조정한다(operation and control of system). 인력이나 자원을 제자리에 그리고 제때에 배치하고 공급하여 시스템이 원활하게 돌아가도록 관리한다.
- 7단계 : 스템 운영 결과를 평가 및 개선한다(evaluation and improvement of system). 시스템의 목적이 얼마나 잘 달성되었는지를 평가하고 문제점을 파악하여 지속적으로 개선해 나간다.

간단한 예를 하나 생각해보자. 어느 기업에서 생산공장을 신설하려고 한다. 이 공장에서는 여러 가지의 제품을 생산하게 된다. 따라서 복수의 제품을 생산하는 대규모 공장이 하나의 시스템이 된다. 시스템 접근을 위해서는, 먼저 1단계에서 문제를 정의해야 한다. 공장이 앞으로 무슨 일을 해야 하고 어느 방향으로 나아가야 하는지를 정해야 하는 것이다. 공장은 크고 복잡하니까 2단계에서 모델링을 해야 한다. 공장의 구조와 내용을 정량적 또는 정성적 요소(상징)들의 집합으로 표현하는 것이다. 완제품은 무엇이며 어느 라인에서 조립하는지, 완제품을 생산하기 위해서는 어떤 부품을 얼마만큼 사용하는지, 인력은 몇 명이나 필요로 하는지, 에너지와 같은 자원은 얼마나 필요로 하는지 등을 가능한 한 단순하게, 동시에 가능한 한 명확하게 그려야 한다.

3단계에서는 목적과 기준을 설정한다. 이익을 극대화하는 것인지 아니면 생산비용을 최소화하는 것인지의 목적을 설정하고 그 목표가 어느 정도 달성되었는지를 평가할 수 있는 기준을 제시한다. 그러기 위해서는 이익과 비용에 관한 정보를 수집하고 활용해야 한다.

4단계에서는 그 목적을 달성하는 과정에 어떤 가정이나 제약조건이 있는지를 파악한다. 공장이 가동되기 위해서는 몇 가지 가정이 필요할 수 있다. 또 사용할 수 있는 자원의 양은 항상 제한되어 있기 때문에 그 한계 안에서만 운용되어야 한다. 이러한 가정과 조건이 명확하게 설정되어야 그 안에서 답을 찾을 수 있는 것이다.

5단계에서는 문제의 해를 찾는다. 이 경우에는 어느 제품을 얼마만큼 생산할 것인지, 즉 개별제품의 생산량을 결정하는 것이 문제의 답이 될 수 있다. 답을 찾는 과정에서는 산업공학의 다양한 분석기법, 즉 알고리즘(algorithm)을 사용하여 때로는 최적의 해를 찾기도 하고 때로는 근사해를 찾기도 한다.

6단계에서는 실질적인 운영과 조정을 한다. 정해진 양을 제때 생산하기 위해 필요한 인력을 배치하고 원자재와 부품을 공급하며 품질을 검사하는 등의 작업을 체계적인 방식과 합리적인 기준에 따라 수행해야 한다.

7단계에서는 평가 및 개선을 한다. 아무리 시스템을 잘 관리한다고 해도 언제나 목적이 달성되는 것은 아니다. 처음에 설정한 목적이 어느 정도 실현이 되었는지를 평가하고 또 문제가 발견될 경우 이를 고쳐나가는 일도 필요한 것이다.

3. 시스템과 산업공학

산업공학과 여타 공학의 가장 큰 차이는 바로 시스템 접근에 있다. 물론 모든 공학은 본질적으로 시스템 접근을 바탕으로 한다. 크고 복잡한 문제를 작고 단순한 요소들로 나누는 것도 그렇고, 설계와 개발의 전체 과정을 여러 개의 단계로 나누는 것도 그렇다. 그러나 산업공학은 다음 몇 가지 측면에서 다른 공학과 근본적인 차이를 보인다.

첫째, 시스템의 영역이다. 대부분의 공학이 다루는 시스템은 기업시스템, 그 안에서도 연구개발이나 생산부문을 대상으로 한다. 하지만 산업공학의 시스템은 그 영역이 훨씬 넓다. 산업시스템이나 시장시스템처럼 큰 시스템도 있고 경영조직과 같이 작은 시스템도 있다. 제조기업을 대상으로 하기도 하고 서비스기업을 대상으로 하기도 한다.

둘째, 시스템의 성격이다. 대부분의 공학이 다루는 시스템은 기술적 시스템이다. 즉, 요소기술들의 집합으로서의 시스템을 대상으로 하는 것이다. 그러나 산업공학이 다루는 시스템은 기술적인 것뿐만 아니라 사회적이고 경제적인 것들을 포함한다. 공학기술 자체보다는 그 기술이 개발되고 활용되는 과정에 존재하는 사람, 물류, 시설, 정보들의 순차적 흐름과 유기적 관계에 초점을 맞춘다.

셋째, 시스템의 목적이다. 대부분의 공학은 부분의 최적화(local optimization)를 추구한다. 직접 관련되어 있는 좁은 범위 안에서 시스템의 해를 찾는 것이다. 하지만 산업공학은 부분의 최적화와 시스템 전체의 최적화(global optimization)를 균형적으로 강조한다.

넷째, 시스템의 범위이다. 다른 공학들이 다루는 시스템의 범위는 주로 설계와 개발이다. 그러나 산업공학이 다루는 시스템의 범위는 그것보다 훨씬 넓다. 설계와 개발 외에 분석과 평가도 포함된다. 분석과 평가의 대상도 기술성뿐 아니라 경제성, 효율성, 효과성, 품질 등을 포괄한다.

앞으로 우리가 다루게 될 여러 가지 이론이나 기법들은 모두 시스템 접근에 기반하여 만들어진 것들이다. 그러므로 다시 한번 강조하지만, 산업공학을 이해하기 위해서는 시스템 마인드를 갖추고 시스템 접근에 익숙해져야 한다.

EXERCISE 연습문제

01 주변에서 '시스템'에 해당되는 조직을 하나 찾은 후, 본문에서 나온 시스템의 정의와 비교하여 그것이 왜 시스템인지 설명하라.

02 시스템 분석을 위해 모델을 수립하는 목적을 세 가지로 정리하여 설명하라.

03 시스템에 대한 '모델 수립(modeling)'이 무엇인지 설명하고, 모델 수립을 했을 때의 장점을 설명하라.

04 1번 문제에서 찾은 시스템을 시스템의 기본 구조를 바탕으로 분석해 보라. 즉, 투입요소와 산출요소를 파악해 보라.

05 시스템의 기본 구조와 확장구조의 차이는 무엇인지에 대해 설명하라.

06 시스템의 형태를 나누는 4가지 기준에 대해 설명하라. 그리고 1번 문제에서 찾은 시스템을 4가지 기준에 따라 분류해 보라.

07 시스템 접근의 정의와 의의를 설명하라.

08 시스템 접근의 3가지 요소에 대해 설명하라.

09 시스템 접근의 주요 절차를 간략히 설명하고, 1번 문제에서 찾은 시스템에서 발생할 수 있는 문제에 대해 어떤 방식으로 시스템 접근을 할 것인지를 서술하라.

10 시스템 접근의 관점에서, 산업공학과 다른 공학과의 차이에 대해 설명하라.

11 산업공학에서 시스템 접근이 왜 중요한지를 설명하라.

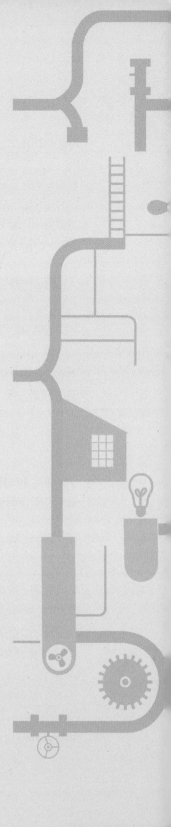

Part 2

시스템의
구조와 설계

INDUSTRIAL
ENGINEERING

1부에서 우리는 산업공학이라는 학문의 본질과 시스템 접근의 의미에 대해 알아보았다. 이어지는 2부에서부터는 산업공학의 구체적인 내용으로 들어가기로 한다. 산업공학의 내부를 들여다보기 위해서는 1부에서 설명한 시스템 접근이 필요하다. 먼저, 산업공학에서 다루는 시스템은 어떤 것들이 있으며 그 시스템의 구조는 어떤 모양을 하고 있는지를 살펴보자.

산업공학에서 다루는 가장 큰 시스템은 산업이라는 시스템이다. 산업공학이라는 이름에 이미 산업이 들어가 있는 것처럼, 산업과 시장에 대한 이해는 산업공학을 크게 조망할 수 있는 망원경의 역할을 한다.

그 다음으로 산업공학의 대상이 되는 시스템은 기업의 경영조직이다. 먼저 기업의 규모와 범위는 어떻게 정의할 수 있는지를 알아본다. 이어서 실제로 설계되고 운영되는 경영조직에는 어떤 유형이 있고 각 유형의 장점과 단점은 무엇인지를 살펴본다.

더 아래로 내려가서, 기업시스템 활동의 중심이 되는 것은 제조시스템과 서비스시스템이다. 제품과 서비스를 생산하여 시장에 제공하는 것이 경영활동의 요체이기 때문이다. 부품을 가공하고 완제품을 조립하는 제조시스템에는 어떤 유형이 있고, 공정을 설계하는 기준과 방식은 무엇인지를 알아본다. 나아가, 기업 내부의 시스템은 공급업체, 운송업체, 유통업체 등의 외부시스템과 연결되면서 커다란 공급망을 구성하게 된다. 이와 관련된 공급망 관리에 대해서도 살펴본다.

마지막 주제는 서비스시스템이다. 서비스를 창출하고 제공하는 서비스시스템에는 어떤 유형이 있고 각 유형의 시스템은 어떤 기준과 방식으로 설계하는지를 알아본다.

Chapter

03

산업시스템의
구조와 분석

**핵심
주제**

1. 산업의 정의, 탄력성, 대체성
2. 산업의 분류
3. 산업구조, 투입구조, 산출구조
4. 산업조직, 집중도, 시장경쟁 형태
5. 산업분석, five-force 모형

🌀 학습목표

- 경제학의 관점과 공학의 관점에서 산업을 정의하고 분류하는 기준을 알아본다.

- 거시적인 산업구조의 의미를 이해하고, 투입 측면과 산출 측면에서 산업의 구조를 파악해 본다.

- 미시적인 산업조직의 의미를 이해하고, 집중도를 기준으로 시장의 경쟁상태를 파악해 본다.

- five-force 모형의 구조와 용도를 이해하고, 이를 바탕으로 산업을 분석하는 접근을 알아본다.

1 | 산업의 정의와 분류

원래는 전문용어에 가깝지만 요즘은 많은 사람들이 거의 생활용어로 이해하고 있는 단어 중에 '거시적(macro)이다' 또는 '미시적(micro)이다'는 표현이 있다. 거시적이라는 말은 말 그대로 크고 넓다는 뜻이고 미시적이라는 말은 작고 좁다는 뜻이다. 망원경으로 태양계를 관찰하는 것이 거시적이라면 현미경으로 나노의 세계를 분석하는 것은 미시적이다. 경제학을 생각해 보면, 경제성장과 국민소득, 국가재정, 실업과 인플레이션 등과 같이 국가경제 전반에 관한 큰 문제를 다루는 분야를 거시경제학(macro economics)이라고 하고, 반면에 수요와 공급, 소비와 생산과 같이 개인이나 기업에 관한 작은 문제를 다루는 분야를 미시경제학(micro economics)이라고 한다.

본질적인 성격으로 본다면, 산업공학에서 주로 다루는 경영시스템은 미시적인 성격이 강하다. 국가나 사회 전체보다는 기업, 사람과 같이 작은 대상을 다루기 때문이다. 그러나 넓은 의미에서 보면, 경영활동은 산업활동의 일부이며 또한 경영조직은 산업조직의 일부로 존재한다. 따라서 산업공학에서 종합적인 시스템 접근을 하기 위해서는, 미시적인 경영시스템에 대한 이해에 앞서 거시적인 산업(industry)이나 시장(market)시스템에 대한 이해가 필요하다.

더구나 대부분의 공학은 산업과 밀접하게 연결되어 있다. 예를 들어, 기계공학은 기계산업과, 조선공학은 조선산업과, 화학공학은 화학산업과 뗄 수 없는 연결고리를 가지고 있다. 모든 산업을 아우르는 산업공학을 공부하기 위해서는 산업에 대한 기본적인 이해를 가지는 것이 매우 중요하고 필요하다.

그렇다면 아주 단순한 질문부터 던지고 시작해보자. 도대체 산업이란 무엇인가? 우리는 하루에도 수십 번씩 산업이라는 용어를 듣고 말한다. 그러나 대부분의 사람들은 산업이라는 용어의 정의에 대해 깊이 생각해 본 적이 없을 것이다. 더구나 공학도들에게 있어 기술 분야라는 개념은 잘 알려져 있지만 산업 분야라는 개념은 낯설게 느껴진다. 도대체 산업이란 무엇인가? 그 많고 다양한 산업은 어떻게 나눌 수 있을까? 공학과 산업은 어떻게 관련되어 있으며, 공학 기술의 분류체계와 산업의 분류체계는 어떻게 연계시킬 수 있는가? 이런 질문들에 대해 좀 더 자세히 알아보자.

1. 산업의 정의

　산업의 정의(definition)는 우리가 쉽게 생각하는 것처럼 그렇게 간단한 것이 아니다. 예를 들어, 통계청에서 발간한 《표준산업분류》에서는 산업이란 '유사한 성질을 갖는 산업활동에 주로 종사하는 생산단위의 집합'으로 정의되며, 여기서 산업활동이란 '각 생산단위가 노동, 자본, 원료 등 자원을 투입하여, 재화 또는 서비스를 생산 또는 제공하는 일련의 활동과정'을 뜻한다.

　그러나 위에서 말하는 산업의 정의는 피부에 와 닿지도 않고 심지어 모호하기까지 하다. 실제로 산업을 정의하는 구체적이고 실질적인 기준은 산업을 바라보는 개인이나 조직의 관점과 목적에 따라 다르다. 특히, 시장을 공부하는 경제학자들의 견해와 기술을 공부하는 공학자들의 견해는 상당히 다를 수 있다. 두 분야에서 생각하는 기준과 정의는 어떻게 다를까? 이 차이를 토대로 산업의 정의를 살펴보자.

🔵 경제학적 정의

　먼저 경제학자들이 정의하는 산업은 수요중심적이고 시장중심적이다. 한마디로 산업을 '수요자들이 같거나 비슷하다고 느끼기 때문에 서로 바꾸어 구매하거나 사용하게 되는 제품이나 서비스를 모아 놓은 집합'으로 정의한다. 취향이나 구매력의 차이에 따라 사람들은 큰 차를 사기도 하고 대신 작은 차를 사기도 한다. 또 승용차를 사기도 하고 SUV를 사기도 한다. 하지만 이 차 대신 저 차를 사든 반대로 저 차 대신 이 차를 사든 차는 차이다. 이때 '이 차와 저 차'를 모두 모으면 하나의 시장이나 산업, 즉 자동차산업이 만들어진다는 것이다. 따라서 이 차도 아니고 저 차도 아닌 '용도와 기능이 다른 무엇', 예를 들어 의류는 다른 산업, 즉 섬유산업에 속하게 된다. 요약하면 비슷한 것, 대체가 가능한 것을 모으면 하나의 산업이 만들어진다는 것이다.

　보다 구체적으로 또 학술적으로 산업을 정의하기 위해서는 먼저 시장에 대한 정의가 필요하다. 시장이란 '대체성(perfect substitute)을 갖는 동질적(homogenous) 제품들 또는 거래되는 지역(geographical region)이 같거나 비슷한 제품들이 생산되고 유통되는 공간'으로 정의할 수 있으며 '시장의 집합'이 곧 산업이다.

　여기서 가장 핵심적인 단어는 '유사성'과 '대체성'이다. 도대체 어느 정도 비슷한 것이며 어디까지 대체가 가능하다는 것인가? 이러한 질문에 답하기 위해서는 대체성이라는 용어의 의미와 유사하다라는 평가의 기준을 보다 명확하고 객관적으로 정의해야 한다. 이를 위해 경제학에서는 여러 가지 개념과 지표를 도입한다. 그 가운데 가장 많이 사용되는 개념인 '수요의 대체성'에 대해 알아보자.

경제학에서는 세상에 존재하는 모든 재화(goods)를 크게 대체재(substitute goods), 보완재(complementary goods), 독립재(independent goods)로 구분한다. 수많은 재화 가운데 두 가지의 재화를 예로 들어보자. 만일 소비자들이 두 재화 가운데 하나의 재화를 소비하면 다른 재화를 소비하지 않게 되는 경향을 보일 때, 두 재화는 대체재의 관계에 있게 된다. 즉, 하나의 재화가 다른 재화의 소비를 대신하게 되는 것이다. 예를 들어, 그림 3-1에서 보듯이, 밥을 먹으면 빵을 먹지 않기 때문에 쌀과 밀은 서로 대체재가 된다. 반대로 하나의 재화를 소비하면 다른 재화의 소비도 따라서 늘어나게 되는 경우 두 재화는 보완재가 된다. 즉, 하나의 재화가 다른 재화의 소비를 간접적으로 보조하고 지원하게 되는 것이다. 커피를 마실 때 주로 설탕을 타서 마시기 때문에 커피와 설탕은 보완재의 관계를 맺고 있다. 만일 한 재화의 소비가 다른 재화의 소비에 아무런 영향을 미치지 않는다면 두 재화는 서로 독립재가 된다.

위의 설명에서 알 수 있듯이, '대체성'이라는 개념은 한 재화의 소비가 다른 재화의 소비를 대신하는 정도를 뜻하는 것이다. 대체성이 높다는 것은 그만큼 한 재화의 소비가 다른 재화의 소비를 쉽게 대신한다는 뜻이고 낮다는 것은 그 반대의 뜻이다. 그러나 앞에서 쌀과 밀이 대체관계가 있다 또는 대체성이 높다는 것은 다분히 직관적인 판단이지 객관적인 분석에 의한 것은 아니다. 따라서 대체성의 정도를 객관적으로 측정하기 위해서는 무엇인가 정량적인 지표가 필요하다. 이때 사용되는 지표가 바로 '가격탄력성(price elasticity of demand)'이라는 지표이다. 사회과학에서 말하는 탄력성(elasticity)은 어떤 변수의 변화에 대한 반응의 정도를 의미하는 용어이

✿ 그림 3-1　대체재와 보완재 : 쌀과 밀, 커피와 설탕
출처 : http://www.nutritionaloutlook.com/article/ancient-grains ;
http://www.faithandhealthconnection.org/tag/sugar/

다. 따라서 탄력적이라고 하면 그만큼 민감하게 반응한다는 뜻이다. 정량적으로 표현하면, 시스템 안에 A와 B라는 변수가 있을 때, 변수 A의 변화량과 이에 반응하는 변수 B의 변화량을 상대적 비율로 측정하는 개념이다. 경제학에서 탄력성을 말할 때는 특히 수요와 공급에 관한 변수를 많이 다룬다.

모든 재화는 일반적으로 가격이 내려가면 수요가 늘고 가격이 올라가면 수요가 준다. 어떤 재화 X에 대해 가격을 P_x, 수요량을 Q_x라고 하자. 특정 시점에서 그 재화의 가격이 P_x일 때 그 가격에 대응하는 수요량이 Q_x가 되는 것이다. 그러면 가격탄력성 η_x는 다음과 같은 식으로 정의된다.

$$\eta_x = -\frac{\Delta Q_x / Q_x}{\Delta P_x / P_x}$$

이 식을 보면 분모는 가격의 변화율을 뜻하고 분자는 수요량의 변화율을 뜻한다. 따라서 분모의 가격 변화율과 분자의 수요량 변화율의 비율이 곧 가격탄력성이 된다. 그 값이 클수록 탄력성은 올라간다. 즉, 가격의 변화에 대해 수요량이 더 민감하게, 더 탄력적으로 반응하는 것이다. 여기서 앞에 음(−)의 부호가 붙는 이유는 가격과 수요의 변화가 서로 반대방향으로 움직이기 때문에(즉, 가격이 올라가면 수요는 줄어들고 가격이 내려가면 수요는 늘어나기 때문에) 최종값을 양(+)으로 바꾸기 위한 것이다.

다음으로 하나의 재화가 아니라 두 가지 재화에 대한 가격탄력성을 생각해 보자. 대체성이라는 말을 하기 위해서는 재화가 두 개 있어야 하기 때문이다. 두 가지 재화에 대한 가격탄력성이란 어떤 재화의 가격이 변하였을 때 다른 재화의 수요가 어떻게 변하는지를 알고자 하는 것이다. 따라서 이 경우에는 한 재화의 가격 변화율과 다른 재화의 수요 변화율의 관계를 보게 된다. 또한 두 재화를 각각 X재, Y재라고 할 때, 두 재화 간의 가격탄력성은 X재와 Y재의 교차탄력성(cross elasticity of demand)이라고 부른다.

X재의 가격을 P_x라고 하고 이에 대응하는 Y재의 수요량을 Q_y라고 하면, 교차탄력성 η_{yx}는 다음과 같은 식으로 정의된다.

$$\eta_{yx} = \frac{\Delta Q_y / Q_y}{\Delta P_x / P_x}$$

앞에서 살펴본 한 재화에 대한 가격탄력성의 경우에는 음의 부호를 앞에 붙이는 데 반해,

두 재화 간의 교차탄력성은 음의 부호를 붙이지 않는다. 그 이유는 X재의 가격과 Y재의 수요량이 같은 방향으로 움직이기 때문이다. 예를 들어, 분모인 X재의 가격이 올라가면 X재에 대한 수요가 줄어드는 대신 분자인 Y재의 수요가 늘어나기 때문에 탄력성 자체가 양의 값이 된다. 따라서 교차탄력성의 값이 양이 되면, 즉 $\eta_{yx} > 0$이 되면 두 재화는 서로 대체재가 되고, 반대로 교차탄력성의 값이 음이 되면, 즉 $\eta_{yx} < 0$이 되면 두 재화는 서로 보완재가 된다.

이제 교차탄력성을 가지고 산업을 정의하는 기준과 과정을 보자. 두 재화가 같은 산업에 있다면 두 재화 간의 대체성은 높을 것이다. 또한 대체성이 높아서 두 재화가 서로 대체재의 관계에 있으면 당연히 가격탄력성은 높을 것이다. 따라서 어떤 재화를 중심으로 하여 가격탄력성이 높은 재화들을 차례차례 찾아서 한 집합 안에 모아 놓으면 그 집합이 곧 하나의 산업이 될수 있다. 물론 높다는 것이 어느 정도를 의미하는 것이냐에 대해서는 절대적인 값을 이야기하기 어렵지만, 어쨌든 이러한 기준으로 산업을 정의할 수 있는 것이다. 예를 들어, 쌀이라는 재화를 중심에 놓고, 쌀과 대체관계에 있는 밀, 보리, 콩 등을 쭉 모아놓으면 이것이 곧 농산물 산업 내지 농산물 시장을 구성하게 된다.

가격탄력성으로 산업을 정의하는 접근은 이론적으로도 일리가 있고 또 실제로도 어느 정도는 유용한 기준이 될 수 있다. 하지만 동시에 여러 가지 문제와 한계도 지적된다. 예를 들어, 자동차 산업을 보자. 극소수의 부유층을 위한 최고급 승용차와 서민을 위한 저가의 경차가 과연 같은 산업과 시장에 속하느냐고 물어본다면 당연히 그렇다고 할 것이다. 왜냐하면 고급차든 경차든 자동차는 자동차이고, 자동차 산업은 자동차 산업이기 때문이다. 그러나 가격탄력성의 기준에서 본다면 두 제품이 같은 시장에 있다고 보기 어렵다. 고급차의 가격을 내린다고 서민이 고급차를 구입하지는 못할 것이며, 경차의 값을 더 내린다고 부자가 경차를 사지는 않을 것이기 때문이다.

수요중심적이고 시장중심적인 또 다른 기준으로는 '가격의 상관관계(price correlation)'를 들 수 있다. 뒤의 통계적 분석에서 자세히 설명하겠지만, 상관관계는 두 변수가 움직이는 패턴이 얼마나 비슷한지를 의미하고 그 비슷한 정도를 정량적인 값으로 측정한 것이 상관계수(correlation coefficient)이다. 따라서 가격의 상관관계는 두 재화 X와 Y의 가격이 같은 방향으로 움직이는지, 반대 방향으로 움직이는지, 아니면 아무 관계가 없는지를 살펴보는 것이다.

가격의 상관관계로 산업을 정의하고 분류하는 접근의 논리는 매우 간단하다. 만일 두 재화가 같은 산업(시장)에 속한다면, 수요의 변화로부터 받는 영향의 크기나 방향도 비슷할 것이다. 따라서 같은 시장에 있는 재화들은 가격이 오르고 내리는 추세도 유사한(또는 상반된) 양상을 보일 것이다. 이런 가정하에 두 재화의 가격 상관계수를 측정하여 상관성이 높으면 두 재화가 같은 산업이나 시장에 속한다고 볼 수 있다는 것이다.

가격 상관계수로 산업을 정의하는 기준은 이해하고 측정하기 쉽다는 장점은 있지만 가격 탄력성과 마찬가지로 유용성에는 한계가 있다. 우선 상관계수의 높고 낮음을 판정할 수 있는 객관적 수준을 정하기가 매우 어렵다. 또 상관계수는 겉으로 드러난 추세의 패턴만을 보기 때문에 비슷한 추세가 왜 일어나는지, 그것이 두 재화의 본질적 유사성을 어느 정도 반영하는지를 알기 어렵다는 단점이 있다.

🔷 공학적 정의

그렇다면 공학에서는 어떤 기준과 관점에서 산업을 정의할까? 경제학과 달리 공학자들이 정의하는 산업은 한마디로 생산중심적이고 기술중심적이다. 즉, 공학자들의 입장에서는 시장의 관점에서 소비자가 비슷하다고 느끼는 재화들을 모으기보다, 제품을 개발하고 제조하는 과정에서 생산자가 비슷하게 느끼는 대상을 모아야 같은 산업이 된다고 생각한다.

따라서 공학적 정의는 생산기술이 비슷한 제품, 생산공정이나 방식이 비슷한 제품, 제품구조나 원자재 구성이 비슷한 제품들이 개발되고 생산되는 공간이 곧 산업이 된다. 실제로 공과대학에서 다양한 학과나 학부들을 나누는 기준도 기술중심적이고 공급중심적이며 이러한 기준은 산업을 정의하는 과정에도 거의 동일하게 적용되고 있다. 예를 들어, 기계공학은 곧 기계산업과 연결되고 조선공학은 곧 조선산업과 연결되는 식이다.

경제학적 정의가 여러 가지 한계를 안고 있는 것처럼, 공학적 정의도 문제가 없는 것이 아니다. 산업이라는 개념 자체가 시장을 기반으로 하는데, 과연 시장이나 수요를 고려하지 않은 정의가 의미를 가질 수 있는가? 예를 들어, 화장품 산업과 의약품 산업은 공정이나 생산방식이 유사하기 때문에 서로 인접한 산업으로 인식된다. 이것은 공학의 눈으로 바라본 산업의 개념이다. 뒤에서 설명할 표준산업분류를 보면, 두 산업 모두 화학물 및 화학제품 제조업의 코드인 24에 속한다. 그 아래로 내려가 의약품 제조업의 코드는 242이고 그 안에서 다시 의약물질 제조업은 2421, 의약제품 제조업은 2422로 나뉘어져 있다. 한편, 기타 화학제품 제조업은 243, 그 안에서 화장품 제조업은 2433으로 되어 있다. 두 산업이 같은 뿌리에서 갈라져 나와 바로 옆에 위치하고 있는 것이다. 하지만 시장의 눈으로 보면 두 분야는 서로 멀리 떨어져 있다고 할 수 있다.

표준산업분류의 정의

산업의 정의에 대한 경제학의 견해와 공학의 견해는 공통되는 부분도 있고 전혀 상관이 없는 부분도 있다. 또 두 기준 모두 나름대로의 장점과 한계를 동시에 지니고 있다. 따라서 여러 가지 다양한 의견을 종합하여 산업을 정의하는 하나의 공식적인 기준이 필요하다. 이러한 관점의 기준에서 제시된 것이 앞 장에서 이미 언급한 표준산업분류(SIC)라는 것이다. 표준산업분류는 나라마다 약간의 차이는 있지만 기본적으로는 세계 모든 나라가 정해진 기준에 따라 거의 비슷한 형태로 만들고 있다.

그러면 표준산업분류에서는 어떤 기준이나 방식으로 산업과 시장을 정의할까? 표준산업분류는 앞에서 설명한 경제학적 정의와 공학적 정의를 모두 포함하고 있다. 즉, 산업을 정의하는 기준으로 다음 세 가지를 모두 제시하고 있는 것이다. 첫 번째는 산출물, 즉 생산된 재화 또는 제공된 서비스의 특성이다. 두 번째는 산출물의 물리적 구성 및 가공단계의 특성이다. 세 번째는 투입물(원자재)의 특성이다. 첫 번째 기준이 주로 시장이나 수요중심적으로서 경제학적 관점을 반영한다면, 두 번째 및 세 번째 기준은 다분히 공급중심적이고 기술중심적으로서 공학적인 관점을 반영하고 있다.

기술수준의 분류

공학의 관점에서 보면, 산업을 기술적 요인과 특성에 따라 정의하고 분류하는 것도 유용하고 의미 있는 접근이다. 예를 들어, 어느 산업을 하이테크(high-tech) 산업이라고 부르는 것은 이러한 기준에서 정의하는 용어이다. 그러나 high-tech, low-tech 하는 개념은 정성적이고 주관적이어서 실제로 이 개념을 기준으로 산업을 명확하게 분류하기는 쉽지 않다. high-tech가 무엇이냐고 물어보면 '새로운 기술', '부가가치가 높은 기술', '모방하기 어려운 기술' 등 다양한 의견이 나올 수 있지만 과연 어느 정도 새로운 것인지, 어느 정도 부가가치가 높은 것인지, 얼마나 모방하기 어려운 것인지는 대답하기 어렵다.

따라서 기술의 수준을 평가할 수 있는 객관적이고 정량적인 기준이 필요하다. 기술 수준에 따라 산업을 나누는 기준 가운데 가장 잘 알려진 기준으로는 경제협력개발기구(OECD)가 제시한 기준을 들 수 있다. OECD의 기준은 한 마디로 연구개발(R&D) 투자가 많은 산업을 하이테크 산업으로 보는 것이다. 즉 연구개발 투자를 많이 하는 산업은 전반적으로 기술력이 높은 산업이고, 기술력이 높은 산업은 곧 상대적으로 하이테크 기술을 많이 개발하고 보유하는 산업이라고 가정하는 것이다.

그렇다면 연구개발 투자의 수준은 어떻게 측정할 수 있을까? 연구개발 투자의 수준은 흔히 연구개발 집약도(R&D intensity)라는 지표로 측정한다. 이 지표는 기업의 총매출액 대비 연구개발 투자의 비율로 정의한다. 따라서 어느 기업의 연구개발 집약도가 2%라는 말은 그 기업이 총매출액의 2%를 연구개발에 투자한다는 의미이다.

OECD 기준으로 산업을 정의 내지 분류하면, 첨단기술(high-tech) 산업은 그 산업의 평균 연구개발 집약도가 4% 이상임을 뜻한다. 그 산업에 속한 모든 기업의 연구개발 집약도를 계측하여 평균값을 구했을 때, 평균이 4%가 넘으면 그 산업을 첨단기술 산업으로 본다는 것이다. 마찬가지 기준으로 중급기술(mid-tech) 산업은 평균 연구개발 집약도가 1~4%인 산업, 저급기술(low-tech) 산업은 1% 미만인 산업으로 정의할 수 있다.

이 기준은 유용한 분류체계로 사용되고 있지만, 다음 두 가지 점에 유의해야 한다. 첫째, 이 분류는 '산업 평균'을 토대로 한다는 것이다. 따라서 산업 전체로 보면 high-tech 산업이지만 그 안에는 얼마든지 low-tech 기업이 있을 수 있고, 반대로 전체로 보면 low-tech 산업이지만 그 안에 많은 high-tech 기업이 있을 수 있는 것이다. 둘째, 이 분류는 선진국들을 대상으로 하는 것이어서 중진국이나 개도국에서 적용하기에는 무리가 있을 수 있다는 점이다. 국가마다 산업구조나 기술수준의 차이가 있기 때문에 각각의 특성과 목적에 맞게 수치를 조정할 필요가 있는 것이다.

⬢ 산업의 정의와 성격의 변화

산업의 정의는 살아 있는 생명체와 같아서 시간의 흐름을 따라 변화한다. 특히, 기술구조와 내용의 변화에 따라 산업의 의미와 성격은 달라진다. 기술과 산업은 밀접한 연관관계를 이루고 있어 기술의 변화는 산업의 변화를 가져오고, 반대로 산업의 변화는 다시 기술의 변화를 유인하기 때문이다. 그러면서 새로운 산업이 생겨나고 오래된 산업이 사라지는 현상은 더 활발히 일어나게 된다. 나아가 기술의 융합(convergence)은 단순한 기술 간의 융합을 넘어 시장의 융합, 산업의 융합으로 이어진다. 따라서 산업의 개념과 성격은 점점 신축적인 변화의 추세를 보이고 있다. 이미 인터넷의 포털사이트나 앱 스토어에서 제시하는 산업분류는 전통적인 표준산업분류와는 큰 차이를 보인다.

이제 기술혁신에 대응하여 산업의 내용과 성격이 변화하는 방향과 속도를 예측, 분석, 대응하는 작업도 공학도의 중요한 과제가 되고 있다. 실제로 1980년대, 1990년대, 2000년대 그리고 현재를 비교해 보면 공학의 구조와 내용이 얼마나 많이 바뀌었는지를 실감하게 된다. 과거에 큰 인기를 얻었던 분야가 지금은 아예 없어진 경우도 많고, 아주 생소한 새로운 명칭의 분야가 생겨났는가 하면, 여러 분야가 모인 다학제적(multi-disciplinary)인 프로그램을 구성하기도 한다. 결국 산업의 정의나 분류도 고정관념에 매이지 않고 보다 신축적이고 전략적인 기준을 토대로 접근해야 할 시대를 맞고 있다.

2 | 산업구조와 시스템 접근

우리는 앞에서 산업이나 시장의 정의에 대해 알아보았다. 그렇다면 산업이나 시장을 하나의 시스템으로 본다는 것은 구체적으로 무엇을 의미하는 것일까? 즉, 산업이라는 시스템의 구조와 형태를 어떤 시각에서 바라보고 나타낸다는 것인가? 산업시스템은 크게 두 가지의 관점에서 바라볼 수 있다. 하나는 큰 눈으로 '산업구조(industry structure)'를 보는 것이다. 이것은 산업 전체를 하나의 시스템으로 보는 시각이다. 다른 하나는 작은 눈으로 '산업조직(industry organization)'을 보는 것이다. 이것은 개별 산업 각각을 하나의 시스템으로 보는 시각이다. 이 절에서는 먼저 큰 눈으로 보는 산업구조에 대해 살펴보고 다음 절에서 작은 눈으로 보는 산업조직에 대해 알아보자.

1. 산업구조의 의미

산업의 정의 또는 분류 개념과 함께 자주 사용되고 인용되는 또 다른 개념은 산업의 구조(structure)라는 용어이다. 실제로 우리는 '산업구조가 고도화된다 또는 선진화된다'라는 말을 자주 듣는다. 이 말은 산업이라는 시스템의 모양이 항상 고정되어 있는 것이 아니라 시간이 지나면서 동태적으로 변한다는 사실을 의미한다. 그렇다면 도대체 산업구조가 어떻게 바뀌는 것이 고도화되고 선진화된다는 말인가, 또 시간의 흐름을 따라 산업구조는 어떤 속도와 방향으로 변하는 것인가? 이 질문에 답하기 위해서는 당연히 산업구조의 뜻, 즉 정의를 알아야 한다.

산업구조는 한마디로 '산업 간 구성(industrial portfolio or inter-industry structure)'을 의미한다. 우리가 흔히 산업구조라고 할 때는 바로 산업 간 구성을 가리키는 것이다. 이 개념은 전체적인 국가경제시스템 안에서 개별 산업의 상대적 비중을 뜻한다. 예를 들어, 국내총생산(GDP)이나 총부가가치의 구성에서 클라크(Clark)가 분류한 1차, 2차, 3차 산업 간의 비중이 어떻게 이루어지는가, 제조업 안에서 호프만(Hoffmann, 1958)이 나눈 소비재(consumer goods) 산업과 생산재(capital goods) 산업 사이의 비율은 어떻게 변화하는가, 제조업과 서비스업 간의 비중은 어떻게 되어 있는가? 하는 문제들을 다루는 것이다. 따라서 산업구조가 고도화된다는 뜻은 산업 간 구성에 있어 농업이나 전통산업의 비중이 줄어드는 반면, 지식집약적 산업이나 첨단기술 산업의 비중이 늘어난다는 사실을 의미한다.

다른 하나는 '특정 산업 내의 시장구조(market structure)나 기업분포(distribution of firms)'를 의미하는 미시적 개념이다. 즉, 특정 산업 내에서 시장형태가 독과점시장이냐 경쟁시장이냐의 문제, 대기업과 중소기업 간의 구성이 어떻게 이루어져 있느냐의 문제, 상위 소수기업의 비중이 어느 정도인가 하는 시장집중도 문제 등을 대상으로 하는 것이다. 이 개념은 거시적인 산업구조와 구분하여 흔히 산업조직으로 정의되며, 다음 절의 주제이다.

2. 산업구조의 시스템 접근

⬢ 산업구조의 내용

산업구조를 산업 간 구성으로 정의한다면 다음의 주제는 '무엇'의 구성인가 하는 질문이 된다. 어느 산업의 비중이 높거나 낮다고 말하려면 다른 산업과 비교하여 '무엇'이 많거나 적다는 것이 분명하게 제시되어야 하는 것이다. 이것은 다시 산업활동에 무엇을 사용하는가 하는 투입구조(input structure)와 무엇을 만들어 내는가 하는 산출구조(production structure)로 나누어 볼 수가 있다.

투입의 측면에서는 다시 고용구조(employment structure)와 자본구조(capital structure)로 나

눈다. 즉, 경제활동을 위한 핵심적인 생산요소로서 노동과 자본을 든다면, 각 산업별로 고용을 어떤 비율로 하고 있으며, 자본은 어떤 비율로 투자하고 있는지를 가지고 산업구조를 설명할 수 있는 것이다. 또 이 비율을 가지고 다른 산업에 비해 높거나 낮다고 비교할 수 있다. 예를 들어, 1960년대에는 많은 인력이 농업에 종사하고 있었으나 현재는 서비스업에 더 많이 종사하고 있다면, 고용구조의 측면에서 산업구조가 바뀌었다는 것을 의미한다. 또는 설비투자가 어느 산업에는 많이 이루어지는 반면 어느 산업에는 줄어들고 있다고 한다면, 이는 자본구조 관점에서 산업구조의 변화를 설명하는 것이다.

한편, 산출의 측면에서는 총산출구조(gross product structure)와 부가가치구조(value-added structure)로 나누어 살펴볼 수 있다. 우리가 흔히 산출구조를 본다고 말할 때는 총산출구조를 본다는 뜻이다. 우리나라가 국내에서 한 해 동안 산출한 총생산(GDP)에서 어느 산업의 생산량이 어느 정도이고 다른 산업의 생산량이 어느 정도인지에 따라 산업 간의 비중을 정한다는 것이다. 하지만 필요에 따라서는 총생산보다 부가가치를 보는 것이 더 유용할 수도 있다. 산업시스템 안에서 최종생산물이 만들어지기까지는 많은 생산단계를 거치면서 새로운 가치가 창출된다. 100원짜리 원재료를 가공하여 200원짜리 부품을 만들면 100원의 가치가 만들어지고, 다시 부품을 조립하여 300원짜리 완제품을 만들면 추가로 100원의 가치가 만들어지고 하는 식이다. 따라서 최종생산물의 경제적 가치는 얼마나 많이 만들었느냐보다 얼마나 많은 부가가치가 만들어졌느냐에 따라 결정된다는 논리이다. 그런 의미에서는 부가가치구조가 더 의미 있는 지표라고도 할 수 있는 것이다.

그림 3-2는 전체적인 산업구조의 구성도를 보여 주고 있다. 앞에서 설명한대로 거시적인 산업구조는 크게 투입의 측면과 산출의 측면으로 나누어 분석할 수 있고, 투입구조는 다시 고

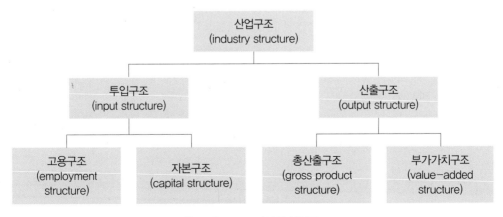

✿ 그림 3-2　거시적 산업구조

용구조와 자본구조로, 산출구조는 총산출구조와 부가가치구조로 세분하여 살펴볼 수 있다.

⬢ 산업구조의 변화

표 3-1과 3-2, 표 3-3을 보면, 우리나라의 산업구조가 투입 측면의 고용구조와 산출 측면의 총생산구조에서 어떻게 변해왔는지를 알 수 있다. 표에서 알 수 있듯이, 우리나라의 산업시스템은 고용구조와 총생산구조 모두 근본적인 변화를 거듭해 왔다. 특히, 우리 경제는 60~70년대를 통해 단기간의 압축 성장을 추구하는 산업전략을 선택하였기 때문에, 다른 나라와 비교하여 이 기간에 산업 시스템의 구조적 변화가 심하게 나타나고 있다. 한마디로, 농·어업 중심에서 공업 중심으로, 경공업 중심에서 중화학공업 중심으로, 노동집약적 산업에서 자본집약적 산업으로 빠르게 바뀌어 온 것이다. 그러나 급격한 변화 추세는 80년대 이후부터는 계속 약해지고 있다. 대신, 최근에는 정보통신(ICT) 산업이나 바이오산업과 같은 기술집약적 산업의 비중이 커지고 제조업 중심에서 서비스업 중심으로 전환되는 모습을 보이고 있다.

● 표 3-1   우리나라 고용구조의 변화   (단위 : %)

구분	1975	1980	1985	1990	1995	2000	2005
농업, 임업, 수렵업 및 수산업	10.70	5.83	31.10	20.83	15.87	13.09	6.41
광업 및 채석업	0.99	0.62	0.66	0.40	0.20	0.14	0.06
제조업	35.11	39.42	23.01	27.43	23.79	21.26	18.12
전기가스 및 수도사업	0.51	0.48	0.38	0.38	0.46	0.46	0.59
건설업	5.35	6.77	6.63	7.10	8.55	7.32	7.77
도·소매 및 음식숙박업	20.98	21.30	17.18	19.28	22.88	23.17	25.74
운수 창고 및 통신업	5.21	5.63	5.18	5.19	5.32	6.00	8.11
금융보험 부동산업 및 용역업	1.84	4.83	3.35	5.27	7.84	9.88	5.70
사회 및 개인서비스업	19.31	15.11	12.51	13.64	15.00	18.62	26.83
분류 불능 산업	0.01	0.00	0.01	0.49	0.09	0.07	0.68
취업자(천 명)	2,295	3,149	13,337	15,751	17,988	18,456	22,699

자료 : 통계청

● 표 3-2　　우리나라 총생산구조의 변화 (단위 : %)

구분	1975	1980	1985	1990	1995	2000	2004	2007
농업, 임업 및 어업	7.16	6.59	5.93	6.06	5.52	4.87	4.47	3.03
광업	0.25	0.31	0.30	0.30	0.42	0.40	0.41	0.24
제조업	50.02	41.37	39.38	33.79	32.76	29.42	26.67	28.75
전기가스 및 수도사업	4.93	5.52	5.28	2.92	2.44	2.57	2.25	2.31
건설업	5.34	6.91	6.24	8.20	8.42	8.35	9.34	7.83
도소매 및 음식숙박업	16.65	14.47	13.98	12.23	10.82	10.81	10.66	11.25
운수창고 및 정보통신업	11.39	10.62	10.13	9.32	8.64	7.03	6.28	9.55
금융보험업	10.63	13.15	8.51	7.30	6.14	6.86	7.76	7.37
부동산 및 사업서비스업	4.77	5.92	7.23	9.52	11.55	13.24	13.48	8.37
공공행정국방 및 사회보장	2.04	2.60	3.23	3.97	4.94	5.67	6.60	6.69
교육서비스업	1.85	2.50	2.91	3.63	4.35	5.00	5.90	6.70
보건 및 사회, 문화복지사업	1.47	1.47	1.75	1.59	1.66	2.45	2.45	5.74
기타 서비스업	3.04	2.91	3.25	3.34	3.42	3.34	3.34	2.15

자료 : 한국은행

● 표 3-3　　우리나라 1차, 2차, 3차 산업의 총산출 비중(%)의 변화 (단위 : %)

연도	1차 산업 비중	2차 산업 비중	3차 산업 비중
1970년	29.04	27.19	43.78
1980년	16	35.97	48.03
1990년	8.41	40.17	51.41
1995년	5.85	40.06	54.08
2000년	4.28	38.52	57.21
2005년	2.89	37.67	59.44
2010년	2.36	37.51	60.14
2015년	2.18	37.23	60.59
2020년	1.92	35.82	62.26

자료 : Industrial Statistics Analysis System(ISTANS), 산업통상자원부, 2021

3 | 산업조직과 시스템 접근

1. 산업조직의 정의

산업을 시스템으로 이해하기 위해서 반드시 알아야 할 또 다른 개념은 산업조직(industry organization)이라는 용어이다. 앞에서 살펴본 산업구조는 산업시스템 전체의 모습을 설명하는 개념이다. 즉, 여러 산업이 모여 있는 전체 시스템 안에서 각각의 산업이 다른 산업들과 상대적으로 비교하여 얼마나 큰지 또는 작은지를 보여 주는 것이다. 이에 반해 여기서 알아볼 산업조직이라는 말은 한마디로 특정 산업의 내부 시스템을 가리키는 개념이다. 즉, 어느 산업 내부에 얼마나 많은 기업들이 서로 어떤 관계를 이루면서 존재하는지를 보여 주는 것이다. 따라서 산업을 하나의 큰 시스템으로 보기 위해서는 산업구조를 분석해야 하고, 하나의 작은 시스템으로 보려고 한다면 산업조직을 분석해야 한다.

산업조직을 알아보기 위해서는 그 산업 내에 존재하는 기업의 수가 얼마나 되는지, 대기업과 중소기업 간의 구성 비율은 어느 정도인지, 상위 소수기업의 비중이 얼마나 되는지, 새로운 기업이 진입하기가 얼마나 쉬운지, 생산되고 거래되는 제품의 다양성과 유사성은 어느 정도인지 등이 중요한 관심사가 된다. 그러므로 산업조직이라는 개념을 이야기할 때는 곧 산업집중도라는 개념을 떠올리게 된다. 한 산업을 지배하는 힘이 소수기업에 집중되어 있는지 아니면 많은 기업에 분산되어 있는지가 핵심적 기준이 되는 것이다.

산업의 집중도는 곧바로 시장의 경쟁형태로 연결된다. 산업집중도에 따라 그 산업의 내부시스템이 어떤 성격을 지니는지, 즉 시장이 독점적인지 아니면 경쟁적인지가 결정되는 것이다. 일반적으로 시장의 경쟁형태는 크게 네 가지 유형으로 나눈다. 첫째는 완전경쟁(perfect competition)이다. 완전경쟁시장은 기업의 수가 대단히 많고 거래되는 상품들이 거의 비슷하며, 새로운 기업의 진출과 기존 기업의 퇴출이 자유로운 시장을 말한다. 따라서 이러한 시장에서는 어느 특정기업이나 소수의 기업들이 마음대로 시장을 지배할 수 없는 상황이 된다. 둘째는 독점적 경쟁(monopolistic competition)이다. 이 시장은 완전경쟁시장과 같이 기업의 수는 매우 많고 진입과 퇴출도 자유롭지만, 거래되는 상품이 어느 정도 차별적이어서 개별기업 나름대로 부분적인 시장지배가 가능한 경우이다. 셋째는 과점(oligopoly)이다. 과점시장은 소수의 대기업들에 의해 시장이 지배되는 것이다. 넷째는 독점(monopoly)이다. 독점시장은 말 그대로 하나의 기업이 시장을 마음대로 지배하는 것이다.

2. 산업조직의 시스템 접근

위에서 우리는 시장을 몇 가지의 경쟁형태로 나누는 것에 대해 알아보았다. 하지만 산업의 내부시스템을 '경쟁적이다' 또는 '대기업 중심으로 되어 있다'라고 말하는 것은 매우 주관적인 표현이고 상대적인 개념이다. 따라서 산업조직의 형태, 즉 산업집중도를 객관적으로 파악하기 위해서는 정량적인 지표(index)가 필요하다. 이를 위해 다양한 지표들이 개발되어 있지만, 그 가운데 가장 이해하기 쉽고 또 자주 이용되는 지표로는 집중도 지수(concentration ratio)와 허핀달 계수(Herfindahl index)를 들 수 있다.

🔷 집중도 지수

집중도 지수(Concentration Ratio : CR)는 해당 산업에서 상위의 소수기업들이 차지하고 있는 시장점유율(market share)이 어느 정도인가를 보여 주는 지표이다. 이때 '소수'라는 표현은 애매하기 때문에 실제로는 N-기업 집중도(N-firm CR)를 사용한다. 예를 들어, 상위 5대 기업의 집중도라고 하면 전체시장에서 상위 5개 기업이 차지하는 시장점유율의 합을 뜻한다. 이 경우 $N = 5$가 되며 흔히 CR5로 표시한다.

집중도 지수, 즉 CR 지표는 이해하기 쉽고 측정하기 용이하다. 직관적으로 해석해도 집중도 지수의 값이 높으면 시장은 독과점 형태가 될 것이고, 반대로 집중도가 낮으면 경쟁시장에 가깝다고 보면 된다. 따라서 이 지수는 시장의 형태를 간접적으로 알 수 있는 일차적 지표로 많이 쓰인다.

허핀달 계수

집중도 지수는 매우 단순하고 유용한 지표이기는 하지만 단점도 있다. 가장 큰 문제점은, 측정 대상으로 포함된 N개 기업 전체의 집중도 값은 알 수 있지만 개별기업 각각의 차이는 알 수 없다는 점이다. 예를 들어, $N = 3$으로 했을 때 A, B 두 산업의 집중도가 60%로 같다고 하자. 여기서 A 산업의 집중도 60%는 시장점유율이 각각 50%, 5%, 5%인 세 기업으로 되어 있고, B 산업은 시장점유율이 20%, 20%, 20%로 동일한 세 기업으로 되어 있다. 이런 경우 두 산업의 전체적인 집중도는 같지만 실질적인 내용은 상당히 다르다. 그러나 집중도만 보고는 이런 사실을 알기 어렵다.

집중도 지수의 단점을 보완하기 위해 제안된 지표가 허핀달 계수(Herfindahl Index : HI) 또는 허쉬만–허핀달 계수(Hirschman-Herfindahl Index : HHI)이다. 허핀달 계수(HI)는 다음 식으로 정의된다.

$$HI = \sum_{i=1}^{n}(S_i)^2 \quad \text{여기서, } S_i : \text{기업 } i\text{의 시장점유율(market share)}$$

만일 시장점유율이 각각 50%인 두 개의 기업만 시장에 존재한다면, 허핀달 계수 $HI=(0.5)^2+(0.5)^2=0.5$가 된다. 일반적으로 시장에 점유율이 같은 N개의 기업이 존재한다면, 허핀달 계수는 $HI = 1/N$이 된다. 또 허핀달 계수는 많은 경우 아주 작은 소수값으로 나오기 때문에, 1,000을 곱하여 나타내기도 한다.

집중도 지수가 소수의 대기업만을 대상으로 하는 반면에, 허핀달 계수는 특정 산업에 속한 모든 기업의 시장점유율(market share)을 가지고 그 값을 측정한다. 따라서 계산과정에 많은 시간과 비용이 들기는 하지만 산업 내에서 각 기업이 갖는 비중을 좀 더 정확히 알 수 있다는 장점이 있다.

집중도 지수와 마찬가지로 허핀달 계수를 토대로 시장의 경쟁상황을 어느 정도 파악할 수 있는데, 절대적인 기준이 될 수는 없지만 표 3–4에 제시되어 있는 것처럼, 일반적으로 HI가 0.2보다 낮으면 완전경쟁, 0.2 정도면 독점적 경쟁, 0.2~0.7 사이면 과점, 0.7보다 크면 독점 형태라고 평가한다.

● 표 3-4 허핀달 계수(HI)와 경쟁형태

경쟁형태	허핀달 계수 범위	가격경쟁 수준
완전경쟁(perfect competition)	0.2 미만	매우 높음
독점적 경쟁(monopolistic competition)	0.2 수준	중간~높음
과점(oligopoly)	0.2와 0.7 사이	낮음~중간
독점(monopoly)	0.7 이상	매우 낮음

산업조직의 변화

산업구조라는 전체 시스템과 마찬가지로 산업조직이라는 내부시스템도 시간의 흐름에 따라 동태적인 변화를 보인다. 그렇다면 우리나라 산업의 내부시스템, 즉 산업조직은 어떻게 바뀌어 왔을까?

이를 알아보기 위해서는 산업집중도의 변화를 살펴보면 된다. 표 3-5에서 보는 것처럼 우리나라의 산업조직은 시간의 흐름에 따라 전체적인 집중도가 낮아지는 양상을 보이고 있다. 모든 산업의 평균을 보았을 때 3대 기업 집중도, 즉 CR3은 1980년의 62.4%에서 2000년에는 44.0%로 크게 낮아진 후, 2006년에는 42.9%까지 낮아지고 있다. 허핀달 계수도 1980년의 264에서 2000년에는 153으로 낮아진 후, 2006년에는 149까지 내려가고 있다. 전체적으로 보아 대기업의 독과점 구조가 약해지고 시장의 경쟁은 높아졌음을 보여 주고 있는 것이다.

● 표 3-5 우리나라 산업집중도 평균값의 변화 추이

연도	CR3(%)	HI(×1,000)
1980	62.4	264
1990	52.8	221
1995	47.8	173
2000	44.0	153
2005	43.6	155
2006	42.9	149

자료 : 공정거래위원회(2008)

그러나 개별산업 간의 편차는 여전히 매우 크다. 표 3-6에 나타나 있는 것처럼 2006년을 기준으로 하였을 때, 자동차 제조업은 산업집중도가 매우 높은 전형적인 과점구조를 보이고 있는 반면, 자동차부품 제조업은 수많은 중소기업이 모여 있는 치열한 경쟁시장의 모습을 보이고 있다. 또 전자집적회로 제조업은 산업집중도가 매우 높은 데 반해, 석유화학 화합물 제조업의 집중도는 매우 낮아 대조적인 양상을 보이기도 한다.

📀 표 3-6   우리나라 주요 산업의 산업집중도(2006년 기준)

산업	CR3(%)	HI(×1,000)
자동차 제조업	90.3	312
자동차 부품 제조업	26.3	39
전자집적회로 제조업	83.3	362
석유화학계 기초 화합물 제조업	58.8	150

자료 : 공정거래위원회(2008)

4 | 산업분석과 시스템 접근

지금까지 살펴본 것처럼, 산업시스템은 전체구조의 모양으로 볼 수도 있고 내부조직의 모양으로 볼 수도 있다. 그리고 그 모양은 주로 정량적인 지표를 통해 측정할 수 있었다. 이 값을 토대로, 현재 이 시스템이 어떤 모양을 갖추고 있는지, 다른 시스템과 비교하여 어떤 차이가 있는지, 과거의 시스템에 비해 현재의 시스템은 얼마나 바뀌었는지 등을 파악할 수 있는 것이다. 하지만 이 지표들의 전략적 용도는 제한적이다. 왜냐하면 이 지표들은 하나의 단일지표 값으로 산업 전체의 모양을 표현하고 있어서, 다양한 관점에서 시스템의 내부를 심층적으로 분석하기 어렵기 때문이다.

1. 산업분석의 틀

전략적 목적에서 산업시스템을 분석할 때 자주 이용되는 틀(framework)로는 5-Force 모형 (Five Forces model)을 들 수 있다. 포터(Porter, 1979)가 제시한 이 모형은, 산업의 시스템 구조와 성격을 설명하고 비교할 수 있는 유용한 틀로 지금도 많이 활용되고 있다. 흔히 다섯 가지 힘 분석(five-forces analysis)이라고도 불리는 이 모형은 그림 3-3에서 볼 수 있듯이 산업조직을 설명할 수 있는 5개의 핵심적인 요소를 다이아몬드 모양으로 표현하고 있다. five-force, 즉 5개의 요소는 내부경쟁자(internal rivalries), 잠재경쟁자(potential entrants), 공급자(suppliers), 수요자 (buyers), 대체품(substitutes)이며 각각의 요소가 산업시스템의 모양과 상태를 보여 준다.

첫째로 내부경쟁자를 보자. 흔히 하나의 산업 내에는 경쟁관계에 있는 여러 기업이 존재한다. 이들의 경쟁 수준이나 강도가 어느 정도인가 하는 문제는 산업의 구조를 설명할 수 있는 중요한 기준이 된다. 경쟁기업의 다양성, 제품의 차별화 정도, 진입과 퇴출의 신축성 등이 구체적인 분석요소들이 된다.

둘째로 잠재경쟁자를 보자. 잠재경쟁자는 아직 산업(시장)에 존재하지는 않지만 새롭게 진출할 가능성이 높은 기업을 의미한다. 산업에 따라 후발기업들이 신규시장에 진출하기가 아주 용이한 경우가 있는가 하면, 어느 경우에는 시장을 개척하기 위해 신기술과 신제품의 개발은 물론 대규모 설비투자나 집중적인 마케팅 투자가 필요할 수도 있다. 한마디로 진입장벽(entry

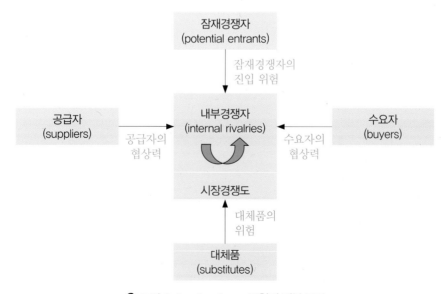

✿ 그림 3-3　　five-force 모형의 기본 구조

barrier)의 높이가 다른 것이다. 진입장벽의 높이를 결정하는 요소들로는 규모의 경제, 기업의 인지도, 자본투자의 규모, 가격경쟁력, 유통채널 관리능력 등을 들 수 있다.

셋째로 공급자를 보자. 공급자는 외부에서 원자재나 부품을 공급하는 기업들을 가리킨다. 공급자 집단의 힘, 즉 협상력이 어느 정도인가 하는 문제도 산업의 구조를 결정하는 요인이 된다. 구체적으로 공급자의 독과점 능력, 제품에 대한 원자재나 부품의 의존도와 차별성, 원자재의 대체나 교체비용 등이 주요 요소가 된다.

넷째로 수요자를 보자. 수요자는 완제품 내지 부품을 구매하는 소비자들이나 기업을 뜻한다. 수요자 집단의 힘, 즉 협상력이 어느 정도인가 하는 문제도 산업구조를 결정할 때 매우 중요한 요소가 된다. 세부적인 요소를 본다면, 구매자 집단의 집중도, 구매제품의 표준화 수준, 대체재의 존재 여부, 구매정보의 유통 수준 등을 들 수 있다.

마지막으로 대체품을 보자. 대체품은 그 산업이나 시장에서 생산 내지 거래되는 제품의 대체품이 얼마나 다양하게 존재하는가를 가리키는 요소이다. 어느 제품에 대해 대체품이 많으면 많을수록 가격이나 품질은 큰 영향을 받게 되고 경쟁수준이 달라지게 된다. 구체적으로는, 대체품의 상대적 가격과 품질, 대체품에 대한 고객 선호도, 교체 비용과 시간 등이 핵심적인 요소가 된다.

2. 산업분석의 예시

five-force 모형을 토대로 산업시스템을 분석하는 예를 생각해 보자. 병원을 중심으로 의료산업의 경우를 본다면, 표 3-7과 같이 시스템의 동태적 변화를 분석할 수 있다.

● 표 3-7　의료산업의 산업조직 변화도

요소	1980년대	현재
시장경쟁도	낮음(Low)	높음(High)
잠재경쟁자의 진입 위험	낮음(Low)	중간(Medium)
대체품의 위협	중간(Medium)	높음(High)
공급자 협상력	중간(Medium)	중간(Medium)
수요자 협상력	낮음(Low)	높음(High)

우선 내부경쟁자를 보자. 1980년대와 비교할 때 경쟁자의 수가 급속하게 증가하고 시장규모도 엄청나게 커지면서 경쟁이 갈수록 치열해지고 있다는 것을 알 수 있다. 개인병원과 대학병원은 물론이고 일부 대기업까지 대규모 종합병원을 개원하였다. 거기다 대부분의 병원은 유사한 의료서비스를 비슷한 가격, 즉 의료수가로 제공하고 있어 제품 차별화가 거의 이루어지지 않고 있다.

전체적으로 의료산업이 포화상태라고 하지만 잠재경쟁자의 위협도 만만치 않다. 국제화의 조류 속에서 의료시장의 개방은 가속화될 것이고, 이러한 추세에 따라 의료수준이 뛰어난 외국계 병원, 규모와 내용에서 차별성을 지향하는 국내 특수병원 등이 계속 생겨날 것이다.

공급자의 협상력은 중간 정도의 수준에서 별다른 변화가 없을 것으로 보인다. 의료산업의 공급자로는 전문인력 공급자, 의료장비 기업, 제약회사 등을 들 수 있는데, 이들의 협상력이 갑자기 바뀔 가능성은 낮아 보인다. 한편, 수요자의 협상력은 최근에 크게 높아지고 있다. 과거의 의료산업은 전형적인 공급자 중심 시장이었다. 그러나 환자들의 권익 주장이 갈수록 강해지고 있고 차별화된 의료서비스를 원하는 수요도 늘어날 것으로 예상된다.

마지막으로 대체품을 생각해 보자. 서양의학 중심의 의료산업에서 한의학이 부분적인 대체품 역할을 해 왔으며 그 비중은 더욱 커지고 있다. 또 정보기술의 발전으로 홈닥터시스템, 원격 진료 등이 활성화될 것이다. 따라서 대체재의 수준은 현재의 중간 수준에서 앞으로 높은 수준으로 바뀔 것으로 예상된다.

앞에서 살펴본 집중도 지수나 허핀달 계수가 산업시스템의 전체적인 모습을 한눈에 파악하는 데 유용하다면, five-force 모형은 좀 더 세부적이고 다면적인 구조를 이해하는 데 도움이 되는 정보를 제공한다. 따라서 산업시스템의 분석은 다양한 지표나 모형을 보완적으로 활용하는 것이 바람직하다.

산업시스템의 분석은 산업 그 자체에 대한 이해에 그치는 것이 아니라 산업과 기술, 시장과 기술 간의 관계를 이해하는 데 중요한 정보를 제공한다. 산업구조의 변화도 그렇고 산업조직의 변화도 그렇고 모두 기술의 변화와 불가분의 관계를 맺고 있기 때문이다. 한편으로는 기술의 진보가 산업과 시장의 변화를 가져오고 다른 한편으로는 시장 수요의 변화가 새로운 기술의 출현으로 연결된다. 공학, 특히 산업공학에서 가장 먼저 산업시스템의 분석을 하는 이유도 여기에 있다.

3. 그 외 산업분석의 도구

앞에서 알아본 five-force 모형 외에도 다양한 도구들이 산업 시스템의 분석에 사용되고 있다. 물론 그 도구를 제대로 이해하고 사용하기 위해서는 개론 과목의 수준을 넘어서는 전문적 지식과 경험이 필요하지만, 여기에서는 '산업연관 분석'과 '산업 네트워크 분석'이라는 두 가지 도구의 기본개념과 원리에 대해서만 간략히 설명하도록 한다.

◈ 산업연관 분석

기술이 급속하게 발전하고 산업구조가 복잡해짐에 따라, 산업 간에 생산요소를 투입(input) 하고 산출(output)하는 관계도 갈수록 촘촘하게 연결되고 있다. 예를 들어 자동차 산업을 생각해 보자. 자동차 기업의 입장에서는 자동차라는 산출물을 만들어 내기 위해 강판, 타이어 등 수많은 투입물을 다른 산업에서 받아들여야 한다. 부품이 많아질수록 하나의 산업과 연결되는 다른 산업의 범위도 넓어진다. 하지만 이것으로 끝나는 것이 아니다. 이번에는 강판이나 타이어 기업의 입장에서 보자. 여기에서는 강판이나 타이어라는 산출물을 만들기 위해 철광석, 고무 등의 원재료가 다른 산업으로부터 투입되어야 한다. 이런 식으로 투입물이 산출물이 되고 산출물은 다시 투입물이 되면서 산업과 산업은 더 넓고 끈끈하게 연결된다. 같은 자동차 산업이라고 해도 내연기관 자동차와 전기자동차는 부품의 숫자와 구성에서 상당한 차이가 있기 때문에 투입과 산출의 내용도 달라진다. 또 자동차, 스마트폰, 영화제작을 비교해 보면 투입과 산출의 차이가 더 크게 나타나고 당연히 산업 간의 연결도 크게 달라지게 된다.

이와 같이 각 산업은 원재료, 부품, 완제품, 서비스 등의 거래관계를 토대로 직접적 또는 간접적으로 다른 산업들과 연결되어 있다. 이러한 산업 간 상호 연관관계를 투입량과 산출량의 크기로 정리한 것이 다음 표에서 보는 산업연관표(I/O table)이다. 행렬(matrix) 모양의 이 표에 산업들을 행과 열에 배열한 후 각 셀(cell)에 다른 산업으로부터 들어오는 투입과 다른 산업으로 나가는 산출의 크기를 기입하면 산업연관표가 만들어진다. 물론 산업연관표를 만드는 일은 매우 방대한 작업이기 때문에 국가에서 주관하여 몇 년에 한 번 정도 작성한다.

	농림어업	제조업	기타산업	총산출액
농림어업				
제조업				
기타산업				
총투입액				

산업연관표를 바탕으로 한 산업에서 일어나는 경제활동이 다른 산업의 생산이나 고용에 얼마나 큰 영향을 미치는지를 알아보는 것이 산업연관 분석(inter-industry analysis) 또는 투입산출 분석(input-output analysis)이다(Leontief, 1951). 산업연관 분석에서는 위의 산업연관표에 나타난 투입과 산출의 크기를 바탕으로 산업 간 영향의 크기를 계측한다. 또 어느 산업에서 일어난 경제활동이 다른 산업에 미치는 영향의 크기를 모두 합하여 파급효과를 측정할 수도 있다. 예를 들어, 대규모 고속도로를 건설하면 그 프로젝트가 가져오는 사회경제적 파급효과가 얼마나 될 것인가, 국내에서 제작한 문화예술 콘텐츠가 해외로 수출될 때 만들어지는 부가가치의 크기는 얼마인가 등을 화폐단위로 측정하는 문제가 전형적인 산업연관 분석의 주제가 된다. 본격적인 산업연관 분석을 위해서는 이 책의 수준을 벗어나는 전문지식이 필요하지만, 기본개념의 이해를 위해서는 여기서의 설명으로도 충분할 것이다.

산업 네트워크 분석

산업간 흐름도를 분석하기 위한 도구로는 산업 네트워크(Industrial Network)를 들 수 있다. 네트워크는 말 그대로 노드(node)와 화살표(arrow)로 구성된 시각적 모양을 가리킨다. 여기서 노드를 각 산업으로 하고 산업 간의 관계를 화살표로 표시하면 다음 그림에서 보는 산업 네트워크가 만들어진다. 각 산업의 규모가 다르다는 것을 나타내기 위해 노드(원)의 크기를 달리 그릴 수도 있고, 산업 사이의 관계를 보여주기 위해 화살표를 한 방향으로 그리기도 하고 양방향으로 그리기도 한다.

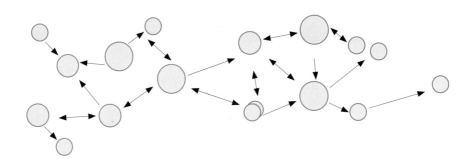

　산업 간의 관계, 즉 네트워크 위를 흐르는 대상은 분석의 목적에 따라 달라진다. 산업과 산업을 잇는 물적 자원의 흐름일 수도 있고, 지식이나 정보 자원의 흐름일 수도 있으며, 인적 자원의 흐름일 수도 있다. 산업 네트워크를 들여다보면, 흐름의 크기와 방향을 알아볼 수도 있고, 전체 산업구조 안에서 개별산업의 역할과 위상을 파악할 수도 있다. 어느 산업은 가운데에서 다른 산업들 사이의 흐름을 연결해 주는 허브(hub)의 역할을 하는가 하면, 어떤 산업은 주기만 하거나 받기만 하는 위치에 있기도 하다. 물론 복잡하고 정교한 산업 네트워크를 그리기 위해서는 이 책의 수준을 벗어나는 전문지식과 실습 경험이 필요하지만, 여기에서는 기본개념을 소개하는 것에 초점을 맞추고자 한다.

089 산업시스템의 구조와 분석

EXERCISE 연습문제

01 산업을 정의하는 기준은 관점과 목적에 따라 다르게 나타난다.

(1) 산업을 정의하는 기준이 경제학과 공학에서 어떻게 다른지를 설명하라.

(2) X, Y 두 재화의 '가격에 대한 수요의 교차탄력성'을 정의하고, 이를 토대로 산업을 정의하는 접근 방법을 설명하라.

02 실생활에서 볼 수 있는 대체재와 보완재의 예를 들고, 실제 교차탄력성 값을 조사해 보라.

03 표준산업분류의 산업분류 기준을 설명하라.

04 기술적 요인과 특성에 따라 첨단기술 산업, 즉 하이테크(high-tech) 산업으로 분류하는 기준에 대해 설명하라.

05 산업구조라는 개념의 정의를 구체적으로 설명하라.

06 시장의 경쟁형태를 분류하는 기준을 제시하고, 경쟁형태 4가지를 설명하라.

07 A 산업은 10개의 기업이 경쟁하고 있다. 다음의 표는 A 산업 내의 기업들이 지난해 올린 매출액을 나타내고 있다.

(단위 : 백만 원)

기업	매출
기업 1	611,000
기업 2	240,000
기업 3	97,800
기업 4	14,200
기업 5	8,700
기업 6	6,800
기업 7	6,200
기업 8	5,900
기업 9	4,800
기업 10	4,600

(1) A 산업의 집중도 지수 CR3 값을 구하라.

(2) A 산업의 허핀달 계수를 구하고 A 산업의 경쟁형태를 설명하라.

08 다음의 데이터를 활용하여 세계 완성차 시장과 세계 스마트폰 시장의 CR3과 허핀달 계수(HI)를 구하고, 두 시장의 경쟁상황에 대해 분석해 보라.

세계 완성차 시장 점유율(포브스, 2013년 기준)

판매 순위	회사	매출액(억 달러)	점유율(%)
1	폭스바겐	2,540	18.5
2	토요타	2,244	16.3
3	GM 그룹	1,522	11.1
4	다임러 벤츠	1,507	11.0
5	포드	1,342	9.8
6	닛산 그룹	1,136	8.3
7	BMW 그룹	988	7.2
8	혼다자동차 그룹	960	7.0
9	현대/기아차 그룹	750	5.5
10	상하이 자동차	749	5.5

세계 스마트폰 시장 점유율(트렌드포스, 2013년 기준)

판매 순위	회사	점유율(%)
1	삼성	29.6
2	애플	15.3
3	HTC	4.4
4	노키아	4.3
5	화웨이	4.0
6	레노버	3.9
7	소니	3.8
8	ZTE	3.7
9	LG	3.6
10	쿨패드	3.6
11	기타	23.8

09 국내 석유(정유) 산업의 경쟁형태를 예상해 보고, 실제 이를 뒷받침할 수 있는 정량적인 자료(근거)를 제시하라.

10 포터(Porter)의 five-force 모형의 구조와 내용을 간략히 설명하라.

11 특정 산업을 하나 골라, 그 산업에 속하는 기업의 입장에서 five-force 모형을 통한 분석을 행하라.

12 특정 산업을 하나 선택하여, five-force 모형을 이용한 산업의 동태적 분석을 행하라.

Chapter

04

경영시스템의
구조와 설계

핵심 주제

1. 기업의 규모, 기업의 범위
2. 수평적 통합, 수직적 통합, 다각화
3. SWOT 분석, 위상분석, 분포분석, 동태분석
4. 경쟁전략, 원가우위전략, 차별화전략, 집중화전략
5. 라인조직, 라인-스태프조직, 프로젝트조직, 사업부조직
6. 매트릭스조직, 네트워크조직

🔗 학습목표

- 기업의 모양을 결정하는 기업의 규모와 기업의 범위라는 개념을 알아본다.

- 기업의 성장을 결정하는 수평적 통합, 수직적 통합 그리고 다각화의 의미를 알아본다.

- 경영전략을 수립하기 위해 수행하는 SWOT분석, 위상분석, 분포분석, 동태분석 등의 내용과 절차를 알아본다.

- 라인조직, 라인-스태프조직, 프로젝트조직, 사업부조직과 같은 전통적 조직형태와 매트릭스조직, 네트워크조직과 같은 새로운 조직형태를 알아본다.

1 | 기업조직과 시스템 접근

1. 기업규모와 시스템

앞 장에서 우리는 산업과 시장을 하나의 시스템으로 이해하고 분석하는 접근에 대해 알아보았다. 산업이라는 시스템은 기업이라는 구성요소들의 집합체이다. 따라서 이 장에서는 분석의 수준을 좀 더 내리고 관점을 좀 더 좁혀서, 기업이라는 조직을 시스템으로 바라보는 접근을 생각해 보자. 어느 기준에서 보느냐에 따라 기업조직은 다양한 모습을 가질 수 있다. 하지만 가장 실질적이고 구체적인 기준은 기업의 '규모'와 '범위'라고 할 수 있다. 기업의 크기가 어느 정도인지, 또 기업의 사업내용이 얼마나 다양한지를 보면 그 시스템의 구조를 어느 정도 파악할 수 있다는 것이다. 모든 시스템이 그렇지만, 기업시스템도 처음에는 작고, 좁은 모양으로 시작한다. 그러나 시간이 흐르면서 점점 커지고 또 점점 넓어진다. 시스템의 규모와 범위가 동태적으로 변화하는 것이다. 이 과정을 알아보기 위해 먼저 기업의 규모(scale)라는 개념을 생각해 보자.

기업시스템의 구조를 설명할 때, 기업의 규모는 가장 일차적인 기준이 된다. 이 기준에서 보면 기업시스템은 크게 대기업과 중소기업으로 나뉘어진다. 대기업 또는 중소기업으로 나누는 공식적인 기준으로는 매출액, 종업원 수, 자본금 등이 사용된다. 최근에는 중소기업과 대기업 사이에 중견기업이라는 새로운 범주를 추가하기도 한다. 그러나 숫자의 크기를 가지고 대기업, 중견기업, 중소기업으로 분류하는 것은 기업규모의 전략적 의미를 파악하는 데 별다른 도움을 주지 못한다. 기업의 규모가 시스템분석이나 시스템전략에 미치는 의미를 설명하기 위해서는, 이른바 '규모의 경제(economies of scale)'라는 개념을 이해해야 한다.

규모의 경제라는 용어의 정의는 무엇일까? 규모의 경제는 '기업의 규모가 커지면서 얻을 수 있는 비용의 절감효과나 생산의 확대효과'를 말한다. 시스템의 크기가 커지면서 시스템 자체가 가지는 힘이 더 커질 수 있다는 것이다. 이해 반해, 기업이 커질수록 생겨나는 경제적 부작용을 '규모의 불경제(diseconomies of scale)'로 부르기도 한다. 시스템의 크기가 커지면서 오히려 시스템의 능력이 떨어질 수도 있다는 것이다.

하지만 위의 정의는 주관적이고 정성적이어서 그 뜻이 확실하게 잡히지 않는 문제가 있다. 그렇다면 규모의 경제를 정량적으로 설명할 수는 없을까? 이를 위해서는, 단순한 비용절감이나 생산확대효과보다는 투입량과 산출량의 관계에서 평균비용과 한계비용이 어떻게 나타나는지를 분석하는 접근을 사용한다. 그림 4-1에서 볼 수 있듯이 생산활동은 투입(input)으로서의 총비용(Total Cost : TC)과 산출(output)로서의 산출량(Quantity : Q)의 관계로 표현할 수 있다. 이때 산출량이 늘어나면서 총비용도 늘어나지만, 그 늘어나는 비율이 항상 일정한 것은 아니다.

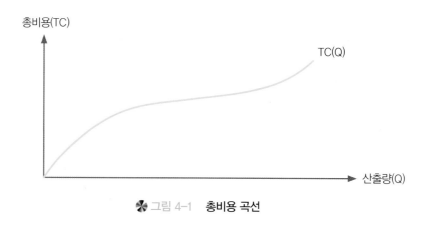

✱ 그림 4-1   총비용 곡선

총비용과 밀접한 관련을 맺고 있는 또 다른 비용 개념이 바로 평균비용(Average Cost : AC)과 한계비용(Marginal Cost : MC)이다. 평균비용은 총비용을 총산출량으로 나눈 값, 즉 생산한 모든 단위에 대해 한 단위에 평균적으로 들어간 비용이다. 한계비용은 어느 시점에서 추가로 한 단위를 생산하는 데 들어가는 비용이다. 따라서 한계비용은 생산량이 바뀌면 그에 따라 값도 바뀐다.

그림 4-2를 보자. 산출량과 총비용과의 관계와 마찬가지로, 평균비용은 어느 단계까지는 줄다가 그 단계를 넘어서면 오히려 증가하는 양상을 보인다. 생산량이 적정 수준을 넘어서면 오히려 여러 가지 불필요한 비용이 더 들기 때문이다. 한계비용도 마찬가지 성질을 가지고 있어, 처음 어느 단계까지는 줄다가 그 단계를 넘어서면 증가한다. 물론 평균비용과 한계비용이 줄고 느는 구체적인 모양은 서로 다르고, 따라서 두 비용 곡선은 서로 떨어져 있다가 어느 점에서는 만나고, 또 그 점을 벗어나서는 다시 떨어지게 된다. 이때 경제학에서 제시한 기본 이론은 평균비용이 최소가 되는 점에서 평균비용과 한계비용이 같아진다고 설명한다. 그림에서 보듯이 산출량이 Q_1인 지점에서는 평균비용(AC)이 한계비용(MC)보다 높고, 반대로 Q_2인 지점에서는 한계비용(MC)이 평균비용(AC)보다 높다. Q^*인 지점은 평균비용이 최소가 되는 점이자 동시에 평균비용(AC)과 한계비용(MC)이 일치하는 점이다.

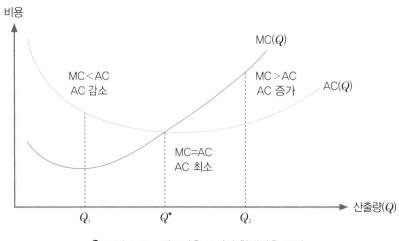

❋ 그림 4-2   평균비용 곡선과 한계비용 곡선

위의 그림을 바탕으로, 규모의 경제라는 개념에 대해 알아보자. 평균비용과 한계비용 곡선 그림에서 본 것처럼 한계비용은 규모가 작은 초기에는 평균비용보다 낮지만 어느 단계를 넘어서면 오히려 더 높아진다. 두 비용의 관계를 토대로 규모의 경제라는 개념은 다음과 같이 정의된다.

MC < AC이면, 규모의 경제(economies of scale)가 존재한다.

MC > AC이면, 규모의 불경제(diseconomies of scale)가 존재한다.

그러면 왜 규모의 경제가 발생할까? 그 배경으로는 다음 몇 가지를 들 수 있다. 첫째, 고정비용의 분산효과이다. 생산을 위해서는 대규모의 설비투자, 즉 고정비용이 투입된다. 기업규모가 커질수록 생산량이 늘어나고 따라서 고정비용을 폭넓게 분산시키는 효과를 얻을 수 있다. 둘째, 전문화의 효과이다. 기업규모가 커지면 각 조직단위나 개인들의 역할과 기능이 세분화(division of labor)되고 이를 통해 전문성과 생산성이 올라가는 효과를 기대할 수 있다. 셋째, 비용의 공유효과이다. 기업규모가 커질수록 구매관리, 재고관리, 마케팅활동 등을 여러 부문이 함께 할 수 있고 이러한 공동활동을 통해 비용절감이 가능하다.

그러나 여기서 주의할 점이 있다. 기업규모가 작을 때는 한계비용이 평균비용보다 낮다가 어느 규모를 넘어서면 더 높아지는 것처럼, 규모의 경제는 항상 그리고 끝없이 발생하는 것이 아니다. 오히려 기업규모가 너무 커지면 규모의 불경제가 발생할 가능성이 얼마든지 있는 것이다. 따라서 우리가 규모의 경제라는 개념을 다루는 이유는 가장 적정한 규모가 어느 수준인가를 파악하기 위해서이다. 모든 시스템이 적정한 크기를 갖는 것처럼, 기업시스템도 적정한 규모를 유지하는 것이 중요하다.

2. 기업범위와 시스템

기업시스템의 구조를 살펴보는 또 다른 기준은 기업의 범위(scope)이다. 즉, 기업이 수행하고 있는 경영활동의 다양성, 생산 내지 판매하고 있는 제품과 서비스의 다양성 등을 통해 시스템의 구조를 설명할 수 있는 것이다. 모든 기업시스템은 시간의 흐름을 따라 규모도 커지지만 동시에 범위도 넓어진다. 기업의 범위가 넓어지는 것은 기업이 범위의 경제라는 전략적인 목적으로 통합(integration)을 하거나 다각화(diversification)를 하기 때문이다. 기업의 범위를 설명하는 구체적인 용어와 개념을 살펴보자.

🔷 범위의 경제

기업의 범위가 기업형태나 경영전략의 관점에서 갖는 의미를 설명하기 위해서는 이른바 '범위의 경제(economies of scope)'라는 개념을 도입해야 한다. 범위의 경제는, 여러 재화를 따로 생산하는 데 드는 비용과 묶어서 함께 생산하는 데 드는 비용의 크기를 비교하는 접근을 토대로 한다. 예를 들어, X와 Y라는 두 가지 재화를 Q_x와 Q_y씩 생산하는 기업이 있다고 하자. 각각의 재화를 따로 생산할 때 드는 총비용을 $TC(Q_x)$, $TC(Q_y)$라고 하고, 둘을 같이 생산하는 데 드는 총 비용을 $TC(Q_x, Q_y)$라고 하자. 그러면 범위의 경제는 다음과 같이 정의된다.

$$TC(Q_x, Q_y) < TC(Q_x, 0) + TC(0, Q_y)$$이면, 범위의 경제가 존재한다.

범위의 경제효과가 발생하는 이유는 무엇일까? 범위의 경제가 나타나는 핵심적 이유는 다음 두 가지를 들 수 있다. 첫째, 생산자원의 공유효과이다. 하나하나를 따로 생산하기보다 여러 가지를 동시에 생산함으로써 생산시설이나 부품을 공유할 수 있는 것이다. 둘째, 부산물 (by-product)의 활용효과이다. 한 제품을 생산하다 보면 다양한 부산물을 얻을 수 있고, 이 부산물을 활용하면 추가투자 없이 기업의 범위가 넓어지는 효과를 볼 수 있다.

그러나 규모의 경제와 규모의 불경제가 동시에 존재하듯이, 기업의 범위와 관련해서도 범위의 경제만 있는 것이 아니라 범위의 불경제도 발생할 수 있다. 기업의 범위가 너무 넓어지면, 관리비용이 크게 늘어나고 자원활용의 우선순위가 불분명해지는 부작용이 일어날 위험이 있다. 따라서 범위의 경제라는 용어와 개념을 얘기하는 근본적 목적은, 그것이 기업시스템의 적정한 범위를 결정하는 중요한 정보를 제공하기 때문이다.

그렇다면 규모의 경제와 범위의 경제 사이에는 어떤 관계가 있을까? 이론적으로는 서로 독립적인 별개의 개념이다. 심지어 서로 상반되는 양상을 보이는 사례도 있다. 예를 들어, 목재를 이용하여 주문생산을 하는 고급 가구제조회사나 전문 악기제조회사의 경우에, 규모가 커지면 오히려 고객수요를 제대로 맞출 수 없는 규모의 불경제가 나타나지만, 원자재의 구매활동이나 목재의 가공설비 등을 공유하면서 범위의 경제를 얻을 수는 있다. 그러나 많은 경우에, 범위를 넓히기 위한 활동은 동시에 규모를 키우는 활동이 되기도 한다. 따라서 규모의 경제라는 용어와 범위의 경제라는 용어는 개념적으로는 서로 독립적이지만 실질적으로는 밀접하게 연결되는 경우가 많다. 우리가 많은 기업의 성장과정에서 발견할 수 있듯이, 대부분의 기업은 그 규모가 커지면서 범위가 넓어지고, 또 범위를 넓히면서 규모를 키우는 양상을 보이는 것이다.

🔘 수직적 통합

이제 기업시스템의 범위를 확대해가는 구체적이고 실질적인 방법을 생각해 보자. 대부분의 기업은 초창기에는 좁은 범위에서 시작하여, 갈수록 범위를 넓혀가는 과정을 거치게 된다. 이 과정에서 적용되는 중요한 방식이 통합(integration)과 다각화(diversification)이며, 통합은 다시 수직적 통합(vertical integration)과 수평적 통합(horizontal integration)으로 구분된다.

먼저 수직적 통합을 살펴보자. 기업의 수직적 범위는 경영활동의 첫 단계인 원자재 확보에서부터 마지막 단계인 유통/판매까지의 단계를 수직적 내지 계층적으로 파악하는 개념이다. 이때 전체적인 수직구조 내에서, 처음에는 하나의 단계에서 시작하여 갈수록 여러 단계까지로 경영의 범위를 확대해가는 활동을 수직적 통합이라고 한다.

수직구조 내에서 원자재 쪽에 가까운 영역을 상류부문(upstream)이라고 하고 유통 쪽에 가까운 영역을 하류부문(downstream)이라고 한다. 수직적 통합을 확대하는 방식은 크게 두 가지가 있다. 하나는 상류부문 쪽으로 통합해 나가는 후방통합(backward integration)이다. 예를 들어,

완제품 생산에서 출발하여 원자재 생산까지로 사업 영역이 확대되면 후방통합이 이루어졌다고 할 수 있다. 다른 하나는 하류부문 쪽으로 통합해 나가는 전방통합(forward integration)이다. 예를 들어, 제조만 하다가 유통까지 겸하게 되면 전방통합이 이루어졌다고 할 수 있다.

◉ 수평적 통합

다음으로 수평적 통합(horizontal integration)을 생각해 보자. 기업의 수평적 범위는 그 기업이 참여하는 시장이 얼마나 다양한가(variety of marketing areas) 또는 생산/판매하는 제품의 종류가 얼마나 다양한가(variety of product lines)를 결정하는 문제이다. 이때 기업이 시장의 범위를 점차 늘려나가고 제품의 종류를 다양화시켜 나가는 활동을 수평적 통합이라고 한다. 따라서 시장범위가 넓고 제품의 종류가 다양할수록 그 기업의 수평적 통합이 많이 이루어진 것으로 평가할 수 있다. 예를 들어, TV만 생산하다가 냉장고나 에어컨까지 생산한다든가, 국내영업만 하다가 해외영업으로까지 진출한다든가 하는 경우들은 수평적 통합이 이루어졌다고 할 수 있다.

수평적 통합은 크게 네 가지 방식으로 할 수 있다. 첫째는, 시장지역을 확대하는 방식이다. 국내시장만 하다가 해외시장까지 포함하는 식이다. 둘째는, 시장범위를 확대하는 방식이다. 여성용 제품만 다루다가 남성용 제품도 다루는 식이다. 셋째는, 제품라인을 확대하는 방식이다. TV만 만들다가 컴퓨터도 만드는 식이다. 넷째는, 경영활동이나 기능을 확대하는 방식이다. 생산만 하다가 유통도 하는 식이다. 그러나 각각의 방식은 별개로 진행되기보다는 복합적으로 진행되는 것이 일반적이다.

또 기업의 범위가 늘어나는 과정에서는 수직적 통합과 수평적 통합이 동시에 일어나는 사례도 많다. 예를 들어, 어떤 의약품 기업을 보자. 그림 4-3에 도시되어 있는 것처럼 이 기업은 수평적 통합을 위해 치료제에서 출발하여 진단제, 예방제를 포함, 최근에는 생명공학까지 제품 범위를 확대하고 있다. 또 수직적 통합의 관점에서 의약품 제조에서 출발하여 전방통합을 위해 물질개발까지, 후방통합을 위해 고객관리시스템까지 범위를 넓히고 있다. 범위의 확대는 수평적 통합과 수직적 통합을 결합하여 새로운 차원(dimension)을 만드는 방식으로도 가능하다. 화장품 사업을 시작한다든가, 한방치료제를 개발한다든가, 생명보험업이나 건강컨설팅 부문에 진출하는 전략은 그러한 예로 들 수 있다.

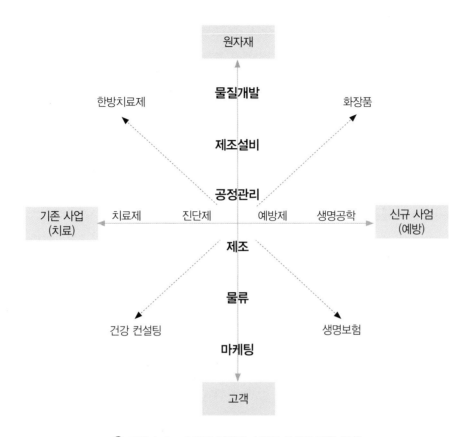

🌸 그림 4-3 수직적 통합과 수평적 통합의 결합 사례

🔷 다각화

기업의 범위를 늘려나가는 방식 중에는 다각화(diversification)라는 개념도 빼놓을 수 없다. 다각화는 신제품이나 신기술을 토대로 새로운 사업영역이나 시장을 개척하여 기업의 범위를 확장하는 방식이다. 따라서 다각화는 앞에서 살펴본 수직적 통합이나 수평적 통합보다 더 크고 적극적인 개념이다.

다각화는 다시 관련 다각화와 비관련 다각화로 나뉠 수 있다. 관련 다각화는 기존의 기술, 마케팅, 생산설비 등을 기본으로 이와 관련되어 있는 제품이나 시장으로 진출하는 전략이다. 따라서 범위 확대의 효과는 상대적으로 작지만 위험도는 낮다. 이에 반해 비관련 다각화는 기존의 사업영역이나 범위와 전혀 관련이 없는 새로운 분야로 진출하는 전략을 뜻한다. 기업의 범위를 크게 확장할 수는 있지만 그만큼 위험도는 높을 수밖에 없다.

그림 4-4는 기업이 성장하는 과정, 즉 기업시스템이 진화하는 과정에서 사용하는 전략적 대안으로서 수평적 통합, 수직적 통합, 다각화를 종합적으로 요약하고 있다. 대부분의 기업이 이 세 가지 전략적 대안을 선택하는 순서는 수평적 통합 → 수직적 통합 → 다각화라고 할 수 있다. 먼저 첫 번째 단계에서는 신제품이나 새로운 사업이 성공적으로 자리를 잡게 되면, 기존의 제품−시장 범위를 유지하면서 수평적 통합을 통해 시장침투(penetration)전략을 구사한다. 다음 두 번째 단계에서는 수직적 통합을 통해 부가가치(value-added)를 확대하는 전략을 선택하게 된다. 마지막 단계에서는 신제품을 개발하여 새로운 시장을 개척하거나 새로운 사업영역에 진출하는 다각화전략을 사용하게 된다.

✿ 그림 4-4 **기업범위 확장의 유형**

2 | 경영전략과 시스템 접근

1. 경영전략의 정의

산업공학에서 시스템 접근을 강조하는 이유는 그것이 시스템 자체를 분석하는 데도 유용하지만 동시에 시스템의 전략을 수립하는 데도 적합하기 때문이다. 앞에서 언급한 것처럼, 산업공학에서 다루는 시스템의 중요한 특성은 목표(objective)를 갖는다는 점이다. 목표가 주어지면, 시스템은 스스로 자기가 나아갈 방향과 움직이는 경로를 결정하는 전략을 수립하게 된다. 특히, 기업시스템의 다양한 기능 가운데, 경영전략(corporate strategy) 또는 사업전략(business strategy)의 수립은 가장 기본적인 핵심기능이다. 왜냐하면 전략에 따라 경영시스템의 행동 패턴이 결정되기 때문이다. 따라서 산업공학도에게 반드시 필요한 능력과 자질이 바로 전략적 사고이다.

그렇다면 도대체 전략(strategy)이란 무엇인가? 전략의 정의는 시스템의 목표에 따라, 시스템 구성원의 가치관에 따라, 또는 시스템 외부의 환경이나 조건에 따라 다양한 형태나 내용으로 제시된다. 더구나 전략이라는 용어는 본질적으로 포괄적이고 추상적인 성격을 지닌다. 따라서 전략은 그 범위(scope)를 어디까지로 설정하느냐에 따라 그 의미와 내용이 달라진다.

전략의 범위에 관한 절대적이고 보편적인 기준은 없지만 크게 두 가지의 서로 다른 시각이 존재한다. 먼저 좁은 의미로 해석하면, 전략은 기업의 경영목표(mission and goal)를 설정하고, 행동방향을 결정하며 이를 위한 중장기 계획(long-term plan)을 작성하는 활동이라고 정의할 수 있다. 이러한 정의는 전략의 기능과 영역을 좁게 보는 입장이다. 반면에 넓은 의미로 해석하면, 전략은 목표−방향−계획의 수립뿐 아니라 나아가 구체적인 실천 프로그램(action program)을 마련하고, 이를 실질적으로 수행할 수 있는 인력 및 자원을 배분하며, 전략수행의 결과를 평가하여 새로운 전략에 반영하는 모든 과정을 다 포함한다고 볼 수 있다.

경영전략의 구조는 그림 4−5에 도시되어 있는 것처럼, 제일 상위에 설정되는 기업의 임무(corporate mission)를 토대로 전체적인 기업전략(corporate or business strategy)이 수립되고, 이를 뒷받침하기 위한 주요 부문별 기능전략(functional strategy)이 수립되며, 마지막으로 각 기능 내

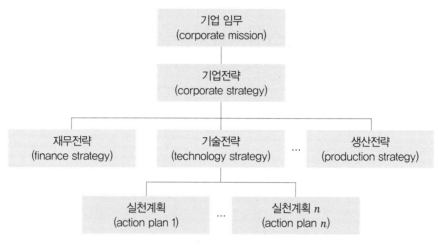

🌸 그림 4-5   경영전략의 계층구조

에서 보다 구체적이고 실질적인 실천계획(action plan)이 수립되는 계층구조로 이루어진다.

계층구조를 이룬다는 말은 크게 두 가지의 조건이 만족되어야 한다는 것을 뜻한다. 첫째는 계층 간의 일관성이다. 상위 계층에서 설정된 목표나 방향은 하위 계층에도 일관되게 전달되고 반영되어야 한다. 만일 상위 계층의 전략 목표가 매출액 증대로 되어 있는데 하위 계층의 전략이 수익성 제고로 수립되어 있다면, 시스템 전체의 전략이 일관성을 잃게 된다. 둘째는 계층합의 일치성이다. 하위 계층에서 설정된 전략 목표나 자원투입의 총합은 상위 계층에서 제시된 수치와 일치하여야 한다. 예를 들어, 시스템 전체의 가용자원이 100이면 하위의 각 계층에서 사용하는 자원의 총합도 100이 되어야 한다.

2. 전략분석의 틀

그렇다면 전략을 세우기 위해서 무엇부터 해야 할까? 경영전략의 수립을 위해서는 먼저 '전략적 분석'이 선행되어야 한다. 전략분석은 경영전략의 수립을 위한 사전 활동이다. 왜냐하면 지금 우리가 어느 상태에 있고 어떤 문제가 있으며 남들과 비교하여 강점과 약점이 무엇인지를 알아야 그에 대응하는 전략을 세울 수 있기 때문이다. 그렇다고 분석을 위한 분석, 즉 주관적이고 직관적인 분석에 그친다면 오히려 전략의 수립에 혼란만 줄 수 있다. 따라서 전략분석을 좀 더 체계적이고 과학적으로 하기 위해, 다양한 분석의 틀(framework)이 사용되어 왔다. 그 내용을 좀 더 자세하게 알아보자.

그림 4-6에 제시되어 있는 것처럼, 분석의 전체적 틀은 다음 몇 가지의 세부적인 분석을 아우르는 것이다. 첫째는, 가장 일차적이고 공통적인 기본 분석이고, 둘째는 기업과 사업의 상대적 위치를 분석하는 위상분석이며, 셋째는 경영자산과 사업영역의 구성을 분석하는 분포분석이고, 넷째는 시간의 변화나 수명주기의 진화에 따라 미래의 잠재적 성장동력이 어떻게 바뀔 것인가를 분석하는 동태분석이다.

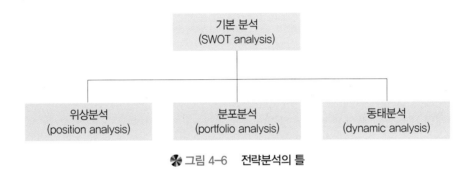

✿ 그림 4-6　전략분석의 틀

🔷 기본 분석

전략분석 하면 가장 먼저 떠오르고, 그리고 실제로 가장 자주 수행되는 분석이 SWOT 분석이다. 따라서 이것을 기본 분석이라고 하기도 한다. SWOT 분석은 전략분석의 출발점이자 기본이 되는 분석으로, 모든 전략수립에서 반드시 그리고 가장 먼저 수행되는 작업이다. SWOT는 영어의 Strength, Weakness, Opportunity, Threat 앞 단어를 딴 이름으로, 기업 내부의 강점과 약점, 외부환경의 기회와 위협요인을 종합적으로 분석한다는 것을 뜻한다. 따라서 SWOT 분석을 위해 수집한 기업 내부 및 외부의 관련 정보와 SWOT 분석을 통해 도출된 기본적 전략 방향 및 지침은, 후속적으로 이루어지는 다양한 세부전략의 수립에도 요긴하게 활용된다.

SWOT 분석은 외부환경의 분석, 내부능력의 분석, 전략방향의 도출을 전체적인 순서로 하여, 구체적으로는 다음의 일곱 단계로 이루어진다.

⁝ 1단계 : 기업(사업) 프로필 분석

기업(사업)의 전체적 프로필을 분석하는 단계로 업종, 시장영역, 경쟁상황, 최고경영층 능력과 비전 등의 기본 정보를 살펴본다.

2단계 : 외부환경 분석

외부환경을 분석하는 단계로 시장요인, 경쟁요인, 경제요인, 기술요인, 사회요인 등을 살펴본다.

3단계 : 기회-위협요인 도출

2단계의 외부환경 분석을 토대로 기회(O)요소와 위협(T)요소를 도출한다.

4단계 : 내부조건 분석

내부요인을 분석하는 단계로 마케팅 능력, 재무 능력, 연구개발 능력, 생산/물류 능력, 관리능력 등을 살펴본다.

5단계 : 강점-약점요인 도출

4단계의 내부요인 분석을 토대로 강점(S)과 약점(W)을 도출한다.

6단계 : SWOT 매트릭스 도출

위의 단계를 종합하여 그림 4-7에 도시되어 있는 SWOT 매트릭스(SWOT matrix)를 도출한다. 이 매트릭스는 기회와 위협, 강점과 약점의 조합으로 이루어진 4가지 영역(cell)으로 구성된다.

7단계 : 전략방향 제시

마지막으로 각 영역에 가장 적합한 전략방향과 대안을 도출한다. 구체적인 전략방향과 지침은 경영시스템의 특성과 상황에 따라 달라지겠지만, 기본적인 전략방향은 첫째, 기회-강점의 영역에 대해서는 강점을 극대화하여 기회를 최대로 활용하는 Max-Max 전략을 수립한다. 둘째, 기회-약점의 영역에 대해서는 약점을 최소화하여 기회를 최대로 활용하는 Min-Max 전

	내부조건	
	강점	약점
기회	강점 : 기회 Max-Max 전략	약점 : 기회 Min-Max 전략
위협	강점 : 위협 Max-Min 전략	약점 : 위협 Min-Min 전략

(외부환경)

✿ 그림 4-7   SWOT 매트릭스

략을 수립한다. 셋째, 위협−강점의 영역에 대해서는 강점을 극대화하여 위협을 최소로 줄이는 Max−Min 전략을 수립한다. 넷째, 위협−약점의 영역에 대해서는 약점을 최소화하여 위협을 최소로 줄이는 Min−Min 전략을 수립한다.

⬣ 위상분석

기본 분석을 마친 다음에 수행하는 전략분석으로는 위상분석(position analysis)을 들 수 있다. 위상분석은 분석과 조사의 대상이 되는 중요한 요인들에 대해서, 우리 기업이 다른 기업과 비교하여 상대적으로 어떤 위상(position)을 차지하고 있는지, 어느 영역(area)에 존재하고 있는지를 살펴보는 관점이다. 또는 제품수준까지 내려가서, 우리 제품이 타사 제품과 비교하여 가격, 성능, 효용 등의 관점에서 어떤 차이를 보이는지를 알아보기도 한다. 그림 4−8에서 보듯이, 같은 자동차시장 안에서도 고급승용차 중심의 기업과 소형 스포츠 중심의 기업은 시장의 위상이 다른 것이다.

위상분석의 목적과 용도는 크게 두 가지로 요약할 수 있다. 첫째는 우리 기업의 상대적 경쟁력을 파악하는 일이다. 상대비교의 핵심이 되는 요인을 기준으로, 여타 기업, 특히 경쟁기업과 비교한 우리 기업의 위치가 어디에 있는지를 알아보는 것이 중요한 목적이다. 둘째, 벤치마킹(benchmarking)을 통해 앞으로 나아가야 할 방향과 거리를 결정하는 일이다. 시장을 선도하거나 기술적으로 앞서가는 기업이 어디에 있으며, 앞으로 그 위치로 발전하기 위해서는 어느 경로를 통해 이동(movement)할 것인지를 정하는 것도 중요한 목적이다.

✿ 그림 4−8   고가의 중후한 자동차와 저가의 스포티한 자동차

실무적으로 위상분석을 수행하는 과정을 한 가지 방식이나 절차로 정형화하기는 어렵다. 그러나 크게 다음 네 가지의 단계로 이루어지는 것이 일반적이다.

1단계 : 요인의 선정

첫 번째 단계는 분석대상이 되는 핵심요인을 선정하는 일이다. 핵심요인은 분석의 목적이나 대상에 따라 달라진다. 예를 들어, 자동차시장을 분석하는 경우라면 경제성(연비), 외양(디자인), 내구성(품질) 등이 중요한 요인이 될 수 있다.

2단계 : 격자/매트릭스 구성

두 번째 단계는 여러 가지 핵심요인들 가운데 두 가지 요인(특성)을 선정하여, 이 두 요인을 축으로 하는 격자(grid)나 매트릭스(matrix)를 구성하는 일이다. 위에서 본 자동차시장의 경우, 예를 들어 경제성을 X축으로, 디자인을 Y축으로 하면 두 요인을 양축으로 하는 격자가 그려질 수 있다. 이 격자나 매트릭스는 분석대상의 상대적 위치를 표현하는 지도(map)의 역할을 하게 된다.

3단계 : 맵핑

세 번째 단계는 실제로 우리 기업과 비교대상이 되는 다른 기업들의 수준을 측정하여, 위의 격자 위에 각각의 위상을 표시하는 맵핑(mapping) 작업을 수행하는 일이다.

4단계 : 전략방향 제시

마지막 단계는 우리 기업의 상대적 위상을 파악하고, 현재의 위상에서 앞으로 어느 위상으로 어떻게 이동할 것인가를 결정하는 일이다. 예를 들어, 가능한 이동경로(path)가 일직선으로 움직일 수도 있고, 위쪽으로 돌아갈 수도 있으며, 아래쪽으로 돌아갈 수도 있을 때 어느 길로 이동하는 전략적 선택을 할 것인가를 결정하는 것이 중요한 과제가 된다.

그림 4-9에 도시되어 있는 것처럼, 어떤 제품에 대해 첫 번째 특성이 높고 낮음, 두 번째 특성이 높고 낮음을 기준으로 격자를 구성한 후, 자사제품과 경쟁제품 1, 2, 3의 상대적 위상을 그려보면, 시장에서의 전반적인 위상을 분석할 수 있다.

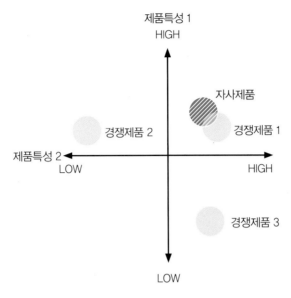

✿ 그림 4-9 　시장-제품(기술) 격자

⬡ 분포분석

　위상분석과 유사한 성격을 보이지만, 실제로는 상당히 다른 분석으로 분포분석(portfolio analysis)을 들 수 있다. 분포분석은 기업이 현재 수행하고 경영 과제와 미래에 수행할 과제들이 전체적으로 어떻게 분포되어 있는가를 살펴보는 분석이다. 따라서 흔히 포트폴리오(portfolio)분석으로 부르기도 한다.

　분포분석의 목적과 용도는 크게 두 가지로 요약할 수 있다. 첫째는, 기업이 보유 내지 운영하고 있는 제품라인이나 사업내용이 얼마나 균형적으로 구성되어 있는가를 알 수 있는 분포도를 작성하는 일이다. 포트폴리오 그림을 보면 전체적인 구성을 한눈에 파악할 수 있다. 둘째는, 현재의 포트폴리오를 개선 내지 조정할 수 있는 전략적 방향과 구체적 비율을 결정하는 일이다. 어느 부분의 비중을 얼마나 늘린다거나 반대로 얼마나 줄임으로써, 전체적인 포트폴리오를 어떻게 바꿀 것인가를 결정하는 데 필요한 기본 정보를 얻을 수 있는 것이다.

　포트폴리오를 분석하는 대상은 분석의 목적에 따라 다양하게 설정될 수 있다. 그림 4-10에서 볼 수 있듯이 제품(사업)이 대상이 될 수도 있고, 그림 4-11에 도시되어 있듯이 기술(R&D 프로젝트)이 대상이 될 수도 있다. 즉, 전체적 분포도를 매트릭스(matrix)나 지도(map) 형태로 도시할 때, 분포도 위에 나타난 동그라미들이 각각의 제품을 가리킬 수도 있고, 프로젝트를 의

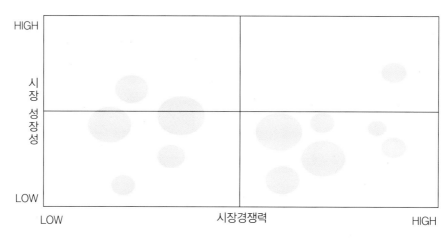

❀ 그림 4-10   제품(사업) 포트폴리오 매트릭스의 예시

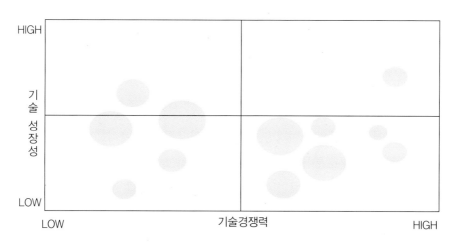

❀ 그림 4-11   기술(프로젝트) 포트폴리오 매트릭스의 예시

미할 수도 있다. 동그라미의 크기를 달리함으로써 제품의 매출액, 프로젝트의 투자비용의 차이를 시각화할 수도 있다.

분포분석 가운데 가장 오랫동안 사용되어, 교과서적 표준이 된 것이 이른바 BCG 매트릭스이다. 미국의 컨설팅회사인 Boston Consulting Group(BCG)이 제안하여 유명해진 이 매트릭스는, 그림 4-12에 나타나 있는 것처럼, 시장성장률과 시장점유율을 두 축으로 하는 매트릭스 위에 그 기업이 수행하고 있는 사업부(Strategic Business Unit : SBU)들이 어떻게 분포되어 있는가를 분석하는 데 이용된다. BCG 매트릭스를 토대로 분포분석을 수행하는 절차를 몇 개의 단계로 나누어 살펴보자.

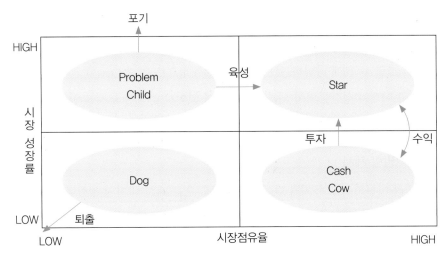

❋ 그림 4-12   제품(사업) 포트폴리오 매트릭스 : BCG 매트릭스

● 1단계 : 요인의 선정

위상분석과 마찬가지로 첫 번째 단계는 분석대상이 되는 핵심요인을 선정하는 일이다. 핵심요인은 물론 분석의 목적이나 대상에 따라 달라진다. 그림 4-12의 BCG 매트릭스에서 볼 수 있는 것처럼, 미래를 의미하는 시장의 성장성과 현실을 뜻하는 시장의 점유율은 요인을 구성하는 좋은 예로 들 수 있다.

● 2단계 : 매트릭스 구성

두 번째 단계는, 두 가지 요인(특성)을 선정하여 이 두 요인을 축으로 하는 매트릭스를 구성하는 일이다. 예를 들어, 성장성을 열(column)로 하고 점유율을 행(row)으로 하면 하나의 매트릭스가 구성되고, 이를 각각 높음(high), 낮음(low)으로 나누면 다시 2×2의 사분면(cell)으로 세분할 수 있다. 그림 4-12에 도시되어 있는 것처럼, 각 분면은 성장성과 점유율이 모두 높은 'Star', 잠재적 성장성은 높으나 점유율에 문제가 많은 'Problem Child', 중장기적인 성장성은 이미 소진되었지만 현재의 점유율과 수익성이 높은 'Cash Cow', 성장성과 수익성이 모두 낮은 'Dog'로 명명할 수 있다.

● 3단계 : 맵핑

세 번째 단계는, 분석대상이 되는 개별제품이나 기술의 수준을 측정하여 매트릭스 위의 적절한 위치에 배치시키는 맵핑(mapping) 작업을 통해 분포도를 만드는 일이다. 분포도의 좋고 나쁨에 대해 절대적인 기준을 말할 수는 없지만, 가장 바람직한 구조는 현재의 수익성이 좋은 Cash Cow와 미래의 잠재적 수익원이 되는 Star에 많은 사업부가 배치되어 있는 형태이다. 예를 들어, 앞의 그림 4-10에 나타나 있는 형태는, 전체적으로 Cash Cow가 많아서 긍정적인 반면 Dog도 많고 미래의 성장동력이 되는 Star는 거의 없어서 상당한 문제를 안고 있는 포트폴리오로 평가할 수 있다.

4단계 : 전략방향 제시

다른 분석과 마찬가지로 마지막 단계는 포트폴리오를 개선 내지 조정할 수 있는 전략적 방향과 대안을 도출하는 일이다. 구체적인 실천전략은 달라질 수 있지만 기본적인 원칙과 지침은 다음과 같다. 우선 아무 쓸모가 없는 Dog는 가능한 한 빠른 시간에 철수시키고, Problem Child는 포기하든지 아니면 Star로 키우든지 선택의 결정을 해야 한다. 한편, Cash Cow에서 벌어들이는 현금은 Star의 육성에 투자하고, 동시에 Star는 빠른 시간 내에 Cash Cow가 될 수 있도록 관리함으로써 지속적인 '선순환' 구조를 만들어야 한다.

🌐 동태분석

지금까지 살펴본 분석의 차원들은 기본적으로 정해진 시점에서의 상황을 살펴보는 정태(static) 분석의 성격을 지니고 있다. 그러나 전략분석의 차원은 시간의 흐름에 따라 상황이 어떻게 변해 왔으며, 앞으로 어떻게 변할 것인가를 살펴보는 동태분석(dynamic analysis)도 매우 중요하다.

동태분석은 시간의 흐름을 하나의 축으로 설정하고, 분석대상이 되는 요인의 상태가 시간의 흐름에 따라 어떻게 변화하고 있는지를 살펴보는 분석이다. 동태분석은 크게 두 가지의 문제에 초점을 맞춘다. 첫째는 분석대상 요인의 변화방향과 변화율이다. 그 요인의 상태가 올라가고 있는지 아니면 내려가고 있는지, 또 어떤 비율로 변하고 있는지를 알아본다. 둘째는 분석대상 요인의 중장기적 성장성이나 경쟁력이다. 과연 우리 기업이 미래에도 발전하고 생존할 수 있는지를 예측하는 것이다.

동태분석 역시 수행과정이나 방식을 정형화하기는 어렵다. 그러나 어느 경우라고 하더라도 다음 두 가지의 단계는 반드시 포함되어야 한다.

1단계 : 시간축의 결정

첫 번째 단계는 시간의 축(time horizon)을 정하는 일이다. 우선 얼마나 오랜 시간을 다룰지에 관한 기간(duration), 그리고 얼마나 자주 분석할지에 관한 구간(interval)을 결정해야 한다. 간단한 방법으로는 데이터의 수집이 가능한 기간을 통틀어 매년, 또는 매월 등과 같이 일정한 간격으로 시간을 나눌 수 있다. 그러나 전략분석에 자주 사용되는 다른 접근은 수명주기(life cycle) 개념을 도입하는 것이다. 도입(introduction)-성장(growth)-성숙(maturation)-쇠퇴(declining)라는 수명주기를 따라 변화의 속도와 양상을 살펴볼 수 있는 것이다.

⁞ 2단계 : 분석요인의 결정

두 번째 단계는 핵심적인 분석요인을 결정하는 일이다. 물론 분석요인은 분석의 목적이나 성격에 따라 달라진다. 또 한 가지 요인만을 대상으로 하지 않고 다양한 요인들을 바꿔가면서 분석의 범위와 종류를 다양화할 수도 있다.

분석의 시간 축과 분석요인이 결정되면 이 두 가지를 축으로 하여 구체적인 분석의 형태가 결정된다. 실무에 있어 양 축을 어떻게 배치하느냐에 따라 매트릭스 형태의 분석을 할 수도 있고, 그래프 형태의 분석을 할 수도 있다. 예를 들어, 그림 4-13은 도입, 성장, 성숙, 쇠퇴 네 단계의 수명주기를 한 축으로 하고, 다른 축은 기술경쟁력을 분석요인으로 하는 매트릭스를 보여 주고 있다. 따라서 이 매트릭스는 수명주기의 축을 통해 동태분석을, 기술경쟁력의 축을 통해 분포분석을 결합한 것임을 알 수 있다. 우선 우리 기업이 판매하고 있는 제품들을 4×4의 16분면 가운데 가장 적합한 분면에 배치한 후, 각 분면의 매출 비중(%)을 계측한다. 직관적으로 보아도, 거의 모든 제품들이 수명주기상에서 성숙기 내지 쇠퇴기에 몰려 있어 미래의 경쟁력이 우려되는 상황임을 알 수 있다.

수명주기

기술경쟁력	도입	성장	성숙	쇠퇴
매우 강		1.9		30.7
강		3.0	16.7	10.3
보통	3.5	8.6	10.8	
약	4.7	4.5	5.3	

❀ 그림 4-13   수명주기 포트폴리오 매트릭스

3. 경쟁전략의 유형

지금까지 살펴본 전략적 분석을 바탕으로, 기업은 다양한 유형의 경쟁전략(competitive strategy)을 수립하게 된다. 실무에서 사용하는 경쟁전략의 종류는 워낙 다양하여 모든 유형의 전략을 일일이 알아볼 수는 없다. 따라서 본원적(generic) 경쟁전략이라고 부르는 가장 기본적이며 대표적인 경쟁전략 세 가지만 간략히 살펴보도록 하자(Porter, 1980). 아래의 표에서 이 전략들의 의미와 차이를 정리하였다.

		경쟁 요소	
		저비용(저가격)	차별성(독창성)
시장 범위	넓은 범위	원가우위 전략	차별화 전략
	좁은 범위	저가격의 집중화 전략	차별화의 집중화 전략

◈ 원가우위전략

원가우위(cost leadership)전략은 말 그대로 원가를 줄이고, 가격을 낮추어 경쟁우위를 확보하는 전략이다. 따라서 다른 말로는 저가격전략이라고 부를 수도 있다. 이지젯(EasyJet) 항공사나 맥도날드(McDonald)는 타 경쟁업체들에 비해 낮은 원가를 바탕으로 낮은 가격을 책정함으로써 경쟁우위를 확보한 대표적 사례들이다.

이 전략은 개념적으로는 가장 쉬운 선택이지만 실제로는 생각보다 쉽지 않은 선택이기도 하다. 우선 낮은 가격을 선호하는 확실한 고객집단을 찾아야 한다. 또 원가를 줄이고 가격을 낮추기 위해서는 규모의 경제(economies of scale) 효과를 가져올 수 있는 대규모 설비를 구축해야 한다. 나아가 철저한 원가관리와 간접비 관리를 통해 비용을 통제해야 한다. 표준화를 통해 비용을 감소시키기도 하며 기술혁신을 통해 효율성을 올리고 원가를 절감하기도 한다. 따라서 저가격전략을 구사하기 위해서는 최신장비와 하이테크에 대한 높은 투자비용 및 시장점유율을 확보하기 위한 초기손실을 감수해야 한다. 또한 공격적인 가격정책에 따른 수익성의 하락도 견딜 수 있어야 한다. 게다가 저가격 전략이 안고 있는 잠재적 위험성도 고려해야 한다. 일단 저가격 제품과 서비스라는 브랜드로 자리 잡으면 이미지를 바꾸기가 매우 어렵다. 흔히 '싼 게 비지 떡'이라고 말하는 의미의 제품이나 서비스로 인식될 수 있다는 점을 명심해야 하는 것이다.

⬢ 차별화전략

차별화(differentiation)전략은 소비자(사용자)가 다른 제품이나 서비스와는 다르다는 인식을 가질 수 있는 독특한 기능이나 디자인을 제공함으로써 경쟁력을 확보하는 전략이다. 앞의 저 가격전략이 유사한 제품과 서비스 가운데 가장 가격이 낮은 것으로부터 경쟁력을 찾는다면, 차별화전략은 가격이 낮지 않더라도 다른 제품이나 서비스들과는 무엇인가 분명하게 차이가 나는 무엇으로부터 경쟁력을 찾는다. 한마디로 표준화된 제품이나 서비스 대신 차별화된 제품과 서비스를 제공하는 것이다.

그렇다고 차별화전략이 비용이나 가격을 무시한다는 것은 아니다. 원칙적으로, 차별화하는 데 들어가는 비용의 수준은 차별화된 기능이나 서비스에 대해 고객이 기꺼이 지불하고자 하는 추가비용의 수준을 넘어서는 안 된다.

⬢ 집중화전략

집중화(concentration)전략은 크기는 크지만 성격이 다양한 전체시장을 노리기보다는 크기는 작지만 성격이 분명한 목표시장에 집중하는 전략이다. 집중화 전략을 사용하는 기업들은 기술력이나 마케팅 네트워크에서 전문화가 가능한 경우가 대부분이다. 따라서 넓은 범위의 시장에 표준화된 제품이나 서비스를 제공하기보다는 목표시장에 차별화된 제품과 서비스를 효율적으로 제공할 수 있다는 전제를 기반으로 하고 있다.

먼저 목표시장이 정해지면, 그 시장 안의 고객들이 원하는 특별한 요구를 만족시키는 제품과 서비스를 개발하여 제공한다. 예를 들어, 10대의 어린 고객들만을 대상으로 하는 특정 구매집단에 집중하거나, 중산층이 거주하는 신도시와 같이 특정 지역 거주자에 집중하는 것이 집중화 전략의 예이다. 또, 허리디스크 전문병원, 치질 전문병원 등과 같이 특정 서비스 분야에 집중하는 경우도 들 수 있다.

얼핏 보면, 여기서 말하는 집중화전략과 앞에서 말한 차별화전략은 비슷한 전략으로 인식될 수도 있다. 그러나 차별화전략이 제품과 서비스 자체의 성격이나 이미지의 차이를 강조한다면, 집중화전략은 제품과 서비스가 제공되는 시장이나 범위의 분해를 강조한다.

또한 집중화 내지 차별화전략을 쓴다고 해서 반드시 가격이 올라간다는 것은 아니다. 다시 말해, 앞에서 말한 여러 전략들이 서로 상충적이라는 것은 아니라는 말이다. 특히 기술혁신(technological innovation)을 통해 두 가지 이상의 전략을 동시에 구사하거나 복수의 전략을 결합하여 사용하는 것이 가능해지고 있다. 예를 들어, 집중화 전략을 통해 시장을 나누고 각 시장의 차이를 고려하여 시장마다 서로 다른 차별적 제품과 서비스를 제공하면서 원가도 높지 않게 관리하는 전략을 쓸 수도 있는 것이다.

4. 시장 진입전략의 유형

경쟁전략의 다른 주제로는 시장 진입(entry)−퇴출(exit)전략을 들 수 있다. 진입−퇴출전략은 제품의 수명주기상에서 어느 시점에 시장에 들어갈 것이며, 어느 시점에서 빠져나올 것인가를 결정하는 문제를 다룬다. 수명주기상에서 진입과 퇴출을 결정하는 전략적 선택으로는 크게 조기 진입(enter early)−후기 퇴출(exit late), 조기 진입(enter early)−조기 퇴출(exit early), 후기 진입(enter late)−후기 퇴출(exit late)의 세 가지를 들 수 있다. 각각의 전략을 좀 더 자세히 알아보자.

🔷 조기 진입−후기 퇴출전략

조기 진입(enter early)−후기 퇴출(exit late)전략은 수명주기상의 도입기에 선도기업으로 시장에 진출하여, 쇠퇴기까지 계속 시장에 남아 있는 전략이다. 도입기에 시장에 진입하기 위해서는 신제품이나 신기술을 개발하여 새로운 시장을 개척해 나가는 것이 필수적이다. 일단 선도기업으로 자리를 잡게 되면, 시간의 흐름에 따라 기업의 규모를 키우고 수명주기의 변화에 맞추어 끊임없는 기술혁신을 이루어야 한다.

이 전략의 장점으로는 브랜드 이미지를 확보할 수 있다는 점, 시장표준을 선도할 수 있다는 점, 생산이나 마케팅의 경험과 네트워크를 활용할 수 있다는 점 등을 들 수 있다. 그러나 수명주기의 변화에 따라 지속적으로 시스템을 바꾸는 데 드는 전환비용(transition cost)이 크다는 단점이 있다.

🔷 조기 진입-조기 퇴출전략

조기 진입(enter early)-조기 퇴출(exit early)전략은 수명주기상의 도입기에 선도기업으로 시장에 진출한 후, 초기시장의 선점효과가 없어지거나 줄어드는 성장기 후반 내지 성숙기 초반에 시장에서 빠져 나오는 전략이다. 앞의 전략과 마찬가지로 도입기에 시장에 진입하기 위해서는 신제품이나 신기술을 개발하여 새로운 시장을 개척해 나가는 것이 필수적이다. 그러나 성숙기로 접어들면 일단 기존 시장에서 빠져나온 후, 기존시장의 성장기 동안 확보한 수익을 토대로 새로운 기술과 제품을 개발하여 신시장을 개척하는 방향으로 경영방식과 사업내용을 전환하게 된다.

이 전략은 기술집약적인 벤처기업들이 주로 사용하는 전략이다. 이 전략의 장점은 무엇보다 신축성과 적응성에 있다. 또 수명주기의 변화에 대응하는 전환비용(transition cost)이 거의 없다는 점도 장점이다. 그러나 위험도와 불확실성이 크고, 기업의 성장에 따른 규모의 경제(economies of scale)를 활용하기 어렵다는 단점이 있다.

🔷 후기 진입-후기 퇴출전략

후기 진입(enter late)-후기 퇴출(exit late)전략은 수명주기상의 성장기에 후발기업으로 시장에 진출한 후, 쇠퇴기까지 계속 시장에 남아 있는 전략이다. 성장기에 시장에 진입하기 위해서는 신제품이나 신기술보다는 강력한 가격 경쟁력과 마케팅 능력, 탄탄한 유통망, 풍부한 자금력 등이 필수적이다. 따라서 이 전략은 후발의 대기업이나 기술집약적 중소기업이 이미 개척한 시장을 잠식할 때 주로 선택하는 전략이다.

이 전략의 가장 큰 장점은 시장의 불확실성이 낮다는 점이다. 이미 제품은 성장기로 접어들었기 때문에 기술적, 시장적으로 위험성이 거의 없다. 그러나 대규모 초기투자(initial investment)가 필요하다는 점이 큰 단점으로 지적된다. 또 대외적으로 부정적인 기업 이미지를 안게 된다는 점도 부담으로 작용한다.

3 | 경영조직과 시스템 접근

1. 경영조직의 설계

앞 절에서 우리는 기업시스템의 전체적 모양을 설명하는 '기업의 구조'와 '기업의 범위'에 대해 알아보았다. 또한 기업의 적절한 크기와 넓이를 결정하는 경영전략의 분석과 수립도 살펴보았다. 이제부터는 기업시스템 내부의 구체적 모양에 대해 알아보도록 하자. 기업시스템 내부에 대해 알아본다는 말은 곧 기업의 '조직'에 대해 알아본다는 말이다.

산업공학이 태동하기 전인 19세기까지만 해도, 기업의 규모도 작았고 활동도 단순하였기 때문에 경영조직을 설계하고 운영하는 것이 그리 어려운 일이 아니었다. 경영자의 직관이나 선호에 따라 적당히 인력을 배치하고 느슨하게 관리하여도 별다른 문제가 없었다. 하지만 20세기로 들어서면서 현대 조직이론의 뿌리가 되는 기본 원리들이 제시되기 시작하였다. 대표적으로, 프랑스의 경영관리 전문가인 페이욜(Fayol)은 경영조직의 6대 활동(organizational activities)으로 생산과 제조의 기술(technical) 활동, 판매와 구매의 상업(commercial) 활동, 자본조달과 운영의 재무(financial) 활동, 인력과 재화를 보호하는 안전(security) 활동, 자산과 원가를 관리하는 회계(accounting) 활동, 조직을 구성하고 조정하는 관리(managerial) 활동을 제시하였다. 또 독일의 사회학자 베버(Weber)는 전통적인 귀족제(aristocracy) 조직의 비합리성과 비효율성을 비판하면서 관료제(bureaucracy) 조직의 도입을 주장하였다. 관료제 조직의 기본 원리로는 직무의 공식화, 직무의 전문화, 합법적 권위(authority)와 수직적 상하관계 등을 들 수 있다.

그 이후 기업 규모가 급속도로 커지고 비즈니스 범위도 훨씬 넓어지면서 경영시스템의 구조와 과정이 매우 복잡하게 바뀌기 시작하였다. 더 이상 주먹구구식으로 조직을 만들고 그때그때 상황에 따라서 조직을 바꾸는 일이 어렵게 된 것이다. 그러면서 경영조직을 체계적, 과학적으로 설계하는 조직이론(organization theory)이 등장하였고 조직설계의 기준과 변수에 따라 체계적인 기업시스템이 만들어지기 시작하였다.

🔷 조직설계의 절차

　그렇다면 기업이라는 조직은 어떤 기준과 원리로 설계하는 것인가? 학생들이 졸업을 하고 회사에 들어가면 복잡한 조직구조를 처음 접하면서 당황하게 된다. 야심을 품고 창업을 하는 경우에도 마찬가지이다. 아무리 작은 신생기업이라고 하더라도 여러 사람이 모이게 되면 어떤 모습으로 기업조직을 구성할지를 고민하게 되는 것이다. 혼자서 모든 것을 다하는 개인기업의 경우에는 경영자가 조직의 모양을 임의로 결정할 수 있지만, 어느 정도 이상의 규모가 되는 공동기업의 경우에는 무엇인가 표준적인 절차나 기준에 의해 기업조직을 설계하게 된다.

　조직구조를 설계하는 절차는 그림 4-14에 그려져 있는 것처럼, 하나의 계층구조로 이루어진다. 가장 먼저 결정되어야 하고 또 가장 상위에 존재하는 것이 조직의 이념이나 비전(corporate mission or vision)이다. 조직의 이념이란 그 조직이 추구하는 철학적·문화적 가치관과 함께 전사적인 전략의 방향과 경영의 원칙을 의미한다.

　조직의 이념이 제시되면 다음에는 그것을 토대로 조직의 목표(corporate objective/goal)가 설정된다. 조직의 목표는 정성적인 목표와 정량적인 목표를 모두 포함한다. 예를 들어, 어떤 목표는 '무엇 무엇을 강화한다, 어디 어디를 보강한다'라는 식의 정성적 수준으로 표현되는가 하면, 다른 목표는 '매출을 어느 수준까지 달성한다, 인력을 어느 수준 이하로 유지한다, 유통망을 몇 군데까지로 늘린다'는 식의 정량적 수치로 제시되기도 한다.

　조직의 목표가 정해지면 그 다음에 비로소 조직의 구조(corporate structure)가 설계된다. 왜냐하면 조직의 구조는 그 자체로서 목적이 되는 것이 아니라, 조직의 이념을 구현하고 조직의 목표를 달성하기 위한 수단이자 도구이기 때문이다. 또한 조직의 구조는 조직의 기능과 밀접하게 연결되어 있다. 즉, 그 조직의 모양이 어떻게 구성되느냐 하는 문제는, 그 조직이 무엇을 어떻게 하느냐 하는 문제와 불가분의 관계에 있는 것이다.

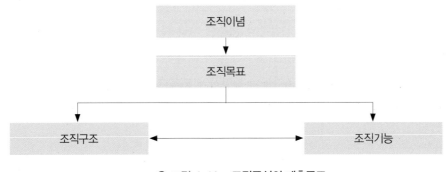

🌀 그림 4-14　조직구성의 계층구조

◆ 조직설계의 변수

구체적인 경영조직의 설계를 위해서는 먼저 기본 변수와 상황 변수가 설정되어야 한다. 기본 변수는 조직설계에 가장 기초적이고 필수적인 변수를 뜻하고, 상황 변수는 실제로 조직을 설치하고 조합하는 과정에 영향을 미치는 변수들을 의미한다. 예를 들어, 건축물의 설계를 생각해보면 시멘트, 목재, 유리 등과 같은 필수적인 건축 자재는 기본 변수에 해당하고 온도, 소음, 바람, 강수량, 지진 등과 같은 요인들은 상황 변수에 해당한다.

조직설계의 기본 변수는 조직이 하는 다양한 일들을 어떤 기준으로 나누어 줄 것인지, 각자 맡은 일의 권한과 책임은 어떻게 정할 것인지 등을 구체적으로 정함으로써 경영조직이 체계적, 효율적으로 운영될 수 있는 기틀을 만드는 변수들이다. 예를 들어, 전체 과업을 구성원들이 어떻게 분담하느냐를 결정하는 과업의 분화, 업무를 수행하는 기준이나 방법에 관한 과업의 공식화와 표준화, 조직의 관리와 통제 문제를 다루는 권한의 배분과 위임 등이 중요한 기본 변수가 된다.

조직설계의 상황 변수는 앞에서 말한 기본 변수의 선택과 결정에 간접적으로 영향을 미치는 변수들을 가리킨다. 대표적인 상황 변수들로는 조직이 큰지 작은지를 가리키는 조직 규모, 조직이 생긴 지 오래되었는지 새로 만들어졌는지를 가리키는 조직 연령, 조직이 업무를 수행하기 위해 필요한 지식이나 도구의 복잡성이나 난이도를 가리키는 조직 기술, 조직을 둘러싼 공급자, 수요자, 경쟁기업, 정부 등의 변화 정도를 가리키는 외부 환경 등을 들 수 있다. 이러한 상황 변수의 차이에 따라 같은 업종에 있는 기업이라고 하더라도 조직의 구조와 내용이 달라진다.

2. 경영조직의 유형

앞에서 설명한 경영조직 설계의 기준과 계층에 따라 다양한 형태의 경영조직이 만들어져서 운영되고 있다. 초기에는 단순한 모양의 조직이 대다수였지만 시간의 흐름과 환경의 변화에 점점 더 복잡한 모양의 새로운 조직들이 등장하게 되었다. 이러한 성장과 확대의 과정을 구체적인 조직 모양의 변화를 통해 살펴보자.

🔷 전통적 조직

(1) 라인조직

라인조직(line organization)은 기능별 조직(functional organization)이라고도 불린다. 그림 4-15에 도시되어 있는 것처럼, 최고경영자를 정점으로 기업을 핵심적인 경영기능에 따라 총무부, 자금부, 생산부, 영업부 등의 단위조직으로 세분화한 형태이다. 따라서 커뮤니케이션 관점에서 보면 위에서 아래로(top-down), 일방향(one-way)으로 정보가 내려오는 라인 조직이 되고, 운영 관점에서 보면 각 분야의 전문화를 추구하는 기능별 조직이 된다.

라인조직은 기업조직의 형태 가운데 가장 오래되고 또한 가장 기본이 되는 조직이다. 실제로 거의 모든 기업조직은, 정도의 차이는 있지만 어느 정도 라인조직을 기본 골격으로 삼고 있다. 따라서 우리가 기업하면 거의 자동적으로 생각하는 모습이 바로 라인조직이다.

이 조직의 장점은 다양한 업무를 기능별 유사성에 따라 묶었기 때문에 전문화에 유리하고, 단위조직별로 유사한 기능을 수행하는 인력과 자원이 모여 있기 때문에 각각에 대해 규모의 경제가 실현될 수 있다는 점이다. 또한 최고경영자가 일사불란하게 전체조직을 관리하기에도 용이하다.

그러나 라인조직의 가장 큰 단점은 부서 간의 조정과 커뮤니케이션이 어렵다는 점이다. 따라서 부서 간의 갈등이 존재할 위험이 크고, 외부환경의 변화에 대응할 수 있는 신축성과 유연성이 매우 부족하다. 또한 종업원 개인의 창의성이나 혁신성을 기대하기 어렵다. 결국 라인조직은 기업의 규모가 비교적 작고, 경영기능이나 제품라인이 단순한 경우에 적합한 형태라고 할 수 있다.

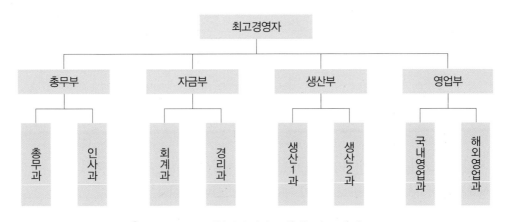

🌀 그림 4-15   전형적인 라인조직(기능별 조직)의 구조

(2) 라인-스태프조직

라인-스태프조직(line-staff organization)은 앞에서 본 기능별 라인조직에 기획기능과 조정 역할을 담당하는 스태프조직을 추가한 형태이다. 그림 4-16에서 볼 수 있듯이, 최고경영자를 정점으로 경영기능에 따라 단위조직이 구성되어 있으면서 동시에 최고경영자 직속으로 스태 프조직이 추가로 설치되어 있다.

스태프조직은 라인조직의 단점을 보완하기 위해 만든 것이다. 흔히 기획실이나 기획조정 실이라는 이름으로 불리는 이 조직은, 다양하고 복잡한 경영기능과 단위조직의 업무를 전체적 인 관점에서 기획하고 조정하는 역할을 하게 된다. 또 스태프조직은 경영전략의 수립과 경영 활동의 관리에 필요한 정보의 수집 및 분석도 담당하게 된다. 따라서 대부분의 라인-스태프 조직은 처음에 라인조직에서 출발한 기업이 그 규모가 커지고 범위가 넓어지면서 스태프 조직 을 도입하는 순서로 생겨난다.

라인-스태프조직의 가장 큰 문제는 라인과 스태프 간의 갈등 문제이다. 두 부문의 권한과 책임이 명확하게 설정되지 않고, 또 스태프기능이 조정 내지 협력의 역할을 넘어 지휘 내지 감 독의 역할을 하기 시작하면 본격적인 갈등이 발생할 가능성이 높다.

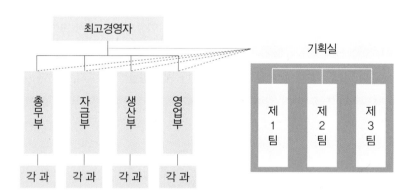

✿ 그림 4-16 **라인-스태프조직의 구조**

⬢ 사업부제 조직

사업부제 조직은 기업의 사업영역이 넓어지고 제품의 종류가 다양화되면서, 전통적 조직 의 한계를 극복하고 문제점을 보완하기 위해 생겨난 조직형태이다.

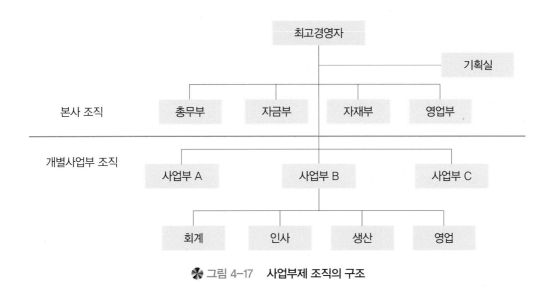

✿ 그림 4-17　　사업부제 조직의 구조

이 조직은 기존의 기능별 조직에, 여러 개의 사업부(Strategic Business Unit : SBU) 조직을 결합한 개념이다. 따라서 그림 4-17에 도시되어 있는 것처럼, 본사에 기능별 조직이 존재하면서, 동시에 개별사업부별로도 기능별 조직이 설치된 형태이다. 그러므로 사업부제는 기업규모가 상당히 크고, 시장의 세분화가 필요한 상황에 적합한 방식이다.

사업부제 조직의 설계에 있어서는 사업부를 구성하는 기준이 중요하다. 일반적으로 사업부를 구성하는 기준으로는 제품별, 지역별, 시장별의 세 가지를 들 수 있다. 제품별 기준은 TV 사업부, 냉장고 사업부, 에어컨 사업부 하는 식으로 제품라인에 따라 사업부가 구성되는 방식이다. 지역별 기준은 국내 사업부, 미주 사업부, 유럽 사업부, 동남아 사업부 하는 식으로 주요 지역에 따라 사업부가 구성되는 방식이다. 시장별 기준은 유아 사업부, 청소년 사업부, 장년 사업부 하는 식으로 시장의 고객 특성에 따라 사업부가 구성되는 방식이다.

사업부제 조직은 각 사업부가 하나의 독립적인 이익중심점(profit center)이 되기 때문에 독자적이고 전문적인 경영을 할 수 있다는 장점이 있다. 또 조직 구성원에 대한 동기 부여나 전문성 제고에도 유리한 형태이다. 그러나 사업부제 조직도 다음과 같은 단점이 있다. 첫째, 기업 전체의 관점에서 개별사업부를 조정하고 통제하기가 어렵다. 둘째, 본사와 사업부별로 기능별 조직을 모두 갖추고 있기 때문에 관리비용이 매우 높고 자원이 분산될 수 있다. 셋째, 사업부별로 지나친 경쟁을 하게 되면서 조직 간 갈등이 높아질 위험이 있다.

🔷 프로젝트조직

프로젝트조직(project organization)은, 사업부문의 수명주기가 성숙기 내지 포화기로 접어들거나 기존의 경영조직이 오래되어 활력이 저하된 상황에서 도입되는 방식이다. 그림 4-18에 도시되어 있는 것처럼, 프로젝트조직은 기존 조직으로부터 파견 형식으로 필요한 인력을 모은 후 하나의 독립적인 프로젝트 팀을 구성하게 된다. 이 조직은 종종 태스크포스(Task Force : TF) 조직으로도 불린다.

프로젝트 팀은 중장기적으로 성장 가능성이 높은 새로운 제품이나 시장을 개척하거나, 일시적으로 발생한 중요한 경영문제를 해결하는 임무를 한시적으로 맡게 된다. 따라서 프로젝트 팀은 주어진 임무가 달성되거나 기획한 과제가 완료되면서 해체되고 팀원은 각자 원래 소속되었던 사업부로 복귀하게 된다.

프로젝트조직은 기존 조직의 경직성을 없애고 미래의 성장 동력을 찾기에 적합한 형태이다. 또 팀 내에서 다양한 전문가들의 경험과 지식을 공유할 수 있기 때문에 어렵고 복잡한 문제를 효과적으로 해결할 수 있는 장점도 크다.

그러나 프로젝트조직 역시 몇 가지의 문제점을 가지고 있다. 우선 프로젝트 팀은 일시적으로 조직되고 일정 기간이 지나면 해체되기 때문에 일관된 과제를 추진하기 어렵다. 또 여러 기능과 조직에서 모인 팀원들을 통합하고 관리하기가 힘들다. 따라서 이질적인 구성원들이 모여 있는 프로젝트조직의 성공적 운영을 위해서는, 유능한 리더와 팀워크(teamwork)를 중시하는 구성원들의 확보가 무엇보다 중요하다.

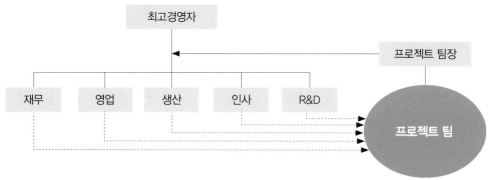

주 : ┈┈┈▶ 는 한시적 파견

✿ 그림 4-18　**프로젝트조직의 구조**

🔷 매트릭스조직

매트릭스조직(matrix organization)은 한편으로는 라인조직의 효율성과 전문성을 활용하고, 다른 한편으로는 프로젝트조직의 신축성과 유연성을 동시에 만족시키려는 목적과 의도로 제시된 조직형태이다.

그림 4-19를 보자. 매트릭스조직은 기능별 조직을 열(column)로 하고 프로젝트조직을 행(row)으로 하나의 매트릭스를 구성하고 있다. 각각의 구성원은 기능상으로는 기존의 기능조직에 소속되어 있으면서, 동시에 프로젝트가 진행되는 동안에는 관련 프로젝트 팀원으로 일을 하는 이중적(dual) 체제를 따르게 된다.

매트릭스조직은 외부환경의 변화가 심하고, 조직원들의 능력이 뛰어난 경우에 그 장점을 최대로 발휘할 수 있다. 또 자원 활용의 효율성도 극대화할 수 있다. 실제로 매트릭스조직은 기능별 분화가 너무 복잡하지 않고, 프로젝트의 수도 너무 많지 않을 때 매우 효과적인 방식으로 알려져 있다.

그러나 매트릭스 형태도 여러 가지 잠재적인 문제점들을 안고 있다. 첫째, 이원적인 지휘체계가 가져오는 혼란이다. 조직원 개개인의 입장에서는 이른바 '나의 상관은 누구인가?(Who is my boss?)'라는 혼란에 빠질 위험이 높다. 기능조직으로 보면 그 조직의 상관이 있고 프로젝트로 보면 프로젝트의 팀장이 있다. 만일 두 사람의 지시나 의견이 다르면 누구 말을 따라야 할지 난감해지는 것이다. 둘째, 우선순위의 설정과 책임 소재의 판단이 쉽지 않다. 제한된 자

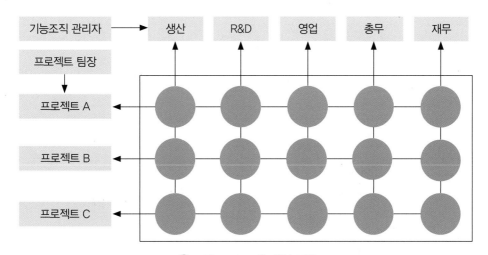

✳ 그림 4-19　매트릭스조직

원을 어느 쪽에 먼저 분배해야 하는지를 결정하기 쉽지 않고, 일이 잘못될 경우 서로 책임을 떠넘길 수 있는 것이다. 셋째, 공정하고 균형적인 업무의 배분이 어렵다. 기능마다 또한 프로젝트마다 과제의 성격도 다르고 난이도도 다르기 때문에 주어지는 일의 질과 양의 편차가 클 수 있다. 넷째, 이질적인 성격의 구성원들 간에 발생하는 갈등을 관리하기가 용이하지 않다. 여러 조직에서 모인 사람들이라 생각도 다르고 목표도 다를 수 있다.

🌐 네트워크조직

네트워크조직(network organization)은 개별조직을 유기적이고 신축적인 네트워크형태로 구성하기 위해 제시된 형태이다. 기존의 조직구조들이 기본적으로 수직적 계층관계에 토대하고 있다면, 네트워크조직은 수평적 연결관계에 기반하고 있다. 네트워크조직의 개념적 설계는 이미 오래 전부터 제시되어 왔다. 그러나 오늘날 네트워크 조직이 실제로 가능하게 된 것은, 정보통신기술(ICT)의 발전으로 시간과 공간의 제약이 줄어들면서부터이다.

네트워크조직은 크게 지역적 네트워크와 기능적 네트워크로 나눌 수 있다. 먼저 지역적 네트워크 조직은 그림 4-20에서 보듯이, 가장 핵심적인 기능만 본사에서 운영하고, 나머지 기능은 원자재 조달, 인력 공급, 시장 접근성 등을 고려하여 여러 지역에 분산시켜 수행한다. 이렇게 함으로써 자원활용의 효율성을 극대화하고 동시에 조직의 유연성을 제고할 수 있다. 만일 네트워크가 국내의 범위를 넘어 국제적으로 확산되면 글로벌 네트워크(global network) 형태로 확대된다.

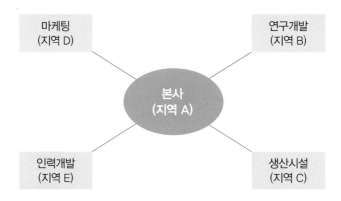

🎐 그림 4-20   지역적 네트워크조직

다음으로 기능적 네트워크는, 고정된 물리적 공간이나 대규모의 조직 없이 주요 경영기능

간의 네트워크로 경영조직을 구성하는 방식이다. 그림 4-21에 도시되어 있는 것처럼, 본사는 연구개발조직이나 사업기획조직만으로 구성하여 상시 조직으로 운영하고 나머지 기능은 외부의 기업이나 개인에게 계약형태로 위탁하여 필요에 따라 운영한다. 따라서 이러한 가상조직 (virtual organization)에서는 기업의 규모나 형태를 분명하게 규정하기가 쉽지 않다.

지역적 네트워크와 마찬가지로 기능적 네트워크에서도 자원 활용의 효율성과 조직의 유연성이 극대화될 수 있다. 앞으로 시장과 자원의 범위가 국제적으로 넓어지고 ICT의 활용영역이 늘어나면, 네트워크 조직의 잠재적 효용성은 더욱 커질 것으로 보인다. 그러나 이 과정에서 경영조직 전체를 유기적으로 연결하고, 통합적으로 조정하며, 일관되게 관리하는 작업의 어려움은 더욱 커질 수도 있다.

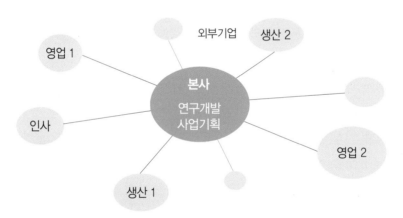

✿ 그림 4-21 기능적 네트워크조직

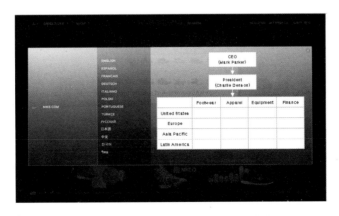

✿ 그림 4-22 글로벌 네트워크조직 : 나이키

3. 새로운 경영조직

지금까지 살펴본 것처럼, 경영조직은 시간의 흐름과 환경의 변화에 따라 다양한 형태로 진화되어 왔다. 조직설계의 변화는 최근에 이르러 더욱 두드러지게 나타나고 있다. 이러한 현상의 배경에는, 한편으로는 변화에 대한 수요의 증가와, 다른 한편으로는 변화를 가능하게 하는 기술의 출현이 동시에 자리 잡고 있다. 우선 외부적으로, 경영환경이 급속히 바뀌고 내부적으로 경영내용이 다양화되면서 조직 변화에 대한 수요가 커지고 있다. 이에 대응하여, 정보통신기술(ICT)의 눈부신 발전은 새로운 조직의 설계와 운영을 가능하게 하고 있다.

최근에 나타나고 있는 경영조직 설계의 새로운 추세를 정리하면 다음의 다섯 가지로 요약할 수 있다. 첫째, 조직의 구조가 수직적으로 얇아지고(flat), 수평적으로 날씬해지는(slim) 경향이다. 수직적인 계층 축소를 통해 의사결정의 신속성을 제고하고, 수평적인 부문 축소로 꼭 필요한 부문만을 유지함으로써 자원배분의 선택적 집중을 추구하고 있다. 둘째, 고객 중심(customer-oriented)의 조직을 강조하는 경향이다. 과거의 조직설계가 기업 자체의 필요와 목적에 맞추어 이루어져 왔다면, 오늘날의 조직설계는 고객과 시장의 입장을 중심으로 이루어지고 있다. 셋째, 지식기반(knowledge-based)의 조직을 강화하는 경향이다. 조직원 모두가 정보와 지식을 공유할 수 있는 채널을 설치하고, 다양한 학습조직(Community of Practice : CoP)을 활성화시키는 추세이다. 넷째, 유비쿼터스(ubiquitous)조직과 가상(virtual)조직을 확대하는 경향이다. 정보통신기술(ICT)의 발전과 확산을 토대로 온라인(on-line)방식, 웹기반(web-based) 형태, 모바일(mobile) 구조 등을 조직 설계와 운영에 도입하고 있는 추세이다. 다섯째, 세계화(globalization)와 지역화(localization)를 동시에 추구하는 경향이다. 경영조직 전체의 범위는 갈수록 국제화되고 있지만, 하나하나의 개별조직은 그 조직이 설치되어 있는 지역의 특성과 제도에 맞추어 현지화되는 추세이다.

또 하나 주목할 만한 변화는 바람직한 지배구조(corporate governance)에 대한 관심이 커지고 있는 현상이다. 지배구조라는 개념은 기업을 둘러싼 다양한 이익집단 사이의 이해를 조정하거나 경영활동에서 이루어지는 중요한 의사결정의 원칙과 방식을 감시하는 기구나 장치를 가리킨다. 오늘날 기업의 지배구조가 중요해지는 근본적 이유는 크게 두 가지를 들 수 있다. 하나는 주주와 경영자 간의 이해가 상충되는 문제이다. 기업의 규모가 커지고 범위가 넓어지면서 소유자(주주) 대신 실제로 경영을 담당하는 운영자(전문경영인)를 두게 되는데 이때 둘 사이의 간격이 벌어지면서 갈등이 생길 수 있는 것이다. 다른 하나는 기업의 사익과 사회 전체의 공익이 어긋나는 문제이다. 영리를 추구하는 기업의 목표와 다수 구성원의 효익을 기대하는 사회의 목표가 달라질 때도 갈등이 생기게 된다. 따라서 이러한 잠재적 상충과 갈등을 줄이기 위해 바람직한 지배구조가 필요한 것이다.

지배구조는 크게 내부 지배구조 외부 지배구조로 나눌 수 있다. 내부 지배구조는 기업 안에서 기업 내부의 활동에 대한 견제와 균형의 역할을 담당한다. 대표적인 조직이나 기구로는 이사회, 주주총회, 내부감사, 노동조합 등을 들 수 있다. 외부 지배구조는 기업 밖에서 경영자의 경영활동을 감시 내지 통제하는 역할을 담당한다. 대표적인 조직이나 기구로는 외부 감사 조직, 금융기관, 주식시장 등을 들 수 있다.

공식적인 지배구조를 설치하는 수준을 넘어 최근에는 보다 적극적인 움직임도 나타나고 있다. 즉 기업 스스로가 먼저 사회적 책임을 다하고 보다 투명한 지배구조를 만드는 것이 오히려 지속가능한(sustainable) 성장에 도움이 된다는 주장이 제기되면서 이를 실현하기 위한 활동을 수행하기 시작한 것이다. 가장 초기에는 사회적 책임, 즉 CSR(Corporate Social Responsibility)이라는 개념이 등장하였다. 그러면서 기업 내부에 전담조직을 설치하여 사회 취약 계층에 일자리를 제공한다든가, 영업이익의 일부를 지역사회에 돌려준다든가, 공공서비스 시설을 만들어준다든가 하는 활동을 전개하였다.

하지만 CSR은 기업이 단지 사회적으로 주어진 책임을 다한다는 소극적이고 사후적인 수준의 활동에 머물렀다. 그러면서 뒤이어 나온 개념이 공유가치 창출, 즉 CSV(Creating Shared Value)이다. 이 개념은 단순히 사회적 책임을 다하는 수준을 넘어 기업과 지역사회가 파트너가 되어 함께 가치를 공유한다는 적극적이고 사전적인 활동을 가리킨다. 예를 들어, 기업과 지역이 공동으로 노력하여 새로운 제품을 개발하고 새로운 시장을 창출한다든가, 함께 특화 산업단지를 건설한다든가 하는 활동을 통해 기업과 사회 모두가 이익을 늘릴 수 있는 활동을 전개하는 것이다. 가장 최근에 나온 개념은 ESG(Environment, Social, Governance)이다. 이것은 용어가 의미하는 것처럼 친환경적인 기업, 사회적 책임을 다하는 기업, 투명한 경영을 하는 기업이라는 다양한 목표를 동시에 추구하는 개념이다. 즉 단기적 이익보다 환경이나 사회를 중시하는 비재무적 목표를 추구하는 것이 중장기적으로는 기업 가치를 올리고 지속적 성장을 이루는 데 더 큰 도움이 된다는 것이다.

EXERCISE 연습문제

01 규모의 경제(economies of scale)와 범위의 경제(economies of scope)의 차이를 구 개념의 '정의'를 기준으로 설명하라.

02 규모의 경제와 범위의 경제가 발생할 수 있는 중요한 요인들을 제시하라.

03 기업의 성장과정에서 주로 사용하는 전략에는 수직적 통합, 수평적 통합, 다각화 전략이 있다.

(1) 수직적 통합, 수평적 통합, 다각화의 차이를 설명하라.
(2) 수직적 통합과 수평적 통합을 통해 기업이 얻을 수 있는 이점은 무엇이 있는가를 제시하라.

04 정유사업에 기반한 전통적 에너지 기업이 수직적 통합 및 수평적 통합을 통해 기업집단으로 성장하는 과정의 예시(국내 또는 국외)를 제시하라.

05 4번 문제에서 예시로 든 기업이 다각적 통합(수직적 통합과 수평적 통합을 결합)을 통해 어떠한 분야에 진출할 수 있을지를 본문에 나온 의약품 기업의 사례를 참조하여 다이어그램으로 도시하라.

06 소셜커머스 기업에 대해 SWOT 매트릭스를 도출하고 전략방향을 제시해 보라.

07 가장 유명한 분포분석 중 하나인 BCG 매트릭스의 양 축은 시장성장률과 시장점유율이다. 각 축에 대한 양분점(cut-off point)을 어떻게 설정할 것인지에 대해 토론해 보라.

08 본문에 제시된 3가지 경쟁전략(원가우위전략, 차별화 전략, 집중화 전략)을 설명하고, 이들 전략을 사용한 기업의 예시를 제시하라.

09 시장진입전략의 3가지 유형을 설명하고, 이들의 장단점을 비교하라.

10 다음에 제시된 조직 형태의 장점과 단점을 설명하라.

(1) 라인조직
(2) 라인-스태프조직
(3) 사업부제조직
(4) 프로젝트조직
(5) 매트릭스조직
(6) 네트워크조직

11 라인조직과 라인-스태프조직의 특성 및 장단점을 비교하여 서술하라.

12 주변에서 기업조직을 하나 찾은 후, 그 기업조직이 어떠한 조직 유형을 가지고 있는지를 조사해 보라.

13 매트릭스조직의 기본 구조를 제시하고, 매트릭스조직의 장단점을 설명하라.

14 경영조직은 시간의 흐름과 환경의 변화에 따라 진화의 과정을 밟아왔다. 최근에 나타나고 있는 경영 조직 설계의 특성과 추세를 설명하라.

15 기업의 바람직한 지배구조(corporate governance)에 대한 관심과 노력이 변화 및 확대되어 온 과정을 설명하라.

Chapter

05

제조시스템의
설계

🎯 학습목표

- 제품을 분류하는 기준은 무엇이며, 어떤 유형으로 나눌 수 있는지 알아본다.

- 공정을 분류하는 기준은 무엇이며, 어떤 유형으로 나눌 수 있는지 알아본다.

- 제품과 공정의 바람직한 연결관계를 P-P 매트릭스 개념을 바탕으로 알아본다.

- 설비입지 선정의 기준은 무엇이 있으며, 평점요인법과 수송비용기준법으로 최적입지를
  선정하는 방법을 알아본다.

- 공급망의 구조를 이해하고, 채찍효과를 줄일 수 있는 공급망 설계와 관리의 원리를 알아
  본다.

1 | 제품의 유형

　모두 묶어서 하나의 경영시스템이라고 말하지만, 사실 그 안에는 여러 유형의 조직들이 존재한다. 기업의 경우를 보면, 제품을 생산하는 기업도 있고 제품을 유통시키는 기업도 있으며 제품이 아니라 서비스를 제공하는 기업도 있다. 이처럼 다양한 경영시스템 가운데 가장 기본이 되는 것은 역시 제조시스템이다. 산업공학은 애당초 제조시스템에서 출발하였고 지금도 산업공학의 기반은 제조시스템이다. 그리고 제조시스템의 핵심기능은 생산(production)활동이다. 생산을 한마디로 표현하면, 무엇(what)이라는 것을 의미하는 '제품(product)'을 어디에서, 어떻게(where and how) 만드는가를 의미하는 '공정(process)'과 어떻게 연결하느냐 하는 것이다. 그러므로 제조시스템의 설계는 먼저 생산활동의 대상인 제품의 유형과 특성에 대해 알아보고, 이어서 공정의 종류와 성격에 대해 살펴보는 순서로 진행된다.

1. 제품의 분류

　먼저 제품은 어떤 유형으로 나눌 수 있는지를 생각해 보자. 세상에 존재하는 무수히 많은 제품을 몇 가지 종류로 나누는 것은 쉬운 일이 아니다. 또 누가 어떤 기준이나 목적으로 나누느냐에 따라 제품의 분류는 달라질 수도 있다. 따라서 산업공학의 교과서에서도 다양한 분류 체계가 제시되어 있다.

　예를 들어, 구매의 목적을 기준으로 나눈다면 크게 개인의 생활을 위한 소비재와 기업의 생산활동을 위한 산업재로 나눌 수 있다. 또 제품의 용도나 구매의 패턴을 기준으로 한다면, 일상생활을 위해 자주 구매하는 편의품(convenience product), 다양한 제품들을 비교하고 평가한 후에 구매하는 선매품(shopping product), 고급의 욕구나 특수한 니즈의 만족을 위해 구매하는 전문품(specialty product)으로 나누기도 한다.

　여기서는 생산방식의 차이에 따라 제품을 크게 MTS, ATO, MTO, DTO의 네 종류로 나눈다. 표 5-1에서 알 수 있듯이, 제품은 고객의 요구사항과 요구시점의 차이에 따라 크게 MTS(Make-

표 5-1   제품(product)의 분류

분류	설명
MTS	수요예측을 토대로 생산계획을 수립하고, 생산계획에 따라 완제품을 미리 생산하여 재고(stock) 형태로 보관하면서 판매하는 표준화 제품
ATO	부품은 생산계획에 따라 미리 생산하여 재고(stock) 형태로 유지하고 있다가, 실제 주문(order)이 들어오면 그때부터 최종 조립하여 완제품을 만드는 제품
MTO	일부 부품은 생산계획에 따라 미리 생산하여 재고(stock) 형태로 유지하고, 나머지 부품은 주문(order)에 맞추어 가공(make)하여 최종조립을 거쳐 완제품을 만드는 제품
DTO	모든 부품을 사전에 가공하지 않은 상태에서, 주문이 들어오면 그때부터 설계(design), 가공, 조립을 거쳐 완제품을 만드는 제품

To-Stock), ATO(Assemble-To-Order), MTO(Make-To-Order), 그리고 DTO(Design-To-Order)로 나눌 수 있다. 이러한 분류는 국제적으로 많이 받아들여지고 있기 때문에 이 책에서도 원용하기로 한다. 또한, 이 용어들을 우리말로 번역하여 쓸 수도 있겠지만 단어의 의미를 보면 용어의 뜻도 쉽게 이해할 수 있기 때문에 그냥 영어 표현을 따르기로 한다.

첫째, MTS 제품은 말 그대로 미리 대량으로 만들어서 재고(stock)로 쌓아 놓고 판매하는 제품이다. 우리말로 한다면 예측생산제품이라고 할 수 있다. 우리가 일상생활에서 접하는 대부분의 표준화된 제품이 여기에 속한다. 둘째, ATO 제품은 완제품에 들어가는 모든 부품은 미리 만들어 놓고 있다가 주문(order)이 들어오면 그때부터 조립하여(assemble) 완제품을 만드는 제품이다. 우리말로는 주문조립제품이라고 할 수 있다. MTS 제품과 비교하여 표준화 정도는 낮고 물건을 만드는 데 걸리는 시간은 길지만 고객의 요구를 수용할 수 있는 정도는 높은 제품이다. 셋째, MTO 제품은 일부 부품은 미리 만들어 놓고 나머지 부품은 주문(order)이 들어오면 그때부터 주문사양에 맞추어 만들기(make) 시작하여 완제품을 만든다. 우리말로는 주문생산제품이라고 부를 수 있다. 따라서 MTO 제품은 ATO 제품보다 고객의 요구를 좀 더 많이 반영할 수 있다. 마지막으로, DTO 제품은 어떤 부품도 미리 만들어 놓지 않고, 주문이 들어오면 설계(design)부터 시작하여 완제품이 생산될 때까지의 모든 과정을 주문 사양에 맞추어 만들어 내는 맞춤형 제품이다. 우리말로는 주문설계제품이라고 할 수 있다.

주의할 점은, 하나의 제품이 처음부터 끝까지 한 가지 형태로 고정되어 있는 것은 아니라는 사실이다. 대부분의 제품은 처음 시장에 출시되는 도입기에서 출발하여 성장기를 거쳐 마지막에 시장에서 사라지는 퇴출기에 이르는 하나의 수명주기(life cycle)를 가지고 있다. 수명주기 관점에서 보면, 제품의 성격도 수명주기의 단계를 따라 변하는 모습을 보인다. 처음 시장에 출시

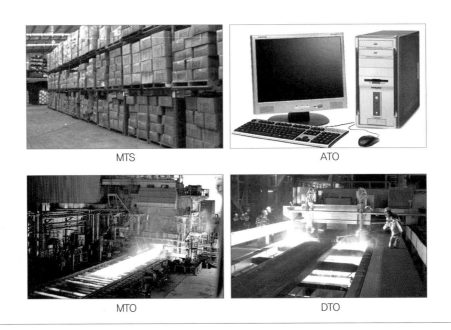

*그림 5-1   MTS, ATO, MTO, DTO 유형의 제품

되는 시점에서는 DTO 형태로 출발하는 것이 일반적이다. 수요자가 많지 않기 때문에 개별 수요자의 요구에 따라 그때그때 만들어 내기 때문이다. 그러다가 시장에 알려지고 주문이 늘면서 표준화가 진행되고 또 수요에 맞추어 생산능력이 늘어나면서 점차로 MTO, ATO를 거쳐 마지막에는 표준화 제품의 대량생산방식인 MTS로 바뀌는 것이다.

2. 제품범위의 결정

앞에서 기업의 범위를 설명할 때, 규모의 경제와 범위의 경제라는 개념을 알아본 적이 있다. 규모의 경제라는 용어는 기업이 어느 제품의 생산량을 늘리면서 얻을 수 있는 경제적 효과를 가리키고, 범위의 경제라는 용어는 기업이 여러 가지 제품을 동시에 생산하면서 얻을 수 있는 경제적 효과를 뜻한다.

규모의 경제와 범위의 경제라는 개념을 생산전략의 관점에서 생각해 보면, 소품종 대량생산이라는 용어와 다품종 소량생산이라는 용어에 대비시킬 수 있다. 소품종 대량생산전략은 몇 종류의 제품만 생산하지만 각 제품을 많이 만들어서 규모의 경제를 추구하는 방향이다. 이에

⚫ 표 5-2　소품종 대량생산전략과 다품종 소량생산전략의 장점 비교

소품종 대량생산전략	다품종 소량생산전략
• 생산비용 절감 • 생산계획 단순화 • 생산공정 효율성	• 소비자 만족 • 시장대응 신축성 • 포트폴리오 다양성

반해 다품종 소량생산은 다양한 제품을 조금씩 만들어서 범위의 경제를 추구하는 전략이다.

표 5-2에 정리되어 있는 것처럼, 두 전략은 당연히 각각의 장단점이 있다. 소품종 대량생산은 전통적인 생산전략의 주류를 이루던 방식이다. 말 그대로 대량생산(mass production)에서 얻을 수 있는 비용절감효과가 있고 또 품목이 간단하기 때문에 생산계획이나 관리의 효율성을 높일 수 있다. 하지만 시장과 고객의 다양한 입맛을 맞추기에는 한계가 있다.

이에 비해 다품종 소량생산은 최근에 소비자의 기호가 다양해지고 제품의 수명주기가 짧아지면서 많은 기업들이 추구하고 있는 방식이다. 이 전략의 핵심은 고객화(customization)에 있다. 따라서 효율성이 낮은 단점이 있지만 대신 신축성이 높은 장점이 있다. 또 제품 포트폴리오의 다양성이 높기 때문에 마케팅의 위험도가 상대적으로 낮다. 하나의 제품이 시장에서 실패한다고 하더라도 다른 제품이 성공할 수 있기 때문이다.

결국 제품범위의 전략은 기업이 추구하는 목표나 생산하는 제품의 성격에 따라 결정할 과제이다. 그러한 의미에서 요즈음에는 이른바 mass customization 전략, 우리말로 대량맞춤전략이 각광을 받고 있다. 이 전략은 한편으로는 소품종 대량생산의 효율성을 살리면서 다른 한편으로는 다품종 소량생산의 신축성을 유지하려는 전략이다. 그렇게 하기 위해서는, 다양한 제품 라인을 갖추어 소비자의 기호에 대응하면서 동시에 제품구조나 생산방식이 비슷한 제품들을 묶어서 대량으로 생산할 수 있도록 생산계획도 짜고 생산공정도 설계해야 한다.

3. 제품 유형의 조정

어느 기업이 '무엇을 생산하느냐' 또 '얼마나 다양한 종류의 제품을 동시에 생산하느냐' 하는 문제는 그 기업의 전체적인 경영전략에 따라 결정될 일이다. 즉, '소품종 대량생산'을 할지, 아니면 '다품종 소량생산'을 할지를 정하는 문제는 기업전체 수준의 의사결정이라는 것이다.

하지만 아래로 더 내려가서 생산단계까지 가게 되면, '어느 제품의 유형을 무엇으로 볼지'를 정하는 생산전략의 문제를 다루게 된다. 앞에서 살펴본 것처럼, 제품은 크게 네 가지의 유형으로 나눌 수 있다. 이때 주어진 제품을 위의 네 가지 유형 가운데 어느 유형으로 보느냐 하는 것은 생산전략 차원의 주제라는 것이다.

예를 들어, 어느 기업이 '자전거를 생산할지 아니면 자동차를 생산할지' 또는 '자전거와 자동차를 동시에 생산할지'를 정하는 것은 경영전략 내지 사업전략의 문제이다. 그러나 자전거나 자동차를 '어떻게 생산하느냐' 하는 문제는 경영전략의 문제가 아니라 생산전략의 수준에서 다루어야 할 과제이다. 어떻게 생산하느냐 하는 문제는 어느 제품이 주어졌을 때 그 제품의 종류를 무엇으로 해석하느냐 하는 문제와 직접 연결되기 때문이다. 앞의 예에서 자전거 대신 자동차를 생산하기로 결정하였다고 하자. 그러면 그 다음에 자동차를 어떤 종류의 제품으로 해석하느냐, 즉 MTS 제품으로 보느냐 아니면 ATO 제품으로 보느냐 하는 것은 생산전략의 문제이다. 왜냐하면 MTS로 보는 것과 ATO로 보는 것에 따라 '어떻게' 생산하느냐 하는 생산의 전략과 방식이 달라지기 때문이다.

결국 어떤 제품이 어느 종류에 속하느냐 하는 문제는 처음부터 다른 사람에 의해 정해지는 문제라기보다는 생산자가 스스로의 전략이나 목적에 따라 정하는 문제이다. 자동차의 예로 돌아가서, 자동차는 과연 어느 종류의 제품에 속하느냐 라는 질문을 다시 한번 생각해 보자. 어떤 사람은 자동차회사가 대량생산하여 대리점에 갖다 놓으면 소비자가 그 가운데 하나를 고르면 되는 것이니까 MTS 제품이라고 할 것이다. 그러나 어떤 사람은 기본 사양은 정해져 있지만 고객이 여러 가지 사양을 추가적으로 선택하면 거기에 맞추어 생산하기 때문에 ATO 제품이라고 말하기도 한다. 또 어떤 사람은 까다로운 소수 고객의 취향에 맞추어 부품 하나하나를 손으로 가공하고 조립하여 만드는 MTO 제품이라고 주장할 수도 있다.

같은 자동차를 MTS로 보는 전략을 택한 경우와 ATO로 보는 전략을 택한 경우에 생산방식이 어떻게 달라지느냐를 보여 주는 가장 좋은 예가 미국식 생산방식과 일본식 생산방식의 차이이다. 흔히 포드 자동차의 이름을 따서 포디즘(Fordism)이라고 부르는 미국식 방식은 자동차를 전형적인 MTS 제품으로 본다. 따라서 고객이 선택할 수 있는 여지가 없는 표준화 제품을 미리 만들어진 생산일정에 따라 대규모 조립라인에서 아주 효율적으로 찍어낸다. 이에 반해 도요타 자동차의 이름을 따서 도요티즘(Toyotism)이라고 부르는 일본식 방식은 자동차를 ATO 제품으로 보고 가능한 한 많은 고객의 요구를 받아들이고, 생산일정도 그때그때 상황에 따라 유연하게 조정한다.

✿ 그림 5-2   **도요타 자동차의 JIT 생산방식의 예시**

ATO로 보는 전략의 이점은 고객의 입맛에 맞는 제품을 만들 수 있다는 점이지만 동시에 심각한 단점은 시간이 오래 걸리고 비용이 많이 든다는 점이다. 한편으로 장점을 살리고 다른 한편으로 단점을 보완하기 위해 도요타 자동차에서는 이른바 Just-in-Time(JIT)이라는 생산방식을 고안하였다. JIT 방식을 간략히 설명하면, 미리 완제품을 만들어 놓지 않고 부품만 가지고 있다가 주문이 들어오면 그때부터 Kanban(看板)이라는 작업관리 카드를 이용하여 동시적(concurrent)이고 병렬적(parallel)인 방법으로 가장 빠른 시간 내에 조립을 마치는 식이다. 그렇게 되면 ATO 제품으로서의 신축성과 MTS 제품으로서의 효율성을 모두 만족시킬 수 있다는 것이다.

물론 미국의 모든 기업이 포드식으로 생산관리를 하고 일본의 모든 기업이 도요타식으로 생산관리를 하는 것은 아니다. 미국식이다 일본식이다 하는 것은 어디까지나 상징적인 표현이다. 또 일본식 접근과 미국식 접근 가운데 어느 것이 더 좋으냐 하는 문제도 쉽게 대답할 수 없는 어려운 질문이다. 중요한 점은 제품의 의미와 성격을 정하는 것은 매우 중요한 전략적 선택이며 그 선택에 따라 구체적인 생산방식을 다르게 설계해야 한다는 사실이다.

2 | 제조공정의 분류

1. 공정과 설비

앞 절에서 제품의 유형을 알아보았으니 다음으로는 공정의 분류를 살펴보자. 제품과 마찬 가지로, 물건을 만드는 공정 사이에도 크고 작은 차이가 있다. 대규모 자동화공정과 소규모 수 작업공정 간에 차이가 있는 것은 당연하고, 원자재나 부품의 성격이 달라지면서 공정이 달라 지는 것도 자연스러운 일이다. 따라서 다양한 공정의 형태를 몇 가지 종류로 나누는 것 역시 쉬운 일이 아니다. 또한 분류의 관점이나 목적에 따라서 분류의 결과가 달라질 수도 있다.

공정을 설계한다는 것을 다른 말로 표현하면 다양한 생산설비를 적절한 위치에 배치시키 는 것이다. 실제로 이 문제는 산업공학에서 '설비배치(layout)'라는 이름으로 오랫동안 중요한 주제로 다루어져 왔다. 따라서 이 책에서도 설비의 배치라는 관점에서 생산공정을 바라본다. 즉, 공장 내에 필요한 설비들이 어떻게 배치되어 있느냐에 따라 생산공정의 유형을 분류하고, 각 유형 간의 차이를 설명하는 것이다.

설비의 배치에 앞서, 설비들의 종류에는 어떤 것들이 있을까? 이 질문에 대한 답은, 그 공정 이 어느 산업에 있는 어느 공장이냐에 따라 달라진다. 모든 공정은 설비를 필요로 한다. 하지 만 설비의 구체적인 기능이나 용도는 산업이나 업종에 따라 달라진다. 금속재료를 다루는 기 계공정과 화학물질을 다루는 화학공정은 당연히 설비의 구성이 다르다. 따라서 설비의 종류를 일반화하여 나눌 수는 없다.

여기에서는 설명의 편의를 위해 금속가공 공정의 예를 가지고 설비의 종류에 대해 살펴보 기로 하자. 우선 주조(casting) 설비가 필요하다. 주물을 주형에 부어 굳힘으로써 대략적인 모 양을 만들게 된다. 이어서 성형(forming) 설비를 사용하여 모양을 다듬는 작업을 한다. 이 과정 에서는 압연(rolling), 단조(forging), 구부림(bending) 등의 설비를 쓰게 된다. 그 다음으로는 절 단(cutting) 설비를 써서 자르거나 구멍을 내게 된다. 여기에도 모양에 따라 밀링(milling), 터닝 (turning), 드릴링(drilling) 등의 설비가 활용된다. 이어서 용접(welding) 설비를 이용하여 작은 조각들을 하나로 붙이는 일을 하게 된다. 물론 그 뒤에도 마무리 작업을 위한 여러 설비가 사용된다. 전체 공정의 일부만을 보았는데도 이렇게 많은 설비들이 필요한 것이다.

그러면 이렇게 다양한 설비들을 어떤 기준으로 '적절한' 위치와 장소에 배치할 것인가? 다시 말해, 설비배치의 목표를 어디에 둘 것인가? 설비배치의 목표는 당연히 생산시스템의 효율성을 극대화하는 것이다. 따라서 이 목표가 달성될 수 있도록 설비배치의 기준이 설정되어야 한다. 이러한 관점에서, 다음 몇 가지의 구체적이고 실질적인 기준이 제시된다. 첫째는 물류흐름의 최적화이다. 원자재와 부품의 이동경로를 최소화하고 공정 간의 물류와 인력의 이동을 원활하게 배치해야 한다. 둘째는 공정의 균형이다. 작업들이 공정 간에 균형적으로 배분되어 일이 넘치는 공정도 없고 반대로 일이 없는 공정도 없도록 배치해야 한다. 셋째는 변경의 신축성이다. 상황이나 조건의 변화에 맞추어 배치를 쉽고 빠르게 바꿀 수 있도록 해야 한다. 넷째는 작업의 안전성이다. 효율성이나 신축성 못지않게 작업의 안전성이 확보되어야 한다.

2. 공정의 유형

◉ 기본 유형

위에서 설명한 기준을 바탕으로, 설비를 배치하는 방법은 크게 두 가지로 나눌 수 있다. 표 5-3에서 보는 것처럼, 나누는 기준은 '어떻게 설비를 한 곳에 모으느냐'에 달려 있다. 먼저 첫 번째 기준은 '유사한 기능을 가지는 설비'를 한군데에 모아 배치하는 공정별 배치(process layout)이다. 이것은 기능의 유사성을 기준으로 설비를 모아놓는 방법이다. 역사적으로 보면

◉ 표 5-3   공정(process)의 분류

분류	세분류	설명
공정별 배치 (process layout)	단위(unit) job shop	유사한 기능을 갖는 설비들끼리 따로 모아 동일공간(shop)에 배치시킨 후 개별부품 단위(unit)로 가공하는 공정
	묶음(batch) job shop	유사한 기능을 갖는 설비들끼리 따로 모아 동일공간(shop)에 배치시킨 후 묶음(batch) 부품 단위로 가공하는 공정
제품별 배치 (product layout)	이산적(discrete) flow shop	기능이 상이한 설비들을 모아 독립적인 생산라인으로 구성한 후 동일한 순서를 따르는 부품을 가공하거나 완제품을 조립하는 공정
	연속적(continuous) flow shop	연속적인 흐름을 따라 완전히 동일한 순서로 처리나 조립이 이루어지는 일관공정

가장 오래된 방식이기도 하다. 앞의 금속가공 공정의 예를 본다면, 밀링 기계는 밀링 기계끼리, 터닝 기계는 터닝 기계끼리 같은 장소에 배치하는 식이다. 두 번째 기준은 '특정제품의 생산에 필요한 설비'를 한군데에 모아 배치하는 제품별 배치(product layout)이다. 이것은 개별제품의 특성에 맞추어 필요한 설비를 배치하는 방법이다. 만일 그 제품의 가공순서가 압연-밀링-용접으로 되어 있다면, 압연 기계 한 대, 밀링 기계 한 대, 용접 기계 한 대씩만을 뽑아 한 곳에 배치하는 식이다. 따라서 이 방식은 라인(line) 공정을 만들면서 시작된 것이다.

이때 공정별 배치로 설계된 공장의 형태를 job shop이라고 한다. job shop은 다시 부품이나 제품을 처리하는 '단위'의 크기에 따라, 하나 하나씩 낱개(unit)로 처리하는 unit job shop과 여러 개를 하나의 묶음(batch)으로 처리하는 batch job shop으로 나눌 수 있다. 한편, 제품별 배치로 이루어진 공장의 형태를 flow shop이라고 한다. flow shop은 다시 제품이나 부품이 라인을 흘러가는 양상에 따라, 자동차나 핸드폰같이 손으로 셀 수 있는 개별단위로 흘러가는 discrete flow shop과 원유나 철강처럼 액체 형태로 흘러가는 continuous flow shop으로 나눌 수 있다. 이렇게 보면, 한편으로는 '공정별 배치, process layout, job shop'이라는 용어가 동의어가 되고, 다른 한편으로는 '제품별 배치, process layout, flow shop'이라는 용어가 동의어라고 볼 수 있다.

앞에서 언급한 것처럼, 공정별 배치는 말 그대로 공정을 중심으로 공장을 설계하는 개념이다. 여기서 공정 중심이라는 말은, 유사한 기능을 갖는 설비들끼리 따로 모아 각각의 공간에 배치시킨다는 뜻이다. 따라서 특정부품이 이 공장에 들어오면 정해진 가공순서에 따라 공장 내를 돌아다니게 된다. 예를 들어, 어떤 부품을 만들기 위해서는 밀링 가공과 드릴링 가공이 순차적으로 필요하다고 하자. 그러면 이 부품은 먼저 milling shop으로 이동해야 한다. 그리고

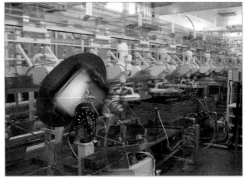

✿ 그림 5-3   공정별 배치와 제품별 배치의 비교 : job shop(좌측)과 flow shop(우측)

milling shop에 있는 여러 대의 밀링 기계 가운데 현재 사용하지 않고 있는 기계 하나를 골라 밀링 작업을 수행한다. 밀링 작업이 끝나면 다음에는 drilling shop으로 이동한다. 마찬가지로 여러 대의 드릴링 기계 가운데 사용 가능한 기계 하나를 골라 드릴링 작업을 한다.

공정별 배치에서는 부품마다 가공순서가 다르기 때문에 각 부품이 공장 내에서 돌아다니는 경로도 다르다. 이러한 공정은 사양과 가공순서가 다른 이질적인 부품이나 제품을 처리하기에 적합한 형태이다. 따라서 이 형태는 유연성이 높다는 장점이 있지만 동시에 효율성이 낮은 단점도 있다.

반대로 제품별 배치는 제품 중심으로 공장을 설계한다는 개념이다. 즉, 제품(부품) 하나하나의 특성에 맞추어 별개의 생산라인을 구성한 후, 각 라인에는 같은 설비들을 사용하여 같은 순서로 처리하는 부품이나 제품만을 처리하게 배치한다. 가공공정의 경우에는, 가공의 순서에 따라 필요한 설비를 하나씩만 뽑아서 일렬로 배치하게 된다. 조립공정에서도 마찬가지이다. TV 라인은 TV만 조립하고, 에어컨 라인은 에어컨만 조립하는 식으로 배치하는 것이다. 라인마다 똑같은 부품이나 제품을 동일한 순서에 따라 만들기 때문에 공정의 효율성이 높은 장점이 있다. 그러나 라인 위의 한 기계만 고장이 나도 라인 전체가 움직이지 못하고 순서에 따라 정해진 제품만을 만들어 내기 때문에 신축성이 낮은 단점도 있다.

🔘 고정형 배치

설비배치의 또 다른 형태로는 고정형 배치(fixed-position layout)를 들 수 있다. 고정형 배치는 말 그대로 생산하는 제품이 하나의 장소에 고정되어 있는 반면, 인력과 물자는 이동하는 형태이다. 이 유형은 제품의 크기나 무게의 특성상 이동이 불가능한 경우에 주로 활용된다. 건물의 신축이라든가, 대형선박의 건조라든가, 대형여객기의 제작 등이 전형적인 예이다. 이 방식은 대형부품이나 대형설비의 이동 비용과 시간이 줄어든다는 장점은 있지만 대신 인력과 자재의 이동비용이 크고 설비의 활용도가 낮은 단점도 크다.

🔘 혼합형 배치

많은 경우, 하나의 공장이 공정별 배치와 제품별 배치 가운데 하나만을 선택하여 설계되는 것은 아니다. 실제로 공장 견학을 가면 쉽게 볼 수 있겠지만, 큰 공장 안에는 공정별 배치로 이루어진 shop도 있고 제품별 배치로 이루어진 shop도 있다. 주로 원자재를 가공(fabrication)하는 단계에서는 공정별 배치를 많이 쓰고 부품을 조립(assembly)하여 완제품을 만드는 단계에서는 제품별 배치를 많이 도입한다. 거대한 자동차공장을 예로 들어 본다면, 강판을 깎아서 수많은 종류의 부품을 만드는 과정은 공정별 배치를 한 shop에서 하고, 부품들을 모두 모아 완성차로 조립하는 과정은 자동차 모델별로 제품별 배치를 한 조립라인에서 하는 것이 일반적이다.

나아가 고정형 배치, 공정별 배치 그리고 제품별 배치를 함께 운영하는 이른바 혼합형 배치(hybrid layout)도 자주 활용된다. 예를 들어, 대형 여객기를 제작하는 경우, 여객기의 본체는 고정형 배치로 한 자리에서 조립되지만, 엔진은 제품별 배치를 통해 생산하고, 다른 부품들은 공정별 배치를 통해 생산하여 공급한다. 크고 무거운 본체는 고정형 배치, 엔진은 엔진에 특화된 제품별 배치, 다양한 개별부품들은 공정별 배치를 하는 식의 조합으로 구성하는 것이다.

◉ 셀형 배치

최근에는 셀(cell) 모양의 배치, 즉 셀형 배치(cellular layout)가 각광을 받고 있다. 셀 모양으로 배치가 된 공장을 cell shop이라고 부른다. 셀형 배치는 공정별 배치의 신축성과 제품별 배치의 효율성을 동시에 얻기 위해 만들어진다. 셀형 배치는 특히 다품종 소량생산의 경우에 적합하다. 제품의 종류가 다양하여 부품구성도 이질적이고, 각 제품별로 생산량과 납기가 제 각각이기 때문에 어느 한 가지의 배치방식으로는 효율성과 신축성을 확보하기 어렵기 때문이다.

셀형 배치의 원리를 좀 더 자세히 알아보자. 공장에서 가공해야 할 부품 각각은 처리해야 할 순서가 모두 다르다. 이미 설명한대로, 공정별 배치에서는 부품 각각을 도착한 순서대로 가공한다. 제품별 배치에서는 가공순서가 똑같은 부품끼리 묶어서 별도로 설치한 라인에서 처리한다. 셀형 배치는 공정별 배치와 제품별 배치의 중간형이라고 보면 된다. 먼저 순서가 같지는 않지만 '비슷한' 부품끼리 묶어서 그룹(group)을 만든다. 다음에 이 그룹을 처리할 셀(cell)을 만들어 처리에 필요한 기계들을 배치시킨다. 이런 식으로 하면 공장 내에 여러 개의 셀이 만들어진다. 각각의 셀은 순서가 비슷한 '여러 종류'의 부품을 처리하기 위해 '여러 종류'의 기계를 보유하고 있기 때문에 어느 정도의 신축성도 있고 동시에 어느 정도의 효율성도 있다.

셀형 배치를 하기 위해서는 먼저 그룹 테크놀로지(Group Technology : GT)라는 방법을 이용하여 비슷한 부품끼리 묶는 작업을 해야 한다. 부품 각각의 처리순서를 보고 가장 비슷한 정도를 계산하여 분류하는 작업을 하는 것이다. 또 컴퓨터에 의해 가공의 순서가 자동으로 조

공정별 배치

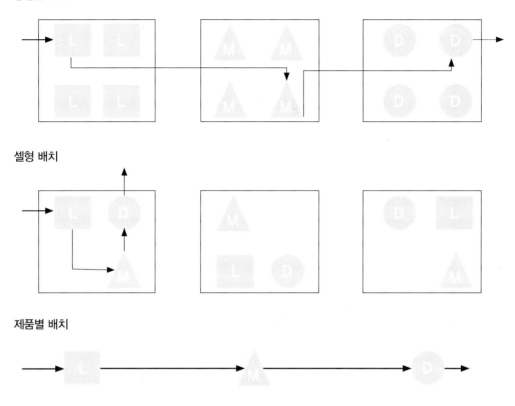

셀형 배치

제품별 배치

주 : L=lathing 기계, M=milling 기계, D=drilling 기계

✿ 그림 5-4   설비배치 유형의 비교

✿ 그림 5-5   수치제어 공작기계와 유연생산시스템

정되는 수치제어(Numerical Control : N/C) 공작기계를 사용한다. N/C 공작기계를 사용하면 사용자가 입력한 정보에 따라 가공순서를 자유롭게 조정할 수 있기 때문에, 가공순서는 다르지만 사용해야 할 설비는 유사한 부품들을 모아서 하나의 공간(cell)에서 처리하는 것이 가능하다. 이러한 방식으로 운영되는 공장을 유연생산시스템(FMS: Flexible Manufacturing System)이라고 부른다.

🌑 스마트 팩토리

최근에 공정의 설계와 운영에서 자주 사용되는 용어는 스마트 팩토리(smart factory)이다. 흔히 차세대 제조시스템으로 불리는 스마트 팩토리는 공장 내의 모든 시설과 설비에 센서 (sensor)가 설치되어 공정 데이터를 실시간으로 수집/분석하고 이를 바탕으로 생산활동이 최적의 상태로 유지되도록 스스로 조정/제어하는 공장을 뜻한다.

앞에서 설명한 설계 원리를 바탕으로 지금까지 생산단위별로 공정의 효율화와 생산의 자동화가 이루어져 왔지만, 더 나아가 개별공정들을 유기적으로 통합하여 공장 전체의 최적화를 추구한다는 것이다. 즉, ICT 기술과 데이터분석 알고리즘을 최대로 활용하여 제품기획에서 완제품 생산으로 이어지는 전 과정에서 자원의 배치, 활용, 운영에 관한 의사결정을 최적화하는 것을 목표로 한다.

3 | 제품과 공정의 조합

1. 제품−공정의 수명주기

앞에서 우리는 제품의 유형, 그리고 공정의 유형에 대해 알아보았다. 제품과 공정은 각각으로서는 아무 의미가 없다. 제품을 만들기 위해 공정이 존재하고 공정이 있기 때문에 제품이 생산되기 때문이다. 따라서 생산전략의 관점에서 보았을 때, 제일 먼저 그리고 가장 중요하게 떠오르는 주제는 제품과 공정을 어떤 기준이나 방식으로 연결시키느냐 하는 문제이다. 제품의 종류가 여러 가지이고 공정의 종류도 여러 가지라면 둘 사이를 어떻게 묶어주느냐에 따라 생산활동과 구조가 달라진다. 둘 사이의 균형(balance)이 잘 이루어져야만 생산시스템 전체가 제대로 돌아갈 수 있다. 이러한 관점에서, 제품과 공정 간의 전략적 균형을 다루는 주제가 바로 제품−공정의 균형전략이다.

제품과 공정 간의 균형전략은 이른바 제품−공정 매트릭스(Product-Process matrix : P-P matrix)를 토대로 이루어진다. 그림 5−6에서 볼 수 있듯이, P−P 매트릭스는 제품과 공정의 수명주기(life cycle)를 각각 행과 열로 하여 양자 간의 관계를 매트릭스 형태로 정리한 그림이다. 이 매트릭스는, 제품과 공정 간에는 가장 적합한 쌍(pair)이 존재하기 때문에 양자 간의 균형을 유지하는 전략이 중요하다는 사실을 강조한다.

먼저 제품의 수명주기를 생각해 보자. 앞에서 경영전략을 설명할 때 이미 소개한 것처럼, 하나의 제품은 대체로 네 단계로 이루어지는 수명을 가진다. 첫 번째 단계는 도입기(introduction stage)로 제품이 시장에 출시된 초기단계를 가리킨다. 두 번째 단계는 성장기(growth stage)로 제품이 시장에서 인정을 받아 수요가 급속히 늘어나는 단계이다. 세 번째 단계는 성숙기(maturation stage)로 제품이 여러 측면에서 제자리를 잡아 안정된 단계를 뜻한다.

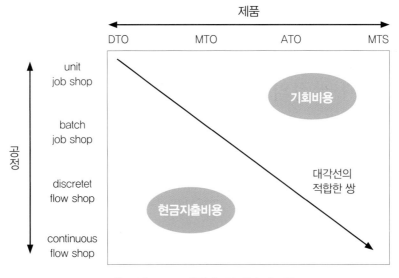

✿ 그림 5−6   제품(P)−공정(P) 매트릭스

마지막 단계는 쇠퇴기(declining stage)로 현재의 제품을 대체할 새로운 제품이 등장하면서 서서히 시장에서 사라지는 단계이다.

　제품과 마찬가지로 공정도 하나의 수명주기를 가진다. 신제품을 생산하는 초기에는 생산량도 적고 제품의 이질성이 높기 때문에 신축성이 높은 공정별 배치, 즉 job shop으로 출발했다가, 나중에는 표준화된 제품의 대량생산을 효율적으로 할 수 있는 제품별 배치, 즉 flow shop으로 바뀌는 것이 일반적이다.

2. 제품-공정의 연계

　그렇다면 P-P 매트릭스에서 어떤 전략적 의미를 찾을 수 있을까? P-P 매트릭스의 생산전략적 의미는 크게 두 가지로 요약할 수 있다. 첫째는, 제품과 공정 간의 균형(balance)을 유지해야 한다는 점이다. 다시 그림 5-6의 P-P 매트릭스로 돌아가보자. 이 매트릭스에서는 제품과 공정이 대각선상에서 서로 적합한 쌍(diagonal match)을 이룬다. 대각선을 따라 이동해 보자. 먼저 대각선의 왼쪽 위 지점에서 보면, 제품 각각의 특성과 기능이 전혀 표준화가 되어 있지 않고 고객의 요구에 따라 항상 바뀌는 DTO 형태를 보인다. 따라서 거기에 맞는 공정은 신축성을 강조하는 공정별 배치, 즉 unit job shop의 모습을 갖추어야 한다. 이 단계를 기업의 성장과정에 대비시킨다면 생긴지 얼마 되지 않은 벤처기업 단계라고 할 수 있다. 이제 대각선의 오른쪽 아래 지점을 보자. 여기에서는 반대로 표준화된 MTS 제품을 생산하고 있다. 따라서 공정은 효율성을 극대화할 수 있는 flow shop이 적합하다. 만일 제품이 철강과 화학같이 동일한 물질로 되어 있다면, 공정은 continuous flow shop의 일관공정이 되어야 한다. 이 단계는 기업의 성장과정으로 말한다면 오래된 대기업에 해당된다고 할 수 있다.

　둘째는, 수명주기의 변화에 맞추어 제품-공정의 연결고리도 동태적으로 달라져야 한다는 점이다. 그렇다면 어디에서 출발하여 어느 방향으로 이동해야 하는 것일까? P-P 매트릭스에 의한 생산전략에서는, 시간의 흐름에 따라 제품과 공정의 연계가 대각선(diagonal)을 따라 왼쪽 상단에서 오른쪽 하단으로 이동해야 한다고 주장한다. 수명주기의 초기에 왼쪽 상단에서 출발하였으면, 시간이 흐르면서 대각선 아래 오른쪽 하단을 향해 이동하도록 끊임없이 제품과 공정을 혁신해야 한다는 것이다. 왜냐하면 제품이 수명주기를 따라 왼쪽에서 오른쪽으로 이동하고 공정도 수명주기를 따라 위에서 아래로 이동하면, 둘 사이의 균형을 유지하기 위해서는 대각선을 따라 왼쪽 상단에서부터 오른쪽 하단을 향해 움직일 수밖에 없기 때문이다.

그러므로 제품기술을 전공하는 공학도가 생산전략적 감각을 유지하기 위해서는 공정기술에 대한 기본적인 이해를 갖출 필요가 있다. 반대로 공정기술을 전공한 공학도는 제품기술에 대해 관심을 가져야 한다. 더욱 중요한 점은 제품과 공정의 모양과 특성이 시간의 흐름에 따라 변한다는 수명주기의 개념을 잊지 말아야 한다는 것이다.

만일 제품과 공정이 대각선을 벗어나 부적절한 쌍(off-diagonal mismatch)이 되면 어떤 문제가 발생하는가? 먼저 P-P 매트릭스상에서 오른쪽 상단에서는 기회비용(opportunity cost)이 발생한다. 나중에 경제성 분석에서 자세히 설명하겠지만, 기회비용은 실제로 돈이 나가는 것은 아니지만 돈을 벌 수 있는 좋은 기회를 상실함으로써 생기는 비용이다. 이 영역에서는 제품이 이미 표준화되어 큰 시장이 형성되기 때문에 만일 자동화된 대량생산 공정이 설치되어 있으면 많은 매출을 올릴 수 있다. 하지만 실제의 공정은 아직 원시적인 소규모 job shop으로 되어 있어 매출을 늘릴 수 있는 기회를 제대로 살리지 못하고 있다. 바로 기회비용이 발생하고 있는 것이다. 한편, 왼쪽 하단에서는 현금지출비용(out-of-pocket cost)이 발생한다. 현금지출비용은 말 그대로 주머니에서 실제로 돈이 나가는 것을 뜻한다. 즉, 공정 측면에서는 이미 최신식의 자동화 설비를 도입하면서 엄청난 규모의 현금지출이 실제로 이루어진 상황이다. 그러나 제품 측면에서는 아직 초기단계로 시장규모가 작아 대량생산 설비를 활용할 일이 거의 없다. 따라서 현금지출비용이 발생하는 것이다.

4 | 설비입지

1. 입지의 평가

앞에서 우리는 제품과 공정의 유형과 조합에 대해 알아보았다. 제조시스템에서 무슨 제품을 어떤 공정에서 만들 것인가를 정하는 문제에 대해 살펴본 것이다. 그렇다면 그 다음은 '어

💠 그림 5-7   벤처타운과 산업단지의 비교

디'에서 만들 것인가 하는 질문을 던질 차례이다. 제조설비를 설치할 위치, 즉 '입지(location)' 문제를 다루어야 한다는 것이다. 물론 입지 문제가 반드시 제품을 생산하는 공장에만 해당되는 것은 아니다. 사무공간, 물류센터, 공공시설 등의 위치를 정하는 것도 모두 입지 선정에 포함된다. 입지의 선정이 중요한 이유는 그것이 한번 정해지면 되돌리기가 어렵기 때문이다. 새로운 시설의 설치도 그렇지만 기존 설비의 확장 및 이전의 경우에도 모두 막대한 비용이 들어간다. 거기다 일단 프로젝트가 진행이 되고 나면 취소하거나 변경하는 것이 거의 불가능하다.

입지를 정하는 것은 한마디로 선택의 문제이다. 예를 들어, 본사가 서울에 있다고 하자. 그러면 생산공정을 본사와 가까운 서울 근교에 둘 수도 있고 물류이동이 편한 항구 인근에 둘 수도 있다. 관련 시설이 밀집되어 있는 산업공단에 입주할 수도 있고 정보교환이 용이한 벤처타운에 들어갈 수도 있다. 즉, 여러 대안들이 있는 상황에서 적절한 평가를 통해 최적의 입지를 선택해야 하는 것이다.

선택을 위해서는 평가를 해야 하고, 평가를 위해서는 평가의 기준, 즉 요인들이 정해져야

💠 표 5-4   설비입지의 평가요인

구분	평가요인	설명
경제적 요인	투입요소	원자재, 에너지, 인력 수급 등 공급원과의 접근성 관련 요소
	산출요소	시장수요, 잠재시장규모 등 시장과의 접근성 관련 요소
비경제적 요인	환경적 요소	기온, 강우량, 강설량 등 자연환경 관련 요소
	사회적 요소	지역사회 여론, 법적 제약 등 사회적 요소
	기타 요소	주거환경, 교육여건, 문화시설 등 기타 요소

한다. 설비입지의 평가에 반영될 요인들은 표 5-4와 같이 크게 경제적 요인과 비경제적 요인으로 구분할 수 있다. 경제적 요인들은 다시 원료 및 자재, 에너지, 인력 등과 같은 투입요소와 시장수요 및 잠재성 등의 산출요소로 구분되며, 비경제적 요인들은 환경적 요소, 사회적 요소, 그리고 기타 요소로 분류할 수 있다.

2. 입지선정의 기법

앞에서 제시한 평가요인들을 토대로, 설비입지를 선정하는 여러 가지의 평가기법들이 사용되고 있다. 여기에서는 가장 대표적인 평가기법인 요인평가법과 수송비용 기준법에 대해서만 간단히 알아보기로 한다.

◈ 요인평가법

요인평가법(factor-rating technique)은 한마디로 점수법(scoring model)이다. 이 기법의 원리와 방법은 매우 단순하다. 각 평가요인들에 대한 가중점수를 바탕으로 대안들을 상대평가하는 방법이다. 이 기법은 쉽고 빠르기 때문에 대안이 많이 있을 때, 일차적 사전 검토에 유용하게 쓰일 수 있다. 하지만 요인 간의 상호영향 관계를 반영하지 못하는 문제와 필수적 요인이 낮은 점수를 받았는데도 불구하고 다른 요인들로부터 높은 점수를 획득하여 최적의 대안으로 평가될 수 있는 문제 등의 한계도 존재한다.

요인평가법은 다음 몇 개의 단계로 구성된다. 첫째, 평가요인을 설정한다. 둘째, 평가요인별로 중요도(가중치) 등급을 정한다. 예를 들어, 중요도에 따라 0, 1, 2, 3, 4의 5가지 등급으로 나눌 수 있다. 셋째, 중요도의 등급에 따라 배점을 설정한다. 예를 들어, 0등급은 최대 50점, 2등급은 100점, 4등급은 150점 하는 식이다. 넷째, 각 대안에 대해 요인별로 점수를 매긴다. 다섯째, 점수를 합산하여 최적의 대안을 선정한다.

표 5-5에는 두 개의 후보지에 대해 요인평가법으로 최적 입지를 선정한 간단한 예가 요약되어 있다. 평가요인으로는 크게 투입요소, 산출요소, 환경요소를 설정하였고 세부적으로는 8개의 요인으로 나누었다. 각 요인의 중요도(가중치)는 0~4등급까지 5개의 등급으로 나누어

표 5-5   요인평가법의 예시

구분	평가요인	배점(최대점수)	대안 1	대안 2
투입요소	자재 수급	150	115	110
	에너지 수급	150	120	130
	인력 수급	100	70	80
산출요소	시장 규모	150	125	110
	성장 가능성	100	80	85
환경요소	자연환경	120	85	105
	주거환경	50	40	40
	지역환경	50	35	40
합계			670	700

각각 50점, 80점, 100점, 120점, 150점의 최대점수를 부여하였다. 예를 들어, 자재수급은 가장 중요한 4등급이어서 150점을, 주거환경은 가장 낮은 0등급이어서 50점을 배점하였다. 이어서 두 개의 대안에 대해 각 요인별로 평가한 결과를 점수로 표시하였다. 마지막으로 전체점수를 합산한 결과, 대안 1이 670점, 대안 2가 700점을 받아서, 최종적으로 대안 2를 최적 입지로 선정하였다.

수송비용 기준법

수송비용 기준법은 한마디로 자재의 수송에 들어가는 비용을 최소화하는 대안을 최적 입지로 선정하는 방법이다. 여기서 수송비용의 최소화 대신 수송거리의 최소화를 기준으로 할 수도 있다. 하지만 둘 사이에 근본적인 차이는 없기 때문에 그냥 비용문제로 표현하여도 별 문제는 없다.

이 기법에서는 수송거리에 따라 수송비용이 결정되기 때문에 주로 물자의 수송이 많거나 시장까지의 거리가 먼 유통업, 농축산업 등에서 많이 활용되어 왔다. 그러나 최근에는 생산공장과 유통시장이 국제적으로 퍼져 있는 경우가 많아서, 물리적인 거리보다는 공항이나 항구 등과의 거리 또는 저렴하고 안정적인 운송방식의 확보 등이 중요한 요인으로 고려되고 있다.

❁ 그림 5-8   수송수단의 비교

평가방법론 관점에서 보면, 이 기법은 총수송비용의 최소화를 목적함수(objective function)로 하고 다양한 제한요소들을 제약조건(constraints)으로 하는 수리계획법, 특히 수송 선형계획법(LP) 문제가 된다. 즉, 공장과 공급업자 사이를 중심으로, 생산과 관련된 모든 활동과의 이동거리와 이에 따라 발생하는 운송비를 산출하여 그것을 비용함수와 자원사용함수로 설정하고, 총비용을 최소화하는 알고리즘을 통해 해(solution)를 구하는 접근이다. 수리계획법의 구체적인 내용에 대해서는 뒤의 수리적 접근에서 다루기 때문에 여기서는 생략하기로 한다.

이 기법은, 복잡한 물리적 네트워크로 이루어진 입지의 선정에 적합한 기법이다. 특히, 입지들이 국내외 여러 곳에 흩어져 있거나 부품가공, 제품조립, 물류창고, 대리점 등이 이리저리 연결되어 있는 경우에 유용한 평가기법이다. 그러나 수송거리와 무관한 요인들, 예를 들어 환경적 요인이나 사회적 요인 등을 고려하지 못하는 단점도 있다.

5 | 공급망 관리

1. 공급망의 구조와 기능

지금까지 제조시스템의 설계에 관한 내용들을 살펴보았다. 하지만 좀 더 넓게 생각해보면,

제조시스템은 생산시스템만으로 구성되는 것은 아니다. 생산활동이 이루어지는 공간 외에도 생산활동에 필요한 원자재와 부품의 공급체계, 외부의 생산자나 도소매업자와의 네트워크 등도 시스템의 구성요소이다. 공급망(supply chain)은 제품이나 서비스의 생산과정에서, 원자재 단계에서 출발하여 최종 소비자인 고객에 도달하기까지 물자와 정보의 흐름에 관련된 활동을 포괄하는 개념이다. 특히, '공급(supply)'이라는 용어가 의미하는 것처럼, 기업 내부보다는 기업 외부의 관련 주체들을 주요 대상으로 한다. 또한 여기저기에 흩어져 있는 외부의 주체들을 하나의 네트워크로 묶는다는 의미에서 '사슬(chain)', 즉 공급망이라는 용어도 사용한다. 따라서 바로 앞 절에서 살펴본 입지선정 문제도 넓게 보면 공급망 문제의 일부라고 할 수 있다.

전통적인 산업공학에서는 공급망에 대해 큰 관심을 기울이지 않았다. 대부분의 기업들이 공급망을 자사와 직접적으로 이어져 있는 기업 내부의 일부로 생각했기 때문이다. 다시 말해, 공급망을 생산시스템의 하위시스템 정도로 받아들였던 것이다. 그러다 보니 물류관리(business logistics) 또는 물적 유통관리(physical distribution management)라는 용어가 널리 사용되었고, 그 범위도 수송(transporting), 보관(storing), 자재관리(material handling), 포장(packaging) 등으로 제한되었다.

그러나 글로벌화와 네트워크화가 심화되면서 개별기업의 경쟁력 못지않게 공급망 전체의 경쟁력이 중요하다는 인식이 확산되면서, 최근에는 공급망 주제가 산업공학에서 차지하는 위상이 크게 올라가고 있다. 오늘날의 경쟁력은 제품 간의 경쟁, 기업 간의 경쟁의 수준을 넘어 공급망 대 공급망의 경쟁이라는 인식도 커지고 있다. 더구나 제조활동 내부에서 만들어지는

❋ 그림 5-9   애플의 글로벌 공급망 구조

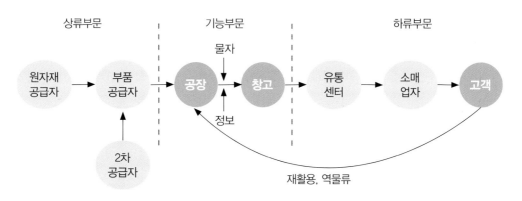

❀ 그림 5-10 **공급망의 구성**

부가가치와 비교하여 공급망에서 만들어지는 부가가치가 결코 작지 않다는 사실이 알려지면서 공급망 자체가 하나의 비즈니스 대상이 되는 일도 늘어나고 있다.

◈ 공급망의 구조

공급망은 넓고 길다. 이 복잡한 공급망의 구조를 어떻게 표현할 수 있을까? 그림 5-10에 나타난 것처럼, 공급망은 전형적인 시스템의 모양을 보인다. 원자재에서 시작해서 고객에서 끝난다. 마치 상류(원자재)에서 하류(고객)로 흐르는 물의 흐름에 비유될 수 있다. 이런 관점에서 보면, 공급망 시스템의 전체적 구조는 크게 세 부분으로 구성된다. 먼저, 제품이나 서비스의 생산 또는 변환과정을 담당하는 기능부문(value chain)이 기업 내부에 위치하고 있다. 다음으로 외부의 한쪽에는 원자재 방향의 상류(upstream) 부분에 원자재 공급자와 중간부품 공급자가 자리 잡고 있다. 이들도 몇 단계로 나눌 수 있다. 기업 내부로 직접 공급하는 공급자가 1차 공급자이며, 1차 공급자에게 부품을 공급하는 기업이 2차 공급자가 된다. 마지막으로 외부의 다른 쪽에는 고객 방향의 하류(downstream) 부분에 도소매업자와 최종소비자가 자리 잡게 된다. 이때 상류부문에서 기업 내부로 들어오는 흐름을 인바운드 물류(inbound logistics)라고 하고, 기업 내부로부터 하류부문으로 나가는 흐름을 아웃바운드 물류(outbound logistics)라고 부른다.

공급망 구조의 또 다른 특성은 '순환체계'가 존재한다는 점이다. 공급망은 먼저 상류에서 하류로 흘러가는 모양을 지니지만 동시에 다시 하류에서 상류의 역방향으로 흘러가는 순환의 흐름도 있다. 순환이 일어나는 경우는 크게 두 가지로 나눌 수 있다. 첫째는 수명이 다한 제품

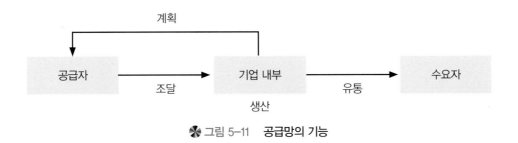

🔆 그림 5-11   **공급망의 기능**

을 최종사용자로부터 회수하는 재활용(closed loop)의 경우이다. 둘째는 반품, A/S, 유지보수 등과 같은 역물류(reverse logistics)의 경우이다. 따라서 종합하여 정리하면, 공급망 시스템은 기업 외부 상류의 공급자, 기업 내부의 변환과정, 기업 외부 하류의 고객, 그리고 순환체계의 네 가지 요소로 구성된다. 이 네 가지 요소 사이에는 '물류'의 흐름과 함께 '정보'의 흐름도 일어난다. 정보는 제품과 서비스의 물리적 이동을 관리하는 중요한 역할을 수행한다.

🔷 공급망의 기능

공급망은 계획(plan), 조달(procure), 생산(make), 유통(distribute), 반환(return)의 다섯 가지 기능으로 구성되어 있다. 앞에서 언급한 것처럼, 전통적인 물류체계는 수송, 보관, 자재관리, 포장 등의 기능에 초점을 맞추었다. 그러나 오늘날의 공급망은 기능의 범위가 더욱 넓어지고, 특히 계획기능이 추가된 변화를 보이고 있다.

먼저 기업 내부에서는 계획(planning)을 수립하고, 상류의 공급자로부터 필요한 자재와 부품을 조달(procurement)하는 기능을 담당한다. 그 다음에는 제품과 서비스를 생산(production)하는 기능과 하류의 고객으로부터 받은 주문을 처리하는 유통(distribution) 기능을 수행한다. 이러한 조달-생산-유통 기능이 다시 처음으로 돌아가는 반환(return)이 이루어지면서 그림 5-11과 같은 형태의 공급망이 완성되는 것이다. 여기서 정보는 이러한 순환의 프로세스들을 연결해 주고, 공급망 전체를 통합하는 역할을 한다.

2. 공급망의 관리

🔷 기본 개념

앞에서 살펴본 것처럼, 공급망은 여러 개의 개별부문과 개별기능으로 구성된다. 공급의 망 (chain)이라는 이름이 붙여지기 전까지의 전통적 물류관리는 이러한 개별기능 각각의 관리에 초점을 맞추었다. 하지만 개별기능들이 묶여 하나의 망(chain)을 구성하게 되면 이제는 개별기 능의 관리가 아니라 망 전체의 관리가 중요해진다. 망 전체의 관리, 즉 통합적 관점에서 시스 템 전체를 최적화하는 과제를 공급망 관리(Supply Chain Management : SCM)라고 한다.

SCM은 공급망을 따라 흐르는 자재, 제품 및 서비스, 정보 등과 관련된 다양한 활동들을 전 체적으로 조정하여 총비용은 낮추면서 동시에 고객욕구는 만족시키도록 관리하는 것을 의미 한다. 여기서 주목할 것은, 비용과 고객만족의 관계이다. 일반적으로 고객욕구를 만족시키는 일은 곧 비용을 올리는 일이다. 그러나 공급망 관리는 이 두 가지를 동시에 만족시키는 효과를 추구한다. 한편으로는 내부의 재고를 감소시켜 총비용을 낮추고, 다른 한편으로는 주문 내용 과 납기를 만족시켜 외부의 만족도로 올린다는 것이다.

🔷 공급망의 채찍효과

'채찍효과(bullwhip effect)'는 SCM의 핵심 개념이다. 채찍효과는 무슨 의미이고 왜 중요한 가? SCM은 한마디로 공급망에서 발생하는 문제를 해결하는 일이다. 그렇다면 문제는 왜 생겨 날까? 공급망의 문제는 대부분 사전에 예상하지 못한 변화가 일어날 때 발생한다. 변화의 요인 으로는 다음 몇 가지를 들 수 있다. 첫째는, 최종수요의 변화이다. 고객이 마지막 순간에 구매 량이나 구매시점을 바꾸는 경우는 자주 발생한다. 둘째는, 주문량의 변화이다. 실제 고객의 구 매 패턴은 안정적인데도 공급망의 중간단계에서 주문비용이나 수송비용을 줄이기 위해 주문 량을 조정하는 일도 종종 일어난다. 셋째는, 공급의 불안정이다. 자연재해가 발생하거나 예기 치 않은 사고로 인해 공급이 원활하게 이루어지지 않을 경우 공급망의 흐름에 혼란이 일어나 게 된다. 넷째는, 가격의 불안정이다. 갑자기 가격이 폭등하거나 폭락할 경우, 사재기나 투매 현상이 일어나면서 공급망이 출렁이게 된다.

상류부문   내부부문   하류부문

✿ 그림 5-12   **채찍효과**

　문제가 발생할 잠재적 요인이 있다고 하더라도, 공급망 내에서 정보의 교환과 공유가 원활하게 일어나면 실제로는 별다른 문제가 일어나지 않을 수 있다. 하지만 대부분의 공급망에서 정보의 교환은 매우 제한적으로 이루어진다. 주로 거래 당사자 간의 부분적인 정보에 의존해서 의사결정이 이루어지는 것이다. 이런 일은 공급망의 크기가 커지고 길이가 길어질수록 더 자주 나타난다. 그러면 어떤 일이 일어날까? 공급망 하류에서 발생하는 변동의 폭은 작은 데 반해 공급망 상류로 갈수록 변동의 폭이 커지는 현상이 일어난다. 예를 들어, 그림 5-12에서 보듯이, 고객의 구입량은 그날그날 거의 차이가 없음에도 불구하고 제조업체에 들어가는 주문량은 일별로 크게 변하는 문제가 발생하는 것이다. 이와 같이, 공급망을 따라 변동의 크기가 증폭되는 현상을 채찍효과라고 한다. 소몰이꾼이 채찍 손잡이를 살짝만 움직여도 채찍의 끝이 크게 출렁이는 것과 유사한 현상이 나타나는 것이다.

　채찍효과가 존재하면 효과적인 공급망의 관리가 어려워진다. 공급망의 단계마다 정보가 따로따로 관리되고 의사결정도 자체적으로 이루어지면, 단계를 지날수록 정보의 정확성과 신뢰도가 떨어진다. 정확성이 감소하는 것뿐만 아니라 갈수록 오류가 증폭되어 전달된다. 그러면 생산계획, 재고관리, 유통계획, 마케팅계획 등이 모두 엉망이 된다. SCM에서 채찍효과가 중요한 의미를 갖는 이유가 여기에 있다.

⬡ 공급망의 설계

　공급망의 설계는 앞에서 설명한 채찍효과의 부정적 영향을 최소화하는 것을 목표로 한다. 보다 구체적으로 설명하면, 공급망의 규모와 구조에 맞추어 적절한 외부공급자의 수를 정하고, 가격, 품질, 배송 등의 기준을 바탕으로 최적의 공급자를 선정하며, 공급자들 간의 네트워

● 표 5-6   공급망 유형에 따른 설계 특성

요인	반응적 공급망	효율적 공급망
생산 전략	주문생산, 맞춤생산	계획생산, 대량생산
공급자 선정요인	• 빠른 배송시간 • 다양성 수용능력 • 물량 유연성 등	• 저렴한 가격 • 품질 안정성 • 적시배송 능력 등

크를 구성하는 것을 가리킨다. 이 과정에서 강조되는 설계의 기준은 크게 두 가지로 요약할 수 있다. 하나는 맞춤형 설계이고 다른 하나는 계층적 설계이다.

(1) 맞춤형 설계

먼저, SCM의 설계는 제품이나 서비스의 특성에 따라 달라져야 한다. 즉, 맞춤형으로 설계되어야 하는 것이다. 수요의 변동이 작은 표준적인 제품이나 서비스의 공급망은 효율성을 강조해야 하는 반면, 수요의 변화가 빠른 제품이나 서비스의 공급망은 유연성을 강조해야 한다. 이러한 특성에 따라, 공급망은 표 5-6과 같이 효율적 공급망(efficient supply chain)과 반응적 공급망(responsive supply chain)으로 나눌 수 있다. 반응적 공급망은 신축적 공급망(flexible supply chain)이라고 부르기도 한다.

기능성 위주의 표준화 제품이나 서비스는 수요의 예측도 비교적 쉽고 공급망의 구조도 안정적이다. 따라서 이러한 제품과 서비스를 생산하는 기업은 효율적 공급망을 설계해야 한다. 효율적 공급망은 저비용과 저가격, 지속적 품질, 적시 배송과 같이 재고수준을 최소화하면서 네트워크의 흐름을 효율적으로 관리하는 쪽에 초점을 맞추어야 한다. 이에 반해, 시장수요의 불확실성이 높고 시장반응의 속도가 빠른 제품과 서비스를 제공하는 기업은 반응적 공급망을 설계해야 한다. 반응적 공급망은 맞춤화, 다양성, 유연성, 높은 품질, 배송능력 등의 능력에 초점을 맞추어야 한다. 그러기 위해서는 정보통신기술(ICT)의 활용이 필수적이다.

수요의 특성뿐 아니라 생산공정의 특성도 공급망의 설계에 고려되어야 한다. 만일 job shop 형태의 공정을 갖는 기업이라면 반응적 공급망이 적절하다. 반대로 flow shop 형태의 공정을 갖는 기업이라면 효율적 공급망으로 설계하는 것이 적합하다.

여기서 주의할 점은, 같은 분야의 제품이나 서비스라 하더라도 구체적인 성격의 차이에 따라 공급망의 설계도 달라져야 한다는 것이다. 예를 들어, 의류의 경우를 보자. 같은 옷이라 하더라도, 유행보다는 기능성을 강조하는 기본 의류도 있고 유행에 아주 민감한 패션의류도 있

표 5-7 SCOR의 프로세스 계층화

계층(level)	설명
최상위 계층	계획(plan)–조달(source)–제조(make)–공급(deliver)으로 구성되는 전체적 범위와 내용의 정의
구성 계층	전체 프로세스를 19개의 핵심 요소로 나눈 후, 요소들의 조합으로 공급망을 구성
프로세스요소 계층	각 요소에 대해 입력(input)/출력(output) 정보, 지원시스템 정보, 수행도 매트릭스 등의 구체적 정보 제시
수행 계층	실제 공급망의 관리를 위한 실무관리지침 작성

다. 전자의 경우에는 효율적인 공급망을 갖추어야 하는 반면, 후자의 경우에는 반응적인 공급망으로 설계해야 한다.

공급망의 설계에서 수직적 통합(vertical integration)과 아웃소싱(outsourcing) 전략도 중요한 의미를 갖는다. 수직적 통합은 완제품 제조만 하던 기업이 부품까지 직접 생산할 능력을 갖추거나 나아가 유통기능까지 담당하는 것을 뜻한다. 반면, 아웃소싱은 기업 자신이 하던 기능을 외부기업에 맡기는 것을 가리킨다. 공급망의 전체 프로세스에서, 내부에서 수직적으로 통합할 부분과 외부기업에 맡길 부분을 결정하는 것도 공급망 설계의 중요한 과제이다.

(2) 계층적 설계

다음으로, SCM의 설계는 공급망의 프로세스를 따라 계층적으로 이루어져야 한다. 특히, 공급망이 크고 길수록 프로세스의 계층적 분할이 필요하다. 하지만 프로세스를 어떻게 나눌 것인가에 대해서는 산업마다, 또 기업마다 기준이 달라질 수밖에 없다. 문제는 그렇게 되면 분야 간, 기업 간의 SCM 통합이 어려워진다는 데 있다. 따라서 계층적 설계에서는 기준의 표준화가 중요한 이슈가 된다.

SCOR(Supply Chain Operations Reference)은 프로세스의 분할 설계를 위한 일종의 표준이라고 할 수 있다. 프로세스 단위의 설정, 관련 용어의 정의 등에 대한 표준화 작업이 진행되면서 SCOR의 활용도는 크게 올라가고 있다. 표 5-7에 SCOR에서 나눈 프로세스의 계층이 정리되어 있다.

🔷 공급망의 통합

공급망 관리의 시작이 '설계'라면 끝은 '통합'이다. 공급망 내의 모든 구성원이 주문에 맞추어 적시에 제품이 전달될 수 있도록 유기적으로 협력하는 체제를 만드는 것이 공급망 통합 (supply chain integration) 또는 동기화(synchronization)다. 다시 말해, 공급망의 문제들, 특히 앞에서 설명한 채찍효과의 부작용을 없애거나 줄이기 위해 구성요소들을 하나의 시스템으로 묶어서 유기적으로 관리하는 활동을 가리킨다.

공급망의 통합을 위해서는 먼저 정보의 흐름을 통합해야 한다. 그래야만 공급망 내에 존재하는 불확실성을 감소하거나 제거할 수 있기 때문이다. 정보의 통합을 위해서는 먼저 하드웨어 인프라가 구축되어야 한다. 그러나 하드웨어 못지않게 중요한 것은, 공급망 구성원 간의 벽을 허물고 상호 신뢰를 바탕으로 협력관계를 구축하는 일이다. 나아가, 자재의 흐름방식도 근본적으로 바꿔야 한다. 자재의 흐름이 공급자가 수요자에게 제품을 밀어내는 푸시방식(push model)으로 이루어져서는 안 된다. 이 방식은 앞에서 설명한 예측생산방식(MTS)이다. 이 방식에서 만약 수요예측이 빗나가게 된다면, 과다한 재고가 쌓이게 되거나 반대로 품절이 발생하는 경우가 빈번히 발생한다. 따라서 동기화를 위해서는 수요자가 원하는 물량을 원하는 때에 공급자에게서 끌어가는 풀방식(pull model), 즉 주문생산방식(MTO)의 흐름이 되어야 한다.

EXERCISE 연습문제

01 제품의 4가지 유형(MTS, ATO, MTO, DTO)을 구체적인 예를 들어 설명하라.

02 제품범위의 결정전략으로는 규모의 경제를 추구하는 소품종 대량생산전략과 범위의 경제를 추구하는 다품종 소량생산전략이 있다. 각 전략의 장단점을 제시하라.

03 '대량맞춤전략(mass customization)'을 사용한 기업을 하나 찾아서, 그 전략의 구체적인 내용을 조사해 보라.

04 공정의 4가지 기본 유형(unit job shop, batch job shop, discrete flow shop, continuous flow shop)에 대해 설명하라.

05 대량맞춤(mass customization) 생산을 하는 기업이 있다고 하자. 이 기업은 어떠한 설비배치 형태를 하는 것이 가장 좋을지에 대해 토론해 보라.

06 제품의 수명주기(life cycle)에 따라 제품의 유형(MTS, ATO, MTO, DTO)이 어떻게 변화하는지, 또한 공정의 유형(unit job shop, batch job shop, discrete flow shop, continuous flow shop)은 어떻게 변화하는지를 설명하라.

07 제품-공정 매트릭스(P-P matrix)의 전략적 의미를 설명하라.

08 제조시스템의 설계에서 '설비배치(layout)'와 '설비입지(location)'의 차이를 설명하라.

09 설비입지의 평가요인은 크게 경제적 요인과 비경제적 요인으로 나눌 수 있다. 각각에 대해, 고려할 수 있는 구체적인 평가요인들을 제시해 보라.

10 설비입지의 선정에 사용되는 수송비용기준법의 평가기준을 제시하고, 이 기법은 어느 경우에 적합한지를 설명하라.

11 공급망 관리(SCM)의 정의를 제시하고, 공급망에서 나타나는 채찍효과(bullwhip effect)의 의미를 설명하라.

12 공급망을 2가지 유형으로 나누고, 각 유형의 설계 특성과 요인의 차이를 설명하라.

13 공급망 시스템의 전체적 구조를 크게 세 부분으로 나누어 설명하라.

14 공급망 통합에서 자재의 흐름을 관리하는 2가지 방식을 제시하고, 각각의 방식은 어떤 유형의 제품에 적합한지를 설명하라.

Chapter

06

서비스시스템의 설계

🎯 학습목표

- 제품과 대비시킨, 서비스의 차별적 특성으로서 무형성, 동시성, 소멸성, 이질성, 고객참여 등에 대해 알아본다.

- 서비스시스템의 특성을 보여주는 주요 기준은 무엇이며, 그 기준으로 서비스시스템을 어떻게 분류하는지를 알아본다.

- 고객(customer)과의 접촉도를 기준으로 서비스시스템을 분류하는 접근을 이해하고, 이 기준으로 시스템을 설계하는 절차를 알아본다.

- 오프라인 서비스와 온라인 서비스의 차이를 이해하고, 온라인 서비스시스템의 설계 기준을 알아본다.

- 제품과 서비스가 통합된 시스템(PSS)의 내용에 대해 알아본다.

1 | 서비스의 특성

앞 장에서 우리는 제조시스템의 구조와 설계에 대해 알아보았다. 제조시스템은 초기부터 시작하여 현재에 이르기까지 산업공학의 근간이 된 시스템이다. 하지만 최근에 제조시스템 못지않게 중요하게 부각되고 있는 것이 바로 서비스시스템이다. 산업공학의 역사적 관점에서 본다면, 1970년대까지만 해도 산업공학의 대상은 곧 제조시스템이었다. 그러나 1980년대 이후 서비스시스템의 중요성이 점점 부각되면서 오늘날에는 제조시스템과 비교하여 결코 작지 않은 비중을 차지하고 있고 그 비중은 앞으로 더 커질 것으로 예측되고 있다. 한편으로 보면, 시스템은 결국 시스템이기 때문에 제조시스템의 설계와 서비스시스템의 설계는 유사한 원리나 방식으로 이루어진다. 그러나 다른 한편으로 보면, 제품과 비교한 서비스의 본질적 차이 때문에 두 시스템의 설계기준과 과정은 달라야 한다. 그러므로 서비스시스템의 설계는 먼저 서비스의 특성에 대한 이해에서 출발한다.

1. 본질적 특성

서비스는 제품과는 다른 서비스만의 고유한 특성(characteristics)을 지니고 있다. 이 특성들은 작게는 제품과 대비한 서비스의 차별적 특성을 이해하는 데 있어, 크게는 제조시스템과 비교하여 서비스시스템의 차이를 파악하는 데 매우 중요한 의미를 가진다. 일반적으로 자주 언급되는 서비스의 차별적 특성(distinctive characteristics)은 다음 네 가지를 들 수 있다. 이들 특성은 곧 서비스의 본질적 단점과 장점으로 연결된다. 단점은, 제조시스템과 비교하여 서비스시스템의 설계 및 운영을 훨씬 더 어렵게 만드는 요인으로 작용한다. 하지만 장점은, 제품 비즈니스의 좁은 틀을 벗어나 서비스 비즈니스의 새로운 기회나 영역을 찾아낼 수 있는 가능성을 제공하기도 한다. 각각의 특성에 대해 좀 더 자세히 살펴보자.

🔶 무형성

서비스를 통해 제공되는 효용은 좋은 노래를 듣거나 아름다운 영화를 볼 때 느끼는 감동과 같은 것이다. 그 순간에 보거나 만지기 어렵고 더구나 끝나고 나면 아무것도 남지 않는다. 이를 서비스의 무형성(intangibility)이라고 한다. 서비스가 갖는 무형성은 전반적인 시스템의 운영과 통제를 어렵게 한다. 눈에 보이지 않는 서비스를 관리하고 통제하는 것은 유형의 제품을 관리하고 통제하는 제조업과 비교할 때 훨씬 어려운 것이다. 또한 품질을 정의하기도 쉽지 않고 품질을 측정하기도 용이하지 않기 때문에 품질관리도 힘들어진다.

🔶 동시성

많은 서비스들은 제공자에 의해 생산되는 시점에서 바로 사용자 내지 구매자에 의해 소비된다. 생산과 소비 사이에 시간적 지연(lag)이나 여유(buffer)가 없는 것이다. 이것이 서비스의 또 다른 특성인 동시성(simultaneity) 또는 비분리성(inseparability)이다. 서비스의 동시성은 수요규모와 생산능력 간의 균형을 어렵게 만든다. 또 효과적인 유통관리를 힘들게 하는 어려운 원인이 된다.

🔶 소멸성

서비스는 고객이 요구할 때 즉시 제공되지 않으면 구매의 가능성이 없어지거나 크게 줄어든다. 설사 구매의 가능성이 남아 있다고 해도 서비스 자체의 효용이 사라지거나 변질될 수 있다. 이것이 서비스의 소멸성(perishability)이다. 이 특성 때문에 서비스는 재고관리를 통한 저장이 불가능하고, 예약(backorder)을 이용한 주문관리도 어렵다.

🔶 이질성

서비스는 하나하나의 특성이나 목적이 모두 다르다. 또 같은 목적의 서비스라 하더라도 고객의 개인적 조건과 취향에 따라 실제로 제공되는 서비스의 내용이 달라질 수 있다. 더구나 지역이나 시간이 달라지면 서비스의 내용도 달라지게 된다. 이것이 서비스의 이질성 (heterogeneity)이다. 따라서 서비스는 표준화를 통해 제품개발이나 생산과정을 효율적으로 관리하기가 어렵고 대량생산 및 반복생산도 불가능하다.

2. 부가적 특성

서비스의 또 다른 특성은 서비스 프로세스에 고객이 참여(customer participation)한다는 것이다. 이 점은 특히 시스템 설계와 관리의 측면에서 제조업과 비교하여 서비스업의 가장 큰 특성이라고 할 수 있다. 우리가 자동차라는 제품을 사기 위해서 그 제품을 만드는 생산공장에 직접 갈 필요는 없다. 그러나 자동차를 수리하는 서비스를 받기 위해서는 그 서비스를 제공하는 정비소에 직접 가서 이런저런 설명을 하고 또 들어야 한다. 실제로 대부분의 서비스는 고객이 서비스를 창출하고 제공하는 과정에 참여하기 때문에 그만큼 서비스시스템을 효율적으로 설계하고 관리하기가 어렵다. 또 서비스 제공자와 서비스 사용자 간의 접촉과 상호작용이 많아지면서 양자 간의 갈등이 일어날 가능성도 커지게 된다.

✿ 그림 6-1   서비스시스템의 예시

2 | 서비스의 분류

시스템을 제대로 설계하기 위해서는 각각의 특성과 조건을 잘 반영하여야 한다. 시스템의 유형이 달라지면 시스템의 설계도 거기에 맞추어 달라져야 하는 것이다. 그렇다면 서비스시스템에는 어떤 유형들이 있을까? 서비스시스템은 제조시스템과 비교하여 시스템의 형태가 더 다양하다. 특히, 서비스의 정의가 다양하고 복잡할수록 서비스의 종류도 늘어난다. 따라서 서비스의 정의가 어려운 것처럼 서비스의 유형을 분류(classification)하는 것도 쉬운 일이 아니다. 여기에서는 가장 자주 언급되는 대표적 분류 몇 가지에 대해서만 알아보기로 한다.

1. 제조시스템과 연계한 분류

서비스를 분류하려는 초창기의 시도는 기존의 제조업과 맞물려서 이루어졌다. 즉, 제조 프로세스의 분류에 널리 활용되어 온 분류기준을 서비스의 분류에도 적용한 것이다. 대표적인 예로는, 표 6–1과 같이 서비스를 프로세스의 특성에 따라 크게 5가지, 프로젝트(project), 작업(job), 묶음(batch), 라인(line), 연속 프로세스(continuous process)로 구분하는 분류를 들 수 있다(Sasser, Olsen & Wyckoff, 1978). 하지만 이 분류는 제조업의 특성에 기반한 분류이기 때문에 서비스만의 독특한 특성을 반영할 수 없다는 한계를 가지고 있다.

● 표 6–1   제조 프로세스 분류 기준에 따른 분류

분류	예시
프로젝트(project) 서비스	컨설팅, 은행
개별 작업(job) 서비스	소프트웨어 개발, 컴퓨터 설계
묶음 작업(batch) 서비스	컴퓨터 판매점
라인 작업(line) 서비스	패스트푸드점의 조리작업
연속 프로세스(continuous process) 서비스	해당 없음(N/A)

2. 서비스 프로세스 분류

서비스를 제공하는 운영 프로세스(operational processes)를 기준으로 서비스를 나누기도 한다. 대표적인 분류로는 서비스를 사람처리 서비스, 사물처리 서비스, 정보기반 서비스로 나누는 것이다(Lovelock & Yip, 1996). 유사한 분류로, 서비스 프로세스의 내용, 즉 무엇을 서비스하느냐에 따라 사람의 서비스(processing of people), 정보의 서비스(processing of information), 재화의 서비스(processing of goods)로 나누기도 한다.

표 6-2　서비스 대상과 내용에 따른 분류

분류	예시
사람 처리 서비스	의료, 음식, 숙박, 여행 등
사물 처리 서비스	화물, 창고, 설치 및 유지보수, 세탁 등
정보기반 서비스	회계, 은행, 컨설팅, 교육, 보험, 법률 등

3. 고객 접촉도 분류

서비스시스템과 고객이 얼마나 넓게 그리고 깊이 개입하느냐 하는 점도 서비스의 분류에 중요한 기준이 된다. 실제로 이 기준은 서비스시스템의 설계에 가장 큰 영향을 미치는 요소로 작용한다. 고객의 개입 정도는 흔히 서비스시스템과 고객 간의 접촉(contact) 수준으로 판단한다.

고객접촉의 개념을 서비스시스템의 분류와 설계에 적용한 가장 대표적 분류체계로는 고객접촉 모형(customer contact model)을 들 수 있다(Chase, 1978). 이 모형은 서비스시스템이 서비스를 창출하고 제공하는 모든 과정에서 고객과의 접촉 정도(extent of customer contact), 즉 서비스를 제공하는 데 소요되는 전체시간에서 고객이 그 시스템에 존재해야 하는 시간의 비율에 따라 서비스시스템을 표 6-3과 같이 크게 세 가지 형태로 나눈다.

첫 번째는 순수서비스(pure service)이다. 이 유형은 우리가 본연의 의미로 서비스를 정의하는 경우를 가리킨다. 여기서는 고객과의 접촉빈도가 매우 높고 접촉시간도 매우 길다. 두 번째는 유사제조업(quasi-manufacturing)이다. 고객과의 접촉이 거의 없어 마치 제조업과 비슷한 시

표 6-3   고객접촉 모형의 서비스 분류

고객 접촉 정도	서비스	예시
높은 접촉 수준 (high-contact)	순수서비스 (pure service)	회원제 헬스센터, 고급 레스토랑, 전문교육시스템, 개인 서비스
중간 접촉 수준 (medium contact)	혼합서비스 (mixed service)	은행지점, 자동차 수리센터
낮은 접촉 수준 (low-contact)	유사제조업 서비스 (quasi-manufacturing)	은행본사, 우편서비스, 홈쇼핑, 도매업

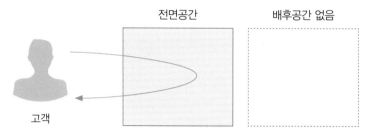

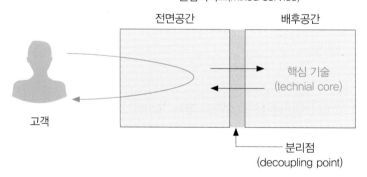

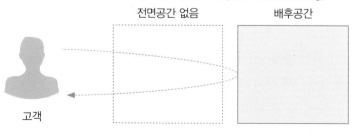

그림 6-2   서비스시스템의 분류와 비교 : 전면공간과 배후공간의 구성

스템을 의미한다. 세 번째는 혼합서비스(mixed service)이다. 이 유형은 위의 두 유형의 성격을 모두 가지고 있다. 따라서 고객과의 접촉 정도가 중간 정도인 시스템을 가리킨다.

뒤의 서비스시스템 설계 쪽에서 다시 자세히 설명하겠지만, 서비스시스템은 크게 전면공간(front office)과 배후공간(back office)으로 구성된다. 대부분의 서비스시스템은 고객이 서비스시스템에 들어가면 바로 만나면서 오래 머무르게 되는 앞부분이 있고, 고객에게 잘 안 보이고 또 고객이 들어갈 필요가 없는 뒷부분이 있다. 앞에서 고객과 바로 접촉하는 공간이 전면공간이고 고객과의 접촉이 거의 없는 뒤쪽의 공간이 배후공간이다.

이들이 어떤 형태로 나뉘어지고 또 어떤 형태로 연결되는가에 따라 앞에서 분류한 각각의 서비스시스템은 그림 6-2와 같이 그 모양이 달라지게 된다. 순수서비스시스템에는 전면공간에서만 고객과의 접촉이 일어나고 배후공간은 사실상 존재하지 않는다. 이에 반해 유사제조업 서비스시스템에는 배후공간이 중요하지만 전면공간에서 고객과의 접촉이 일어날 일은 거의 없다. 한편, 혼합서비스시스템에서는 전면공간과 배후공간 모두 균형적으로 존재하게 된다.

순수서비스   혼합서비스   유사제조업서비스

✿ 그림 6-3   서비스시스템의 분류와 비교 : 실제 사례

4. 복합적 분류

다양한 기준을 복합적으로 고려한 분류체계로는 서비스 프로세스 매트릭스 모형(service process matrix model)을 들 수 있다(Schumenner, 1986). 이 기준은 고객화의 정도(degree of customization)와 노동집약도의 정도(degree of labor intensity)라는 두 가지 요소에 의해 서비스 시스템을 분류한다.

그림 6-4에 도시되어 있는 것처럼, 프로세스 매트릭스도 네 가지 형태의 서비스를 제시하고 있다. 즉, 낮은 노동집약도/낮은 고객화를 보이는 '서비스 공장(service factory)', 낮은 노동집약도/높은 고객화를 보이는 '서비스 숍(service shop)', 높은 노동집약도/높은 고객화를 갖는 '전문 서비스(professional service)', 높은 노동집약도/낮은 고객화로 설명되는 '대량서비스(mass service)'의 네 가지 형태로 나누는 것이다.

	고객화 정도	
	낮음	**높음**
낮음	서비스 공장 (service factory) 저가항공, 비즈니스호텔, 레크리에이션 시설	서비스 숍 (service shop) 보건소, 자동차수리센터, 정비시설
높음	대량서비스 (mass service) 도·소매업, 공공교육기관, 일반은행	전문서비스 (professional service) 전문클리닉, 법률서비스, 회계사, 건축설계사

(노동집약도)

❋ 그림 6-4 **서비스 프로세스 매트릭스에 의한 분류체계**

5. 온라인서비스 분류

웹(World Wide Web : WWW)의 등장은 서비스의 패러다임을 근본적으로 바꾸는 계기가 되었다. 정보의 교환방식은 물론 재화의 교환방식도 달라지게 되면서 서비스의 방식에도 근본적인 변화가 일어나고 있고 서비스의 영역도 훨씬 넓어지고 있다. 이러한 변화를 바탕으로, 서비스를 기존의 오프라인(offline)서비스와 새로운 온라인(online)서비스로 나누는 분류체계가 만들어지게 되었다. 더구나 온라인서비스 자체의 내용과 대상도 끝없이 확대되고 또 진화하고 있다. 이러한 추세를 맞추어 온라인서비스라는 용어를 보다 폭넓게 해석한 e-서비스(e-Service)라는 용어가 널리 사용되게 되었다. 따라서 서비스의 분류도 자연스럽게 온라인서비스의 분류라는 말보다는 e-서비스의 분류라는 말을 더 자주 쓰게 되었다.

무선기기(wireless device)와 무선네트워크(wireless network)의 급속한 발전 및 확산으로 인하여 기존의 e-서비스는 또 한번의 큰 변화를 맞이하고 있다. 이에 따라 e-서비스의 동태적 변화를 설명하는 새로운 분류체계가 제시되기도 한다. 이런 맥락에서 최근에 가장 자주 언급되는 분류체계는, 웹서비스(w-Service), 모바일서비스(m-Service), 유비쿼터스서비스(u-Service)로 나누는 것이다. 발전이나 진화의 관점에서 보면, 초기의 웹서비스에서 출발하여 이제 모바일서비스 단계로 진입하고 있고 앞으로 유비쿼터스서비스를 향해 나아갈 것으로 보인다.

처음부터 중심에 있었고 아직까지도 가장 큰 비중을 차지하고 있는 웹서비스는 폭넓은 고객층을 대상으로 낮은 비용과 빠른 속도로 서비스를 창출한다. 최근 떠오르고 있는 모바일서비스는 선별적(targeted) 고객층을 대상으로 이동성(mobility)과 개인화(personalization)에 기반한 서비스를 제공한다. 차세대 유형으로 주목받고 있는 유형인 유비쿼터스서비스는 이질적 고객 집단을 대상으로 확산성(pervasion)과 융합성(convergence)에 초점을 맞춘 서비스를 제공한다.

3 | 서비스시스템의 설계

1. 기본 개념

앞 절에서 우리는 서비스의 특성과 서비스시스템의 유형에 대해 알아보았다. 이제 이를 바탕으로 실제로 서비스시스템을 설계하는 주제를 다루어 보자. 좀 어렵고 딱딱한 느낌을 주지만, 일반적으로 서비스시스템이란 '가치와 효용의 제공을 통해서 상호작용하는 서비스의 전체적 체계'를 가리킨다. 서비스의 궁극적인 목적은 고객을 위한 가치를 창출하고 고객이 원하는 효용을 전달하는 것이다. 이를 위해 서비스를 구성하는 여러 요소들이 서로 상호작용하는 하나의 체계를 구성하게 된다.

그렇다면 서비스시스템의 구조와 형태는 어떻게 그릴 수 있을까? 제조시스템은 물리적인 형태와 가시적인 활동이 겉으로 잘 드러나기 때문에 그 모습을 쉽게 그릴 수 있다. 이에 반해 서비스시스템은 훨씬 더 모호하고 불투명한 개념이다. 눈에 잘 보이지도 않고 손에 잘 잡히지도 않는 서비스를 만들고 제공하는 시스템은 그만큼 묘사하기 쉽지 않기 때문이다. 그러나 다른 한편으로 생각하면 서비스시스템이야말로 잘 설계되고 운영되어야 한다. 물리적 효율뿐만 아니라 감성적 느낌도 중요하고, 고객과의 접촉도 많은데다 다양한 기술적 요소가 필요하기 때문이다. 그러므로 서비스시스템의 설계는 과학적·체계적 방식으로 이루어져야 한다.

넓은 의미에서 보면, 서비스시스템은 서비스가 창출되고 제공되는 과정과 방법으로 정의할 수 있다. 따라서 서비스시스템은 곧 서비스 제공자와 서비스 소비자의 관계와 그들 사이의 자원 및 정보 흐름의 집합이다.

시스템 설계의 실무적이고 구체적인 단계로 넘어가면, 이러한 관계와 흐름을 물리적이고 가시적인 모습으로 표현해야 한다. 빠른 속도로 제품을 찍어내는 생산공장의 모습으로 설계할 수도 있고 느린 속도로 서비스를 즐길 수 있는 고급 레스토랑의 모습으로 설계할 수도 있다. 그러나 공장과 같은 시스템도 잘 들여다보면 레스토랑 같은 부분이 있고 레스토랑도 잘 살펴보면 공장 같은 부분이 있다. 바로 눈에 보이기 때문에 느낌이 좋은 모습으로 만들어야 하는 부분이 있는가 하면, 눈에 잘 띄지 않기 때문에 효율성을 올릴 수 있는 모습으로 만들어야 하는 부분도 있는 것이다.

따라서 이미 앞에서 여러 번 언급한 것처럼, 구체적인 서비스시스템의 설계에서는 전면공간(front office)과 배후공간(back office)이라는 용어와 개념을 이해하는 것이 매우 중요하다. 대부분의 서비스시스템은 들어가면서 처음 만나게 되는 부분이 있고 뒤에 있어서 잘 안 보이는 부분이 있다. 앞에서 고객과 바로 접촉하는 부분이 전면공간이고 고객과의 접촉이 거의 없는 뒤쪽이 배후공간이다. 이들이 어떤 형태로 나뉘어지고 또 어떤 형태로 연결되는가에 따라 설계의 모형이 달라지게 된다.

2. 기본 모형

🔷 생산라인 모형

생산라인 모형(production-line model)은 서비스시스템을 제조업의 생산시설과 유사한 방식으로 설계하여, 시스템의 효율성을 높이고 서비스 품질의 일관성을 확보하는 방식이다. 따라서 효율적이고 효과적인 배후공간(back office)의 구축에 초점을 맞춘다. 이 방식에서는 고객과의 접촉을 최소화하고, 사람보다는 기술과 기계를 많이 사용하며, 작업을 세분화하여 분업을 통한 전문화와 규격에 의한 표준화를 추구한다.

생산라인 모형을 제품별 배치(product layout) 모형이라고 부르기도 한다. 즉, 서비스를 마치 제품으로 취급하여 생산과정의 효율성을 최대로 올릴 수 있도록 설계하는 것이다. 그림 6-5 와 6-6에서 볼 수 있는 것처럼, 전통적인 제조업의 배치와 서비스업의 배치는 많은 공통점을 나타낸다.

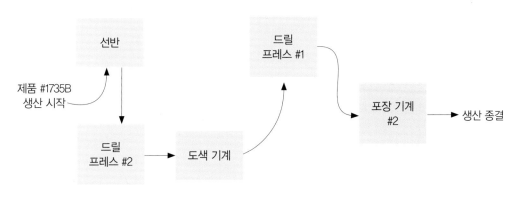

❋ 그림 6-5   **제조업-부품가공의 제품별 배치**

❋ 그림 6-6   **서비스-세차시설의 제품별 배치**

🔹 서비스라인 모형

서비스라인 모형(service-line model)은 서비스시스템을 순수한 서비스 중심으로 설계하여, 시스템의 효과성과 고객의 만족도를 높이는 방식이다. 즉, 전면공간 설계를 강조하는 전략이다. 이 방식에서는 고객과의 접촉이 일어나는 영역을 집중적으로 관리하기 위해 고객의 특성

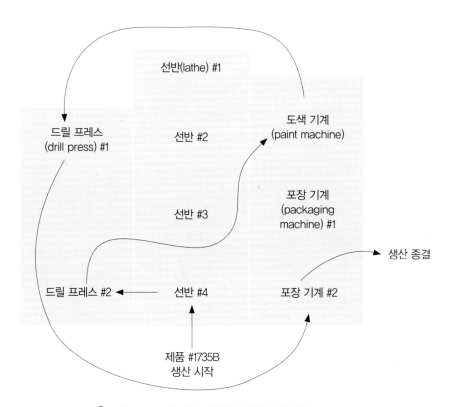

❋ 그림 6-7 　 제조업-가공공정의 공정별 배치

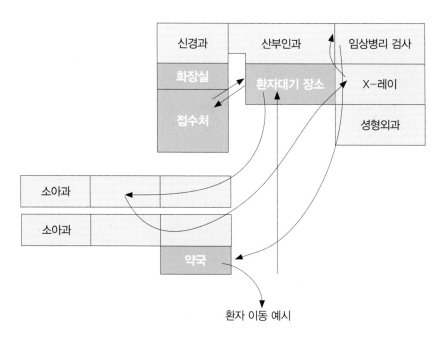

❋ 그림 6-8 　 서비스-의료시설의 공정별 배치

과 수요를 만족시킬 수 있는 내부구조(layout)의 설계, 전문성을 갖춘 고급인력의 배치, 신축적인 운영방식 등을 강조한다. 또 여기에서는 고객이 수동적인 서비스 이용자가 아닌 서비스의 공동 제공자로서의 역할을 하게 된다. 아울러, 고객의 적극적인 참여를 통해 고객이 원하는 맞춤화 서비스를 제공할 수도 있다.

서비스라인 모형을 공정별 배치(process layout) 모형으로 부르기도 한다. 즉, 서비스 제공과정을 복잡한 제품의 가공공정으로 취급하여 이 과정의 신축성과 유연성을 최대로 올릴 수 있도록 설계하는 것이다. 그림 6-7과 6-8에서 볼 수 있는 것처럼, 전통적인 제조업의 배치와 서비스업의 배치는 유사한 모습을 보여 준다.

고정위치 모형

고정위치 모형(fixed-position model)은 서비스 대상을 한 위치에 고정시킨 후, 인력이나 장비의 위치를 바꾸어가면서 서비스를 제공하는 방식을 말한다. 이 방식은 기술적인 이유나 경제적인 이유 때문에 서비스 대상의 위치를 바꿀 수 없을 때, 또는 옮기는 것보다는 그 자리에 고정시키는 것이 더 나을 때 사용하게 된다. 이 접근은 서비스 대상이 한 자리에 고정되어 있다는 뜻에서는 고정식이지만 서비스 인력이나 장비가 이동한다는 뜻에서는 이동식 접근법이라고 부를 수도 있다.

그림 6-9에 도시되어 있는 것처럼, 가정이나 회사의 배관시설에 문제가 생겨 이를 수리해야

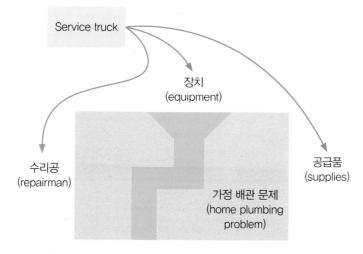

🌸 그림 6-9   서비스 – 배관수리서비스의 고정위치 배치

할 경우, 배관시설 자체를 뜯어서 수리센터로 옮긴 후 수리하는 것보다 배관시설은 그대로 두고 수리공이 장비를 들고 움직이면서 수리하는 것이 기술적으로나 경제적으로나 더 바람직할 수 있다.

⬢ 혼합 모형

혼합 모형(mixed model)은 위에서 설명된 생산라인 접근과 서비스라인 접근방식을 혼합한 것이다. 여기에서는, 고객과의 접촉이 낮은 부분에 대해서는 생산라인 접근법을 취하고, 반대로 접촉이 높은 부분에 대해서는 서비스라인 접근법을 취하는 방식이다. 물론 어느 부분은 고정위치 접근법을 사용해야 할 경우도 있을 수 있다.

이 모형은 고객과의 접촉이 높은지 아니면 낮은지에 따라 접근법을 다르게 적용한다는 의미에서 고객접촉 접근법(customer contact approach)이라고 부르기도 한다(Chase, 1981). 실제로 이 모형은 오늘날 대부분의 서비스시스템 설계에 가장 폭넓게 적용되는 방식이다. 따라서 이어지는 다음 부분에서 그 내용을 좀 더 자세하게 살펴보도록 하자.

3. 시스템 설계

⬢ 설계절차

그림 6-10에 도시되어 있는 것처럼, 고객접촉 접근법에 의한 설계절차는 크게 시스템 분

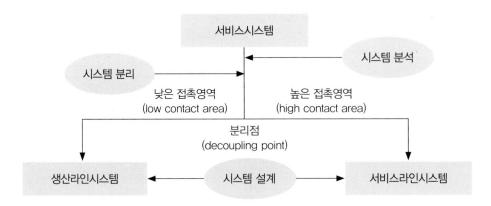

✿ 그림 6-10   서비스시스템 설계 원리와 과정

석, 시스템 분리, 시스템 설계라는 세 단계로 구성된다. 각 단계의 세부적 내용을 살펴보자.

1단계 : 시스템 분석

먼저 시스템 분석(analyze and identify high-low-contact areas)에서는, 전체적인 서비스시스템을 프로세스의 흐름에 따라 여러 개의 개별기능과 영역으로 세분한다. 다음으로 개별기능과 영역을 업무 특성과 목적에 따라, 고객접촉이 높은 접촉도(high-contact)영역인지 아니면 접촉이 낮은 접촉도(low-contact)영역인지 분석한다.

2단계 : 시스템 분리

다음의 시스템 분리(decouple) 단계에서는, 전체 시스템을 높은 접촉도 영역과 낮은 접촉도 영역으로 분리한다. 높은 접촉도영역에 속한 기능은 함께 묶고, 낮은 접촉도 영역에 속한 기능은 따로 묶어서, 영역별로 서로 다른 설계 기준과 관리방식을 적용한다.

3단계 : 시스템 설계

마지막으로 시스템 설계(design) 단계에서는 높은 접촉도영역은 영역대로, 낮은 접촉도영역은 영역대로 서로 다른 라인(line) 형태로 설계한다. 먼저 낮은 접촉도 영역은 주로 배후공간(back office)에 배치하고 생산라인(production-line)으로 설계한다.

- 사람을 기술(technology)로 대체한다.
- 핵심기술(technical core)을 배후공간에 배치하고 외부에 공개하지 않는다.

다음으로 높은 접촉도 영역은 주로 전면공간(front office)에 배치하고 서비스라인(service

🌀 그림 6-11 낮은 접촉도 시스템인 우체국과 높은 접촉도 시스템인 고급 레스토랑

-line)으로 설계한다.

- 고객 중심의 서비스를 개발 내지 제고한다.
- 고객화된 서비스를 전면공간에 배치한다.

🔷 설계요소

앞에서 살펴본 서비스시스템의 설계원리나 기준을 토대로, 구체적인 설계요소를 제시하면 표 6-4와 같다. 시스템의 근본적인 목적을 보면 높은 접촉도시스템의 경우는 효과성의 극대화인 데 반해 낮은 접촉도시스템의 경우는 효율성의 극대화이다. 이러한 목적의 차이에 따라 시스템의 입지나 구조, 인력과 설비의 관리, 경쟁요소 등이 모두 달라지게 되며, 이러한 요소들이 시스템 설계에 반영되어야 하는 것이다.

높은 접촉도시스템은 서비스의 수요자와 가까운 곳에 설치되어야 하고, 수요자의 요구에 맞추어 내부의 설비도 배치해야 한다. 인력계획과 생산계획도 신축성과 다양성을 토대로 수립되어야 한다. 핵심적인 경쟁요소도 품질이나 디자인이 된다.

낮은 접촉도시스템은 자원조달이 용이한 곳에 위치해야 하고, 물류의 관리와 설비의 활용

🔷 표 6-4 **서비스시스템 설계의 핵심요소**

설계요소(design factor)	높은 접촉도시스템	낮은 접촉도시스템
조직목표 (organization objective)	효과성 극대화 (max effectiveness)	효율성 극대화 (max efficiency)
설비 입지 (facility location)	수요자 인접지역 (near customer)	자원/하부구조 인접지역 (near resource)
설비 배치 (facility layout)	공정 중심 배치 (process layout)	제품 중심 배치 (product layout)
인력 특성 (workforce characteristic)	고급기능과 다양성 (high level of variety, high level of skill)	표준기능과 획일성 (low level of variety, low level of skill)
공급능력계획 (capacity planning)	최대수요 만족 (meet peak demand; capacity risk high)	평균수요 만족 (meet average demand; capacity risk low)
계획수립전략 (planning strategy)	신축적 전략 (chase strategy)	안정적 전략 (level strategy)
경쟁 우위 (competitive edge)	품질, 디자인 (quality, design)	가격, 유통 (price, delivery)

이 쉬운 형태로 내부 구조도 설계해야 한다. 인력계획과 생산계획은 표준성과 안정성을 토대로 수립해야 한다. 경쟁우위는 가격이나 물류ㆍ유통 비용에서 찾아야 한다.

4 | 온라인서비스의 설계

지금까지 설명한 설계원리와 도구는 은행, 병원, 식당 등과 같은 오프라인 서비스시스템을 대상으로 한 것이었다. 물론 내용 중에는 광고서비스라든가 보험서비스같이 온라인요소가 섞인 경우도 있었지만 기본적으로는 오프라인서비스를 전제로 하였다. 하지만 온라인서비스시스템의 비중은 이제 오프라인서비스시스템에 뒤지지 않을 만큼 커지고 있는 실정이다. 따라서 온라인서비스시스템의 설계도 중요한 주제로 떠오르고 있다.

그렇다면 온라인서비스시스템의 설계는 오프라인시스템과 비교하여 어떻게 달라져야 할까? 많은 부분에 있어 온라인서비스시스템과 오프라인서비스시스템은 공통된 요소와 특성을 가지고 있다. 먼저, 모든 서비스는 오프라인방식이든 온라인방식이든 무형성과 이질성을 갖는다. 온라인상에서도 서비스는 그 모습을 볼 수 없고 또 고객의 기대치나 요구사항도 서로 다르다. 고객이 서비스를 제공받는 환경에 따라 전달속도가 달라지기도 한다. 온라인서비스의 소

✿ 그림 6-12

가격비교 서비스를 제공하고 있는 사이트

자료 : http://www.pricerunner.co.uk

비와 공급도 오프라인서비스에서처럼 동시에 이루어진다. 따라서 온라인서비스 또한 오프라인서비스와 마찬가지로 고객과의 접촉, 고객화 정도, 상호작용 정도, 노동집약 정도, 서비스 투입 정도, 그리고 기술 등이 시스템 설계의 핵심요소가 된다.

그러나 근본적으로 다른 점도 있다. 오프라인시스템에서는 물리적인 채널을 통해서만 서비스가 제공된다. 그러나 그림 6-12의 예시에서 보는 것처럼, 온라인의 인터넷시스템에서는 통신채널을 통해 전달되는 형태로 확장된다. 즉, 전통적인 서비스와 비교하여 온라인 인터넷서비스의 가장 중요한 차이는 전달시스템의 차이에 있다. 따라서 온라인서비스의 설계를 위해서는 서비스의 접점, 운영시간, 접속 지점 등의 차이를 이해하여야 한다.

표 6-5는 서비스 운영관점에서 온라인서비스시스템과 오프라인서비스시스템의 특성을 나열한 것이다. 표 6-5에서 보는 것처럼, 오프라인서비스와 온라인서비스는 고객과 서비스 제공자가 만나는 접점이 다르다. 기존의 서비스에서는 접점이 콜센터 하나였다. 그러나 인터넷시스템에서는 인터넷서비스를 활용하여 웹(web)과 콜센터를 통합한 방식으로 서비스를 처리할 수 있게 되었다. 이렇게 확장된 형태의 콜센터를 고객접촉센터(customer contact center)라고 부른다. 고객접촉센터는 온라인 채팅, 게시판, 인터넷 전화통신 등과 같은 다양한 방법들을 활용하여 다양한 서비스 접점을 만든다. 즉, 서비스 접점이 하나가 아니라 여러 개 생기는 것이다. 또한 접촉 시간도 정해진 시간이 아니라 매일 24시간으로 늘어난다. 이러한 차별적 특성이 서비스시스템의 설계과정에 제대로 반영되어야 한다.

● 표 6-5   온라인서비스시스템과 오프라인서비스시스템의 비교

시스템 설계요소	온라인서비스시스템	오프라인서비스시스템
서비스 접점	컴퓨터 화면을 통한 간접접촉	고객과 서비스 제공자의 직접접촉
운영시간	항시	영업시간 내
접속	어디에서든 인터넷 접속	점포까지 이동
시장영역	전세계적	지역적
환경	전자적 인터페이스	실제적 환경
경쟁력 차별화	편의성	개인화
개인보호	익명	사회적인 상호작용

5 | 제품-서비스 통합

1. 기본 배경

서비스의 발전에 있어서, 가장 최근에 등장하고 있는 주제로는 제품과 서비스의 결합을 들수 있다. 앞에서 살펴본 것처럼, 전통적으로 시장과 기업의 관리 대상이 된 것은 제품이었다. 따로 밝히지 않아도 기업 하면 제품을 생산하는 기업을 가정하였고, 마케팅 하면 상품의 마케팅을 가정하였고, 생산 하면 공산품의 생산을 가정하였다. 그러다가 제품과는 그 성격과 형태가 다른 서비스에 대한 관심이 커지기 시작하면서 서비스 마케팅, 서비스 프로세스, 서비스 비즈니스 등이 연구와 실무의 주제로 등장하였다. 한마디로 먼저 나온 제품은 제품대로, 나중에 나온 서비스는 서비스대로 각각의 특성을 반영한 독자적인 이론과 기법을 발전시켜 온 것이다.

하지만 산업 전반에서 차지하는 서비스의 비중이 커지고 그 중요성이 더욱 강조되면서, 전통적 제조기업 역시 제품과 서비스를 묶어서 하나의 패키지로 제공하는 새로운 전략을 시도하고 있다. 이러한 전략적 변화는 좁게는 단순히 서비스를 제품에 추가하여 제공하는 것에서부터, 넓게는 근본적인 핵심역량을 제조 중심에서 서비스 중심으로 바꾸는 경우까지 다양하게 나타나고 있다. 제품을 만들어 판매하던 제조기업이 서비스를 활용하여 제품과 서비스를 동시에 제공하거나, 서비스만을 제공하던 서비스업이 제품을 활용하여 서비스의 가치를 향상시키는 사례들이 등장하기 시작한 것이다.

좁은 의미이자 소극적인 방식의 서비스화로는 고객 서비스 전략(customer service strategy)을 들 수 있다. 제품을 판매하는 시점에서 정보서비스, 운송서비스, 결제서비스 등의 서비스를 추가적으로 제공함으로써 제품의 가치를 올리는 전략을 말한다. 사후 서비스 제공(after sales service provider)도 자주 사용되는 전략이다. 제품을 판매한 이후에 교체품 제공, 고장 수리, 제품사용을 위한 교육훈련 등의 서비스를 제공하여 고객 만족을 올리는 방식이다. 고객 지원서비스 제공(customer support service provider)도 많이 쓰이는 전략이다. 가능하면 고장이 발생하지 않도록 고장 점검, 프로세스 최적화, 유지보수 계약 등의 지원서비스를 제공한다.

그러나 보다 넓은 의미이자 적극적인 방식은 제품과 서비스를 통합하는 접근이다. 아예 제

✿ 그림 6-13   제품-서비스 결합상품의 예 :
스마트 폰

품을 설계할 때 서비스와의 연계를 고려한다든가 새로운 서비스를 개발할 때 특정 제품을 염두에 두고 프로세스를 설계하는 방식을 사용하는 것이다. 실제로 오늘날의 거의 모든 제품은 서비스를 제공하기 위한 도구로 볼 수 있으며 반대로 오늘날의 거의 모든 서비스는 제품이라는 도구 없이는 제공이 불가능하다고 볼 수 있다. 이러한 추세를 반영하여 제품과 서비스의 통합을 표현하는 다양한 용어들이 제시되었다. 그 가운데 오늘날 가장 널리 사용되는 용어가 제품-서비스시스템(Product-Service System : PSS)이다.

제품과 서비스를 통합하는 전략, 즉 PSS 전략을 구사하게 된 가장 큰 원인은 비즈니스 모델과 소비 추세의 변화라고 할 수 있다. 과거에는 대부분의 부가가치와 수익이 제품에서 만들어졌고 따라서 제품의 품질과 성능이 비즈니스 경쟁력의 핵심이었다. 그러나 가치의 창출이 서비스 부분으로 이동하고, 동시에 단기적인 수익창출이 아니라 장기적인 고객만족이 중요한 기업 목표로 인식되면서, 고객만족을 위한 서비스가 새로운 비즈니스 모델의 원천으로 떠오르고 있다. 다시 말해, 제품의 효용과 기능은 품질이나 성능이 좋은 것에 의해 평가되는 것이 아니라 고객이 원하는 서비스를 제공할 수 있는가에 따라 결정된다는 것이다.

2. 용어와 개념

엄밀히 말해서, 세상에 100% 제품인 것도 100% 서비스인 것도 없다. 제품이라고 하여도 거기에는 약간의 서비스적인 부분이 있고 서비스라고 하여도 거기에는 약간의 제품적인 요소가 섞여 있다. 그림 6-14에서 보는 것처럼, 전체를 100이라고 했을 때, 제품과 서비스가 차지하는 비중에 따라, 또 제품과 서비스가 제공하는 역할에 따라, 아니면 제품과 서비스가 이어지는 위치에 따라 다양한 형태의 제품-서비스 통합이 만들어지게 된다.

제품-서비스의 통합과 관련하여, 다른 이름의 다양한 개념(concept) 및 용어(terminology)들이 사용되어 왔다. 최근에 가장 널리 사용되는 용어가 PSS이긴 하지만 그 외에도 여러 가지 개념과 용어들이 제시되었다. 이러한 개념들은 세부적인 특징이나 사용되는 용어만 다를 뿐, 대부분 같은 개념을 다르게 표현한 것들이다.

PSS는 제품의 판매를 위해 서비스를 보조 수단으로 이용하는 것을 가리킨다. 이런 목적으로 마케팅 분야에서 널리 활용되어 온 용어로는 Bundling을 들 수 있다. Bundling은 '둘 또는 그 이상의 제품과 서비스를 함께 하나의 패키지(Package)로 판매하는 행위'를 말한다. 이때 Bundling은 결합하는 행위를 뜻하는 동사이며, 결합된 제품 및 서비스로서의 명사는 Bundle 또는 Package로 불린다. Bundling은 제품과 서비스의 결합뿐만 아니라 제품과 제품의 결합에도 사용되는 용어이다. 따라서 Bundling은 제품의 판매촉진을 목적으로 서비스를 부가적으로 제공하는 것을 전제로 하는 제품 중심의 개념이라고 할 수 있다.

System Selling 역시 Bundling을 기본 전제로 하고 있는 개념이다. 이 용어는 '보다 확장된 고객의 욕구를 만족시키기 위해 제공되는 제품과 서비스의 결합'으로 정의된다. 즉, 개별적으로 판매될 수 있는 하드웨어 및 소프트웨어 등을 묶어서 '하나의 시스템으로 판매하는' 것이다. 대부분의 System Selling은 규모가 크고 구성이 복잡하기 때문에 B2C(Business to Customer)보다는 B2B(Business to Business) 분야의 판매에 초점을 두고 있다.

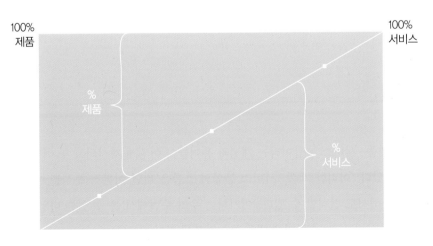

❄ 그림 6-14 **제품과 서비스의 비중에 따른 연계**

Bundling을 전제로 하는 또 다른 유사 개념으로 Full Service를 들 수 있다. Full Service 는 '특정 문제와 관련된 고객의 니즈를 총체적으로 만족시키기 위한 제품 및 서비스의 포괄적 인 Bundle'로 정의된다. Full Service는 보다 많은 고객 니즈를 한꺼번에 충족시킨다는 점에서 Bundling보다 더 깊고 넓은 개념이다. 따라서, Package – System Selling – Full Service로 갈수 록 충족시키는 고객의 니즈 수준이 보다 깊어지고 넓어진다고 할 수 있다.

서비스를 강조하기 위해 한 걸음 더 나아간 개념으로는 Product Service를 들 수 있다. Product Service는 '타 경쟁 제품과의 차별화를 목적으로 제품과 함께 제공하는 추가적인 서비 스의 집합'으로 정의된다. 마케팅 관점에서, 우리 제품을 다른 제품과 차별화하기 위한 수단으 로 부수적으로 제공되는 각종 서비스를 의미하는 것이다.

오늘날 제품–서비스 통합을 표현하는 데 가장 널리 사용되는 용어는 PSS이다. PSS의 핵심 은 제품과 서비스를 결합하여 고객의 니즈를 충족시킬 수 있는 기능(function)을 제공하는 데 있다. 즉, PSS는 제품이나 서비스 자체를 판매하는 것이 아니라 제품과 서비스의 결합을 통해 기능을 판매하는 것에 초점을 맞춘다. 물론 그 기능 가운데는 친환경기능, 자원절약기능 등이 포함된다.

기능의 판매를 핵심으로 하는 또 다른 개념으로는 Functional Sale을 들 수 있다. Functional Sale은 '고객 니즈를 만족시키기 위해 시스템, 사물, 서비스가 결합된 솔루션을 수명주기 전반 에 걸쳐 제공하는 행위'로 정의된다.

PSS나 Functional Sale 등은 첫째, 서비스와 제품이 통합되고, 둘째, 서비스 측면이 설계 단 계에서부터 반영되며, 셋째, 제품의 제공보다는 기능을 제공하는 것에 초점을 맞춘다는 공통 점을 가지고 있다.

3. 사례

지금까지 제품–서비스 통합이라는 개념과 용어들이 어떻게 제시되고 또 어떻게 변화해 왔 는지를 살펴보았다. 이러한 제품–서비스 통합의 흐름은 비단 이론적 분석뿐 아니라 실제 사 례의 관찰을 통해서도 인식할 수 있다. 여기서는 우리 주변에서 볼 수 있는 다양한 제품–서비 스 통합 사례를 살펴보고, 그 의미에 대해 논의하도록 한다.

애플의 앱스토어

애플(Apple)은 음악을 듣기 위한 mp3 플레이어인 아이팟(iPod)을 출시하면서, 아이튠즈 (iTunes)라는 인터넷 웹사이트를 함께 제공하였다. 고객이 궁극적으로 원하는 것은 제품의 구매가 아니라 구매 후 편리하게 음악을 검색하고 다운받는 것이라는 소비자 니즈를 제대로 파악한 것이다. 아이튠즈를 통해서 원하는 파일을 손쉽게 mp3 플레이어로 다운받아 들을 수 있게 되면서, 아이팟과 아이튠즈는 서로 훌륭한 보완재 역할을 하게 되고 결과적으로 서로의 고객도 늘리게 되었다. 아이팟이라는 제품과 아이튠즈라는 서비스가 결합되면서 강력한 시너지효과를 창출해 낸 것이다.

제품과 서비스를 통합하여 새로운 가치를 창출하는 애플의 노력은 여기서 그치지 않았다. 애플은 아이폰(iPhone)을 출시하면서 앱스토어(App Store)라는 서비스를 같이 제공하였다. 앱스토어는 말 그대로 애플리케이션을 사고 팔 수 있는 온라인시장으로, 소비자들이 다양한 형태의 애플리케이션을 만들어 사고 파는 것을 중개하는 곳이다. 앱스토어는 아이폰뿐만 아니라 애플리케이션 다운로드가 가능한 기존의 아이팟과도 호환된다. 따라서 소비자들은 앱스토어에서 원하는 애플리케이션을 다운받아서 아이팟 또는 아이폰에서 쉽게 사용할 수 있게 되었다. 이미 앱스토어에서 거래되고 있는 애플리케이션은 수십만 개에 이르고 있으며, 지금도 계속 늘어나고 있다.

앱스토어 사례에서 눈여겨볼 것은, 고객이 아이폰을 사는 이유가 아이폰 휴대전화의 성능이 뛰어나서가 아니라 다양한 애플리케이션을 구매하고 이를 활용할 수 있다는 확장성 때문이라는 점이다. 즉, 아이폰을 구매하는 고객이 기대하는 것은 아이폰이라는 제품 그 자체가 아니라 앱스토어로부터 제공받을 수 있는 다양한 형태의 서비스라는 것이다. 결국 아이폰의 경쟁우위는 제품 자체가 아니라 제품에 추가되어 제공되는 다양한 서비스에 있다.

카 인포테인먼트

인포테인먼트는 영어의 information과 entertainment의 합성어로, 운전자가 차 안에서 다양한 정보화 기기를 통해 받을 수 있는 여러 가지 서비스를 통칭하는 용어이다. 인포테인먼트의 수준이 올라가고 범위가 넓어지면서 이제는 자동차라는 제품을 인포테인먼트라는 서비스와

떼어놓고 생각할 수 없는 시대가 되고 있다.

우선 기본 기능인 구동 및 조작과 관련해서는 내비게이션/멀티미디어 기기들이 자동차와 융합되어 새롭고 편리한 서비스를 제공하고 있다. 제품 관점에서는 디지털화, 고속 통신화 등의 혁신이 일어나고 서비스 관점에서는 텔레매틱스, 오프라인 서비스와의 연결, 교통정보 및 모바일과의 융합 등의 혁신이 일어나고 있다. GPS 및 무선통신을 이용하여 운전자에게 교통 정보와 엔터테인먼트 콘텐츠를 제공하는 서비스가 제품-서비스의 통합을 보여 주는 대표적 사례이다.

 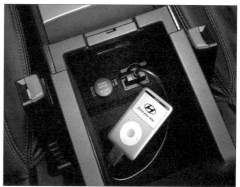

✿ 그림 6-15   **카 인포테인먼트의 예**

EXERCISE 연습문제

01 제품과 대비하여, 서비스의 5가지 차별적 특성에 대해 설명하라.

02 1번 문제에서 설명한 서비스의 5가지 특성을 레스토랑의 서비스를 예로 설명하라.

03 서비스의 전통적 특성이 잘 적용되는 사례와 잘 적용되지 않는 사례를 하나씩 골라 그 원인과 의미를 비교해 보라.

04 순수 제조기업, 오프라인서비스 기업, 온라인서비스 기업을 하나씩 선정하여 사업영역, 기업구조, 사용기술 등의 차이를 비교해 보라.

05 고객접촉 모형에서는 서비스시스템을 3가지 유형으로 나누고 있다. 각 유형의 특성을 비교를 통해 설명하라.

06 고객접촉 정도에 따라 서비스시스템을 전면공간(front office)과 배후공간(back office)으로 구분한 후, 각각의 공간에 서로 다른 설계전략을 적용한 사례를 찾아보라.

07 서비스 프로세스 매트릭스에서 각각의 분면에 해당하는 서비스의 예시를 한 가지씩 제시하라.

08 서비스시스템의 설계에서 생산라인 모형과 서비스라인 모형을 비교하여 설명하라.

09 서비스시스템의 설계에서 고객과의 접촉 정도에 따라 조직목표, 설비입지, 설비배치, 인력특성, 공급능력계획, 계획수립전략, 경쟁우위 등의 핵심요소들을 어떻게 달리 고려해야 할지를 설명하라.

10 온라인서비스시스템과 오프라인서비스시스템을 시스템 설계요소(서비스 접점, 운영시간, 접속, 시장영역, 환경, 경쟁력 차별화, 개인보호)에 관점에서 비교해 보라.

11 최근에는 거의 모든 제품과 서비스가 긴밀하게 연결되어 하나의 시스템(Product-Service System : PSS)을 이룬다. 이러한 전략이 나오게 된 배경과 원인을 설명하라.

12 본문에 제시되어 있지 않은 제품–서비스의 통합 사례를 조사해 보라.

13 서비스는 오프라인서비스에서 온라인서비스로 진화했으며, 앞으로 더 다양한 형태로 진화할 것이다. 기술진보나 사회변화에 따라 향후 서비스가 어떤 형태로 변화해 나갈지를 토의해 보라.

14 제조기업에서 시작하여 점차 서비스 기업으로 변한 국내기업과 외국기업을 하나씩 선정하여, 이 기업들이 순수 제조기업에서 서비스 중심 기업으로 변해온 배경과 과정을 정리해 보라.

시스템 분석과 평가

2부에서 우리는 시스템의 구조와 설계에 대해 알아보았다. 시스템 접근을 바탕으로 어떤 방향과 기준에서 제조시스템과 서비스시스템을 설계하는지를 다루었던 것이다. 이제 시스템이 만들어졌으면 다음의 과제는 무엇일까? 바로 시스템의 분석과 평가이다. 제대로 잘 만들어졌는지, 제대로 잘 운영이 되고 있는지를 분석하고 평가하는 일이 주어지는 것이다.

실제로 시스템의 분석과 평가는 산업공학의 가장 오래된 주제 중의 하나이다. 산업공학이라는 학문 자체가 시스템을 들여다보고 문제점을 알아내고 해결방안을 만들어 내기 위해 생겨난 것이기 때문이다. 그중에서도 시스템의 경제성 분석을 다루는 '경제성 공학(engineering economy)'은 오늘날에도 산업공학의 중심주제로 자리 잡고 있다. 시스템이 안고 있는 많은 문제는 경제성 여부에 따라 생겨나는 것이고 문제 해결의 여러 대안 가운데 최적의 대안을 선택하는 것도 경제성의 수준에 의해 결정된다. 그러므로 시스템의 분석과 평가를 경제성 평가로 시작하는 것은 매우 자연스러운 일이다.

경제성 공학 이외에도, 산업공학은 다양한 분석과 평가기법을 개발하고 활용하여 왔다. 어느 학문 분야와 비교하여도 가장 많은 이론적 지식과 실무적 기술을 필요로 한다. 그중에서도 수리적 기법, 통계적 기법, 그리고 실험적 기법(시뮬레이션)은 반드시 이해해야 할 기법들이다. 이 기법들의 기본 개념과 구체적 내용들에 대해서도 알아본다.

산업공학은 다양한 분석기법 그리고 평가기법을 다룬다. 이 많은 기법들을 어떤 기준으로 나누어 볼 수 있을까? 먼저 무슨 '목적(purpose)'을 위하여 어떤 '방식(approach)'을 취하느냐를 기준으로 보면 크게 다음 두 가지로 나눌 수 있다. 첫째는, 시스템의 문제를 해결하는 해답을 찾는 모형(generative model)이다. 둘째는, 시스템이 어느 상태에 있는지 또는 다른 시스템과 비교하여 좋은지 나쁜지를 평가하는 모형(evaluative model)이다. 예를 들어, 어느 시스템에서 이익을 극대화하기 위한 생산량을 정하는 과제가 주어졌다고 하자. 즉, '얼마만큼'이냐는 양(quantity)을 물어보는 문제이다. 이 경우에는 문제의 답을 찾는 것이 목적이므로 '해답을 찾는 모형'을 사용해야 한다. 다른 예로, 어느 시스템의 효율성이 다른 시스템과 비교하여 어느 정도에 있는지를 알아내는 과제가 주어졌다고 하자. 즉, '어떤 상태'에 있느냐는 수준(status)을 물어보는 문제이다. 이 경우에는 '측정과 비교'가 목적이므로 '평가를 하는 모형'을 적용해야 한다.

앞의 두 가지 모형에 속하는 구체적인 기법들은 어떤 것들이 있을까? 우선, '평가를 하는 모형'을 보자. 여기서 주로 사용하는 것은 경제성 분석기법과 통계적 분석기법들이다. 나중에 구체적 내용을 보면 이해할 수 있겠지만, 이들 기법들은 주로 현재의 상태를 측정한 후, 그 결과를 비교하여 어느 것이 더 좋고 어느 것이 덜 좋은지를 평가하는 것을 목적으로 한다.

그 다음에 '문제의 해답을 찾는 모형'을 보자. 이 분류에 속하는 기법들은 문제의 '답'을 찾는 것이 목적이다. 따라서 기법들 간의 차이는 문제의 답에 접근(approach)하는 방식에 달려 있다. 이 기준에서 보면, 크게 수리적 모형(mathematical model), 시뮬레이션 모형(simulation model), 그리고 탐색적 모형(heuristic model)으로 다시 나눌 수 있다.

먼저 수리적 모형은 말 그대로 수리적으로 접근하는 모형이다. 분석과 평가의 대상을 수리적 상징인 변수(variable)로 표현하고, 변수들 간의 관계를 함수(function)로 설정한 후, 수리적 알고리즘을 통해 해(solution)를 찾는 접근이다. 이때 얻어지는 답은 흔히 최댓값 또는 최솟값을 주는 최적의 해(optimal solution)가 된다. 따라서 산업공학에서는 일차적으로 수리적 모형을 적용하려고 시도한다.

다음으로 시뮬레이션 모형은 차선의 선택으로 활용되는 접근이다. 이런저런 이유 때문에 수리적 모형을 적용하기 어려운 상황에서, 실제의 현실 문제를 실험실 상황의 문제로 축소시켜 컴퓨터를 이용하여 답을 찾아보는 식이다. 이런 접근으로 얻어지는 답은 최적의 해에 가까운 근사해(approximate solution)가 된다. 마지막의 탐색적 모형은 수리적 모형과 시뮬레이션 모형을 사용하기 힘든 상황에서 선택하는 접근이다. 수리적으로 모형화하기도 힘들고 실험을 하기도 어렵다면 남은 방법은 직관과 경험을 바탕으로 해답을 '탐색'하는 길밖에 없다. 탐색적 모형은 나름대로 만든 규칙(rule)에 의해 단계적으로 답을 찾아가는 접근이다. 처음에 어느 지점에서 출발하여 정해진 규칙과 지침을 따라 해답이 존재하고 있는 지점으로 차근차근 다가가다가, 미리 설정한 해답의 조건을 만족시키는 위치에 도달하면 탐색을 끝내는 식이다. 그러므로 이 모형에서 얻어진 답은 최적의 해와 상관없이 다분히 주관적인 '좋은 해(good solution)'가 된다.

이제 3부에서는 경제성 분석, 수리적 분석, 통계적 분석, 실험적 분석의 순서로 시스템 분석과 평가의 구체적 내용들을 살펴보기로 하자.

Chapter

07

경제성 분석

핵심 주제

1. 경제성, 효율성, 효과성, 생산성의 정의
2. 수익, 비용, 감가상각, 현재가치, 할인
3. 프로파일 모형, 점수 모형, 계층분석과정 모형
4. 불확실성 분석 모형, 위험분석 모형, 의사결정 나무 모형, 회수기간법, 순현가법, 내부수익률법, 비용-효익분석 모형

⊛ **학습목표**

- 경제성의 의미를 이해하고, 관련 개념인 효율성, 효과성, 생산성 등의 정의에 대해서도 알아본다.

- 경제성 분석을 위해 미리 이해해야 할 용어들인 수익, 비용, 감가상각, 현재가치, 할인 등의 의미와 용도를 알아본다.

- 상대적 가치를 평가하는 모형의 성격과 용도를 이해하고, 실제로 자주 사용되는 프로파일 모형, 점수 모형, 계층분석과정(AHP) 모형 등의 기본 개념과 분석과정을 알아본다.

- 절대적 가치를 평가하는 모형의 성격과 용도를 이해하고, 실제로 자주 사용되는 불확실성(uncertainty)하의 분석 모형, 위험(risk)하의 분석 모형, 의사결정 나무 모형, 회수기간법, 순현가법, 내부수익률법, 비용-효익 분석 모형 등의 기본 개념과 분석과정을 알아본다.

1 | 경제성 개념과 용어

1. 기본 개념

경제성 분석의 기본 개념을 이해하기 위해, 먼저 다음의 간단한 예제들을 생각해 보자. X, Y라는 두 개의 프로젝트 가운데 어느 프로젝트를 선정할지를 결정하는 회의가 진행되고 있다고 하자. 평가 기준으로는 시장성과 기술성의 두 항목이 설정되었다. 그런데 X 프로젝트는 기술성은 뛰어나지만 시장성이 떨어지는 반면, Y 프로젝트는 시장성이 높은 데 비해 기술성이 낮은 것으로 나타났다. 이런 상황에서 과연 어느 프로젝트를 선정해야 하는가?

또 다른 예제로, A와 B의 두 가지 투자 대안 가운데 어느 대안을 택할지를 고민하고 있다고 하자. 이 대안들을 수행하기 위해서는 각각 2,000만 원과 4,000만 원의 설비를 들여놓아야 한다. 설비들이 가동되고 나서는, 먼저 A 대안은 1년 후에 800만 원, 2년 후에 700만 원, 3년 후에 600만 원, 4년 후에 500만 원의 수익이 생기고, B 대안은 1년 후에 1,500만 원, 2년 후에 1,300만 원, 3년 후에 1,200만 원, 4년 후에 1,100만 원의 수익이 생긴다. 두 대안을 잘 들여다보면, 초기투자의 크기가 다른 만큼 미래에 들어오는 수익의 크기도 차이가 난다. 이런 정보를 바탕으로 과연 어느 대안을 선택해야 하는가? 이런 예제들이 전형적인 경제성 분석의 주제이다.

경제성 분석과 경영시스템의 운영은 떼려야 뗄 수 없을 만큼 밀접한 관련을 맺고 있다. 우선 시스템의 전체적 구조가 얼마나 경제적으로 설계되었는가 하는 문제에서 시작하여, 시스템을 얼마나 경제적인 요소로 구성하였는지, 시스템이 얼마나 경제적인 활동을 하고 있는지 등 경제성 문제는 시스템 전반에 걸쳐 다양한 형태로 연결되어 있다. 그래서 경제성 문제는 경제성공학(engineering economy) 또는 공업경제학(engineering economics)이라는 이름으로 오랫동안 산업공학 안에서 중요한 위상을 차지하여 왔다.

산업공학이 경제성 문제를 다루게 된 배경은 어디에 있을까? 앞에서 설명한 대로, 산업공학은 주로 기술적인 문제에서부터 시작되었다. 시스템의 효율적인 운영과 관리를 위해 공학적으로 어떤 기술과 기법을 활용할 것인가에 초점을 맞추었던 것이다. 그러나 시스템의 규모가 커지고 범위가 넓어지면서 공학적 문제를 넘어 경제적 측면을 고려하지 않을 수 없게 되었다. 예를 들어, 새로운 설비에 투자할 때 여러 설비 가운데 어느 설비를 선택해야 하는지, 현재 사용 중인 설비를 새로운 설비로 교체하는 것이 좋은지 아니면 기존 설비를 그냥 사용하는 것이 좋은지, 생산량을 늘려야 할 때 자체의 생산시설을 확장하는 것이 좋은지 아니면 외부업체에 맡기는 것이 좋은지 등의 문제는 기술적 요인뿐 아니라 경제적 요인을 함께 고려해야 할 주제이다.

그렇다면 경제성은 도대체 무엇을 가리키는가? 넓은 의미에서 보면, 경제성 문제는 쓸 수 있는 재원이 한정되어 있고 고를 수 있는 대안이 여러 개 있을 때, 어떤 기준이나 방법으로 가장 좋은 대안을 선택할 것인가를 결정하는 것이다. 하지만 경제성은 매우 포괄적인 개념이어서, 문제에 따라 실질적인 뜻이 달라질 수 있다. 어느 시스템의 경제성이 높거나 낮다고 할 경우, 또 어느 시스템이 경제적이거나 아니라고 할 경우 이것이 명확하게 무엇을 의미하는지를 알기가 쉽지 않다. 돈으로 보면, 수익이 많이 나도 경제적일 수 있고 비용이 적게 들어도 경제적일 수 있다. 두 가지를 묶어서 수익과 비용의 차이인 순이익이 큰 것을 경제적으로 볼 수도 있다. 양으로 보면, 더 많은 생산량이 나와도 경제적일 수 있고 더 적은 원재료나 에너지가 들어가도 경제적일 수 있다. 그러므로 경제성 분석에서는 한 가지의 기준으로 경제성을 정의하지 않고 분석의 목적이나 상황에 따라 거기에 가장 적합한 기준을 적용한다.

2. 관련 개념

경제성에 대한 이야기를 하기 전에, 효과성, 효율성, 생산성 등과 같이 경제성과 관련되어 있는 개념과 용어를 먼저 간략하게 언급하고 넘어가자. 이 용어들은 넓게 보면 모두 경제성과 관련되어 있지만 하나하나는 그 의미와 정의가 다른 것들이다.

⬢ 효과성

먼저 효과성(effectiveness)은 계획과 결과를 대비시킨 개념이다. 다음의 식에 정의된 것처럼, 시스템의 운영이 시작되기 전에 수립한 계획이 시스템의 운영이 완료된 시점에서 얼마나 달성되었는가를 보는 것이다. 따라서 효과성의 평가는 정량적일 수도 있고 정성적일 수도 있다.

효과성 = 최종 달성 수준 / 당초 계획 수준

만일 '계획 대비 90%가 달성'되었다고 하면 정량적 평가가 되는 것이고 '결과가 매우 만족스럽다'고 하면 정성적 평가가 되는 것이다. 여기서 주의할 것은, 효과성에서는 수익이나 비용을 고려하지 않는다는 점이다. 즉, 목표의 달성 여부만을 보는 것이지, 과정에 얼마나 많은 비용이 들어가고 결과로 얼마나 많은 수익이 나오는지는 효과성 측정의 대상이 아니다.

효율성

다음으로 효율성(efficiency)은 투입량과 산출량을 대비하는 개념이다. 시스템에 얼마나 많은 자원이 들어갔는데, 나중에 얼마나 많은 결과물이 만들어졌는지를 비교하는 것이다. 따라서 효율성은 다음의 식에서 보는 것처럼, 산출량(output)을 분자로 하고 투입량(input)을 분모로 하는 정량적 비율로 정의할 수 있다.

효율성 = 산출량 / 투입량

생산성

생산성(productivity)은 효율성과 유사한 개념이다. 시스템에 투입된 생산요소의 양에 대한 산출량의 비율로 정의하는 것이다. 그러나 효율성에 비해 생산성은 좀 더 다양한 시각에서 살펴볼 수 있다.

생산성 비율의 분모에는 여러 가지 투입요소가 들어간다. 이때 개별적인 투입요소의 값만 분모에 놓고 측정하면 이를 요소생산성(partial productivity)이라고 부른다. 예를 들어, 투입된 노동의 양만 분모에 넣으면 노동생산성, 자본의 양만 분모에 넣으면 자본생산성 하는 식이다. 이에 비해 투입 요소를 모두 합하여 분모 값을 측정하면 이를 총생산성(total productivity)이라고 부른다. 오늘날의 많은 시스템은 다양한 투입요소들의 조합을 통해 이루어지므로 시스템의 생산성을 개별요소만으로 설명하기가 어렵다. 그러므로 시스템의 종합적인 생산성을 측정하기 위해서는 모든 투입요소를 고려하는 것이 중요하다는 인식이 커지고 이 경우, 노동이나 자본과 같은 전통적 투입요소 외에 기술, 정보, 지식과 같은 무형적 요소도 포함하게 된다.

한편, 생산성은 수익성(profitability)과도 연결되어 있다. 기본 개념은 비슷하지만 다른 것은 측정의 대상과 단위이다. 앞에서 설명한대로, 생산성의 분자와 분모에는 투입과 산출의 양(quantity)이 들어간다.

생산성 = 산출량/투입량

하지만 수익성의 분자에는 산출의 수익(revenue), 그리고 분모에는 투입의 비용(cost)이 들어간다. 또 많은 경우, 수익성은 수익/비용의 비율(ratio)로 표시하기보다는 수익−비용의 차이(net difference)로 표현한다.

수익성(1) = 산출 수익(revenue) / 투입 비용(cost)

수익성(2) = 산출 수익 − 투입 비용

일반적으로 생산성이 높은 기업이 수익성도 높은 경향을 보인다. 하지만 반드시 그런 것은 아니다. 수익성에는 양(quantity)뿐 아니라 가격이나 원가 등의 정보가 추가로 반영되기 때문이다.

3. 핵심용어

이제부터 경제성 평가의 내용을 자세히 살펴보기로 하자. 그러나 본격적인 내용으로 들어가기 전에 경제성에 관련된 기본 개념이나 용어를 이해하는 것이 필요하다. 왜냐하면 경제적 의사결정의 기준이나 기법의 바탕에는 이러한 개념과 용어들이 깔려 있기 때문이다.

🔘 비용

우선 비용(expense 또는 cost)이라는 용어에 대해 알아보자. 시스템의 경영활동을 투입으로부터 산출을 얻어내는 것으로 본다면, 들어가는 투입의 화폐적 크기가 비용이 되고 산출의 화폐적 크기가 수익(revenue)이 된다. 따라서 비용은 수익에 대비되는 개념이다. 경제성 평가의 핵심은 긍정적인 효과와 부정적인 효과의 비교를 통해 긍정적인 효과가 클수록 더 경제적이라고 판단하는 것이다. 이때 긍정적 효과가 수익이 되는 것이고 부정적 효과가 비용이 된다. 따라서 비용은 경제성 평가의 가장 기본이 되는 개념이다.

(1) 기회비용과 현금지출비용

비용과 관련하여 반드시 이해하고 넘어가야 할 관련 용어가 현금지출비용(out-of-pocket cost)과 기회비용(opportunity cost)이다. 먼저 현금지출 비용은 말 그대로 기업의 주머니에서 실제로 돈이 나가는 비용이다. 설비를 도입하고 대금을 지불한다거나 종업원에게 월급을 입금시킨다든가 하는 데 들어가는 비용이 대표적인 예다. 따라서 경제성 평가에서 일반적으로 말하는 비용은 현금지출비용을 가리킨다. 이에 반해 기회비용은, 용어가 의미하는 것처럼 기회를 포기하거나 제대로 활용하지 못해서 벌 수 있는 수익을 얻지 못한 경우에 그 벌지 못한 수익의 크기를 가리키는 말이다. 두 개의 대안이 있을 때 하나의 대안을 선택하게 되면, 선택하지 않은 다른 대안에 대해서는 기회비용을 지불하는 셈이 된다. 기회비용은 실제로 주머니에서 돈이 나가는 것은 아니므로 회계적으로 처리할 수는 없다. 그러나 투자의 경제성을 분석할 때는 고려해야 할 개념이다.

관련하여 언급할 필요가 있는 용어가 매몰비용(sunk cost)이다. 매몰비용은 말 그대로 이미 발생하여 의사결정에 영향을 줄 수 없고 따라서 평가에 고려하면 안 되는 비용을 가리킨다. 대표적인 예가 유명한 '콩코드 오류(Concorde fallacy)'이다. 1960년대 말에 프랑스는 초음속 여객기인 콩코드의 개발을 추진하였다. 하지만 콩코드 개발은 처음부터 사업성이 매우 낮은 프로젝트였다. 그럼에도 일단 시작된 이후에는 이미 투입한 막대한 비용, 즉 매몰비용 때문에 프로젝트를 중간에 그만두지 못하고 끝까지 진행하였다. 결국 콩코드 사업은 만성 적자에 시달리다가 문을 닫게 되었다. 이처럼, 매몰비용은 경제성 계산에 바로 반영되는 비용은 아니지만 의사결정에 잘못된 영향을 미칠 수 있는 비용이다. 이미 일어난 과거의 일은 깨끗하게 잊고 냉정하게 의사결정을 해야 함에도 불구하고 종종 매몰비용에 대한 미련 때문에 올바른 경제성 분석을 못하는 경우가 발생할 수 있는 것이다.

(2) 고정비와 변동비

고정비(fixed cost)와 변동비(variable cost)라는 개념도 알아야 한다. 고정비는 생산량이나 거래량에 상관없이 발생하는 비용이다. 예를 들어, 물건을 만들기 위해 1억 원짜리 설비를 구매하였다고 하자. 그 설비로 1개를 생산하든 1,000개를 생산하든 설비를 구매하는 데 들어간 비용은 1억 원으로 동일하다. 따라서 설비를 구매하는 데 들어간 비용은 고정비가 된다. 이에 반해 변동비는 생산량이나 거래량이 바뀌면 그에 따라 크기가 달라지는 비용이다. 위의 예에서 물건 1개를 만드는 데 들어가는 재료비가 100원이라고 하자. 그러면 1개 만들면 100원의 재료비가 들지만 1,000개 만드는 데는 10만 원의 재료비가 든다. 즉, 재료비와 같이 생산량에 따라 크기가 변하는 비용을 변동비라고 한다.

(3) 원가

흔히 원가(cost)는 비용과 동의어로 사용되지만, 회계의 관점에서 엄밀히 말하면 서로 다른 개념이다. 원가와 비용의 차이를 이해하기 위해서는, 앞에서 설명한 것처럼 비용은 항상 수익과 연결되어 있다는 사실을 기억해야 한다. 이를 좀 더 자세히 알아보자. 기업이 제품이나 서비스를 만드는 데는 원가가 들어간다. 원가를 투입하여 만든 물건은 일단은 창고에 넘겨져 팔릴 날을 기다리게 된다. 정해진 기간 내에 제품이나 서비스가 판매되어 '수익'이 발생하게 되면 원가는 바로 '비용'이 된다. 그러나 판매가 되지 않아 재고의 형태로 남아 있는 부분은, 아직 수익이 발생하지 않았기 때문에 비용이 되지 못하고 재고자산에 녹아 있는 원가로 남아 있다. 나중에 시간이 지나 판매가 이루어지면 수익이 생기게 되고 그러면 이 원가는 결국 비용이 된다.

따라서 비용은 수익과 대비되는 개념이고, 원가는 자산(assets)에 대비되는 개념이다. 하지만 장기적인 관점에서 보면, 모든 물건이 언젠가는 판매되고 수익으로 연결되기 때문에 원가와 비용은 결국 같아지게 된다. 따라서 원가와 비용을 동의어로 해석해도 큰 문제는 없다.

(4) 손익

이익과 손해, 즉 손익(profit/loss)은 수익과 비용의 크기에서 결정된다. 즉, 일정 기간 동안에 발생한 모든 수익에서 모든 비용을 뺀 나머지 금액을 이익으로 정의한다. 이때 수익이 비용보다 크면 그 크기는 순이익이 되고 비용이 수익보다 크면 순손실이 된다.

감가상각과 세금

(1) 감가상각의 의미

감가상각비(depreciation cost)라는 용어에 대한 이해도 매우 중요하다. 먼저 감가상각 (depreciation)이라는 말의 개념을 알아보자. 예를 들어, 앞으로 5년을 쓸 수 있는 새로운 생산 설비를 1억 원에 구매하였다고 하자. 이 설비를 1년 후에 중고품으로 팔려고 하면 8,000만 원 밖에 값을 쳐주지 않는다. 1년 만에 생산설비의 가치가 2,000만 원이나 내려간 것이다. 더구나 사용을 다하고 난 5년 후에는 2,000만 원밖에 받을 수 없는 상황이라고 하자. 실제로 모든 기 기나 설비는 처음에는 큰 비용을 들여 구입하지만 시간이 지나면서 노후화되고 따라서 그 가 치가 줄어든다. 이것이 바로 가치가 감소했다는 뜻인 '감가'라는 개념이다. 여기서 기기나 설 비를 구입하는 데 들어간 비용인 1억 원을 취득원가(acquisition cost)라고 하고 그 설비를 사용 할 수 있는 기간을 내용연수(useful life)라고 한다. 이 예에서는 내용연수가 5년이 된다. 또 내용연 수가 끝난 후에 중고설비로 팔아서 받을 수 있는 2,000만 원을 잔존가치(salvage value)라고 한다.

감가, 즉 가치가 줄어드는 이유는 무엇일까? 감가의 원인으로는 여러 가지를 들 수 있다. 첫째, 물리적 원인이다. 새로운 설비가 사용되면서 마모되거나 화재나 홍수, 지진 등으로 인하 여 파손될 수 있는 것이다. 둘째, 진부화(obsolescence)이다. 기술 진보로 인해 더 좋은 대체품 이 나타나면서 사용 중인 설비가 낡은 방식이 될 수 있는 것이다. 셋째, 경제적 원인이다. 경영 환경의 변화로 설비가 제공하는 기능이나 용역의 경제적 가치가 떨어질 수 있는 것이다.

그렇다면 감가라는 개념이 회계상의 감가상각비라는 비용으로 연결되는 근거는 무엇일 까? 위의 예를 다시 보자. 우선 설비의 구입을 위해 1억 원이라는 대금을 지출하였다. 이 설비 는 이제 경영활동에 유용하게 사용되면서 '수익'을 만드는 데 기여하게 된다. 기업활동으로 수 익이 발생하면 그에 대응하는 '비용'도 발생한다. 따라서 설비와 같은 유형 자산의 구매에 들 어간 대금은 그것이 '수익에 기여한 정도'에 따라 비용으로 인식하는 것이 합리적이다.

이제 다음의 문제는 이 비용을 어느 시점이나 기간에 회계상의 비용으로 잡을 것이냐 하는 것이다. 가장 간단한 방법은 구입한 해에 전부 처리하는 것이다. 하지만 5년을 쓰기 위해 1억 원이라는 큰 돈을 들여 구입한 설비를 구입 시점에 한꺼번에 비용으로 처리하는 것은 논리적 으로도 맞지 않고 실무적으로도 무리가 따른다. 이때 회계상으로 1억 원이라는 비용을 그 설 비를 쓸 수 있는 기간인 내용연수, 즉 5년에 걸쳐 나누어 분배하는 것이 바로 감가상각이다.

(2) 감가상각의 방법

그렇다면, 실무적으로 감가를 어떻게 처리할 것인가, 즉 어떤 기준과 방법으로 비용을 분배할 것인가? 그 해답은 한마디로 설비의 가치가 줄어드는 비율에 따라 비용도 나누어 분배하는 것이다. 만일 가치가 일정한 비율로 줄어든다고 생각하면 비용도 내용연수 동안 똑같이 나누어 분배한다. 위의 예로 본다면, 내용연수가 5년이기 때문에 해마다 동일한 비용이 발생한 것으로 처리한다. 만일 가치가 처음에는 크게 줄다가 갈수록 덜 줄어든다고 생각하면 첫해에는 많은 비용을 분배한 후 해가 가면서 덜 분배한다. 이러한 기준에 의해 크게 정액법, 정률법, 비례법의 세 가지 방식이 사용된다.

하나의 예를 가지고 각 방법의 내용과 차이를 살펴보자. 어느 기업에서 수명이 5년인 기계설비를 1,000만 원에 구입했는데, 사용하다가 5년 후에 되팔면 100만 원의 잔존가치를 얻을 수 있다고 하자.

① 정액법

정액법은 설비의 가치가 일정한 비율로 줄어든다고 가정하고 비용도 내용연수 동안 똑같이 나누어 분배하는 방법이다. 따라서 이 예의 경우에는 (1,000−100) / 5 = 180만 원만큼 매년 감가상각비로 처리한다. 정액법은 일반적으로 건물과 같이 자산의 가치가 바로 감소하지 않고 오랜 기간 지속되는 경우에 적용하는 방법이다.

② 정률법

정률법은 설비의 가치가 초기에는 크게 감소하고 후기에는 덜 줄어든다는 가정하에, 첫해에는 많은 비용을 분배한 후 해가 가면서 덜 분배하는 방법이다. 이때 분배의 비율을 상각률이라고 한다. 다시 위의 예를 생각해 보자. 만일 매년 37%의 상각률을 적용하게 되면, 첫해에는 1,000×0.37 = 370만 원의 가치만큼 상각 처리한다. 그러면 남은 가치는 1,000 − 370 = 630만 원이 된다. 따라서 그다음 해에는 630×0.37 = 233만 원의 가치를 상각 처리한다.

여기서 상각률은 임의로 정하는 것이 아니라 자동적으로 결정되는 것이다. 내용연수 후에는 감가상각이 안 된 나머지가 남아서는 안 된다. 그러므로 감가상각의 전체 금액인 (취득원가−잔존가치) 만큼이 내용연수 말에는 모두 상각이 될 수 있도록 상각률이 정해져야 하는 것이다. 정률법은 기계설비나 가공도구와 같이 시간이 흐르면서 자산의 가치가 빨리 감소하는 경우에 적용하는 방법이다.

③ 비례법

비례법은 생산량이나 사용량에 비례하여 상각을 하는 방법이다. 즉, 많이 생산하거나 사용을 한 해는 그만큼 더 많이 상각하고 덜 생산하거나 덜 사용한 해에는 그만큼 덜 상각하는 원리이다. 비례법은 천연자원의 채굴이나 작업기계의 사용과 같은 특수한 경우에만 적용하는 방법이다.

(3) 감가상각의 효과

그렇다면 감가상각의 실질적 효과는 무엇일까? 일반적으로 감가상각비는 회계처리 시 크게 두 가지 부분에 기입된다. 첫째는 제조원가에 포함하는 것이다. 이렇게 되면 감가상각이 매출원가에 적용되어 매출총이익이 줄어드는 결과로 이어진다. 둘째는 판매관리비에 포함하는 것이다. 이렇게 되면 영업이익이 감소하는 결과로 이어진다.

어느 경우이든 감가상각은 비용으로 계상되면서 순이익의 감소로 이어진다. 이익이 줄면 그만큼 세금(tax)을 덜 내는 세금절감효과로 이어진다. 또 이익이 줄면 그만큼 배당을 덜 하게 된다. 이러한 세금절감효과 및 배당절감효과는 모두 기업의 현금유출을 줄여 주는 효과를 가져온다. 감가상각은 현금을 만들어 내는 효과가 있는 것은 아니다. 하지만 결과적으로는 비용의 지출을 줄여 마치 현금을 만들어 내는 것과 같은 효과를 가져온다. 이를 감가상각의 '내부금융효과'라고 한다.

🌐 현가

(1) 기본 개념

대부분의 경우, 어느 대안의 경제성은 금액(화폐가치)으로 표시한다. 즉, 경제성을 평가한다는 말은 곧 나가는 돈과 들어오는 돈의 크기를 비교한다는 말이 되는 것이다. 따라서 경제성 평가를 위해서는 먼저 '화폐가치의 시간 개념'을 이해할 필요가 있다. 아주 간단한 예를 생각해 보자. 오늘 바로 그리고 확실하게 얻을 수 있는 1,000원과 1년 후에 얻을 가능성이 매우 높은 2,000원 가운데 어느 편이 더 경제적 가치가 높은 것인가? 이 문제의 답을 얻기 위해서는 오늘의 1,000원이 1년 후에는 얼마의 화폐가치를 가지는지, 말을 바꾸어 1년 후의 1,000원은 현재의 화폐가치로 바꾸면 얼마나 되는지를 알아야 한다. 또 확실하게 얻을 수 있는 돈과 어쩌면 못 얻을 수 있는 돈의 가치가 어느 정도 차이가 있는지도 생각해야 한다.

여기서 나온 것이 바로 '현재가치(Present Value : PV)', 줄여서 '현가'라고 부르는 용어이다. 미래에 유입(inflow)되는 돈과 유출(outflow)되는 돈의 가치를 모두 '현재의 화폐가치'로 바꾼 것이 곧 현가이다. 현가의 반대 개념으로, 현재의 돈의 가치를 미래의 어떤 시점의 돈의 가치로 바꾼 것을 종가(Future Value : FV)라고 한다.

시점에 따라 돈의 '실제' 가치가 차이가 나는 이유는 무엇일까? 우선은 이자(interest)라는 요인을 들 수 있다. 원금에는 시간이 흐르면서 이자가 붙게 된다. 오늘 1억 원의 원금을 예금하면 1년 후에는 원금에다 이자가 더해지게 된다. 지금의 1억 원의 가치는 그냥 1억 원이지만 1년 후에는 가치가 1억 원보다 더 커지게 되는 것이다. 다음으로 물가상승(inflation)을 들 수 있다. 인플레이션이 일어나면 오늘의 1억 원이 가지는 구매력과 1년 후의 1억 원이 갖는 구매력은 차이가 날 수밖에 없다. 값은 돈을 가지고 살 수 있는 양이 줄면 실제 가치는 줄어든 것이다. 마지막으로 위험도(risk)를 들 수 있다. 현재의 돈은 위험이 전혀 없는(risk-free) 가치를 가진다. 그러나 1년 후의 돈은 불확실성의 위험을 안고 있다. 원래 계획대로 일이 진행되지 않을 경우 1년 후에 들어오기로 되어 있는 돈이 제때 들어오지 않을 수도 있고 1억 원이 아니라 9,000만 원만 들어올 수도 있는 것이다.

(2) 할인

경제성이 금액으로 표시된 대안을 평가하기 위해서는 화폐가치의 시점을 동일한 시점으로 통일시킬 필요가 있다. 이때 어느 시점을 기준 시점으로 할 것인가 하는 문제가 생긴다. 여기에는 크게 두 가지 선택이 있을 수 있다. 하나는 오늘, 즉 '현재'를 기준으로 삼는 것이고 다른 하나는 마지막 날, 즉 '미래'를 기준으로 삼는 것이다.

자본예산 모형에 의한 경제성 평가에서는 기준 시점을 '현재'의 시점으로 삼는다. 즉, 현가(PV)를 기준으로 평가하는 것이다. 왜 경제성 평가에서는 주로 '현가'를 기준으로 삼는 것일까? 그 이유는 간단하다. 현재라는 시점은 하나밖에 없기 때문이다. 하지만 미래라는 시점은 여러 개가 있을 수 있다. 1년 후도 미래이고, 2년 후도 미래이다. 따라서 미래의 어느 시점을 기준으로 삼을 지가 불분명한 경우가 생긴다. 이에 반해 현재를 기준으로 하게 되면 시점이 다른 화폐들의 가치를 통일된 기준에서 평가할 수 있다.

현가를 계산하기 위해서 할인(discount)이라는 개념이 도입된다. 이자나 물가상승의 요인에 의해 미래의 화폐가치는 현재의 가치보다 높을 수밖에 없기 때문에 현재의 가치로 전환시키는 작업을 해야 하는데, 이를 할인이라고 부른다. 할인이라고 하는 이유는 미래의 가치를 현재의 가치로 바꾸면 그 크기가 줄어들 수밖에 없기 때문이다. 문제는 어떤 비율로 할인할 것인가 하는 것이다. 이때의 비율을 할인율(discount rate)이라고 한다. 당연한 얘기지만 할인율은 여러 가지 조건이나 상황에 따라 달라지게 된다. 만일 시중의 은행 이자율이 높다면 거기에 맞추어 할인율도 높아야 한다. 그렇지 않으면, 기업 입장에서는 새로운 사업이나 설비에 투자하는 것보다 그 돈을 은행에 넣고 편안히 이자를 받는 것이 더 낫기 때문이다. 만일 인플레이션이 심하다면 시간의 흐름에 따라 돈의 가치가 급속히 떨어지므로 할인율도 높아져야 한다.

할인을 통해 미래가치를 현재가치로 전환시키는 과정을 수식으로 표현해 보자. 미래가치를 FV, 현재가치를 PV, 할인율을 r, 미래시점을 n으로 할 때 현재가치는 다음과 같다.

$$PV = FV / (1 + r)^n$$

위 식에서 $1 / (1 + r)^n$을 현가이자요소(present value interest factor)라고 한다. 현가이자요소는 할인율에 따라 달라진다. 할인율이 높을수록 현가이자요소는 내려가고 따라서 현가는 작아지게 된다.

거의 모든 재무관리 교과서를 보면 할인율에 따른 현가이자요소를 정리한 표가 잘 나와 있다. 따라서 할인율만 정해지면 현가이자요소 값을 쉽게 찾을 수 있다. 표 7-1에 현가이자요소의 예시적 경우들이 나타나 있다. 예를 들어, 할인율이 5%인 경우에는, 1년 후 돈의 현가이자요소는 0.9524이다. 따라서 1년 후의 1만 원을 현재가치로 전환하면 9,524원이 된다. 그러나 할인율이 20%로 높아지면 현가이자요소는 0.8333이 되어 1년 후의 1만 원은 오늘의 가치로는 8,333원에 불과하다. 미래가치와 현재가치의 차이는 미래의 시점이 멀어질수록 우리가 일반적으로 생각하는 것보다 훨씬 더 크게 나타난다. 다른 할인율과 기간에 대해서는 부록 3. 현가계수표를 참고하자.

표 7-1 현가이자요소 표

미래시점	할인율(r)			
	5%	10%	15%	20%
1	0.9524	0.9091	0.8696	0.8333
2	0.9070	0.8624	0.7561	0.6944
3	0.8638	0.7513	0.6575	0.5787
4	0.8227	0.6830	0.5718	0.4823
5	0.7835	0.6209	0.4972	0.4019

2 | 경제성 평가

1. 기본 개념

앞 절에서 설명한 여러 가지 개념과 용어에 대한 이해를 바탕으로, 실제로 경제성을 평가하는 구체적인 기법에 대해 알아보도록 하자. 경제성 평가는 하나의 대안을 놓고 경제성 여부를 평가할 수도 있다. 어떤 프로젝트가 있을 때, 그것을 할지 말지를 결정하는 문제가 여기에 해당한다. 하지만 대부분의 경제성 평가는 복수의 대안을 놓고 그중에 하나를 선택하는 문제를 다룬다. 우선 대안의 숫자가 두 개인 경우가 있다. 내부에서 직접 만들지, 아니면 외부에서 살지를 정하는 이른바 Make/Buy 문제가 대표적인 예이다. 더 일반적인 경우는 대안이 여러 개인 문제이다. 이때는 여러 대안 가운데 경제성이 가장 높은 하나를 골라내는 작업을 하게 된다.

어느 경우에도, 경제성을 측정하고 비교하는 평가기법을 사용하게 된다. 문제는 경제성의 개념 자체가 포괄적인 데다가 경제성 평가의 역사가 오래되었기 때문에 평가기법의 종류가 너무 다양하다는 데 있다. 그리고 각각의 기법은 나름대로 장점과 단점을 지니고 있어 어떤 기법이 최선의 기법이라고 말할 수 없는 문제도 있다. 이런 어려움 때문에, 여기서는 다양한 평가기법을 평가지표의 성격이나 용도에 따라 크게 상대적 순위 모형과 경제적 가치 모형으로 나누어 살펴보기로 하자.

◉ 상대적 순위 모형

상대적 순위 모형(relative rank model)은 대안들에 대해 상대적 가치의 순위(rank)를 매긴 후, 그 순위에 따라 대안들의 경제성을 평가하는 기법을 뜻한다. 즉, '어느 대안이 어느 대안보다 상대적으로 더 낫다'라고 한다든가 '어느 대안이 가장 좋고, 어느 대안이 그다음으로 좋다'라고 하는 식으로 우열을 가르는 것이다. 이때 상대적 가치를 표현하는 방법은 시각적인 도형이나 정량적인 점수 또는 지수 등을 이용할 수 있다. 즉, 그림을 직관적으로 볼 때 어느 대안이 가장 좋게 보인다든가, 점수나 지수를 매겼을 때 어느 대안의 값이 가장 높다든가 하는 식으로 경제성을 평가하는 모형이다.

이 모형은 이해하기 쉽고 쓰기도 쉬워서 실용적이라는 장점이 있다. 그러나 단점은 단순히 상대적인 순위만을 제시하기 때문에 대안들의 실질적이고 절대적인 경제성이 어느 정도인지를 알기 어렵고, 또한 대안들 간의 차이도 명확히 비교하기 어렵다는 점이다. 이 모형에 속하는 대표적인 기법들로는 프로파일 모형(profile model), 점수 모형(scoring model), 그리고 계층분석과정 모형(AHP model)을 들 수 있다.

🔷 경제적 가치 모형

경제적 가치 모형(economic value model)은 대안들에 대해 절대적 가치(economic value)를 측정한 후, 그 값의 차이에 의해 대안들의 경제성을 평가하는 기법을 뜻한다. 즉, 'A 대안으로부터 얻을 수 있는 수익이 1억 원인 데 비해 B 대안으로부터 얻을 수 있는 수익은 8,000만 원, C 대안으로부터 얻을 수 있는 수익은 6,000만 원이므로 A 대안이 가장 좋다'라는 식으로 절대적인 금액의 차이로 대안의 우열을 판단하는 것이다. 경제적 가치는 화폐가치(monetary value)로 표현된다. 하지만 화폐가치에 기초한 지표의 형태로 나타낼 수도 있다.

이 모형의 장단점은 상대적 순위 모형의 반대라고 생각하면 된다. 즉, 이 모형의 장점은 절대적인 가치, 즉 화폐가치로 표현되기 때문에 그 의미가 분명하고 또 대안들 간의 차이도 명확하게 알 수 있다는 점이다. 하지만 가장 큰 단점은, 가치를 측정하기 위해서는 현금의 흐름에 대한 정보가 필요한데, 이 값을 정확히 추정하기 어렵다는 점이다. 이 모형에 속하는 대표적인 기법들로는 불확실성 의사결정 모형(decision making under uncertainty), 위험분석 모형(risk analysis model), 의사결정 나무 모형(decision tree model), 자본예산 모형(capital budgeting model), 비용―효익 분석 모형(cost-benefit analysis model) 등을 들 수 있다.

어느 경우에 상대적 순위 모형을 쓰고 어떤 상황에서 경제적 가치 모형을 사용할 것인가? 이 질문에 대한 답은 한마디로 '미래에 들어가고 나오는 돈의 흐름을 어느 정도 정확하게 추정할 수 있는가?'에 달려 있다. 만일 앞으로 들어가는 비용과 나오는 수익의 크기를 지금 시점에서 알기 어렵다면 상대적 순위 모형으로 평가하는 것이 적합하다. 반대로 미래의 비용과 수익, 즉 현금의 흐름을 비교적 정확하게 추정할 수 있다면 경제적 가치 모형을 쓰는 것이 바람직하다. 이러한 기준을 바탕으로, 먼저 상대적 순위 모형에 속하는 기법들을 알아보고, 이어서 경제적 가치 모형에 속하는 기법들을 살펴보기로 하자.

2. 상대적 순위 모형

◈ 프로파일 모형

프로파일 모형(profile model)은 먼저 중요한 평가항목을 설정한 후, 각 항목의 평가 결과를 직관적인 도형으로 표시하는 방법이다. 우리가 어느 개인의 특성을 정리한 프로파일이나 이력서를 보고 그 사람의 됨됨이를 평가할 수 있듯이, 각 대안의 좋고 나쁨도 한 눈에 드러나는 프로파일을 보고 대충 평가할 수 있다는 것이다. 이 경우 프로파일을 보여 주는 도형의 형태는 여러 가지로 제시될 수 있다. 가장 대표적인 도형으로는 차트(chart) 방식과 방사형(radial) 방식을 들 수 있다. 실제로 프로파일 모형은 경영자용 보고서라든가 일반인들을 위한 보도자료 같은 데서 자주 접할 수 있다.

간단한 예로 X, Y의 두 프로젝트에 대해 경제성을 평가하는 경우를 생각해 보자. 그림 7-1에 나타난 것처럼, 차트 방식은 왼편에 평가항목을, 오른편에 평가결과를 배치한 차트 모양으로 표현된다. X, Y 각각의 프로젝트에 대해 각 평가항목별로 적합한 값에 점을 찍은 후 점들을 연결하면, 실선과 점선의 두 개의 선으로 표현될 수 있다. 다음으로 두 선의 위치가 어떻게 배치되어 있는가를 보고, 상대적인 경제성의 우열을 평가할 수 있다.

그림 7-2에 나타난 것처럼, 방사형 방식은 원형의 바퀴 모양에 바깥에는 평가항목을 배치한 후 각 대안의 평가 결과를 원형 안쪽의 적합한 위치의 점에 찍고 그 점들을 연결한 선으로 표시한다. 차트 방식과 마찬가지로 선이 안쪽에 위치하는지 아니면 바깥쪽에 위치하는지에 따라 경제성의 상대적 우열을 판정할 수 있다.

차트 방식이든 방사형 방식이든 주의할 점은 평가항목별 우열의 일관성(consistency)을 유지하는 것이다. 예를 들어, 차트 방식이라면 항목의 단위에 상관없이 좋은 것은 항상 오른쪽(왼쪽)에 그리고 나쁜 것은 항상 왼쪽(오른쪽)에 배치하고, 방사형 방식이라면 좋은 것은 항상 바깥쪽(안쪽)에 그리고 나쁜 것은 안쪽(바깥쪽)에 배치하는 식의 일관성을 유지해야 한다.

프로파일 모형의 가장 큰 문제점은 대안들 간의 우열을 쉽게 판단하기 어려운 경우가 많다

안정성 요인

1. 시장환경의 안정성
2. 고객구성의 안정성
3. 경기변화의 안정성
4. 원자재확보의 안정성
5. 시장범위와 크기의 안정성
6. 대체/모방에 대한 안정성

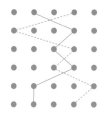

성장성 요인

1. 수요의 잠재적 성장성
2. 내수시자의 성장성
3. 수출시장의 가능성
4. 제품/공정의 혁신성
5. 거시적 경제성장률

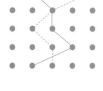

기술성 요인

1. 기술수명 단계
2. 기술권리의 독점성
3. 기술의 완성도
4. 기술의 신뢰도

주 : X 프로젝트 ――――
　　 Y 프로젝트 -------

❀ 그림 7-1　**차트(chart) 방식의 예**

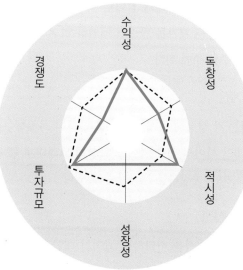

주 : X 프로젝트 ――――
　　 Y 프로젝트 -------

❀ 그림 7-2　**방사형(radial) 방식의 예**

는 점이다. 예를 들어, 하나의 대안이 다른 대안과 비교하여 어느 평가항목에서는 좋고 다른 평가항목에서는 나쁠 경우, 최종적인 우열을 가리기가 쉽지 않을 수 있다. 또 다른 단점은 여러 개의 대안을 비교하는 경우에 하나의 도형 안에 모든 대안들을 다 표현하기 어렵다는 점이다. 대안의 수가 크게 늘어나면 시각적 효과가 급속도로 낮아질 위험이 높다.

🔷 점수 모형

점수 모형(scoring model)은 말 그대로 각 대안의 경제성을 점수(score)로 측정하여, 그 점수의 크기에 의해 우열을 결정하는 방식이다. 좀 더 구체적으로 설명하면 평가과정은 크게 다음의 네 단계로 이루어진다.

● 1단계 : 평가항목의 설정과 항목별 배점

첫 번째 단계에서는 우선 평가항목을 설정하고 각 항목에 대해 적절한 점수를 배점한다. 이때 상대적으로 더 중요한 항목에는 더 큰 점수를 배점하고 덜 중요한 항목에는 작은 점수를 배점한다.

● 2단계 : 실제 평가

두 번째 단계에서는 각 대안에 대해 실제로 점수를 매긴다. 당연한 말이지만 어느 대안이 주어진 평가항목에 대해 좋은 평가를 받으면 배점한 범위 내에서 높은 점수를 주게 되고 나쁜 평가를 받으면 낮은 점수를 주게 된다.

● 3단계 : 최종점수 계산

세 번째 단계에서는 각 항목에 주어진 점수를 합하여 최종점수를 계산한다. 실무에서 거의 사용되지는 않지만 대안 사이의 점수 차이를 확실히 드러내게 할 필요가 있을 때는 항목별 점수를 합하지 않고 곱하여 최종점수를 계산할 수도 있다.

● 4단계 : 최적 대안의 선정

네 번째 단계에서는 경제성을 비교하여 최적의 대안을 선정한다. 물론 최선의 대안은 곧 최종점수가 가장 높은 대안을 의미한다.

실제로 점수 모형은 현장에서 가장 폭넓게 사용되는 방법이다. 이 모형의 가장 큰 장점은 비교적 이해하기 쉬우면서도, 프로파일 모형과 비교하여 더 다양한 평가항목들을 고려할 수 있다는 점이다. 또한 점수를 도출하는 기준을 신축적으로 조정할 수 있다는 사실도 장점이다. 특히, 대안들의 현금 흐름을 예측하기 어려운 경우에는 바람직한 선택이 될 수 있다.

그러나 점수 모형의 가장 큰 단점은, 평가자의 주관적인 판단에 따라 상대적인 순위만을 제시하기 때문에 대안들의 실질적인 경제성이 어느 정도인지를 파악하기 어렵다는 점이다. 예를 들어, A 대안의 최종점수가 85점이고 B 대안의 최종점수가 80점이라고 하자. 그러면 A 대안이 B 대안보다 상대적으로 더 좋다는 것은 알 수 있지만, 실제로 얼마나 더 많은 수익을 얻을 수 있다는 것인지를, 또는 얼마나 수익성이 더 높다는 것인지는 알 수 없다. 또 대안들 간의 점수 차이가 미세할 경우에는 최종적인 결정을 내리기가 쉽지 않은 문제도 종종 발생한다.

(1) 단순 가산방식

점수 모형의 가장 기본적인 형태는 각 평가항목의 평점을 단순히 합계하는 방식, 즉 단순 가산방식이다. 단순 가산방식에서 최종점수를 T로, 각 항목의 점수를 S_i로 하면 최종점수를 도출하는 식은 다음과 같이 표현된다.

$$T = \sum_{i=1}^{n} S_i \quad 단, i : 개별항목의 번호$$

상황에 따라 신축적으로 정할 수는 있지만 점수의 합계, 즉 T 값의 최대치는 100점으로 하는 것이 일반적인 관행이다. 따라서 각 대안이 가질 수 있는 점수의 이론적 한계는 하한값 0점과 상한값 100점이 된다.

단순 가산방식의 설계에서는 다음 두 가지의 가장 중요하면서 어려운 문제가 있다. 첫째는 평가항목이 여러 개 있을 때 항목 간의 계층구조를 정하는 일이다. 평가항목이 많다 보면, 어느 항목은 넓은 의미를 지니는 것인 데 반해 다른 항목은 아주 좁은 의미를 지니는 것일 수 있다. 이런 경우 항목들 간의 위상을 어떻게 정할 것인가 하는 문제가 생기는 것이다. 가장 쉬운 접근은 모든 항목을 동일한 계층(level)에 두고 평가하는 방법이다. 좀 더 정교한 다른 방법은 두 개의 계층으로 나누어 설계하는 접근이다. 즉, 상위계층에 대항목을 설정한 후, 하위계층에 구체적인 소항목들을 배치하는 방식이다. 예를 들어, 표 7-2의 경우를 보자. 여기서는 상위계층에 기술성, 경제성, 환경성의 대항목을 설정한 후, 각각의 대항목에 대해 세 가지씩의 소항목을 설정하고 있다.

둘째는 각 항목의 배점을 정하는 일이다. 가장 단순한 접근은 모든 항목에 동일한 배점을 부여하는 방법이다. 그러나 항목 간 상대적 중요도가 다른 경우에는 더 중요한 항목에 대해서는 높은 점수를, 덜 중요한 항목에 대해서는 낮은 점수를 부여하는 방식이 바람직하다. 예를 들어, 표 7-2의 경우에, 대항목 자체도 배점의 차이가 있고(기술성은 35점인 데 반해 환경성은 30점), 소항목 간에도 배점의 차이가 있음(완성도 및 신뢰도는 15점인 데 반해 독창성 및 권리성은 10점)을 알 수 있다.

표 7-2 단순 가산방식의 예

대항목	소항목	배점	평점(S)
기술성	완성도 및 신뢰도	15	
	기술수명주기	10	
	독창성 및 권리성	10	
	소계	35	
경제성	시장성 및 성장성	15	
	가격/품질 경쟁력	10	
	타 제품/기술 응용 가능성	10	
	소계	35	
환경성	대내외 경쟁 환경	10	
	상업화 외부조건	10	
	기술 인프라 환경	10	
	소계	30	
총계(T)		100	

(2) 가중치 가산방식

가중치 가산방식은 단순 가산방식과 기본적인 원리나 기준은 동일하지만, 평가항목의 중요도에 따라 가중치(weight)를 부여한다는 차이가 있다. 여기서 가중치는 각 평가항목의 상대적 중요도를 반영한다. 최종점수를 T로, 각 항목의 점수를 S_i로, 각 항목의 중요도를 나타내는 가중치를 W_i로 하면 최종점수를 도출하는 식은 다음과 같이 표현된다.

$$T = \sum_{i=1}^{n} W_i \cdot S_i \quad \text{단, } i : \text{개별항목의 번호}$$

표 7-3의 예에서 알 수 있는 것처럼, 가중치 가산방식은 평가항목의 배점은 모두 동일하게 설정한 후, 상대적 중요도에 따라 가중치를 조정하여 평가의 신축성을 높인다. 예를 들어, 기술수명주기의 경우 배점이 10점이고 가중치가 1.5이므로 이 항목에서 얻을 수 있는 최대점수는 15점이 된다. 그러나 독창성 및 권리성의 경우 가중치가 1.0이므로 최대점수는 10점으로 제한된다. 물론 단순 가산방식에서도 처음부터 항목의 배점을 다르게 설정할 수 있다. 그러나 가중치를 조정하는 방식을 사용하면 평가과정과 절차의 유연성을 높일 수 있다는 장점이 있다.

표 7-3 가중치 가산방식의 예

대항목	소항목	배점	평점(S)	가중치(W)	가중평점 (W · S)
기술성	완성도 및 신뢰도	10		1.5	
	기술수명주기	10		1.0	
	독창성 및 권리성	10		1.0	
	소계				35
경제성	시장성 및 성장성	10		1.5	
	가격/품질 경쟁력	10		1.0	
	타제품/기술 응용 가능성	10		1.0	
	소계				35
환경성	대내외 경쟁 환경	10		1.0	
	상업화 외부조건	10		1.0	
	기술 인프라 환경	10		1.0	
	소계				30
총계(T)					100

계층분석과정 모형

평가항목이 여러 개이고 항목들이 서로 이질적인 성격을 보이는 경제성 평가 문제를 흔히 다기준 의사결정(Multi-Criteria Decision-Making : MCDM) 문제라고 부른다. 사실 위에서 설명한 점수 모형도 넓게 보면 MCDM 문제의 하나라고 할 수 있다. 계층분석과정(Analytic Hierarchy Process : AHP) 모형은 다기준 의사결정 문제에 자주 사용되는 기법이다(Saaty, 1980). 내용을 이해하기 쉽지 않은 단점이 있지만 아주 유용한 기법이기 때문에 자세히 다루기로 한다.

(1) 핵심 개념

AHP의 핵심 개념은 다음 세 가지의 원리에 기초한다. 첫째, 전체의 평가과정을 몇 개의 계층(hierarchy)으로 나누는 것이다. 평가 문제가 크고 평가 기준이 많다 보면 한꺼번에 모든 항목을 놓고 평가하기가 쉽지 않다. 이런 문제를 해결하기 위해서 전체 문제를 여러 개의 계층으로 분해하여, 큰 문제를 위에 두고 이어서 그것에 속해 있는 작은 문제를 아래에 두는 Top-down 식으로 설계를 한 후, 아래 계층에서부터 평가하고 그 결과를 위 계층의 평가에 반영하는 bottom-up 식으로 평가하자는 아이디어이다. 둘째, 쌍대비교(pair-wise comparison)를 하는 것이다. 평가 기준과 대상이 많다 보면 어느 것이 더 중요하고 어느 것이 덜 중요한지를 판단하기가 쉽지 않다. 이 경우에는 여러 개를 동시에 비교하지 말고, 두 개씩 따로 떼어 쌍(pair)으로 비교하면 더 정확하게 판정할 수 있다는 아이디어이다. 셋째, 상대적 중요도의 값으로 평가를 하는 것이다. 즉, 중요도 값의 합(sum)을 1.0으로 설정한 후, 평가대상의 중요도 차이에 따라 1.0의 값을 적절히 배분하는 방식이다. 따라서 배분된 중요도 값이 가장 큰 대안이 가장 경제성이 높은 대안이 된다.

(2) 수행 절차

위의 핵심 아이디어를 바탕으로, AHP를 수행하는 구체적 절차를 알아보자. AHP는 그림 7-3에 정리되어 있는 것처럼, 크게 아래의 5단계로 이루어진다.

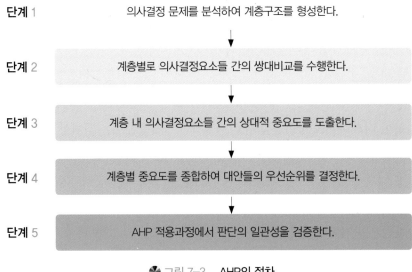

단계 1   의사결정 문제를 분석하여 계층구조를 형성한다.

단계 2   계층별로 의사결정요소들 간의 쌍대비교를 수행한다.

단계 3   계층 내 의사결정요소들 간의 상대적 중요도를 도출한다.

단계 4   계층별 중요도를 종합하여 대안들의 우선순위를 결정한다.

단계 5   AHP 적용과정에서 판단의 일관성을 검증한다.

❋ 그림 7-3 **AHP의 절차**

1단계 : 계층구조의 구성

앞에서 언급한 것처럼, AHP에서는 복잡하고 규모가 큰 평가 문제를 몇 개의 계층으로 나누어 계층마다 따로 의사결정을 하되, 각 계층의 의사결정이 전체적으로 연결되게 만드는 데 있다. 따라서 계층구조(hierarchy structure)의 구성은 AHP의 출발점이자 근간이 된다.

먼저 계층구조의 최상위 레벨은 하나의 요소로 구성된다. 여기에는 보통 의사결정의 최종적인 목표를 배치한다. 그다음의 하위 레벨은 인접한 상위 레벨의 목표를 달성하기 위한 구체적인 세부기준들을 나타낸다. 마지막의 최하위 레벨에는 비교하려고 하는 대안들을 배치한다. 이때 레벨의 수는 문제의 규모와 복잡도에 의해 결정된다. 레벨의 수가 늘어날수록 문제가 어려워지며 분석에 걸리는 시간도 늘어나므로, 적절한 레벨의 수를 결정하는 것도 중요한 의사결정의 하나가 된다.

계층구조의 구성을 하나의 예를 이용하여 알아보자. 그림 7-4에는 기업성장이라는 목적을 달성하기 위해 제안된 A, B, C 세 개의 R&D 프로젝트의 경제성을 6가지의 기준으로 평가하는 문제의 AHP 계층구조가 제시되어 있다. 설명의 편의를 위해 계층구조는 3개의 수준으로 단순화시켰다. 먼저, 가장 상위의 계층 1에는 궁극적인 목표인 '기업성장'이 배치되어 있다. 이어지는 계층 2에는, '성장잠재력'에서 '개발기간'까지로 구성되는 평가의 기준들이 나열되어 있다. 마지막으로, 가장 하위의 계층 3에는 3개의 '대안' A, B, C가 표시되어 있다.

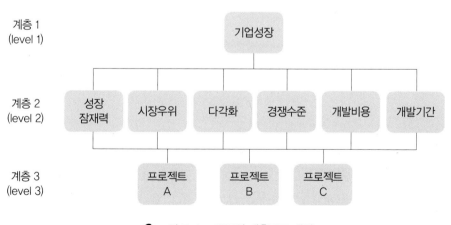

✿ 그림 7-4 　AHP의 계층구조 예시

2단계 : 계층 내 쌍대비교

다음은 각 계층별로 제시된 의사결정요소들의 상대적 중요도를 평가하는 순서이다. 이 단계에서는 요소들 간의 쌍대비교(pair-wise comparison)를 수행하게 된다. 즉, 평가요소들이 많을 때 한꺼번에 중요도를 비교하지 말고 두 개씩을 쌍(pair)으로 비교하여 상대적 선호도를 평가하는 것이다. 앞에서 이미 설명한 것처럼, 쌍대비교를 수행하는 이유는 여러 개의 요소들을 동시에 비교하는 것보다 두 개의 요소에 대해서만 비교하는 것이 더 정확한 판단을 이끌어 낼 수 있기 때문이다.

그러면 한 쌍(pair) 안에서 두 개의 요소들은 어떻게 비교할 수 있을까? AHP에서는 둘 중에 더 중요한 요소에는 1보다 큰 값을 주고 반대로 덜 중요한 요소에는 1보다 작은 값을 준다. 이 방식을 좀 더 자세히 살펴보자. 일반적으로 쌍대비교치를 나타내기 위해서는, 표 7-4에 제시된 쌍대비교 척도(scale)를 사용한다. 표에서 알 수 있듯이, 요소 A와 B에 대한 쌍대비교치는 두 요소의 중요도가 비슷한 경우의 1부터, A가 B보다 극히 중요한 9까지의 값으로 결정된다. B와 비교한 A의 값이 정해지면, 거꾸로 A와 비교한 B의 값은 자동으로 역수(reciprocal)로 정해진다. 만일 A가 B보다 상당히 중요하여 5라는 값이 주어졌다면 거꾸로 B의 A에 대한 상대적 중요도 값은 1/5이 되는 식이다.

❀ 표 7-4 쌍대비교 척도

중요도	정의
1	A와 B가 비슷함(equal importance)
3	A가 B보다 약간 중요함(moderate importance)
5	A가 B보다 상당히 중요함(strong importance)
7	A가 B보다 매우 중요함(very strong importance)
9	A가 B보다 극히 중요함(extreme importance)
2, 4, 6, 8	위 값들의 중간 값

위에서 사용한 예제에 대해 실제로 쌍대비교치를 도출해 보자. 먼저 계층 1(기업성장)에 대한 계층 2의 6개 요소들을 대상으로 쌍대비교를 수행한다. 예를 들어, '기업의 성장을 위해 성장잠재력이라는 요소는 시장우위라는 요소에 비하여 얼마나 더 중요한가?'라는 질문을 보자. 이 질문에 대해 평가자가 '성장잠재력이 시장우위보다 상당히 중요하다'라고 생각한다면 그 값은 5가 된다. 이러한 방식으로 모든 쌍에 대해 평가를 하게 되면 표 7-4와 같이 쌍대비교 행렬(matrix)을 만들 수 있다.

이 행렬에서는 왼쪽 열(column)에 있는 요소가 위쪽 행(row)에 있는 요소와 비교된다. 우선, 어떤 요소를 그 자체와 비교하는 경우에는 당연히 중요도가 동일하므로 대각선 위의 셀(cell)에는 1을 기입한다. 다음으로 두 요소 간의 쌍대비교를 하여 해당 셀에 비교치를 기입한다. 앞서 '성장잠재력이 시장우위보다 상당히 중요하다'에 대한 5를 표 7-5의 1행 2열에 기입하는 식이다. 이어서 대각(diagonal)에 있는 셀에 대해서는, 앞에서 설명한 것처럼 비교치의 역수를 기입한다. 예를 들면, 2행 1열에는 1/5을 기입한다. 이런 순서로 모든 셀에 값을 기입하면 행렬이 완성되는 것이다.

● 표 7-5   계층 2의 요소 간 쌍대비교 행렬

기업성장	성장 잠재력	시장우위	다각화	경쟁수준	개발비용	개발기간
성장잠재력	1	5	7	6	1/3	1/4
시장우위	1/5	1	5	3	1/5	1/7
다각화	1/7	1/5	1	1/3	1/7	1/8
경쟁수준	1/6	1/3	3	1	1/5	1/6
개발비용	3	5	7	5	1	1/2
개발기간	4	7	8	6	2	1

다음은 같은 방법으로, 계층 2에 대해 계층 3의 쌍대비교를 수행한다. 즉, 계층 2의 6개 요소들에 대해 3개의 대안들을 쌍대비교하는 것이다. 그 결과는 표 7-6에 요약되어 있다.

● 표 7-6   계층 2의 대안 간 쌍대비교 행렬

성장잠재력	A	B	C
A	1	6	4
B	1/6	1	1/3
C	1/4	3	1

시장우위	A	B	C
A	1	1/3	1/2
B	3	1	3
C	2	1/3	1

다각화	A	B	C
A	1	1	1
B	1	1	1
C	1	1	1

경쟁수준	A	B	C
A	1	1/2	1
B	2	1	2
C	1	1/2	1

개발비용	A	B	C
A	1	9	7
B	1/9	1	1/5
C	1/7	5	1

개발기간	A	B	C
A	1	5	1
B	1/5	1	1/5
C	1	5	1

3단계 : 상대적 중요도 계산

다음 단계에서는 앞 단계에서 작성한 쌍대비교 행렬을 이용하여, 각 계층별로 평가기준 간의 상대적 중요도를 계산한다. 바로 앞에서 말한 것처럼, 이 작업은 계층별로 수행한다. 예를 들어, 계층 2에서는 기업성장이라는 상위목표에 대해 6개의 요소(기준)들 간의 상대적 중요도를 계산한다. 즉, 기업성장에 대해 성장잠재력, 시장우위, 개발기간 등의 요소들 가운데 어느요소가 얼마나 더 중요하고 덜 중요한지를 정하는 것이다. 이어서 계층 3에 대해서는, 계층 2의 각 요소에 대해 3개 대안들 간의 상대적 중요도를 계산한다. 예를 들면, 성장잠재력이라는 요소에 대해 A, B, C 세 개의 대안들 가운데 어느 대안이 상대적으로 더 좋은지 아니면 더 못한지를 정하게 되는 것이다.

그러면 상대적 중요도를 어떻게 정할 수 있을까? AHP에서 상대적인 중요도를 구하는 방법은 여러 가지가 있다. 하지만 가장 쉽고 또한 많이 사용되는 것은 산술평균을 이용하는 방법이다. 예를 들어, 성장잠재력의 경우를 보자. 여기서 문제는 A, B, C 세 개의 대안 사이의 상대적 중요도를 정하는 것이다. 표 7-7에서 보면, A는 B, C에 대해 모두 1보다 큰 값을 가지고 있어 이미 가장 중요하다는 것을 알 수 있다. 반대로 B는 A, C와 비교하여 모두 1보다 작은 값을 보이고 있어 이미 가장 덜 중요하다는 것을 알 수 있다. 남은 일은 얼마나 더 중요하고 덜 중요한지를 직관적인 판단이 아니라 정량적인 값으로 정하는 작업이다.

이 작업은 다음의 순서로 진행된다. 먼저 각 열에 있는 숫자를 더하여 그 합을 계산한다.

표 7-7   **성장잠재력 요소에 대한 열 합계 계산표**

성장잠재력	A	B	C
A	1	6	4
B	1/6	1	1/3
C	1/4	3	1
열 합계	17/12	10	16/3

표 7-8　성장잠재력 요소에 대한 정규화된 쌍대비교 행렬과 산술평균 계산표

대안	A	B	C	산술평균
A	$1 \div (17/12) = 0.706$	$6 \div 10 = 0.6$	$4 \div (16/3) = 0.750$	0.685
B	$1/6 \div (17/12) = 0.118$	$1 \div 10 = 0.1$	$1/3 \div (16/3) = 0.0625$	0.094
C	$1/4 \div (17/12) = 0.176$	$3 \div 10 = 0.3$	$1 \div (16/3) = 0.1875$	0.221

표 7-7에 열의 합계를 계산한 값이 제시되어 있다. 다음으로, 표 7-8에서 보듯이, 각 셀에 있는 값을 앞에서 계산한 그 열의 합으로 나누어 정규화(normalized)된 행렬을 계산한다. 마지막으로 정규화된 행렬의 각 행에 대해 평균값을 구한다. 예를 들어, 대안 A 행의 평균은 (0.706 + 0.6 + 0.750) ÷ 3이므로 0.685가 된다. 이렇게 계산한 산술평균값 0.685, 0.094, 0.221이 성장잠재력 관점에서 각 대안 A, B, C의 상대적인 중요도를 근사적으로 추정한 값이 된다. 이때 산술평균값, 즉 상대적 중요도를 모두 더하면 1.0이 된다. 이미 예상한 것처럼, 성장잠재력에 관해서는 대안 A의 상대적 중요도가 가장 큰 것으로 평가된다. 반대로 대안 B는 상대적 중요도가 가장 낮은 것으로 나타난다. 이제 동일한 계산과정을 나머지 요소들, 즉 시장우위, 다각화, 경쟁수준, 개발비용, 개발기간에 대해서도 반복한다.

이 계층에서 각 요소에 대한 대안 간의 상대적 중요도를 추정하였으면, 그 다음에는 상위 계층으로 올라가서 같은 작업을 하게 된다. 즉, 기업성장에 대한 6개 요소들 간의 상대적 중요도를 추정해야 하는 것이다. 추정치의 계산방법은 마찬가지로 산술평균을 이용한다. 추정결과를 보면, 개발기간이 0.393으로 가장 높고 다각화가 0.028로 가장 낮은 것으로 나타났다.

4단계 : 대안의 최종적인 우선순위 결정

단계 4에서는, 단계 3에서 구한 요소들 간의 중요도와 각 요소에 대한 대안들 간의 중요도를 이용하여 최종적으로 각 대안의 상대적 중요도를 계산한다. 이 계산은 매트릭스 안에서 행과 열의 곱으로 이루어진다. 행의 개수와 열의 개수가 같은 경우에는 행의 값들과 열의 값들을 순서대로 곱하여 모두 더하면 되는 것이다(이 부분을 처음 접한 독자들은 선형대수의 기초부분을 따로 이해할 필요가 있다). 따라서 특정 대안에 대해, 각 요소의 중요도와 그 요소에 대한 대안의 중요도를 곱한 값을 모두 더하면 그 대안의 최종적인 중요도 값이 도출된다.

표 7-9는 R&D 프로젝트 대안들의 중요도를 계산함으로써, 우선순위를 결정하는 과정을 보여 주고 있다. 예를 들어, 프로젝트 A의 최종적인 중요도는 행의 값들과 열의 값들을 순서대로 곱하여 모두 더한 $0.182 \times 0.685 + 0.083 \times 0.159 + 0.028 \times 0.333 + 0.052 \times 0.250 + 0.262 \times$

🔵 표 7-9 **대안의 최종적인 평가표**

기업성장	성장잠재력 (0.182)	시장우위 (0.083)	다각화 (0.028)	경쟁수준 (0.052)	개발비용 (0.262)	개발기간 (0.393)	중요도
A	0.685	0.159	0.333	0.250	0.750	0.455	0.536
B	0.094	0.589	0.333	0.500	0.060	0.091	0.152
C	0.221	0.252	0.333	0.250	0.190	0.455	0.312

$0.750 + 0.393 \times 0.455 = 0.536$이 된다. 실제로 프로젝트 A는 성장잠재력, 개발비용, 개발기간에서의 장점에 의해 가장 높은 우선순위를 보이는 것을 알 수 있다. 따라서 AHP에 의한 평가에서는 프로젝트 A를 선정하게 된다. 한편, 프로젝트 B는 시장우위와 경쟁심화에서는 상대적으로 우월하나 두 기준이 기업성장을 달성하는 데 크게 중요하지 않은 요소이기 때문에 0.162의 가장 낮은 중요도 값을 보이며 최하의 우선순위를 나타낸다. 여기에서도 당연히 A, B, C의 중요도 값을 더하면 1.0이 된다.

만일 대안이 두 개만 있는 경우에는 어떻게 의사결정을 할 수 있을까? 예를 들어, 새로운 시장에 진출할지(Yes) 하지 않을지(No) 또는 대규모 프로젝트를 수행할지(Yes) 안 할지(No)의 문제가 이 경우에 해당된다. 이때는 중요도 값이 0.5보다 큰지 작은지가 의사결정의 기준이 된다. 왜냐하면 중요도 값의 합은 1.0이기 때문에, 대안이 두 개인 경우에는 한 대안의 중요도 값이 0.5를 넘으면 다른 대안의 중요도 값은 자연스럽게 0.5보다 작아지게 된다. 그러므로 새로운 사업이나 프로젝트 수행 여부에 대한 경제성 평가를 AHP로 할 경우, 중요도 값이 0.5보다 크게 나오면 수행을 하고 0.5보다 작게 나오면 수행을 하지 않게 된다.

3. 경제적 가치 모형

지금까지는 점수나 지수와 같은 상대적 가치로 경제성을 평가하는 방법을 다루었다. 이제부터는 절대적 가치, 즉 화폐단위의 크기로 경제성을 평가하는 기법들에 대해 알아보기로 한다.

◈ 불확실성 분석 모형

화폐단위로 경제성을 평가하기 위해서는 현금의 흐름(cash flow)에 대한 정보가 필요하다. 앞으로 현금이 얼마나 나가고 들어오는지를 알아야 경제성을 평가할 수 있는 것이다. 문제는 미래의 흐름을 우리가 정확하게 알 수 없다는 데 있다. 특히, 들어오고 나가는 현금의 크기는 어느 정도 추정할 수 있는데, 그것이 발생할 확률(probability)을 추정하기는 쉽지 않다.

여기서 위험(risk)과 불확실성(uncertainty)이라는 용어가 등장한다. 의사결정이론에서는, 미래의 현금 흐름에 대한 확률을 알 수 있는 경우를 위험이라고 부르고 알 수 없는 경우를 불확실성이라고 부른다. 따라서 미래의 확률을 추정할 수 없는 상황에서의 평가를 '불확실성하의 의사결정(Decision Making Under Uncertainty : DMUU)'이라고 한다. 이러한 경우는 주로 시장상황이 급변하는 분야나 날씨의 영향이 매우 큰 분야 등에서 일어난다.

불확실성의 상황에서는 확률 개념을 사용할 수 없기 때문에 수리적이고 통계적인 기법을 사용하기 어렵다. 대신, 주로 의사결정자의 심리적 요인과 주관적 기준을 바탕으로 한 직관적 기법들이 사용된다. 즉, 의사결정자(decision maker)가 낙관적(optimistic) 유형인지, 반대로 비관적(pessimistic) 유형인지, 아니면 중간 정도의 신축적(neither optimistic nor pessimistic) 유형인지에 따라 의사결정의 기준과 결과가 달라지는 것이다. 이 문제는 1950년대에 집중적으로 다루어졌고 현재 사용되고 있는 기법들도 대부분 그 당시에 개발된 것들이다. 이 가운데 가장 대표적인 기준을 몇 가지 살펴보자.

불확실성하의 의사결정 문제는 표 7-10의 모양으로 표현할 수 있다. 여기서 A_i는 대안을 가리키고($i = 1, 2, \cdots, n$), S_j는 상황을 의미하며($j = 1, 2, \cdots, m$), R_{ij}는 주어진 상황에서 어느 대안이 얻을 수 있는 수익이나 기회비용을 뜻한다. 즉, 모두 n개의 대안 가운데 하나를 선택하는 문제가 주어졌을 때, m가지의 상황이 발생할 수 있다고 보는 것이다. 상황들의 유형은, 예를 들어 아주 좋은 상황, 좋은 상황, 그저 그런 상황, 나쁜 상황, 아주 나쁜 상황 등으로 나누게

◈ 표 7-10 불확실성하의 의사결정 모형의 기본 구조

	S_1	S_2	...	S_m
A_1	R_{11}	R_{12}		R_{1m}
A_2	R_{21}	R_{22}		R_{2m}
...				
A_n	R_{n1}	R_{n2}		R_{nm}

된다. 당연한 얘기지만, 각각의 대안에 대해, 상황이 바뀌면서 얻을 수 있는 수익의 크기는 달라지게 된다.

(1) 왈드 기준

왈드 기준(Wald criterion)은 의사결정자가 매우 보수적(conservative)이라고 가정한다. 즉, 미래에 대해 비관적인 입장에 있다고 보는 것이다. 비관적인 사람은 먼저 미래에 나쁜 상황이 일어날 것이라고 생각한다. 그 다음에는 나쁜 상황 안에서 그나마 가장 나은 상황을 선택하는 식으로 의사결정을 하게 된다. 그러므로 다음과 같은 절차를 거쳐 의사결정을 하게 된다.

- 먼저 각 대안과 각 상황에 대한 수익을 구하여 행렬표(matrix)를 작성한다.
- 각 대안에 대해 최악의 경우, 즉 수익이 가장 작은 경우(minimum)를 설정한다.
- 다음으로, 수익이 가장 작은 값 중에서 그나마 가장 큰 값(maximum)을 주는 대안을 선택한다.

이 기준을 최대최소(maximin) 기준이라고 한다. 최소 중에서 최대를 택한다는 뜻이다. 만일 의사결정자가 낙관주의자라고 한다면 의사결정의 기준은 반대가 된다. 즉, 각 대안에 대해 최대의 수익을 주는 상황을 고른 후, 최대 가운데 다시 최대를 주는 대안을 선택하는 최대최대(maximax) 기준을 적용하는 것이다.

표 7-11의 간단한 예제를 보자. 여기에서는 비교대상의 대안도 4개가 주어져 있고 일어날 수 있는 상황도 4가지가 주어져 있다. 먼저 첫 번째 대안인 A_1의 경우, 네 개의 상황 가운데 가장 나쁜 상황은 수익이 0인 S_3이다. 따라서 마지막 열에 표시된 최솟값은 0이 된다. 같은 방식으로 각 대안의 최솟값을 계산하여 마지막 열에 기입한다. 이제 최종적인 선택은 마지막 열의 최솟값 가운데 최대가 된다. 따라서 여기서는 A_2가 된다.

❂ 표 7-11 왈드 기준 계산표

	S_1	S_2	S_3	S_4	최솟값
A_1	5,000	7,000	0	3,000	0
A_2	3,000	4,000	1,000	2,000	1,000
A_3	0	12,000	0	0	0
A_4	3,000	9,000	0	0	0

(2) 새비지 기준

새비지 기준(Savage criterion)에서도 의사결정자는 보수적이고 비관적이라고 가정한다. 따라서 의사결정자는 큰 수익을 기대하기보다는 최악의 결과를 피하려는 자세를 가진다. 최악의 결과를 피한다는 말은 곧 잠재적 후회(potential regret)를 최소화한다는 말이다. 후회는 다시 기회손실(opportunity loss)의 개념으로 바꿀 수 있다. 어떤 결정에 대한 기회손실이 크다는 말은 곧 후회를 많이 한다는 뜻이기 때문이다. 어떤 상황이 주어졌을 때 각 대안의 기회손실은 [최선의 선택이 주는 수익] − [해당 대안의 수익]으로 정의된다.

이런 가정과 원리를 바탕으로 다음과 같은 최소최대(minimax) 기준에 의해 의사결정을 한다.

- 각 대안과 각 상황에 대한 기회손실을 구하여 행렬표(matrix)를 작성한다.
- 이 표를 기회손실 행렬표로 전환한다.
- 각 대안에 대해 최악의 경우, 즉 기회손실이 가장 큰 경우(maximum)를 설정한다.
- 다음으로, 기회손실이 가장 큰 값 중에서 그나마 가장 작은 값(minimum)을 주는 대안을 선택한다.

위의 예제를 다시 보자. 여기서 기회비용 행렬은 표 7-12와 같이 만들어진다. 예를 들어, 첫 번째 상황인 S_1이 일어났다고 하자. 이때 가장 좋은 선택은 최대의 수익 5,000을 가져다 주는 A_1이 된다. 하지만 다른 대안을 선택하면 기회손실이 발생한다. A_2의 기회손실은 (5,000-3,000)인 2,000, A_3의 경우는 (5,000-0)인 5,000, A_4의 경우는 (5,000-3,000)인 2,000이 된다. 같은 방식으로 나머지 상황인 S_2, S_3, S_4에 대해서도 행렬 값을 채워 넣을 있다. 그 다음으로, 각 대안들에 대해 가장 나쁜 상황, 즉 기회비용이 가장 큰 상황의 값을 마지막 열에 기입한다. 마지막으로, 기회비용이 그나마 가장 작은 대안을 최종적으로 선택한다. 따라서 이 경우에는 기회손실이 3,000으로 가장 작은 A_4를 선택한다.

🌑 표 7-12 **새비지 기준의 계산표**

	S_1	S_2	S_3	S_4	최댓값
A_1	0	5,000	1,000	0	5,000
A_2	2,000	8,000	0	1,000	8,000
A_3	5,000	0	1,000	3,000	5,000
A_4	2,000	3,000	1,000	3,000	3,000

(3) 후르비츠 기준

후르비츠 기준(Hurwicz criterion)에서는 의사결정자가 지나치게 낙관적이지도 않고 동시에 지나치게 비관적이지도 않다고 가정한다. 따라서 최대최소(maximin) 기준과 최대최대(maximax) 기준을 신축적으로 절충하는 접근을 사용한다. 절충의 방법은 먼저 하나의 계수를 설정한 후, 계수값을 적당히 바꾸어 가면서 낙관과 비관의 정도를 조정하는 식이다. 이 계수가 바로 낙관계수(coefficient of optimism) α 이며 α 는 0과 1 사이의 값을 갖는다($0 \leq \alpha \leq 1$). 여기서, $\alpha = 0$이면 완전히 비관적인 경우를 뜻하고 $\alpha = 1$이면 완전히 낙관적인 경우를 의미한다. 낙관계수인 α 가 정해지면 자동적으로 $1 - \alpha$ 는 비관계수(coefficient of pessimism)가 된다.

일단 α 값이 설정되면, 이어서 각 대안의 가중평균(weighted average) 수익을 계산한다. 가중평균 H는 다음의 식으로 정의된다.

$$H = \alpha \times [max\,R] + (1 - \alpha) \times [min\,R]$$

여기서, $[max\,R]$은 최대수익을 가리키고 $[min\,R]$은 최소수익을 의미한다. 이어서 H, 즉 가중평균 수익이 가장 큰 대안을 선택하게 된다. 당연한 얘기이지만 최종적인 의사결정은 α 값에 따라 달라질 수 있다. 수익의 크기가 동일하더라도 의사결정자의 성향에 따라 대안의 선택이 달라질 수 있는 것이다.

앞의 예를 다시 보자. 그리고 $\alpha = 0.1$로 매우 비관적인 입장에서 의사결정을 하는 경우와 $\alpha = 0.9$로 아주 낙관적 입장에서 의사결정을 하는 두 경우를 비교해 보자. 먼저, $\alpha = 0.1$인 표 7-13을 보자. 여기서 각 대안의 가중평균을 계산한 값이 마지막 열에 표기되어 있다. 이 입장에서는 A_2가 가장 좋은 대안이 된다.

● 표 7-13　$\alpha = 0.1$인 경우의 후르비츠 기준 계산표

	$min\,R$	$max\,R$	$H = \alpha \times [max\,R] + (1 - \alpha) \times [min\,R]$
A_1	0	7,000	700
A_2	1,000	4,000	1,300
A_3	0	12,000	1,200
A_4	0	9,000	900

이어서 $\alpha = 0.9$인 표 7–14를 보자. 여기에도 각 대안의 가중평균을 계산한 값이 마지막 열에 표기되어 있다. 이 입장에서는 A_3가 가장 좋은 대안이 된다. α 값이 어떻게 설정되느냐에 따라, 즉 의사결정자가 어떤 입장을 가지느냐에 따라 결정이 달라질 수 있는 것이다.

표 7–14 $\alpha = 0.9$인 경우의 후르비츠 기준 계산표

	$min\ R$	$max\ R$	$H = \alpha \times [max\ R] + (1-\alpha) \times [min\ R]$
A_1	0	7,000	6,300
A_2	1,000	4,000	3,700
A_3	0	12,000	10,800
A_4	0	9,000	8,100

(4) 라플라스 기준

라플라스 기준(Laplace criterion)은 역사적으로 가장 오래된 의사결정 기준이다. 확률이론에서, 사전에 아무런 정보가 주어지지 않는 이른바 불충분조건(insufficient reason)하에서 의사결정자가 내리는 가장 합리적인 가정은 모든 상황이 일어날 확률이 동일하다고 보는 것이다. 즉, n 개의 상황이 일어날 수 있다면, 각 상황이 일어날 확률을 $1/n$로 설정하는 것이다. 확률이 주어진다는 점에서, 이 기준은 불확실성하의 의사결정보다는 곧 이어서 살펴볼 위험하의 의사결정에 더 가깝다고 할 수 있다.

이 기준의 의사결정 원리는 매우 간단하고 분명하다. 확률이론에서, 각각의 사건에서 일어나는 값을 확률변수 X_i로 하고 그 값이 나올 확률을 P_i라고 하면, 확률변수의 기댓값은 흔히 $E(X)$로 표시하며, 다음의 식으로 얻을 수 있다.

$$E(X) = P_1 X_1 + P_2 X_2 + \cdots + P_n X_n$$

위의 식을 사용하면, 각 대안의 기대수익(expected revenue)을 쉽게 계산할 수 있다. 최종적인 의사결정은, 여러 대안 가운데 기대수익이 가장 큰 대안을 선택하면 되는 것이다. 앞의 예제로 돌아가보자. 표 7–15에 각 대안의 기댓값이 마지막 열에 표기되어 있다. 따라서 라플라스 기준에 의하면, 기댓값이 가장 큰 A_1을 선택하게 된다.

표 7-15   **라플라스 기준 계산표**

	S_1	S_2	S_3	S_4	기댓값
A_1	5,000	7,000	0	3,000	3,750
A_2	3,000	4,000	1,000	2,000	2,500
A_3	0	12,000	0	0	3,000
A_4	3,000	9,000	0	0	3,000

위험분석 모형

(1) 기본 개념

프로젝트의 경제성을 평가하는 과정에서 또 하나 중요한 요인 중의 하나가 위험(risk)이다. 이미 앞에서 언급한 것처럼, 경제성 평가에서 불확실성과 위험의 차이는 어떤 상황이 일어날 확률(probability)이 주어지느냐 아니냐에 달려 있다. 확률의 추정이 불가능하면 불확실성하의 의사결정 문제가 되고 추정이 가능하면 위험하의 의사결정 문제가 된다.

위험분석 모형은 통계학의 기본적인 확률이론을 토대로 한다. 확률이론에서는 미래의 어떤 사건이 가질 수 있는 값을 확률변수(random variable)라고 하고, 확률변수가 어떤 값을 가질 수 있는 가능성을 확률이라고 한다. 즉, 확률변수가 가질 수 있는 값 하나하나에는 거기에 대응하는 확률이 정해지는 것이다. 이때 기댓값(expected value)은 확률변수가 가질 수 있는 값의 중간 정도인 평균을 가리키고 분산(variance)이나 표준편차(standard deviation)는 확률변수가 가질 수 있는 값이 얼마나 흩어져 있는가를 보여 준다.

이 개념을 경제성 평가 문제에 적용해 보면, 확률변수의 값은 미래의 현금흐름을 표시하는 값이 되며 확률은 각각의 현금흐름이 발생할 가능성을 뜻한다. 따라서 미래에 가질 수 있는 값과 미래에 일어날 확률을 알 수 있다면, 현금흐름의 기댓값과 분산 및 표준편차를 바탕으로 경제성을 평가하는 것이 가능하다. 즉, 미래에 얻을 수 있는 수익의 크기를 뜻하는 기댓값은 클수록 좋고, 위험을 가리키는 표준편차(분산)는 작을수록 좋다는 아이디어로 경제성을 평가하는 것이다.

먼저 기댓값은 확률변수의 평균을 의미한다. 즉, 확률변수가 가질 수 있는 다양한 값과 그 확률을 고려하였을 때, 평균적으로 확률변수가 어느 정도의 값을 가질 것으로 기대되는가를 나타낸다고 할 수 있다. 수익률의 기댓값을 기대수익률(expected return)이라고 한다. 이미 앞의 라플라스 기준에서 설명한 것처럼, 확률변수 X의 기댓값은 $E(X)$로 표시하며, 아래 식과 같이 미래에 확률변수가 가질 수 있는 값(X)과 그 상태가 발생할 확률(P)을 곱한 것을 더함으로써 얻어진다.

$$E(X) = P_1 X_1 + P_2 X_2 + \cdots + P_n X_n$$

한편, 분산이란 확률변수가 가질 수 있는 값의 변동 정도를 의미한다. 즉, 평균값을 기준으로, 확률변수가 평균적으로 얼마나 퍼져 있는가를 나타낸다. 따라서, 수익률의 분산은 그 사업의 위험 정도를 의미한다고 할 수 있다. 일반적으로, 확률변수 X의 분산은 $Var(X)$ 또는 s_x^2로 표시하며, 다음 식과 같이 미래에 확률변수가 가질 수 있는 값과 기댓값의 차이(편차)를 제곱하여 미래 상태가 발생할 확률과 곱한 후 모두 더함으로써 얻어진다.

확률변수 X의 표준편차는 $SD(X)$ 또는 s_x로 표시하며 다음과 같이 정의된다.

$$Var(X) = s_x^2 = P_1 [X_1 - E(X)]^2 + P_2 [X_2 - E(X)]^2 + \cdots + P_n [X_n - E(X)]^2$$

$$SD(X) = s_x = \sqrt{Var(X)}$$

(2) 평가기준

보다 구체적으로 설명하면, 위험분석 모형은 다음 두 단계를 거쳐 프로젝트의 경제성을 평가한다.

- 1단계 : 먼저 프로젝트의 경제성을 기대수익의 크기로 평가한다.
  - 수익의 크기가 다를 것으로 예상되는 여러 가지의 경우를 가정하고, 각 경우가 일어날 확률에 각 경우의 예상수익을 곱한 값을 합계한 결과를 기대수익(Expected Profit : EP)으로 한다.
  - 기대수익이 최대인 프로젝트를 선정한다.

- 2단계 : 다음으로는 기대수익에 따른 위험도를 고려하여 평가한다.
  - 예상되는 여러 경우의 분포 모양은 표준편차로 측정할 수 있다.
  - 만일 프로젝트의 위험도(표준편차)에 큰 차이가 있다면, 기대수익과 위험도를 동시에 고려하여 평가한다.

(3) 예시

표 7-16에 제시된 예를 보자. 프로젝트 1과 2는 각각 실패, 보통, 성공의 세 가지 경우가 일어날 수 있으며, 각 경우가 일어날 확률과 예상수익이 표와 같이 예측되어 있다. 프로젝트 1은 예상수익의 편차가 작은 반면, 프로젝트 2의 편차는 상대적으로 매우 크다.

● 표 7-16　　**프로젝트의 발생 가능한 경우와 관련 정보**　　　　　　　　(단위 : 백만 원)

프로젝트	결과	확률	예상수익	기대수익
1	실패	0.2	480	96
	보통	0.6	600	360
	성공	0.2	720	144
2	실패	0.2	0	0
	보통	0.6	600	360
	성공	0.2	1,200	240

먼저 두 프로젝트의 기대수익(EP)을 계산하여 보자.

- 프로젝트 1의 기대수익

  EP(프로젝트 1) = 480(0.2) + 600(0.6) + 720(0.2) = 600

- 프로젝트 2의 기대수익

  EP(프로젝트 2) = 0(0.2) + 600,000(0.6) + 1,200,000(0.2) = 600

이 경우 두 프로젝트의 기대수익은 동일하고, 따라서 기대수익의 극대화 기준(maximum expected profit criterion)에 의하면 어느 프로젝트를 선택하든 차이가 없다.

그러나 표준편차로 표현되는 위험도를 고려하면 평가는 달라질 수 있다. 각 프로젝트의 표준편차(SD)를 계산하면 다음과 같다.

- 프로젝트 1의 위험도

  SD(프로젝트 1) = $\sqrt{480^2 \times 0.2 + 600^2 \times 0.6 + 720^2 \times 0.2 - 600^2} = 75.9$

- 프로젝트 2의 위험도

  SD(프로젝트 2) = $\sqrt{0^2 \times 0.2 + 600^2 \times 0.6 + 1200^2 \times 0.2 - 600^2} = 379.5$

일반적인 경우는, 기대수익이 같을 경우 당연히 위험도가 낮은 프로젝트를 선호하기 때문에 이 경우에는 프로젝트 1을 선택하게 된다.

(4) 분산계수

만일 기대수익과 위험도의 선호도가 엇갈리게 되면 어떻게 할 것인가? 예를 들어, 하나의 프로젝트가 다른 프로젝트와 비교하여, 기대수익은 크지만 동시에 위험도도 높은 경우에는 과연 어느 프로젝트를 선택하여야 하는가?

이 경우의 의사결정은 간단치 않다. 왜냐하면 사람에 따라 기대수익과 위험도를 받아들이는 효용의 크기가 서로 다르기 때문이다. 대개 사람들은 투자에 대해 대단히 보수적인 위험회피형, 중간 정도인 위험중립형, 그리고 위험을 감수하면서 큰 수익을 좋아하는 위험선호형의 세 가지 유형으로 나뉘는데, 그 사람이 어느 유형인가에 따라 기대수익과 위험도의 차이를 받아들이는 태도가 다르다. 따라서 의사결정은 다분히 개인의 주관적 판단과 선호도에 의존하게 된다.

이런 문제를 어느 정도 해소하기 위해 객관적인 지표로 도입된 것이 분산계수(Coefficient of Variance : CV)이다. 분산계수는 다음의 식으로 표현된다.

$$CV = SD / EP$$

분산계수를 이용한 의사결정의 기준은 어떻게 될까? 분산계수 값이 작을수록 기대수익이 큰 반면 위험도는 낮으므로, 그 프로젝트의 경제성은 높은 것으로 평가된다. 따라서 기대수익과 분산의 선호도가 서로 엇갈릴 경우라면, 분산계수라는 상대적 비율을 토대로 경제성을 비교할 수 있다.

🔷 의사결정 나무 모형

(1) 기본 개념

프로젝트의 규모가 크고 성격이 복잡한 경우, 구조적이고 체계적인 접근을 위해 의사결정 나무(Decision Tree : DT) 모형을 도입하기도 한다. 의사결정 나무는 프로젝트의 수행과정을 크

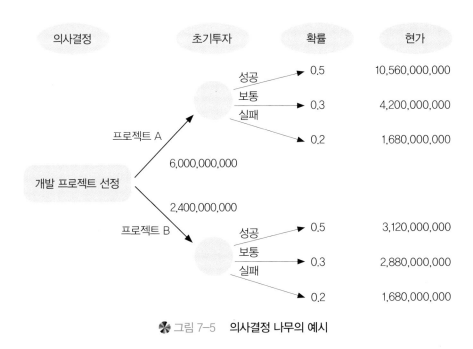

의사결정   초기투자   확률   현가

성공   ▶ 0.5   10,560,000,000

보통   ▶ 0.3   4,200,000,000

실패

▶ 0.2   1,680,000,000

프로젝트 A

6,000,000,000

개발 프로젝트 선정

2,400,000,000

프로젝트 B

성공   ▶ 0.5   3,120,000,000

보통   ▶ 0.3   2,880,000,000

실패

▶ 0.2   1,680,000,000

✿ 그림 7-5   의사결정 나무의 예시

게 의사결정 마디(decision node)와 상황발생 마디(chance node)로 나누어 설명하는 그림을 말한다.

그림 7-5는 의사결정 나무의 예시적 형태를 보여 준다. 이 그림에서 사각형으로 나타난 것이 의사결정 마디이다. 이 마디에서는 두 개의 프로젝트 가운데 어느 것을 선택할 것인지를 결정한다. 화살표 위에는 각 프로젝트에 소요되는 초기투자 금액을 기입한다. 다음에 원으로 나타난 것이 상황발생 마디이다. 이 마디에서는 선택한 프로젝트가 실패, 보통, 성공이라는 세 가지 상황 가운데 어느 것인지를 알려준다. 각 가지의 끝에는 상황에 일어날 확률과 현재가치로 환산한 예상수익을 기입한다.

나무 형태로 프로젝트의 구조를 보여 주면 의사결정과정을 훨씬 명확하게 이해할 수 있고 분석도 용이해진다. 특히, 의사결정 나무가 유용한 경우는 프로젝트가 복잡하여 여러 개의 의사결정 마디와 상황발생 마디가 있는 '다단계 의사결정(multi-stage decision making)' 문제를 다룰 때이다. 복잡한 다단계 문제는 의사결정 나무로 도시하면 훨씬 명확하고 용이하게 분석할 수 있다.

(2) 사례

그림 7-5에 제시된 간단한 예를 좀 더 자세히 살펴보자. 나무 모형에서 프로젝트의 경제성

을 평가하는 과정과 방법은, 앞의 위험분석 모형과 마찬가지로 각 프로젝트의 최종적인 기대수익을 비교하여 결정하게 된다. 먼저 프로젝트 A를 생각해 보자. 각 경우가 발생할 확률에 그 경우에서 생기는 수익을 곱하면 그 경우의 기대수익을 계산할 수 있다. 이어서 기대수익의 크기를 할인하여 현재가치, 즉 현가(PV)로 바꾸어 준다. 다음으로 모든 경우의 기대수익의 현재가치를 합하면 프로젝트 전체의 현재가치를 계산할 수 있다. 마지막으로 수익의 현재가치에서 초기투자를 빼주면 최종수익을 계산할 수 있다. 같은 계산방법과 절차로 프로젝트 B의 최종수익도 계산한다. 그리고 두 프로젝트의 최종수익을 비교하여 더 좋은 프로젝트를 선정하게 된다.

🔷 자본예산 모형

(1) 기본 개념

평가대상 과제가 연구개발과 시험평가를 거쳐 상업화 단계에 있거나, 경제적 효과를 비교적 분명히 예측할 수 있는 투자 문제를 다룬다거나, 외부에서 이미 만들어진 새로운 설비를 도입하는 경우 등이라면 미래의 현금 흐름을 어느 정도 정확하게 예측할 수 있다. 즉, 언제 어느 정도의 비용이 들어가고 또 언제 어느 정도의 수익이 발생할지를 미리 예상할 수 있는 것이다.

이런 경우라면 경제성 평가를 위해 자본예산 모형(capital budgeting model)을 사용하는 것이 적합하다. 이 모형의 기본 아이디어는 매우 간단하다. 어느 투자 대안에 관한 현금의 흐름, 즉 투자에 들어가는 비용의 합과 투자로부터 얻을 수 있는 수익의 합을 비교하여 만일 수익의 합이 비용의 합보다 크다면 그 대안은 경제성이 있다고 본다. 이 아이디어를 좀 더 확대하여 여러 개 대안의 경제성을 비교하는 문제에 적용하면, 여러 대안 가운데 얻을 수 있는 수익의 합에서 들어가는 비용의 합을 뺀 차이가 가장 큰 대안을 선택하게 된다. 자본예산 모형은 경제성평가 문제에서 가장 폭넓게 사용되는 기법이기 때문에 반드시 이해하고 넘어가야 한다.

자본예산 모형이라는 이름을 붙인 이유는, 경제성 평가의 목적이 한정된 자본을 적절히 배분하는 '예산'의 수립에 있기 때문이다. 즉, 예산의 편성과정에서, 경제성 평가를 바탕으로 여러 대안 가운데 어느 대안에 자본을 투입할지를 선택하거나, 어떤 대안에 대해 자본을 투입할지 말지를 결정하는 의사결정 기준으로 사용된다는 것이다.

자본예산 모형에서 사용할 수 있는 구체적인 기법들은 여러 가지가 있지만 가장 대표적인 기법으로는 회수기간법, 순현가법, 내부수익률법을 들 수 있다.

(2) 회수기간법

회수기간법(Payback Period : PBP)은 자본예산 기법 가운데 가장 단순한 기준이다. 이 기법은 초기의 투자를 회수(payback)하는 데 걸리는 시간을 평가의 기준으로 한다. 따라서 회수기간이 짧을수록 바람직한 대안이 된다. 먼 미래에 무슨 일이 일어날지는 알 수 없는 일이기 때문에 우선은 투자한 돈을 빨리 회수하는 것이 경제성을 결정하는 기준이라고 보는 것이다.

먼저 표 7-17의 예제를 보자. A, B, C, D 네 가지의 대안이 있다. 표 안의 음(-)의 값은 돈이 나가는, 즉 유출(outflow)을 가리키고 양의 값은 돈이 들어오는, 즉 유입(inflow)을 뜻한다. 각 대안의 수행을 위해 초기에 투자해야 하는 비용, 즉 돈이 나가는 유출은 1,500만 원으로 동일하다. 그러나 투자의 성과로 나타날 앞으로 5년 간의 수익, 즉 돈의 유입은 서로 다르다.

표 7-17   A, B, C, D 대안의 초기투자와 향후 수익의 흐름

연도	A	B	C	D
0	-1,500	-1,500	-1,500	-1,500
1	200	0	150	300
2	1,300	0	300	450
3	500	500	450	750
4	100	1,000	600	750
5	100	2,000	1,875	900

위 대안들의 경제성을 회수기간법으로 평가하여 보자. 표 7-18에서 알 수 있듯이, 1,500만 원의 초기투자를 회수하는 데 걸리는 시간에 차이가 있으며, 이 예제에서는 대안 A의 회수기간이 2년으로 가장 빠르므로 가장 바람직한 대안이 된다.

표 7-18   회수기간법에 의한 경제성 비교

대안	A	B	C	D
회수기간(년)	2	4	4	3

회수기간법의 가장 큰 장점은 이해하고 사용하기 쉽다는 점이다. 또한 오늘날과 같이 외부환경의 불확실성이 높고 기술진보가 급속한 상황에서는, 투자한 돈을 얼마나 빨리 회수할 수

있느냐 하는 문제가 경제성 평가의 중요한 기준이 될 수 있다. 따라서 회수기간법은 다른 정교한 기법의 적용에 앞서 경제성 평가의 일차적인 기준으로 자주 사용된다.

그러나 회수기간법은 동시에 몇 가지 단점을 안고 있다. 먼저 이 기법은 회수에 걸리는 시간만을 따질 뿐 그 시간 동안 발생하는 현금 흐름의 내용을 따지지는 않는다. 예를 들어, 똑같이 1억 원을 투자한 두 대안의 회수기간이 3년으로 같더라도, 하나는 1,000만 원, 1,000만 원, 8,000만 원씩 회수하는 것이고 다른 하나는 8,000만 원, 1,000만 원, 1,000만 원씩 회수하는 것이라면 당연히 첫해에 대부분의 투자를 회수할 수 있는 두 번째 대안을 선택할 것이다. 그러나 회수기간만을 본다면 두 대안 간에 선호도의 차이는 없다.

또한 회수기간법은 회수기간 이후의 현금 흐름을 고려하지 못한다. 앞에서 본 예와 같이, 회수기간이 같은 두 대안이 있다고 가정하자. 만일 회수기간 이후의 현금 흐름이 첫 번째 대안은 매년 1,000만 원씩 3년간 지속되고 두 번째 대안은 매년 3,000만 원씩 5년간 지속된다면 두 번째 대안이 더 좋은 것임은 말할 필요도 없다. 그러나 회수기간만을 본다면 역시 두 대안 간에 선호도의 차이는 없게 된다.

(3) 순현가법

순현가법(Net Present Value : NPV)은 자본예산에 의한 경제성 평가기법 가운데에서 가장 폭넓게 사용되는 기법이다. 따라서 모든 공학도는 순현가라는 개념과 순현가법이라는 방법을 반드시 숙지해야 한다.

순현가는 미래의 현금 흐름 가운데 현금유입(inflow)의 현재가치(PV) 합에서 현금유출(outflow)의 현재가치(PV) 합을 뺀 값이다. 순수하게 차이만을 본다는 뜻에서 순현가, 영어로 Net Present Value(NPV)라고 부른다. 현재의 시점을 0으로 하고 미래의 마지막 시점을 n이라고 하면, 순현가의 수식은 다음과 같다.

$$NPV = \sum_{i=0}^{n} PV(\text{inflow}) - \sum_{i=0}^{n} PV(\text{outflow})$$

NPV의 의사결정 기준은 NPV가 클수록 바람직한 대안으로 평가하는 것이다. 즉, 들어오는 돈의 가치에서 나가는 돈의 가치를 뺀 순수 가치의 크기가 가장 큰 대안을 선택한다는 논리이다. 그러나 크기의 비교에 앞서 순현가가 0보다 커야 된다는 기준이 먼저 적용되어야 한다. 만일 순현가가 0보다 작다면, 상대적 순위에 상관없이 절대적인 경제성이 없기 때문이다. 따라서 경제성 평가의 구체적인 절차는 먼저 여러 대안들 가운데 NPV가 0보다 큰 대안만을 골라낸 후, 그 가운데에서 NPV가 가장 큰 대안을 선정하게 된다.

NPV 방법의 실제 적용을 이해하기 위해 앞의 예제에서 대안 C의 경우를 살펴보자. 할인율이 10%로 설정되어 있는 경우, 표 7-19에 정리되어 있는 것처럼 대안 C의 순현가는 796.3으로 계산된다.

표 7-19   대안 C의 순현가 계산표

연도	현금 흐름	현가이자요소	순현가
0	−1,500	1,000	−1,500.0
1	150	0,909	136.4
2	300	0,826	247.8
3	450	0,751	337.9
4	600	0,683	409.8
5	1,875	0,621	1,164.4
합계			796.3

같은 계산법을 대안 A, B, D에 대해서도 적용한 후 순현가가 가장 큰 대안을 선정하면 된다. 실제로 해보면 대안 A의 경우 순현가가 261.5가 되고, 대안 B의 경우에는 800.5가 되며, 대안 D의 경우에는 778.8이 된다. 따라서 이미 앞에서 계산한 대안 C의 순현가와 함께 비교해 보면 대안 B가 가장 바람직한 대안이라는 결론을 낼 수 있다.

좀 더 복잡하고 어려운 문제는, 투자규모가 크게 다른 여러 대안의 경제성 평가를 NPV 기준으로 할 경우에 생길 수 있다. 다른 대안에 비해 절대적인 투자규모가 큰 프로젝트가 NPV가 더 크다고 해서 반드시 바람직한 대안이 될 수 있는가? 이 문제는 특히 전체 투자규모가 제한되어 있을 때 중요해진다. NPV만을 기준으로 보았을 때 가장 바람직한 대안이 있다고 하자. 그러나 이 대안에 필요한 초기투자가 현재 조달이 가능한 자금의 규모보다 더 크면 어떻게 할 것인가? 이러한 문제의 평가에는 투자단위당 가치의 크기라는 상대적 개념이 더 유용하다.

이때 도입되는 평가 지표로는 수익성 지수(Profitability Index : PI)를 들 수 있다. 수익성 지수는 다음의 식으로 정의된다.

$$PI = \sum_{i=0}^{n} PV(\text{inflow}) \Big/ \sum_{i=0}^{n} PV(\text{outflow})$$

앞의 식의 분자와 분모를 비교하면 쉽게 알 수 있는 것처럼, PI가 1보다 크면 NPV가 양(+)의 값이 되면서 경제성이 있다고 할 수 있고, 반대로 PI가 1보다 작으면 NPV가 음(−)의 값이 되면서 경제성이 없다고 할 수 있다. 이와 같이 NPV가 절대적인 크기의 차이를 뜻하는 데 반해, PI 값은 비율을 의미하므로, 상대적인 크기의 차이, 즉 투자단위당 가치의 차이도 알 수 있다는 장점이 있다.

수익성 지수의 실제를 이해하기 위해 표 7-20에 나타나 있는 간단한 예제를 보자. 대안 A와 B의 초기투자는 각각 2,000과 4,000으로 큰 차이가 있으며, 향후 4년간의 현금 유입도 상당히 차이가 난다.

🌑 표 7-20 두 대안의 현금흐름표

대안	연도 0	연도 1	연도 2	연도 3	연도 4
A	−2,000	800	700	600	500
B	−4,000	1,500	1,300	1,250	1,100

먼저 두 대안의 경제성을 순현가법으로 비교해 보자. 할인율을 10%로 가정할 경우 A 대안의 NPV가 97.5인 반면 B 대안의 NPV는 127.4로 나타나, B 대안이 더 우수한 것을 알 수 있다. 그러나 PI를 계산하여 비교하면, A 대안의 PI가 1.049인 반면 B 대안의 PI는 1.032로 나타나, A 대안이 더 경제적인 것을 알 수 있다. 즉, A 대안이 투자의 절대적 가치는 낮지만 상대적 가치는 더 높은 것이다. 특히, 가능한 투자규모가 한정되어 있을 경우에는, 단순한 NPV 분석보다는 수익성 지수에 의한 의사결정이 더 유용한 기준이 될 수 있다.

(4) 내부수익률법

앞에서 살펴본 것처럼 순현가법에서는 할인율이 알려진 것으로 가정한다. 그러나 경영실무에서는 할인율을 정하기 어려운 경우가 많다. 특히, 경제환경이 급속하게 변하거나 자본시장이 불안정한 경우에는 할인율을 정하기가 쉽지 않다. 내부수익률법(Internal Rate of Return : IRR)은 순현가법에서 적용할 할인율을 결정하기 어려울 때 보완적으로 사용되는 기법이다.

내부수익률, 즉 IRR이라는 용어는 미래의 화폐흐름 가운데 유입(inflow)의 현재가치(PV) 합과 유출(outflow)의 현재가치(PV) 합을 같게 만드는 할인율을 뜻한다. 따라서 내부수익률은 곧 투자수익률의 역할을 한다고 볼 수 있다. 예를 들어, 내부수익률이 20%라는 말은, 투자에 대해

20%의 수익이 발생한다는 의미로 해석할 수 있다. 이를 수식으로 표현하면 다음과 같다.

$$\sum_{i=0}^{n} PV(\text{inflow}) = \sum_{i=0}^{n} PV(\text{outflow}), \quad \text{단, 할인율 : IRR}$$

IRR의 의사결정 기준은, IRR이 클수록 바람직한 대안으로 평가하는 것이다. IRR의 의미가 초기투자에 의해 창출되는 투자수익률이므로, IRR이 클수록 바람직한 대안이 되는 것은 당연하다. 따라서 경제성 평가의 구체적인 절차는 먼저 각 대안의 IRR 값을 계산한 후, 평가자가 원래 설정한 최소한의 할인율, 즉 기대수익률보다 IRR이 높은 대안만을 골라낸다. 다음에는 그 가운데에서 IRR이 가장 큰 대안을 선정하게 된다.

NPV와 달리 IRR에서는 할인율이 주어지는 값이 아니라 찾아야 하는 값이다. 실제로 IRR이 어떻게 구해지는지를 알아보자. 이 할인율은 방정식을 바로 풀어서 구할 수는 없기 때문에, 실제로는 보간법에 의한 시행착오(trial-and-error)의 반복을 통해 가장 근사한 값을 찾아야 한다. 표 7-21에 제시된 대안 D의 예를 보자.

⬤ 표 7-21   IRR 계산의 예

연도	현금흐름	현가 : 25%	현가 : 26%
0	−1,500	−1,500.0	−1,500.0
1	300	240.0	239.1
2	450	288.0	286.2
3	750	384.0	380.3
4	750	307.5	303.0
5	900	295.2	289.8
합계		14.7	−1.65

먼저 몇 개의 할인율을 적용하여 시험적으로 값을 계산한 결과, IRR이 25%와 26% 사이에 있다는 사실을 알게 된다. 즉, 25%의 경우에는 현가의 합이 양의 값(+)이 되고 26%의 경우에는 현가의 합이 음의 값(−)이 되기 때문에 0이 되기 위해서는 25%와 26% 가운데의 어느 값이 되어야 하는 것이다. 여기서 보간법을 이용하여 가장 0에 근사한 할인율을 계산하면, 25.4%가 되고 이 값이 곧 대안 D의 내부수익율, IRR이 되는 것이다.

같은 방법으로 대안 A, B, C의 내부수익률도 계산할 수 있다. 실제로 계산을 해보면 대안 A의 IRR은 18.1%, 대안 B의 IRR은 21.37%, 대안 C의 IRR은 22.79%가 된다. 따라서 가장 바람직한 대안은 IRR이 가장 높은 대안 D가 된다.

앞에서 언급한대로, IRR법은 NPV법에서 할인율을 정하기 어려운 경우에 보완적으로 사용한다. 따라서 NPV법이 IRR법보다 더 자주 사용되는 것이 일반적이다. 그러나 경영실무의 관점에서 볼 때는 IRR이 제공하는 정보가 NPV가 제공하는 정보보다 더 큰 의미를 가질 수 있다. 예를 들어, NPV가 10억 원이라고 하는 것보다는 IRR, 즉 투자수익률이 10%라고 하는 것이 더 유용한 정보일 수 있고, 그 의미를 해석하기 더 쉬울 수 있는 것이다.

연도별로 현금 흐름의 크기와 방향이 심하게 차이가 나는 경우가 아니면, NPV법을 사용하든 IRR법을 사용하든 경제성 평가의 결과는 동일하게 나오는 것이 일반적이다. 그러나 현금 흐름의 차이가 큰 경우라면 NPV의 할인율을 어떻게 적용하느냐에 따라 NPV와 IRR의 결과가 달리 나올 수 있다. 그런 경우에는 NPV와 IRR 방법을 모두 적용하여 그 결과를 비교해 보는 것이 필요하다.

바로 앞에서 본 예제를 다시 보자. NPV로 한 경우 B 대안이 가장 경제적인 것으로 나타났지만, IRR의 경우 D 대안이 가장 경제적인 것으로 평가되었다. 실제로 현금 흐름을 자세히 들여다보면 B 대안과 D 대안의 현금 흐름은 크게 다른 것을 알 수 있다. B 대안의 경우 초기투자 후 2년 간 현금 유입이 전혀 없다가 후반의 3년에 한꺼번에 일어나고 있는 반면 D 대안의 경우 5년에 걸쳐 비교적 골고루 현금 유입이 발생하고 있다. 이러한 이유 때문에 두 방법의 평가결과가 다르게 나타나는 것이다. 그러나 NPV의 할인율을 10%보다 큰 값으로 바꾸면 NPV와 IRR의 결과가 똑같이 나오는 것을 발견할 수 있을 것이다.

🔘 비용−효익분석 모형

(1) 기본 개념

비용−효익분석(cost-benefit analysis)은 주로 공공정책의 수립에 널리 활용되는 기법이다. 그러나 공공 분야 이외에 R&D 프로젝트 선정을 비롯한 기업의 투자 의사결정에도 자주 사용되고 있다. 비용−효익분석에서는 투자에 따른 미래의 비용과 효익을 화폐단위로 측정한 후, 이를 현재가치로 할인하여 그 크기를 분석한다. 따라서 비용−효익분석은 기본적으로 앞에서 설명한 순현가(NPV)법에 기초하고 있다.

그렇다면 비용-효익분석과 순현가법의 근본적인 차이는 무엇일까? 순현가법에서는 들어오는 돈의 크기와 나가는 돈의 크기를 비교하여 들어오는 돈이 더 많으면 경제성이 있다고 판정한다. 이에 비해, 비용-효익분석은 각 대안의 수행에 따른 비용과 효익을 추정한 후 둘 사이의 크기를 비교하여 경제성을 평가하는 방법이다. 즉, 대안이 여러 개 존재하는 경우에, 최소의 비용으로 최대의 효익을 제공하는 대안을 최적의 대안으로 선택하자는 것이 기본 아이디어이다. 또 단일대안의 경우에는, 대안의 수행에 따르는 비용보다 그로부터 얻을 수 있는 효익이 큰 경우 그 대안은 경제성이 있다고 보는 것이다.

(2) 과정과 기준

비용-효익분석은 할인율 결정, 비용 및 편익 추정, 비교 및 최종 대안 선택의 크게 세 단계로 이루어진다.

● 1단계 : 할인율 결정

의사결정의 시점은 현재인 데 반해 프로젝트 수행에 따른 비용과 효익은 미래에 발생하는 것이므로, 앞의 순현가법과 마찬가지로 할인율을 적용하여 현재가치로 환산할 필요가 있다. 할인율은 프로젝트의 목적, 주체 등에 따라 달라질 수 있다. 다만, 공공 프로젝트의 비용편익분석의 경우에는 순현가법과 비교하여 상대적으로 낮은 할인율을 적용하는 것이 일반적이다. 왜냐하면 민간기업의 사업은 영리를 목적으로 하지만 공공사업의 경우에는 편의성과 파급효과를 강조하기 때문이다. 이를 사회적 할인율(social discount rate)이라고 한다.

● 2단계 : 비용 및 효익 추정

다음에는 비용과 효익의 크기를 추정해야 한다. 하지만 프로젝트 수행에 따른 비용과 효익을 측정하는 것은 쉬운 일이 아니다. 우선, 어느 범위까지를 비용과 효익의 항목에 포함시킬 것인가를 결정해야 한다. 관점에 따라서 특정 항목이 포함될 수도 있고, 그렇지 않을 수도 있다. 또한 비용과 효익이 무형적(intangible)인 형태를 띠고 있다면, 이들의 가치를 화폐가치로 표현하는 것은 상당히 어려운 일이다. 예를 들어, 특정 프로젝트로 인해 주변환경이 아름다워진다면 이는 관점에 따라 무형적 효익으로 생각할 수도 있고 그렇지 않을 수도 있다. 따라서 이 단계에는 관련 전문가나 이해당사자가 참여하여 비용과 효익의 범위와 크기를 결정하게 된다.

⁝ 3단계 : 비교 및 최종 대안 선택

비용과 효익의 항목이 선정되고 각각의 가치가 측정되었다면, 이를 바탕으로 최종적인 의사결정을 수행한다. 먼저, 각 비용과 항목의 가치를 현재가치로 변환한 후, 이를 합산하여 총비용(C)과 총효익(B)을 측정한다. 다음으로 의사결정의 지표로서, 효익-비용 비율(benefit-cost ratio) 또는 순효익(Net Benefit : NB)을 계산한다. 효익-비용 비율은 총효익과 총비용의 비율(B/C)로서, 비용대비 효익을 의미한다. 효익-비용 비율이 1보다 클 경우 총비용에 비해 총효익이 큰 것이므로 대안으로서 의미가 있다고 할 수 있지만, 1보다 작은 경우는 대안을 수행할 필요가 없다고 할 수 있다. 순효익은 총효익에서 총비용을 뺀 것(B-C)으로, 비용에 대한 효익의 규모를 의미한다고 할 수 있다. 순효익이 0보다 크면 대안으로서의 가치가 있다고 할 수 있지만, 0보다 작다면 그 의미가 없다고 할 수 있다.

단일대안이 존재하는 경우라면, 단순히 대안의 수행 여부만을 결정하면 되므로 효익-비용 비율과 순효익 중 어느 것을 이용하더라도 무방하다. B/C ratio > 1이나 NB = B-C > 0은 동일한 개념이기 때문이다. 예를 들어, 어느 대안 A의 수행 여부를 결정하고자 하는데, 대안 A의 총비용과 총효익이 표 7-22와 같이 측정되었다고 하자.

🔵 표 7-22 대안 A의 총효익과 총비용
(단위 : 백만 원)

대안	총편익	총비용
대안 A	1,300	1,000

이 경우, 정책 A의 효익-비용 비율은 1.3이며 순효익은 300(3억 원)이다. 따라서 대안 A는 수행할 가치가 있다고 판단할 수 있다.

대안이 여러 개 존재하는 경우에는 문제가 조금 더 복잡해진다. 기본적인 의사결정 기준은 효익-비용 비율 또는 순효익을 측정하여 그 값이 큰 순서대로 대안을 선택하는 것이다. 하지만 문제는 효익-비용 비율에 의한 우선순위와 순효익에 의한 우선순위가 다를 수 있다는 것이다. 예를 들어, 대안 4개에 대한 총비용과 총효익이 표 7-23과 같다고 하자.

🔵 표 7-23 네 가지 대안들의 총효익과 총비용
(단위 : 백만 원)

대안	총효익	총비용
대안 A	1,300	1,000

대안	총효익	총비용
대안 B	3,600	2,900
대안 C	1,600	1,100
대안 D	1,200	1,500

이를 바탕으로 계산된 효익–비용 비율과 순효익 및 그에 따른 우선순위는 표 7–24와 같다.

표 7–24　효익–비용비와 순효익에 따른 우선순위

대안	효익–비용 비율	우선순위	순효익(백만 원)	우선순위
대안 A	1.3	2	300	3
대안 B	1.24	3	700	1
대안 C	1.45	1	500	2
대안 D	0.8	-	-300	-

여기서 대안 D는 효익–비용 비율이 1보다 작으므로(즉, 순효익이 0보다 작으므로) 고려할 가치가 없다. 나머지 대안 간의 우선순위를 살펴보면, 효익–비용 비율의 경우 대안 C > 대안 A > 대안 B의 순서인 반면, 순효익 기준으로는 대안 B > 대안 C > 대안 A의 순서로 나타난다. 즉, 효익–비용 비율 기준으로는 대안 C가, 순효익 기준으로는 대안 B가 가장 최적이라고 할 수 있다. 이처럼 두 기준에 의한 결과가 일치하지 않는 것은 대안의 규모가 다르기 때문이다.

(3) 점층 효익–비용 비율

그렇다면 두 기준 중 어떤 것을 사용하는 것이 더 바람직한가? 이 질문에 답하기 위해 먼저 점층 효익–비용 비율(incremental benefit-cost ratio)에 대해 알아보자. 점층 효익–비용 비율은 대안의 변경에 따른 비용의 한계효익(marginal benefit)을 의미한다. 점층 효익–비용 비율을 계산하기 위해서는 먼저 대안들을 비용의 규모에 따라 오름차순으로 정리한다. 만일 두 대안 P, Q가 있고, P의 비용이 Q의 비용보다 작다고 하면, 두 대안에 대한 점층 효익–비용 비율은 다음과 같이 정의된다.

$$\frac{DB^{Q-P}}{DC^{Q-P}} = \frac{B^Q - B^P}{C^Q - C^P} , \; 단, \, C^Q > C^P$$

점층 효익−비용 비율이 1보다 크다면, Q가 P보다 좋은 대안이라고 할 수 있다. 표 7−23에 대한 점층 효익−비용 비율을 계산한 결과를 표 7−25에 나타내었다. 비용의 오름차순으로 정렬하면 대안 A, 대안 C, 대안 B의 순서가 된다. 계산 결과 최종적인 우선순위는 대안 B > 대안 C > 대안 A의 순으로, 순효익 기준의 우선순위와 그 결과가 같음을 알 수 있다.

표 7−25　점층 효익−비용 비율 계산 결과

비교대상 대안	점층 효익−비용 비율	결과
대안 A − 대안 C	$\frac{1,600-1,300}{1,100-1,000} = 3 > 1$	대안 C > 대안 A
대안 C − 대안 B	$\frac{3,600-1,600}{2,900-1,100} = 1.11 > 1$	대안 B > 대안 C

EXERCISE 연습문제

01 경제성과 관련된 용어인 효과성, 효율성, 생산성, 수익성의 의미를 설명하라.

02 기회비용과 현금지출비용의 의미를 비교하여 설명하라.

03 매몰비용(sunk cost), 고정비(fixed cost), 그리고 변동비(variable cost)의 의미를 설명하고, 실제의 예시를 들어 각각의 비용이 어떻게 발생하는지를 서술하라.

04 감가상각에서 감가의 원인을 제시하고, 감가상각의 효과를 서술하라.

05 감가상각 방법들의 기준을 비교하여 설명하라.

06 상대적 순위 모형의 장단점을 서술하고, 이 모형에 속하는 구체적 기법들의 성격과 평가기준에 대해 설명하라.

07 다음은 하드디스크 제조업체 W사의 신제품 R7200과 N7200의 경제성 비교를 위한 프로파일 모형이다. 프로파일 모형의 설계에 어떤 문제점이 있는지를 제시하라.

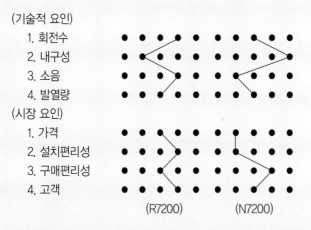

(기술적 요인)
1. 회전수
2. 내구성
3. 소음
4. 발열량
(시장 요인)
1. 가격
2. 설치편리성
3. 구매편리성
4. 고객

(R7200)   (N7200)

08 컨설팅업체인 M사는 컴퓨터 제조업체인 TRM사로부터 자사 프로젝트들의 우선순위를 평가해 달라는 의뢰를 받았다. 현재 TRM사에서 기획하고 있는 프로젝트는 X_1, X_2, X_3의 총 세 가지로, M사는 각 프로젝트의 순위를 정하기 위하여 점수 모형(scoring model)을 사용하기로 결정하였다. 이를 위해 프로젝트 평가항목을 크게 기술성, 경제성, 환경성으로 구분하여 각 항목별 세부항목에 적절한 점수와 가중치를 배점한 뒤, TRM사와 협력하여 각 프로젝트별로 적절한 평점을 부여하였다. 각 프로젝트의 평가항목별 평점은 다음과 같다.

대항목	소항목	배점	가중치	평점		
				X_1	X_2	X_3
기술성	독창성	10	2.0	7	7	9
	기술수명	10	1.5	9	7	8
	독점성	10	1.0	5	7	6
경제성	시장성장성	10	2.0	6	9	10
	시장점유율	10	1.0	7	8	9
	수익성	10	1.5	8	7	9
환경성	경쟁 환경	10	2.0	9	8	7
	상업화 조건	10	1.0	10	9	6
	인프라 환경	10	1.5	9	10	7

(1) 단순가산방식을 사용하여 프로젝트 우선순위를 정하여라.
(2) 가중치가산방식을 사용하여 프로젝트 우선순위를 정하여라.

09 계층분석과정(AHP) 모형의 핵심적 원리 3가지에 대해 설명하라.

10 H사의 프로젝트 매니저인 K씨는 신규 자동차 프로젝트를 추진하고자 한다. 현재 유력한 프로젝트로 A, B, C의 세 가지가 제안되었으며, 이 중 어느 프로젝트를 추진할 것인지를 결정하기 위하여 기대수익, 위험도, 개발비용, 시장성 등의 요소를 고려하고자 한다. 이 요소들의 중요도에 대한 쌍대비교(pair-wise comparison) 행렬은 다음과 같다.

기업성장	기대수익	위험도	개발 비용	시장성
기대수익	1	5	2	1/3
위험도	1/5	1	4	1/2
개발 비용	1/2	1/4	1	1/6
시장성	3	1/4	6	1

K씨는 A, B, C 세 가지 프로젝트 중 한 프로젝트만을 선택하여 추진하기로 결정하고, 위에서 제시된 4가지 요인별로 각 프로젝트의 쌍대비교행렬을 다음과 같이 구하였다.

기대수익	A	B	C
A	1	6	3
B	1/6	1	1/4
C	1/3	4	1

위험도	A	B	C
A	1	1/2	2
B	2	1	3
C	1/2	1/3	1

개발비용	A	B	C
A	1	1/4	1/2
B	4	1	3
C	2	1/3	1

시장성	A	B	C
A	1	5	1
B	1/5	1	1/5
C	1	5	1

(1) 위에서 제시된 요인을 기반으로 H사의 의사결정 계층 구조를 제시하여라.

(2) 계층분석과정(AHP)을 사용하여 K씨가 어떠한 프로젝트를 선택하는 것이 합리적인지 제시하라.

11 불확실성하의 경제성 평가에는 다양한 기준이 사용될 수 있다. 아래의 여건에 따른 수익표를 보고 왈드 기준, 새비지 기준, 후르비츠 기준, 라플라스 기준에 따라 선택되는 대안이 무엇인지 제시하라. (단, α는 0.1로 한다.)

	S_1	S_2	S_3	S_4
A_1	5000	7000	0	3000
A_2	3000	4000	1000	2000
A_3	0	12000	0	0
A_4	3000	9000	0	0

12 자본예산 모형은 어느 경우에 사용하는 것이 적합한지 서술하라.

13 자본예산 모형에서 회수기간법과 순현가법, 그리고 내부수익률법의 평가기준과 장단점을 설명하라.

14 국내 휴대폰 제조업체인 S사는 2007년 시장 점유율 1위를 목표로 UP3000과 TP5100X 두 가지 신제품 개발 프로젝트를 고려하고 있다. 두 프로젝트에 투입되는 비용과 예상되는 현금 흐름은 다음과 같다.

(단위 : 억 원)

연(year)	UP3000	TP5100X
0	−600	−3,000
1	800	2,200
2	200	1,600
4	200	800

S사의 재정문제상 두 가지 프로젝트를 동시에 진행시킬 수는 없다고 한다. S사의 할인율(discount rate)을 10%, 최소 요구 내부수익률(Internal Rate of Return : IRR)은 20%로 가정한다.

(1) 회수기간법(PayBack Period : PBP)을 사용할 경우, 어떤 프로젝트를 선택하는 것이 합리적인가?

(2) 순현가법(Net Present Value : NPV)을 사용할 경우, 어떤 프로젝트를 선택하는 것이 합리적인가?

(3) 내부수익률법(Internal Rate of Return : IRR)을 사용할 경우, 어떤 프로젝트를 선택하는 것이 합리적인가?

⑮ 장비 제조업체인 L사는 새로운 무선통신 장비를 개발하기 위하여 다음과 같은 세 가지 무선통신 기술에의 투자를 고려하고 있다. 각각의 프로젝트에 투입되는 비용과 예상되는 현금 흐름은 다음과 같다.

(단위 : 억 원)

연(year)	FDMA	CDMA	TDMA
0	-20	-40	-60
1	50	40	40
2	30	100	80
3	10	80	200

L사의 할인율(discount rate)을 10%, 최소 요구 내부수익률(Internal Rate of Return : IRR)을 30%로 가정할 때 다음 물음에 답하라.

(1) 회수기간법(PayBack Period : PBP)을 사용하여 프로젝트의 우선순위를 정하여라.

(2) 순현가법(Net Present Value : NPV)을 사용하여 프로젝트의 우선순위를 정하여라.

(3) 만약 L사가 프로젝트에 투자할 수 있는 금액이 60억 원으로 한정되어 있을 경우 어떠한 프로젝트를 선택하겠는가? 또 그 이유는 무엇인가?

⑯ 어느 기업에서는 신규 사업을 위하여 A와 B 두 가지의 개발 프로젝트 중 하나를 선정하고자 한다. 프로젝트 A는 초기 투자금액이 40억 원이 소요되고 프로젝트 B는 초기 투자금액이 28억 원이 소요된다. A는 성공 시 48억 원의 수익이 나는 반면, 실패 시 32억 원의 수익을 얻는다. 반면, B는 성공 시 33억 6,000만 원의 수익을 얻는 반면, 실패 시 22억 4,000만 원의 수익을 얻는다. 두 프로젝트의 성공확률이 60%일 때 어떤 프로젝트를 수행해야 하는가? 의사결정 나무 모형을 활용하라.

⑰ 3세대 이동통신 단말기 제조업체인 N사는 멀티미디어 DMB폰을 새롭게 개발하려고 하고 있다. N사는 자금 유동성이 원활하지 않기 때문에 경쟁사인 A, B, C 세 회사 중 하나와 공동개발을 추진하고자 한다. 그런데 공동개발에 따라 예상되는 수익과 확률은 모두 다르기 때문에 결정이 어려운 상황이다. 다음은 세 회사의 수익의 확률분포에 대해 N사가 조사한 결과이다.

	평균	분산	표준편차
A	10	25	
B	12	36	
C	8		3

어떤 회사와 공동개발을 하는 것이 S사에게 가장 유리한지를 기대수익과 위험도의 평가를 통해 결정하라.

18 다음 표를 보고 각각의 대안에 효익-비용 비율, 그에 따른 우선순위, 순효익 그리고 그에 따른 우선순위를 구하라.

대안	총효익	총비용
대안 A	1,500	1,000
대안 B	4,000	1,700
대안 C	2,800	1,100
대안 D	1,300	1,800

19 위의 예시를 바탕으로, 점층효익-비율에 의한 우선순위를 구하라.

Chapter

08

수리적 분석

1. 변수, 목적함수, 제약조건
2. 최대화, 최소화, 알고리즘
3. 수리계획법, 선형계획법
4. 심플렉스 알고리즘, 가능해, 초기해, 최적해

학습목표

- 수리적 분석의 기본 개념과 용도를 이해하고, 모델링의 기준과 절차를 알아본다.
- 수리계획법의 의미와 용도를 이해하고, 구체적인 유형들의 차이를 알아본다.
- 대표적 수리계획법인 선형계획법의 구조와 성격을 이해하고, 모델링의 기준과 절차를 알아본다.
- 선형계획법의 해법인 심플렉스 알고리즘의 원리를 이해하고, 예제를 바탕으로 구체적인 수행절차를 알아본다.

1 | 기본 개념

3부를 시작하면서, 산업공학에서 다루는 다양한 분석기법들은 크게 시스템이 안고 있는 문제의 해답을 찾는 모형(generative model)과 시스템이 어느 상태에 있는지를 평가하는 모형 (evaluative model)으로 나눌 수 있다고 하였다. 앞 장의 경제성 분석기법들은 주로 평가 모형에 속하는 것들이다. 여러 개의 대안이 있을 때, 어느 것이 다른 것에 비해 얼마나 더 좋은지 또는 나쁜지를 경제성의 기준에서 비교하고 선택하는 일에 초점을 맞춘 것이다. 그에 반해, 이 장에서 살펴볼 수리적 분석기법들은 문제의 답을 찾는 것들이다. 시스템의 목적이 설정되고 시스템이 움직일 수 있는 조건이 주어진 상황에서, 시스템에 가장 적합한 답을 찾는 일에 초점을 맞춘다. 또한 문제의 내용도 수리적 상징(mathematical symbol)으로 표현되고, 문제의 답을 찾는 과정도 수리적 작업(mathematical manipulation)을 활용하기 때문에 '수리적 분석'이라는 이름이 붙여졌다.

수리적 분석의 개념을 이해하기 위해 우선 하나의 예제를 생각해 보자. 어느 기업에서 A와 B의 두 가지 상품을 생산한다고 하자. 상품 A는 개당 2원의 이익이 나고, B는 개당 5원의 이익이 발생한다. 상품 A를 생산하는 데 9개의 재료를 투입하고 3시간 동안 기계를 사용해야 하며, B는 5개의 재료와 4시간의 기계를 사용해야 한다. 이때 재료는 최대 300개까지 사용할 수 있으며, 기계 가동 시간은 최대 200시간이라고 한다. 또 상품 A는 최소 5개 이상을 생산해야만 한다고 한다. 이 상황에서, 이익을 극대화할 수 있는 상품 A와 B의 생산량을 결정하는 것이 주어진 과제이다.

이 과제를 수리적 모형으로 생각해 보자. 우선 제품 A의 생산량을 X_1, 제품 B의 생산량을 X_2라는 두 개의 변수(variable)로 설정한다. 또 두 개의 변수를 선형(linear)으로 결합하면 $aX_1 + bX_2$와 같은 하나의 함수(function)가 만들어진다. 이 예제의 총이익은 $2X_1 + 5X_2$라는 함수가 되며 이것을 극대화(maximize)로 표현하면 바로 목적함수(objective function)가 된다. 또 사용할 수 있는 자원의 양을 함수로 표현하면 이것들이 곧 제약조건(constraint)이 된다. 마지막으로 목적함수와 제약조건을 바탕으로 최적의 해(optimal solution)를 찾는 과정이 알고리즘(algorithm)이다.

이제 수리적 접근을 시스템과 모델의 관계로 정리해보자. 그림 8–1에 도시되어 있는 것처럼, 시스템이 하나의 문제를 안고 있다고 하자. 시스템은 크고 복잡하기 때문에 문제를 쉽게 표현하기 어렵다. 여기서 문제의 핵심요소를 변수로 설정하고 변수들 간의 결합으로 함수를 구성하자. 그러면 크고 복잡한 시스템을 작고 단순한 모델로 바꿀 수 있다. 시스템의 문제가 목적함수와 제약조건으로 구성되는 모델의 문제로 바뀌게 된 것이다.이제 알고리즘을 이용하여 목적함수의 해를 찾았다고 하자. 그러면 모델로부터 얻은 해를 우리가 궁극적으로 찾으려고 하는 시스템의 해로 대체하게 된다. 이 과정에서 변수, 함수, 알고리즘 모두가 수리적 표현과 수리적 작업으로 이루어지기 때문에 '수리적' 분석이라고 하는 것이다.

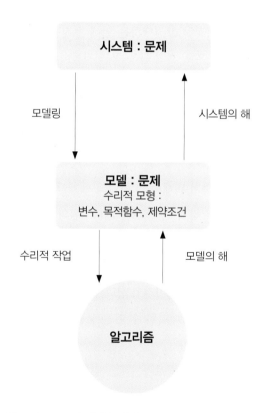

✹ 그림 8–1 　수리적 분석에서 시스템과 모델의 관계

2 | 수리계획법

1. 기본 개념

수리적 분석에서 사용될 수 있는 최적화 기법은 매우 다양하다. 아주 고전적인 기법은 주어진 함수인 $f(x)$를 미분한 다음, 미분한 함수인 1차 도함수 $f'(x)=0$의 근(root)을 구하여 최적해를 찾는 방법이다. 이 방법의 원리는 매우 단순하다. 만일 최적화 문제의 목적이 최댓값(최솟값)을 찾는 것이라면 현재 위치에서 함숫값이 증가(감소)하는 방향으로 계속 옮겨가야 한다. 이 과정을 반복하다가 더 이상 올라갈(내려갈) 곳이 없는 평평한 점에 다다르면 그 점이 곧 최댓값(최솟값)이 된다. 이때 1차 도함수 $f'(x)$가 증가(감소)의 기울기를 뜻하므로 $f'(x)=0$이 되면 더 이상 올라갈(내려갈) 방향이 없는 최적의 해를 찾았다는 뜻이 된다. 오래 전의 수학자들이 함숫값의 최대화(최소화) 문제를 풀기 위해 만들었던 이 기법은 지금도 중·고등학교 수학에서 다루고 있으며 실무현장에서도 널리 사용되고 있다. 하지만 이 기법은 아무런 제약조건이 없는 (unconstrained) 상황에서 함수 자체의 최대화(최소화) 문제만을 다룬다는 한계를 안고 있다.

수리계획법(mathematical programming)은 현대 산업공학에서 가장 오래되고 또 가장 자주 사용되는 대표적인 최적화 기법이다. 이 기법은 가용한 자원이 한정되어 있다는 조건 (constraint)하에서, 수익의 극대화나 비용의 최소화와 같은 경영상의 목적(objective)을 달성하는 문제의 해(optimal solution)를 찾는 의사결정 기법이다. 즉, 목적이 되는 함수뿐 아니라 그 함수를 둘러싼 제약조건들이 추가로 주어지는 문제를 다루는 것이다. 앞 절에서 본 예제가 전형적인 수리계획법의 예가 된다.

수리계획법은 제2차 세계대전을 전후한 1950년대 이후부터 비약적으로 발전한 분야이다. 우리는 1장에서 산업공학의 발전에 OR(Operations Research) 또는 MS(Management Science)라는 분야가 지대한 공헌을 하였다는 사실을 설명한 적이 있다. 이 분야의 뿌리가 되는 것이 바로 수리계획법이다. 이 방법론은, 오늘날 크고 복잡한 의사결정 문제를 모형화(modeling)하고 그 해답을 찾는 과정에 가장 폭넓게 활용되는 유용한 기법으로 자리 잡고 있다.

넓은 의미의 수리계획법은 다시 몇 가지의 구체적인 기법으로 나눌 수 있다. 가장 대표적인 모형은 선형계획법(Linear Programming : LP)이다. 선형계획법은 말 그대로 수익(비용)의 발생이나 자원의 사용이 선형(linear)의 비율로 변한다고 가정하는 모형이다. 예를 들어, 제품을 1단위 팔아서 100원의 수익이 있으면 2단위를 팔면 200원, 10단위를 팔면 1,000원 하는 식으로 늘어난다고 가정한다. 자원의 사용도, 제품 1단위 만드는 데 10톤이 들었다면 2단위 만드는 데 20톤, 10단위 만드는 데 100톤이 든다는 식으로 가정한다. 또한 모형의 해(solution)가 정수뿐 아니라 실수의 값을 가질 수도 있다고 가정한다.

만일 늘어나고 줄어드는 비율이 선형의 비율이 아니라 비선형의 비율이라고 가정하면, 분석 모형도 선형계획법이 아니라 비선형계획법(Non-Linear Programming : Non-LP)이 된다. 또 제품의 생산 단위가 100.5단위와 같은 소수점으로 표현될 수 없고 반드시 100단위와 같이 정수(integer)로 정해져야 한다면, 정수계획법(Integer Programming : IP)이 된다. 실제의 경영 프로젝트를 생각해 보면, 비선형계획법이나 정수계획법이 더 현실적인 가정이라고 할 수 있다. 그러나 문제를 푸는 과정이나 방법에 있어 선형계획법이 훨씬 쉽고 효율적이기 때문에, 특별한 문제가 없는 한 선형계획법이 가장 폭넓게 사용되고 있다. 따라서 여기서도 선형계획법만을 다루기로 한다.

선형계획법을 비롯한 수리계획법은 다양한 실무현장에서 폭넓게 사용되고 있다. 예를 들어, 항공회사의 경우 항공 일정(schedule)을 수립하는 문제, 항공 노선과 구간에 대해 항공기를 할당(assignment)하는 문제, 예약시스템의 설계와 공항 운영관리 시스템의 개선 문제 등이 대표적인 사례가 될 수 있다. 제조기업에서는 생산계획(production plan)을 수립하는 문제, 제품(부품)의 생산량과 생산시점을 결정하는 문제, 재료비 및 인건비를 절감하는 문제 등을 다룰 수 있다. 유통회사의 경우라면 전국의 유통망을 설계하고 유통창고의 입지(location)를 선정하는 문제, 배송인력의 일정을 관리하는 문제 등을 들 수 있다. 기업 현장의 실무적인 주제 외에도 최근에 각광을 받고 있는 인공지능(AI)과 기계학습(machine learning)에서 많이 다루는 분류문제(classification) 등도 내용을 들여다보면 최적화(optimization) 기법과 밀접하게 연결되어 있다는 것을 알 수 있다.

2. 선형계획법

● 기본 모형

선형계획법의 기본 모형은 결정변수(decision variable), 목적함수(objective function), 제약조건(constraints)이라는 세 개의 핵심요소로 이루어진다.

선형계획법의 첫 단계는 결정변수(decision variable)들을 선정하는 것이다. 만일 여러 제품의 생산을 다루는 문제라면, 제품 하나하나의 생산량이 결정변수(x_i)가 된다. 다음은 각각의 결정변수들의 수익이나 비용을 나타내는 일차식인 목적함수(objective function)를 제시하는 작업이 이루어진다. 개별제품의 단위당 수익이나 비용을 c_i라고 한다면 목적함수는 $Z = c_1 x_1 + c_2 x_2 + \cdots + c_n x_n$이 된다. 목적함수는 문제의 성격에 따라, 수익의 경우라면 최대화(maximization) 문제가 되고, 비용의 경우라면 최소화(minimization) 문제가 된다.

다음 단계는 자원에 관한 제약조건(constraint)을 설정하는 일이다. 여기서 자원은 원자재, 부품, 자본, 인력, 시간, 거리, 공장의 생산능력 등 실제 상황에 따라 다양하게 나타날 수 있다. 자원의 사용량과 가용량은 일반적으로 일차 부등식의 형태로 표현되며, 이 일차 부등식을 제약조건이라고 한다. 먼저 사용량을 보자. 어떤 자원에 대해 개별제품의 생산량과 단위당 사용량(a)을 곱하면, 그 자원에 대한 그 제품의 총사용량이 결정된다. 모든 제품의 총사용량을 더하면 그 자원 전체의 사용량이 계산된다. 다음으로 사용량과 가용량(b)의 관계를 보자. 모든 자원은 가용량이 제한되어 있고, 또한 사용량의 합은 가용량을 넘을 수 없다. 따라서 제약조건은 부등식의 형태로 표현된다. 또 결정변수의 값은 0과 같거나(생산을 안 할 경우) 0보다 커야(실제로 생산을 할 경우) 한다. 따라서 결정변수의 값이 음이 될 수 없다는 제약조건을 나타내는 비음조건(non-negativity condition)도 필요하다.

결정변수, 목적함수, 제약조건으로 구성된 일반적인 선형계획 모형의 가장 정규적인 형태는 다음과 같다.

$$max \ z = c_1 x_1 + c_2 x_2 + \cdots + c_n x_n$$
$$s.t. \quad a_{11} x_1 + a_{12} x_2 + \cdots + a_{1n} x_n \leq b_1$$
$$a_{21} x_1 + a_{22} x_2 + \cdots + a_{2n} x_n \leq b_2$$
$$a_{m1} x_1 + a_{m2} x_2 + \cdots + a_{mn} x_m \leq b_m$$
$$x_i \geq 0 \ (i = 1, 2, \cdots, n)$$

목적함수에서 max는 최대화(maximization)라는 뜻이다. 만약 문제가 최소화 문제라면 목적 함수에서 최대화(max) 대신 최소화(min)를 쓰고, 이때에는 제약조건의 부등호 방향이 반대가 된다. *s.t.*라는 기호는 'subject to'를 줄인 말로 제약조건을 의미한다.

심플렉스 알고리즘

(1) 기본 원리

심플렉스 알고리즘(simplex algorithm)은 선형계획법 모형의 최적해(optimal solution)를 찾는 데 사용되는 대표적 알고리즘이다. 우리말로는 단체법이라고 불린다. 이 알고리즘은 1947년에 단치히(Dantzig)에 의해 처음으로 개발되었으며, 그 후 여러 학자들에 의해 더욱 발전되어 왔다. 심플렉스 알고리즘의 기본적인 내용과 절차를 간략히 알아보도록 하자.

심플렉스 알고리즘의 기본 아이디어는 수리적 접근보다는 기하학적 접근으로 설명하는 것이 더 쉽고 간편하다. 다음의 간단한 예를 생각해 보자. X_1과 X_2의 두 제품을 생산하는 시스템의 설계 문제에서, 목적함수는 이익을 극대화하는 최적 생산량 X_1^*과 X_2^*를 찾는 데 있다. 자원의 가용량에 관한 제약조건이 세 개 있으며, X_1과 X_2 모두 0보다 크거나 같아야 한다는 조건, 즉 비음조건도 있다. 위의 수리적 모형을 기하학적인 형태로 도시한 것이 그림 8-2이다.

이 그림에서 빗금 친 영역의 경계선들이 제약조건을 의미한다. 각각의 제약조건이 각각의 경계선을 뜻하는 것이다. 따라서 목적함수를 만족시키는 최적의 해는 제약조건을 만족시키는 빗금 친 영역, 즉 가능영역(feasible region) 안에 존재해야 한다. 문제는 이 영역 안에는 무수

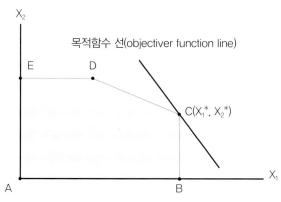

❋ 그림 8-2 **수리계획 문제의 기하학적 도형**

히 많은 점들이 있기 때문에 모든 점들을 일일이 비교할 수는 없다는 데 있다. 이 책의 범위를 넘어서는 얘기지만, 선형 모형의 경우 경계선들의 접점으로 만들어지는 꼭짓점의 수는 유한 (finite)하며, 또 최적의 해는 반드시 꼭짓점 중에 하나가 되어야 한다는 사실이 수학적으로 증명되어 있다. 그렇게 되면 위 그림의 경우 A, B, C, D, E의 다섯 개 꼭짓점의 목적함수 값만 비교하면 최적의 해를 찾을 수 있게 된다. 또 꼭짓점 가운데 최적의 해는, 목적함수의 선(line)과 접점을 이루는 C 점이 된다는 사실도 수리적으로 증명되어 있다.

위의 간단한 예에서는 다섯 개의 꼭짓점만 고려하면 되지만 결정변수와 제약조건이 수백 개가 넘는 현실적 문제의 경우라면 어떻게 되는가? 꼭짓점의 수가 유한하다고 하지만 실제로 수십만 개가 넘는 꼭짓점이 있는 경우, 이들 모두를 하나하나 비교한다는 것은 거의 불가능하다. 심플렉스 알고리즘은 다음과 같은 원리로 이를 해결한다.

심플렉스 알고리즘은 어떤 꼭짓점이 최적의 해인지 아닌지를 판정하기 위해, 바로 인접하고 있는 점들과 목적함수의 값을 비교하는 작업을 반복하는 절차로 이루어져 있다. 제일 먼저 어느 한 꼭짓점에서 출발한다고 치자. 그 주위에는 여러 개의 꼭짓점들이 인접해 있다. 그러면 그 점과 인접하고 있는 다른 꼭짓점들과 목적함수의 값을 비교한다. 인접한 점들 가운데 만일 그 점보다 더 좋은 목적함수 값을 갖는 점이 하나라도 있으면, 그 점은 최적의 해가 아니다. 따라서 다음 꼭짓점으로 이동해야 한다. 그러나 만일 더 좋은 값을 갖는 점이 주위에 하나도 없으면, 그 점이 바로 최적의 해가 된다. 그렇게 되면, 나머지 점들은 더 이상 알아볼 필요 없이 알고리즘을 끝내면 된다. 예를 들어, 꼭짓점의 수가 30만 개인 경우에 최적의 해를 100번의 반복(iteration) 끝에 찾았다면 나머지 29만 9,900개의 꼭짓점은 더 이상 생각할 필요가 없는 것이다. 따라서 매우 큰 문제도 아주 짧은 시간 안에 해를 구할 수 있는 경우가 대부분이다.

(2) 알고리즘

수리적인 관점에서 심플렉스 알고리즘을 구체적으로 설명하는 일은 이 책의 범위를 벗어난다. 특히, 꼭짓점에서 꼭짓점으로 이동하면서 변수와 계수가 바뀌는 과정을 수리적으로 이해하려면 선형대수(linear algebra)에 나오는 행간연산(row operation)에 대한 지식이 필요하다. 따라서 여기에서는 전반적인 절차의 기본적 아이디어만을 간략하게 설명하기로 한다. 심플렉스 알고리즘은 크게 다음의 5단계로 구성된다.

⋮ 1단계 : 표준 모형 만들기

심플렉스 알고리즘의 첫 번째 단계에서는 부등식(inequality)으로 이루어진 원래의 모형을 등식(equality)의 모형으로 바꾸는 일을 하게 된다. 이 작업을 해야 하는 이유는 해(solution)를 구하기 위해서는 문제가 반드시 등식의 형태로 주어져야 하기 때문이다. 흔히 선형 연립방정식(system of linear equations)이라고 부르는 아래의 식들이 만족하는 해를 찾는 것이다. 이때 아래와 같이 등식으로 이루어진 선형계획 모형을 표준형(standard form)이라고 한다.

$$a_{11}x_1 + a_{12}x_2 + \cdots + a_{1n}x_n = b_1$$
$$a_{21}x_1 + a_{22}x_2 + \cdots + a_{2n}x_n = b_2$$
$$\cdots$$
$$a_{m1}x_1 + a_{m2}x_2 + \cdots + a_{mn}x_n = b_m$$

예를 들어, 다음과 같은 원래의 선형계획 모형이 있다고 하자.

$$max\ Z = 50X_1 + 80X_2$$
$$s.t. \quad 5X_1 + 6X_2 \leq 180$$
$$2X_1 + 4X_2 \leq 80$$
$$8X_1 + 6X_2 \leq 250$$
$$X_1, X_2 \geq 0$$

이제 이 모형을 표준모형으로 바꾸기 위해서는 각각의 제약조건에 대해 가상 변수(dummy variable)를 하나씩 집어넣어 부등식을 등식으로 변환하게 된다. 이 변수들을 여유 변수(slack variable)라고 부르기도 한다. 위에서 제약조건이 $5X_1 + 6X_2 \leq 180$으로 되어 있는 부등식은 가상의 변수 X_3를 도입하여 $5X_1 + 6X_2 + X_3 = 180$의 등식으로 만들 수 있다.

여기서는 제약조건이 3개이므로 모두 3개의 가상변수(여유변수) X_3, X_4, X_5가 필요하다. 이 가상변수들을 원래의 모형에 집어넣으면 아래와 같이 연립방정식들로 이루어진 표준형이 만들어진다. 이 가상변수들은 단지 제약조건의 부등식을 등식으로 바꾸기 위해 도입한 것들이므로 목적함수(Z)에 아무런 영향을 미치지 않는 것에 주의하자.

$$max\ Z = 50X_1 + 80X_2$$
$$s.t.\qquad 5X_1 + 6X_2 + X_3 = 180$$
$$2X_1 + 4X_2 + X_4 = 80$$
$$8X_1 + 6X_2 + X_5 = 250$$
$$X_1,\ X_2 \geq 0$$

2단계 : 초기 가능해 구하기

표준형이 만들어진다고 해서 바로 해(solution)를 구할 수 있는 것은 아니다. 위의 예제를 보면, 5개의 변수(X_1, X_2, X_3, X_4, X_5)와 3개의 등식으로 이루어지는 연립방정식이 주어져 있다. 이때 연립방정식을 풀어 답을 얻기 위해서는 변수의 수와 등식의 수가 같아야만 한다. 하지만 일반적인 선형계획법 문제에서는 변수의 수(n)가 제약식의 수(m)보다 많기 때문에($n > m$) 기존의 방법으로는 답을 찾을 수 없는 문제가 발생한다. 그렇다면 어떻게 이 문제를 해결할 수 있을까? 해결책은 원래 주어진 n개의 변수 중 제약식의 수와 같은 m개만 남겨두고 나머지 ($n-m$)개의 변수는 아예 0으로 값을 정해버리는 것이다. 그렇게 되면 값을 구해야 하는 변수의 수와 연립방정식으로 주어지는 제약식의 수가 모두 m개로 같아지게 된다. 이때, 처음부터 값이 0으로 설정되는 변수를 비기저 변수(nonbasic variable)라고 하고 0 이외의 값을 갖게 되는 변수를 기저 변수(basic variables)라고 한다.

이제 위에서 설명한 방법을 토대로, 알고리즘을 시작할 출발점이 되는 첫 번째 꼭짓점을 정하게 된다. 기하학적으로 꼭짓점이라고 부르는 점들을 수리적으로 표현하면 가능해(feasible solution)가 된다. 가능해는 말 그대로 연립방정식의 해가 될 수 있는 기본요건인 제약조건과 비음조건을 만족하는 해를 말한다. 따라서 가능해는 여러 개 얻을 수 있다. 이 가운데 주어진 알고리즘의 출발점이 되는 가능해를 선정하게 되는데 이 가능해를 초기해(initial solution)라고 한다.

위의 예로 다시 돌아가서, 다섯 개의 변수 가운데 처음부터 $X_1 = 0$, $X_2 = 0$으로 하고 시작해보자. 그러면 남아있는 변수의 수와 제약식의 수가 각각 3개로 같아지게 된다. 이 경우에 나머지 변수들은 자연스럽게 $X_3 = 180$, $X_4 = 80$, $X_5 = 250$과 같이 0이 아닌 해(solution)를 갖게 되면서 하나의 초기해가 만들어질 수 있다. 이때, 0의 값을 갖는 X_1과 X_2는 비기저 변수가 되고 0 이외의 값을 갖는 나머지 X_3, X_4, X_5는 기저 변수가 된다. 기하학적으로 보면, 이 초기해는 $X_1 = 0$, $X_2 = 0$이므로 원점에 해당되는 꼭짓점이 된다.

3단계 : 최적해의 판정

일단 초기해를 구하면 다음 단계는 그 해가 최적해(optimal solution)인가를 판정하는 작업을 하게 된다. 최적해의 판정은 목적함수에 나타난 계수들의 부호를 보고 한다(뒤에서 다시 설명하겠지만, 해가 바뀌면서 행간연산의 결과로 목적함수의 계수들도 바뀌게 된다). 만일 모든 결정변수들의 계수가 음수(negative)이면 그 해가 곧 최적해가 된다. 그 이유는 간단하다. 모든 계수가 음수라면, 만일 해가 바뀌어서 다른 꼭짓점으로 이동하여 결정변수의 값이 하나라도 바뀌면(커지면) 목적함수의 값이 늘어나기는커녕 오히려 줄어들기 때문이다. 즉, 해를 바꾸지 않는 것이 최선이 되기 때문에 그 점이 곧 최적해가 되는 것이다.

좀 더 쉽게 설명하기 위해 위의 예를 다시 보자. 여기서 목적함수는 $Z = 50X_1 + 80X_2$이다. 그리고 초기해는 $X_1 = 0, X_2 = 0$이다. 따라서 목적함수 Z의 값은 0이 된다. 이것이 최적해일까? 아니다. 왜냐하면 목적함수의 계수들이 양수(positive)이기 때문이다. 계수가 양수이면 만일 X_1이나 X_2의 값이 0이 아니라 다른 값으로 바뀌면서(즉, $X > 0$으로 커지면서) 해가 달라지면 목적함수의 값도 증가하게 된다. 목적함수를 최대화하는 것이 목표이므로 당연히 다른 해로 옮겨가야 한다. 반대로 계수들이 모두 음수라면, 해가 바뀌면서 목적함수의 값이 오히려 감소하므로 다른 해로 옮겨가면 안 된다. 즉, 그 해가 바로 최적해가 되는 것이다.

4단계 : 탈락변수 및 진입변수의 선택

만일 초기 가능해가 최적해가 아니라면 다음의 가능해(꼭짓점)로 옮겨가야 한다. 이 작업은 현재 $X = 0$인 변수 가운데 하나를 $X > 0$으로 만들고, 반대로 현재 $X > 0$인 변수 가운데 하나를 $X = 0$으로 만드는 일로 이루어진다. 현재 $X = 0$이지만 $X > 0$으로 바꿀 수 있는 후보는 X_1과 X_2이다. 여기서 어떤 변수를 바꿀지는 계수들의 비율을 비교하여 결정하게 된다. 즉, 비율이 높을수록 그 변수가 한 단위 늘어날 때마다 목적함수가 커지는 효과가 크기 때문에 비율이 가장 높은 변수를 선택하는 것이다. 위의 예에서는 목적함수가 $50X_1 + 80X_2$이므로 X_1이 한 단위 늘어나면 목적함수는 50만큼, X_2가 한 단위 늘어나면 목적함수는 80만큼 증가한다. 따라서 X_2를 늘리는 것이 더 바람직하다. 이때, $X = 0$에서 $X > 0$으로 들어오는 변수를 진입변수(entering variable)라고 하고, 반대로 $X > 0$에서 $X = 0$으로 나가는 변수를 탈락변수(leaving variable)라고 한다.

이 기준과 절차에 의해 새로운 가능해를 찾는 작업이 바로 행간연산(row operation)이다. 위의 연립방정식은 여러 개의 방정식들을 행렬(matrix)의 모양으로 모아 놓은 것이다. 이때 행(row)의 순서를 바꾸어도 해는 변하지 않는다. 또한 각 방정식의 좌변과 우변에 어떤 수를 곱할 수도 있고, 어떤 수를 곱한 방정식을 다른 방정식에 더해도 연립방정식은 성립이 된다. 따라서 이러한 연산을 통해 새로운 해를 찾을 수 있다(자세한 과정은 생략). 여기서 다시 한 번 주의할 점은 가능해의 변화에 따라 목적함수와 제약조건의 계수도 달라지고 목적함수의 값도 변한다는 사실이다.

5단계 : 새로운 가능해의 최적해 판정

새로운 가능해를 찾으면, 앞의 3단계에서 설명한 기준에 따라 새로운 가능해가 최적해인지 아닌지를 판정하게 된다. 만일 최적해를 찾았으면 알고리즘은 종료된다. 그렇지 않으면 앞의 4단계 과정으로 돌아가서 알고리즘을 계속한다.

물론 실제의 문제를 위에서와 같이 일일이 손으로 풀 수는 없다. 변수의 수가 10개만 되어도 문제의 크기는 엄청나게 증가한다. 따라서 현실에서는 선형계획법 소프트웨어를 사용하게 된다. 그림 8-3에서 보듯이, 엑셀을 포함한 다양한 소프트웨어가 나와 있기 때문에 문제의 규모와 성격에 맞는 것을 선택하여 사용하면 된다. 따라서 전문가가 아닌 경우라면, 문제의 답을 구하는 방법보다 문제의 목적을 제대로 이해하고 문제의 내용을 제대로 설계하는 것이 훨씬 중요하다.

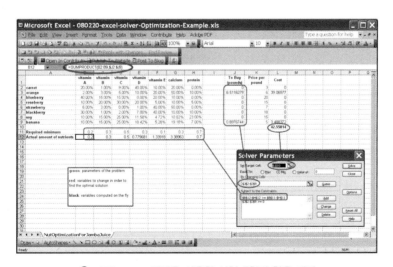

✿ 그림 8-3   엑셀을 이용한 선형계획법 활용 예시

6단계 : 민감도 분석

최적의 해를 구한 이후에는 추가적으로 민감도 분석(sensitivity analysis)을 수행한다. 이 작업은 알고리즘이 끝난 후에 이루어지기 때문에 사후분석(post-optimality analysis)이라고 부르

기도 한다. 민감도 분석은 원래 주어진 문제에서 만일 중요한 요인의 값이 바뀐다면(what-if), 그 변화가 원래 문제의 결과에 어떤 영향을 미칠 것인지를 알아보는 작업이다. 즉, 최적의 답을 찾는 것에서 끝나지 않고 만일 현재의 조건과 상황이 달라지면 어떤 변화가 일어날지도 함께 알아보는 것이다.

민감도 분석을 통해 의사결정자가 얻을 수 있는 정보에는 어떤 것들이 있을까? 다시 말해, 민감도 분석의 주요 주제들은 무엇이 있을까? 다양한 주제들이 있지만, 대표적인 질문들로는 다음 몇 가지를 들 수 있다. 앞의 예제를 이용하여 각 주제의 의미를 알아보자. 첫째, 목적함수의 계수가 바뀌면 최적해에 어떠한 영향을 미치는지가 사후분석의 주제가 된다. 각 제품의 단위당 이익이 달라지면 당연히 최적의 생산량도 바뀔 수 있기 때문이다. 둘째, 제약식에서 오른쪽(우변)에 있는 자원의 가용량이 달라지면 최적해에 어떤 변화가 나타나는지도 주제가 된다. 실제로 자원의 가용량은 늘어나거나 반대로 줄어들 수도 있고, 그 변화는 알고리즘의 결과에도 영향을 미칠 수 있는 것이다. 셋째, 제약식에서 변수의 계수 즉 단위당 자원의 사용량이 달라지면 최적해에 어떠한 영향을 미치는지도 관심사가 된다. 넷째, 새로운 제약식이 추가되거나 기존의 제약식이 제거되는 변화에 최적해는 어떠한 영향을 받는지도 분석의 주제로 들 수 있다. 마지막으로, 새로운 변수의 추가가 최적해에 미치는 영향을 알아보기도 한다.

◉ 예제

앞에서 살펴본 예제를 좀 더 확장시킨 다음의 예를 생각해 보자. 우선 제품의 종류는 A, B, C, D의 네 가지이다. 따라서 각 제품의 생산량인 변수도 X_1, X_2, X_3, X_4의 네 개가 된다. 상품 A는 개당 60원, B는 개당 80원, C는 개당 100원, D는 개당 120원의 이익이 발생한다. 이번에는 사용하는 자원도 세 가지로 많아졌고, 최대로 쓸 수 있는 각 자원의 가용량은 각각 200, 24, 100으로 주어져 있다. 각 제품의 생산에 들어가는 각 자원의 사용량은 제약조건에 나타나 있다. 이 상황에서, 이익을 극대화할 수 있는 A, B, C, D의 생산량을 결정하는 것이 주어진 과제이다.

선형계획 문제의 수리적 모델은 다음과 같이 수립된다.

$$60x_1 + 80x_2 + 100x_3 + 120x_4$$
$$10x_1 + 10x_2 + 20x_3 + 20x_4 \leq 200$$

$$max \ z = 6x_1 + 2x_2 + 4x_3 + 2x_4 \leq 24$$
$$s.t. \quad 10x_1 + 14x_2 + 2x_3 + 4x_4 \leq 100$$
$$x_i \geq 0 \ (i = 1, 2, 3, 4)$$

◦ 1단계

먼저 위의 원형을 아래와 같은 표준형으로 바꾼다. 그러기 위해서는 x_5, x_6, x_7의 3개의 가상변수를 도입하게 된다.

$$max \ Z = 60X_1 + 80X_2 + 100X_3 + 120X_4$$
$$s.t. \quad 10X_1 + 10X_2 + 20X_3 + 20X_4 + X_5 = 200$$
$$6X_1 + 2X_2 + 4X_3 + 2X_4 + X_6 = 24$$
$$10X_1 + 14X_2 + 2X_3 + 4X_4 + X_7 = 100$$
$$X_1, X_2, X_3, X_4 \geq 0$$

◦ 2단계

이제 초기해를 출발점으로 하여 심플렉스 알고리즘을 시작한다. 초기의 가능해는 원점인 $x_1 = 0$, $x_2 = 0$, $x_3 = 0$, $x_5 = 200$, $x_6 = 24$, $x_7 = 100$으로 한다. 이때 목적함수 $Z = 60X_1 + 80X_2 + 100X_3 + 120X_4$의 값은 $x_1 = 0$, $x_2 = 0$, $x_3 = 0$, $x_4 = 0$이므로 0이 된다.

◦ 3단계

초기해가 최적해인지를 판정한다. 목적함수의 계수가 모두 양수이므로 초기해는 최적해가 아니다.

◦ 4단계

다른 가능해를 찾는다. 여기서 진입변수가 될 수 있는 후보는 $x_1 = 0$, $x_2 = 0$, $x_3 = 0$, $x_4 = 0$이다. 그 가운데 계수가 120으로 가장 큰 x_4를 진입변수로 선택한다. 그러면 x_4가 양의 값으로 바뀌면서 행간연산의 결과로 $x_5 = 200$, $x_6 = 24$, $x_7 = 100$ 가운데 하나는 0이 되어 탈락변수가 된다. 알고리즘의 기준을 따라 새로운 가능해를 찾는다(자세한 과정은 생략). 그 결과, 새로운 가능해는 $x_1 = 0$, $x_2 = 0$, $x_3 = 0$, $x_4 = 10$으로 바뀐다. 또한 목적함수 $Z = 60X_1 + 80X_2 + 100X_3 + 120X_4$의 값은 1,200이 된다.

5단계

바뀐 해가 최적해인지를 판정한다. 위의 행간연산에 의해 목적함수의 계수들이 바뀐다는 사실을 기억하자. 여기서 자세한 계수의 값을 보여 주지는 않지만, 바뀐 해의 목적함수에는 아직 계수의 부호가 양수인 변수가 있는 것을 확인할 수 있다. 그러므로 바뀐 해는 최적해가 아니다. 따라서 4단계로 돌아간다.

6단계

다른 가능해를 찾는다. 이번에는 계수 값이 가장 큰 x_2가 진입변수가 된다. 역시 행간연산의 결과로 새로운 가능해는 $x_1 = 0, \ x_2 = 0, x_3 = 0, x_4 = 8$로 바뀐다. 이때 목적함수 Z의 값은 $x_1 = 0$, $x_2 = 4, x_3 = 0, x_4 = 8$이므로 1,280이 된다.

7단계

바뀐 해가 최적해인지를 판정한다. 역시 행간연산에 의해 목적함수의 계수가 달라진다. 이번에는 목적함수의 모든 계수의 부호가 음수인 것을 확인할 수 있다. 즉, 현재의 가능해가 곧 우리가 찾는 최적해인 것이다. 따라서 알고리즘을 종료한다. 이때 각 제품의 생산량은 A = 0개, B = 4개, C = 0개, D = 8개이며, 목적함수의 최댓값은 1,280이다.

EXERCISE 연습문제

01 수리계획법의 대표적 유형인 선형계획법, 비선형계획법, 정수계획법의 차이를 기본 가정을 기준으로 설명하라.

02 선형계획법의 기본 모형은 어떠한 핵심요소로 이루어지는지 서술하고 정규형을 제시하라.

03 선형계획법을 비롯한 수리계획법이 실무현장에서 활용되는 대표적 사례들을 조사하여 제시해보라.

04 선형계획법에서 기저 변수(basic variables)와 비기저 변수(nonbasic variable)의 의미를 설명하라.

05 어느 부품가공회사에서는 모델 Z와 Q를 생산하고 있다. 두 모델은 절삭공정과 조립공정을 필요로 하며, 개당 판매이익은 각각 10만 원, 15만 원이다. 공정의 가용시간이 일주일당 절삭공정이 120시간, 조립공정이 140시간일 때, 다음 표를 보고 선형계획법의 결정변수, 목적함수 그리고 제약조건을 제시하라.

공정 \ 제품	개당 소요시간		가용공정시간 (1주일당)
	Z	Q	
절삭공정	2	3	120시간
조립공정	4	1	140시간
개당 판매이익	10만 원	15만 원	

06 사료 A와 B가 있고 영양분 1, 2, 3이 있다. 사료 구입비용을 최소화하는 사료 A, B의 1일 최적 구입량을 결정하고자 한다. 선형계획법의 결정변수와 목적함수 그리고 제약조건을 제시하라.

영양분 \ 사료	kg당 영양분 함유량		최소필요량 (1일당)
	A	B	
1	0.2	0.4	20
2	0.3	0.1	30
3	-	0.3	50
kg당 구입비용	1만 원	1만 5,000원	

07 TV를 생산하는 어느 기업에서는 생산된 제품을 다수의 물류창고에서 다수의 대리점으로 유통시키고 있다. TV 개당 물류창고에서 대리점으로의 수송비가 다음 표와 같을 때, 어디에서 얼마나 이동시키는 것이 적합한지를 결정하는 선형계획법의 결정변수, 목적함수, 제약조건을 제시하라.

물류창고＼대리점	1	2	3	공급량
1	14	16	20	350
2	13	15	19	150
3	12	14	15	100
수요량	200	250	180	

08 심플렉스 알고리즘에서, 가능해(feasible solution), 초기해(initial solution), 최적해(optimal solution)의 의미를 설명하라.

09 심플렉스 알고리즘의 기본 원리를 X_1과 X_2의 두 제품을 생산하는 시스템의 설계 문제를 바탕으로 기하학적으로 설명하라.

10 심플렉스 알고리즘의 절차를 설명하라.

Chapter

09

통계적 분석

학습목표

- 통계적 분석의 기본 개념과 용도를 이해하고, 모집단–표본, 모수–통계량의 관계에 대해 알아본다.

- 확률이론의 핵심 개념인 확률분포의 정의를 이해하고, 대표적인 확률분포 간의 관계를 파악하며, 이산적 분포를 연속적 분포로 근사시키는 목적을 알아본다.

- 통계적 분석에서 가장 자주 사용되는 추정, 상관분석, 회귀분석의 기본 개념과 수행절차를 알아본다.

- 실험적 분석인 시뮬레이션의 핵심 개념인 상태, 변수, 속성, 활동, 사건들의 개념과 용도를 알아본다.

- 시뮬레이션의 유형을 이해하고, discrete-event 시뮬레이션을 수행하는 구체적 과정과 절차를 알아본다.

1 | 기본 개념

바로 앞 장에서 시스템 문제의 답을 찾는 수리적 분석에 대해 알아보았다. 이번 장의 통계적 분석은 다시 시스템의 상태를 평가하는 모형으로 돌아간다. 그런 의미에서, 통계적 분석기법은 그 이전의 경제성 분석기법과 비슷한 성격을 지닌다고 할 수 있다. 다른 점은 실증적인 데이터를 기반으로 확률과 통계의 이론을 활용한다는 것이다.

산업경영공학에서 확률과 통계 지식을 많이 활용하는 이유는 무엇일까? 2장에서 시스템의 개념을 설명할 때, 시스템은 움직이는 패턴의 임의성 정도에 따라 확정적 시스템(deterministic system)과 확률적 시스템(probabilistic system)으로 나눌 수 있다고 하였다. 확정적 시스템은 말 그대로 확실히 예측할 수 있는 방식으로 작동하는 시스템이다. 예를 들어 생산량 Y와 투입량 X의 관계가 $Y = 2X$라면, X가 10일 경우 Y는 항상 20이 되는 시스템을 가리킨다. 따라서 수리적 분석이 가능하고 최적의 해(solution)를 찾기도 수월하다. 반면에 확률적 시스템은 어느 정도 규칙에 따라 움직이기는 하지만 항상 예측의 오류가 발생하는 시스템이다. $Y = 2X$에서 X가 10일 경우, Y는 0.5의 확률로 15가 되기도 하고 0.5의 확률로 25가 될 수도 있는 것이다. 이런 시스템에서는 구성요소의 상호관계를 확률적으로만 설명할 수 있어 불확실성이 항상 존재한다. 현실세계에서 만나는 대부분의 시스템은 확률적 시스템이고, 확률적 시스템을 분석할 때는 확률적 모형과 통계적 기법을 사용할 수밖에 없다.

통계적 분석의 개념을 이해하기 위해, 먼저 하나의 예제를 생각해 보자. 어느 제약회사에서 신약 개발에 필요한 정보를 얻기 위해 지난 10년간 종합병원을 찾은 환자들의 의료기록을 확보하였다. 하지만 이 기록을 모두 사용하기에는 규모가 너무 방대하여 그중에서 n개의 자료만을 추출하여 분석하기로 하였다. 여기서 모든 환자의 자료가 모집단(population)이고 n개의 자료가 표본(sample)이다. 이제 표본 안에 있는 환자 개개인을 관찰치(observation)로 하여 O_1부터 O_n까지 일련번호를 붙여놓자. 다음으로 환자 각각에 대해 연령(X_1), 체중(X_2), 혈압(X_3), 소득수준(X_4), 소금섭취량(X_5)을 조사하였다. 이러한 정보를 정리한 데이터베이스의 기본 구조가 표 9-1에 정리되어 있다.

이 데이터베이스를 데이터 행렬(data matrix)이라고 부르고, 행렬 모양의 일정한 표준 형식

⚛ 표 9-1   통계분석 데이터베이스의 기본 구조

	X_1	X_2	X_3	X_4	X_5
O_1	X_{11}	X_{21}	X_{31}	X_{41}	X_{51}
O_2	X_{12}	X_{22}	X_{32}	X_{42}	X_{52}
.					
.					
O_n	X_{1n}	X_{2n}	X_{3n}	X_{4n}	X_{5n}

에 맞추어 가지런히 정리되어 있는 정보를 '정형(structured) 데이터'라고 한다. 정형 데이터는 바로 통계작업에 쓸 수 있다. 사칙연산을 할 수도 있고, 공식에 집어넣어 답을 구할 수도 있고, 방정식의 해를 찾을 수도 있기 때문이다. 하지만 그렇게 구조화되지 않은 데이터는 '비정형(unstructured) 데이터'가 된다. 오늘날의 빅데이터(big data)는 텍스트(text) 정보, 그림 및 사진 정보와 같이 행렬 모양으로 표현할 수 없는 비정형 정보를 많이 포함하고 있다. 이러한 비정형 데이터는 먼저 일정한 형식에 맞도록 바꾸어 주는 과정을 거쳐야 통계작업에 사용할 수 있다.

여기서 환자의 상태를 보여 주는 연령, 체중 등의 속성 하나하나가 변수(X)가 된다. 각 변수에 대해 모집단이 갖는 값이 모수(parameter)이고, 표본이 갖는 값이 통계량(statistics)이다. 흔히 모수는 θ로, 통계량은 $\hat{\theta}$로 표기한다. 예를 들어, 혈압이라는 변수에 대해 모집단 전체의 평균 혈압은 모평균이라는 모수가 되고 표본의 평균 혈압은 표본평균이라는 통계량이 된다. 모집단 전체를 조사하지 않는 한 모수값을 알 수는 없다. 하지만 표본의 통계량은 쉽게 얻을 수 있다.

이제 그림 9-1을 보자. 이 그림은 통계적 접근을 모집단과 표본의 관계로 정리한 것이다.

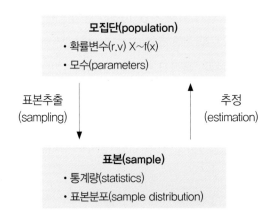

⚛ 그림 9-1   통계적 분석에서 모집단과 표본의 관계

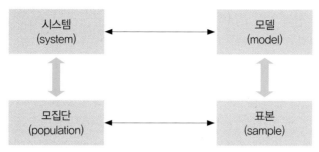

✿ 그림 9-2   시스템-모델과 모집단-표본의 관계

모집단의 모수값을 알고자 하는 것이 우리에게 주어진 과제이다. 문제는 모집단은 크고 복잡하기 때문에 모수값을 측정할 수 없다는 데 있다. 따라서 해결책으로 작고 단순한 표본을 추출한다. 이제 표본에서 어떤 변수의 통계량, 예를 들어 표본의 평균과 분산을 구해보자. 이것이 통계량이다. 표본으로부터 얻은 통계량을 우리가 궁극적으로 찾으려고 하는 모집단의 모수값으로 대체한다. 이것을 추정(estimation)이라고 부른다. 표본평균인 $\bar{X}$로 모평균인 μ를 추정하고, 표본분산인 s^2로 모분산인 σ^2을 추정하는 것이 대표적인 예이다.

요약하면, 통계적 분석은 모집단의 일부인 표본으로부터 얻은 통계량 값을 바탕으로 모집단의 모수값을 추정하는 작업을 의미한다. 그림 9-2에서 보듯이, 산업공학에서 말하는 시스템과 모델의 관계를 통계적 분석에 대입하면, 시스템에 해당되는 것이 모집단이고 모델에 대응되는 것이 표본이다.

그렇다면 통계적 분석은 어디에서 어디까지 할 수 있을까? 원칙적으로 말하면, 위의 데이터베이스를 가지고 하는 모든 작업은 통계적 분석이 된다. 따라서 통계적 분석의 범위는 매우

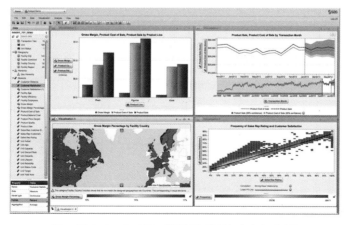

✿ 그림 9-3   SAS를 이용한 통계분석 결과의 시각화

방대하고 사용되는 기법도 아주 다양하다. 그 많은 내용을 여기에 담을 수는 없고 산업공학에 자주 쓰이는 대표적인 분석주제와 기법 몇 가지만을 알아보기로 한다. 우선은 각 변수의 통계량을 가지고 모수값을 추측하는 추정(estimation)이 있다. 관심을 넓혀, 변수와 변수 사이의 관계를 알아보는 작업으로는 상관분석(correlation analysis)이나 회귀분석(regression analysis)을 들수 있다. 이것도 물론 추정의 일부이다. 또 전체의 관찰치를 속성이 비슷한 소그룹으로 나누는 군집분석(cluster analysis)을 할 수도 있다. 어느 기법을 사용하든 분석의 결과는 수치로 나타낼수도 있고 그림으로 나타낼 수도 있다. 특히, 그림 9-3에서 보듯이, 통계패키지를 사용하면 시각화된 다양한 형태를 보여 줄 수 있다.

2 | 확률과 통계

통계적 분석을 위해서는 확률이론에 대한 기본적인 이해가 필요하다. 역사적으로도, 확률론의 응용으로 만들어진 학문이 통계학이다. 사실 자연과학에서 발전해 온 확률이론이 통계학이라는 응용학문으로 연결된 것은 19세기 이후의 일이다. 결국 확률론이 통계학의 뿌리인 셈이다.

먼저 확률이론의 기본 개념을 알아보자. 우리가 경영활동에서 발생하고 관찰하는 현상을 통계의 용어로 표현하면 '하나의 사건(event)이 발생했'고 한다. 사건 하나하나는 서술적으로 표현된다. 예를 들어, '주사위를 던졌는데, 3이 나왔다'하는 식이다. 따라서 수리적 분석을 위해서는 먼저 사건의 내용을 수치로 정량화해야 한다. 이러한 목적으로, 각각의 사건을 실수(real number)의 값으로 바꾼 것이 변수(variable)이다. 이 변수의 값이 그때그때 다르게 나오기 때문에 확률변수(random variable)라고 말한다. 매번 다른 값이 나오기는 하지만 어떤 규칙 안에서, 즉 주어진 범위 안에서 패턴을 보이며 나오게 될 때 이 패턴을 정형화시킨 것이 확률분포(probability distribution)이다.

그렇다면 왜 통계적 분석은 확률에 대한 지식을 필요로 할까? 앞에서 언급한대로, 통계적 분석의 핵심은 추정에 있다. 표본의 통계량을 가지고 모집단의 모수값을 알아내려고 하는 것

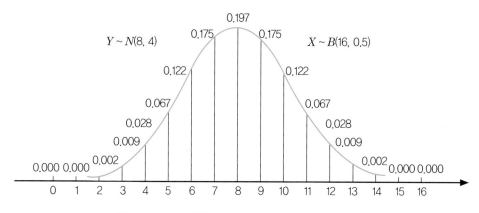

✱ 그림 9-4   이항분포를 정규분포로 근사시키는 과정

이다. 당연한 얘기지만, 추정을 하려면 변수의 값이 일정한 패턴을 가지고 나온다는 가정이 있어야 한다. 그렇지 않으면 추정 자체가 무의미하거나 불가능하다. 이 패턴에 대한 가정이 바로 확률분포이고 확률분포의 유형과 속성에 관한 지식을 모아놓은 것이 확률론이다. 그러므로 확률에 대한 이해가 있어야 통계적 추정을 할 수 있는 것이다.

확률분포는 크게 이산(discrete)분포와 연속(continuous)분포로 나눌 수 있다. 만일 변수들이 정숫값을 가진다면 이산적 분포를 따르는 것이고 실숫값을 가진다면 연속적 분포를 따르는 것이다. 이산분포의 대표로는 이항분포(binomial distribution)를 들 수 있다. 쉽게 설명하면, 성공과 실패로 나뉘는 실험을 여러 번 했을 때 성공의 횟수를 변수로 하는 것이 이항분포이다. 당연히 변수는 이산적 값을 갖게 되고 따라서 이항분포는 이산분포이다. 연속분포의 대표는 정규분포(Normal distribution)이다. 정규분포에서 변수들은 모든 실숫값을 가질 수 있다.

실제로 두 분포는 밀접한 관련을 맺고 있다. 그림 9-4에 도시되어 있는 것처럼, 이항분포(변수 X를 갖는 통계적 실험을 계속 반복하면 정규분포(변수 Y)에 가까워진다. 막대들을 붙여놓은 히스토그램(histogram) 모양이 종모양의 곡선(bell-shaped curve)으로 바뀌는 것이다. 이를 근사(approximation)라고 한다. 실제로 거의 모든 이산분포는 실험이 반복되면서, 즉 표본의 수가 커지면서 대표적인 연속분포인 정규분포에 가까워진다.

그러면 왜 통계적 분석에서는 이산분포를 연속분포로 전환시키려고 할까? 말을 바꾸어, 왜 이산분포보다 연속분포를 선호할까? 그것은 확률계산의 용이성 때문이다. 이산분포의 경우에는 사건 하나하나마다 발생의 확률을 계산해야 한다. 하지만 연속분포의 경우에는 적분을 통해 쉽게 계산할 수 있다. 더구나 정규분포의 경우에는 표준화된 표(table)가 잘 만들어져 있어 확률의 계산이 아주 쉽다.

이제 통계적 분석에서 자주 사용되는 몇 가지의 중요한 확률분포에 대해 알아보자. 세상에는 수많은 패턴의 통계적 사건들이 일어나는 만큼 다양한 확률분포들이 존재한다. 먼저 이항분포에서 출발해 보자. 앞에서 이미 설명한대로, 이항분포는 한마디로 성공과 실패의 횟수를 변수로 한다. 성공과 실패의 두 가지 경우만 일어나는 사건에서, 성공의 확률을 p라고 하면 실패의 확률은 당연히 $1-p$가 된다. n번의 실험을 했을 때, 성공의 평균 횟수는 np이고 평균 분산은 $np(1-p)$가 된다. 또 다른 이산분포인 포아송분포(Poisson distribution)는 이항분포와 아주 가까운 분포이다. 이항분포에서 실험의 횟수인 n이 크고 성공의 확률인 p가 아주 작은 경우에 포아송분포를 따르기 때문이다.

이제 연속분포인 지수분포(exponential distribution)를 알아보자. 지수분포는 포아송분포와 불가분의 관계를 맺고 있다. 두 분포가 같은 모수인 μ를 공유하기 때문이다. 하지만 두 분포의 모수는 서로 역수(inverse)의 값을 갖는다. 포아송분포의 모평균이 μ라면 지수분포의 모평균은 $1/\mu$이 되는 것이다. 마지막으로 정규분포(normal distribution)는 모든 분포의 근사점이 되는 분포이다. 각각의 변수가 서로 다른 분포를 따른다고 해도 실험을 계속 반복하면, 즉 표본의 수가 계속 커지게 되면 궁극적으로는 정규분포로 근사하기 때문이다.

정규분포는 여러 가지 장점을 지니고 있다. 그중에서도 가장 대표적인 장점은 표준화(standardization)가 가능하다는 점이다. 어떤 변수 X가 정규분포를 따른다고 하자. 또 변수 X의 모수인 모평균 μ와 모분산 σ^2가 주어졌다고 하자. 이것을 흔히 $X \sim N(\mu, \sigma^2)$로 표기한다. 이제 X를 변환한 새로운 변수 $Z = \frac{(X-\mu)}{\sigma}$를 보자. 새로운 변수 Z도 모평균이 0이고 모분산이 1인 정규분포를 따른다는 사실이 증명되어 있다. 즉, $Z = \frac{(X-\mu)}{\sigma} \sim N(0, 1)$로 표기할 수 있는 것이다. 이것을 표준정규분포라고 부른다.

이제 모수 μ와 σ^2가 어떤 값을 갖든 간에, 변수 X가 정규분포를 따르기만 하면 모두 표준정규분포를 따르는 Z로 변환할 수 있다. 또 거꾸로 $X = \mu + Z\sigma$의 식을 이용하여 X로 되돌아갈 수도 있다. 그러므로 Z에 대한 확률을 계산할 수 있는 표(table)만 만들어 놓으면, 모든 X의 확률도 이 표를 이용하여 계산할 수 있게 된다. 이 책의 부록 1과 2에 표준정규분포표와 누적표준정규분포표를 수록하였다.

그림 9-5는 중요한 분포들 간의 관계를 요약하여 보여 주고 있다.

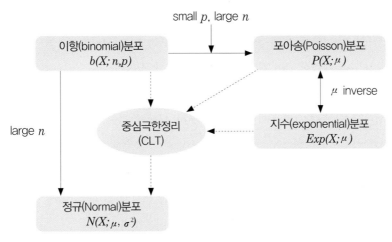

❋ 그림 9-5   주요 확률분포 간의 관계도

3 | 기술통계학

1. 기본개념

앞에서 통계의 기반이 되는 확률과 확률분포에 대해서 살펴보았다. 이번에는 본격적인 통계분석의 출발점이자 가장 기본이 되는 몇 가지 작업에 대해 알아보자. 첫째는 데이터를 요약하고 정리하여 전체적인 모양을 알아보는 작업이다. 이것은 데이터의 성격을 한눈에 보여 주는 '대표값'을 구하는 일로 이루어진다. 둘째는 통계분석에 필요한 예비자료 또는 기본정보를 만드는 작업이다. 나중에 좀 더 어렵고 복잡한 분석을 하기 위해 원래의 데이터를 분석에 용이한 형태로 가공하는 것이다. 셋째는 시각화 작업이다. 크고 복잡한 데이터는 숫자(numerical)로 요약할 수도 있지만 그림(visual)으로 보여 줄 수도 있다. 수치의 의미를 파악하기보다는 그림을 통해 직관적으로 이해하는 것이 더 효과적일 수 있기 때문이다.

위에서 말한 작업을 모두 통틀어 기술통계학(descriptive statistics)이라고 부른다. 기술통계학은 용어가 의미하는 것처럼 데이터의 모습을 묘사하는(describe) 작업, 다시 말해 데이터를 구성하는 각각의 변수(X)에 대해 관측치들이 어떤 모양으로 나타나는지를 정리하여 보여 주는 작업이다. 기술통계학에 대비되는 개념이 추론통계학(inferential statistics)이다. 추론통계학은 표본을 이용하여 모집단의 특성을 추측하고(guess) 분석하는(analyze) 작업을 다룬다. 앞에서 본 예시적 데이터에서 사람들의 연령과 체중이 어떻게 나타나는지를 표나 그림으로 보여 준다면 그것은 기술통계학이 된다. 하지만 국민 전체의 연령과 체중의 평균이 어느 정도인지, 또 연령과 체중 사이에는 어떤 관계가 있는지를 알아본다면 그것은 추론통계학이 된다. 따라서 기술통계학보다 더 복잡하고 어려운 수리적 지식을 필요로 한다. 뒤에서 알아볼 추정, 상관분석, 회귀분석 등은 모두 추론통계학에 해당되는 기법들이다.

기술통계학은 단순한 계산의 문제이고 사람보다는 컴퓨터가 하는 일 정도로 가볍게 생각하는 경향이 있다. 그러나 기술통계학을 통해 정리하고 가공한 정보들이 없으면 나중에 복잡한 추론통계학을 수행하는 것이 훨씬 어려워진다. 더구나 빅데이터의 시대에서 기술통계학의 의미와 용도는 더욱 커지고 있다. 현장 실무에서 더 자주 활용되는 기법들은 복잡하고 정교한 알고리즘보다는 오히려 기본적인 기술통계학 도구들이다.

2. 데이터 대표값

🔷 중심의 대표값

기술통계학의 첫 주제는 데이터 전체의 구조와 내용을 잘 요약하고 정리할 수 있는 대표값을 찾는 일이다. 그렇다면 대표값에는 어떤 것들이 있을까? 가장 기본이 되는 대표값은 데이터의 '중심(center)'이 어디에 있는지를 나타내는 값이다. 그 다음의 대표값은 중심을 가운데에 두고 데이터 값들이 퍼져 있는 '산포(dispersion)'의 정도를 보여 주는 값이다. 실제로 통계학의 역사를 보면 초기에는 '중심 또는 평균'의 분석에 초점을 맞추었다가 시간이 흐르면서 점점 '산포 또는 분산'의 중요성이 커지는 양상을 보인다.

데이터의 중심을 보여 주는 대표값은 중심을 어떻게 정의하느냐에 따라 달라진다. 통계에서 가장 많이 사용되는 중심의 대표값은 평균값(mean)이다. 특히, n개의 관측치(X_i)로 이루어진 표본의 데이터에서 구한 아래의 표본평균(sample mean) $\bar{x}$가 일차적인 중심의 대표값으로 사용된다.

$$\overline{x} = \frac{\Sigma X_i}{n}$$

다음으로 생각할 수 있는 중심의 대표값은 중앙값(median)이다. 데이터를 작은 값에서부터 크기 순으로 한 줄로 세웠을 때 가운데 위치에 있는 값을 가리킨다. 일반적으로 중심의 대표값으로 평균값이 중앙값보다 더 자주 이용되는 이유는 평균은 계산 과정에 모든 데이터를 다 포함시키지만 중앙값은 단지 크기의 순서를 나타내는 일부의 정보만 사용하기 때문이다. 그러나 보는 시각에 따라서는 중앙값이 평균보다 중심의 위치를 더 잘 나타낸다고 할 수도 있다. 왜냐하면 평균은 너무 큰 값이나 너무 작은 값과 같은 극단적인 값의 영향을 많이 받지만 중앙값은 단지 순서의 위치만 보지 차이의 크기를 보지는 않기 때문이다. 최빈값(mode)도 대표값이 될 수 있다. 관측치의 빈도가 가장 높은 값이 바로 최빈값인데, 이 값도 중심의 성격을 지니는 것이다.

🔷 산포의 대표값

다음에 알아볼 것은 데이터의 산포를 나타내는 대표값이다. 데이터의 산포 정도는 데이터 값들이 가운데의 중심을 기준으로 얼마나 좌우로 퍼져 있는지에 의해 결정된다. 데이터의 산포는 각각의 데이터 값과 평균값의 차이에 의해 결정된다. 표본의 평균이 $\overline{X}$일 때, 각각의 데이터 값 X_i에 대해 $(X_i - \overline{X})$의 크기를 본다는 것이다. 여기서 $(X_i - \overline{X})$를 평균보정 데이터(mean-adjusted data)라고 부른다. 이 값이 작으면 그 데이터는 중심으로부터 가깝다는 뜻이고 이 값이 크면 멀다는 뜻이다.

평균보정 데이터는 관측치와 평균과의 차이를 가리키므로 이 값들의 합(sum)을 보면 전체 데이터의 분포 정도를 알 수 있다. 만일 그 값이 매우 크다면 평균을 중심으로 데이터들이 넓게 퍼져 있다는 뜻이고, 작다면 가운데에서 멀지 않은 좁은 범위에 몰려있다는 뜻이 된다. 문제는 평균보정 데이터를 모두 더한 합이 0이 된다는 데 있다. 따라서 합을 구하는 것은 아무 의미가 없다. 그렇다면 어떻게 이 문제를 해결할 수 있을까? 크게 두 가지를 생각할 수 있다. 하나는 절댓값(absolute value)인 | $X_i - \overline{X}$ |로 만드는 것이다. 이렇게 하면 당연히 음의 값은 모두 양의 값으로 바뀌면서 합도 의미를 가질 수 있게 된다. 다른 하나는 제곱값(square)인 $(X_i - \overline{X})^2$으로 만드는 것이다. 이렇게 하여도 음의 값이 모두 양의 값으로 바뀌면서 문제를 해결할 수

🔵 표 9-2   원 데이터와 평균보정 데이터의 비교

관측대상(O)	원래 데이터 (original data)		평균보정 데이터 (mean-adjusted data)	
	신장(X_1)	체중(X_2)	신장(X_1)	체중(X_2)
평균(mean)	167.5	65.9	0	0
제곱합(SS)	994.4	1364.4	994.4	1364.4
분산(variance)	82.9	113.7	82.9	113.7

있다. 통계학에서는 절댓값을 쓰는 경우도 있지만 대부분은 제곱값을 사용한다. 이때 제곱값을 모두 더한 값인 $\Sigma(X_i-\bar{X})^2$이 바로 제곱합(Sum of Squares: SS)이 된다. 보다 정확하게 말하면, 평균보정 데이터의 제곱을 모두 더한 값이 된다.

원래의 데이터(original data)와 평균보정(mean-adjusted) 데이터를 비교해보자. 표 9-2에 하나의 표본 데이터가 예시적으로 주어져 있다. 여기에서는 신장(X_1)과 체중(X_2)의 두 변수에 대한 관측치가 주어져 있다. 원 데이터와 평균보정 데이터의 공통점과 차이점을 살펴보자. 표에서 보는 것처럼 원 데이터와 달리 평균보정 데이터의 합(sum)은 0이다. 따라서 평균도 0이 된다. 그러나 원 데이터와 평균보정 데이터의 제곱합은 동일하다. 평균보정 데이터의 평균은 0이지만 제곱합은 원 데이터와 같다는 사실은 매우 중요한 성질이기 때문에 잘 기억해두기로 하자.

위에서 정의한 제곱합을 이용하여 표본분산(sample variance)이라는 산포의 대표값을 만들게 된다. 표본분산은 흔히 s^2으로 표기하며 n개의 관측치(X_i)로 이루어진 표본의 표본분산은 아래와 같이 정의된다.

$$s^2 = \frac{\Sigma(X_i-\bar{X})^2}{n-1}$$

표본분산을 대표값으로 쓰게 되면 한 가지 문제가 생길 수 있다. 여기서 s^2은 원래의 변수 X가 아니라 그것의 제곱인 X^2으로 만들어지는 값이다. 따라서 원래 단위의 데이터보다 그 값이 훨씬 커지는 문제가 발생한다. 그러므로 s^2이 아니라 제곱근($\sqrt{\ }$)을 통하여 제곱을 하기 전의 원래의 단위로 돌려준 s를 산포의 대표값으로 쓸 수도 있다. 이것이 바로 표본의 표준편차(Standard Deviation : SD)이다.

다음으로 생각할 수 있는 산포의 대표값은 사분위수(quantile)이다. 사분위수는 크기의 순

서에 따라 늘어놓은 자료를 넷으로 나누는, 즉 사등분하는 수이다. 특히 그중의 첫 번째 사분위수를 제1사분위수, 세 번째 사분위수를 제3분위수라고 한다. 두 번째 사분위수는 앞에서 정의한 중앙값(median)이 된다. 이때 사분위수의 범위는 아래와 같이 제3사분위수와 제1사분위수의 차이로 정의한다. 이 값도 산포의 정도를 보여 주는 대표값으로 사용될 수 있다. 또 다른 대표값은 자료의 최댓값과 최솟값의 차이다. 이 차이를 범위(range)라고 하며 이것도 산포의 정도를 보여 주는 값이 된다.

3. 데이터 시각화

기술통계학에서는 수치로 요약한 정보를 제공하기도 하지만 동시에 시각적으로 요약한 정보를 제공하기도 한다. 이미 앞에서 설명한 것처럼, 시각화를 하는 이유는 다음 두 가지를 들 수 있다. 첫째는 시각적 정보의 전달효과가 높기 때문이다. 둘째는 숫자로는 드러나지 않던 정보가 그림을 통해서는 나타나는 경우들이 있기 때문이다.

어떤 모양의 시각적 표현이 가장 효과적이라고 한마디로 말할 수는 없다. 왜냐하면 데이터의 특성에 따라서 또 통계작업의 목적에 따라서 효과적인 시각적 표현이 달라지기 때문이다. 대표적으로 자주 사용되는 시각화의 도구들은 다음과 같다.

◉ 표

표(table)는 가장 일차적인 시각화의 도구이다. 일단 표로 정리하면 그것을 바탕으로 다른 모양의 시각화 도구들을 사용할 수 있기 때문이다. 표는 흔히 행렬(matrix) 형태로 보여 준다. 전체 데이터 값을 여러 구간으로 나눈 후 관측치들이 어느 구간에 얼마나 분포되어 있는지를 정리한 도수분포표가 대표적인 모양이다.

◉ 차트

차트(chart)는 주로 분포를 알아보는 데 사용되는 시각적 도구이다. 여기에도 여러 가지 형태가 있고 각각은 용도가 다르다. 그중에서도 바 차트(Bar chart), 파레토 차트(Pareto chart), 파이 차트(Pie chart) 등이 자주 사용된다.

◆ 히스토그램

히스토그램(histogram)은 앞에서 설명한 도수분포표를 근거로 작성하는 시각화 도구이다. 흔히 동일한 폭을 갖는 계급으로 나누어 각 계급의 도수(frequency)를 기둥 형태로 표현하는 식으로 만든다.

◆ 줄기잎 그림

줄기잎 그림(stem and leaf plot)은 관측치들을 줄기에 해당되는 부분으로 크게 나눈 후 각 줄기에 소속되어 있는 관측치들을 잎에 해당되는 부분으로 작게 나누어 시각적으로 표현하는 도구이다. 예를 들어, 시험점수의 데이터라고 하면 먼저 60점대, 70점대, 80점대 등 10점대로 줄기를 만든 후 그 줄기에 소속되는 관측치들을 잎으로 배치시키는 식으로 만들게 된다. 모든 관측치가 그림 안에 반영되기 때문에 정보의 손실이 없고 전체의 모양을 이해하기 쉽다는 장점이 있다.

◆ 지도와 네트워크

조사 대상의 전체 집합(예를 들어 세계, 국가 등)을 보여 주는 실제의 지도(map) 위에 관측치들의 값을 표시하거나, 조사 결과를 정리하여 지도 모양의 그림으로 표현하는 방식을 가리킨다. 또 관측치들 간의 관계를 노드(node)와 화살표(arrow)로 이루어지는 네트워크(network) 모양으로 보여 줄 수도 있다.

4 | 모수추정

1. 추정의 방법

이미 여러 번 설명한 것처럼, 통계적 분석의 핵심은 추정이다. 표본의 통계량을 가지고 모집단의 속성인 모수를 알아내는 작업인 것이다. 추정의 출발은 추정값으로 사용할 추정량의 선택에 있다. 왜냐하면 하나의 모수에 대해 우리가 사용할 수 있는 추정량은 여러 개 있을 수 있고 그 가운데 어떤 추정량을 사용하느냐에 따라 추정의 결과가 달라지기 때문이다. 예를 들어, 모평균이라는 모수의 참값을 추정하는 문제를 생각해 보자. 추정을 위해 먼저 표본을 추출하였다. 이제 표본으로부터 얻을 수 있는 다양한 통계량 중에 어느 것을 추정량으로 사용할 것인가? 바로 생각할 수 있는 후보만 해도 여러 개가 있다. 우선 표본의 평균을 쓸 수 있다. 하지만 표본평균 대신 표본의 중앙값을 쓸 수도 있고, 아니면 아주 간단하게 가장 큰 값과 가장 작은 값을 평균한 값을 쓸 수도 있다.

유일한 최선(unique and best)의 추정량을 미리 알 수는 없다. 왜냐하면 모수는 알려지지 않은 값이기 때문이다. 정답을 모르는데, 어느 추정량이 정답인지를 알 수는 없는 것이다. 그러나 여러 개의 좋은(many good) 추정량을 얻을 수는 있다. 그렇다면 어떤 추정량이 과연 좋은 추정량일까? 이 질문에 대한 답을 위해서는 좋은 추정량으로서 갖추어야 할 기준과 조건이 설정되어야 한다(기준과 조건에 대한 자세한 설명은 이 책의 범위를 벗어나기 때문에 생략하기로 한다).

앞의 예로 돌아가서, 100명의 표본을 뽑아서 그들의 키를 재었더니 평균값이 170.6cm로 나왔다고 하자. 이 정보를 바탕으로 모집단의 평균 신장이 얼마냐고 물어본다면 대부분은 170.6cm라고 대답할 것이다. 모평균 μ에 대한 가장 합리적인 추정치는 표본평균 $\overline{X}$가 된다는 것이다. 그런데 그렇게 생각하는 근거가 무엇이냐, 표본평균 대신 중앙값과 같은 다른 통계량을 사용하면 왜 안 되느냐고 물어보면 명확한 대답을 찾기가 쉽지 않다. 그냥 상식적으로 판단하면 그렇다, 또는 중·고등학교 때부터 그렇게 배워서 습관적으로 대답한다 등의 답변을 내놓을 것이다. 그러나 모평균의 추정량으로 표본평균을 사용하는 것은 그냥 상식적인 판단 때문이 아니라 그것이 가장 좋은 추정량의 요건을 만족시키기 때문이다. 추정량이 될 수 있는 여러 후보 가운데 표본평균이 가장 좋은 후보로서의 자격을 갖추고 있는 것이다.

그렇다면 어떤 방법으로 기준과 조건을 만족시키는 좋은 추정량을 찾을 수 있을까? 이 주제를 다루는 것이 추정방법(estimation method)이다. 통계학의 역사가 오래되면서 다양한 추정방법이 개발되었고, 각각의 방법은 장점과 단점을 지니고 있다. 이 가운데 가장 자주 사용되는 두 가지 추정방법만 간략히 이해하고 넘어가자.

가장 폭넓게 사용되는 추정방법은 최우도추정법(maximum likelihood estimation method)이다. 이 방법의 논리는 간단하고 분명하다. 표본의 관찰치(observation value)가 모집단의 모수값(parameter value)과 일치할 '가능성(likelihood)'을 우도라고 할 때, 우도가 최대가 되도록 추정한다는 것이다. 여기서 확률 대신 우도라는 용어를 사용하는 이유는, 모수의 참값은 알 수 없기 때문에 당연히 확률을 알 수는 없고 단지 가능성의 정도만 알 수 있기 때문이다. 이 방법은 논리도 합리적이고 좋은 추정의 여러 가지 요건을 만족시키기 때문에 가장 폭넓게 사용된다.

다른 하나는 최소제곱추정법(least squares estimation method)이다. 이 방법의 기준도 명확하다. 표본의 관찰치(observation value)와 모집단의 모수값(parameter value)의 차이인 '오류(error)'의 제곱을 모두 더한 값이 최소가 되도록 추정한다는 것이다. 이 방법의 장점은 계산이 용이하다는 점이다. 뒤에서 설명할 회귀분석에서는 주로 이 추정방법을 사용한다.

2. 점추정과 구간추정

위에서 설명한 추정방법을 통해 실제로 '무엇'을 추정할지에 대해 생각해 보자. 추정의 대상은 매우 다양하다. 모집단의 속성을 설명하는 모든 모수가 추정의 대상이 될 수 있다. 그중에서 가장 대표적인 추정의 대상이 되는 모수는 모평균과 모분산이다. 앞에서 예를 든 제약회사의 데이터베이스에서, 연령(X_1)이라는 변수에 대해 연령의 모평균과 모분산을 추정하고, 혈압(X_3)이라는 변수에 대해서도 혈압의 모평균과 모분산을 추정하는 식이다. 여기서 모평균과 모분산의 두 가지 모수가 대표적 모수가 되는 이유는 무엇일까? 그것은 이 두 개의 모수가 모집단의 중심과 범위를 가장 잘 보여 주기 때문이다. 따라서 이 모수들의 값을 정확히 추정할 수 있으면 모집단의 구조와 형태를 한눈에 파악할 수 있는 것이다.

추정은 하나의 값으로 할 수도 있고 범위의 값으로 할 수도 있다. 표본에서 추출한 하나의 통계량 값으로 모수를 추정하는 것이 점추정(point estimation)이다. 또 범위의 값으로 추정하는 것이 구간추정(interval estimation)이다. 점추정은 모수 θ에 통계량 $\hat{\theta}$를 바로 대입하여 추정한다. 점추정은 간단하다는 장점이 있지만 통계량 값이 모수값과 일치할 확률은 0이라는 치명적 단점이 있다. 그러므로 일반적으로는 하나의 값이 아니라 범위의 값으로 추정을 하게 된다. 즉, 모수값이 존재할 상한과 하한으로 이루어지는 구간추정을 하게 된다. 구간은 넓게 정할 수도 있고 좁게 정할 수도 있다. 넓게 정할수록 모수가 그 안에 속할 확률은 높아지지만 정보의 가치는 떨어진다. 따라서 실제의 구간추정에서는 구간의 넓이를 결정하는 신뢰수준(confidence level)인 $1-\alpha$ 값을 설정하여 구간의 넓이를 정한다. α 값의 변화에 따라 구간의 넓이를 다르게 정하는 것이다. $1-\alpha$ 값이 정해지면, 이것을 기준으로 구간의 상한값($\hat{\theta}_U$)과 하한값($\hat{\theta}_L$)을 정하게 된다. 이 값은 모수값이 상한과 하한 안에 포함될 확률이 적어도 $1-\alpha$보다는 크게 함으로써 정할 수 있다. 즉, $P(\hat{\theta}_L < \hat{\theta} < \theta_U) \geq 1-\alpha$이 되도록 구간의 넓이를 정하는 것이다.

5 | 상관분석

1. 기본 개념

앞에서 우리는 특정변수의 추정에 대해 알아보았다. 앞의 데이터베이스 예로 돌아가 보면, 연령이라는 변수나 혈압이라는 변수 각각의 모평균이나 모분산을 추정한 것이다. 이제부터는 분석의 범위를 넓혀 변수와 변수 사이의 관계에 대해 생각해 보자. 즉, 연령과 혈압 사이에 무슨 관계가 있는지를 알아보는 것이다.

통계적 분석에서, 변수 간의 관계를 추정하는 가장 일차적인 분석이 바로 상관분석(correlation analysis)이다. 상관분석을 이해하기 위해 먼저 작은 예를 생각해 보자. 어떤 변수 X와 Y가 있다고 하자. 각각의 변수에 대해 n개의 표본을 추출한 후, 표본평균 $\bar{X}$와 $\bar{Y}$를 각각 계산한다. 다음으로 각 표본에서 한 개씩의 관찰치를 뽑아서 X와 Y의 쌍(pair)을 만들자. 그러면 모두 n개의 쌍이 만들어진다. 이것을 가지고 두 변수의 관계를 어떻게 측정할 수 있을까? 상관분석의 기본 아이디어는 두 변수가 움직이는 패턴을 분석하는 것이다. 즉, X와 Y의 값을 쌍으로 보았을 때, X값과 Y값이 함께 비슷한 방향으로 움직이는지 아니면 반대 방향으로 움직이는지, 아예 제각각으로 움직이는지를 보고 관계를 파악하자는 것이다.

그러면 이 움직이는 패턴을 어떻게 정량화할 수 있을까? 상관분석에서는 우선 다음의 지표 S_{xy}를 제시한다.

$$S_{xy} = \sum_{i=1}^{n} (x_i - \overline{x})(y_i - \overline{y}) = \sum_{i=1}^{n} x_i y_i - (\sum_{i=1}^{n} x_i)(\sum_{i=1}^{n} y_i)/n$$

단, $\overline{x} = X$의 표본평균, $\overline{y} = Y$의 표본평균

이 지표는 두 변수 간 관계의 강도(strength)와 방향(direction)을 보여 준다. 우선 이 지표의 값이 크면 두 변수 사이에 강한 상관관계가 있다고 할 수 있다. 또 이 지표의 부호가 양(positive)의 값을 가지면 두 변수가 같은 방향으로 움직이고 부(negative)의 값을 가지면 반대 방향으로 움직인다고 할 수 있다. 하지만 이 지표의 결정적 문제점은 변수의 단위(scale)에 큰 영향을 받는다는 것이다. 하나의 변수가 kg 단위인 데 반해 다른 변수가 mg의 단위라면 상관 관계를 제대로 측정하기 어렵다. 따라서 단위의 영향을 제거한 새로운 지표가 필요하다. 여기서 제시된 것이 다음의 지표 r이다.

$$r = \frac{S_{xy}}{\sqrt{\sum(x_i - \overline{x})^2}\sqrt{\sum(y_i - \overline{y})^2}} = \frac{S_{xy}}{\sqrt{S_{xx}}\sqrt{S_{yy}}}$$

이 지표가 바로 상관계수(correlation coefficient)이다. 상관계수는 $-1 \leq r \leq 1$ 의 값을 갖도록 설계되어 있기 때문에 단위에 상관없이 두 변수 사이의 '상대적' 관계를 제대로 반영할 수 있다. 따라서 상관계수의 크기와 부호를 바탕으로 상관분석을 하게 된다. 실무적으로 상관관계를 판정하는 가이드라인은 없을까? 일반적으로 다음의 표와 같은 해석을 할 수 있다. 그러나 이 가이드라인은 절대적인 기준이 아니다. 어느 상황에서 어떤 목적을 위해 상관분석을 하는지에 따라 같은 값에 대한 해석은 달라질 수 있다. 예를 들어, 아주 정밀한 과학적 현상에 대해서는 상관계수 0.7도 낮은 수준이라고 할 수 있지만, 사회과학적 분석에서는 상관계수 0.5도 높은 수준이 될 수도 있는 것이다.

상관계수 값	의미의 해석
-1.0과 -0.7 사이	강한 음의 상관관계
-0.7과 -0.3 사이	뚜렷한 음의 상관관계
-0.3과 -0.1 사이	약한 음의 상관관계
-0.1과 0.1 사이	무시할 수 있는 정도의 상관관계
0.1과 0.3 사이	약한 양의 상관관계
0.3과 0.7 사이	뚜렷한 양의 상관관계
0.7과 1.0 사이	강한 양의 상관관계

또한 상관계수는 두 변수 사이의 선형(linear) 관계만을 나타낸다는 사실을 기억해야 한다. 선형 관계에 초점을 맞추는 이유는 그것이 가장 일반적인 현상이고 또 단순한 관계이기 때문이다. 나아가 상관성의 크기를 정량적으로 측정할 수 있는 상관계수가 폭넓게 사용되고 있기 때문이다. 그러나 세상에는 선형이 아니라 비선형(non-linear) 모양의 상관관계를 보여주는 경우도 종종 있다. 그럴 때는 그 경우에 맞는 새로운 기준과 계수로 상관관계를 파악해야 한다.

2. 예제

개인의 소득수준과 스마트폰 사용량 간에 어떤 상관관계가 있는지를 알아보려고 한다. 상관분석을 위해, 변수 X에 연간소득을 그리고 변수 Y에 통신비를 놓은 뒤 10명의 가입자들로부터 표 9–3의 데이터를 수집하였다.

🔘 표 9–3 **소득과 통신비 데이터**   (단위 : 천 원)

가입자	1	2	3	4	5	6	7	8	9	10
소득(X)	2,000	2,200	2,500	2,800	3,200	3,600	4,100	4,700	5,300	6,000
통신비(Y)	25	28	22	38	41	32	31	45	60	48

앞의 식에 넣어서 상관계수를 구하였더니 $r = 0.816$으로 나타났다(물론 실제로는 수작업으로

계산하는 것이 아니라 통계패키지를 돌려서 값을 얻는다). 상관계수가 이 정도라면 소득수준과 사용량 간에는 높은 양의 상관관계가 존재한다고 할 수 있다. 하지만 주의할 점은, 바로 뒤의 회귀분석에서 설명하겠지만, 상관계수가 크다고 해서 이를 두 변수 사이에 인과관계가 존재하는 것으로 해석해서는 안 된다는 것이다. 단지 소득이 많은 사람들이 스마트폰을 더 많이 사용하는 일반적인 패턴이 보인다는 정도만 말할 수 있지, 소득수준이라는 변수의 변화가 통신비라는 변수의 변화를 일으키는 원인이 된다는 말은 할 수 없다는 것이다.

6| 회귀분석

1. 기본 개념

앞에서 살펴본 상관분석은 겉으로 드러난 두 변수 사이의 움직임을 단지 관찰한 결과일 뿐이다. 움직이는 패턴이 비슷한지, 반대인지, 아니면 독립적인지 만을 보기 때문에 두 변수 사이에 어떤 근본적이고 구조적인 관계가 존재하는지, 특히 하나의 변수가 다른 변수에 어떤 영향을 미치는지를 알 수는 없다. 우연한 상관관계를 넘어, 원인과 결과의 인과관계(causal relationship)를 파악하는 과제에 가장 자주 사용되는 통계적 방법론으로 회귀분석(regression analysis)을 들 수 있다. 회귀분석은 워낙 널리 쓰이는 통계적 분석방법이므로 기본 이론을 잘 이해할 필요가 있다.

상관분석과 회귀분석의 개념적 차이를 설명하기 위해, 이차원 평면 위에 두 변수 X와 Y의 값들이 흩어져 있는 상황을 생각해 보자. 먼저 변수 X와 Y가 서로 대등한(independent and uncontrolled) 입장에 있다고 할 때, 둘 사이의 상관성을 알아보기 위해서는 X와 Y가 각각의 평균인 $\bar{X}$와 $\bar{Y}$를 중심으로 흩어져 있는 패턴이 얼마나 비슷한지를 보면 된다. 그 정도를 측정한 값이 바로 앞에서 알아본 상관분석의 상관계수(correlation coefficient)이다.

이번에는 변수 X가 원인이 되고 Y가 결과가 되는 인과관계에 있다고 가정하자. 이 상황에서는 두 변수 사이의 유사성이 아니라 한 변수가 다른 변수에 미치는 영향(effect)의 크기를 알아보는 것이 분석의 주제가 된다. 그렇다면 어떻게 그 크기를 알아볼 수 있을까? X가 한 단위 늘어났을 때 Y는 몇 단위 늘어나는지를 보는 것이 가장 단순하면서도 확실한 방법이 될 것이다. 그러기 위해서는 $Y = \alpha + \beta X$ 형태의 선형함수(linear equation)를 만들어서 그 선의 기울기(slope) β와 절편(intercept) α의 값을 추정하면 된다. 이것이 회귀분석의 기본 원리이다.

따라서 회귀분석은 두 개의 변수에 대해 하나를 종속변수(dependent variable)로, 나머지를 독립변수(independent variable)로 하는 함수로 만들어서 둘 사이에 인과관계가 존재하는지, 존재한다면 어느 정도인지를 분석하는 통계적 기법이다. 여기서 독립변수는 종속변수에 영향을 주는 변수로서 원인이 되는 것이고, 종속변수는 독립변수에 영향을 받는 변수로써 결과가 되는 것이다. 예를 들어, 어느 서비스 기업에서 광고투자 비용과 매출액 간의 관계를 분석하려 한다고 하자. 그러면 광고비는 독립변수가 되고 매출액은 종속변수가 된다. 이때, 광고비가 얼마가 늘어나면 그에 따라 매출액은 얼마나 늘어날 것인지, 즉 둘 사이의 인과관계를 보여주는 함수를 찾는 것이 바로 회귀분석이다. 따라서 회귀분석은 독립변수와 종속변수 간의 관계를 수학적으로 표현한 회귀식(regression equation)을 추정함으로써, 두 변수 간의 관계를 규명하게 된다.

2. 회귀식

회귀분석은 독립변수의 개수에 따라, 독립변수가 하나인 단순 회귀분석(simple regression)과 독립변수가 두 개 이상인 다중 회귀분석(multiple regression)으로 나눈다. 하지만 단순 회귀분석이든 다중 회귀분석이든 기본 원리나 이론적 근거는 동일하기 때문에 여기서는 단순 회귀분석에 대해서만 살펴보도록 한다.

단순 회귀분석의 기본 모형, 즉 회귀식(regression equation)은 다음과 같다.

$$Y_i = \alpha + \beta X_i + \varepsilon_i$$

여기서, X_i는 독립변수, Y_i는 종속변수, α는 회귀식의 y절편, β는 회귀식의 기울기, ε_i는 회귀식에 의해 설명될 수 없는 오차(random error)를 나타낸다.

3. 모수추정

독립변수와 종속변수가 선형(linear) 관계를 갖는다는 가정하에, 두 개의 모수(parameter), 즉 α와 β를 추정(estimation)하여 회귀식을 얻을 수 있다. 이론적으로는 무수히 많은 α와 β값이 있을 수 있고 따라서 무수히 많은 회귀식이 나올 수 있다. 그러므로 회귀분석의 핵심과제는 가장 적합한 모수의 추정을 통해 최적의 회귀식을 찾는 일이 된다.

모수를 추정하는 방법에는 여러 가지가 있지만, 회귀분석에서는 앞에서 설명한 최소제곱법(least square method)을 사용한다. 최소제곱법의 아이디어는 간단하다. 그림 9-6에서 보듯이, 실제값인 Y_i와 그것의 추정치인 $\hat{Y}_i$의 차이를 오차(error)라고 한다. 좋은 회귀식이 되려면 오차를 모두 합한 값이 작아야 한다. 따라서 오차의 제곱합이 최소(minimum)가 되는 α와 β값을 추정하면 된다. 여기서 오차의 합 자체가 아니라 제곱합을 쓰는 이유는, 제곱을 하지 않은 오차의 경우 양(+)이 될 수도 있고 음(-)이 될 수도 있어 오차의 합을 최소화한다는 것이 의미가 없기 때문이다.

최소제곱법으로 α와 β의 추정하는 과정에는 우리가 흔히 최소화 문제를 풀 때 사용하는 방법을 사용한다. 즉, 미분한 후 그 식을 0으로 놓은 연립방정식을 푸는 것이다. 이 연립방정식을 정규방정식(normal equation)이라고 한다. 약간의 수학적 작업을 거쳐 최소제곱법에 의해 α와 β의 추정치를 구하면 다음과 같다. 다음 식에서 n은 회귀분석에 사용한 표본의 수를 의미한다.

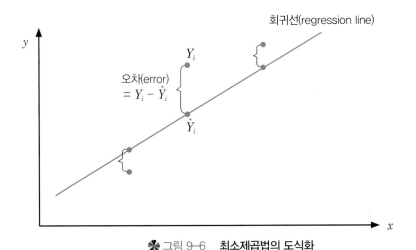

✿ 그림 9-6 **최소제곱법의 도식화**

$$\hat{\beta} = \frac{n\sum XY - \sum X \sum Y}{n\sum X^2 - (\sum X)^2}$$

$$\hat{\alpha} = \frac{\sum Y - \hat{\beta} \sum X}{n}$$

이렇게 얻어진 회귀식의 설명력이 어느 정도인가, 즉 회귀분석에 의한 추정치가 실제값과 얼마나 잘 일치하는가를 알아보기 위해서는 흔히 결정계수(coefficient of determination)라고 불리는 R^2값을 이용한다. 결정계수는 다음과 같은 식으로 나타낼 수 있다. 이 식에서 분모는 데이터 전체에서 만들어지는 오차의 합을 나타내고 분자는 회귀식에서 만들어지는 오차의 합을 나타낸다. 그러므로 결정계수의 값이 커질수록 전체 오차에서 회귀모형으로 설명할 수 있는 오차의 상대적 비중이 커진다는 의미이고, 따라서 회귀분석의 적합도가 높아진다고 해석할 수 있다.

$$R^2 = \frac{(n\sum XY - \sum X \sum Y)^2}{\{n\sum X^2 - (\sum X)^2\}\{n\sum Y^2 - (\sum Y)^2\}}$$

결정계수값의 범위는 0과 1 사이로, 그 값이 클수록 설명력이 높은 것이다. 예를 들어, 결정계수의 값이 1이면 실제값과 추정치가 모두 일치하는 경우이다. 물론 현실에서 그러한 경우가 나올 수는 없기 때문에 대부분의 경우에는 1에 가까운 값이 나오기를 기대한다. 여기서 R^2의 값이 어느 정도 커야 되는지에 대한 절대적인 기준은 없다. 흔히 R^2이 0.6보다 크면 모형의 유의성이 충분하다고 판정하는 것을 볼 수 있다. 그러나 이것은 절대적인 기준은 아니다. 회귀분석은 이공계는 물론 사회과학, 인문학, 경영학, 의학, 문화예술 등 거의 모든 분야에서 폭넓게 쓰이고 있다. 그리고 분야의 본질적 특성에 따라 데이터의 변동성은 큰 차이가 난다. 그러므로 R^2의 높고 낮음은 분야의 특성을 고려하여 신축적으로 정하게 된다.

4. 예시

광고는 신규 고객을 늘리는 데 매우 효과적인 수단이라고 할 수 있다. 광고비와 신규고객

수 간의 관계를 실증적으로 분석하기 위하여 표 9–4에 나타난 것과 같이 10개 기업을 대상으로 한 해 동안의 광고비와 신규고객 수를 조사하였다.

🌑 표 9–4　**10개 기업의 광고비 투자액과 신규고객 수 데이터**

기업	X : 광고비(억 원)	Y : 신규고객(100명)
A	36.5	14
B	28.0	9
C	42.9	15
D	52.0	20
E	51.5	21
F	53.8	25
G	25.4	9
H	37.2	13
I	50.9	20
J	29.2	10

표 9–4의 자료를 토대로 광고비와 신규고객 수 간의 인과관계를 알아보기 위해 회귀분석을 실시하였다. 여기서는 광고비를 독립변수(X_i)로, 신규고객 수를 종속변수(Y_i)로 한 단순 회귀모형을 사용하였다.

$$\sum XY = 6,895.2,\ \sum X = 407.4,\ \sum Y = 156.0,\ \sum X^2 = 17,679.8$$이므로

$$\hat{\beta} = \frac{10(6,895.2)-(407.4)(156.0)}{10(17,679.8)-(407.4)^2} = 0.4987$$

$$\hat{\alpha} = \frac{156.0 - (0.4987)(407.4)}{10} = -4.7172$$가 된다.

따라서 추정된 회귀식은 다음과 같다.

$$\hat{Y}_i = -4.7172 + 0.4987\,X_i \quad (\text{신규고객 수} = -4.7172 + 0.4987 \times \text{광고비})$$

여기서 회귀식의 결정계수(R^2) 값을 계산해 보면 0.9465로 매우 높게 나타난다. 따라서 광고비 지출과 신규고객 증가 사이에는 통계적으로 유의한 인과관계가 존재한다고 할 수 있다.

7 | 실험적 분석

1. 기본 개념

통계적 분석에 이어서 실험적 분석에 대해 간략하게 살펴보자. 실험적 분석을 다른 말로 표현하면 시뮬레이션(simulation) 분석이다. 물론 실험적 분석과 통계적 분석은 다른 분석기법이다. 하지만 두 기법은 많은 면에서 밀접하게 관련되어 있다. 시뮬레이션을 위해서는 확률이론에 대한 기본 지식이 필요하기 때문이다. 따라서 독립된 장(chapter)으로 만들지 않고 통계적 분석의 끝에 추가하는 식으로 간략히 설명하려고 한다.

앞에서 설명한 것처럼, 산업공학에서는 시스템의 문제를 해결하기 위해 일차적으로는 수리적 모형을 사용한다. 그러나 시스템이 너무 크고 복잡하며, 시스템이 움직이는 패턴도 불확실하고 더구나 시간에 따라 상태가 변하는 특성을 갖는 경우에는 수리적 접근이 어려워진다. 그렇다고 직접 현실시스템에서 실험을 하기에는 너무 많은 비용이 들고 제약도 많다. 이럴 경우 컴퓨터 모델링을 기반으로 하는 모의실험(simulation)이 유용한 대안이 될 수 있다. 시뮬레이션은 한마디로 '현실시스템을 단순한 모델로 설계하고 이 모델의 상태와 변화를 컴퓨터 실험을 통해 분석하는 과정'이다.

시뮬레이션을 통한 실험적 분석이 필요한 경우는 매우 다양하다. 예를 들어, 많은 생산설비가 돌아가는 거대한 공장에서 아침 9시에 공장의 가동을 시작하고 난 후 한 시간이 경과한 10시에 각 공정별로 얼마나 많은 대기가 존재하는지, 처리시간은 평균 얼마나 걸렸는지, 병목현상이 일어나는 공정은 어디인지 등을 알아보려고 한다. 동일한 분석을 한 시간 단위로 반복하고, 나아가 요일마다 차이가 있는지도 알아보고자 한다. 또 다른 예로, 은행 업무가 시작된 후 시간대별로 대기하고 있는 고객의 수, 고객이 은행 안에 머무르는 시간 등을 예측하는 경우도 생각할 수 있다. 이런 예들은 수리적 분석보다는 실험적 분석이 더 적합한 경우이다.

2. 시뮬레이션 모델

모든 산업공학기법이 그러하지만, 시뮬레이션도 모델링에서 출발한다. 모델을 만들기 위해서는 다음 몇 가지의 용어와 개념을 이해해야 한다. 먼저 상태변수(state variable)는 시스템의 특성을 설명하는 요인들을 변수로 설정한 것이다. 또한 시뮬레이션에서 분석하고자 하는 대상을 개체(entity)라고 한다. 또 이 개체가 갖는 특성을 속성(attribute)이라고 한다. 물론 하나의 개체는 여러 가지의 속성을 가질 수 있다. 자원(resource)은 시스템의 운영에 필요한 요소를 의미한다. 활동(activity)은 시스템의 변화를 가져오는 일을 뜻한다. 또한, 특정 시간에서 시스템의 모든 개체, 속성, 활동 등의 수준을 표현하는 것이 상태(state)이다. 마지막으로 사건(event)이라는 용어의 의미도 알아야 한다. 사건은 시스템의 상태를 변화시키는 일의 발생을 가리킨다.

스마트기기를 생산하는 공장의 예를 생각해 보자. 여기서는 공장 자체가 '시스템'이 된다. 다음으로, 생산부품이나 생산기계는 '개체'이다. 부품의 형태, 주문 수량, 기계의 성능, 고장률 등은 각 개체의 '속성'이 된다. 생산설비는 '자원'으로, 생산부품의 가공, 완제품의 가공, 기계의 가동 등은 시스템의 변화를 일으키는 '활동'이다. 한편, 어느 특정 시점에 각 개체들이 갖는 값들을 모아놓은 정보는 '상태'로 볼 수 있다. 가공을 위한 부품 로트(lot)가 새로 도착한 것, 또는 조립을 마친 완제품 로트가 공장을 나가는 것 등은 '사건'이 된다.

통신서비스라는 시스템을 생각해 보면, 메시지는 '개체'이고 문자의 길이는 그 개체의 '속성'이다. 메시지를 전송하는 행위는 '활동'이고 전송을 위해 대기하고 있는 전체 메시지의 수는 '상태'가 된다. 수신자가 메시지를 받는 것은 '사건'이다.

3. 시뮬레이션 유형

시뮬레이션은 크게 정적(static) 시뮬레이션과 동적(dynamic) 시뮬레이션으로 나눌 수 있다.

둘 사이의 차이는 시간(time) 변수가 있느냐 없느냐에 따라 결정된다. 정적 시뮬레이션은 말 그대로 시간의 변화 없이 어느 특정 시점에서 여러 변수들의 속성값이 어떻게 변하는지를 보는 실험이다. 이 실험은 흔히 몬테카를로(Monte Carlo) 시뮬레이션이라고도 불리며, 시뮬레이션에서 가장 먼저 사용되었던 컴퓨터 실험방식이다. 그에 반해 동적 시뮬레이션은 시간의 변화에 여러 속성들의 값이 어떻게 바뀌는가를 보는 실험이다.

정적 시뮬레이션을 이해하기 위해, 어느 전술 실험을 예로 들어보자. 실험의 목적은 새로 개발한 무기의 탄착점이 목표영역 안에 떨어질 확률이 어느 정도인지를 알아보는 것이다. 이동하면서 발사해야 하기 때문에 발사점이 일정할 수는 없고 확률적으로 어느 분포를 따르면서 그 범위 안에서 달라지게 된다. 따라서 발사점은 확률분포에 맞추어 컴퓨터가 임의(random)로 정하게 된다. 이런 실험을 반복하면서 매 실험마다 나타나는 탄착점의 위치를 확인하면 어느 정도의 확률로 목표를 맞출 수 있는지를 예측할 수 있다. 이것은 전형적인 정적 실험, 즉 몬테카를로 시뮬레이션이다. 왜냐하면 여기서 시간이라는 변수는 아무 의미가 없기 때문이다. 즉, 시간은 정해진 점에 고정시켜 놓고 실험만 여러 번 반복한 경우가 되는 것이다.

이에 비해, 동적 시뮬레이션은 시간의 변화가 결정적인 변수로 작용하는 실험이다. 앞에서 본 공장이나 은행의 예에서는, 시간의 흐름을 따라 끊임없이 새로운 사건이 발생하고 그에 따라 변수들의 상태도 달라지게 된다. 이 실험을 아침 9시부터 저녁 6시까지 계속한다거나 더 시간을 길게 하여 일주일간 지속한다던가 하면서 시스템의 상태가 어떻게 달라지는지를 보는 것이 동적 시뮬레이션이다.

우리가 일반적으로 말하는 시뮬레이션은 동적 시뮬레이션이다. 동적 시뮬레이션도 크게 이산적(discrete) 시뮬레이션과 연속적(continuous) 시뮬레이션으로 나눌 수 있다. 이산적 시뮬레이션은, 시스템의 상태가 시간의 흐름에 따라 이산적으로 변화하는 실험을 가리킨다. 즉, 새로운 사건이 일어나면 그 결과로 변수의 속성값이 이산적 수치로 바뀌는 것이다. 은행의 예를 생각해 보면, 은행 창구에서 시스템의 변화가 일어나는 사건은 고객이 은행업무를 보기 위해 도착하거나 일을 마치고 창구를 떠나는 경우이다. 이 두 사건이 발생할 때 비로소 시스템의 상태가 바뀌게 된다. 즉, 시간의 흐름을 연속적으로 관측할 필요가 없고 사건이 일어난 경우에만 측정하면 된다. 따라서 이 경우에는 이산적 시뮬레이션을 하게 된다. 이에 반해 연속적 시뮬레이션은 변수들의 속성값이 연속적 수치로 바뀌는 실험을 뜻한다. 예를 들어, 화학공정이나 제철공정의 경우에는 시간의 변화에 따라 액체의 흐름량(flow)이 연속적인 수치로 바뀌므로 연속적 시뮬레이션을 해야 한다.

여기서 주의할 것은, 시스템의 성격에 따라 적합한 시뮬레이션 모형이 달라지는 것이 아니라 변수의 속성에 따라 달라진다는 사실이다. 예를 들어, 통신서비스시스템의 시뮬레이션을 생각해 보자. 여기서 만일 전송을 기다리고 있는 메시지의 수가 변수라면 특정 시점에 따라 상태가 바뀌므로 이산적 시뮬레이션이 적합하다. 그러나 같은 통신시스템에 대해서도, 만일 전체 메시지 전송량의 흐름이 변수라면 시간의 흐름에 따라 메시지가 얼마나 전송되는가를 나타내는 함수로 시스템을 표현하는 연속적 시뮬레이션이 적합하다.

이 가운데 가장 자주 수행되는 실험이 동적−이산적(dynamic-discrete) 시뮬레이션이다. 시간의 변화를 따라간다는 측면에서 동적 시뮬레이션이고, 이산적 변수들의 주요 속성들이 어떻게 바뀌는가를 예측하는 측면에서 이산적 시뮬레이션이다. 이것을 흔히 discrete−event 시스템 시뮬레이션이라고 부른다. 여기에서는 이 유형의 시뮬레이션에 대해서만 간략히 알아보기로 한다.

4. 시뮬레이션 절차

시뮬레이션의 유형이 달라지는 것과 마찬가지로 시뮬레이션을 수행하는 과정과 절차도 문제의 특성과 분석의 목적에 따라 달라진다. 그러나 컴퓨터를 활용한 시뮬레이션을 수행하는 일반적인 절차는 그림 9−7과 같이 정리할 수 있다.

여기에서 한 가지 이해하고 넘어가야 할 문제는 verification과 validation이라는 용어의 차이이다. 우리말로는 모두 '검증'이라고 부르지만 실질적인 성격과 목적은 상당히 다르다. 먼저 'verification'은 프로그램을 만드는 단계에 관련된 용어이다. 컴퓨터 프로그램이 제대로 작성되어 잘 작동을 하는지? 프로그램의 플로차트(flow chart)가 논리적으로 구성되었는지? 등을 확인하는 것이다. 이에 비해 'validation'은 모델의 수립과 관련된 용어이다. 즉, 모델이 시스템의 현실을 제대로 반영하고 있는지, 시스템의 핵심 변수들과 속성들이 모델에 잘 표현되어 있는지 등을 확인하는 것이다.

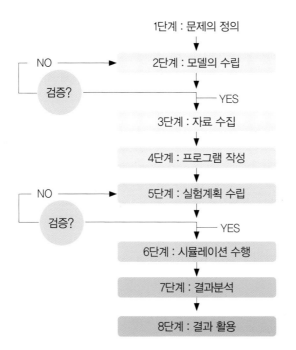

1단계 : 문제의 정의

2단계 : 모델의 수립

검증?

NO

YES

3단계 : 자료 수집

4단계 : 프로그램 작성

5단계 : 실험계획 수립

검증?

NO

YES

6단계 : 시뮬레이션 수행

7단계 : 결과분석

8단계 : 결과 활용

✿ 그림 9-7   시뮬레이션의 일반적인 수행절차

⦿ 1단계 : 문제의 정의(problem definition)

시뮬레이션의 첫 번째 단계인 문제 정의는 현실시스템의 목표와 연구목적이 되는 문제점을 명확히 파악하는 단계이다.

⦿ 2단계 : 모델링(model building)

문제가 명확히 파악되면 위에서 설명한 모델링 요소들을 바탕으로 모델을 수립한다. 이때 모델의 타당성에 대한 검증작업(validation)을 거쳐야 한다.

⦿ 3단계 : 자료 수집(data collection)

시뮬레이션에 투입될 자료(input data)를 수집해야 한다. 실제로 수집한 데이터 또는 참고 데이터들을 수집, 분석하여 실험의 상황과 조건을 실제와 가능한 일치하도록 해야 한다.

⦿ 4단계 : 프로그램 작성(coding)

모델이 수립되면 시뮬레이션이 작동하는 알고리즘을 프로그램으로 작성한다. 코딩(coding)이 완료되면 검증작업(verification)을 거쳐야 된다.

5단계 : 실험계획 수립(experimental design)

실험계획은 원하는 결과를 얻을 수 있도록 실험의 전략을 수립하는 것이다. 주어진 실험 상황과 조건에서 충분한 정보를 얻을 수 있게, 초기화의 시간, 전체 시뮬레이션의 시간, 반복의 횟수 등을 결정해야 한다.

6단계 : 시뮬레이션 수행(simulation)

실험계획을 바탕으로 초기조건, 수행시간, 수행횟수, 성능지표 등의 값을 설정하고 프로그램을 작동하여 시뮬레이션을 수행한다.

7단계 : 결과분석(analysis)

시뮬레이션 수행 결과에 대한 통계적 분석을 통하여 시스템의 성능지표(performance measure)에 대한 정보를 수집한다.

8단계 : 결과 활용(implementation)

시뮬레이션 결과의 분석으로부터 얻은 전략적·실무적 지식을 현실시스템의 설계와 개선에 활용한다.

5. 예시

간단한 예로, 농산물 도매시장에 전국에서 농산물을 적재한 트럭들이 들어오고 나가는 상황을 생각해 보자. 현재 5개의 하역 도크(dock)를 운영하고 있는데, 종종 트럭들이 제때 하역을 못하고 기다리는 일들이 일어나고 있다. 따라서 실험의 목적은, 경제성 측면에서 도크의 수를 늘리는 것이 좋은지 아니면 그대로 두는 것이 좋은지를 판단하기 위한 정보를 얻는 데 있다.

이 문제는 뒤에서 우리가 자세히 다룰 대기이론(queuing theory)에 관한 것이다. 대기이론에서는 이 시스템에 평균 몇 대의 트럭이 줄을 서서 기다릴 것인지, 트럭이 들어와서 나갈 때까지 얼마나 오랜 시간이 걸리는지 등을 '수리적'으로 계산하는 공식이 제시되어 있다. 그 공식은 시스템이 오랫동안 운영되어 이른바 안정상태(steady state)에 도달할 때 나타나는 값을 보여준다. 하지만 여기서 우리가 알고 싶은 것은, 새벽 4시, 아침 9시, 오후 2시, 밤 10시 등에는 어떤 상태가 되는지, 나아가 봄, 여름, 가을, 겨울에는 어떤 차이가 있는지 등의 정보이다. 이런 값들은 대기이론으로부터 얻을 수 없는 '실험적' 정보이다.

위의 문제를 이산사건 시뮬레이션으로 수행하기 위해서는 어떻게 해야 할까? 먼저, 트럭이 도착하는 시간의 간격(interval)과 트럭이 짐을 하역하는 데 걸리는 시간이 어떤 확률분포를 따른다고 가정한 후, 그 확률분포에 맞추어 컴퓨터가 사건(event)들을 임의로(random) 일으키게 한다. 즉, 2분만에 트럭이 도착하고 3분만에 하역을 마치고 나가고, 또 3분 후에 새 트럭이 도착하고 6분만에 나가고 하는 식의 사건을 계속 발생시키는 것이다. 시계가 계속 돌아가고 있는 상황에서 이 실험을 계속 반복하면, 어느 시간대에 이 시스템이 어떤 상태(state)에 있는지, 전 시간대와 비교하여 지금은 어떤 변화가 나타났는지 등을 알 수 있다. 또 언제 트럭이 길게 줄을 서서 기다리고, 언제 한가하게 도크가 비어 있는지도 알 수 있다. 또 계절별 차이도 알아볼 수 있다.

이러한 실험결과가 수집되면 궁극적으로는 경제성 분석을 수행한다. 도크를 늘릴 때 발생하는 투자 및 운용비용과 트럭들이 기다리면서 발생하는 지체 비용을 비교하여 어떤 결정을 하는 것이 더 경제적인지를 사전에 예측할 수 있는 것이다. 아니면 도크를 추가로 설치한 후, 바쁜 시간대에는 모든 도크를 운영하고 한가한 시간대에는 일부만 운영하는 방안도 검토할 수 있다.

EXERCISE 연습문제

01 통계적 분석에서 모집단과 표본의 관계를 설명하라. .

02 모집단–표본의 관계를 시스템–모델의 관계와 대비하여 설명하라.

03 '정형(structured) 데이터'와 '비정형(unstructured) 데이터'의 차이를 설명하고 현장에서 찾을 수 있는 정형 데이터와 비정형 데이터의 예시들을 조사하여 제시해보라.

04 통계분석에서 자주 쓰이는 대표적인 분석기법인 모수추정, 상관분석, 회귀분석, 군집분석에 대해 간단히 설명하라.

05 확률분포는 크게 이산분포와 연속분포로 나눌 수 있다. 이 두 분포의 차이를 설명하고, 각 분포에 속하는 대표적인 분포를 예를 들어 설명하라.

06 통계적 분석에서 이항분포와 같은 이산분포를 정규분포와 같은 연속분포로 근사시키는(approximate) 이유가 무엇인지 서술하라.

07 정규분포의 대표적 장점인 표준화(standardization)에 대해 설명하라.

08 모수추정에서 최우도추정법과 최소제곱추정법의 기본원리와 기준을 비교하여 설명하라.

09 점추정과 구간추정의 원리와 방법을 비교하여 서술하라.

10 상관분석에서 상관계수(correlation coefficient)의 식을 쓰고, 그 의미가 무엇인지 설명하라.

11 단순 회귀분석의 기본 모형, 즉 회귀식을 쓰고 각 변수와 모수의 의미가 무엇인지 설명하라.

12 회귀분석의 결과를 평가하는 기준으로 흔히 결정계수(coefficient of determination)를 사용한다. 이 계수의 정의와 의미를 설명하라.

13 시뮬레이션은 크게 정적(static) 시뮬레이션과 동적(dynamic) 시뮬레이션으로 나눌 수 있다. 각각의 차이를 비교하여 설명하라.

14 동적 시뮬레이션은 크게 이산적(discrete) 시뮬레이션과 연속적(continuous) 시뮬레이션으로 나눌 수 있다. 각각의 차이를 비교하여 설명하라.

15 시뮬레이션의 절차를 서술하라.

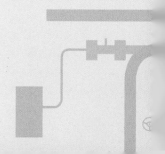

Part 4

시스템
운영과 관리

INDUSTRIAL
ENGINEERING

2부에서 시스템의 구조와 설계에 대해, 이어서 3부에서는 시스템의 분석과 평가에 대해 살펴보았다. 그러나 역시 산업공학의 중심은 시스템의 운영과 관리이다. 물론 시스템을 적절하게 설계하는 것도 중요하고 시스템을 자세하게 분석하는 것도 필요하지만, 결국 산업공학의 본령은 시스템이 제대로 돌아가도록 관리하는 것에 있다. 4부에서는 바로 시스템의 운영과 관리 문제를 다룬다.

실제로 시스템의 운영과 관리는 산업공학에서 가장 큰 비중을 차지하는 주제이고, 따라서 내용의 분량도 가장 많다. 이 책에서는 운영과 관리의 대상이 되는 경영자원이 무엇이냐를 가지고 각 장(chapter)을 구성하였다. 제일 먼저 다루는 자원은 사람, 즉 인적자원이다. 심리적 관점에서 조직원의 마음을 이해하고, 생리적 관점에서 인간의 신체를 이해하는 것을 주요 내용으로 한다. 다음은 물적자원이다. 시스템을 구성하는 제품, 부품, 원자재, 설비 등의 물리적 자원에 대한 생산계획, 주문관리, 재고관리, 대기관리 등이 여기서 다루어지게 된다. 이어서 재무자원의 관리에 대해서 알아본다. 재무분석, 원가관리, 손익분기분석 등이 주요 주제이다. 그 다음에는 정보자원과 기술자원의 관리를 살펴본다. 이 두 가지 자원은 오늘날의 지식기반의 경영시스템에서 새롭게 강조되고 있는 핵심자원이다.

그 외에, 프로젝트관리와 품질관리도 당연히 산업공학의 범주에 포함된다. 위에서 말한 자원들과 비교하여 조금 다른 성격의 주제이기는 하지만 그 중요성이나 활용도의 측면에서는 결코 가벼운 주제가 아니다.

Chapter

10

인적자원관리

학습목표

- 조직행위이론의 발전과정을 이해하고, 동기부여를 위한 보상제도의 설계, 성공적인 리더의 특성이나 행동에 대한 이해, 갈등의 원인과 해결방안의 모색, 커뮤니케이션의 구조와 유형 등에 대해 알아본다.

- 리더의 자질과 능력이 무엇인지를 알아보고, 성공적 리더의 요건을 개인적 특성의 차이로 보거나, 행동방식의 차이로 보거나, 주어진 상황의 차이로 보는 등의 다양한 견해들을 살펴본다.

- 갈등의 순기능과 역기능을 이해하고, 지나친 수준의 갈등을 해소하거나 완화할 수 있는 방식과 기법들에 대해 알아본다.

- 커뮤니케이션의 구성요소가 무엇인지 살펴보고, 커뮤니케이션의 방식과 채널을 어떻게 나눌 수 있는지, 그리고 각 채널 유형의 장점과 단점이 무엇인지를 알아본다.

- 인간의 정보처리과정에 따라 입력능력과 정보처리, 출력능력과 생체역학, 인간오류 등에 대해 알아본다.

- 작업설계를 위한 공정분석, 동작분석, 동작경제의 원칙, 작업측정을 위한 기법 등 작업관리의 기법들에 대해 알아본다.

- 인간 중심 설계와 관련된 인간−기계시스템, 사용자 인터페이스, 감성공학 등의 주제를 살펴본다.

1 │ 인간심리학

1. 기본 개념

경영시스템을 구성하고 운영하는 주체는 사람이다. 흔히 듣는 것처럼, 경영은 결국 사람이 하는 것이며 기업의 생명은 역시 사람이다. 따라서 경영시스템이 보유하고 있는 가장 중요한 자산(assets)은 곧 인적자원이라고 해도 과언이 아니다. 인적자원을 모아 놓은 공간을 조직(organization)이라고 한다면, 인적자원의 관리는 곧 조직의 관리라고 할 수 있다.

산업공학은 기본적으로 제품과 서비스라는 물적자원을 대상으로 한다. 그리고 인적자원은 물적자원을 관리하는 역할을 한다. 하지만 인적자원 자체도 관리의 대상이다. 더구나 산업공학이 CEO를 위한 학문이라고 할 때, CEO의 가장 중요한 역할은 사람과 조직을 관리하는 일이다. 아무리 전문성이 뛰어나고 창의성이 돋보여도 최고경영자가 되기 위해서는 한편으로 많은 사람을 포용하고 설득하는 넓은 마음이 필요하고, 다른 한편으로 조직에 필요한 사람은 확실히 키워주고 조직에 불필요한 사람은 과감하게 걸러내는 통찰력과 결단성이 있어야 한다. 이러한 자질과 덕목은 선천적으로 타고나는 부분도 있지만 사람과 조직에 대한 경험적 연구나 학문적 이론을 충실히 공부하여 후천적으로 습득하는 부분이 더 크다. 이것이 산업공학에서 인적자원의 관리를 중요한 주제로 다루는 이유이다.

인적자원의 관리는, 산업공학에서는 인간공학(human factors engineering 또는 ergonomics), 그리고 경영학에서는 조직이론과 밀접하게 관련된 분야이다. 그 외에도 심리학이나 커뮤니케이션 같은 분야도 간접적으로 연결되어 있다. 이 중에서도 역시 조직이론이 가장 단단한 바탕이 되기 때문에 여기에서는 조직이론을 중심으로 인적자원 관리를 살펴보기로 한다.

조직이론은 크게 조직구조이론과 조직행위이론으로 나눌 수 있다. 조직구조이론이란 경영시스템의 물리적인 형태를 어떻게 구성할 것인가를 다루는 분야이다. 계층적 상하관계로는 어떻게 나눌 것인지, 수평적인 부문관계로는 어떻게 세분할 것인지 등을 중요한 연구주제로 다룬다. 이 부분은 이미 4장의 경영조직의 설계에서 다루었다. 이에 반해 조직행위이론은, 경영활동이 이루어지는 과정에서 조직원들의 개인적이고 심리적인 행위들을 어떻게 분석하고 관리할 것인가를 다루는 분야이다. 예를 들어, '어느 사원이 생산관리부의 과장으로 일하고 있는데, 성실하기는 하지만 영업부와 업무협조를 잘 하지 못하고 부하 직원들을 능숙하게 다루지 못한다는 문제'가 있다고 하자. 이 회사에 생산관리부와 영업부가 있다는 점, 과장의 직급에 있으면서 위로는 부장이 있고 밑으로는 과원도 있다는 점 등은 조직구조에 관한 주제이고, 이 사원이 타 부서와 업무협조를 잘하지 못하는 점, 리더십이 부족한 점 등은 조직행위에 관한 주제이다.

조직행위이론의 출발은 1920년대 말에 태동된 인간관계론(human relations)이라고 할 수 있다. 이미 첫 장에서 설명한 것처럼, 20세기 초에 시작된 과학적 관리(scientific management)는 산업공학의 정착과 발전에 지대한 영향을 끼쳤다. 공장의 생산성을 제고하기 위해 종업원들의 작업관리, 동작관리 등을 체계적으로 분석하는 과정이 하나의 '과학적' 학문으로 이어진 것이다. 이 과정에서 생산성을 높이기 위한 바람직한 작업환경과 조건을 찾는 여러 연구들이 이루어졌다. 그림 10-1에서 보는 호손(Hawthorne) 공장의 실험이 대표적인 예이다. 그 실험의 결과 생산성은 조명, 온도, 습도 등의 외부조건보다는 '인간의 심리적이고 내면적인 요소'에 의해 더 큰 영향을 받는다는 사실이 밝혀졌다. 그리고 이들의 주장은 '인간관계론'이라는 이름의 연구 영역으로 이어지게 되었다.

인간관계론은 그 후 '행동과학(behavioral science)'으로 발전하였다. 인간의 심리와 행동에 대한 이해를 위해서는 다양한 이론 지식은 물론, 과학적이고 체계적인 분석방법 등이 뒷받침되어야 한다는 사실을 깨닫게 된 것이다. 이 과정에서 산업공학과 경영학 외에 심리학, 사회학,

❋ 그림 10-1   **1932년도의 호손 웍스 공장**
출처 : Business Week

정치학, 인류학 등이 연구에 참여하게 되고, 보다 정교하고 복잡한 방법론이 활용되면서 인간관계론은 다학제적 과학(multi-disciplinary science)의 성격을 띠게 되었다.

　조직행위이론의 발전에 큰 영향을 미친 또 다른 이론은 이른바 상황이론(contingency theory)이다. 상황이론이 대두되기 전까지는, 조직과 사람을 관리하는 데는 무엇을 어떻게 하는 것이 좋다는 식의 보편적인 원칙이나 기준이 정해져 있었다. 그러나 조직의 규모와 구조가 대형화, 복합화되고 조직을 둘러싼 외부환경이 크게 바뀌면서 어느 경우에나 항상 바람직한 방법이나 기준이 있는 것이 아니라, 그때그때 상황에 따라 최적의 방식이 달라져야 한다는 주장이 제기된 것이다.

　최근에 각광받는 주제는 '개인의 창의성'과 '조직문화'라고 할 수 있다. 세상의 변화에 따라 기업조직의 겉모습도 달라지고 조직 내부의 사람들도 신세대 젊은이들로 바뀌고 있는 상황에서, 조화와 협력을 강조하는 전통적인 조직이론은 개인의 창의성과 자율성을 침해하고, 나아가 기업의 성장성과 생산성을 저하시킬 수 있다는 주장이 제기되고 있다. 또한 조직의 합리성이나 기능성보다는 비전, 공감대, 가치관 등의 문화적 요인들의 중요성이 강조되고 있는 추세이다.

　지금까지 살펴본 것처럼, 조직행위이론은 다양한 세부주제를 포괄하고 있다. 여기에서는 이 내용을 크게 동기부여이론, 리더십이론, 갈등이론, 커뮤니케이션이론으로 나누어 살펴보기로 한다.

✿ 그림 10-2　　조직행위 관련 활동 : 왼쪽부터 전략회의, 직원복지활동, 주주총회

2. 동기부여이론

🔷 기본 배경

관리자의 첫 번째 과제는 어떻게 아랫사람들이 신바람 나게 일하도록 만드느냐 하는 것이다. 스스로 열심히 그리고 즐겁게 일할 수 있는 여건과 분위기를 만드는 것이야말로 관리자에게 가장 중요하고도 어려운 문제가 된다. 이 문제를 해결하기 위해서는 먼저 사람이 본질적으로 어떤 욕구를 지니고 있고, 그 욕구가 만족되기 위해서는 무엇이 주어져야 하는가를 알아야한다.

동기부여(motivation)이론은, 조직원들이 어떤 욕구나 보상에 의해 어떠한 행동을 보이고 그 성과는 어떻게 나타나는가를 분석하는 이론이다. 이 이론은 조직행위론의 다양한 이론 가운데서도 가장 기본적인 이론이다. 왜냐하면 사람의 행동은 결국 어떤 자극에 의해 욕구가 생기고, 그에 의해 행동의 동기가 생기며, 그 결과 구체적인 행위가 일어나기 때문이다. 동기부여이론이 중요한 위상을 차지하고 있는 또 다른 이유는 그것이 경영성과와 직결되기 때문이다. 레빈(Lewin, 1938)에 의하면, 개인의 '행위 자체'는 개인특성과 환경요인이라는 두 변수에 영향을 받지만, 개인의 '성과'는 그 외에도 동기부여라는 새로운 변수가 영향을 미치게 된다. 따라서 경영시스템의 성과를 제고하기 위해서는 적절한 동기부여제도가 도입되어야 한다.

동기부여이론은 크게 내용이론(content theory)과 과정이론(process theory)으로 나눌 수 있다. 내용이론은 어떤 행동이 일어나기 전의 초기단계에서 그 행동을 하게 된 동기를 이끌어 내는 '욕구가 무엇(what)이냐'를 다루는 이론이고, 과정이론은 행동이 일어나는 중간단계에서 '어떻게(how) 그 행동을 할 수 있는 동기를 이끌어 내느냐'를 다루는 이론이다. 예를 들어, 프로젝트에 참여한 연구원이 연구에 몰두하게 하기 위해서는 본인이 원하는 연구주제를 선택할 수 있는 자유를 주는 것이 좋을지 아니면 성과급이라는 물질적 보상을 해주는 것이 좋을지를 정하는 문제는 내용이론의 주제가 되고, 만일 성과급을 주기로 했을 때 연구가 진행되는 중간중간에 조금씩 나누어 주는 것이 좋은지 아니면 프로젝트가 마무리된 후에 한꺼번에 주는 것이 좋은지를 정하는 문제는 과정이론의 주제가 된다.

🔯 내용이론

내용이론(content theory)은 동기를 유발하는 '욕구(needs)'의 내용과 요인을 찾아내는 것을 핵심과제로 삼고 있다. 내용이론에는 앞으로 설명할 몇 가지 기본 이론들을 포함하여 다양한 이론들이 제시되어 있다. 어느 이론은 옳고 어느 이론은 그르다고 말할 수 없고, 또 어느 이론은 좋고 어느 이론은 나쁘다고 말할 수도 없다. 모든 이론이 나름대로의 타당성과 모호성, 장점과 약점을 지니고 있기 때문에 각각의 이론에서 취할 것은 취하고 버릴 것은 버리면서 자기 나름대로의 동기부여방식과 기술을 습득하는 자세가 필요하다.

(1) 매슬로의 욕구 5단계 이론

1940년대에 제시된 매슬로(Maslow)의 욕구 5단계 이론은, 내용이론 가운데 가장 오래된 그리고 가장 널리 알려진 이론이다. 매슬로는 인간의 욕구가 다음과 같이, 하위욕구에서 시작하여 상위욕구로 옮겨가는 5단계의 계층으로 구성되어 있다고 가정한다. '사람이 배부르면 눕고 싶고 누우면 자고 싶다'라는 속담이 있듯이, 제일 아래의 욕구에서 출발하여 위로 올라가면서 인간의 욕심은 끝없이 이어진다는 것이다.

- 생리적 욕구(physical needs) : 생존을 위한 의식주의 기본 욕구와 신체적인 본능을 추구하는 욕구
- 안전과 안정 욕구(security needs) : 물질적 안정과 신분의 보장, 안전한 작업조건, 외부의 위협으로부터 안전을 추구하는 욕구
- 사회적 소속감 욕구(social needs) : 조직 내에서 느끼는 소속감, 다른 사람들과의 친화, 우정 등을 추구하는 욕구
- 인정과 존경 욕구(esteem needs) : 타인으로부터 인정받고 존경받는 느낌, 중요한 업무를 부여받고 느끼는 책임감, 다른 사람을 관리하고 지도하며 느끼는 만족감 등을 추구하는 욕구
- 자아실현 욕구(self-realization needs) : 자신의 잠재적 능력과 이상적 자아를 실현하고 싶은 욕구

매슬로의 이론이 오늘날까지도 가장 널리 받아들여지고 있는 이유는 인간의 욕구를 순서화하고 단계화하였기 때문이다. 즉, 인간의 욕구는 하위의 욕구에서부터 상위의 욕구까지 계

층적 구조로 이루어져 있으며, 인간은 하위의 욕구에서 출발하여 점진적으로 상위의 욕구를 충족시켜 나가는 성향을 지녔음을 명확하게 설명한 점이 큰 설득력을 얻은 것이다. 실제로 매슬로의 이론은 크게 두 가지 면에서 기업의 조직관리에 큰 영향을 미쳤다. 첫째, 맞춤형의 동기부여전략을 제시한 점이다. 즉, 욕구는 단계화, 순서화되어 있기 때문에 개별 조직원들의 위상이 어디이며 처한 상황이 어떠한가를 파악하여 각자의 욕구에 맞는 동기를 부여하는 방법을 도입하게 하였다. 둘째, 자원배분의 효과성과 효율성을 높인 점이다. 동기부여에 필요한 자원은 제한되어 있으므로, 모든 욕구를 한꺼번에 만족시켜 주는 방법보다 각자의 특성에 맞추어 자원을 선별적, 집중적으로 배분할 수 있는 기준과 방법을 개발하게 하였다.

그러나 욕구 5단계 이론은 몇 가지 문제점과 한계를 안고 있다. 첫째는 욕구의 분류 자체가 지니는 모호함이다. 과연 인간의 다양한 욕구를 다섯 단계로 나눌 수 있는지 또는 나눌 경우 단계 사이의 중간쯤에 있는 애매한 욕구들은 어떻게 처리할 것인지 하는 비판이 제기될 수 있다. 둘째는 인간의 욕구는 대체관계가 아니라 중복관계에 있다는 사실이다. 다시 말해, 하나의 욕구가 만족되면 그것을 버리고 다른 욕구를 구하는 것이 아니라, 여러 가지 욕구를 동시에 추구할 수 있다는 것이다. 셋째로는 욕구와 행동의 관계를 1대 1로 연결시키기 어렵다는 사실을 들 수 있다. 즉, 하나의 행동은 하나의 욕구에 의해서만 이루어지는 것이 아니라, 여러 가지 욕구가 복합적으로 작용하여 이루어진다는 것이다. 마지막으로 동일한 개인의 경우도 시점이나 상황에 따라 원하는 욕구가 얼마든지 달라질 수 있다는 점이다. 따라서 개인별로 동기부여에 가장 적합한 방식이 무엇인가에 대한 답을 찾기가 매우 어려울 수 있다.

(2) 허즈버그의 2요인 이론

매슬로의 5단계 이론과 함께 가장 많이 알려진 또 하나의 이론이 바로 1960년대 말에 제시된 허즈버그(Herzberg)의 2요인 이론이다. 이 이론은 동기부여를 결정하는 다양한 요인 내지 변수들을 크게 위생요인(hygiene factor)과 동기요인(motivation factor)으로 나눈 후, 동기부여를 위해서는 이 두 가지 요인을 처음부터 다르게 관리해야 한다고 주장한다. 이 이론의 출발점은, 사람이 '만족한다는 것'과 '불만족한다는 것'은 같은 차원에서 서로 반대되는 위치에 있는 것이 아니라 처음부터 서로 다른 차원이라는 가정에 있다. 즉, 모든 경우에 욕구가 충족되어 불만족이 해소되면 곧바로 만족한 상태가 되는 것이 아니라, 처음부터 제공되면 만족이 생기는 요인들과 제공되지 않으면 불만족이 생기는 두 가지 요인들로 나뉘어져 있다는 것이다.

이러한 가설하에, 위생요인은 그것이 제공되지 않을 경우 '불만족'이 생기는 요인들로 정의

된다. 그러므로 다른 말로는 불만족요인이라고 할 수 있다. 구체적으로 임금, 감독과 통제, 작업환경과 근로조건 등이 여기에 속한다. 이러한 요인들은 그것이 제공되면 '불만이 없어지는' 효과를 가져온다. 그렇다고 그것이 무제한으로 제공된다고 해서 만족이 끝없이 커지는 것은 아니다. 이에 반해 동기요인은 그것이 제공될 경우 '만족'이 생기는 요인들을 가리킨다. 따라서 다른 말로는 만족요인이라고 할 수 있다. 예를 들어, 책임감, 인정과 존경, 직무의 내용과 수준, 성장과 자아성취 등이 여기에 속한다. 이러한 요인들은 그것이 제공되면 '만족감을 느끼게 되는' 효과를 가져온다. 그렇다고 이 요인들이 제공되지 않는다고 해서 특별히 불만이 커지는 것은 아니다.

허즈버그이론의 의의는 욕구와 만족에 대해 매슬로의 가설을 근본적으로 다르게 해석한 점이라 할 수 있다. 즉, 매슬로는 욕구가 충족되지 않으면 불만족상태가 되며, 이 욕구가 충족되면 바로 만족상태로 바뀐다고 가정한다. 그러나 허즈버그는 처음부터 불만족상태와 만족상태는 서로 다른 차원의 심리상태라고 가정한 후, 위생요인의 수준과 내용이 좋아지면 불만족상태는 해소되지만, 그것이 곧 만족상태로 바뀌는 것은 아니라는 점을 지적하고 있다.

허즈버그의 이론은 동기부여의 실무에 있어 외형적인 경영환경과 내부적인 직무설계의 중요성을 인식시킨 점에서 큰 공헌을 하였다. 즉, 불만족의 해소 내지 완화를 위해서는 근로조건이나 임금체계와 같은 위생요인의 개선이 필요하다는 점과, 만족의 극대화를 위해서는 직무의 재설계, 책임과 자율의 확대 등과 같은 동기요인의 부여가 필요하다는 점을 인식하게 한 것이다.

그러나 매슬로의 이론과 마찬가지로 허즈버그의 이론도 몇 가지 비판과 한계를 안고 있다. 우선, 과연 동기부여의 요인을 두 가지로 나눌 수 있는지, 또 두 요인의 경계선상에 있는 요인들은 어떻게 처리할 것인지가 모호하다. 그리고 불만족요인과 만족요인이 서로 대체관계에 있을 경우에는 어떻게 해석할 것인지, 개인의 가치관과 외부상황에 따라 요인을 분류하는 기준이 다른 경우에는 어떻게 할 것인지 등의 질문에 대해서도 명확한 대답을 제시하지 못하고 있다.

(3) 맥그리거의 X-Y이론

동기부여의 내용이론에 또 하나의 중요한 공헌을 한 것이, 1960년대 초에 발표된 맥그리거(McGregor)의 X-Y이론(X-Y theory)이다. 이 이론은 앞에서 살펴본 다른 이론들이 욕구의 요인이나 변수를 유형화한 것에 반해, 인간 자체를 유형화한 면에서 근본적인 차이가 있다.

이 이론은 인간의 유형을 크게 X형(Theory X)과 Y형(Theory Y)으로 나누는 것에서 출발한

✿ 그림 10-3   **주요 동기부여이론의 주창자 : 왼쪽부터 매슬로, 허즈버그, 맥그리거**

다. X형은 사람은 태어날 때부터 소극적이며 수동적이어서 지도력도 없고 창의성도 부족하며 자율적으로 일하기보다는 시키는 일이나 하는 존재로 규정한다. 따라서 인간성에 대한 전통적 견해를 대변하는 유형이라고 할 수 있다. 이에 반해 Y형은 맥그리거 자신이 주장한 유형으로, 사람은 적극적이며 능동적이어서 좋은 여건만 주어지면 책임감을 가지고 자율적으로 일을 하며 창의성을 발휘할 수도 있고 적극적인 리더가 될 소지도 있다는 것이다.

맥그리거의 X-Y이론은 실제로 기업의 조직개발과 인력양성 프로그램의 설계에 큰 영향을 미쳤다. 이 이론이 받아들여지기 전에는 대부분의 기업이 조직원을 X형으로 전제한 후, 엄격한 관리방식과 제도를 시행하고 감독과 통제시스템을 강화하는 것이 바람직하다고 믿었다. 그러나 이 이론이 도입된 이후에는, Y형을 기반으로 조직원 개개인이 스스로 업무의 목표를 설정하고 권한과 책임을 바탕으로 자율적인 평가를 하도록 유도하는 동기부여 프로그램을 도입하였다. 그러나 이 이론도 개인적 차이를 어떻게 고려할 것인지, 어떻게 X형과 Y형을 명확하게 나눌 수 있는지 등의 의문점을 해소하기 어려운 문제점과 한계를 안고 있다.

(4) 로크의 목표설정 이론

또 다른 성격의 동기부여 이론으로는 목표설정 이론(Goal Setting Theory)을 들 수 있다. 앞에서 본 전통적 이론들이 주로 인간 내면의 욕구와 동기부여 간의 관계에 초점을 맞추었다면 목표설정 이론은 주어진 목표와 동기부여 사이의 관계에 초점을 맞춘다. 이 이론은 다음의 가정(assumption)을 바탕으로 한다. 첫째, 구체적인 목표를 설정하는 것이 목표가 아예 없거나 추상적인 목표를 설정하는 것보다 일의 성취도를 높인다. 둘째, 받아들일 수 있는 수준이라면 목표가 어려울수록 더 많은 노력을 투입하게 된다. 셋째, 목표를 설정하는 과정에 직접 참여하는 것이 만족도를 올릴 수 있다.

목표설정 이론은 목표를 동기부여의 동인으로 본다. 즉, 뚜렷한 목표가 주어지면 일에 대한 관심과 목표의식이 생기고 그것이 동기를 부여하는 강한 힘으로 작용한다는 것이다. 이때 목표는 구체적이고 도전적이어야 한다. 왜냐하면 목표가 구체적일수록 일에 대한 집중력이 올라가고, 목표가 도전적일수록 그 목표를 달성하기 위해 더 많은 노력을 기울이기 때문이다. 하지만 목표는 현실적이어야 한다. 만일 비현실적일 정도로 어려운 목표가 주어지면 목표 자체를 받아들이지 않게 된다.

목표설정 이론과 밀접하게 관련되어 있는 기법으로 드러커(Drucker)의 목표에 의한 관리 (Management by Objectives : MBO)가 널리 알려져 있다. MBO는 조직 구성원의 참여와 합의를 바탕으로 각 부서와 개인의 목표를 설정하고, 목표를 달성하기 위해 자율적으로 업무를 수행하며, 목표와 대비하여 성과를 평가하는 목표 중심의 참여적 관리기법이다. 먼저 목표는 상급자가 일방적으로 설정하여 내려 보내는 것이 아니라 상급자와 하급자가 함께 협의하여 설정해야 한다. 강요된 목표보다는 자발적으로 수용한 목표가 더 큰 동기를 유발하기 때문이다. 또한 목표의 수준은 현실적으로 달성 가능해야 하고, 내용은 구체적으로 설정되어야 한다. 현실적이고 구체적인 목표가 행동의 방향을 명확하게 알려주고 성과를 높이는 행동을 유도하기 때문이다. MBO의 마지막 단계는 평가와 피드백이다. 자기평가, 상사평가, 평가면담, 평가결과 피드백 등이 이루어지는 것이다. 이 단계를 통해 무엇이 왜 달성되었는지, 무엇이 왜 달성되지 못했는지, 더 좋은 성과를 달성하기 위해 무엇을 어떻게 해야 하는지 등의 정보를 얻게 된다.

과정이론

과정이론(process theory)은 지금까지 살펴본 내용이론에 대한 비판에서 출발하였다. 내용이론이 동기부여에 관한 욕구, 즉 '무엇(what)'을 분석하는 데는 많은 공헌을 하였지만 어떻게 동기를 유발할 것인가, 즉 '어떻게(how)'에 대해서는 적절한 대답을 하지 못했다는 문제의식에서 시작하여, 동기부여의 과정과 방법을 다루는 과정이론이 제시된 것이다.

내용이론과 과정이론은 서로 보완적인 성격을 지닌다. 내용이론을 통해 동기유발의 본질적 속성, 즉 '무엇을 할 것인가'를 알 수 있다면, 그 다음에는 과정이론을 통해 동기유발의 과정적·환경적 요인, 즉 '어떻게 할 것인가'를 이해함으로써 효과적인 동기부여 프로그램의 전체적 틀을 만들 수 있는 것이다. 과정이론과 관련해서는 다음의 두 가지 이론이 대표적 이론으로 알려져 있다.

(1) 기대이론

기대이론(expectancy theory)은 통계학의 기본인 확률(probability)과 기댓값(expected value)의 개념을 토대로 한다. 확률이론에서 기댓값은 어느 사건이 일어날 확률과 그 사건이 일어났을 때 얻는 가치의 곱으로 결정된다. 이 개념을 동기부여이론에 적용해 보면, '특정 행동에 대한 기댓값'은 그 행동을 통해 얻을 수 있는 '성과의 크기'와 '그 성과를 얻을 수 있는 가능성'에 의해 결정된다고 할 수 있다.

기대이론은 크게 다음 세 가지 요인을 중심으로 만들어진 것이다. 첫째는 조직원 누구나 열심히 노력하면 성과를 낼 수 있다는 기대(effort-to-performance expectancy)이고, 둘째는 성과를 내면 누구나 정당한 보상을 받을 수 있다는 기대(performance-to-reward expectancy)이며, 셋째는 보상에 대해 느끼는 매력(perceived attractiveness of reward)이다.

위 요인들을 토대로, 기대이론에서는 먼저 실제로 일을 열심히 할 수 있는 동기가 만들어지려면 노력의 결과로 주어지는 보상에 대한 기댓값이 일정 수준을 넘어서야 한다고 가정한다. 이 가정을 식으로 표현하면 다음과 같다.

$$\text{동기부여 } M(\textit{Motivation}) \geq \text{가치의 크기 } V(\textit{Value}) \times \text{달성의 가능성 } E(\textit{Expectancy})$$

다음으로, 동기부여가 일정 수준 이상이 되기 위해서는 가치의 크기와 달성의 가능성 모두가 균형적으로 어느 수준 이상이 되어야 한다고 주장한다. 가치는 매우 크지만 실현 가능성이 거의 없다거나, 실현 가능성은 매우 높지만 가치의 절대 크기가 미미하다면 동기부여의 효과가 크게 떨어지게 된다. 예를 들어, 로또 당첨과 같이 가치의 크기는 엄청나게 크지만 달성될 확률이 0에 가깝거나, 누구나 조금만 열심히 하면 달성할 수 있지만 주어지는 보상이 저녁 식사비 정도밖에 안 된다면 동기부여가 제대로 되지 않는다는 것이다.

기대이론은 동기부여 프로그램을 설계할 때, 성과에 대한 보상의 크기와 성과를 달성할 수 있는 가능성을 어떻게 결정할 것인가 하는 문제의 중요성을 일깨우고 있다. 같은 1억 원이라는 돈을 들여 동기부여 프로그램을 만들더라도 어떻게 설계하느냐에 따라 큰 효과를 볼 수도 있고 거의 효과를 보지 못할 수도 있다. 그러나 기대이론의 단점은 보상의 크기나 달성 가능성을 객관적이고 합리적으로 결정하기 어렵다는 데 있다. 개인마다 가치의 크기를 측정하는 기준이 다르고, 또 달성의 가능성을 사전에 정확하게 예측하기도 쉽지 않다는 문제점이 있다.

(2) 공정성이론

공정성이론(equity theory)은 기대이론의 문제점을 보완하기 위해 제시된 이론이다. 앞에서 말한 대로 기대이론의 가장 큰 문제는 사람마다 가치의 크기에 대한 생각이 다르다는 데 있다. 이 문제를 해결하기 위해서는 조직원 개개인이 절대적으로 느끼는 가치의 크기가 아니라 모든 사람들 사이에서 상대적으로 느끼는 크기를 가지고 가치의 효과를 판단해야 한다. 즉, '다른 사람들과의 비교'를 통해, 기대이론이 안고 있는 주관성과 비합리성을 없애거나 줄일 수 있다는 것이다.

구체적으로 한 개인이 받은 보상의 크기를 O(Output)라고 하고 투입한 양을 I(Input)라고 했을 때, O/I의 비율이 개인들 간에 같으냐 아니면 다르냐에 따라 크게 세 가지 반응이 나타날 수 있다.

- 본인의 비율이 다른 사람들의 비율과 같거나 비슷할 때, 만족감을 느낀다.
- 본인의 비율이 지나치게 크다고 느낄 때, 죄책감을 느낀다.
- 본인의 비율이 지나치게 작다고 느낄 때, 불만족을 느낀다.

따라서 공정성이론의 기본 가정은, 모든 사람이 공정한 기준과 방식으로 평가되고 보상받는다는 인식을 주어야만 만족감을 느끼면서 동기부여가 될 수 있다고 주장한다. 한마디로 보상의 크기는 절대적 수치의 차이가 아니라 상대적인 느낌의 차이라는 것이다. 결국 공정성이론은 동기부여 프로그램의 설계과정에서, 절대적 보상의 크기를 확대하는 것 못지않게 상대적 보상의 공정성을 확보하는 것이 중요하다는 점을 지적하고 있다. 혼자 100만 원의 보상을 받고도 행복하지 않을 수 있는가 하면 100명이 1만 원씩 나누어도 모두가 행복할 수도 있다는 것이다.

그러나 공정성이론도 주관성의 한계를 벗어나지 못한다는 문제를 안고 있다. 왜냐하면 공정성이라는 것 자체가 주관적인 판단에 의해 결정되기 때문이다. 사람마다 상대적 차이를 인식하는 기준이 다르고 또 차이에 대해 반응하는 태도가 상이할 수 있는 것이다.

3. 리더십이론

⬡ 기본 배경

리더십이론의 핵심은 리더(leader)와 관리자(manager)를 구분하는 것에서 출발한다. 주어진 업무를 효과적, 효율적으로 관리하여 주어진 시간 내에 주어진 수준으로 완수하면 성공적인 관리자가 될 수 있다. 그러나 리더는 성공적인 관리자가 되는 것은 물론, 더 나아가 조직원들에게서 존경과 신뢰를 받을 수 있어야 한다. 관리자가 기존의 관습과 방식을 잘 지키면서 효율적으로 일을 하는(doing things right) 사람이라면, 리더는 변화의 흐름을 읽는 통찰력과 미래에 대한 비전을 토대로 조직이 반드시 해야 할 일을 하는(doing the right things) 사람이다. 따라서 성공적인 리더는 당연히 성공적인 관리자가 되지만, 성공적인 관리자라고 해서 곧 바람직한 리더라는 보장은 없다. 주어진 일은 잘 관리하지만 부하들의 존경도 받지 못하고 조직의 미래에 대한 비전도 없는 관리자도 얼마든지 있을 수 있는 것이다. 더구나 존경받는 리더에 관한 조사에서 항상 첫 자리에 나오는 덕목은 윤리의식(ethics)이다. 능력과 지도력에 앞서 정직하고 깨끗한 사람만이 진정한 리더가 될 수 있다는 것이다.

그러므로 관리자에 비해 리더는 더 다양한 역할을 수행하고 더 많은 자질을 갖추어야 한다. 일에 관해서는 유능한 관리자가 되어야 하고, 조직에서는 선도자이자 지휘자가 되어야 하며, 조직 밖에 대해서는 대변인이 되어야 한다. 따라서 리더를 연구의 대상으로 하는 리더십이론도, 업무를 설계하고 관리하는 경영자로서의 관리적 관점, 한 조직을 다스리는 최고책임자로서의 사회적 관점, 다양한 조직원들의 생각과 행동을 조화시키는 조정자로서의 조직행위적 관점을 모두 포함하게 된다.

리더십이론의 발전 및 확대과정을 정리하면, 크게 리더의 개인적 특성을 살펴보는 특성이론(traits theory), 리더와 구성원 간의 행위를 분석하는 행위이론(behavior theory), 리더의 행위와 상황적 특성 간의 관계를 중시하는 상황이론(contingency theory)으로 나누어 설명할 수 있다.

⬡ 특성이론

특성이론(traits theory)은 가장 초기, 즉 19세기부터 20세기 전반부까지 리더십이론의 주류를 이루었던 이론이다. 이 이론은 인간의 태생적 특성이 그 사람의 일관된 행동 패턴으로 이어지고 그 패턴이 다시 리더십으로 연결된다고 주장한다. 따라서 모든 성공적인 리더는 보통 사람과 달리 공통적으로 보유하고 있는 특성이 있다는 가정하에, 그 특성이 무엇인가를 찾아내는 데 초점을 맞추었다. 따라서 이 이론은 카리스마이론, 위인이론 등의 이름으로 불리기도 한다. 우리가 어린 시절에 즐겨 읽었던 위인전, 청소년 시절에 탐독하였던 우상들의 자서전 등은 모두 특성이론의 참고자료라고 말할 수 있다.

표 10-1에 제시되어 있는 것처럼, 이 이론에서는 리더의 특성을 크게 신체적 특성, 성격적 특성, 사회적 특성으로 나눈 후, 관련된 세부적인 분석 대상을 제시하고 있다.

🌑 표 10-1　　**특성이론의 분석 대상**

주요 특성	분석 대상
신체적 특성	연령, 신장, 체중, 용모, 지능 등
성격적 특성	지배욕, 성취욕, 독립성, 사교성 등
사회적 특성	학력, 집안 배경, 출신지역 등

이 이론은, 리더의 특성과 조직의 유효성 간에는 어느 정도 유의한 관계가 있다는 실증분석의 결과를 제시하고 있지만 실무적인 유용성은 매우 제한적이다. 우선 예외적인 경우가 너무 많아 일반화시키기 어렵다. 예를 들어, 나폴레옹이 키가 작다고 해서 키 큰 사람이 성공적인 리더가 될 수 없다는 식의 이야기가 하나의 이론이 될 수는 없다. 또 나중에 언급되겠지만, 리더의 특성이라는 것은 상황과 여건의 변화에 따라 얼마든지 바뀔 수 있다. 학창시절에 학업성적이 시원치 않았던 사람이 나중에 위대한 발명가가 되었다는 이야기는 무수히 많다.

🌸 그림 10-4　　상이한 신체적 특성을 보이는 리더들 : 왼쪽부터 링컨, 나폴레옹, 세종대왕, 이순신

🔷 행위이론

행위이론(behavior theory)은 특성이론의 다음 단계에서 주류를 이루었던 이론이다. 이 이론은 초기의 특성이론에 대한 비판에서 출발하였다. 즉, 모든 성공적인 리더에게 공통적으로 존재하는 특성이 있는 것은 아니며, 성공적인 리더는 몇 가지의 '행위 유형(style)'으로 나눌 수 있을 뿐이라고 주장한다. 그러므로 이 이론의 목표는 가장 바람직한 리더의 유형이 무엇인가를 찾아내는 데 있다.

그렇다면 다음에 나오는 문제는 리더를 어떤 기준에 따라 어떤 유형으로 나눌 것인가 하는 것이다. 행위이론에 관한 대부분의 연구는 리더의 유형을 나누는 기준으로 크게 '인간 중심' 차원과 '과업 중심' 차원을 제시한다. 즉, 사람을 얼마나 중시하는가를 보는 차원과 얼마나 일을 중시하는가를 보는 차원으로 나눈다. 다음으로 각 차원의 상대적 중요도를 '높다' 또는 '낮다'로 구분하면 하나의 매트릭스 안에 여러 개의 영역을 구성할 수 있다. 이때 각 영역에 해당되는 사람이 리더의 한 유형이 되는 것이다.

많이 알려진 관리격자 모형(managerial grid model)을 예로 보자(Blake & Mouton, 1964). 여기서는 인간관계 행동과 과업주도 행동의 두 차원을 이용하여 리더의 유형을 크게 다섯 가지로 나누고 있다. 그림 10-5에 나타난 것처럼, 일 중심으로 부하를 무조건적으로 끌고 가는 과업형 리더에서부터 일보다는 조직의 화합과 부하들에 대한 배려만을 중시하는 컨트리클럽형 리더까지 다양한 유형의 리더가 있을 수 있다. 물론 가장 바람직한 리더는 일의 관리와 사람의 관리를 모두 잘 하는 이상적 유형이 될 것이며, 최악의 리더는 두 가지 모두를 잘 못하는 무능력한 유형이 될 것이다.

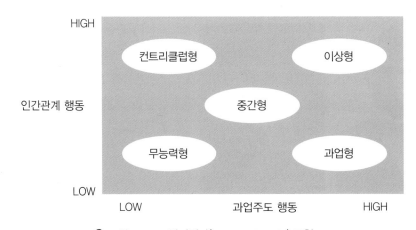

🌸 그림 10-5 **관리격자(managerial grid) 모형**

행위이론이 특성이론보다 좀 더 과학적이고 체계적이라는 점은 분명하다. 그러나 리더의 유형과 부하의 만족도 혹은 리더의 유형과 조직의 성과 사이에 인과관계가 있는지는 보여 주지 못하고 있다. 예를 들어, 리더가 일 중심으로 부하를 관리할 경우 그 행동이 부하의 만족도에 긍정적인 영향을 미치기도 하고 부정적인 영향을 미치기도 한다. 또 사람 중심으로 부하를 관리하는 리더 유형이 경영 성과에 미치는 영향과 관련해서도 한편으로는 긍정적, 다른 한편으로는 부정적이라는 상반된 결과가 나온 경우가 많았다. 이러한 문제점들이 결국 다음에 설명할 상황이론의 출현으로 연결되었다고 할 수 있다.

🔷 상황이론

행위이론에서 보듯이, 리더의 유형과 조직의 성과 간에 일관된 인과관계가 존재하는 것은 아니다. 경우에 따라 '사람' 중심의 리더가 좋은 성과를 내기도 하고, 반대로 '일' 중심의 리더가 성공적인 경우도 있으며, 두 가지를 균형적으로 추구하는 리더가 이상적인 사례도 있었다. 이러한 문제의식을 토대로, 리더십이론에서 가장 최근에 제시된 이론이 상황이론(contingency theory)이다.

상황이론은 다양한 내부요인과 상황변수에 따라 적합한 리더십의 유형이 달라진다고 주장한다. 즉, 성공적인 리더십은 리더 개인에 관련된 변수와 경영 상황에 관련된 변수를 동시에 포함하는 함수가 된다는 것이다. 상황이론은 말 그대로 상황(situation)을 여러 가지 경우로 나누는 것에서 출발한다. 따라서 상황을 설명할 수 있는 변수로 무엇을 사용할 것인가 하는 문제가 제기된다. 원칙적으로 말하면, 상황을 나타내는 변수는 어떤 조직을 대상으로 무슨 목적으로 분석하느냐에 따라 결정되어야 한다. 이때 조직 자체의 변수, 조직원의 변수, 과업의 변수, 리더의 변수 등을 사용할 수 있다.

많이 알려진 연구들에서는 리더와 구성원 간의 관계가 좋은지 나쁜지, 주어진 과제의 성격이 단순한지 복잡한지, 리더에게 권한이 강한지 약한지, 조직원들의 책임감이나 충성도가 높은지 낮은지 등이 대표적인 변수로 사용되고 있다. 이러한 변수들을 조합하면 여러 가지 상황을 만들어 낼 수 있고, 여러 가지 리더의 유형을 정한 후, 각각의 상황에서 어떤 유형의 리더가 어떤 성과를 나타내는지를 측정하고 비교하면, 주어진 상황에서 가장 바람직한 리더의 유형을 찾아낼 수 있는 것이다.

현대적 리더십 이론

전통적 이론들이 주로 리더 자신의 특성이나 상황에 초점을 맞추었다면 오늘날의 리더십 이론은 리더와 구성원 사이의 관계를 강조하는 추세를 보인다. 최근의 조직은 과거에 비해 훨씬 더 민주화되고 다양화되었기 때문이다. 이러한 변화를 나타내는 대표적 이론으로는 거래적 리더십(transactional leadership)을 들 수 있다. 거래적 리더십은 다른 말로는 교환적 리더십이라고도 하며, 리더는 구성원들이 원하는 보상을 제공하고 그 대가로 구성원들로부터 자신이 원하는 성과를 얻어내는 관계를 말한다. 이때 리더는 리더 자신이 원하는 결과가 무엇인지, 그리고 목표의 달성 여부에 따라 구성원은 어떤 보상을 받게 되는지를 구성원들에게 명확하게 알려주어야 한다. 거래적 리더십에서 한걸음 더 나아간 것이 변혁적 리더십(transformational leader)이다. 거래적 리더십이 리더와 구성원 간의 교환 관계만을 강조하는 데 비해, 변혁적 리더십은 단순한 교환 관계를 넘어 구성원으로 하여금 조직의 변혁에 적극적으로 참여하도록 유도하는 능력과 자세를 가리킨다.

팔로워십 리더십의 새로운 추세를 잘 보여 주는 개념이다. 팔로워십이란 리더십의 상대적인 개념으로, 리더십이 리더가 조직원들을 잘 이끌어가는 능력을 가리키는 데 반해 팔로워십은 조직원들이 리더를 잘 뒷받침해주는 능력을 뜻한다. 조직의 성공과 실패 여부는 리더가 조직원을 잘 선도하는 못지않게 조직원들이 리더를 잘 따라가는 것에 의해 결정된다고 주장한다. 조직의 성공에 리더가 기여한 크기는 20% 이하이며 80% 이상은 팔로워십이 결정한다는 것이다. 따라서 좋은 리더십이 만들어지기 위해서는 리더 자신에 대한 이해에 앞서 팔로워십에 대한 이해가 선행되어야 한다. 서번트 리더십(servant leadership)도 많이 알려진 개념이다. 서번트, 즉 봉사자 리더는 비전 제시자, 파트너, 그리고 조력자의 역할을 동시에 하는 리더를 뜻한다. 먼저 리더는 조직원들에게 미래의 비전을 제시할 수 있는 능력을 지녀야 한다. 동시에 서번트 리더는 섬기는 자세로 조직원들에게 다가가, 상호 신뢰를 바탕으로 하는 수평적 파트너가 되고 또한 조직원의 성장을 도와주는 조력자가 되어야 한다.

4. 갈등이론

⬢ 기본 배경

기업을 구성하는 가장 작은 단위는 개인이며, 개인들이 모여 다양한 소집단들이 생겨난다. 모든 개인과 집단은 나름대로의 가치관을 가지고 있고, 구체적인 업무 목표가 부여되며, 정해진 직급이나 역할을 갖게 된다. 그러나 개인과 개인 간, 개인과 집단 간, 그리고 집단과 집단 간에 가치관, 목표, 이해관계 등이 서로 다를 수 있으며, 이 과정에서 갈등(conflict)이 일어나고 두 당사자는 갈등상태에 놓이게 된다. 실제로 여러분들은 학창시절 동안 이미 다양한 종류의 갈등을 경험하기도 했고, 옆에서 지켜보기도 했을 것이다. 갈등의 원인은 무엇이며 갈등의 유형에는 어떤 것들이 있는지, 갈등을 관리하는 바람직한 전략은 무엇인가를 다루는 연구 주제가 바로 갈등이론(conflict theory)이다.

역사적으로 보면, 갈등이론은 원래 사회 전체 안에서 한정된 자원을 둘러싼 사회계층 간의 경쟁 문제, 불공정한 분배 문제 등과 같이 거시적 문제들을 다루면서 시작되었다. 그러나 기업 수준의 갈등관리(conflict management)로 좁혀보면, 갈등이론의 핵심은 갈등의 수준과 조직의 생산성 간에는 깊은 상관관계가 있다는 사실을 인식하는 데서 출발한다. 초기의 이론은 주로 갈등의 부정적 측면에 맞추었다. 흔히 사람들은 갈등이란 무조건 바람직하지 않은 것이며, 따라서 갈등은 반드시 없애야 한다고 생각하기 쉽다. 그러면서 많은 경우에 어느 조직 안에 갈등이 생기면 그 조직의 리더는 어떻게든 갈등을 해소하려고 노력하게 된다. 그러나 후기의 이론은 갈등의 부정적인 측면과 긍정적인 측면을 동시에 강조한다. 갈등은 좋은 면과 나쁜 면, 즉 순기능과 역기능을 동시에 가지고 있다. 어느 정도의 갈등은 조직 전체에 활력을 제공하고, 개인의 창의성을 제고하며, 나아가 조직 혁신의 계기를 만들 수 있다. 만일 어느 조직에 갈등이 전혀 없다면, 한편으로는 분위기 좋은 직장이라는 생각을 할 수도 있지만 다른 한편으로는 그 조직 전체가 무사안일에 빠져 있거나 아무도 제대로 일을 하지 않고 있다고 볼 수도 있는 것이다.

따라서 그림 10-6에 나타난 것처럼, 적정수준의 갈등은 오히려 집단의 유효성을 올릴 수 있다. 결국 갈등이 너무 없어서 조직의 활기가 없는 것도 바람직하지 않으며, 갈등이 너무 심각하여 조직이 제대로 굴러가지 않는 것도 좋지 않으므로, 최적의 수준으로 갈등을 관리할 수 있는 전략을 수립하기 위해서 갈등이론에 대한 연구가 필요하다.

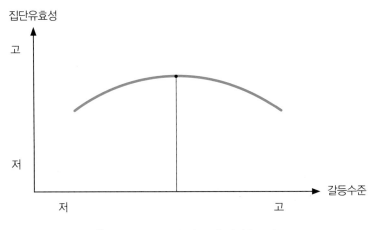

✿ 그림 10-6   갈등수준과 집단유효성

여기서는 먼저 갈등의 원인을 알아보고, 다음으로 갈등의 유형을 개인적 갈등, 집단 내 갈등, 집단 간 갈등으로 나누어 정리한 후, 마지막으로 갈등관리전략을 제시하는 순서로 진행하도록 한다.

⬣ 갈등의 원인

갈등이 발생하는 원인은 크게 개인적 요인과 조직적 요인으로 나눌 수 있다. 개인적 요인은 성격의 차이, 가치관의 차이, 능력과 기술수준의 차이 등 각자가 선천적 내지 후천적으로 지니고 있는 정신적·신체적 능력과 태도의 차이로 인한 원인을 의미한다. 개인적 요인이 조직적 요인에 비해 덜 중요한 것은 아니지만, 현실적으로 기업 차원에서 진단하고 해결하기는 훨씬 어려운 문제이다.

이에 비해 조직적 요인은 기업 자체의 구조적·관리적 이유로 발생하기 때문에 개인적 요인에 비해 문제점의 분석과 해결방안의 제시도 상대적으로 분명하고 용이하다. 하지만 조직적 요인도 매우 다양하기 때문에 한마디로 설명하기가 쉽지 않다.

흔히 발견할 수 있는 조직적 요인을 정리하면 다음과 같다. 우선 가장 대표적인 조직적 요인으로 업무의 상호의존성을 들 수 있다. 같은 목표를 달성하기 위해 기업 내부의 조직이나 개인은 함께 협력해야 하고 그 과정에서 서로 의존관계에 놓이게 된다. 만일 조직과 개인 간의 협력에 문제가 발생하면 상호의존성에 의해 갈등이 유발될 가능성이 매우 높다. 또 다른 요인으로는 자원의 공유를 들 수 있다. 예산, 설비, 공간 등의 자원이 한정된 상황에서, 그 자원을 분배하고 공유하는 과정에 갈등의 소지가 존재하는 것이다. 업무와 역할의 부조화도 중요한 갈등의 요인이 된다. 주어진 역할에 대한 전문성이 부족하거나 적성이 맞지 않을 때, 본인에게 주어진 지위나 역할이 본인의 판단이나 의사와 다를 때, 개인 간에 또 조직 간에는 갈등이 발생하게 된다. 마지막으로 보상 시스템도 갈등의 원인이 될 수 있다. 평가기준과 보상체계가 공정하거나 투명하지 못할 때 갈등이 유발될 위험성이 높다.

갈등의 유형

갈등이 생겨나고, 나타나는 양상은 매우 다양하지만 크게 두 가지 관점과 기준에 따라 유형화할 수 있다. 첫째는, 갈등의 성격에 따라 나누는 접근이다. 즉, 갈등이 어떤 관계나 요인에 의해 발생하는가에 따라 여러 가지 유형으로 나눌 수 있는 것이다. 둘째는, 갈등의 대상에 따라 나누는 접근이다. 즉, 갈등을 일으키고 경험하는 주체가 누구인가에 따라 갈등을 구분할 수 있다. 아래에 각각의 관점과 기준에 의해 유형화한 갈등의 구체적 내용이 요약되어 있다.

(1) 갈등의 성격에 따른 분류

- 수직적 갈등(vertical conflict) : 조직 계층의 상하 간에 일어나는 갈등
- 수평적 갈등(horizontal conflict) : 동일한 계층 내 다른 개인/집단 간에 일어나는 갈등
- 라인-스태프 갈등(line-staff conflict) : 라인(기능)조직과 스태프조직 간에 일어나는 갈등
- 역할 갈등(role conflict) : 개인의 선호/특성과 주어진 역할의 불일치에서 일어나는 갈등

(2) 갈등의 대상에 따른 분류

- 개인과 개인 간 갈등 : 개인 간의 목표, 역할, 성격 등의 차이에서 일어나는 갈등
- 개인과 집단 간 갈등 : 개인의 목표나 역할과 집단의 목표나 역할의 상충에서 일어나는 갈등
- 집단과 집단 간 갈등 : 집단 간 이해의 상충, 자원 배분과정의 경쟁 등을 원인으로 하는 갈등

⬣ 갈등관리의 전략과 방안

그러면 적당한 수준을 넘어선 심각한 갈등을 없애거나 줄이기 위해서 무엇을 어떻게 해야 하는가? 먼저 갈등관리의 기본 전략을 생각해 보자. 갈등의 관리에는 크게 두 가지의 상반된 전략이 존재한다. 첫째는 Win-Win 전략으로, 갈등 당사자 양쪽이 모두 일정수준 이상의 성과를 얻는 방향을 추구하는 것이다. 둘째는 Win-Lose 전략으로, 갈등 당사자 가운데 어느 한쪽이 성과를 독점하는 반면 다른 한쪽은 일방적인 피해자가 되도록 유도하는 전략이다. 각 전략의 기본 목표와 내용의 차이가 표 10-2에 요약되어 있다.

일반적으로는 Win-Lose 전략보다는 Win-Win 전략을 선호한다. 싸움보다는 협상이 우선이기 때문이다. 또 Win-Lose 전략은 득보다 실이 많은 경우가 대부분이기 때문이다. 하지만 경우에 따라서는 승자와 패자를 분명히 가름으로써 조직이 지향하는 목표가 어디에 있고 조직의 규범이 무엇인가를 확실하게 알려줄 필요도 있다.

한편, 갈등의 당사자들도 다음 세 가지를 분명하게 인식하고 있어야 한다. 첫째는, 문제(problem)와 사람(people)을 혼동하지 말아야 한다는 점이다. 갈등에 휩싸이다 보면 원래의 문제는 잊어버리고 사람 사이의 감정 싸움으로 번질 위험이 크다. 어느 상황에서도 갈등의 원인은 문제에 있지 사람에 있는 것이 아니라는 사실을 잊어서는 안 된다. 둘째는, 명분(position)에 매이지 말고 이해(interest)에 초점을 맞추어야 한다는 점이다. 종종 갈등이 커지다 보면 실리의 싸움이 아니라 명분의 싸움을 하는 우를 범할 수 있다. 이때는 명분을 버리고 실리로 되돌아가는 냉철함이 필요하다. 셋째는, 이미 있는 대안만 생각하지 말고 새로운 대안을 만들어 내라는 것이다. 대부분의 갈등은 현재의 대안만을 생각하기 때문에 선택의 여지가 없어서 생기게 된다. 따라서 생각의 폭을 넓혀서 새로운 대안을 만들어 내는 것이 문제를 해결하는 열쇠가 될 수도 있다.

⬣ 표 10-2 **갈등관리의 두 가지 전략**

구분	Win-Win 전략	Win-Lose 전략
기본 원칙	갈등이 상호문제임을 명확히 인식	해결은 승부에 있음을 명확히 인식
목표	공동의 성과와 이익 추구	각자 자신의 이익만을 추구
전략	• 양측의 주장과 목표를 정확히 통보 • 한쪽에 위협이나 불이익이 되는 행동 회피 • 각자 요구의 융통성과 양보가능성을 정확히 통보	• 각자의 주장과 목표에 대한 허위 또는 부정확한 정보 제공 • 위협적 행동 구사 • 각자 요구에 양보나 타협의 여지가 없음을 분명히 통보

🌑 표 10-3   갈등관리방안

방안	문제점
갈등의 외면/무시(avoidance)	갈등의 악화
갈등의 축소(smoothing)	근본적인 해결 불가능
양보와 협상(compromising)	양측 모두에 최적안 도출 실패
한쪽 강조/한쪽 무시(forcing)	패배감과 적대감정 유발
제도화(formalizing)	조직의 경직성
상위목표(superordinate goal)	목표의식의 혼란

　　다음으로 갈등을 관리하고 해결하는 구체적인 방안을 살펴보자. 가장 간단한 방법은 문제의 원인을 근본적으로 없애는 길이다. 자원의 공유 문제로 갈등이 발생하였다면 자원을 확충하면 되고, 역할의 상충 때문에 갈등이 유발되었다면 서로에게 맞는 역할을 다시 부여하면 된다. 그러나 이러한 방안은 이상주의적 희망사항에 불과하고, 대부분의 상황에서는 주어진 제약조건(constraint)하에서 현실적인 방안을 찾을 수밖에 없다.

　　갈등관리의 방안은, 갈등 자체를 외면하는 소극적인 방안에서부터 제도와 규정을 통해 갈등을 해결하는 공식적인 방안까지 다양하다. 또 협상과정이나 조정기능의 개입을 통해 양자의 이해를 적절히 절충하는 방안과, 반대로 승자와 패자로 분명히 갈라놓는 방안으로 나눌 수도 있다. 보다 상위의 새로운 목표를 설정함으로써 현재의 갈등 구도를 근본적으로 변화시키는 방안도 사용될 수 있다. 표 10-3은 갈등관리의 전형적인 방안과 각 방안의 문제점을 요약한 것이다.

5. 커뮤니케이션이론

🌑 기본 개념

　　우리는 일상생활 속에서 수많은 개인이나 조직과 본인의 의사를 전달하고 또 상대방의 의사를 전달받기도 한다. 마찬가지로 기업 내에 존재하는 많은 개인들은 다양한 방식으로 각자의 의견을 교환하고 정보를 공유한다. '조직 내의 개인이나 집단 간, 또는 조직과 외부 간에 정보와 의사가 전달되고 교환되는 과정'을 커뮤니케이션이라고 한다. 이때 커뮤니케이션이 이루어지는 방식에는 어떤 종류들이 존재하고 또 어떤 상황에서 어떤 커뮤니케이션 방식이 가장 효과적인가를 연구하는 주제를 다루는 것이 커뮤니케이션이론(communication theory)이다. 조직 내에서 일어나는 거의 모든 활동들이 개인과 개인 간 또는 개인과 조직 간의 커뮤니케이션을 통해 이루어지기 때문에 커뮤니케이션이론은 조직행위이론의 중요한 부분을 차지한다.

커뮤니케이션 문제는 특히 대학 내에서 공학도와 사회과학도 사이에, 또 기업 내에서 생산부문 사람들과 마케팅이나 재무부문 사람들 사이에서 자주 발생한다. 흔히 '공대 출신과는 사용하는 언어(language)가 달라 말이 안 통한다'라든가 '영업하는 사람들과는 사고방식이 너무 달라서 토론이 안 된다'라는 식의 얘기를 자주 듣는다. 이것이 바로 커뮤니케이션 채널의 방식과 절차가 달라 발생하는 전형적인 문제이다.

전통적인 커뮤니케이션이론은 개인과 개인 간의 직접적인 커뮤니케이션을 의미하는 '개인 간(inter-personal) 커뮤니케이션'에 초점을 맞추었으나, 최근의 이론은 조직 전체의 관점에서 효과적이고 효율적인 커뮤니케이션 시스템의 설계를 강조하는 '조직(organizational) 커뮤니케이션'으로 확장되고 있다. 또한 정보통신기술(ICT)의 폭넓은 확산에 따라 기존의 오프라인(off-line) 방식의 커뮤니케이션뿐 아니라, 온라인(on-line) 방식의 커뮤니케이션도 연구의 대상이 되고 있는 추세이다.

커뮤니케이션은 커뮤니케이션의 내용(information 또는 message), 내용을 보내는 사람(sender), 내용을 받는 사람(receiver), 내용을 보내는 수단(channel 또는 medium)의 네 가지 핵심요소로 이루어진다. 그 외에 송신자가 메시지를 체계적인 기호(symbol)로 바꾸는 기호화(coding), 수신자가 이를 다시 이해할 수 있도록 바꾸는 해독(decoding), 수신자의 반응을 의미하는 피드백(feedback) 등도 커뮤니케이션의 관련 요소라고 할 수 있다. 이러한 관점에서 보면, 커뮤니케이션 이론의 태동과 발전은 정보이론(information theory)과 밀접하게 연결되어 있다고 할 수 있다.

커뮤니케이션 요소가 다양해지면서 커뮤니케이션 모형도 변화의 과정을 거쳐 왔다. 초기에는 보내는 사람으로부터 받는 사람에게 한 방향(uni-directional)으로 내용이 전달되는 단순한 선형 모형(linear model)에서 출발하여, 그다음에는 보내는 사람과 받는 사람이 양방향(bi-directional)으로 서로 내용을 주고받는 상호 모형(interactive model)을 거쳐, 두 사람이 동시에 연속적인 커뮤니케이션 과정에 참여하는 교류 모형(transactional model)까지로 이어져 온 것이다. 따라서 커뮤니케이션이론은 이러한 요소의 구성 방식이나 순서의 차이에 따라 다양한 커

뮤니케이션 채널의 유형을 제시한 후, 가장 효과적인 커뮤니케이션 전략을 제시하는 순서로
진행된다.

커뮤니케이션 방식과 채널

커뮤니케이션이 이루어지는 내용이나 양상은, 크게 송신자와 수신자가 어떤 방법으로 커
뮤니케이션을 수행하는가에 관한 '커뮤니케이션 방식'과 송신자와 수신자가 어느 위치에서 어
떤 순서로 커뮤니케이션을 수행하는가에 관한 '커뮤니케이션 채널'로 설명할 수 있다.

(1) 커뮤니케이션 방식

커뮤니케이션의 방식은 송신자가 수신자에게 어떤 도구를 통해 메시지를 표현하는가 하는
관점과, 송신자와 수신자 간의 의사소통이 어느 방향으로 이루어지는가 하는 관점으로 나누어
볼 수 있다.

송신자가 수신자에게 메시지를 전달하는 방식은 크게 언어적 방법과 비언어적 방법으
로 나뉜다. 언어적 방법은 다시 구두(oral)에 의한 방법, 문서(written)에 의한 방법, 전자적
(electronic) 방법으로 세분된다. 비언어적 방법은 신호나 기호와 같은 상징적(symbolic) 언어,
제스처나 행동에 의한 신체적(body) 언어, 악수나 포옹과 같은 접촉(touching) 언어 등으로 구

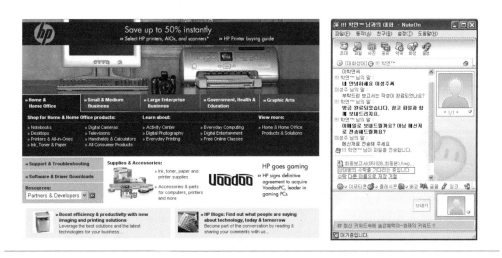

🔵 그림 10-7   전자적 방법의 일방적 커뮤니케이션(홈페이지)과
대화식의 양방향 커뮤니케이션(인스턴트 메시지)

✿ 그림 10-8   **소셜 네트워크에 의한 소통**

성된다.

의사소통의 방향성은 송신자가 수신자에게 한 방향으로 메시지를 전달하는 일방적(one-way) 소통과, 송신자와 수신자가 메시지를 서로 주고받는 양방향(two-way) 소통으로 나눌 수 있다.

커뮤니케이션 방식의 최근 추세는, 한마디로 메시지 전달방법에 있어 전자적 방법의 사용이 늘어나고 있는 경향과 의사소통의 방향에 있어 양방향 소통이 강조되고 있는 현상으로 요약할 수 있다. 더구나 최근에는 소셜 네트워크(social network)의 확산으로 인해 단순한 양방향 소통을 넘어 다수 대 다수의 소통으로 확장되는 추세이다.

(2) 커뮤니케이션 네트워크

커뮤니케이션 네트워크 또는 커뮤니케이션 채널은, 커뮤니케이션에 참여하는 당사자들이 누구이며 그들이 어떤 위치와 순서에 의해 커뮤니케이션에 참여하고 있는가를 보여 주는 양상을 의미한다. 커뮤니케이션 네트워크의 설계가 중요한 이유는 다음 두 가지로 요약할 수 있다. 하나는 커뮤니케이션 네트워크가 집단과 조직의 성과에 영향을 미치기 때문이다. 다른 하나는 커뮤니케이션 네트워크가 구성원의 만족도와 창의성에 영향을 미치기 때문이다.

커뮤니케이션 네트워크의 양상은 크게 세 가지의 형태로 이루어진다. 첫째는 하향식(downward)으로, 계층구조를 중심으로 상위계층에서 하위계층으로 메시지가 일방적으로 전달 내지 통보되는 형태이다. 둘째는 상향식(upward)으로, 하위계층으로부터 상위계층으로 메시지가 보고 내지 제안되는 형태이다. 셋째는 수평식(horizontal)으로, 조직계층 내에서 동일 계층에 있는 참여자들 사이에 메시지가 파급 내지 공유되는 형태이다.

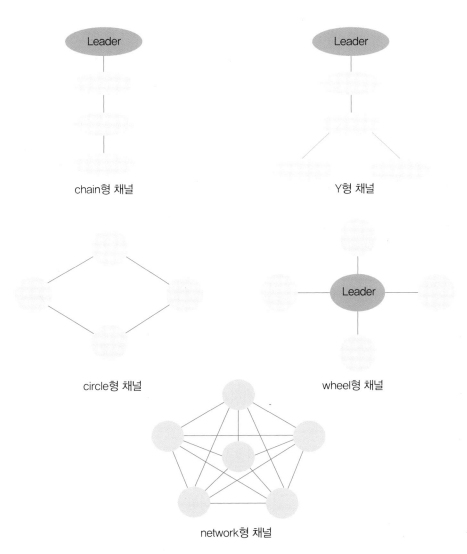

chain형 채널

Y형 채널

circle형 채널

wheel형 채널

network형 채널

✿ 그림 10–9   **커뮤니케이션 채널 유형**

보다 구체적인 커뮤니케이션 네트워크는 하향식, 상향식, 수평식 채널을 어떻게 설계하느냐에 따라 그림 10–9에 도시되어 있는 것처럼 크게 다섯 가지 유형으로 나눌 수 있다.

첫째, chain형은 한 명의 커뮤니케이션 주역을 정점으로 하여, 참여자들이 상하 간의 수직적 계층 구조로 형성되어 있는 유형이다. 커뮤니케이션은 조직의 가장 상위자로부터 시작되며 가장 하위자에게서 끝난다. 이 유형은 기업을 경영기능에 따라 세분화한 전통적인 라인조직에서 주로 발견된다.

둘째, Y형은 한 명의 커뮤니케이션 주역을 정점으로 하여, 참여자들이 계층구조를 보이는 점에서는 체인형과 유사하지만 하위 계층에서의 참여자들이 두 개의 가지로 나뉘어 Y자 모습을 보이는 것이 다른 점이다. 이때 가운데에 위치한 접점(pivoting point)을 중심으로 가지가 어떻게 갈라지느냐 하는 것은 조직의 특성에 따라 달라진다. 가장 흔히 발견되는 형태는, 앞의 조직구조이론에서 본 라인−스태프조직과 같이 하나의 가지는 라인을 따라 만들어지고 다른 가지는 스태프를 따라 만들어지는 상황에서 둘 사이를 조정하는 접점을 설치하는 경우이다.

셋째, circle형은 커뮤니케이션의 주역이 따로 없고 참여자들 간의 서열이 없는 상황에서, 모든 참여자가 특정한 방향이나 순서 없이 일렬로 연결된 유형이다. 조직원 간의 상하가 뚜렷하지 않은 민주적·자율적 조직에서 흔히 볼 수 있는 모양이다.

넷째, wheel형은 커뮤니케이션의 주역이 가운데 위치한 상황에서, 나머지 구성원들은 외곽에서 가운데의 커뮤니케이션 주역과 개별적으로 연결된 유형이다. 이 유형은 매우 폐쇄적인 형태로 모든 정보가 가운데에 있는 리더에게 집중되어 있고 구성원 간에는 정보를 공유하거나 의사를 교환할 수 없는 구조로 되어 있다.

다섯째, network형은 커뮤니케이션의 주역이 따로 없고 참여자들 간의 계층도 없다는 점에서 서클형과 유사하지만, 참여자 모두가 양방향으로 커뮤니케이션 네트워크를 구성하는 점이 다르다. 민주적이고 자율적인 특성을 가지면서 동시에 모든 사람들이 긴밀하게 협력하여 일해야 하는 상황에서 볼 수 있다.

위에서 살펴본 각 유형은 나름대로의 장점과 단점이 있다. 각 유형의 장단점을 요약하면 표 10−4와 같다. 표에서 보는 것처럼 각각의 유형은 커뮤니케이션의 신속성, 정확성, 집중도, 만족도 측면에서 좋은 면과 나쁜 면을 보인다. 따라서 어떤 유형이 가장 바람직한가에 대한 선택의 문제는 커뮤니케이션이 이루어지는 상황이라는 외부적 요인과 커뮤니케이션이 다루고 있는 메시지의 특성이라는 내부적 요인에 따라 달리 결정되어야 한다.

또한 위에서 제시한 장단점은 다음 두 가지 요인에 따라 달라질 수 있다는 사실에 유의해

● 표 10−4 **커뮤니케이션 네트워크 유형의 장단점**

구분	chain형	Y형	circle형	wheel형	network형
정보 전달의 신속성	높음	높음	낮음	높음	낮음
정보 전달의 정확성	낮음	낮음	높음	낮음	높음
정보 전달의 집중도	높음	높음	낮음	높음	낮음
정보 전달의 만족도	낮음	낮음	높음	낮음	높음

야 한다. 첫째는 조직과 업무의 특성이라는 요인이다. 예를 들어, 고도의 전문성과 정확성이 요구되는 조직과 단순한 일을 반복하는 조직은 같은 모양의 네트워크에서도 정보전달의 신속성이나 정확성이 크게 달라질 수 있다. 둘째는 커뮤니케이션 매체(medium)라는 요인이다. 같은 구조의 네트워크라도 전통적 오프라인(off-line) 매체를 이용하는 경우와 최근의 온라인(on-line)이나 모바일 매체를 이용하는 경우 사이에는 장단점이 반대로 나타날 수도 있다.

(3) 커뮤니케이션 형태

커뮤니케이션은 커뮤니케이션이 이루어지는 범위와 방식에 따라 몇 가지 형태로 나눌 수 있다. 먼저 커뮤니케이션의 범위는 크게 열린 공간에서 많은 사람을 대상으로 하는 공개적 (public) 형태와 닫힌 공간에서 개인이나 소수를 대상으로 하는 개인적(private) 형태의 두 가지로 나뉜다. 다음으로 커뮤니케이션이 이루어지는 과정에 상대방과 얼굴을 맞대는 대면(face-to-face) 접촉이 있느냐에 따라 접촉이 있는 직접적(direct) 형태와 접촉이 없는 간접적(indirect) 형태의 두 가지로 나뉜다. 그러면 그림 10-10에 그려져 있는 것처럼 크게 네 가지 형태로 구성되는 하나의 매트릭스를 그릴 수 있다.

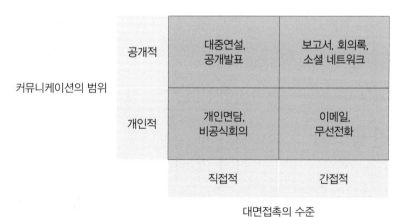

🌸 그림 10-10 **커뮤니케이션 형태의 분류 매트릭스**

우선 공개적이고 직접적인 커뮤니케이션 형태로는 대중연설, 공개발표, 임원회의 등을 대표적인 예로 들 수 있다. 이 형태의 장점은 많은 사람과 얼굴을 마주하면서 생생하게 의사를 전달할 수 있으며 나아가 질의응답이나 토론을 통해 양방향 소통도 가능하다는 점이다. 그러나 시간과 비용이 많이 들고 깊이 있는 의견의 교환이 어려운 문제를 안고 있다. 다음으로 공개적이지만 간접적인 형태로는 조직원 전체를 대상으로 하는 이메일, 분석보고서, 회의록 등을 생각할 수 있다. 이 형태의 가장 큰 장점은 신속하고 경제적이라는 점이다. 또 가장 넓게 내용을 전달할 수 있고 또 그 내용을 오래 보관할 수 있다는 이점도 있다. 그러나 주로 일방적, 하향식 소통이 될 수밖에 없는 단점을 피할 수 없다. 그러나 최근에 급속도로 확산되고 있는 소셜 네트워크(social network) 방식은 다수와 다수의 양방향 소통이 가능하다는 점에서 기존 형태의 단점을 보완할 수도 있을 것이다.

개인적이고 직접적인 형태의 예로는 개인면담과 소수의 비공식회의 등이 대표적이다. 가장 가까운 대면 접촉이 이루어지는 만큼 깊이 있는 논의와 토론을 할 수 있다는 것이 가장 큰 장점이 된다. 마지막으로 개인적이지만 간접적인 형태로 개인서신, 이메일, 메신저, 무선전화 등을 생각할 수 있다. 젊은 세대에게 가장 친숙한 커뮤니케이션 형태로서 프라이버시를 지키면서 자유롭고 편리한 의사소통이 가능하다는 장점이 있다.

한편, 전자적(electronic) 커뮤니케이션의 폭발적 증가는 장점과 단점을 동시에 지니고 있다. 먼저 바람직한 장점으로는 거의 무한대에 가까운 메시지의 전달량, 동시에 커뮤니케이션이 가능한 참여자 수의 확대, 커뮤니케이션 시간과 비용의 절감, 공간적 제약의 해소 등을 들 수 있다. 그러나 단점 내지 잠재적 문제점으로는 메시지의 왜곡이나 정보의 오류, 부정적이거나 불필요한 메시지의 유통, 정보의 유출과 사생활의 침해 등을 들 수 있다.

2 | 인간생리학

1. 기본 개념

앞 절의 인간심리학이 사람의 마음에 관한 내용을 다룬다면, 이 절의 인간생리학은 사람의 몸에 관한 이론을 다룬다. 넓은 의미의 생리학(physiology)은 인간의 신체 각 기관의 기능과 구조를 다루는 학문이다. 좁은 의미의 작업생리학(work physiology)은 신체기관과 작업 간의 관계에 초점을 맞춘다. 이 분야의 실용적인 목적은 다음 세 가지로 요약할 수 있다. 첫째는, '작업 (work)'의 설계이다. 인체 생리에 대한 이해를 바탕으로 작업의 성과에 영향을 미치는 신체적 요소들을 분석하고, 이 지식을 이용하여 가장 효율적이고 안전한 작업의 방식과 절차를 설계하는 것이 일차적 목적이다. 둘째는, '기기(device)'의 설계이다. 인간−기계시스템에서는 기기가 작업자이고 인간은 사용자이다. 따라서 사용자인 인간의 생리적 능력과 반응에 내한 지식을 바탕으로 기능적인 기기를 설계하는 것도 또 다른 목적이다. 셋째는, '작업환경'의 조성이다. 작업환경은 작업의 성과는 물론이고 작업자의 건강과 안전에 큰 영향을 미친다. 작업자의 생리적 반응을 바탕으로 생산적이면서 안전한 작업환경을 조성하는 것도 중요한 과제이다.

산업공학 전체로 보면, 위에서 제시된 과제들은 주로 인간공학(human factors engineering 또는 ergonomics)의 핵심주제가 된다. 이 분야는 다른 공학과 비교하여 실험이나 실습이 많지 않은 산업공학 가운데 거의 유일하게 실험실을 활용하는 영역이다. 그림 10−11에서 보는 것처럼, 다양한 실험기기를 사용하여 인간의 생리적 능력을 측정한다거나 외부자극에 대한 반응 정도를 관찰하는 실험을 한다. 또 모양이나 각도에 따라 사용자의 느낌이 어떻게 달라지는가를 분석하여 가장 적합한 기기를 설계하기도 한다. 고속열차에서 순방향과 역방향에 대해 승객이 느끼는 편안함 또는 불편함의 차이를 측정하여 좌석의 배치를 결정한다든가, 광고에 나오는 것처럼 '인간공학적으로 설계한' 도구를 만든다든가 하는 것들이 대표적인 사례들이다. 최근에는 온라인 웹(web)이나 모바일 앱(app)의 화면 구성이나 사용방식을 설계하는 작업도 이 분야의 새로운 주제로 각광받고 있다. 이러한 주제로 넘어가면, 인간공학은 산업디자인, 시각디자인, 컴퓨터공학, 심리학 등의 관련 학문과 다학제적인 연결고리를 갖게 된다.

사람의 신체기관이 많은 것처럼 인간생리학, 특히 작업생리학의 범위는 매우 넓다. 또 하

✿ 그림 10−11 　인간공학 실험(wikipedia)

나의 기관이라고 하더라도, 그것이 담당하는 기능도 여러 가지이고 반응하고 행동하는 패턴도 각각이기 때문에 관련 주제도 다양하다. 더구나 이 주제는 인간 신체에 대한 전문적인 지식을 필요로 하는 부분이 많아서 산업공학의 개론 수준에서 자세히 다루기는 어렵다. 깊이 있는 이해를 위해서는 인간공학 분야에 대한 전문지식이 필요하다. 따라서 여기에서는 입력능력, 처리능력, 작업능력 등의 주요 주제에 대해서만 간략하게 알아보기로 하자.

2. 인간능력과 인간공학

인간의 작업은 곧 정보처리의 과정이다. 그림 10-12에서 보는 것처럼, 정보가 입력되면 그에 따라 작업을 수행하고 그 결과가 출력으로 나타난다. 결국, 인간의 각 기관들은 이 과정의 적절한 영역에 연결되어 각각의 기능을 수행하게 되는 것이다. 따라서 인체의 기본 기능은 크게 정보의 입력에 해당되는 '감지기능', 의사결정에 해당되는 '처리기능', 그리고 출력으로 이어지는 '행동기능'으로 구성된다. 여기에 보조기능으로 정보를 보관하는 '기억기능'이 추가된다.

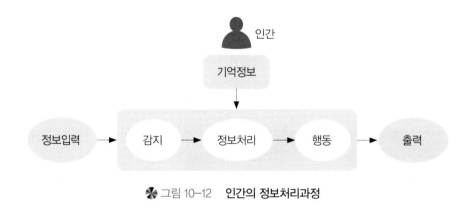

✿ 그림 10-12   **인간의 정보처리과정**

⬡ 입력능력과 정보처리

인간능력의 출발은 입력능력에 의해 결정된다. 외부의 시각적, 청각적, 물리적 자극에 관한 정보가 신체의 감각기관에 입력되면 인간은 이들 정보를 수용하고, 이어서 정보에 대한 해석을 통하여 의사결정을 하며, 이를 신체의 활동기관에 명령하여 실질적인 행동을 하게 된다. 또한 이 과정의 전반에 걸쳐 기억이 상호작용을 하면서 영향을 미치게 된다.

인간은 다양한 기관을 통해 정보를 받아들인다. 우선 시각을 통해 모양, 색깔, 크기가 다른 정보를 인지하고 청각, 촉각 그리고 후각을 통해서도 다양한 정보를 접수한다. 따라서 인체의 어느 기능이 어떤 종류의 정보를 어떻게 감지하고 처리하는지를 이해하는 것은 작업설계와 기기개발의 바탕이 된다. 나아가 이 지식은 기계와 도구의 감지장치를 설계하는 데도 유용하게 활용된다. 기계적 감지장치는 인간의 감지기능을 대신하기도 하고 아예 인간에게는 없는 새로운 기능을 제공하기도 하기 때문이다.

정보처리에서 가장 중요한 개념은 일치성 또는 양립성(compatibility)이라는 용어이다. 이 개념은 주어진 정보의 내용(의미)이 그 정보를 받아들이는 인간의 예상(해석)과 얼마나 일치하느냐를 의미한다. 한마디로 정보를 주는 사람과 그 정보를 받는 사람이 이심전심으로 통하느냐를 가리키는 용어이다. 대표적인 예가 조절기의 방향이다. 기기를 설계한 사람은, 시계방향으로 돌리는 것이 소리를 크게 한다거나 온도를 올리는 것으로 받아들여진다고 생각한다. 만일 사용자도 그 정보를 같은 의미로 생각한다면 이것은 일치성이 높은 것이다. 하지만 반대의 의미로 받아들인다면 일치성이 낮은 것이 된다. 결국 정보처리방식이나 기기의 설계는 어떻게 하면 일치성을 올릴 수 있는가에 초점을 맞추게 된다. 다음에 살펴볼 표시장치와 정보코드는 이 주제와 밀접하게 관련되어 있다.

(1) 표시장치

인간이 받아들이는 정보는 다양하지만, 그 가운데 압도적인 비중을 차지하는 것은 시각적 정보이다. 시각적 정보의 입력은 곧 정보의 '표시'를 뜻한다. 왜냐하면 산업공학에서는 주로 표시장치(display)라는 센서(sensor)를 통해 정보를 보내고 또 받기 때문이다. 또한 표시장치는 입력(input) 목적의 장치이기도 하지만 동시에 제어(control) 목적의 장치로 사용되기도 한다.

표시장치로 나타낼 수 있는 정보의 종류는 매우 다양하다. 우선 동적(dynamic) 정보와 정적(static) 정보가 있다. 동적 정보는 시간에 따라 그 내용이 바뀌는 정보를 의미한다. 예를 들어, 자동차 주행 중의 속도계나 신호등은 대표적인 동적 정보이다. 반대로 시간의 흐름과 상관없이 항상 같은 내용을 알려주는 정보가 정적 정보이다. 앞의 예로 돌아가 보면, 도로 표지판이나 차선은 정적 정보에 해당된다. 그런가 하면 정량적(quantitative) 정보와 정성적(qualitative) 정보로 나눌 수도 있다. 매일 매일의 주가변동을 주가지수로 표현하면 정량적 정보이지만, 아래위의 화살표로 표시하면 정성적 정보가 된다. 상황(status) 정보는 어떤 시스템의 상태나 조건을 보여 주는 정보를 가리킨다. 예를 들어, 기기의 상태를 on 또는 off로 표시하거나 신호등을 초록–노랑–빨강으로 표시하는 것이 여기에 해당된다. 경고(warning) 정보는 긴급 상황을 알려주는 정보를 뜻한다.

정보의 종류가 달라지면, 표시장치의 설계도 달라져야 한다. 정보의 유형에 따라 정보의 성격과 용도가 달라지기 때문이다. 실제로 표시장치의 형태는 매우 다양하다. 우선 아날로그 장치도 있고 디지털 장치도 있다. 고정식 눈금(scale)으로 할 수도 있고 이동식 지침(pointer)으로 할 수도 있다. 눈금의 경우라고 하더라도, 눈금단위의 길이나 배열을 다르게 할 수도 있다. 각각의 형태는 나름의 장점과 단점이 있기 때문에 어느 것이 가장 좋은 형태라고 말할 수는 없다. 따라서 각각의 정보 유형에 가장 적합한 표시방법을 찾는 것이 인간공학의 중요한 과제가 된다.

또 다른 주제는 시각적 표현과 청각적 표현의 차이이다. 두 가지 중에 어느 표시장치를 선택하느냐에 따라 정보의 전달효과가 크게 달라진다. 일반적인 가이드라인은, 정보의 내용이 짧고 단순하면 청각적 표현이 적합하고 반대로 정보의 메시지가 길고 복잡하면 시각적 표현이 적합한 것으로 알려져 있다. 또 주어진 정보에 대해 즉각 반응을 해야 하는 일회성 메시지라면 청각적 표시를 사용하고, 반응시간의 시간적 여유가 있는 반복적 메시지라면 시각적 표시를 사용하는 것이 바람직하다. 메시지를 보내고 받는 장소나 환경도 고려해야 한다. 너무 밝거나 어두운 장소에 있거나 계속 이동해야 하는 상황이라면 청각적 표시를 쓰고, 소음이 심한 장소에 있거나 한 자리에 고정되어 있는 상황에서는 시각적 표시를 쓴다.

(2) 정보코드

대부분의 표시장치에서는 정보의 내용을 있는 그대로 직접 표현하지 않고 다른 형태로 바꾸어 표현한다. 각 지역의 매출액 차이를 막대의 크기 차이로 표현한다든가 의료기기에서 심장박동수의 변화를 진폭의 차이로 표시하는 것을 전형적인 예라고 할 수 있다. 이와 같이 원래의 정보 내용을 전달효과가 높은 형태로 바꾸어 표현하는 것을 정보의 코드(code)라고 한다. 정보코드, 즉 정보의 코드화를 위해서는 다양한 차원(dimension)을 사용한다. 가령, 크기의 차이, 모양의 차이, 색깔의 차이, YES or NO 등은 모두 차원의 종류이다. 이때 정보의 내용에 맞추어 가장 적합한 차원을 선택하는 것도 매우 중요한 과제가 된다.

또한 정보의 코드화에는 다음 몇 가지의 기준을 고려해야 한다. 정보코드의 첫 번째 기준은 감지능력(detectability)이 높아야 한다는 것이다. 즉, 정보라는 외부의 자극에 대해 그것을 감지할 수 있는(sensing) 능력이 높은 코드를 사용해야 한다는 것이다. 예를 들어, 어두운 곳에서 시각적 코드를 사용한다든가 시끄러운 곳에서 청각적 코드를 사용하면 감지능력의 문제가 생길 수밖에 없다.

두 번째 기준은 식별능력(discriminability)이 높아야 한다는 것이다. 식별은 여러 개의 대상이 있을 때 각각의 차이를 판별하는 것을 말한다. 흔히, 지나치게 많은 대상을 동시에 비교하는 코드는 식별능력의 문제를 안게 된다. 특히, 절대적 기준과 상대적 기준은 식별능력의 측면에서 큰 차이가 있다. 일반적으로 인간은 절대적 차이보다 상대적 차이를 감지하고 판단하는 능력이 훨씬 크다. 두 개의 소리 중에 어느 소리가 더 높은 소리인지를 식별하는 쌍대비교(pair-wise comparison)는 쉽지만 여러 개의 소리를 듣고 정확한 음계의 차이를 식별하는 것은 어렵다. 인간이 단기적으로 기억할 수 있는 숫자의 크기를 나타내는 유명한 밀러(Miller, 1956)의 '매직 넘버(magic number) 7 ± 2'는 절대적 기준의 차이를 구분할 수 있는 능력의 한계를 나타내는 값이기도 하다. 평균적인 인간이 짧은 시간 기억할 수 있는 숫자의 크기나 절대적 기준의 차이를 식별할 수 있는 대상의 수는 7 ± 2인 5~9 정도 사이라는 것이다.

코드화의 세 번째 기준은 코드의 적합성과 표준화에 관한 것이다. 코드는 그 자체로서 의미를 지니는 경우가 많다. 예를 들어, 불(fire) 표시는 그 자체만으로도 뜨거운 것을 의미하고 파란색은 맑은 날씨를 의미한다. 이것은 앞에서 설명한 일치성 및 양립성이라는 개념과 밀접하게 관련되어 있다. 즉, 정보는 그 자체로서 일치성이 높은 의미를 보여 줄 수 있도록 코드화되어야 한다는 것이다. 또 모든 상황에서 모든 사람들이 동일한 의미로 해석할 수 있도록 표준화되어야 한다. 하나의 코드에 대해서는 한국인이든 외국인이든 모두 같은 의미로 이해할 수 있어야 한다는 것이다. 또 기기가 달라져도 동일한 표시는 동일한 의미를 지닐 수 있도록 일관성을 유지하는 것도 필요하다.

⬢ 출력능력과 생체역학

입력능력에 이어 출력능력에 대해 알아보자. 신체의 출력능력은 곧 인간의 동작능력을 의미한다. 따라서 출력능력은 인간공학 가운데에서도 생리학과 가장 밀접하게 연결되는 주제이다. 근육생리학, 호흡기 반응, 순환기 반응 등 사람 몸에 대한 지식이 필요한 것이다.

출력기능의 분석과 설계에 관련된 핵심 개념으로는 먼저 에너지 소비량을 들 수 있다. 동작을 위해서는 에너지가 소비된다. 동일한 작업을 수행하는 데도 사람에 따라 또 방법에 따라 에너지 소비량의 차이가 나기 마련이고 결과적으로 작업의 효율도 달라진다. 그러므로 에너지 소비량을 줄이면서 작업효율을 최대로 올릴 수 있는 동작을 설계하는 것이 인간공학의 과제가 된다. 또 다른 주요 개념은 스트레스(stress)와 스트레인(strain)이다. 스트레스는 인간에게 바람 직하지 않은 상태나 조건을 만드는 인자(factor)를 의미한다. 스트레스에는 외로움이나 슬픔과 같은 감정적 인자도 있고 과로나 수면부족과 같은 육체적 인자도 있다. 스트레인은 스트레스 로부터 영향을 받는 결과를 가리킨다. 스트레스를 받게 되면 산소 소비량, 체온, 혈압 등의 수 준이 달라지고 작업오류의 위험도 높아진다. 그러므로 스트레스 요인을 없애거나 줄여서 스트 레인을 최소화할 수 있는 동작을 설계하는 것이 또 다른 과제가 된다.

(1) 동작 유형

출력을 위한 동작에는 어떤 형태들이 있을까? 첫 번째는 신체동작이다. 이것은 그림 10–13에서 보는 것처럼, 움직일 수 있는 관절을 중심으로 인간이 할 수 있는 기본적인 동작의 종류를 가리킨다. 즉, 어떤 목적이나 의도와 상관없이 사람이 본능적으로 하는 동작을 몇 가지 종류로 나누어본 것이다. 신체동작의 특성은 항상 서로 반대로 움직이는 행동의 쌍(pair)으로 이루어진다는 것이다. 그러므로 이 쌍의 구성을 기준으로, 다음 네 가지의 동작으로 분류할 수 있다. 첫째, 'flexion'은 관절에서의 각도가 감소하는 동작을 의미하고 'extension'은 반대로 관

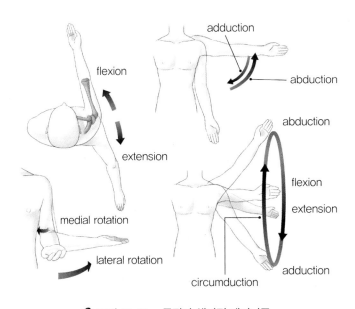

✿ 그림 10–13   동작과 생리적 메커니즘

절에서의 각도가 증가하는 동작을 말한다. 팔을 굽히는 것과 팔을 펴는 것이 하나의 예라고 할 수 있다. 둘째, 'adduction'은 몸의 중심선으로 향하는 이동 동작을 뜻하고, 반대로 'abduction'은 몸의 중심선에서 멀어지는 이동 동작을 의미한다. 셋째, 'medial rotation'은 몸의 중심선을 향하여 안쪽으로 회전하는 동작을, 반대로 'lateral rotation'은 몸의 중심선으로부터 멀어지면서 회전하는 동작을 의미한다. 넷째, 'pronation'은 손바닥을 아래로, 반대로 'supination'은 손바닥을 위로 향하도록 하는 회전을 말한다.

다음으로 운동동작 또는 반응동작에 대해 알아보자. 이 동작은 주어진 목적을 달성하기 위해 정확한 힘과 올바른 근육을 사용하여 수행하는 동작을 뜻한다. 운동동작도 다음 몇 가지의 유형으로 나눌 수 있다. 첫째, 독립(discrete) 동작은 하나의 목표(target)에 도달하기 위한 단일동작을 가리킨다. 제어장치를 조작하는 동작을 한다고 할 때, 제어장치는 목표가 되고 그것을 잡기 위해 팔을 뻗는 것은 하나의 독립동작이 된다. 둘째, 반복(repetitive)동작은 하나의 목표를 향한 단일동작의 반복을 뜻한다. 예를 들어, 자료를 지우기 위해 삭제(delete) 키를 여러 번 누르는 일이나 못을 박는 일은 전형적인 반복동작이다. 셋째, 순차(sequential)동작은 여러 곳에 흩어져 있는 목표를 향해 이루어지는 단일동작을 의미한다. 예를 들어, 하나의 문장을 쓰기 위해 순서대로 해당되는 키를 두드리는 동작은 여기에 해당된다. 넷째, 연속(continuous)동작은 끊임없는 근육의 조절이 필요한 동작을 의미한다. 운전자가 핸들을 조작하는 동작은 연속동작의 하나이다.

인체의 기관들을 사용하여 위에서 설명한 동작들을 연결한 것이 곧 작업이다. 따라서 작업을 설계한다는 말은 곧 동작의 연결과정을 설계한다는 말이 된다. 그러므로 작업의 설계를 위해서는 다양한 동작의 유형을 파악하고 각 유형의 특성을 이해하는 것이 필수적이다. 또한 특정 목적을 수행하기 위한 동작을 수행할 때, 어느 기관과 근육이 관련되어 있는지도 알아야 동작의 효과성과 효율성을 올릴 수 있다.

(2) 작업등급과 작업효율

앞에서 언급한 것처럼, 작업을 위한 동작에는 에너지와 산소가 사용된다. 작업등급(grade of work)은 소요되는 에너지와 산소의 양에 따라 작업을 몇 가지의 수준으로 나눈 것을 가리킨다. 에너지와 산소의 소비가 거의 없는 휴식에서 출발하여 아주 가벼운 작업, 가벼운 작업, 보통 작업, 힘든 작업, 아주 힘든 작업, 견디기 어려운 작업과 같은 등급으로 나눈다. 어느 작업이 주어질 때, 그 작업의 등급에 대한 정보는 작업부하(workload)를 산정하고, 인력을 배치하며,

작업성과를 측정하는 데 유용하게 사용된다.

그러나 인간이 사용하는 에너지가 모두 생산적인 작업에 쓰이는 것은 아니다. 작업효율 (work efficiency)은 작업출력과 에너지 소비량의 비율을 뜻한다. 따라서 작업효율은 다음의 식으로 표현되는 정량적 값이다.

$$\textbf{\textit{작업효율}}(\%) = \textbf{\textit{작업출력}} / \textbf{\textit{에너지 소비량}} \times 100$$

작업효율은 작업방법, 작업자세 그리고 작업속도에 따라 달라진다. 같은 작업이라고 하더라도 어떤 방법(method)으로 하느냐에 따라 에너지 소비량은 달라지고 따라서 작업효율도 달라진다. 예를 들어, 10kg의 짐을 옮기는 경우에, 품에 안고 옮기는 방법, 머리에 이고 옮기는 방법, 등에 메고 옮기는 방법, 손에 들고 옮기는 방법, 기구에 담아 옮기는 방법 등의 다양한 방법이 있을 수 있다. 이때 어느 방법을 선택하느냐에 따라 작업효율은 달라진다. 또한 작업의 자세(posture)도 효율에 영향을 미친다. 예를 들어, 조립작업을 한다고 하자. 조립은 누워서 할수도 있고, 바닥에 앉아서 할 수도 있으며, 의자에 앉아서 할 수도 있고, 서서 할 수도 있다. 이경우에도 어느 자세로 작업을 하느냐에 따라 작업효율이 달라진다. 작업의 속도(pace)도 효율의 결정요인이다. 항상 일정한 속도를 유지하면서 하는 경우와 속도가 급격히 바뀌는 경우에 작업효율은 큰 차이를 보인다. 그러므로 작업효율을 최대로 끌어올릴 수 있는 작업방법, 작업 자세 그리고 작업속도를 찾는 것도 인간공학의 주제이다.

(3) 최대 작업능력

단기간에 최대의 에너지를 소비할 수 있는 능력을 최대 신체작업능력이라고 한다. 한마디로 작업능력의 한계치에 해당되는 개념이다. 그림 10-14에서 보듯이, 신체작업능력은 작업의 지속시간이 증가함에 따라 급속히 감소한다. 따라서 어떤 작업의 에너지 요구량이 작업자의 최대 신체작업능력의 일정 수준을 초과하면 작업자는 피로감을 느끼게 된다. 피로한 작업자들은 집중력이 떨어지거나 작업 수행도가 낮아질 수 있다. 또한 장기적인 피로는 직무 만족감을 저하시킨다. 그러므로 작업자들이 단기 최대 신체작업능력의 적정 수준보다 높은 조건에서 일정 시간 이상 작업하지 않도록 직무를 설계하는 것이 중요하다.

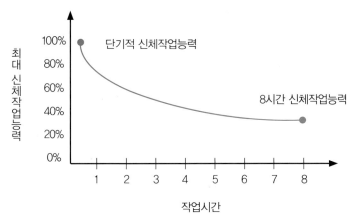

🌸 그림 10-14   작업 시간에 따른 최대 신체작업능력의 변화

🔷 인간오류와 안전

'오류를 범하는 것이 인간이다(To error is human)'라는 말이 있듯이, 인간은 실수하는 존재이다. 인간오류는 '요구되는 정확도와 순서를 지키지 못하거나 정해진 시간 이내에 정해진 행동을 하지 못하는 것'을 뜻한다. 일반적인 통계에 의하면, 인간은 하루에 약 2만 가지의 행위를 하는데, 약 2건 정도의 실수를 한다고 한다. 이러한 실수의 80%는 인지가 되지만 20%는 인지되지 않는다고 한다. 또한 인지되지 않은 20%의 실수 가운데 25% 정도는 심각한 오류라고 한다. 얼핏 보면 별로 큰 숫자로 느껴지지 않지만, 한 개인이 아니라 1,000명의 작업자가 일하는 대규모 공장을 생각해보면 상황은 달라진다. 하루에 약 2,000건의 실수가 발생하고, 그중에 100건은 심각한 수준의 실수가 될 수 있기 때문이다.

인간오류는 오류의 원인에 따라 그림 10-15에서 보는 것처럼, 크게 착오, 실수, 건망증으로 분류할 수 있다. 착오는 상황과 목표를 잘못 이해하고 해석하여 저지르는 오류를 뜻한다. 즉, 틀린 줄을 모르고 행하는 오류이다. 따라서 심각한 사건으로 이어질 수도 있고 오류를 찾아내기도 힘들다. 이에 반해, 실수는 상황이나 목표는 제대로 해석하였으나 의도와는 다른 행동을 하는 경우에 발생하는 오류이다. 실수는 주로 주의 산만이나 주의 결핍이 원인이 되며 잘못된 직무 설계에 기인하기도 한다. 실수에 의한 오류는 피드백이 있어야만 발견이 가능하다. 건망증은 여러 단계로 이루어지는 행동에서 일부를 잊어버리고 빠뜨리는 오류를 가리킨다.

인간오류는 행위나 행동의 잘못에 따라 여러 가지 유형으로 나눌 수도 있다. 첫 번째는 태만(omission)오류이다. 이것은 제대로 된 행동을 해야 되고 또 할 수 있었는데, 이를 게을리하

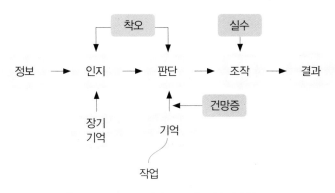

❋ 그림 10-15 인간 오류의 모형 및 종류

여 생기는 오류이다. 제어장치를 작동해야 하는데, 하지 않아서 사고가 발생한 것이 하나의 예가 된다. 두 번째는 작동(commission)오류이다. 이것은 해야 하는 행동을 하기는 하였는데, 제대로 못할 경우의 오류이다. 제어장치를 완전히 작동시켜야 하는데, 일부만 작동시킨 것을 예로 들 수 있다. 순서(sequence)오류는 잘못된 순서로 작업을 할 때 발생하는 오류이다. 예를 들어, 먼저 좌우로 움직인 후 상하로 이동시켜야 하는데, 반대로 상하로 움직인 후에 좌우로 이동시키는 것은 순서오류의 대표적인 예이다. 시간(timing)오류는 너무 빨리 작업을 하거나 반대로 너무 느리게 작업하면서 생긴 오류이다. 또 주어진 시간 안에 작업을 마치지 못하는 것도 시간오류에 해당된다.

인간오류가 심각한 이유는 그것이 사고로 연결될 가능성이 크기 때문이다. 따라서 사전적인 예방활동이 매우 중요하다. 인간오류에 의한 사고가 발생하기 전에, 미리 잠재적 리스크(risk)의 단계나 위치를 파악하는 일, 리스크의 정도를 평가하여 관리의 우선순위를 정하는 일, 훈련을 통해 안전한 행동방법을 습득하게 하는 일, 안전목표를 달성한 경우에 인센티브를 지급하는 일 등이 모두 인간공학의 주제가 된다.

3 | 작업관리

1. 기본 개념

인간생리학의 가장 오래된 목적은 작업의 설계이다. 역사적 관점에서 보면, 작업연구(work study)는 산업공학의 뿌리의 의미를 지닌다고 해도 과언이 아니다. 앞에서 설명한 것처럼, 산업공학이 하나의 '과학적' 주제로 인식된 배경에는 19세기 말 테일러(Taylor)가 스톱워치로 작업시간을 측정하여 작업표준을 정한 사실이 자리 잡고 있기 때문이다. 그 전까지 주먹구구식으로 일하던 방식을 벗어나, 전체 작업을 여러 개의 기본 동작으로 나누고, 각 기본 동작에 대한 단위시간을 스톱워치로 측정, 불필요한 동작을 제거하여 최선의 작업방법을 찾는 획기적인 혁신을 시도한 것이다. 물론 기계화, 자동화, 정보화의 영향으로 오늘날에는 인간작업의 의미가 많이 퇴색하였지만 여전히 '사람(human)'에 대한 이해가 있어야 '기계(machine)'와의 상호작용도 이해할 수 있다.

작업연구, 즉 작업설계와 측정(design and measurement of work)은 작업의 경제성, 효율성 및 안전성에 영향을 미치는 요인을 체계적으로 분석하여 가장 바람직한 작업방식을 개발하고 작업조건을 제공하는 활동을 말한다. 앞에서 설명한 인간공학과 함께, 작업연구는 실험과 실습이 거의 없는 산업공학에서 실험실을 활용하는 예외적인 분야이다. 예를 들어, 주어진 과제에 대해 작업의 방법과 순서를 바꿔가면서 가장 효율적인 방식을 찾는다든가, 어떤 기기를 조작하는 도구의 모양이나 크기가 바뀌면 반응시간이나 정확도가 어떻게 달라지는지를 알아보는 것이 전형적인 실습과제가 된다.

작업관리는 크게 작업의 설계와 작업의 측정으로 나눌 수 있다. 먼저, 작업의 설계는 다른 말로 작업방법의 연구라고도 한다. 작업자의 동작을 분석하여 최선의 작업방법과 순서를 찾아내어 이를 작업표준(standard)으로 정하는 것을 핵심 내용으로 한다. 다음으로, 작업의 측정은 시간연구를 중심으로 작업의 표준시간을 설정하고 유지하는 것을 주요 목적으로 한다. 이 두 가지 주제를 차례대로 살펴보자.

2. 작업설계

작업을 설계하는 일은 곧 최적의 작업방법을 개발하는 것이다. 따라서 공정에 대한 분석, 공정을 구성하는 개별 작업의 분석, 그리고 작업자 움직임의 분석이 초점이 된다. 또한 분석의 수단으로 공정도(process chart), 차트(chart), 도표(diagram) 등이 주로 사용된다.

◈ 공정분석

공정분석(process analysis)은 대상물(원재료, 부품, 제품 등)이 생산현장에 투입되어 어떤 경로를 거쳐 어떻게 처리되는가를 각 공정의 경과시간과 이동거리 등을 중심으로 조사하는 것이다. 이러한 분석을 통해, 공정 자체와 설비배치(layout)를 개선하여 효율적인 공정을 설계하는 것을 목표로 한다.

공정의 분석을 위해서는 흔히 기호(symbol)를 사용한 흐름도(chart)를 그리게 된다. 아무래도 다양한 공정 하나하나와 그것들의 연결관계를 말로 설명하기보다는 기호로 표현하고 또 연결하는 것이 쉽고 간편하기 때문이다. 표 10-5에 대표적으로 자주 사용되는 5개의 공정기호들을 정리하였다. 이 기호들을 사용하여 작업공정도(operation chart), 조립공정도(assembly chart), 유통공정도(flow process chart) 등의 도표를 작성하게 된다.

이 표를 보면 먼저 공정의 흐름을 알 수 있다. 즉, 우선 부품이 조립되어 완제품이 만들어진 후, 검사장으로 이동하여 차례를 기다리다가, 검사를 마치고 창고에 저장되는 순서로 이어지고 있는 것이다. 또 공정의 흐름뿐 아니라 각 공정에 소요되는 시간, 그리고 공정 간의 이동거리 등도 표시된다. 이러한 분석 결과를 바탕으로, 가장 경제적인 공정의 순서를 설계하기도 하고 기존 공정을 부분적으로 개선할 수도 있다.

◈ 표 10-5 공정기호와 설명

공정 유형	공정 기호	상세 설명	소요시간	이동거리
가공	○	부품 조립	30	
운반	⇒	완제품 이동	5	50
정체	D	완제품 정체	12	
검사	□	완제품 검사	25	
저장	▽	완제품 저장	6	30

◈ 동작분석

넓은 의미의 동작연구(motion study), 그리고 좁은 의미의 동작분석(motion analysis)은 말 그대로 작업자의 동작을 분석하는 주제를 다룬다. 즉, 위의 공정분석에서 작업의 순서가 결정된 후, 순서에 따라 작업을 수행하는 과정에서 작업자 개개인의 동작이 어떤 행위와 순서로 이루어지는지를 살펴보는 것이다. 그림 10-16은 동작분석시스템의 예시 화면을 보여 주고 있다.

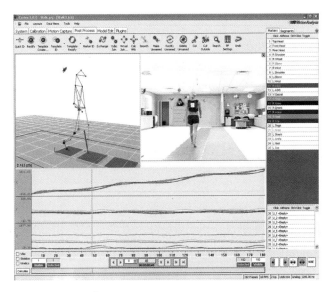

◈ 그림 10-16 동작분석시스템
자료 : www.motionanalysis.com

여기에서도 작업자의 다양한 동작을 나타내는 기호(symbol)를 사용한다. 역시 말로 설명하는 것보다는 기호로 표기하는 것이 간편하고 분명하기 때문이다. 동작분석에서 사용되는 가장 오래되고 또 가장 표준적인 기호는 '서블릭(therblig)' 기호이다. 이 기호의 이름은 부호체계를 처음 제안한 동작연구의 태두 길브레스(Gilbreth)의 이름을 거꾸로 배치한 것이다. 표 10-6에 대표적인 서블릭 기호에 대한 설명이 정리되어 있다. 표에서 보는 것처럼, 문자 기호와 더불어 동작의 형상을 표현하는 그림 기호를 함께 사용하는 것을 알 수 있다.

동작분석의 목적은 크게 세 가지이다. 첫째는, 작업의 내용을 명확하게 파악하는 것이다. 현재 수행하고 있는 작업이 어떤 동작들로 구성되고 또 개별동작들의 순서는 어떻게 이루어지는지를 파악하는 것을 일차적인 목적으로 한다. 둘째는, 가능한 작업의 대안들을 찾아보는 것

❋ 표 10-6　서블릭 기호와 설명

동작 설명	문자 기호	그림 기호
찾는다(search)	SH	⬭
고른다(select)	ST	→
잡는다(grasp)	G	∩
운반한다(transport loaded)	TL	⌣
조립한다(assemble)	A	#
분리한다(disassemble)	DA	╫
놓는다(release load)	RL	⌒
검사한다(inspect)	I	◯
지연된다(unavoidable delay)	UD	◇
휴식한다(rest)	RE	⌇
생각한다(plan)	PN	⌇

이다. 기호를 사용하여, 동작의 구성을 바꾼다든가 동작의 순서를 바꾸어 가면서 다양한 작업 방식의 대안들을 찾아본다. 셋째는, 가장 효율적이고 안전한 작업방식을 설계하는 것이다. 각각의 방식은 작업시간, 생산성, 안전성 등의 기준에서 장단점을 갖기 마련이다. 이럴 때 동작분석의 결과를 바탕으로 가장 적합한 작업방식을 설계하는 것이 궁극적인 목적이 된다.

❂ 동작경제의 원칙

　동작경제의 원칙(principles of motion economy)은 작업자가 가장 경제적이고 합리적으로 움직이는 표준동작을 설정하는 몇 가지의 원칙을 제시한 것이다. 동작의 '경제'라는 표현이 의미하는 것처럼, 작업의 능률을 극대화하고 작업의 공간을 최적화하는 데 유용한 정보를 제공한다. 이 원칙은 당초 길브레스 부부가 제안하였고, 그 이후 다른 학자들에 의해 확장 및 개선과정을 거쳐서 정리된 것이다. 대표적인 원칙 몇 가지만을 알아보면 다음과 같다.

① 신체의 사용에 관한 원칙(use of the human body)

- 두 손의 동작은 같이 시작하고 같이 끝나도록 한다.
- 두 팔의 동작은 동시에 서로 반대방향으로 대칭적으로 움직이도록 한다.
- 작업자 시선의 이동횟수와 이동범위가 가급적 적도록 한다.

② 작업장의 배치에 관한 원칙(arrangement of the workplace)

- 모든 공구나 재료는 지정된 위치에 있도록 한다.
- 공구, 재료 및 제어장치는 사용 위치에 가까이 두도록 한다.
- 공구나 재료는 작업동작이 원활하게 수행되도록 그 위치를 정해준다.
- 가급적이면 여러 개의 공구를 결합하여 하나의 공구로 만든다.

3. 작업측정

작업측정은 스톱워치 혹은 다른 측정장비를 이용하여 작업의 표준시간을 설정하는 것을 말한다. 표준시간이란, '요구되는 숙련도와 적성을 갖춘 작업자가 정상적인 관리상태에서 생리적으로 유해한 영향을 받지 않으면서 정상적인 작업속도로 1단위의 작업량을 완성하는 데 필요한 시간'으로 정의된다.

작업측정의 목적은 작업설계, 작업관리, 공정관리, 원가관리 및 노무관리의 기초자료를 얻

표 10-7 작업측정의 기법

구분	기법	설명
직접측정법	시간연구 (time study)	작업에 걸리는 시간을 스톱워치 또는 다른 기록장치를 사용해서 직접 측정하는 기본적 기법
	워크샘플링 (work sampling)	무작위로 정한 시간에 작업자 또는 설비의 가동상태를 관찰한 샘플을 바탕으로 측정하는 기법
간접측정법	시간표준법 (Predetermined Time Standard : PTS)	모든 분야의 작업에 필요한 기본적인 동작(motion)에 대해 미리 정한 시간 값을 적용하여 작업시간을 설정하는 기법
	표준자료법 (elemental standard-time data)	시간연구의 데이터나 다른 실적시간 데이터를 바탕으로 개별 작업요소들의 시간을 도출하여 작업의 기준시간을 산정하는 기법

❀ 그림 10-17   **작업측정**

자료 : www.faberinfinite.com/time-motion-study

는 데 있다. 표 10-7은 작업측정에 사용되는 대표적인 방법들을 정리하여 보여 주고 있다. 표에서 보는 것처럼, 측정기법은 크게 직접측정법과 간접측정법으로 나눌 수 있다. 직접측정법은 작업자를 앞에 두고 그 자리에서 직접 관련 정보를 수집하는 방법을 가리킨다. 이에 비해, 간접측정법은 이미 축적된 정보를 분석하여 필요한 정보를 얻어내는 방법을 의미한다.

시간연구는 산업공학에서 가장 오래된 측정기법이다. 실제 작업이 이루어지는 것을 지켜보거나 미리 촬영한 영상을 보면서 스톱워치와 같은 장치를 이용하여 작업에 걸리는 시간을 측정하게 된다. 시간연구를 통해 표준시간(Standard Time : ST)을 설정하는 과정을 간단히 살펴보자. 먼저 전체작업을 측정이 가능한 세부작업으로 분해한 후, 각 작업마다 따로 시간을 측정한다. 각 작업에 대해, 한 사람의 작업자를 대상으로 여러 번 시간을 측정한 후 평균시간을 계산한다. 이때 작업자마다 능력이나 숙련도의 차이가 있기 때문에 그 작업자의 작업능력을 일종의 가중치로 곱해 주어야 한다. 예를 들어, 측정 대상이 된 작업자가 다른 작업자들보다 20% 정도 더 높은 능력을 보유하고 있다면 앞에서 구한 평균시간에 1.2를 곱해서 작업시간을 도출하는 것이다. 이렇게 구한 시간을 정상시간(Normal Time : NT)이라고 한다. 다음에는 작업의 여유시간(allowance)을 고려해야 한다. 개인적인 용무를 본다든가, 잠깐 쉬었다가 일을 한다든가, 실수로 일이 조금 늦어진다든가 하는 등의 이유로 작업시간이 더 걸리는 만큼을 반영해야 하는 것이다. 예를 들어, 여유시간을 20%라고 한다면, 앞에서 계산한 정상시간에 다시 1.2를 곱해주게 된다. 이렇게 구한 최종시간이 그 작업의 표준시간이 된다.

앞에서 설명한 시간연구가 어떤 작업에 걸리는 표준시간을 계산하는 데 목적이 있다면, 워크샘플링은 작업자들이 어떤 활동에 어느 정도의 시간을 사용하고 있는지를 알아보는 데 목적이 있다. 예를 들어, 어느 작업자에게 어떤 작업이 주어졌다고 하자. 작업자는 전체작업을 수행하는 동안에 작업과 직접 관련된 활동을 하기도 하고 직접 관련이 없는 활동을 하기도 한다. 이때 직접 관련된 활동에 사용하는 시간과 직접 관련되지 않은 활동에 사용하는 시간의 비율을 알고 싶다면, 이 비율의 측정을 위해 워크샘플링 기법이 이용될 수 있다. 이 기법은 말 그대로 샘플링 방법이기 때문에 먼저 통계적으로 신뢰수준을 만족할 만큼의 표본(sample)을 추출하는 것에서 출발한다. 표본이 추출되면, 각 표본에 대해 작업과 직접 관련된 활동을 하고 있는지, 아니면 하고 있지 않는지를 측정한다. 마지막에 모든 표본에 대한 측정 결과를 모아서 정리하면 알고자 하는 비율을 추정할 수 있다.

시간표준법과 표준자료법은 모두 작업의 표준시간을 산정하는 목적에 사용된다. 그러나 접근방법과 활용범위의 측면에서 둘 사이에는 큰 차이가 있다. 먼저 시간표준법은 기본 동작(basic motion)들로 이루어지는 일반적인 작업의 시간을 산정하는 데 주로 사용된다. 즉, 제품이나 시장의 특성과 상관없이, 대부분의 작업에 들어가는 기본 동작들의 과거 데이터를 활용하여 기준시간(time standards)을 산정한 후, 개별동작의 기준시간을 모두 합하여 전체 작업시간을 구하게 된다. 예를 들어, '팔을 뻗는다'든가 '물건을 집는다'와 같은 것들이 전형적인 기본 동작이다. 따라서 이 기법은 여러 분야에 폭넓게 사용될 수 있는 장점이 있다. 이에 비해, 시간표준법은 특정 분야의 특정 작업에 걸리는 시간을 산정하는 데 사용된다. 즉, 기존에 없던 새로운 작업을 만든다거나 기존의 작업을 크게 바꾼다거나 할 때 활용하는 기법이다. 이 경우에는 기본 동작들로 이루어지는 작업이 아니기 때문에 기존의 데이터를 그대로 사용할 수는 없다. 따라서 다음의 순서로 진행된다. 먼저 전체작업을 여러 개의 요소작업(element)으로 나눈다. 다음에는 각각의 요소작업들과 가장 유사한 기존의 작업요소들을 찾아낸다. 마지막으로, 유사한 기존 요소의 시간 데이터를 참고하여 작업시간을 산정하게 된다.

4 | 인간 중심 설계

1. 기본 개념

인간생리학의 또 다른 목적은 기기의 설계이다. 지금까지 살펴본 것처럼, 전통적인 인간공학이나 작업관리는 인간을 '일하는 사람'으로 보고, 작업자로서의 인간 연구에 초점을 맞추었다. 그러나 최근의 산업공학에서 인간이 갖는 의미는 크게 변하고 있다. 사람이 하던 작업을 기계나 로봇이 대신하는 시대가 되면서 이제 인간은 일하는 사람의 의미보다는 '첨단기기를 개발하는 사람', '정교한 디바이스를 설계하는 사람', '모바일 기기를 사용하는 사람' 등의 의미가 더 부각되고 있다. 즉, 작업자보다는 개발자, 설계자, 사용자의 이미지가 더 강해진 것이다. 이러한 변화에 대응하여 인간공학의 초점도 바뀌고 있다. 즉, 사용자의 입장에서 인간의 요구나 능력에 부합되는 제품과 서비스를 개발하고 설계하는 주제에 더 많은 관심을 기울이고 있는 것이다.

인간의 특성과 행동을 바탕으로 시스템을 설계하고 그 설계가 의도한 목표대로 만족되었는지 평가하는 주제를 인간 중심 설계(human-centered design)라고 한다. 인간공학의 초기에는, '작업자'가 인간−기계시스템(man-machine system) 설계의 중심이었다. 그러나 최근의 인간−기계시스템에서는, 작업자뿐만 아니라 '사용자'를 포함하는 방향으로 확대되고 있다. 나아가 사

✿ 그림 10−18 **인간 중심 설계**

자료 : global.rakuten.com, www.greensamsung.com

용자 인터페이스(User Interface : UI)를 설계하는 문제도 핵심주제로 대두되고 있다. '인터페이스(interface)'는 사람과 시스템 사이에서 의사소통을 가능하게 하는 물리적 또는 가상적 매개체를 가리킨다. 거기에다가, 인간의 신체적 특성뿐만 아니라 감성과 심리까지 설계요소의 범주에 포함되면서 감성공학이라는 분야까지 등장하고 있다. 각각의 주제에 대해 간략히 살펴보도록 하자.

2. 인간－기계시스템

인간－기계시스템(man-machine system)은, '주어진 입력으로부터 요구되는 결과를 얻기 위해 상호작용하는 인간과 기계의 유기적 결합'이라고 할 수 있다. 즉, 한 명 이상의 사람과 한 대 이상의 기계로 이루어지는 시스템을 뜻하는 것이다. 보다 구체적으로는, 인간과 기계 사이에 기능을 어떻게 배분할 것이지, 인간과 기계의 차별적 속성과 적합한 기능은 각각 무엇인지, 인간과 기계가 일하는 작업환경을 어떻게 설계하고 관리할 것인지, 인간－기계시스템의 평가는 어떻게 할 것인지 등을 주요 내용으로 한다.

인간과 기계의 상호작용은 정보를 매개체로 하여 이루어진다. 정보의 교환과 해석을 바탕으로 서로의 기능을 수행하게 되는 것이다. 문제는 인간과 기계는 정보의 입출력과 전달 메커니즘이 서로 다르다는 데 있다. 앞의 인간생리학에서 언급한 것처럼, 정보는 인간의 오감을 통

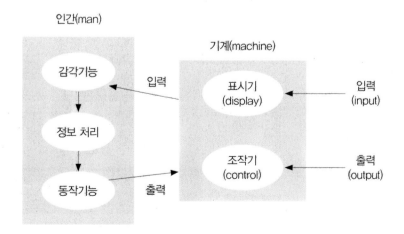

✸ 그림 10-19　인간－기계시스템의 구조

해 자극의 형태로 입력되고 전달된다. 하지만 기계는 입력, 출력, 처리 등에 있어서 인간과는 상이한 구조와 특성을 지닌다. 따라서 인간과 기계를 조화롭게 결합하는 것은 매우 어려운 작업이다.

그렇다면 인간과 기계는 어떻게 연결되어 있을까? 인간−기계시스템은 그림 10−19와 같은 연결구조를 갖는다. 먼저 인간은 감각기능과 동작기능을 보유하고 있다. 그리고 둘 사이는 정보처리기능으로 이어져 있다. 한편, 기계를 구성하는 핵심요소는 표시기(display)와 조작구(control)이다. 이 부분의 하드웨어 혹은 소프트웨어가 곧 사람과 기기 사이의 인터페이스(human-machine interface)가 된다. 결국 인터페이스의 설계에 따라 인간과 기기의 상호작용이 달라지는 것이다. 그러므로 기계의 표시기와 조작구는 인간의 생리적 및 심리적 특성에 부합하도록 설계되어야 한다.

좀 더 구체적으로 살펴보면, 인간−기계시스템 설계의 핵심주제는 다음 세 가지로 요약할 수 있다. 첫째는 표시기, 즉 디스플레이(display)의 설계이다. 앞에서 설명한 것처럼, 디스플레이를 통해 들어오는 정보의 종류는 다양하다. 온도나 속도와 같은 수치 정보도 있고, on 또는 off와 같은 상태 정보도 있고, 비정상 상황을 알리는 경보 정보도 있다. 각각의 정보는 특성도 다르고 용도도 다르다. 그러므로 각 정보의 특성이나 용도에 맞추어 디스플레이의 설계도 달라져야 한다. 둘째는 조작기, 즉 컨트롤러(controller)의 설계이다. 조작의 종류도 다양하다. 손으로 하는 경우도 있고, 레버(lever)나 휠(wheel)을 사용할 수도 있으며, 버튼(button)이나 스위치(switch)를 쓸 수도 있다. 아예 조이스틱(joystick)과 같이 별개의 기기를 이용하기도 한다. 따라서 조작의 목적과 성격에 가장 적합한 조작기를 설계하는 것도 중요한 과제이다. 셋째는 환경요소이다. 환경요소는 표시기나 조작기의 설계에 간접적으로 영향을 미치는 요소들을 가리

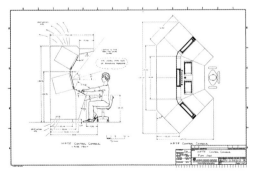

❋ 그림 10−20　인간−기계시스템 설계의 예

자료 : www.specktech.com/MFTF, www.RoperResources.com

킨다. 예를 들어, 조명, 온도, 진동 등이 여기에 해당된다. 표시기와 조작기의 기능을 최대로 올릴 수 있는 환경을 제공하는 문제도 설계의 일부가 된다.

3. 사용자 인터페이스

사용자 인터페이스(User Interface : UI)는, 사용자가 기기를 이용하여 특정 작업을 수행할 때 사용자가 조작하는 정보와 그것을 받아들이는 기기 간의 상호전달이 이루어지는 부분(space)을 의미한다. 따라서 UI의 중요성이 커진다는 말은 곧 둘 사이의 접점이 늘어난다는 말이다. 접촉(touch)의 접점인 tactile UI, 시각(sight)의 접점인 visual UI, 청각(sound)의 접점인 auditory UI 등 다양한 부분에서 접점이

🌀 그림 10-21　**인간 – 컴퓨터 상호작용 설계의 예**
자료 : www.fjeld.ch/hci/

만들어지는 것이다. 이러한 현상의 배경에는 기술의 진보가 자리 잡고 있다. 즉, 기술 진보로 인해 인간의 정보수용 범위와 영역이 확대되면서 사용자와 기기 사이의 접촉도 늘어나고 있는 것이다. 또한 정보수용의 방식이 다양화되면서 UI의 복잡성도 증가 내지 확장되는 추세이다.

UI의 중요성이 커질수록 사용자 인터페이스 설계(user interface design)의 중요성은 더욱 부각되고 있다. 왜냐하면 사용자와 기기의 정보교환이 이루어지는 인터페이스의 설계에 따라 사

🌑 표 10-8　**사용자 인터페이스의 요소**

인터페이스 설계요소	하부요소
디바이스	표시 디바이스, 입력 디바이스
조작방법	시스템 조작 순서, 애플리케이션 조작 순서
스크린	화면 구성, 메뉴, 버튼, 커서, 아이콘, 시각/음향 효과
이용자 안내	메뉴/버튼 용어, 도움말, 매뉴얼
출력 포맷	화면 표시기, 프린트 출력기

용자들이 원하는 작업을 쉽게 할 수도 있고, 반대로 잦은 실수와 불편이 발생할 수도 있기 때문이다.

인터페이스의 디자인은 정보의 파악, 정보의 구조화, 정보의 가시화, 정보의 평가로 이루어진다. 따라서 인터페이스의 설계요소는 이 과정을 따라 디바이스, 조작방법, 스크린, 이용자 안내, 출력 포맷 등으로 구분된다. 표 10-8에 설계요소에 대한 간략한 설명이 정리되어 있다.

인터페이스 연구 가운데, 인간-컴퓨터 상호작용(Human-Computer Interaction : HCI)은 특히 인간과 컴퓨터 간의 상호작용을 다루는 분야이다. HCI는 사용자 중심의 컴퓨터시스템의 개발을 통해 인간과 컴퓨터가 쉽고 편하게 상호작용하는 시스템의 디자인과 평가를 핵심주제로 한다. 이 분야에는 인간공학뿐만 아니라 컴퓨터공학, 인공지능, 음향공학, 가상현실 등 여러 학문이 참여하고 있다.

4. 감성공학

감성공학(human sensibility ergonomics, sensibility ergonomics)은 인체의 감성적 요소를 구체적인 제품설계에 반영하고 실현하는 공학적 접근방법을 의미한다. 감성공학은 기능이나 성능뿐 아니라 사용자의 감성 만족도를 높여 주는 제품 혹은 서비스를 개발하는 것을 목적으로 한

표 10-9 인터페이스의 항목

구분	화면	하드웨어	환경	잠재적 문제
생리적 인터페이스	• 표시 품질 • 문자 크기 • 화소 밀도 • 아이콘 크기	• 조작물 형상 • 무게 • 인쇄 품질	• 청결 • 소음	신체적 스트레스, 피로도
형태적 인터페이스	• 표시 위치 • 아이콘 추적성 • 병렬 조작성	• 키 · 스위치 조작성 • 터치 · 디스플레이 위치 • 선택 · 조작성	설치장소	
지적 인터페이스	• 아이콘 의미 • 표시색 의미	• 전달 • 기호	공간 메시지	정신적 스트레스 긴장, 불안
감성적 인터페이스	• 참신한 화면 • 감성적 인상 • 친밀한 디자인	하드웨어 디자인	환경과의 조화	불만, 회의감

다. 따라서 전통적인 인간공학이 넓은 의미의 디자인요소를 모두 포괄한다면 감성공학은 감성적 요소 중심의 좁은 의미의 디자인에 초점을 맞춘다.

그러나 감성공학의 인터페이스는 기존의 인터페이스보다 더 넓은 범위를 포함한다. 단지 기술적이고 기능적인 요인뿐 아니라 느낌, 이미지, 모양, 세련미 등의 요인을 더욱 강조해야 하기 때문이다. 좀 더 구체적으로 정리하면, 생리적 인터페이스, 형태적 인터페이스, 지적 인터페이스, 그리고 감성적 인터페이스로 나눌 수 있다. 표 10–9에 각 인터페이스의 특성을 정리하였다.

감성공학에서 인터페이스의 설계 못지않게 중요한 주제는 감성의 측정이다. 왜냐하면 감성공학은 인간의 감성과 이미지를 측정하여 이를 물리적인 디자인에 반영하는 기술이기 때문이다. 하지만 인간의 감성은 외부의 자극에 대해 인체가 느끼는 이차적인 복합감정이기 때문에 정량적이고 객관적인 측정이 쉽지 않다. 따라서 한편으로는 심리학적(psychological) 척도를 이용하여 감성요인을 주관적으로 평가하고, 다른 한편으로는 생리학적(physiological) 척도를 이용하여 감성요인을 객관적으로 평가하는 작업을 동시에 수행해야 한다.

❋ 그림 10–22 **감성의 생리학적 측정을 위한 실험의 예**
자료 : www.fraunhofer.sg/

EXERCISE 연습문제

01 동기부여이론에 있어, 내용이론과 과정이론의 목적과 성격의 차이를 설명하라.

02 동기부여이론 가운데 가장 오래되고 가장 널리 알려진 이론은 매슬로의 욕구 5단계 이론이다. 5가지의 욕구와 각 욕구의 의미는 무엇인지를 설명하라.

03 동기부여이론 중 내용이론에 있어, 매슬로의 욕구 5단계 이론과 허즈버그의 2요인 이론의 장단점을 비교하라.

04 목표설정 이론(Goal Setting Theory)의 근본적 가정이 무엇이며, 전통적 동기부여 이론들과 비교하여 근본적으로 다른 점이 무엇인지를 설명하라.

05 리더십이론의 변화 및 발전과정을 크게 세 단계로 나누어 설명하라.

06 최근에 관심을 끌고 있는 리더십이론들이 전통적 이론들과 비교하여 근본적으로 다른 점이 무엇인지를 설명하라.

07 갈등의 순기능과 역기능에 대하여 간략하게 설명하라.

08 갈등이론에서 갈등의 유형은 갈등의 성격과 갈등의 대상에 따라 달라진다. 갈등의 성격에 따라 생길 수 있는 갈등의 유형에는 어떤 것들이 있으며 갈등의 대상에 따라 생길 수 있는 갈등의 유형에는 어떤 것들이 있는지를 서술하라.

09 커뮤니케이션의 방식은 송신자와 수신자가 어떤 방법으로 커뮤니케이션을 수행하는가에 따라 달라진다. 커뮤니케이션의 방식은 어떤 기준에 의해 어떤 형태로 분류할 수 있는지를 설명하라.

10 최근 커뮤니케이션 방식은 전통적인 방식과 비교하여 큰 변화를 보이고 있다. 커뮤니케이션 방식 변화의 특성과 추세를 설명하라.

11 커뮤니케이션이론에는 다섯 가지의 유형으로 커뮤니케이션 채널을 구분한다. 각 채널을 시각적으로 표현하고 그 내용을 설명하라.

12 인간의 작업을 어떻게 정보처리의 과정으로 설명할 수 있는지를 서술하라.

13 입력정보 처리의 중요한 개념인 일치성 또는 양립성(compatibility)의 의미를 설명하라.

14 정보의 유형에 따라 표시장치의 형태도 달라진다. 표시장치의 형태에는 어떤 것들이 있는지를 설명하라.

15 시각적 표시장치와 청각적 표시장치의 장단점을 비교하라.

16 정보코드와 관련하여 감지능력(detectability)과 식별능력(discriminability)의 의미를 설명하라.

17 운동동작을 네 가지 유형으로 분류하고, 각 유형의 내용을 설명하라.

18 작업효율(work efficiency)을 정량적으로 측정하는 지표를 제시하라.

19 인간의 오류에는 어떤 유형이 있으며, 각 유형의 의미는 무엇인지를 설명하라.

20 공정분석에 사용되는 주요 기호를 제시하고 각 기호의 의미를 설명하라.

21 동작분석에 사용되는 전통적 표준기호인 '서블릭(therblig)' 기호를 제시하고 각 기호의 의미를 설명하라.

22 작업측정은 스톱워치 혹은 다른 측정장비를 이용하여 작업의 표준시간을 설정하는 것을 말한다. 작업측정에 사용되는 대표적인 방법들을 자세히 설명하라.

23 인간-기계시스템에 대해 자세히 설명하고, 인간-기계시스템 설계의 주요 주제를 서술하라.

24 사용자 인터페이스에는 어떠한 요소들이 있는지 서술하라.

25 감성공학에서 감성의 측정이 중요한 이유를 서술하라.

Chapter

11

물적자원관리

🔄 **학습목표**

- 수요예측, 장기생산계획, 중기생산계획, 단기생산계획으로 이어지는 계층적 생산계획의 개념과 구조를 알아본다.

- 델파이 기법을 중심으로 한 정성적 수요예측기법과 이동평균과 지수평균, 회귀분석 등의 정량적 수요예측기법의 내용을 이해하고 예측의 정확도를 평가하는 지표들을 알아본다.

- 주문관리에서, 경제적 주문량 모형의 기본 개념을 알아보고, 고정주문량 모형과 고정주문기간 모형의 차이와 장단점을 이해하며, 일회주문 모형의 내용과 용도도 살펴본다.

- 대기관리에서, 대기시스템의 구조와 유형을 알아보고, 대기이론의 기본적 확률분포를 바탕으로 대기시스템의 상태를 보여 주는 다양한 성능지표를 계산하는 공식들을 살펴보며, 그 값들을 토대로 경제적 대기시스템을 설계하는 과정을 이해한다.

1 | 수요예측과 생산계획

앞장에서 우리는 인적자원의 관리에 대해 알아보았다. 경영시스템의 주체는 물론 사람, 즉 인적자원이다. 하지만 사람이 설계하고 운영하는 대상은 물적자원이다. 원자재, 부품, 제품, 서비스 등의 물적자원을 개발하고 생산하고 판매하는 것이 경영시스템의 본령인 것이다. 실제로 산업공학은 물적자원의 관리에서 시작되었다. 생산계획을 수립하고, 필요한 부품을 가공하거나 주문하고, 품질을 관리하는 활동과정에서 산업공학에 대한 수요가 발생한 것이다.

물적자원의 종류가 많은 만큼, 자원의 관리에도 다양한 주제들이 포함된다. 그중에서도 관리의 출발점이 되는 활동은 수요예측이다. 언제, 무엇이, 얼마만큼 필요한지를 알아야 후속적인 생산활동을 시작할 수 있기 때문이다. 미래수요에 대한 정보가 있어야 생산계획도 세우고 주문관리도 할 수 있다. 따라서 수요예측으로부터 물적자원의 관리에 대한 논의를 시작해보자.

1. 수요예측

수요예측(demand forecasting)이란 언제, 얼마만큼의 제품 혹은 서비스가 판매될 것인가를 전망하는 활동이다. 수요예측이 필요한 직접적인 이유는 수요에 대한 정확한 예측을 바탕으로 공급계획이 수립되어야만 공급의 과잉이나 부족 문제를 방지할 수 있기 때문이다. 그러나 더 중요한 문제는 공급계획이 한번 수립되면 이에 따라 재무, 인사, 마케팅 등의 다른 부서도 함께 움직인다는 데 있다. 수요예측이 잘못되면 공급계획이 잘못되고, 제때에 제대로 공급이 이루어지지 못하면 다른 모든 경영기능이 연쇄적으로 심각한 타격을 입게 되는 것이다.

이러한 이유 때문에, 오래 전부터 수요예측은 생산관리나 마케팅관리의 중요한 연구주제와 실무기능으로 다루어져 왔고, 그에 따라 다양한 예측기법들이 개발되었다. 이 기법들은 크게 사람의 주관적인 판단에 근거하는 정성적 예측법(qualitative forecasting methods)과 과거의 수요 데이터에 근거하는 정량적 예측법(quantitative forecasting methods)으로 나눌 수 있다.

🜚 정성적 예측기법

정성적 예측은 경영자의 판단, 전문가의 의견, 마케팅 부문의 정보와 경험, 시장조사 결과 등을 참고하여 주관적으로 미래의 수요를 예측하는 방법을 통틀어서 부르는 개념이다.

정성적 예측을 하는 경우는 다음 세 가지를 들 수 있다. 첫째는 정량적인 예측에 필수적인 과거의 데이터가 없거나 데이터의 수집에 지나치게 많은 비용과 시간이 드는 경우이다. 특히, 새롭게 시장에 출시되는 신제품의 경우에는 과거의 판매기록이 없기 때문에 정성적 예측에 의존할 수밖에 없다. 둘째는 외부환경요인이 크게 변화하여 과거 데이터의 의미가 없어지거나 변질된 경우이다. 셋째는, 시장의 수요가 어느 한 가지 요인의 특성보다 여러 요인들 사이의 복합적인 상호관계에 의해 결정되는 경우이다.

정성적 예측의 장점은 단순성과 명확성에 있다. 소비자를 가장 잘 파악하고 있는 사람과 조직이 가장 현실적이고 직접적인 정보를 바탕으로 예측을 하기 때문에 그 과정이나 방식이 간단하면서도 명확하다. 하지만 소비자와 너무 가까이 있다는 것이 단점이 될 수도 있다. 멀리 있는 다른 여러 가지 요인들, 예를 들어 신기술 정보라든지, 경쟁사의 동향 등을 고려하지 못할 수 있는 것이다. 또 주관적 판단으로 예측하기 때문에 과학적이고 논리적인 근거가 부족한 문제도 지적할 수 있다.

수요예측에 자주 사용되는 정성적 예측기법으로서는 우선 시장조사법을 들 수 있다. 시장 조사를 위해서는 사용자와의 인터뷰, 시장동향의 분석, 대규모의 설문조사 등 다양한 방법이 이용될 수 있다. 이 방법은 주로 신제품을 시장에 출시하기 전에 미래의 수요를 예측하기 위해 사용된다. 시장의 정보를 수요예측에 직접 반영하기 때문에 단기적으로는 정확도가 매우 높다. 하지만 장기적으로는 기술과 환경의 변화로 인해 정확도가 떨어질 수 있다. 또 시장에서 직접 자료를 수집하고 분석해야 하기 때문에 비용이 많이 소요된다.

또 다른 대표적 방법으로는 전문가집단방법을 들 수 있다. 먼저 지명집단기법(nominal group technique)에 대해 알아보자. 이 방법은 보통 10명 내외, 즉 8~12명 정도의 전문가가 모여서 자유로운 토론(brainstorming)을 하거나 투표(voting)를 통해 수요를 예측하는 방법이다. 여기서 말하는 전문가는 기업 내부와 외부를 모두 포함한다. 기업 내부의 경우에는 주로 경영 기획, 마케팅, 생산부문의 담당자들을 말하고, 기업 외부의 경우에는 관련 분야 전문가나 주요 고객 등이 될 수가 있다.

최근에 활용도가 크게 높아진 기법으로는 델파이 기법(Delphi method)이 있다. 델파이 기법은 앞의 지명집단기법을 바탕으로, 규모도 더 키우고 과정도 좀 더 조직화한 방법이다. 델파이 방법의 원리는 한마디로 전문가 집단에 대한 반복적인 설문조사를 통해 신뢰성 있는 합의점을 도출하는 과정이라고 할 수 있다.

이 원리를 좀 더 자세히 알아보자. 먼저 첫 번째 단계, 즉 1차 라운드(Round 1)에서는 여러 전문가들로부터 시장 수요에 관한 의견을 수집한다. 설문조사를 통하여 다양한 분야에 대해 연도별(분기별) 수요예측치를 받는 것이다. 조사작업이 끝나면 다음에는 응답 결과를 통계적으로 분석하는 과정을 거친다. 흔히 평균, 분산(표준편차), 범위 등의 통계량을 계산한다. 이렇게 하면 1차 라운드가 끝난다. 그 다음 단계, 즉 2차 라운드(Round 2)에서는 1차 라운드의 분석 결과를 예측에 참여하였던 전문가들에게 알려준다. 그리고 나서 앞 라운드의 결과치를 토대로 예측치를 수정할 기회를 준 후, 수정한 값을 제시하도록 한다. 이 값에 대해서 다시 통계 분석을 한 후 그 결과를 알려주면 2차 라운드가 종료된다. 그 다음 단계의 3차 라운드에서도 같은 절차를 반복한다.

이런 과정을 반복하면 어떤 효과가 있을까? 처음에는 전문가들 간에 예측치에 대한 편차(deviation)가 크다. 하지만 라운드가 반복되면서 전문가들이 자신들의 의견을 수정하면서, 결국은 만족할 만한 범위 안으로 의견이 수렴된다.

그림 11-1에서 보듯이, 라운드가 반복될수록 전문가 의견이 좁은 범위의 값으로 수렴되는 경향을 보인다. 즉, 평균값은 크게 변하지 않지만 최댓값과 최솟값의 차이인 편차는 눈에 띄게 줄어드는 것이다. 그러나 여기에는 주의할 점이 있다. 라운드의 반복이 반드시 좋은 것만은 아닌 것이다. 라운드를 반복할수록 신뢰도는 올라가지만 동시에 비용과 시간이 더 들기 마련이다. 따라서 관리자는 이 두 가지 상충 요소들을 고려하여 몇 번의 라운드를 시행할지를 결정해야 한다.

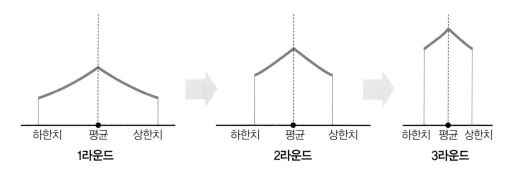

🌸 그림 11-1 라운드의 반복에 따른 평균과 편차의 변화

정량적 예측기법

과거의 구매 데이터를 이용하여 좀 더 과학적이고 분석적인 방법으로 수요를 예측하는 방법이 바로 정량적 예측이다. 신제품이나 신서비스의 경우에는 과거의 판매나 사용정보가 전혀 없기 때문에 주관적인 판단과 정성적 방법에 의하여 예측할 수밖에 없지만 이미 시장에 나와 있는 제품과 서비스의 경우에는 과거의 기록이 있기 때문에 이를 이용하면 예측의 정확성을 높일 수 있다.

정량적 예측방법은 시간에 따른 과거 정보를 이용하기 때문에 시계열 분석법(time-series analysis)이라고 부르기도 한다. 시계열 자료란 동일한 시간 간격을 두고 얻어진 관찰 자료의 집합으로, 예를 들어 일별 구매량, 월별 구매량, 분기별 구매량 등이 대표적인 시계열 자료라고 할 수 있다.

시계열 자료를 이용하여 정량적 예측을 하는 방법의 기본 아이디어는 매우 간단하고 상식적이다. 먼저 과거의 수요 패턴을 보고, 그 패턴에 가장 가까운 수리적 모형을 찾은 후, 그 모형에 미래 시간을 대입하여 예측하는 식이다. 물론 대단히 정교하고 복잡한 방법들도 많이 있지만 이 책에서 다룰 수 있고 또 실무에서 주로 사용하는 방법은 누구나 이해할 수 있는 정도의 것들이다.

앞에서 설명한대로, 미래의 수요를 예측하기 위해서는 우선 과거의 자료를 시각적으로 살

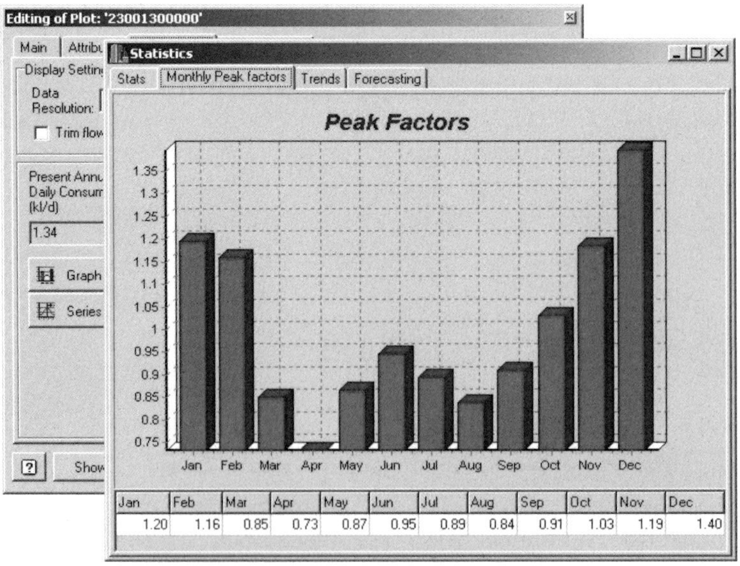

그림 11-2 정량적 수요예측시스템의 예시

퍼보게 된다. 과거의 수치를 점으로 찍고 그 점들을 연결하여 변화의 패턴을 파악하는 것이다. 이때 나타나는 양상은 몇 가지로 나눌 수 있을까? 크게 보면 다음의 세 가지로 나눌 수 있다. 우선 첫째는, 특별한 패턴이 없이 단순변동만 있는 경우이다. 둘째는, 단순변동만 있는 것이 아니라 거기에 꾸준히 오르락내리락하는 추세가 있는 경우이다. 셋째는, 단순변동만 있는 것이 아니라 어떤 때는 수요가 몰리고 어떤 때는 수요가 거의 없는 계절성이 있는 경우이다. 각 경우의 특성은 무엇이며 그 특성에 맞는 수요예측기법에는 어떤 것들이 있는지를 알아보자.

(1) 단순변동만 있는 경우

가장 기본적인 경우로, 별다른 특징이나 추세가 없이 단순히 올라가기도 하고 내려가기도 하는 변동, 즉 단순변동(random variation)만 있는 경우이다. 이러한 상황에서, 상식적 기준으로 미래의 예측치를 찾는다면 어떻게 할 것인가? 당연히 과거의 평균값(average)을 미래의 예측치로 사용할 것이다. 특별한 변화의 추세가 없다면, 지금까지의 평균이 미래에도 이어질 가능성이 가장 높기 때문이다.

그러면 그 다음의 질문은 여러 가지의 평균 개념 가운데 어떤 평균값을 사용할 것인가 하는 문제이다. 물론 가장 간단한 방법은 과거 자료 전체의 산술평균을 쓰는 것이다. 그러나 이 방법은 다음 두 가지의 문제를 가지고 있다. 첫째는 데이터베이스 유지의 문제이다. 시간이 지나면서 모든 과거 데이터를 계속 유지하는 것은 비경제적이고 비효율적이다. 둘째는 정보의 진부화 문제이다. 미래에 가장 큰 영향을 미치는 것은 최근의 정보인데, 모든 자료를 다 사용하면 그만큼 최근 정보의 가치는 떨어지게 된다. 이러한 문제를 해결 내지 보완하기 위해 수요예측에서 주로 사용하는 평균은 이동평균과 지수평균이다.

① 이동평균

⁞ 기본 개념

먼저 이동평균(moving average)의 개념을 보자. 이동평균은 용어가 의미하는 것처럼, 시간의 흐름에 따라 계속 움직이면서 가장 최근의 자료만을 가지고 계산한 평균이다. 즉, 가장 오래된 판매량 자료를 제거하는 대신 가장 최근의 자료를 추가하여 평균값을 갱신함으로써 미래의 수요를 예측해 가는 방법이다. 이렇게 하면 들어오는 데이터 양과 나가는 데이터 양이 같기 때문에 데이터베이스는 늘 일정 수준으로 유지할 수 있다.

이때 중요한 문제는 '최근'의 자료라고 할 때 최근을 어느 정도 기간으로 보느냐 하는 것이다. 이 기간을 흔히 m의 값으로 나타낸다. 예를 들어, 월별 자료를 가지고 평균을 구한다고 할 때, m=6이라면 6개월 이동평균이 되고, m=12라면 12개월 이동평균이 된다. m 값이 작을수록 최근 정보에 대한 민감도(sensitivity)가 올라가는 장점이 있는 반면 m 값이 커질수록 안정성(stability)이 올라가는 장점이 있다.

특정 시점 t를 기준으로 최근 m 기간 동안의 수요량을 이용하여 이동 평균을 구하는 식은 다음과 같다. 식에서 보는 것처럼, 과거의 수요량을 A_t라고 할 때, 현재 t 시점에서 다음 시점인 t+1에 대한 예측치 F_{t+1}은 현재 t 시점에서의 이동평균인 MA_t가 된다.

$$F_{t+1} = MA_t = \sum_{i=t-m+1}^{t} \frac{A_i}{m}$$

이제 이 평균을 구하는 방법을 구체적으로 살펴보자. 2005년 말 시점에서, 지난 2005년 한 해 동안의 구매량에 대한 월별 자료를 가지고 있고, 이동평균으로 2006년 1월의 수요량을 예측하고자 한다. 이때 12개월(m=12) 이동평균을 쓴다고 하면, 2005년 1월부터 2005년 12월까지의 12개월 평균이 곧 2006년 1월의 예측값이 된다. 이때 모든 달의 중요도, 즉 가중치(weight)는 1/12로 동일하다. 만일 6개월(m=6) 이동평균을 쓴다고 하면, 2005년 7월부터 2005년 12월까지의 6개월 평균이 2006년 1월의 예측값이 된다.

다시 1개월이 지나 2006년 1월 말에 2006년 2월의 수요를 예측한다고 하자. 역시 12개월(m=12) 이동평균을 쓴다고 하면 2005년 2월부터 2006년 1월까지의 12개월 평균이 곧 2006년 2월의 예측값이 된다. 6개월(m=6) 이동평균의 경우에는 2005년 8월부터 2006년 1월까지의 6개월 평균이 2006년 2월의 예측값이 된다.

예제

13주차에 m=3인 이동평균을 구하는 과정을 표 11–1의 데이터와 함께 보자. 최근 11주, 12주, 13주차에 발생한 수요량의 평균인 397.3으로 이동 평균이 구해지게 된다. 따라서 이동평균으로 나온 결과인 397.3이 14주의 수요예측값이 된다. 일주일이 지나 14주 말이 되면 실제 발생한 수요량과의 차이를 통해 예측 오차를 계산할 수 있다.

💿 표 11-1 이동평균에 따른 수요예측

주	실제수요량(A_t)	이동평균(MA_t, m=3)	수요예측(F_t)	오차($A_t - F_t$)
11	400			
12	380			
13	411	397 (=400+380+411/3)		
14	415		397	17

이동평균의 또 다른 중요한 특성은, m을 어떻게 설정하느냐에 따라 수요예측의 정확도나 일관성이 달라진다는 점이다. 이 특성을 살펴보기 위하여 앞의 예시에 이어, m=3인 경우와 m=6인 경우를 비교해 보자. 우선 이동 평균을 살펴보면 표 11-2와 같이, 그 시점과 평균값에 있어서 차이가 있다.

💿 표 11-2 m에 따른 이동평균(m=3, m=6)

주	실제수요량(A_t)	이동평균(MA_t, m=3)	이동평균(MA_t, m=6)
11	400	–	–
12	380	–	–
13	411	397.0	
14	415	402.0	
15	393	406.3	
16	375	394.3	395.7
17	399	389.0	395.5
18	405	393.0	399.7
19	410	404.7	399.5
20	388	401.0	395.0

그림 11-3을 보면 둘 사이의 차이와 장단점을 잘 알 수 있다. 보다 자세히 살펴보자. 우선 m=6인 경우의 이동평균이 보다 부드럽게(smoothly) 이어지고 있는 반면, m=3인 경우는 최근의 변화에 보다 민감하게 반응하여 큰 폭의 변동(fluctuations)이 있음을 확인할 수 있다. 즉, m이 작을수록 최근의 수요가 불안정한 경우에 적합한 반면, m이 큰 경우는 실제 수요가 안정적일 때 사용하는 것이 적절하다. 따라서 m은 수요예측을 수행하는 주체가 실제 수요량의 반응도와 안정도를 동시에 고려하여 결정하게 된다.

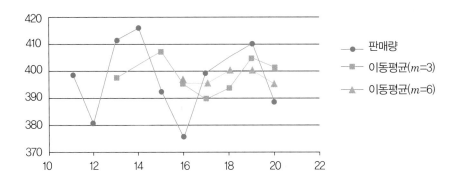

❀ 그림 11-3   이동평균 비교(m=3, m=6)

② 지수평균

▪ 기본 개념

다음으로 지수평균(exponential average)의 개념을 보자. 앞의 이동평균에서는 최근 m개의 데이터만 사용하기는 하지만 그 m개의 데이터 하나하나가 차지하는 비중(weight)은 $1/m$로 동일하기 때문에 가장 최근의 값에 더 큰 비중이 주어지지 않는 문제가 생긴다. 이러한 문제를 보완하여 가장 최근의 데이터에 더 많은 비중을 주기 위해 사용하는 평균이 지수평균이다.

지수평균은 가장 최근 값의 비중을 α로 정한 후에, 데이터가 오래될수록 비중의 값을 지수함수의 비율로 줄여나가는 방법이다. 따라서 가장 최근의 값에 가장 큰 비중이 주어지고, 계속해서 그 이전의 모든 데이터에 대해서는 지수의 비율로 줄어드는 비중을 주게 된다. 예를 들어, α = 0.5라고 하자. 그러면 평균의 계산에서 가장 최근 값은 0.5의 비중을 갖게 되고 그 이

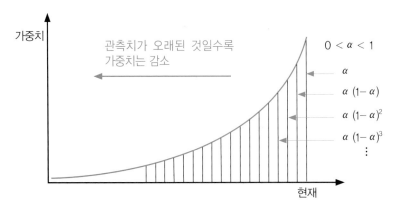

❀ 그림 11-4   지수평균 예측에서의 가중치

전 값은 0.25(= $\alpha\,(1-\alpha)$), 그 이전 값은 0.125(= $\alpha\,(1-\alpha)^2$), 그 이전 값은 0.0625(= $\alpha\,(1-\alpha)^3$) 하는 식의 지수의 비율로 줄어들게 된다.

지수평균을 이용하여 예측하는 기법을 지수평활법(exponential smoothing technique)이라고 한다. 여기서 지수평균(EA)은 다음의 식으로 표현할 수 있다.

$$
\begin{aligned}
F_{t+1} = EA_t &= EA_{t-1} + \alpha\,(A_t - EA_{t-1}) \\
&= \alpha A_t + (1-\alpha)EA_{t-1} \\
&= \alpha A_t + (1-\alpha)[\alpha A_{t-1} + (1-\alpha)EA_{t-2}] \\
&= \alpha A_t + \alpha(1-\alpha)A_{t-1} + (1-\alpha)^2[\alpha A_{t-2} + (1-\alpha)EA_{t-3}] \\
&= \alpha A_t + \alpha(1-\alpha)A_{t-1} + \alpha(1-\alpha)^2 A_{t-2} + \cdots \\
&= \sum_{i=1}^{t} \alpha(1-\alpha)^{t-1}A_i \ (\text{단}, 0 < \alpha < 1)
\end{aligned}
$$

위의 식을 보면, t 시점에서 오래된 데이터일수록 $(1-\alpha)$가 지수적(exponentially)으로 곱해지면서 감소하는 것을 볼 수 있다. 따라서 이 기법을 지수평활법이라고 부른다. 예를 들어, $\alpha = 0.5$일 때, 지수평활법의 가중치는 시점에 따라 0.5, 0.25, 0.125…와 같이 변화하게 된다.

$$
EA_t = 0.5A_t + 0.25A_{t-1} + 0.125A_{t-2} + \cdots
$$

⦂ 예제

앞의 이동평균에서 사용하였던 데이터를 가지고, $\alpha = 0.2$인 지수평활법을 이용하여 수요를 예측하는 과정을 살펴보자. 우선 이 기법을 시작하기 위해서는 초기값, 즉 바로 전 시점의 평균이 주어졌다고 가정해야 한다. 여기서는, 13주차의 수요예측량을 계산하기 위하여 12주차의 평균이 과거의 데이터의 평균에 따라 400으로 주어졌다고 가정한다. 그러면 13주차의 지수평활 평균은 다음과 같이 402.2로 계산된다.

$$
EA_{13} = 0.2(411) + 0.8(400) = 402.2
$$

13주차에 예측한 지수평활 평균은 14주차의 실제 수요량이 발생했을 경우, 15주차의 수요량을 예측하는 데 연속적으로 사용되며, 표 11–3과 같은 결과를 얻을 수 있다.

$$EA_{14} = 0.2(415) + 0.8(402.2) = 404.8$$

표 11–3   **지수평활법 평균($\alpha = 0.2$)**

주	실제수요량(A_t)	지수평활법 평균(EA_t)	수요예측(F_t)	오차($A_t - F_t$)
11	400			
12	380	400		
13	411	402.2		
14	415	404.8	402.2	12.8
15			404.8	

이와 같은 방식으로 $\alpha = 0.1$인 경우와 $\alpha = 0.5$인 경우에 따른 수요예측을 실행해 보면 표 11–4와 같이 정리할 수 있다.

표 11–4   **지수평활법 평균($\alpha = 0.1$, $\alpha = 0.5$)**

주	실제수요량(A_t)	지수평활 평균(EA_t, $\alpha = 0.1$)	지수평활 평균(EA_{t}, $\alpha = 0.5$)
11	400	-	-
12	380	400.0	400.0
13	411	401.1	405.5
14	415	402.5	410.3
15	393	401.6	401.7
16	375	399.0	388.4
17	399	399.0	393.7
18	405	399.6	399.4
19	410	400.6	404.7
20	388	399.3	396.4

위의 결과에서 보듯이, 지수평활법은 α의 값에 따라 예측결과가 달라지게 된다. 이것은 이동평균에서 m에 따라 그 특성이 바뀌는 것과 유사하다. 즉, α의 값이 작을수록 수요예측량의 변동이 안정적인 반면, α의 값이 큰 경우 수요량에 따라 민감하게 반응하는 모습을 보이는 것이다. 실제로, 수요량의 변동이 심한 경우는 α가 상대적으로 큰 경우에 예측력이 좋으며, 실제

수요량의 변동이 안정적인 경우 α가 상대적으로 작은 경우에 예측결과가 좋다. 이와 같은 추세는 그림 11-5에서도 살펴볼 수 있다. 따라서, α 역시 이동평균의 m과 마찬가지로 반응도와 안정도의 양면을 동시에 고려하여 결정하게 된다.

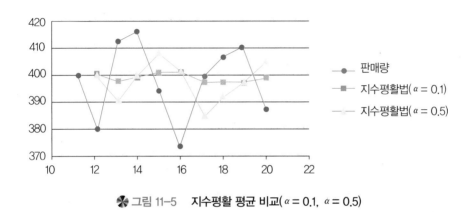

🌸 그림 11-5　　**지수평활 평균 비교**($\alpha = 0.1$, $\alpha = 0.5$)

　　이동평균과 지수평활법의 m과 α는 예측력에 있어 매우 중요한 요인이다. 그러므로 표 11-5에 정리되어 있는 것처럼, 안정도와 반응도 간의 장단점을 고려하여 가장 적합한 m과 α의 값을 결정해야 한다.

🌸 표 11-5　　m과 α에 따른 특성 차이

구분	안정도(stability)	반응도(responsiveness)
이동평균	큰 m	작은 m
지수평활법	작은 α	큰 α

(2) 단순변동에 추세가 있는 경우

　　두 번째로, 단순변동에 추세(trend)가 있는 경우를 보자. 추세가 있다는 말은 수요가 단순히 오르락내리락하는 것이 아니라 시간의 흐름을 따라 일정한 방향성을 가지고 변한다는 것을 뜻한다. 이런 경우에 앞에서 설명한 이동평균이나 지수평균을 이용하여 수요를 예측하게 되면 그림 11-6에서 보는 것처럼 상당히 큰 예측 오류가 발생하게 된다.

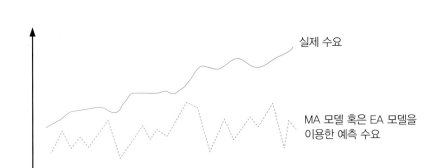

실제 수요

MA 모델 혹은 EA 모델을
이용한 예측 수요

✿ 그림 11-6　**추세를 고려하지 않은 예측방법(MA, EA)의 결과값 비교**

① 추세조정 지수평활법

추세에는 꾸준히 수요가 늘어나는 추세가 있을 수도 있고 반대로 계속 줄어드는 추세가 있을 수도 있다. 이 경우에 수요예측을 하는 방법의 기본적 아이디어도 대단히 상식적인 것이다. 즉, 과거의 평균값에다 증가 추세가 있는 경우에는 추세의 차이만큼을 더해주고 반대로 감소 추세가 있는 경우에는 빼 준다는 것이다. 이때 평균값은 앞에서 설명한 이동평균이나 지수평균을 통해 계산할 수 있다.

예를 들어, 만일 과거 판매량의 평균이 100이고 한 달에 10개씩 늘어나는 추세가 있다고 하자. 그러면 다음 달의 예측은 평균값 100에다가 추세값 10을 더한 110이 된다. 반대로 같은 양만큼 줄어드는 추세라면 예측값은 90이 된다. 이런 방식으로 수요를 예측하는 기법을 추세조정 지수평활법(trend-adjusted exponential smoothing technique)이라고 부른다.

따라서 추세조정 지수평활법은, 지수평활법으로 구한 평균값에 추세조정요인(trend adjustment factor)을 더하여 다음과 같은 식으로 표현된다.

$$F_{t+1} = EA_t + T_t \text{ (단, } F_{t+1} \neq EA_t)$$

위 식에서 EA_t는 지수평활법으로 구한 평균값이며, T_t는 역시 지수평활법으로 구한 추세요인이다.

② 회귀분석

∴ 시간 흐름예측(time-series forecasting)

시간의 흐름을 따라 수요가 일정한 방향성을 가지고 변하면 앞의 통계적 분석에서 설명한 회귀분석(regression analysis)을 수요예측에 사용할 수도 있다. 즉, 독립변수인 X에 시간을, 종속변수인 Y에 수요량을 놓으면 독립변수와 종속변수 사이에는 인과관계가 있다고 볼 수 있고 따라서 회귀분석이 가능한 것이다.

엄밀하게 말하면, 회귀분석을 미래예측에 이용하는 것은 위험할 수 있다. 왜냐하면 회귀분석은 분석에 사용한 데이터의 기간 안에서만 유효하기 때문이다. 즉, 분석에 사용되는 데이터는 이미 발생한 과거의 데이터이고 따라서 회귀분석의 결과는 과거의 기간 내에서만 의미를 갖는 것이다. 따라서 만일 미래에도 과거의 추세가 지속된다는 가정이 없으면 예측의 정확성은 크게 떨어지게 된다.

다음의 간단한 예제를 보자. 어느 기업에서 분기별 매출 자료를 가지고 미래 수요를 예측하려고 한다. 표 11–6에 지난 10분기의 매출량이 정리되어 있다.

● 표 11–6　분기별 매출량 데이터

분기(X)	1	2	3	4	5	6	7	8	9	10
매출(Y)	770	810	800	880	920	920	950	980	990	1,100

표 11–6의 데이터를 바탕으로 회귀분석을 수행하면 다음의 회귀식을 얻을 수 있다.

$$\text{매출량}(Y) = 734 + 32.4 \, \text{분기}(X)$$

이 식을 가지고 예측을 해보자. 회귀분석에 사용한 과거 데이터의 마지막 분기가 10이니까 다음 분기는 X = 11이 된다. 이 값을 회귀식에 넣으면 다음 분기의 예상 매출은 1,090이 나온다. 마찬가지로 그 다음 분기를 예측하면 1,122의 매출을 예상할 수 있다.

∴ 인과관계예측(causal relationship forecasting)

한 변수의 변화와 다른 변수의 변화 사이에 인과관계가 있는 경우에도 회귀분석을 통한 예측이 가능하다. 이럴 경우에는 당연히 시간이 독립변수가 되는 것이 아니다. 대신 독립변수인

X에 원인이 되는 변수를, 종속변수인 Y에 결과가 되는 변수를 놓으면 독립변수와 종속변수 사이에는 인과관계가 있다고 볼 수 있다.

예를 들어, 신축 아파트의 공급 물량과 가전제품의 수요 사이에는 인과관계가 존재할 수 있다. 새 집을 분양받아 입주하거나, 낡은 집에서 새집으로 이사를 하는 경우 가전제품을 새로 들여놓는 경우가 많기 때문이다. 이때 공급 물량을 독립변수로 놓고 가전제품 수요를 종속변수로 놓는 회귀분석을 통해 수요를 예측할 수 있다.

여기에서도 다음의 간단한 예를 보자. 10개 지역으로부터 신규주택 공급량과 가전제품 매출 정보를 수집한 데이터가 표 11-7에 정리되어 있다.

표 11-7 주택공급량과 매출 데이터

지역	1	2	3	4	5	6	7	8	9	10
공급량 (X)	86	77	64	103	112	46	98	88	105	55
매출 (Y)	770	690	610	990	1,140	560	940	810	1,040	600

표 11-7의 데이터를 바탕으로 회귀분석을 수행하면 다음의 회귀식을 얻을 수 있다.

$$매출량(Y) = 84.7 + 8.8\ 공급량(X)$$

이 식을 가지고 수요예측을 해보자. 여기에서는 독립변수가 시간이 아니므로 미래의 어느 시점에 대한 예측이 아니라 공급량의 변화에 대한 예측이 된다. 만일 공급량이 120이 되면 매출은 어느 정도가 될까? 이 값을 X에 대입하면 매출 Y는 1,141로 나온다. 만일 공급량이 150이 된다고 하면 매출은 1,408로 예측된다.

(3) 단순변동에 계절성이 있는 경우

세 번째로, 단순변동에 계절성(seasonality)이 있는 경우를 보자. 여기서 말하는 계절은 봄, 여름, 가을, 겨울 하는 사계절만을 뜻하는 것이 아니라, 전체 시간을 몇 개의 기간으로 나누었을 때 기간 사이에 수요의 차이가 존재하는 일반적인 경우를 뜻한다. 예를 들어, 어떤 서비스는 여름에는 수요가 크게 늘었다가 겨울에는 크게 감소한다고 하자. 그러면 이 경우의 계절은 말 그대로 계절을 의미한다. 하지만 주중에는 수요가 없다가 주말에는 붐빌 경우의 계절은 주중과 주말을 가리킨다.

계절변동이 있을 경우의 수요예측은, 과거의 평균값에다 해당되는 계절변동의 수준을 곱하는 것을 기본 아이디어로 한다. 앞에서 본 것처럼, 추세가 있는 경우에는 평균값에다가 늘어나는 추세면 그 추세만큼 더하고 줄어드는 추세면 그 추세만큼 빼는 식으로 예측치를 계산하였다. 하지만 계절성이 있는 경우에는 계속 오르거나 계속 내려가는 것이 아니라 오르락내리락하기 때문에 더하거나 빼는 방식을 쓸 수 없다. 대신 평균값을 가운데 놓고 올라가는 계절은 높은 수준만큼의 비율로 곱해주고, 내려가는 계절은 낮은 수준만큼의 비율로 곱해주는 방식을 쓴다. 여기서 수준은 일종의 지수(index)를 말하는 것으로, 모든 계절의 평균 수요를 1로 하였을 때 평균보다 수요가 많은 계절의 수준, 즉 계절지수(seasonal index)는 1보다 큰 값으로 하고 적은 계절의 수준(지수)은 1보다 작은 값으로 한다.

예를 들어, 평균 연간 100건의 서비스를 계절별로 나누어 보면 봄 25건, 여름 50건, 가을 12.5건, 겨울 12.5건이 된다고 하자. 만약 계절적 효과가 존재하지 않고 연간 수요가 일정하다면 봄, 여름, 가을, 겨울 모두 평균 25건 정도씩의 서비스 요구가 발생할 것이다. 즉, 평균 서비스 수요는 25건이 된다. 이때 계절지수를 (실제 계절별 매출)÷(연간수요가 일정할 때 계절별 매출)로 정의하면, 계절지수$_{봄}$=25/25=1, 계절지수$_{여름}$=50/25=2, 계절지수$_{가을}$=12.5/25=0.5, 계절지수$_{겨울}$=12.5/25=0.5가 된다. 따라서 어느 계절의 수요를 예측하기 위해서는 평균값에다 해당되는 계절의 계절지수 값을 곱하면 된다. 이런 방식으로 수요를 예측하는 기법을 계절조정 지수평활법(seasonality-adjusted exponential smoothing technique)이라고 부른다.

계절조정 지수평활법은, 지수평활법으로 계산한 평균값(EA)에 계절지수(Seasonal Index : SI)를 곱하여 예측치를 구하는 방법이므로 다음과 같은 식으로 표현할 수 있다.

$$F_{t+s} = EA_t \times SI_{t,s}$$

예측기법의 평가

모든 예측에는 오차가 있기 마련이다. 따라서 좋은 예측이란 오차가 작은 예측이다. 이론적으로 아무리 정교하고 복잡한 예측기법이라도 예측의 정확도가 떨어지면 실무에서 쓸 수는 없다. 그러므로 다양한 예측기법을 적용하여 정확도를 비교한 후 예측력이 더 높은 기법을 선택하여 사용하게 된다. 또한 한번 예측기법을 선택하였더라도, 수요 패턴에 변화가 있거나 새로운 제품 또는 새로운 경쟁기업이 나타나면 기존 예측기법의 정확도를 다시 평가해야 한다.

수요 예측기법의 정확도는 예측값과 실측값의 차이인 오차(error)를 바탕으로 평가된다. 즉, 예측 오차(forecast error)는 실제 수요와 예측 수요와의 차이이며 다음과 같은 식으로 표현된다.

$$\text{Forecast error} = \text{Actual}(A_t) - \text{Forecast}(F_t)$$

예측의 평가는 어느 한 기간의 일시적 오차가 아니라 여러 기간을 통한 누적적 오차의 크기를 기준으로 한다. 왜냐하면 어느 특정 시점의 오차는 우연히 작을 수도 있고 반대로 우연히 클 수도 있기 때문이다. 따라서 여러 기간을 통틀어 오차의 합(sum)이 작을수록 예측이 정확한 것으로 판단한다. 그러나 오차 자체는 양의 값 혹은 음의 값을 보일 수 있기 때문에 오차의 단순합을 통한 비교는 의미가 없다. 그래서 오차의 제곱의 합을 사용하거나 오차의 절댓값의 합을 사용하게 된다. 또 단위가 틀린 경우, 오차의 절대 크기보다는 상대 크기가 더 큰 의미를 가질 수 있다. 따라서 예측의 정확도를 평가하기 위해서는 어느 한 가지 지표가 아니라 여러 가지 지표를 사용하게 된다.

예측오차를 측정하기 위한 대표적 지표는 그림 11-7과 같이 요약할 수 있다. 우선 오차가 양의 부호를 지니는지 아니면 음의 부호를 지니는지, 즉 오차의 방향(direction)을 보기 위한 경향 측정 지표로는 예측 오차 평균(Mean Forecast Error : MFE)이 있다. 다음으로, 오차의 부호에 관계없이 크기(magnitude)를 보는 지표로는 절대평균 편차(Mean Absolute Deviation : MAD)와 절대 퍼센트 오차 평균(Mean Absolute Percentage Error : MAPE)을 들 수 있다. 각각의 내용을 좀 더 자세히 알아보자.

경향 측정(에러의 방향성) : MFE

전반적 정확도 측정(에러의 크기) ─ 절대적 측정 : MAD
상대적 측정 : MAPE

✿ 그림 11-7   **평가지표의 유형**

각 지표의 구체적인 정의와 수식은 표 11-8에 정리되어 있다.

◆ 표 11-8　오차 측정 종류 및 공식

종류	공식
예측오차 평균(MFE) = Bias	$\dfrac{\sum(A_t-F_t)}{n}$
절대평균 오차(MAD)	$\dfrac{\sum\lvert A_t-F_t\rvert}{n}$
절대 퍼센트 오차평균(MAPE)	$\dfrac{100}{n}\sum\left\lvert\dfrac{A_t-F_t}{A_t}\right\rvert$

이제 구체적인 예제를 살펴보자. 표 11-9는 1~6주까지의 예측수요와 실제수요 데이터를 나타내고 있다.

◆ 표 11-9　6주간의 실제수요와 수요 예측값

주	수요예측(F_t)	실제수요량(A_t)	(A_t-F_t)	$\lvert A_t-F_t\rvert$	$\left\lvert\dfrac{A_t-F_t}{A_t}\right\rvert\times100$
1	1,000	950	−50	50	5.26
2	1,000	1070	70	70	6.54
3	1,000	900	−100	100	11.1
4	1,000	960	−40	40	4.17
5	1,000	1,090	90	90	8.26
6	1,000	1,000	0	0	0
합계			−30	350	35.33

표 11-9의 데이터에 대해 각 예측오차 지표를 계산한 결과는 다음과 같다.

- 예측오차 평균 : $MFE = \dfrac{-30}{6} = -5.0$
- 절대평균 오차 : $MAD = \dfrac{350}{6} = 58.3$
- 절대 퍼센트 오차평균 : $MAPE = \dfrac{35.33}{6} = 5.89(\%)$

평가의 결과는 어떻게 활용할 수 있을까? 예측 활동을 시작하기 전에 먼저 앞에서 설명한 지표들의 관리범위를 설정한다. 즉 허용할 수 있는 오차의 한계를 정해 놓는 것이다. 이제 수요예측을 해나가면서 오차를 계측하여 관리범위를 벗어나는 경우가 발생하면 일단 경고신호(warning signal)를 보낸다. 만일 연속적으로 관리범위를 벗어나면 그때는 경고의 수준을 넘어

예측 모형의 모수를 조정하거나 아예 예측 모형을 바꾸어야 한다.

2. 생산계획

시장의 수요를 미리 예측하고, 그 수요를 만족시키기 위해 완제품과 부품을 얼마만큼 생산할 것인가를 정하는 것이 생산계획(production planning)이다. 생산계획에 관한 주제로는 크게 '생산량 결정전략'과 '계층적 생산계획 수립'을 들 수 있다.

◈ 생산량 결정전략

(1) 전략의 유형

생산량을 결정하는 전략은 크게 다음 세 가지로 나눌 수 있다. 그림 11-8은 각 전략의 차이를 시각적으로 비교하고 있다.

우선 첫 번째는 수요추구형 전략(chase strategy)이다. 이 전략은 그때그때 수요 예측치의 크기에 따라 공급의 크기를 조정하는 전략이다. 예를 들어, 첫 달에 100의 수요가 예상되면 첫 달

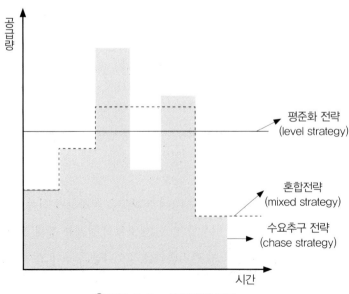

❀ 그림 11-8　세 전략의 비교

에는 100을 제공할 수 있는 생산능력을 확보하고, 다음 달에 200의 수요가 예상되면 다음 달에는 200의 수요를 만족시킬 수 있는 공급능력을 확보하는 식이다.

두 번째의 공급평준화 전략(level strategy)이다. 이 전략은 일정 기간 수요를 모두 모아서 평균을 낸 후 항상 평균적 크기의 생산량을 확보하는 전략이다. 앞의 예로 돌아가 보면, 두 달을 합친 수요가 300이고 따라서 한 달의 평균은 150이다. 그러므로 첫 달과 다음 달 모두 150의 공급능력을 확보하는 식이다.

마지막은 혼합전략(mixed strategy)이다. 이 전략은 위의 수요추구형 전략과 공급평준화 전략을 적절히 섞어 사용하는 전략이다.

(2) 전략의 비교

위의 세 가지 전략은 각각의 장점과 단점이 있다. 특히, 수요추구형 전략과 공급평준화 전략 간에는 하나의 장점이 다른 하나의 단점이 되고 단점은 반대로 장점이 되는 관계에 있다. 예를 들어, 수요추구형 전략을 사용하면 재고(inventory)가 부족하거나 넘치는 문제가 없는 장점이 있는가 하면 다른 한편으로는 필요한 인력을 그때그때 채용하거나 해고하는 데 많은 비용이 드는 단점이 있다. 그렇다고 공급평준화 전략을 쓰게 되면, 인력이나 장비는 안정적으로 유지할 수 있지만 재고관리가 항상 부담이 된다.

각각의 전략이 장점과 단점을 모두 가지고 있기 때문에 어느 전략이 항상 좋다 아니면 나쁘다라는 식으로 판단할 수는 없다. 경우에 따라서, 즉 재고관리 비용이나 채용/해고 비용이 어떻게 정해지느냐에 따라 두 가지 비용을 합한 총비용의 크기가 달라지고, 결국 총비용의 크기에 따라 어느 전략이 더 좋을 수도 있고 반대로 더 나쁠 수도 있다. 그러므로 총비용의 크기를 기준으로 총비용이 최소가 되는 전략을 선택해야 한다.

◈ 계층적 생산계획

생산계획은 어느 정도의 기간에 대한 계획을 수립하느냐에 따라 장기계획, 중기계획, 단기계획으로 나눌 수 있다. 장기계획은 보통 1년 단위로 수년간의 계획을, 중기계획은 1~3개월 단위로 6~18개월의 계획을, 단기계획은 1주 단위로 수 주에 대한 계획을 세우게 된다.

생산계획의 수립은 자체적이고 독립적인 활동이 아니라 다양한 경영활동과의 유기적 연계

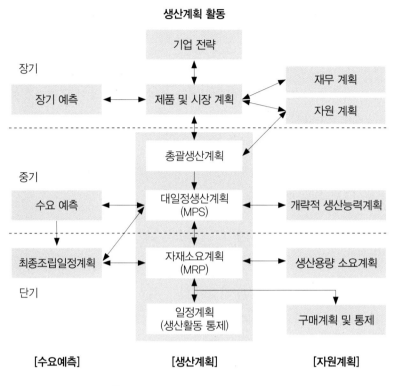

생산계획 활동

[수요예측]   [생산계획]   [자원계획]

✿ 그림 11-9 생산계획의 계층구조

를 통해 이루어진다. 그림 11-9는 전체적인 생산계획활동이 기업의 다른 활동과 어떻게 연결되어 있는지를 나타내고 있다. 생산계획은 크게 보아, 수요예측-생산계획-자원계획의 세 축으로 이루어진다. 제일 왼편 열에 있는 것이 장기-중기-단기의 기간에 따라 수요를 예측한 정보이다. 수요에 대한 예측은 실제 생산계획의 수립에 가장 일차적이고 또 필수적인 기본 정보를 제공하게 된다. 가운데 열에 있는 것이 바로 생산계획이다. 생산계획은 총괄계획 → 대일정계획 → 자재계획 → 일정계획의 계층을 따라 이루어진다. 제일 오른편 열에 있는 것이 생산에 필요한 자원의 조달계획이다. 자원계획은 생산을 위해 어느 정도의 자원이 필요한지를 알려주는 역할을 하기도 하지만 동시에 자원의 조달이 가능한지 불가능한지를 알려줌으로써 생산계획을 수정 내지 보완하는 역할을 하기도 한다.

오늘날의 생산계획은 옛날과 같은 주먹구구식이 아니라 매우 과학적이고 체계적인 구조와 절차를 따르고 있다. 또 실제의 관리도 모두 컴퓨터 프로그램에 의해 자동으로 이루어지고 있다. 앞에서 언급한 것처럼, 생산계획은 크게 장기계획-중기계획-단기계획의 계층으로 구성된다. 장기-중기-단기의 계획은 시간적으로도 연결되어 있고, 상위계획의 생산량과 하위계

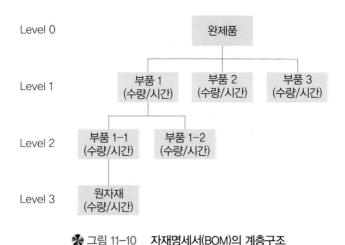

Level 0	완제품

★ 그림 11-10   자재명세서(BOM)의 계층구조

획 생산량의 합이 일치하는 원리로 되어 있다.

또 제품-부품-원자재의 관계가 자재명세서(Bill of Material : BOM)라는 자료로 컴퓨터에 입력되어 있다. 자재명세서도 계층구조로 되어 있다. 즉, 그림 11-10에서 보는 것처럼, 가장 상위에 완제품 한 단위를 생산하는 데 필요한 부품의 수량과 부품가공에 걸리는 시간이 나무 모양으로 표시되고, 가장 하위에 부품 한 단위를 만드는 데 필요한 원자재의 수량과 조달에 걸리는 시간이 표시되는 식이다. 그림 11-10의 예를 보면, 완제품 한 단위의 생산에는 3 가지의 부품이 필요하고, 다시 부품 1의 생산에는 두 가지의 부품이 필요하다는 것을 알 수 있다. BOM 정보를 활용하면, 생산계획에 따라 어떤 제품-부품-원자재가 언제, 얼마만큼 필요한지가 자동으로 계산되어 현장에 전달된다.

(1) 장기 생산계획

장기 생산계획은 한마디로 중장기 제품 및 시장계획을 가리킨다. 향후 수년간 생산될 품목은 무엇이며 목표시장은 어디인가를 정하고 개략적인 판매계획을 수립하는 것이다.

장기 생산계획은 보통 향후 3~10년에 대한 기업전략의 수립으로부터 시작된다. 기업의 전략적인 목표가 글로벌 기업이 되고자 하는 것인가 아니면 국내시장의 일등이 되기를 바라는 것이냐에 따라, 혹은 다품종 소량생산이냐 아니면 소품종 대량생산이냐에 따라 장기적인 생산계획이 전혀 달라지기 때문이다. 구체적으로 기업전략은 기술 수준, 품질 및 가격 수준, 목표시장 등을 결정하는 일로 이루어진다.

이 과정에서 반드시 이루어져야 하는 또 다른 활동은 장기예측이다. 크고 넓은 관점에서 세계경제나 국가경제에 어떤 일들이 일어나고, 사회의 구조나 사람들의 의식이 어떤 모습으로 바뀌며, 기술은 어느 수준으로 진보하고 어떤 새로운 기술이 출현할 것인가에 대한 장기예측(foresight)이 필요하다.

(2) 중기 생산계획

장기계획에 의해 생산할 제품 군과 전체적인 일정이 결정되면, 개별 제품에 대한 구체적인 생산계획이 수립되어야 한다. 이러한 계획은 보통 1년(year) 정도의 단위로 이루어지므로 중기계획의 성격을 지닌다. 중기 생산계획은 크게 총괄생산계획(Aggregate Plan : AP)과 대일정생산계획(Master Production Schedule : MPS)으로 구성된다. 대일정생산계획은 흔히 줄여서 주일정계획이라고도 부른다.

상위의 총괄생산계획은 보통 1년을 기간으로 하여 주요 생산제품의 분기별(quarter) 내지 월별(month) 생산량을 정하는 것이다. 예를 들어, 전자제품 생산 공장이라면 공장 전체의 관점에서 에어컨의 월별 생산계획, TV의 월별 생산계획, 냉장고의 월별 생산계획 등을 세우는 것이 총괄생산계획이 된다. 이때 앞 절에서 설명한 공급평준화(level) 전략과 수요추구형(chase) 전략 가운데 어느 생산 전략을 선택하느냐에 따라 월별 생산량은 크게 달라지게 된다. 만일 공급평준화 전략을 사용한다면 매월의 생산량은 거의 일정할 것이고, 수요추구형 전략을 사용한다면 매월의 생산량은 수요예측에 맞추어 큰 차이를 보이게 될 것이다.

그 다음의 주일정계획은 개별 제품에 대해 일주일(week) 단위의 세부적인 생산일정을 세우는 것이다. 당연한 말이지만, 주일정계획의 생산량을 합한 값은 총괄생산계획의 값과 반드시 일치해야 한다.

표 11−10과 11−11을 보면서 총괄생산계획(AP)과 주일정계획(MPS)의 관계를 좀 더 자세하게 알아보자. 어느 공장에서 A, B, C의 세 가지 모델을 생산하고 있다고 하자. 표 11−10에는 공장 전체의 AP가 표시되어 있고, 표 11−11에는 A, B, C 각 모델의 MPS가 표시되어 있다. 표에서 보는 것처럼, 공장 전체의 1월 생산량이 1,200이기 때문에 1, 2, 3, 4주에 배분되어 있는 A, B, C 모델의 생산량을 합한 값도 1,200이 된다. 마찬가지로, 공장 전체의 2월 생산량이 1,500이

● 표 11−10 **AP의 예시**

월(month)	1	2
공장전체 생산량	1,200	1,500

기 때문에 5, 6, 7, 8주에 나뉘어져 있는 A, B, C 모델의 생산량을 합한 값도 1,500이 되는 것을 알 수 있다.

🔵 표 11-11　MPS의 예시

주(week)	1	2	3	4	5	6	7	8
A 생산량	200	-	250	-	300	-	200	-
B 생산량	-	200	-	300	-	250	-	350
C 생산량	100	100	50	-	150	100	100	50

(3) 단기 생산계획

단기 생산계획은 다음 두 가지의 계획을 의미한다. 첫째는 완제품에 대한 일(day) 단위의 생산계획을 작성하는 것이다. 둘째는 완제품을 생산하기 위해 필요한 부품과 원자재의 생산계획을 작성하는 것이다. 여기서 부품 내지 원자재의 생산계획이 바로 자재소요계획(Material Requirement Planning : MRP)이다. 이때 주의할 점은 자재소요계획은 독자적으로 세우는 것이 아니라 앞의 주일정계획에 따라 자동적으로 정해진다는 것이다. 즉, 완제품 생산계획이 정해지면 그 일정과 수량에 맞추어 필요한 부품이 무엇인지, 또 그 부품은 언제 얼마만큼 생산되어야 하는지를 알 수 있는 것이다. 이것을 발주계획(Planned Order : PO)이라고 한다. 이 과정에는 앞에서 설명한 자재명세서(BOM)의 정보가 활용된다.

예를 들어, 제품 A를 만드는 데 2단위의 부품 B와 5단위의 부품 C가 필요하고, 부품 B를 가공하는 데 1주일, 부품 C를 가공하는 데 2주일이 걸린다고 하자. 현재의 생산계획에 의하면

🔵 그림 11-11　MRP 소프트웨어 화면 예시

100개의 제품 A가 지금부터 16주 후에 만들어져야 한다. 그러면 부품 B 200단위(=100×2)의 가공이 지금부터 15주 후부터, 그리고 부품 C 500단위(=100×5)의 가공이 지금부터 14주 후부터 시작되어야 한다. 왜냐하면 가공시간(lead time)이 B의 경우 1주일, C의 경우 2주일이 걸리기 때문이다.

발주의 시간, 즉 발주일정은 그렇게 정한다고 치고, 발주량은 얼마로 하는 것이 좋을까? 그냥 부품 B는 200단위, 부품 C는 500단위로 하는 것이 적정할까? 발주량의 결정을 위해서는 먼저 재고량을 알아야 한다. 왜냐하면, 재고가 남아 있다면 재고를 먼저 사용하고 부족한 양만 만들면 되기 때문이다. 이때 총수요량을 GR(Gross Requirement)이라고 하고, 재고량을 OH(On Hand)라고 하며, 순수요량을 NR(Net Requirement)이라고 한다. 예를 들어, 부품 B의 재고가 50단위 남아 있다고 하자. 그러면 GR은 200단위, OH는 50단위, NR은 150단위(=200−50)가 된다. 즉, 발주량은 순수요량인 150단위가 되는 것이다. 그림 11−11에 도시되어 있는 것처럼 이 모든 시점과 수량의 결정은 MRP 소프트웨어에서 자동으로 이루어진다.

(4) 일정계획

마지막으로 자재소요계획이 확정되면, 이를 토대로 생산현장에서 하루하루 부품을 만들고 제품을 조립하는 세부적인 생산일정이 만들어진다. 즉, 제품을 완성하기까지 수행될 모든 작업을 구체적으로 기계 및 작업자에게 할당하고 각 작업이 수행되어야 할 정확한 시간을 정하는 계획이 수립되어야 하며, 실제로 계획대로 제대로 진행되는지를 그때그때 지켜보면서 문제가 생길 때마다 발 빠르게 대응해야 하는 것이다. 이 일을 넓은 뜻에서 공정관리(production control), 그리고 좁은 뜻에서 일정계획(scheduling)이라고 부른다.

공정관리는 크게 4단계의 구체적인 작업으로 이루어진다. 그림 11−12에서 보듯이, 첫 번째 단계에서는 작업의 분배(loading)가 이루어진다. 작업분배는 자재소요계획(MRP)에 따라 작업지시가 내려오면(dispatching), 개별작업들을 해당되는 작업장(work center)에 할당하는 일을 가리킨다. 이때 작업장에 배분된 작업부하와 작업장이 보유하고 있는 처리능력 간에 차이가 있으면 부분적인 조정이 필요할 수 있다.

두 번째 단계는 작업순서의 결정(sequencing)이다. 각 작업장에는 여러 개의 개별작업들이 분배되기 때문에 항상 작업들이 줄을 서서 기다리게 된다. 따라서 어떤 순서로 작업들을 처리할지를 정해야 한다. 이것이 순서화(sequencing)이다. 순서를 정하는 기준은 도착한 순서대로 처리하는 기준, 처리에 걸리는 시간이 짧은 순서대로 처리하는 기준, 마감시간이 급한 순서대

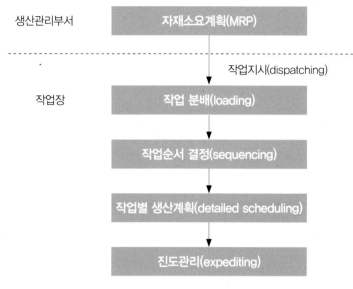

★ 그림 11-12   일정계획의 단계별 순서

로 처리하는 기준 등의 다양한 규칙(rule)을 적용하게 된다.

세 번째 단계에서는 작업별 생산계획(detailed scheduling)을 만들게 된다. 앞 단계에서 작업의 처리 순서가 정해지면, 그에 따라 개별작업별로 시작시간(start time)과 종료시간(finish time)이 설정된다. 마지막 단계는 진도관리(expediting)이다. 각 작업별로 시작시간과 종료시간이 정해진다 해도 일을 하다 보면 예정보다 늦어지는 일들이 발생하기 마련이다. 따라서 작업현장에서는 작업의 진도를 확인(monitoring)하면서, 적절한 조치(corrective action)를 통해 계획과 진도 간의 차이를 줄여야 한다.

2 | 주문과 재고관리

1. 기본 개념

수요예측을 토대로 생산계획이 수립되면, 다음에는 계획된 수량과 일정에 맞추어 생산에 필요한 부품이나 원재료를 공급해야 한다. 공급의 방식은 크게 내부의 자체 생산을 통해 공급 능력을 확보하는 방식과 외부에서 주문하는 방식으로 나눌 수 있다. 내부에서 생산하는 방식은 이미 앞 절에서 설명하였다. 수요예측을 바탕으로 계층적 계획에 의해 부품을 가공하고 제품을 조립하면 되는 것이다. 그러므로 여기에서는 필요한 수요량을 외부에 주문하는 방식에 대해 알아보자.

주문관리는 제조시스템, 즉 생산공정에서만 필요한 것이 아니라 서비스시스템에서도 매우 중요하다. 예를 들어, 유통서비스의 경우에는, 대부분의 물품을 안에서 생산하는 것이 아니라 외부에 주문하여 처리한다. 식당의 경우에도, 음료수 같은 것은 한 달 치를 한꺼번에 주문하기도 하지만 식재료 같은 것은 매일매일 필요한 만큼만 주문하기도 한다.

필요한 수요를 주문방식으로 공급할 경우에는, 다음 두 가지 질문에 대한 답을 제공해야 한다. 첫째는 주문량을 얼마로 할 것인가를 정하는 것이다. 둘째는 언제 주문을 발주할 것인가를 정하는 것이다. 따라서 주문 모형은 '주문량'과 '주문시기'를 결정하는 것을 핵심 내용으로 한다.

❀ 그림 11-13   **재고창고의 예시**
자료 : Instantestore

산업공학에서는 지금까지 다양한 주문 모형을 개발하여 사용해 왔다. 이 모형들은, 주문량을 결정할 것인지 아니면 주문시기를 결정할 것인지에 따라, 그리고 여러 번 반복 주문할 것인지 아니면 한 번만 일회성으로 주문할 것인지에 따라 고정 주문량 모형(fixed order quantity model), 고정 주문 간격 모형(fixed order interval model), 일회 주문 모형(single period model)으로 구분된다.

어느 모형을 선택할 것인가 하는 문제는 곧 재고관리(inventory control) 문제로 연결된다. 왜냐하면 주문의 모형이 달라지면 재고의 수준도 달라지기 때문이다. 또 주문관리 비용을 줄인다는 말은 곧 재고관리 비용을 줄인다는 말과 연결된다. 따라서 많은 산업공학 교과서에서는 주문관리 모형과 재고관리 모형을 묶어서 설명한다.

여기서 재고관리의 ABC 분석에 대해 간략히 설명하기로 한다. ABC 분석은 재고관리뿐 아니라 경영관리의 다양한 분야에서 활용되는 분석기법이다. 이 분석은 유명한 파레토(Pareto)의 '80 : 20 법칙(rule)'을 개념적 토대로 하고 있다. 그림 11-14에서 보듯이, 많은 분야에서 숫자(빈도)로는 전체의 20%밖에 안 되지만 중요도(가치 또는 사용량 등)는 전체의 80%를 차지하는 소수의 품목들이 있다. 거꾸로 얘기하면 숫자는 많지만 중요도는 낮은 품목들이 훨씬 더 많다는 뜻이기도 하다. 이때 소수이지만 중요한 품목들을 A그룹으로, 반대로 다수이지만 별로 중요하지 않은 품목들을 C그룹으로, 중간 정도를 B그룹으로 나누는 것이 ABC 분류이다. 이 분류를 재고관리에 적용하여, A그룹에 속한 품목들은 엄격한 재고관리를 하고 반대로 C그룹에 속한 품목들은 느슨한 재고관리를 하게 된다. 이 원리를 염두에 두고 각각의 주문 모형들을 좀 더 자세히 살펴보자.

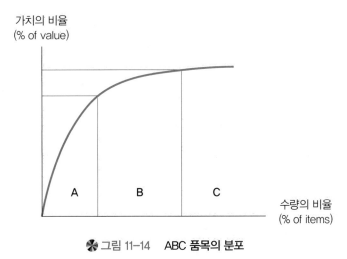

🌸 그림 11-14　ABC 품목의 분포

2. 고정 주문량 모형

고정 주문량 모형(fixed order quantity model)은 매번 주문 때마다 주문량은 고정되어 있고 대신 주문시점, 즉 주문간격(interval)을 신축적으로 바꾸는 방식이다. 예를 들어, 한번 주문할 때마다 100의 수요를 소화시킬 수 있는 만큼만 주문하되, 언제 주문할지는 수요의 변화에 따라 20일만에 할 수도 있고 30일만에 할 수도 있는 식이다. 따라서 이 방식을 사용하기 위해서는 수요의 변화와 공급량의 재고를 항상 살펴보면서 적절한 주문 시점을 결정하는 항시 통제 시스템(continuous-monitoring system)을 갖추고 있어야 한다. 따라서 비교적 단가가 높은 중요한 물품, 즉 ABC분류에서 A그룹에 속하는 품목들의 주문관리에 자주 사용하는 모형이다.

이 모형에서는, 앞에서 던졌던 두 가지 질문, 즉 얼마만큼을 주문할지에 관한 주문량(Quantity : Q)과 언제 주문할지에 관한 재주문 시점(reorder point : r)을 모두 결정해야 한다.

◈ 주문량의 결정

주문량을 정하는 기준은 다양하게 제시될 수 있다. 그러나 여기서는 가장 오래 전부터 그리고 많이 사용되는 기준인 경제적 주문량(Economic Order Quantity : EOQ) 모형에 대해서만 알아보기로 한다.

경제적 주문량 모형(EOQ)은 이미 20세기 전반에 개발되어 지금까지 가장 오랫동안 사용되어 온 기본 모형이다. 이 방식은 구매 비용, 주문 비용, 재고유지 비용 등을 다 합친 총비용을 최소로 할 수 있는 주문량을 찾는 모형이다. 기본적인 EOQ 모형은 크게 다음 네 가지 가정을

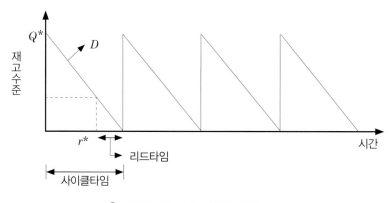

❀ 그림 11-15   **재고수준의 변화**

토대로 한다. 첫째, 수요가 일정하다. 둘째, 주문에서 실제 조달까지 걸리는 리드타임이 일정하다. 셋째, 단위 가격이 일정하다. 넷째, 재고부족은 없다.

이 가정에 따라, 시간에 따른 재고수준(inventory level)을 도표로서 나타내면 그림 11-15와 같다. 한 번의 주문량이 도착하고 그 다음 번 주문량이 도착할 때까지의 시간을 하나의 주기(cycle time)라고 하자. 당연히 처음 주문량이 도착하면 재고는 최고점으로 올라간다. 수요에 맞추어 재고량이 점차 줄어들어 마침내 바닥이 되는 순간 다시 주문량이 도착하여 재고가 최고점으로 올라가는 모양을 보이기 때문에 이 모형을 톱니바퀴 모형으로 표현하기도 한다. 그림에서 보듯이, 일정한 수요(D)에 따라 재고도 일정한 비율로 줄어들다가, 미리 정해놓은 수준 이하로 재고가 줄어들면 재주문($r*$)하는 식의 주기적 형태를 띠게 된다.

이제 주문량을 어떻게 정할지를 알아보자. 이름이 보여 주는 것처럼, 이 모형에서 정하는 주문량($Q*$)은 경제적 주문량, 다시 말해 공급에 관련된 총비용을 최소로 하는 주문량이다. 총비용은 공급량만큼을 사는 데 지불하는 구매 비용(purchasing cost), 재고를 관리하는 데 들어가는 재고유지 비용(holding cost), 그리고 주문작업 자체에 간접비로 들어가는 주문 비용(ordering cost)으로 구성된다. 따라서 총비용(TC)은 연간 구매 비용, 재고유지 비용, 연간 주문 비용의 합으로 계산된다.

먼저 구매 비용의 경우 단위당 구매단가(c)에 총수요량(D)을 곱하면 된다. 다음으로 유지 비용과 주문 비용은 주문량에 따라 변하므로 두 비용을 주문량(Q)에 관한 함수로 표현할 수 있다. 연간 재고 유지 비용을 보자. 만약 한 단위가 재고로서 1년간 유지된다면 유지 비용은 h이다. 또한 최고 재고 수준은 Q이고 최저 재고 수준은 0이므로 평균 재고 수준은 $Q/2$로 볼 수 있다. 따라서 연간 재고 유지 비용은 $(Q/2)h$가 된다. 연간 주문 비용은 매번 D/Q번 주문이 이루어지는데, 1회 주문비용이 S이므로 $(D/Q)S$가 된다. 이를 총비용의 식으로 나타내면 다음과 같다.

총비용 = (구매 비용) + 유지 비용 + 주문 비용

$$TC = (cD) + \frac{Q}{2}h + \frac{D}{Q}S$$

c : 단위 구매 비용, D : 연간 수요, Q : 주문량,
h : 연간 단위당 유지 비용, S : 1회 주문당 발주 비용

위의 식을 주문량에 따른 연간 비용함수를 나타내면 그림 11-16과 같다. 유지 비용과 주문 비용은 Q값에 따라 하나는 늘어나고 다른 하나는 줄어드는 상충관계(trade-off)에 있으며, 총비

용은 밑으로 약간 볼록한 모양이 된다. 따라서 총비용을 최소로 하는 주문량 Q가 존재하며, 이 값이 곧 경제적 주문량(EOQ)이며 Q^*로 나타낸다. 총비용곡선의 모양이 매우 완만하게 아래로 볼록하기 때문에 Q^* 부근의 다른 주문량에서도 총비용은 최솟값과 큰 차이가 없다. 따라서 정확하게 EOQ가 아니라도 약간의 오차범위 내에서는 별 문제가 없다.

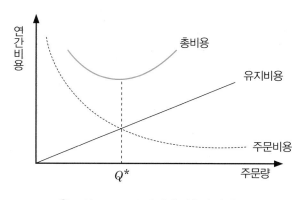

✿ 그림 11-16   **주문량과 비용의 관계**

경제적 주문량은 총비용 함수를 Q에 대하여 미분하여 0으로 놓고 풀면 구할 수 있다. 또한 그림 11-16에서 주문 비용과 유지 비용이 같은 곳에서 경제적 주문량이 결정되므로 두 비용 값이 같아지도록 Q에 대한 식을 풀면 된다. 첫 번째 방법으로 구하면 다음 식과 같다.

$$\frac{d}{dQ} = \frac{h}{2} - \frac{DS}{Q^2} = 0$$

$$EOQ = Q^* = \sqrt{\frac{2DS}{h}}$$

간단한 예를 하나 들어보자. A 기업에서는 연간 8,000단위의 서비스를 단위비용 1만 원에 주문을 통해 공급한다. 주문비용은 3만 원이고 단위당 월별 유지 비용은 250원이다. 이 경우의 경제적 주문량은

$$Q^* = \sqrt{\frac{2DS}{h}} = \sqrt{\frac{2(8,000)(30,000)}{(250)(12)}} = 400 \text{이 된다.}$$

연간 주문 횟수는 $N = \dfrac{D}{Q^*} = \dfrac{8,000}{400} = 20$회 / 년이 된다.

🔶 재주문 시점의 결정

다음으로 재주문 시점(ReOrder Point : ROP)에 대해 알아보자. 재주문 시점은 말 그대로 언제 주문을 발주할 것인가를 결정하는 문제이다. 재주문 시점을 정하는 기준은 아주 간단하다. 즉, 주문에서 도착까지 걸리는 시간, 즉 리드타임(lead time) 동안 얼마나 수요가 있을 것인가에 따라 정하면 되는 것이다. 예를 들어, 매일 10건 정도의 수요가 있고 리드타임이 10일이라면 현재 남아 있는 공급량의 재고가 100건 정도 되는 시점에서 바로 주문을 내면 재고의 부족 없이 공급을 관리할 수 있다.

문제는 실제수요는 평균수요보다 더 많을 수도 적을 수도 있다는 불확실성(uncertainty) 때문에 생긴다. 특히, 리드타임 동안에 평균수요보다 실제수요가 더 많으면 재고부족이 일어나기 때문에 이를 방지할 수 있는 안전장치가 필요하다. 이런 만일의 경우를 대비하여 추가적으로 보유하게 되는 재고가 바로 안전 재고(safety stock)이다. 따라서 재주문점(r^*)은 다음 수식과 같이 안전 재고와 리드타임(LT) 동안의 평균수요를 더한 양만큼으로 결정된다.

$$ROP = r^* = (LT \text{ 동안의 평균수요}) + Z(LT \text{ 동안 수요의 표준편차})$$

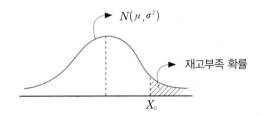

🔷 그림 11-17　**수요분포와 재고부족 확률**

그림 11-17에서 보는 것처럼, 수요의 불확실성을 고려하기 위해서는 수요량이라는 확률변수가 어떤 분포를 따르는지를 알아야 한다. 일반적으로, 수요의 변화는 정규분포(Normal distribution)를 따른다고 가정한다. 물론 수요의 변화가 반드시 정규분포를 따른다고 말할 수는 없다. 하지만 특별한 종류의 물품이 아니라면 정규분포를 따른다고 해서 큰 문제가 있는 것은 아니다. 그러므로 여기에서는 가장 널리 사용되는 정규분포를 가정하는 것이다. 정규분포를 가정하게 되면, 이미 앞의 통계적 분석에서 설명한 것처럼, 표준정규분포를 이용하여 다양한 경우의 확률값을 바로 찾을 수 있는 장점이 있다.

이 가정하에, 재고부족이 일어날 확률은 현재 재고량 X_0보다 수요 X가 더 많을 확률이며 이를 표준정규분포를 이용하여 구하면 $P(X > X_0) = P(Z > \frac{X_0 - \mu}{\sigma})$가 된다. 이때 서비스 수준은 1−(재고부족이 일어날 확률)이 된다. 따라서 $X_0 = \mu + Z\sigma$가 되며, 이 값이 바로 재주문점, 즉 ROP를 의미한다. 여기서 ROP가 시간이 아니라 재고량으로 표시되는 이유는 얼마의 재고가 남았을 때 주문해야 하는가를 나타내기 때문이다. 또한 변동성 부분인 리드타임 동안 수요의 표준편차(σ)와 재고부족 확률값(Z)의 곱, 즉 $Z\sigma$가 곧 안전재고가 된다.

여기서도 작은 예를 하나 들어보자. C기업의 일일 수요는 정규분포를 이루며 평균 60에 분산이 100이다. 리드타임은 3일이다. 주문비용은 6,000원, 재고유지 비용은 연간 단위 가격의 20%이며, 연간 단위 가격은 1,200원이다. 수요를 제때에 처리하는 서비스 수준은 90%이고, C기업의 조업일수는 연간 200일이다. 이 경우에, 적합한 주문정책, 즉 주문량과 주문시점은 다음과 같이 결정된다.

$$\bar{d} = \frac{60}{일}, \ \sigma_{\bar{d}} = \sqrt{100} = 10, LT = 3$$

$$Q = \sqrt{\frac{2DS}{ic}} = \sqrt{\frac{2(60)(200)(6,000)}{0.2(1,200)}} = 774.59 \approx 775$$

$$r^* = \bar{d}(LT) + Z\sqrt{LT}\sigma_{\bar{d}} = 60(3) + 1.282\sqrt{3}(10) = 202.2 \approx 203$$

따라서 적절한 주문량과 주문시점은 각각 $(Q^*, r^*) = (775, 203)$이고 안전재고는 $Z\sqrt{LT}\sigma_{\bar{d}} = 1.282\sqrt{3}(10) = 22.2 \approx 23$이 된다.

3. 고정 주문간격 모형

고정 주문간격 모형(fixed order interval model)은 매번 주문간격은 고정되어 있고 대신 주문량을 신축적으로 바꾸는 방식이다. 예를 들어, 정확하게 30일 간격으로 주문을 하되, 얼마만큼 주문할지는 수요의 변화에 따라 100의 공급량만큼 주문할 수도 있고 150만큼 할 수도 있는 식이다. 따라서 이 방식을 사용하기 위해서는 재고량에 대한 검사를 주기적으로 하고, 필요한 만큼 주문을 하는 주기적 통제시스템(periodic-monitoring system)을 갖추어야 한다. 이 모형은 비교적 단가가 낮은 물품들, 즉 ABC 분류에서 C그룹에 속하는 품목들의 주문관리에 자주 사용한다.

이 모형에서는 주문 시점, 즉 간격은 기업의 내부 방침이나 시장환경에 따라 일정하게 정해진다. 그러므로 주문량만 결정하면 된다. 주문량을 주기적 주문량(Periodic Order Quantity : POQ)이라고 하는데, 이 POQ가 매번 달라지게 된다. POQ를 정하기 위해, 우선 수요는 변동하고 리드타임은 상수인 것으로 가정한다. POQ를 정하는 기본 아이디어는 아주 간단하다. 앞의 고정 주문량 모형에서 재주문 시점을 정할 때 본 것처럼, 주문량은 주문간격(OI)과 리드타임(LT)을 더한 기간만큼 동안의 평균 수요량에다가 이 기간 동안에 발생할 수 있는 재고 고갈을 방지하기 위한 안전재고량을 더하면 된다. 만일 미리 가지고 있는 보유재고량(Inventory On Hand : IOH)이 있다면 그만큼을 빼주면 된다. 따라서 POQ는 다음의 식으로 결정된다.

$$POQ = Q^* = (OI + LT \text{ 동안의 평균수요}) + Z(OT + LT \text{ 동안 수요의 표준편차}) - \text{보유재고량}$$
$$= \bar{d}(OI + LT) + Z\sqrt{OI + LT}\sigma_{\bar{d}} - IOH$$

고정 주문량 모형과 비교하여, 고정 주문간격 모형은 장단점을 가지고 있다. 장점은 크게 두 가지이다. 첫째, 통제 비용이 적게 소요된다. 수시로 재고수준을 점검하는 것이 아니라 주기적으로 점검하기 때문이다. 둘째, 주문 비용을 줄일 수 있다. 비슷한 서비스 수요가 있는 경우 같은 공급자로부터 동시에 주문할 수 있어 그만큼 주문 비용을 절약할 수 있기 때문이다. 단점도 두 가지를 들 수 있다. 첫째, 안전재고의 수준이 높다. 관리에 관한 기간이 LT에서 $OI + LT$로 늘어났기 때문에 늘어난 기간만큼의 변동 수요를 고려하기 위한 안전재고도 늘어나게 된다. 둘째, 주문 기간과 시점이 정해져 있으므로 관리의 유연성과 신축성이 낮다.

다음의 작은 예를 보자. Y기업은 매 30일마다 같은 공급자에게서 서비스 공급량을 주문한다. 리드타임은 5일이다. 재고를 점검한 결과 275건의 공급능력을 보유하고 있었다. 또 매일의 서비스 수요는 평균 15.2건, 표준편차 1.6건의 정규분포를 이룬다. 제때에 서비스를 제공하는 서비스 요구 서비스 수준은 95%이다. 그러면 주문량 Q^*은 다음과 같이 정해진다.

$$Q^* = \bar{d}(OI + LT) + Z\sqrt{OI + LT}\,\sigma_{\bar{d}} - IOH$$
$$= 15.2(30 + 5) + 1.65\sqrt{30 + 5}(1.6) - 275$$
$$= 272.62 \approx 273\text{건}$$

또한 안전재고는 $Z\sqrt{OI + LT}\sigma_{\bar{d}} = 1.65\sqrt{30} + 5(1.6) = 15.62 \approx 16$건이 된다.

4. 일회 주문 모형

일회 주문 모형(single period model)은 '유통기한이 있는(perishable)' 물품을 얼마나 주문할 것인가를 결정하는 모형이다. 명절이라거나 휴가 시즌 동안에만 일회성으로 수요가 몰리는 아이템의 경우, 그 기간이 지나면 더 이상 수요가 발생하지 않는다. 따라서 공급에 대한 주문량이 수요량보다 적을 경우 그 수요는 포기할 수밖에 없고, 반대로 많을 경우 주문한 공급량은 그대로 버릴 수밖에 없다.

일회성 문제이기 때문에 주문 시점을 정할 필요는 없고 주문량만 정하면 된다. 수리적으로도, 반복적이고 주기적인 주문을 가정한 앞의 모형과 다른 특수한 문제이다. 따라서 주문량을 정하는 모형도 앞에서와 같은 총비용 최소화기법이 아니라 이른바 한계분석(marginal analysis)의 개념을 사용한다. 한계분석은 하나의 단위가 추가적으로 늘어날 때 그만큼 늘어나거나 줄어드는 크기를 토대로 경제적 의사결정을 하는 모형을 가리킨다.

앞에서 언급한 것처럼, 이 모형에서는 수요보다 적게 주문하여 공급 부족이 일어날 수도 있고, 반대로 해당 기한까지 수요가 발생하지 않으면 공급 과잉이 일어날 수도 있다. 따라서 두 가지 경우의 한계비용을 설정한다. 먼저 한계부족 비용(C_s)은 한 단위만큼의 공급 부족으로 인해 실현되지 못한 이익, 거꾸로 말해 한 단위가 공급되었다면 얻어질 이익이므로 수익에서 비용을 제한 금액이다. 다음으로 한계초과 비용(C_e)은 한 단위만큼의 공급 초과로 인해 실제로 발생한 손실로, 비용에서 잔존가치(salvage value)를 제한 양이다. 여기서 잔존가치라는 개념은 경제적 수명이 다한 자산의 남은 가치를 말한다. 아침에 만든 빵을 1,000원에 팔다가 남아서 밤늦게 500원에 판다고 하면, 500원이 바로 그 빵의 잔존가치가 된다. 서비스의 경우라면, 유효 기간이 끝나고 남은 서비스 공급량을 그냥 버리지 않고 싼 값에 다른 용도로 처리할 수 있는 때 얻을 수 있는 수익이 그 서비스의 잔존가치가 된다.

통계적으로 보면, 어떤 물품의 기대가치는 수요를 처리할 확률 $P(Q)$와 물품에서 얻을 수 있는 가치의 곱이다. 한계분석의 토대가 되는 중요한 사실은(이 책의 범위를 벗어나기 때문에 증명은 생략하지만), 기대 한계이익과 기대 한계손실이 같을 때, 즉 $C_e P(Q) = C_s(1 - P(Q))$의 관계가 성립할 때 최대의 이익을 얻을 수 있다는 것이다. 이 사실을 이용하여 최적의 수요 처리 확률 $P*(Q)$를 도출하면 그림 11-18과 같다. 이 식을 통해 최적의 확률값을 찾으면, 그 확률값에 가장 가까운 수요량을 곧 최적의 주문량으로 결정하게 된다.

실제의 예제를 보자. 크리스마스 기간 동안에만 발생하는 어느 물품의 단위당 판매 가격

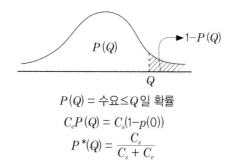

$$P(Q) = 수요 \leq Q일 \ 확률$$
$$C_e P(Q) = C_s(1-p(0))$$
$$P^*(Q) = \frac{C_s}{C_s + C_e}$$

✿ 그림 11-18 일회 주문 모형의 최적 수요 처리 확률 도출

(수익)이 1만 원, 단위당 구매비용이 7,000원, 단위당 잔존가치가 3,000원이다. 과거의 경험을
통해, 수요와 수요가 나타날 확률이 표 11-12와 같다는 것을 알고 있다고 가정할 때, 최적의
일회 주문량을 구해 보자.

✿ 표 11-12 수요의 확률분포 예시

수요	확률	누적확률
0~34	0.0	0.0
35	0.1	0.1
36	0.15	0.25
37	0.25	0.5
38	0.25	0.75
39	0.15	0.9
40	0.1	1.0
41~	0.0	1.0

그러면 한계 부족비용과 한계 초과비용은 다음과 같이 계산된다.

$$C_s = P - C = 10,000 - 7,000 = 3,000원/단위$$
$$C_e = C - S = 7,000 - 3,000 = 4,000원/단위$$

이 값을 토대로 최적의 확률값을 구하면 다음과 같다.

$$P^*(Q) = \frac{C_s}{C_s + C_e} = \frac{3,000}{3,000 + 4,000} = 0.43$$

이제 이 확률을 가지고 최적의 주문량을 구해보자. 0.43의 누적확률에 정확하게 일치하는 수요량을 찾을 수는 없다. 그러므로 가장 근접한 수요량을 찾아 주문량으로 정하게 된다. 이 예제의 경우 표 11-12에서 0.43에 가장 가까운 수요량은 37 단위이다. 따라서 최적의 주문량은 $Q^* = 37$ 단위가 된다.

만일 여름 휴가기간 동안의 일회성 수요가 크리스마스 특수 서비스보다는 수요가 조금 더 안정적이어서 평균 300, 분산 50의 정규분포를 따른다고 하면 어떻게 될까? 이런 경우에는 앞에서 한 것처럼 정규분포표를 이용하여 주문량을 정할 수 있다. 예를 들어, 단위당 판매가격은 500원, 단위당 구매비용은 380원, 단위당 잔존가치는 300원이라고 하자. 그러면 최적 주문량은 그림 11-19와 같이 정해진다.

$$P^*(Q) = \frac{C_s}{C_s + C_e} = \frac{(500 - 380)}{(500 - 380) + (380 - 300)} = \frac{120}{120 + 80} = 0.6$$

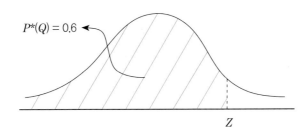

❀ 그림 11-19   **일회 주문 모형의 최적 수요 처리 확률 도출**

부록에 있는 정규분포표에서 $Z = 0.253$이므로, $Q^* = \mu + Z\sigma = 300 + 0.253(50) = 313$단위가 된다.

3 | 대기관리

1. 기본 개념

앞 절에서 살펴본 것처럼, 공급과 수요의 불일치는 항상 재고(inventory) 문제를 낳는다. 수요보다 공급이 많으면 과잉재고 문제가 생긴다. 반대로 수요보다 공급이 작으면 재고부족 문제가 생긴다. 재고가 부족하다는 말은 곧 공급능력이 부족하다는 의미이다. 또 전체적인 공급능력이 충분한 경우라고 하더라도 수요가 한꺼번에 몰리면 일시적으로 공급부족이 일어날 수 있다. 공급능력이 부족하거나 일시적으로 수요가 몰리게 되면 어쩔 수 없이 대기(queue)라는 현상이 일어나게 된다.

대기는 말 그대로 고객이나 물품이 바로 처리되지 못하고 기다리는 경우를 말한다. 그리고 대기현상이 생겨서 줄을 쭉 서게 되면 그 줄을 대기행렬이라고 부른다. 예를 들어, 점심식사를 하기 위해 학교식당에 가는 경우를 생각해 보자. 한꺼번에 학생들이 몰리는 시간대에는 식권을 사거나 배식을 받기 위해 긴 줄을 서서 기다리는 경우가 많다. 이것이 바로 대기 또는 대기행렬이다. 대기현상이 생기는 이유는 같은 시간대에 많은 사람들이 몰릴 때, 배식을 하는 종업원의 수가 부족하기 때문이다. 대기가 길어지면 학생들은 학교식당이 아닌 다른 곳에서 식사를 하게 될 것이다. 고객의 이탈현상이 발생하는 것이다. 이러한 대기현상은 고객을 대상으로 하는 서비스시스템은 물론, 원재료나 부품을 가공하는 제조시스템에서도 흔히 발생한다.

❋ 그림 11-20 대기행렬의 예
자료 : Mediacorp

그렇다면 대기 문제를 어떻게 해결할 수 있을까? 답은 간단하다. 처리용량을 늘리면 된다. 하지만 문제는 비용의 증가이다. 즉, 용량을 줄이면 대기에 따른 불만이 커지고 반대로 용량을 늘리면 비용이 증가하는 상충 문제가 발생하는 것이다. 따라서 대기시간을 적절하게 조정하는 것은 시스템을 경제적으로 관리하는 데 매우 중요한 과제가 된다.

결국 앞의 재고관리 문제와 마찬가지로, 대기 문제의 답도 비용의 최소화에 있다. 즉, 처리용량을 늘리는 데 들어가는 비용과 대기에서 발생하는 비용을 합친 총비용을 최소화하는 접근이다. 일반적인 경우 용량은 앞서 말한 바와 같이 종업원의 수가 될 수도 있으며 작업 기계의 수가 될 수도 있다. 또한 대기비용은 고객의 이탈뿐만 아니라 서비스를 받기 위해 대기하는 장소(space) 등의 관리비를 포함한다. 용량에 따른 비용과 대기비용은 그림 11-21과 같은 관계를 가진다. 보는 것처럼 하나는 늘어나고 하나는 줄어드는 상충관계(trade-off)가 나타난다. 결국 둘 사이의 균형을 통해 대기시스템에서 발생하는 총비용을 최소화하는 서비스 용량의 수준을 찾는 것이 바로 대기이론(queuing theory)의 핵심이다.

이것은 앞에서 주문량에 따라 유지 비용과 주문 비용이 서로 상충관계에 있는 문제와 비슷하다. 즉, 총비용을 최소로 하는 주문량을 찾는 문제와 처리용량 비용과 대기 비용 간의 상충관계에서 총비용을 최소로 하는 용량의 수준을 찾는 문제와 기본 원리 및 방식이 같은 것이다.

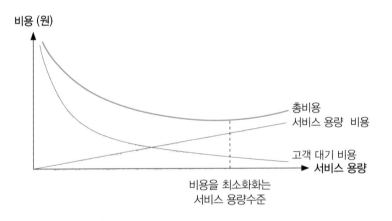

❋ 그림 11-21   서비스 용량수준과 총비용과의 관계

2. 구성요소

대기현상이 발생하는 경우는 장소와 상황에 따라서 그 형태가 매우 다양하다. 즉, 대기시스템을 구성하는 요소들의 차이에 따라 여러 가지 형태가 생길 수 있는 것이다. 여기에서는 설명의 편의를 위해 처리의 대상을 고객이라고 부르기로 한다. 처리해야 할 대상이 사람이든, 제품이든, 부품이든 모두 고객이라고 부른다는 것이다.

그림 11-22에서 보듯이, 대기시스템을 구성하는 핵심요소로는 고객 모집단(population), 채널(channel), 도착 및 처리시간(arrival and service rate), 처리의 규칙(discipline)을 들 수 있다. 어떤 모집단으로부터 고객이 생겨나며, 얼마나 많은 제공능력을 보유하고 있고, 얼마나 자주 고객이 들어오고 얼마나 빨리 서비스를 처리하며, 어떤 기준으로 처리의 순서를 정하는지에 따라 시스템의 구체적이고 실질적인 내용이 달라지는 것이다. 각 구성 요소 하나하나를 좀 더 자세히 살펴보자.

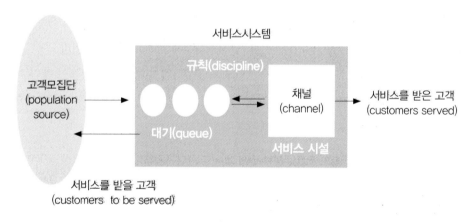

🌸 그림 11-22   서비스시스템의 구성요소

🔷 고객 모집단

고객 모집단(population source)은 특정 서비스를 사용하거나 받을 잠재 고객의 수로 정의된다. 모집단의 수를 명확하게 정의하기 위해서는 먼저 고객이 누구인가를 정해야 한다. 왜냐하면 고객을 어떻게 정의하느냐에 따라 고객의 수가 무한일 수도 있고 유한일 수도 있기 때문이다. 제조시스템의 경우, 처리할 물품의 수를 제한하지는 않는다. 공장은 일년 내내 돌아간다고 가정하기 때문이다. 대부분의 서비스시스템도 고객의 수를 한정하지는 않는다. 하지만 가끔은 고객의 수가 한정된 경우가 있다. 예를 들어, 기념음반이 500장 한정으로 나온다면, 서비스를 받는 고객은 500명으로 한정된다.

전자와 같이 고객 모집단의 수를 한정하지 않는 경우를 무한 집단(infinite source)이라고 하며, 후자와 같이 고객 모집단을 한정하는 경우를 유한 집단(finite source)이라고 한다. 개념적으로는 두 경우의 차이가 크지 않은 것으로 느껴지지만, 수리적으로는 상당한 차이가 존재한다. 즉, 유한인 경우가 무한인 경우보다 수리적으로 훨씬 더 어려운 문제가 된다.

🌐 채널

채널(channel)은 서비스를 처리하는 인력 또는 시설을 의미한다. 채널을 다른 말로는 서버(server)라고 하기도 한다. 일반적으로 시스템의 처리용량은 채널 내지 서버의 수의 함수로 나타난다. 채널이 한 번에 한 명의 고객을 처리한다고 가정할 때, 채널의 수가 많을수록 시스템의 처리용량은 늘어나게 된다. 여기서 채널이 하나일 경우를 단일채널시스템(single-channel system)이라고 하며, 둘 이상인 경우를 다중채널시스템(multi-channel system)이라고 한다. 예를 들어, 개인병원의 의사나 소형약국의 약사는 단일채널시스템인 경우가 대부분인 반면, 영화관이나 은행은 다중채널시스템인 경우가 많다. 또 같은 주유소 안에서도 주유기기는 다중채널시스템이지만 세차기계는 단일채널시스템이다.

채널과 함께 단계(phase)라는 용어도 이해할 필요가 있다. 단계는 서비스를 처리하기 위해 거쳐야 하는 작업 순서의 길이를 의미한다. 예를 들어, 어떤 부품은 단일단계(single-phase)의 가공으로 만들어지지만 대부분의 부품은 다중단계(multi-phase)의 가공을 거쳐 만들어진다. 편의점은 물품을 구매하기 위해 '결제'라는 하나의 단계만을 거치지만 공항과 같은 경우는 티켓팅 → 화물검사 → 여권검사 등의 여러 단계를 거친다.

그림 11-23은 채널의 수와 단계의 수에 따른 여러 가지 시스템의 모형을 도식화한 것이다. 그림에서 알 수 있듯이, 채널의 수와 단계의 수가 늘어날수록 시스템은 더욱 복잡해지고 따라서 대기행렬이 만들어지는 과정과 결과도 훨씬 복잡해진다. 따라서 이 책에서는 단일단계(single-phase)의 시스템에 대해서만 설명하기로 한다.

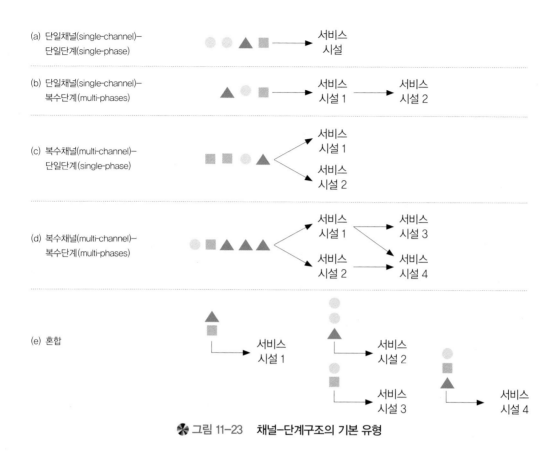

(a) 단일채널(single-channel)–
단일단계(single-phase)

서비스
시설

(b) 단일채널(single-channel)–
복수단계(multi-phases)

서비스
시설 1

서비스
시설 2

(c) 복수채널(multi-channel)–
단일단계(single-phase)

서비스
시설 1

서비스
시설 2

(d) 복수채널(multi-channel)–
복수단계(multi-phases)

서비스
시설 1

서비스
시설 3

서비스
시설 2

서비스
시설 4

(e) 혼합

서비스
시설 1

서비스
시설 2

서비스
시설 3

서비스
시설 4

✿ 그림 11-23　채널-단계구조의 기본 유형

🔷 고객의 도착 및 서비스 처리시간

　　앞에서 설명한 것처럼, 대기가 발생하는 근본적 이유는 공급량이 수요량에 못 미치기 때문이다. 하지만 그 뿌리를 더 깊이 살펴보면, 물품이나 고객이 도착하는 간격과 처리에 걸리는 시간이 불확실한 것이 가장 큰 영향을 미친다. 앞의 수요–공급 문제에서 이미 살펴본 것처럼, 언제 수요가 발생하고 또 그 수요를 만족시키는 데 걸리는 시간이 어느 정도인지를 정확하게 알 수만 있다면 공급이 부족한 때에 필요한 양의 공급을 늘리면 대기가 생기는 것을 미리 막을 수 있다. 문제는 수요가 발생하는 정확한 시간과 수요량을 알 수 없기 때문에 공급의 부족에 미리 대처할 수 없다는 데 있다. 즉, 불확실성(uncertainty) 혹은 변동성(variability) 때문에 대기 문제를 이론적으로 분석하고 과학적으로 대응하는 것이 필요한 것이다.

　　앞서 언급한 것처럼, 변동성은 확률분포(probability distribution)라는 확률이론에 의해 설명된다. 여기에 보면 가장 대표적인 정규분포(normal distribution)를 중심으로 대단히 많은 확률분포들이 제시되어 있다. 그렇다면 이렇게 많은 확률분포 가운데 대기이론의 변수들은 어떤 분포를 따를까? 일반적으로 대기이론에서는, 고객이 시스템이 들어오는 빈도, 즉 도착률(arrival rate)은 포아송분포(Poisson distribution)를 따르고, 시스템이 한 사람의 고객을 처리하는 데 걸리는 시간, 즉 서비스 시간(service time)은 지수분포(exponential distribution)를 따른다고 가정한다. 따라서 포아송분포는 단위시간 동안 어떤 사건, 즉 이벤트가 일어나는 수를 나타내며, 지수분포는 이벤트가 일어나는 시간의 간격을 의미한다.

이 두 분포는 서로 역의 관계를 지닌다. 먼저 포아송분포는 정해진 시간 안에 서비스 수요가 발생하는 횟수의 분포를 나타낸다. 따라서 포아송분포를 따르는 변수의 값은 10회, 20회 하는 식으로 이산적(discrete)이다. 이에 반해 지수분포는 어떤 서비스를 처리하는 데 걸리는 시간의 분포를 나타낸다. 따라서 지수분포를 따르는 변수의 값은 5.3분, 10.2분 하는 식으로 연속적(continuous)이다. 두 분포가 역의 관계가 있다는 말은, 도착률이 포아송분포를 따른다면 도착시간(간격)은 지수분포를 따른다는 뜻이다. 예를 한번 들어보자. 은행에 한 시간에 평균 30명의 고객이 들어온다고 한다면, 고객이 은행에 도착하는 시간 간격은 그 역수인 2분이 된다. 따라서 도착률이 포아송분포를 따른다고 가정하면 서비스 시간은 지수분포를 따른다고 가정하게 되는 것이다.

물론, 모든 시스템이 이 가정을 따르는지는 알 수 없다. 따라서 도착률과 서비스 시간이 실제로 위의 두 분포를 따르는지를 확인하기 위해서는 보다 엄격한 통계적 검정이 필요하다. 그러나 일반적인 대기이론에서 두 분포를 가정하는 이유는 무엇보다 답(solution)을 찾는 과정이 간편하고 또 이론적 설명이 쉬우며, 또한 많은 경우에 이 가정이 현실에서도 잘 맞는다는 사실이 확인되고 있기 때문이다. 현실에 별 문제없이 맞으면서 답을 찾기가 쉽다면 이 가정을 하지 않을 이유가 없다. 그러므로 이 책에서는 기본적으로 위의 두 분포를 가정하고 설명을 이어가기로 한다.

🔷 우선순위 규칙

(1) 기본 이론

다음의 요소는 작업을 처리하는 순서의 배정 규칙(queue discipline)에 관한 것이다. 그림 11-24에서 보듯이, 어느 공정에 여러 개의 부품이 줄을 서서 기다리고 있을 때, 또는 어느 대

❋ 그림 11-24 가공을 위한 부품의 대기
자료 : www.eurocircuits.com

기라인에 여러 사람이 서 있을 경우, 과연 어떤 순서로 이들을 처리할 것인가에 대한 규칙이 필요하다. 이것이 바로 우선순위 규칙(priority rule) 또는 순서 규칙(sequencing rule)이다. 그림 11-25에 나타나 있는 것처럼, 우선순위 규칙은 크게 정적 규칙(static rule)과 동적 규칙(dynamic rule)으로 나눌 수 있다.

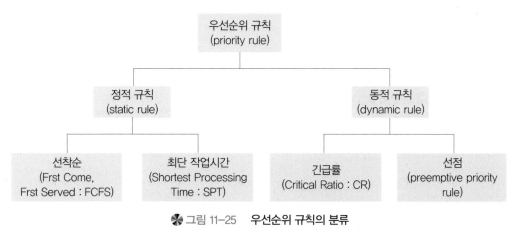

❋ 그림 11-25 우선순위 규칙의 분류

① 정적 규칙

먼저 정적 규칙은 여유시간이 얼마나 있는지에 관계없이, 이미 정해진 기준대로 처리하는 규칙이다. 여기에서 가장 많이 쓰이는 기준은 다음의 두 가지이다.

● 선착순 규칙

한마디로 먼저 온 사람이 먼저 서비스를 받는 규칙이다. 다른 말로는 선입선출, 즉 FCFS(First Come, First Served) 규칙이라고 하기도 한다. 실제로 이 규칙은 우리가 주변에서 접하게 되는 대부분의 시스템에서 적용되는 규칙이다. 이 규칙의 가장 큰 장점은 단순성과 공정성에 있다. 즉, 먼저 왔으므로 먼저 서비스를 받는다는 단순한 규칙이 누구에게나 공평하게 적용되면 고객의 불만도 그만큼 줄어들게 되는 것이다.

최단작업시간 규칙

기다리고 있는 작업 중에서 가장 처리시간이 짧은 작업부터 처리하는 규칙이다. 즉, 최단작업시간(Shortest Processing Time : SPT) 서비스에 최우선 순위를 부여한다. 이 규칙의 가장 큰 장점은 평균 처리시간을 최소화한다는 데 있다. 반대로 이 규칙의 단점은 처리시간이 긴 작업은 갈수록 우선순위가 뒤로 밀린다는 데 있다. 따라서 앞의 선착순 규칙에 비해 효율성은 올라가지만 공정성은 크게 떨어진다.

② 동적 규칙

동적 규칙은 기다리는 작업들의 마감시간을 확인한 후에, 마감시간이 가장 임박한, 즉 급한 작업부터 먼저 처리하는 규칙이다. 여기에도 다음 두 가지의 규칙이 많이 사용된다.

긴급률 규칙

이 규칙은 얼마나 급한 작업인지, 즉 일을 끝내야 하는 만기시간(due date)이 얼마나 남아있는지를 나타내는 긴급률(Critical Ratio : CR) 값을 정의한 후, 그 값이 최소인 작업에 우선순위를 부여하는 기준이다. 긴급률을 구하는 식은 다음과 같다.

$$긴급률(CR) = \frac{정적유휴시간(static\ slack)}{잔여처리시간(remaining\ processing\ time)}$$

$$= \frac{만기시간(due\ date) - 현재시점(current\ date)}{잔여처리시간\ (remaining\ processing\ time)}$$

선점 규칙

이 규칙은, 높은 우선순위를 가진 작업이 발생하면 다른 모든 처리를 중단하고 그 작업부터 처리하는, 즉 영어로 preemptive priority rule이다. 우선순위를 정하는 기준은 시스템마다 달라질 수 있지만 대부분은 예기치 않은 긴급한 상황이 발생했을 때 그 상황을 우선 해결하는 것에 초점을 맞추게 된다. 대표적인 예로는 병원의 응급서비스를 들 수 있다.

(2) 예제

어느 시설 3 앞에 대기하고 있는 작업과 각각의 처리시간 및 만기시간이 표 11-13과 같을 때, 현재 시점 0 이후의 작업처리 순서를 정하고자 한다. 여기서 잔여 처리시간은 시설 3에서의 처리시간과 시설 3 이후에 다른 시설에서 처리해야 할 남은 시간을 합한 시간이 된다.

표 11-13 우선순위 규칙의 예제

도착순서	시설 3 처리시간	시설 3 이후 남은 처리시간	만기시간	긴급률
A	2	6	10	10/8=1.25
B	8	5	9	9/13=0.69
C	4	8	15	15/12=1.25
D	10	7	24	24/17=1.41
E	5	11	13	13/16=0.81
F	12	9	36	36/21=1.71

먼저 선착순(FCFS) 규칙은 도착 순서대로 처리하므로 당연히 A-B-C-D-E-F 순이다. 반면, 최단작업시간(SPT) 규칙은 처리시간이 짧은 작업에 우선순위를 부여하므로 A-C-E-B-D-F 순이다. 마지막으로 긴급률(CR) 규칙은 긴급률이 작은 순으로 우선순위를 할당하여 B-E-A-C-D-F 순으로 처리하게 된다.

3. 대기 모형

지금까지 살펴본 구성요소들이 어떻게 정해지느냐에 따라 다양한 형태의 대기행렬이 만들어지게 된다. 이 형태들을 대기 모형(queuing model)이라고 한다. 따라서 대기이론(queuing theory)은 각각의 대기 모형에 대해, 기다리는 고객(작업)의 평균 수, 고객이 기다리는 평균시간, 시스템의 가동률(system utilization), 대기로 인해 발생하는 비용 등을 수리적으로 분석하는 내용으로 이루어진다. 대기 모형의 내용을 좀 더 자세하게 알아보기로 하자.

기본 용어와 관계

대기 모형의 구체적 설명에 앞서, 대기이론에서 사용되는 기본적 용어(기호)와 각 용어의 관계를 이해할 필요가 있다. 우선 표 11-14에 중요한 기호와 각 기호의 의미를 요약하였다.

여기서 주의해야 할 점은 모든 값은 평균값을 뜻한다는 사실이다. 즉, 어느 특정시점에서 반드시 그 값을 갖는다는 것이 아니라 이 시스템이 오랫동안 운영되었을 때 수렴하는 평균적 값이라는 뜻이다. 이 말은 곧 시스템의 평균 도착률과 처리시간이 안정상태(steady-state condition)에 있다는 것을 의미한다. 또한 앞에서 언급한대로, 고객의 도착률은 포아송분포를 따른다고 가정한다.

표 11-14   대기 모형의 분석에 사용되는 기호와 의미

기호	의미	역할
λ	(평균)고객 도착률	결정 변수
μ	(평균)서비스율	결정 변수
M	채널의 수	결정 변수
L_q	대기열에서 기다리는 평균고객 수	성능 특성
L_s	시스템에 있는 전체 고객의 평균 수	성능 특성
ρ	시스템 가동률	성능 특성
W_q	대기열에서의 평균 대기시간	성능 특성
W_s	시스템에서 소요되는 총평균시간	성능 특성
$1/\mu$	서비스시간	성능 특성

표 11-14의 기호들을 잘 살펴보면 크게 결정변수(decision variables)와 성능특성(operating characteristics)의 두 그룹으로 나뉘어져 있다는 것을 알 수 있다. 첫 번째의 결정변수들은 시스템의 구조와 형태를 결정하는 역할을 하는 변수들이며, 두 번째의 성능특성들은 앞에서 결정변수들이 어떤 값을 갖느냐에 따라 실제로 시스템의 성능이 어떻게 나타나느냐를 보여 주는 특성들이다.

그러면 어떤 것들이 결정변수이고 어떤 것들이 성능특성이 될까? 위에서 도착률(λ), 서비스율(μ), 채널의 수(M), 그리고 우선순위 규칙 등은 결정변수가 된다. 왜냐하면 이 변수들은 처리의 결과로 나타나는 값이 아니라 처리를 하기 전에 주어지는 값이기 때문이다. 반면에, 기다리는 고객 수, 서비스 시간, 가동률 등은 앞의 결정변수에 따라 처리가 이루어지면서 결과적으로 나타나는 성능특성들이다.

🔷 주요 공식

이제부터 대기이론을 바탕으로 주요 성능특성의 값을 계산하는 공식들을 알아보자. 대기모형이 달라지면 당연히 공식도 달라진다. 여기에서는 모집단이 무한인 경우만 보기로 한다. 또 단일채널(single-channel) – 지수분포를 따르는 서비스시간(exponential service time)을 가정한다. 이 경우는 대기 모형 가운데 가장 간단한 모형이다.

성능특성의 값을 구하는 공식은 수리적 분석과정을 거쳐서 도출된다. 그 과정에 대한 이해는 이 책의 범위를 넘어서기 때문에 여기에서는 결과만을 간략히 보여 주기로 한다.

⦂ 시스템 가동률

먼저, 성능특성을 계산하기 위해서는 고객의 도착률과 서비스율을 이미 알고 있다는 가정이 필요하다. 이 값들이 주어지면 시스템 가동률(p)은 아래의 식처럼, 고객의 평균도착률을 서비스 용량으로 나누어 계산된다. 여기서, 시스템 가동률은 반드시 1보다 낮아야 한다. 왜냐하면, 만약 서비스 용량을 초과하는 고객이 들어온다면 그 시스템은 정상적으로 작동을 하지 않기 때문이다.

$$p = \frac{\lambda}{\mu},\ \lambda : 도착률,\ \mu : 서비스율$$

⦂ 서비스를 받고 있는 고객의 평균 수

어느 시점에서 서비스를 받고 있는 고객의 평균 수(r)는 위에서 계산한 시스템의 가동률과 동일한 값이다.

$$r = \frac{\lambda}{\mu}$$

⦂ 대기열의 고객 평균 수

가장 중요한 성능특성인 L_q는 다음의 공식으로 구할 수 있다. 이 값을 알게 되면, 이어서 보는 것처럼 나머지 주요 성능특성의 값을 쉽게 계산할 수 있다.

$$L_q = \frac{\lambda^2}{\mu(\mu-\lambda)}$$

대기시스템에 있는 전체 고객의 평균 수

이 값(L_s)은 대기열(waiting line)에서 기다리고 있는 평균 고객의 수(L_q)와 이미 서비스를 받고 있는 평균 고객의 수(r)의 합으로 나타난다. 여기서 대기열이란, 아직 서비스를 받고 있지 않은 고객집단을 의미한다.

$$L_s = L_q + r$$

여기서 유명한 리틀의 법칙(Little's law)을 간략히 알아보자. 대기이론에서는 성능특성 L과 성능특성 W 사이에는 $L = \lambda W$의 관계가 성립한다는 것이 알려져 있다. 이것이 바로 리틀의 법칙이다. 그러면 리틀의 법칙은 어디에 쓸 수 있을까? 이 법칙은 λ값이 주어졌을 때 L과 W의 관계를 보여 준다. 따라서 L값만 알면 이 식을 이용하여 W값을 바로 계산할 수 있다.

평균 대기시간

고객이 대기열에서 기다리는 평균시간(W_q)은 위의 리틀의 법칙을 이용하여 대기열의 평균 고객 수에서 도착률을 나눔으로써 구할 수 있다.

$$W_q = \frac{L_q}{\lambda}$$

평균 총시간

대기시스템 내에 고객이 머무르는 총시간(W_s)은 대기열에서 기다리는 시간과 서비스받는 데 걸리는 시간의 합으로 나타난다.

$$W_s = W_q + \frac{1}{\mu} = \frac{L_q}{\lambda} + \frac{1}{\mu}$$

예제

어느 편의점의 평일 아침에는 평균적으로 시간당 12명의 고객이 도착한다. 각 점원이 고객을 서비스하는 데 평균 4분 걸린다고 한다. 이때 고객 도착률은 포아송분포를 따르며, 서비스

시간은 지수분포를 따른다고 한다. 이러한 상황에서 다음의 질문에 대해 생각해 보자.

① 고객 도착률과 서비스율은 어떻게 되는가?

② 서비스를 받는 고객의 평균 수는 얼마인가?

③ 대기열에서 기다리는 평균고객의 수가 3.2명일 때, 시스템에 있는 고객의 평균 수와 대기열에서의 고객의 대기시간, 그리고 대기서부터 서비스가 종료될 때까지의 평균시간은 각각 얼마인가?

위의 질문에 대한 답은 아래와 같다.

① 고객 도착률은 문제에서 주어진대로 시간당 12명이며, 서비스시간은 4분이다. 먼저 동일한 단위로 맞추어야 하므로, 서비스시간을 시간당 서비스하는 고객 수로 바꾸어야 한다. 한 명에 4분이 걸리므로, 한 시간에는 15명을 서비스할 수 있다. 따라서 서비스율은 시간당 15명이다.

② $r = \dfrac{\lambda}{\mu} = \dfrac{12}{15} = 0.8$명

③ 대기열에서 기다리는 평균고객 수, 즉 $L_q = 3.2$로 주어졌으므로

시스템에 있는 평균 고객 수 : $L_q = L_q + r = 3.2 + 0.8 = 4$명

대기열에서의 고객의 대기시간 : $W_q = \dfrac{L_q}{\lambda} = \dfrac{3.2}{12} = 0.27$시간, 즉 16분

서비스 종료까지의 평균시간 : $W_s = W_q + \dfrac{1}{\mu} = 0.27 + \dfrac{1}{15} = 0.33$시간, 즉 20분이 된다.

4. 경제성 분석

🔷 기본 개념

대기 모형 분석의 궁극적 목적은 가장 경제적인 시스템의 설계에 있다. 채널의 수를 늘리면 당연히 제공능력이 늘어나면서 고객의 만족도도 올라간다. 그러나 채널의 수를 늘리는 것은 곧 투자비용과 인건비가 늘어나는 것을 의미한다. 결국 총비용을 최소화하는 채널의 수를 찾는 경제성 분석이 필요한 것이다.

최적의 용량, 즉 채널의 수는 시스템의 성격에 따라 달라진다. 채널의 수를 늘리는 비용이

작은 반면 고객을 기다리게 하는 데 드는 비용이 큰 경우라면 당연히 채널의 수를 대폭 늘리는 것이 좋을 것이다. 하지만 반대의 경우라면 오히려 채널의 수를 늘리지 않고 고객을 기다리게 하는 것이 더 경제적일 수 있다. 다음의 예제를 통해 경제성 분석의 실제를 이해하도록 하자.

🔷 예제

어느 유통회사에는 하루에 평균 3대의 트럭이 화물을 운반해 온다. 화물처리 직원이 2명일 경우, 하루 평균 4대의 트럭에 있는 화물을 처리할 수 있으며, 3명일 경우에는 하루 평균 5대의 트럭에 있는 화물을 처리할 수 있다. 즉, 처리직원에게 들어가는 인건비와 트럭에서 처리를 기다리는 운전사의 대기비용이 서로 상충관계에 있는 것이다. 트럭 운전사와 처리직원의 임금이 시간당 각각 4만 원과 1만 2,000원이라고 할 때, 처리직원 수에 대한 경제성 분석을 생각해 보자(단, 직원들은 한팀으로서 동시에 하나의 트럭에서만 화물을 내리며, 하루에 8시간만 일한다고 가정한다).

위의 질문에 대한 답은 다음과 같다. 처리직원을 늘리면 인건비가 늘어나는 대신, 대기하는 트럭기사 비용을 줄일 수 있다. 즉, 비용은 처리직원 비용과 대기하는 운전기사 비용으로 구성된다. 대기시스템과 관련된 정보는 다음과 같다.

λ =3대/일, μ =4대/일(2명일 경우), μ =5대/일(3명일 경우), C_W=40,000원, C_S=12,000원

먼저 처리직원이 2명인 경우에는 다음과 같은 결과를 얻을 수 있다.

$$L_s = L_q + r = \frac{\lambda^2}{\mu(\mu - \lambda)} + \frac{\lambda}{\mu} = \frac{\lambda}{\mu - \lambda} = \frac{3}{4-3} = 3$$

처리직원 비용 : 2명×(12,000원/명)×8시간/일 = 192,000원
운전기사 비용 : 3명×(40,000원/명)×8시간/일 = 960,000원
총비용 :   = 1,152,000원

다음으로 처리직원이 3명인 경우에는 다음과 같은 결과를 얻을 수 있다.

$$L_s = L_q + r = \frac{\lambda^2}{\mu(\mu - \lambda)} + \frac{\lambda}{\mu} = \frac{\lambda}{\mu - \lambda} = \frac{3}{5-3} = 1.5$$

처리직원 비용 : 3명×(12,000원/명)×8시간/일   = 288,000원

운전기사 비용 : 1.5명×(40,000원/명)×8시간/일 = 480,000원

총비용 :   = 768,000원

따라서 처리직원이 3명일 경우가 하루에 38만 4,000원만큼 비용을 절감할 수 있어 더 경제적이라고 할 수 있다.

EXERCISE 연습문제

01 경영관리에서 수요예측이 중요한 이유를 서술하라.

02 수요예측기법들을 그 특성에 따라 분류하고, 각 기법들의 장단점을 설명하라. 또한 본문에 제시된 기법 이외에 수요예측방법에는 어떤 것들이 있을지를 토론해 보라.

03 수요예측기법은 크게 정성적 예측과 정량적 예측으로 나눌 수 있다. 정성적 예측이 적합한 경우를 제시하고, 정성적 예측에 해당되는 기법들에 대해 설명하라.

04 델파이 기법을 통해 수요를 예측하는 과정을 단계로 나누어 설명하라.

05 정량적 수요예측은 과거의 자료를 토대로 미래를 예측하게 된다. 다음의 경우에 수요예측의 기본 원리나 기준은 어떻게 제시할 수 있는지 설명하라.

(1) 과거의 자료에 특별한 패턴이 없이 단순변동만 있는 경우
(2) 단순변동뿐 아니라 올라가거나 내려가는 꾸준한 추세가 있는 경우
(3) 단순변동뿐 아니라 수요가 몰리거나 수요가 거의 없는 계절성이 있는 경우

06 이동평균과 지수평활법에서 사용하는 계수인 m과 α는 예측력에 큰 영향을 미치는 중요한 요인이다. 수요예측의 안정도와 반응도 간의 장단점을 고려하여 가장 적합한 m과 α의 값을 어떻게 결정하는지 설명하라.

07 모든 예측에는 오차가 발생한다. 따라서 수요예측기법의 정확도는 예측값과 실측값의 차이인 오차를 바탕으로 평가한다. 예측오차를 바탕으로 수요예측의 정확도를 평가하는 대표적인 지표를 제시하라.

08 아래의 표를 빈칸을 채우고 예측 오차 평균(Mean Forecast Error : MFE), 절대평균 편차(Mean Absolute Deviation : MAD), 절대 퍼센트 오차 평균(Mean Absolute Percentage Error : MAPE)을 각각 구하라.

주	수요예측(F_t)	실제수요량(A_t)	$(A_t - F_t)$	$\mid A_t - F_t \mid$	$\left\mid \dfrac{A_t - F_t}{A_t} \right\mid \times 100$
1	2,000	1,980			
2	2,000	2,080			
3	2,000	1,800			
4	2,000	1,860			

주	수요예측(F_t)	실제수요량(A_t)	($A_t - F_t$)	$\lvert A_t - F_t \rvert$	$\left\lvert \dfrac{A_t - F_t}{A_t} \right\rvert \times 100$
5	2,000	2,020			
6	2,000	2,000			
합계					

09 생산량 결정전략에서 수요추구형 전략(chase strategy), 공급평준화전략(level strategy), 혼합전략(mixed strategy)의 장단점을 비교해 보고, 실제 기업에서는 어떤 전략을 어떤 방식으로 전개하는 것이 좋은지를 토의해 보라.

10 생산계획은 계획의 대상이 되는 기간에 따라 장기계획, 중기계획, 단기계획의 세 단계로 나눌 수 있다. 각 단계에서는 주로 어떤 활동들이 이루어지고, 각 단계는 어떤 관계로 연결되는지를 설명하라.

11 총괄생산계획(Aggregate Plan : AP), 대일정생산계획(Master Production Schedule : MPS), 자재소요계획(Material Requirement Planning : MRP)의 관계를 설명하라.

12 부품 내지 원자재의 생산계획인 자재소요계획(MRP)에서 자재명세서(BOM)의 용도는 무엇이며 그것이 왜 필수적 정보인지를 설명하라.

13 어느 기업에서 향후 6개월간 예측된 수요는 다음과 같다. 이를 만족시키기 위한 월별 생산량을 결정하고자 한다. 공급평준화전략과 수요추구형 전략 각각의 경우에 월별 생산량이 어떻게 달라지는지를 설명하라.

월	1월	2월	3월	4월	5월	6월
예측수요	200	400	600	600	300	300

14 재고관리에서 ABC 분석의 의미를 설명하고, 이 분석의 전략적 의미를 제시하라.

15 주문 모형에서, 고정 주문량 모형(fixed order quantity model)과 고정 주문간격 모형(fixed order interval model)의 차이를 위에서 알아본 ABC 분석과 연결하여 설명하라.

16 일회 주문 모형에서 최적의 주문량을 정하기 위해 한계분석(marginal analysis)을 사용하는 이유를 설명하라.

17 L기업에서는 연간 9,000단위의 서비스를 단위 비용 1만 5,000원에 주문을 통해 공급한다. 주문 비용은 3만 5,000원이고 단위당 월별 유지 비용은 200만 원이다. 이 경우의 경제적 주문량을 구하라. 또한 연간 주문 횟수를 구하라.

18 S기업의 일일 수요는 정규분포를 이루며 평균 80에 분산이 100이다. 리드타임은 4일이다. 주문 비용은 8,000원, 재고 유지 비용은 연간 단위 가격의 20%이며, 연간 단위 가격은 1,400원이다. 수요를 제때에 처리하는 서비스 수준은 90%이고, S기업의 조업일수는 연간 200일이다. 이 경우에, 적합한 주문정책, 즉 주문량과 주문시점을 구하고 안전재고를 구하라. (Z = 1.282)

19 T기업은 매 30일마다 같은 공급자에게서 공급량을 주문한다. 리드타임은 3일이다. 재고를 점검한 결과 300건의 공급능력을 보유하고 있었다. 또 매일의 수요는 평균 16.3건, 표준편차 1.8건의 정규분포를 이룬다. 제때에 서비스를 제공하는 서비스 수준은 95%이다. 주문량 Q*을 구하라. (Z = 1.65)

20 설날 기간 동안에만 발생하는 어느 물품의 단위당 판매 가격이 1만 5,000원, 단위당 구매 비용이 8,000원, 단위당 잔존가치가 4,000원이다. 과거의 경험을 통해, 수요와 수요가 나타날 확률이 다음과 같다는 것을 알고 있다. 이 경우에, 최적의 일회 주문량을 구하라.

수요	확률	누적확률
0~34	0.0	0.0
35	0.1	0.1
36	0.15	0.25
37	0.25	0.5
38	0.25	1.75
39	0.15	0.9
40	0.1	1.0
41~	0.0	1.0

21 서비스 대기시스템의 구성요소를 제시하고, 인터넷 및 스마트폰 등의 정보통신기술(ICT) 발전이 이러한 대기시스템에 어떤 영향을 미칠지를 토의해 보라.

22 작업을 처리하는 순서를 결정하는 우선순위 규칙(priority rule) 또는 순서 규칙(sequencing rule)에는 어떤 것들이 있으며, 각 규칙의 장단점은 무엇인지를 설명하라.

23 어느 백화점의 평일 아침에는 시간당 20명의 고객이 평균적으로 도착한다. 각 점원은 고객을 서비스하는 데, 평균 5분 걸린다고 한다. 이때 고객 도착률은 포아송분포를 따르며, 서비스시간은 지수분포를 따른다. 위의 정보를 바탕으로 다음을 구하라.

(1) 고객 도착률과 서비스율은 어떻게 되는가?
(2) 서비스받는 고객의 평균수는 얼마인가?
(3) 대기열에서 기다리는 평균고객의 수가 3.8일 때, 시스템에 있는 고객의 평균 수와 대기열에서의 고객의 대기시간은 각각 얼마인가?

24 G호텔의 로비에서 예약 접수를 받을 직원을 한 명 뽑으려고 한다. 두 명의 후보자 중 한 명은 견습 직원으로 시간당 1만 4,000원을 받으며, 평균적으로 시간당 3명의 고객 업무를 처리할 수 있다고 한다. 또 다른 한 명은 경력 직원으로 시간당 2만 원을 받지만, 평균적으로 4명의 고객을 서비스할 수 있다고 한다. 또한 시간당 평균 2명의 고객이 도착한다고 한다. 위의 정보를 바탕으로 다음을 구하라. 단, 고객 도착률과 서비스시간이 각각 포아송분포와 지수분포를 따른다고 가정한다.

(1) 견습 직원이 일하는 대기시스템의 성능 특성을 구하라.
- 시스템 내 고객의 평균 수
- 시스템 내 대기고객의 평균 수
- 서비스를 받기 위해 대기하는 시간
- 서비스를 받는 데까지 걸리는 총 시간

(2) 경력 직원이 일하는 대기시스템의 성능 특성을 구하라. ((1)의 4가지 특성)

(3) 고객의 대기 비용이 시간당 3만 원이며 대기 및 서비스시간 모두 대기 비용이 발생할 때, 어느 직원을 고용하는 것이 더 유리할지 시간당 총비용을 계산하여 경제성 분석을 수행해 보라.

Chapter

12

품질경영

**핵심
주제**

1. 요구품질, 설계품질, 제조품질, 사용품질
2. 예방 비용, 평가 비용, 실패 비용
3. 표본추출검사, 합격품질수준(AQL), 불량허용수준(LTPD)
4. 공정관리도, 변량관리도, 속성관리도
5. 신뢰성, 고장, 신뢰성공학
6. 서비스품질(QoS), SERVQUAL, 갭(gap) 분석

학습목표

- 통계적 품질관리에서 출발하여, 전사적 품질관리, 품질경영, 품질보증 등으로 발전해온 품질관리의 역사를 알아본다.
- 요구품질, 설계품질, 제조품질, 사용품질 등의 품질 유형을 이해하고 P-D-C-A의 품질관리 사이클을 알아본다.
- 합격품질수준(AQL)과 불량허용수준(LTPD)을 바탕으로 하는 표본추출검사의 개념을 이해하고, 단순표본추출 검사와 이중표본추출 검사의 용도 및 절차를 알아본다.
- 공정관리도의 기본 개념과 목적을 이해하고, 변량관리도와 속성관리도의 구조 및 용도를 알아본다.
- 신뢰성의 기본 개념을 이해하고, 신뢰도와 고장에 대한 확률이론을 바탕으로 하는 신뢰성공학의 개념을 살펴본다.
- 제조품질과 대비한 서비스품질의 차별적 특성을 이해하고, SERVQUAL을 중심으로 갭 분석을 통한 서비스 품질관리의 구조와 절차를 알아본다.

1 | 품질경영의 배경

1. 기본 개념

　제품과 서비스를 생산할 때, '제때에 필요한 양을 생산하는 것'은 필요조건이고 '제대로 된 것을 생산하는 것'은 충분조건이다. 지금까지 살펴본 주제들은 주로 언제 얼마만큼을 생산하거나 주문할 것인가에 초점을 맞추었다. 그러나 적당한 때에 적당한 양을 공급하는 필요조건뿐 아니라 제대로 된 좋은 것을 공급하는 충분조건도 못지않게 중요한 과제이다. 더구나 이 두 가지 주제는 별개의 것이 아니라 밀접하게 연결되어 있다. 왜냐하면 설령 제때에 적당한 양을 공급한다고 하더라도, 만일 공급한 물량 가운데 불량품이 섞여 있어 이를 버려야 한다면 결국 제때에 적당한 양을 공급하지 못하게 되기 때문이다. 초기의 산업공학에서도 이 두 가지 조건의 중요성을 동시에 인식하였다. 품질관리(Quality Control : QC)라는 주제가 일찍부터 중요하게 부각된 이유도 여기에 있다. '제대로 된 것', 즉 좋은 품질의 제품이 만들어지는지를 검사하고 관리하는 기법들을 개발하여 활용한 것이다.

　그러나 오늘날의 품질관리는 기본 철학과 접근방식의 근본적 변화를 맞고 있다. 단지 기능적으로 좋은 제품을 만드는 일, 또 기능적으로 좋은 제품인지 아니면 나쁜 제품인지를 가려내는 일뿐만 아니라 '소비자가 만족할 만한 제품'을 미리미리 준비하는 일까지를 포함하는 방향으로 품질관리의 범위가 넓어지고 있는 것이다. 즉, 품질관리의 주체가 생산자로부터 소비자 또는 사용자로 바뀌면서 품질은 사후적으로 관리하는 것을 넘어 사전적으로 기획하는 것이라는 인식이 높아지고 있는 것이다. 이러한 변화에 따라, 전통적으로 사용되어 온 품질관리라는 용어보다 품질경영(Quality Management : QM)이라는 용어를 더 많이 사용하고 있는 추세이다. 즉, 과거에는 제조업자가 원하는 수준까지 품질을 통제하는(control) 의미가 강했으나, 오늘날에는 고객의 요구에 맞추어 품질을 계획하고 설계하는 경영(management)의 의미가 강해지고 있는 것이다.

🔶 품질의 의미

우리가 흔히 '품질이 좋다'라고 할 때, 품질(quality)의 의미는 과연 무엇인가? '성능이 뛰어나다'의 의미일 수도 있고, '고장 없이 오래 사용할 수 있다'의 뜻일 수도 있고, '무게나 부피가 미리 정한 범위를 벗어나지 않는다'라는 것을 가리킬 수도 있다. 결론부터 말하면, 이 의미를 모두 포함하는 것이 품질의 개념이다. 어느 한 가지의 기준이 아니라 여러 가지 기준을 포괄하는 개념인 것이다.

따라서 구체적이고 실질적인 품질의 개념은 시대의 흐름을 따라 변해왔다. 전통적 품질관리에서는 '사전에 정의된 규격(spec)에 적합한 것'이 품질의 정의였다. 따라서 생산자의 입장에서 규격에 맞지 않거나 벗어나는 제품인 불량품을 줄이는 것이 품질관리의 초점이었다. 하지만 오늘날의 품질은 단순히 규격에 맞는 것을 넘어 '고객의 요구를 충족시킬 수 있는 기준에 부합하는 것'이 품질의 정의로 인식되고 있다. 국제표준화기구(ISO)에서도 품질은 '제품, 서비스, 시스템, 프로세스가 지니고 있는 고유특성이 고객 및 이해관계자들의 요구사항을 충족시키는 정도'로 정의하고 있다. 이제 품질은 생산자 관점에서 정의하는 품질만이 아니라 소비자 관점에서 고객이 요구하는 품질까지를 포함하는 개념으로 넓어지고 있다.

🔶 품질의 유형

품질은 제품이나 서비스의 수명주기(life cycle)를 따라 단계별로 네 가지의 유형으로 구분할 수 있다. 첫 번째 단계의 품질은 요구품질(quality of requirement)이다. 제품과 서비스에 대해 고객들이 기대하고 요구하는 바를 얼마나 잘 이해하고 인식하고 있는지를 의미한다. 하지만 요구품질은 주관적인 것이기 때문에 정확한 측정이 불가능하다. 따라서 주로 시장조사나 경쟁제품 분석과 같은 정성적 방법을 활용한다. 두 번째 단계의 품질은 설계품질(quality of design)이다. 설계된 제품이나 서비스의 성능이나 외관, 규격 등이 제품이나 서비스의 기능을 수행하는 데 얼마나 적합한지를 나타내는 품질이다. 일반적으로 설계품질은 소비자가 요구하는 품질인 요구품질과 경쟁회사의 제품품질 등을 종합적으로 고려하여 결정된다. 세 번째 단계의 품질은 제조품질(quality of manufacturing)이다. 실제로 제조된 제품이나 서비스가 당초의 설계기준과 어느 정도 일치하는지를 나타내는 품질이다. 우리가 흔히 품질이라고 말할 때는 주로 제조품질을 가리킨다. 마지막 단계의 품질은 사용품질(quality of usage)이다. 고객이 원하는 용도에 제품이나 서비스가 얼마나 적합한지를 나타내는 품질이다. 사용품질은 고객이 실제로 사용한 후의 만족도를 인식함으로써 결정된다. 이 네 가지의 품질 가운데 요구품질과 사용품질은 소비자 입장에서 본 품질이며, 설계품질과 제조품질은 제품을 만드는 생산자 입장에서 본 품질이라고 할 수 있다.

🔷 품질경영의 프로세스

그렇다면 품질경영의 전체적 프로세스는 어떻게 구성될까? 전통적인 품질관리는 품질 자체의 측정과 검사단계에만 초점을 맞추었다. 그러나 품질경영은 품질관리의 모든 활동에 연결되기 때문에 전체적 프로세스를 관리해야 한다. 이러한 전체적 프로세스를 잘 보여 주는 것이 데밍(Deming)의 PDCA cycle이다. 이것은 다른 이름으로는 데밍 휠(Deming Wheel)이라고 불리기도 한다. PDCA cycle은 원래 품질관리의 목적이 아니라 효과적인 조직관리를 위한 프로세스로 슈하르트(Shewhart)가 제안한 것이다. 하지만 PDCA cycle을 품질관리의 체계적 프로세스로 정착시킨 사람은 데밍이었기 때문에 흔히 데밍 사이클로 불린다. 그림 12–1에서 보듯이, PDCA cycle은 크게 네 개의 단계로 구성된다.

⦙ 1단계 : 계획(plan) 단계

개선할 영역을 설정하고 관련된 문제를 정의하는 단계이다.

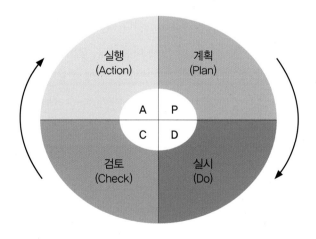

✿ 그림 12–1   PDCA cycle의 구조

- 2단계 : 시행(do) 단계

계획이 제대로 실행되는지를 확인하는 단계이다.

- 3단계 : 검토(check) 단계

시행단계에서 얻어진 데이터를 평가하여 원래의 목적과 실제의 결과가 잘 부합되는지 조사하는 단계이다.

- 4단계 : 실행(act) 단계

개선을 위한 활동을 수행하거나 재시행하는 단계이다.

2. 목적과 효과

품질관리의 궁극적인 목적은 품질 비용(quality cost)을 최소화하는 것이다. 품질 비용은 크게 고객의 요구에 맞추어 제품을 만드는 과정에서 발생하는 비용과 고객의 요구에 맞추지 못했을 때 발생하는 비용으로 나눌 수 있다. 보다 구체적으로는, 그림 12-2에서 볼 수 있는 것처럼 예방 비용, 평가 비용, 실패 비용으로 구성된다. 우선 고객의 요구에 맞는 제품을 만드는 과정에서는 어떤 비용이 발생할까? 두 가지의 비용이 발생한다. 하나는 예방 비용(prevention cost)이다. 예방 비용은 제품이나 서비스가 고객의 요구수준 이상으로 유지되도록 하는 데 드는 비용이다. 다른 하나는 평가 비용(appraisal cost)이다. 평가 비용은 제품이나 서비스가 기존에 정의한 규격과 일치하는지를 확인하는 데 드는 비용이다. 만약 고객의 요구를 맞추지 못한다면 어떤 비용이 발생할까? 바로 실패 비용이 발생한다. 실패 비용(failure cost)은 제품이나 서비스가 고객의 요구사항을 따르지 못하거나 제품 및 서비스와 관련된 불량품질 등 실패에 의해 발생하는 모든 비용을 뜻한다.

✿ 그림 12-2 **품질 비용의 3요소**

각각의 비용 사이에는 상충(trade-off) 관계가 존재한다. 사전의 예방 비용이 커질수록 사후의 실패 비용은 낮아지게 된다. 또한 평가 비용이 커지면 불량이 발생할 확률이 낮아져서 실패 비용이 줄어든다. 하지만 예방 비용과 평가 비용을 무작정 늘릴 수는 없다. 따라서 총품질 비용을 최소화시키는 품질 비용의 수준을 찾아야 한다.

품질경영의 효과는 다양한 요인의 연관관계를 통해 발생한다. 이 관계를 요약하면, 크게 다음 두 개의 경로를 통해 품질향상의 효과를 도출할 수 있다. 첫 번째는 제품 자체의 품질향상이다. 향상된 품질의 제품은 기존 제품보다 더욱 높은 가치를 가지게 되며, 고객의 요구사항을 보다 잘 반영하게 된다. 두 번째는 내부시스템의 품질향상이다. 계획 및 실행단계의 관리를 통해 재작업 및 정체시간이 감소한다. 재작업이 줄어들면 당연히 생산원가가 낮아진다. 또한 정체시간이 감소하면 공정 중간에 쌓이는 재고가 줄어들면서 재고 비용이 감소되고 나아가 원가가 떨어지는 효과를 거둘 수 있다.

3. 품질경영의 역사

🔵 통계적 품질관리

산업공학에서 품질관리기법이 도입된 것은 1920년대 이후이다. 통계학의 발전을 통해 통계적 품질관리(Statistical Quality Control : SQC)라는 분야가 만들어진 것이 계기가 되었다. 통계적 품질관리는 통계학 기법을 적용하여 제품이나 서비스의 품질을 관리하는 활동을 말한다. SQC는 벨 연구소(Bell Lab)의 슈하르트(Shewhart)와 닷지(Dodge)에 의해 시작되었다. 동일한 조건에서 제조된 제품이라도 크기, 무게, 온도 등의 품질특성들은 일정한 확률분포를 따르면서 편차를 보이게 된다. SQC는 이러한 사실을 바탕으로, 사전에 목표한 품질과 실제로 측정한 품질이 어느 정도로 일치하는지를 통계적인 접근으로 분석하고 관리하는 기법이다.

이 과정에서 도입된 것이 뒤에서 설명할 표본추출검사(acceptance sampling)와 관리도(control chart)이다. 위의 두 방법은 오늘날에도 통계적 품질관리의 핵심기법으로 활용되고 있다. 그 외에도 품질특성의 발생빈도를 통해 보여 주는 도수분포표, 품질 문제의 주요 원인을 파악하기 위한 원인−결과 도표(fish-bone diagram), 품질불량에 미치는 영향 요인들을 중요도의 순서대로 파악하는 파레토도(Pareto chart) 등의 보완적 관리기법들도 개발되었다. 이러한

SQC 기법들은 당초 미국에서 시작되었지만 제2차 세계대전 이후 일본기업들에 전수되면서 국제적 확산이 이루어지는 계기가 마련되었다.

⬣ 전사적 품질관리

1950년대 이후, 통계적 품질관리의 한계가 나타나기 시작하였다. 결과물에 대한 통계적 분석과 기술적 통제만으로는 품질 문제의 근본적 해결과 시장 변화에 대한 효과적 대응이 어렵다는 목소리가 커지게 된 것이다. 이러한 인식을 바탕으로 전사적 품질관리(Total Quality Control : TQC)라는 개념이 제시되었다. 품질관리를 품질부서만의 문제로 보지 말고 경영활동 전체를 아우르는 하나의 시스템으로 보기 시작한 것이다. 즉, 품질관리를 통계전문가나 전문 검사자만의 일이 아니라 경영시스템 안의 모든 구성원이 참여하는 전사적 활동으로 접근하게 된 것이다. 또한 품질관리의 범위가 결과물에 대한 관리(control)를 넘어 경영부문 전반과 생산 공정 전반에 대한 경영(management)으로 확대되었다. 실무적으로는, 구성원들의 전사적 참여를 이끌기 위해 무결점 프로그램(zero defects program)이나 품질관리서클(quality circle) 등의 활동이 전개되었다.

⬣ 종합적 품질경영

TQC 개념은 더욱 확대되어 1980년대에는 종합적 품질경영(Total Quality Management : TQM)이란 개념으로 발전하였다. TQM은 품질관리를 일회성의 통제활동이 아니라 지속적인 경영활동으로 바라본다. 또 기업의 내부구성원만이 아니라 외부고객의 참여까지 품질관리의 대상으로 삼는다. 따라서 품질의 기준도 생산자가 설정한 규격이 아니라 소비자가 인식하는 수준으로 정하게 된다. 이 과정에서, 사후의 검사보다 사전의 예방을 강조하는 품질기획(Quality Planning), 소극적인 품질검사보다 적극적인 품질보증(Quality Assurance : QA)의 개념이 도입되었다. 나아가 품질을 보증하기 위한 공식적이고 체계적인 기준도 마련되었다. 품질의 표준화기준인 ISO 9000 시리즈가 제정된 것이다. ISO 9000 시리즈는 고객의 시각과 국제적 관점에서 품질의 기준을 제시하여 기업의 품질경쟁력 제고를 유도하고 있다.

◈ 환경 품질

이제 품질경영의 범위는 경제적·기술적 문제를 넘어 사회적 문제까지를 포함하는 수준까지 넓어지고 있다. 고객의 만족과 함께 사회적 이익까지 함께 고려하게 된 것이다. 나아가 환경에 대한 영향도 품질의 중요한 요소로 인식되고 있다. 이러한 추세에 대응하여 녹색품질(green quality)과 같은 개념까지 도입되었다.

2 | 표본추출 검사

1. 기본 개념

품질관리의 출발점은 품질검사(inspection)이다. 무엇이 얼마나 좋은지 또는 나쁜지를 알아야 관리의 방향과 해결의 방법을 찾을 수 있기 때문이다. 품질검사는 한마디로 표준품질과 결과품질의 일치 정도를 보는 것이다. 제품의 성능이나 고객의 요구를 만족시키기 위한 품질수준을 표준품질로 설정한 뒤, 생산된 제품과 서비스의 품질을 측정하여 그 결과가 표준과 얼마나 일치하는지를 파악하는 것이다.

그렇다면 어떤 방법으로 품질을 검사할 수 있을까? 대표적인 방법으로는 전수검사, 파괴검사, 소비자 의견 조사, 표본추출검사 등을 들 수 있다. 우선 전수검사(total inspection)는 말 그대로 제품이나 서비스 전체를 하나하나 모두 검사하는 것이다. 가장 이상적인 방법이기는 하지만 비용과 시간이 너무 들기 때문에 품질요인이 매우 중요한 제품이나 새로 나온 신제품의 검사에만 제한적으로 사용된다. 또 검사항목의 수가 적고 검사대상의 수가 많지 않을 때만 적용이 가능한 방법이다. 파괴검사(destructive inspection)는 제품에 충격을 주거나 아예 제품을 파괴하여 내부부품의 품질을 검사하는 특수한 검사방법으로, 제품의 강도 등을 파악하는 경우에 활용된다. 소비자 의견 조사는 주로 서비스 분야에서 사용되는 방법으로 품질에 대한 소비자의 만족도를 조사하는 것이다. 우리가 일반적으로 품질검사라고 말할 때는 표본추출검사 (acceptance sampling)를 가리킨다. 표본추출검사는 통계적 기법을 토대로 전체 생산품 가운데 일부를 표본으로 추출하여 품질을 검사하는 방법이다.

20세기 초만 해도 생산되는 제품의 수가 많지 않아서 전수검사가 가능하였다. 하지만 1920년대 이후 생산량의 폭발적인 증가로 전수검사가 불가능해지면서 SQC의 표본추출검사가 도입되었다. 표본추출검사의 기본 아이디어는 간단하다. 먼저 전체 생산품을 로트(lot)라는 단위로 나눈 뒤, 로트 내에서 일부 표본을 추출하여 품질을 검사한다. 그리고 그 결과를 사전에 정한 합격판정기준과 비교하여 로트 전체의 합격/불합격을 판정한다는 것이다.

2. 설계원리

그렇다면 표본추출검사는 구체적으로 어떤 원리로 설계된 것인가? 다시 말해, 어떤 기준으로 합격과 불합격을 판정할 것인가? 가장 간단한 방법은 누군가가 미리 합격의 기준을 설정하여 그 기준에 따라 판정을 하는 것이다. 하지만 그렇게 할 경우에는 그 기준이 너무 높아도 안 되고 동시에 너무 낮아도 안 된다는 문제가 발생한다. 따라서 문제의 해결방법은 너무 높지도 않고 낮지도 않은 중간수준에서 절충점을 찾는 것이다. 이런 관점에서 설명하면, 품질검사의 원리는 한마디로 생산자와 소비자 간의 협상(negotiation)과정으로 표현할 수 있다. 물건을 만든 생산자 입장에서는 가능한 한 합격 판정을 받기 원하기 때문에 합격의 수준을 낮추려고 할 것이다. 반대로 물건을 사는 소비자의 입장에서는 가능한 한 불량이 줄기를 원하기 때문에 합격의 수준을 높이려고 할 것이다. 양자 사이에 상충(conflict)이 발생한다. 결국 협상이 필요하게 되고, 협상을 진행하는 원리를 바탕으로 품질검사의 방식을 설계하는 것이다.

여기서 합격품질수준(Acceptable Quality Level : AQL)과 불량허용수준(Lot Tolerance Percent Defective : LTPD)라는 두 가지 개념이 도입된다. AQL은 소비자가 받아들일 수 있는 최대한의 평균불량률이나 불량 수를 의미한다. 예를 들어 AQL=5%라면 평균불량률 5%까지는 합격으로 받아들인다는 뜻이다. 반대로 LTPD는 생산자가 요구하는 최소한의 평균불량률이나 불량 수를 가리킨다. 예를 들어, LTPD=10%라면 불량률 10%까지는 허용해 달라는 의미이다.

이 개념들은 샘플링 오류(error)와 밀접하게 관련되어 있다. 전수검사를 하지 않는 이상, 검사의 오류는 발생할 수밖에 없다. 오류는 곧 다음 두 가지의 위험으로 이어진다. 하나는 생산자의 위험으로, 좋은 품질의 로트를 불량(불합격)으로 판정할 오류이다. 이것을 1종 오류(Type I error)라고 하며 흔히 α로 표기한다. 다른 하나는 소비자의 위험으로 나쁜 품질의 로트를 양호(합격)로 판정할 오류이다. 이것을 2종 오류(Type II error)라고 하며 흔히 β로 표기한다. 가장 바람직한 것은 두 가지 오류를 모두 최소화하는 것이다. 그러나 1종 오류 확률과 2종 오류 확률은 본질적으로 반비례 관계를 갖기 때문에 동시에 줄이는 것이 불가능하다. 따라서 협상을 통해 1종 오류 확률과 2종 오류 확률을 미리 정하게 된다. 이 확률이 설정되면 그에 따라 합격품질수준과 불량허용수준이 결정된다. 이것이 바로 표본추출검사 설계의 원리이다. 일반적으로 1종 오류 확률은 5% 이하, 2종 오류 확률은 10% 이하로 통제하여 합격품질수준을 정한다.

3. 검사절차

이제 생산자와 소비자의 협상 원리를 바탕으로, 표본추출검사를 수행하는 구체적 절차를 알아보자. 검사 절차는 합격판정 여부를 한 번의 검사를 통해 결정할 수도 있고, 두 번의 검사를 거쳐 결정할 수도 있다. 전자를 단순 표본추출 검사(simple sampling plan)라고 하고 후자를 이중 표본추출 검사(double sampling plan)라고 한다. 단순 검사를 할지 아니면 이중 검사를 할지는 검사품목의 성격에 따라 달라진다. 단순 검사는 상대적으로 시간과 비용이 덜 들기 때문에 일반적인 품목의 검사에 자주 사용된다. 하지만 검사대상이 고가이거나 품질에 큰 영향을 받는 품목이면 이중 검사를 하는 것이 더 바람직한 선택이 된다. 또 품질수준의 편차가 심한 제품의 경우에도 이중 검사를 하는 것이 더 안전하다.

⬡ 단순 표본추출 검사

단순 표본추출 검사(simple sampling plan)는 말 그대로, 한 번의 검사를 통해 결정하는 방법으로 구체적인 절차는 그림 12-3에 나타난 것과 같다.

● 1단계

먼저 표본의 수(n), 허용불량 개수(c)를 사전에 정의한다. 이때 허용불량 개수는 합격품질수준(AQL)에 의해 정해지며, 표본의 수도 통계적 방법을 통해 정한다.

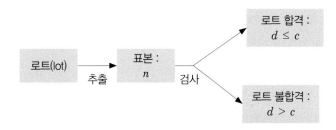

🌸 그림 12-3   단순 표본추출 검사의 절차

2단계

생산제품들을 하나 혹은 여러 개의 로트로 나눈 후, 각 로트로부터 정해진 수(n개)의 표본을 무작위 추출(random sampling)을 통해 뽑는다.

3단계

추출된 표본에서 실제로 불량품의 개수(d)를 파악한다.

4단계

실제불량 개수(d)와 허용불량 개수(c)의 크기를 비교하여, 불량 여부를 판정한다. 만약 실제불량 개수가 허용불량 개수보다 작거나 같으면 ($d \leq c$), 그 로트는 양호로 판정된다. 반대로 실제불량 개수가 허용불량 개수보다 크다면 ($d > c$), 그 로트는 불량으로 판정된다.

5단계

불량으로 판정된 로트에 대해서는 전수 검사를 수행하여 불량품을 찾아낸다.

🔷 이중 표본추출 검사

이중 표본추출 검사(double sampling plan)는 좀 더 까다로운 방식이다. 실제 현장에서 보면, 확실한 이유도 없이 불량률이 지나치게 높거나 반대로 낮게 나오는 경우가 발생한다. 이럴 경우, 한 번의 검사만으로 결과를 판정하는 것은 위험할 수 있다. 따라서 2회에 걸친 표본추출을 통해 로트의 불량 여부를 판정하는 이중 표본추출 검사방법을 활용할 수 있다. 이 방법의 구체적인 절차는 그림 12-4에 도시되어 있다.

이중 표본추출 검사에서는 표본추출을 두 번까지 하기 때문에, 다음과 같이 총 네 가지 숫

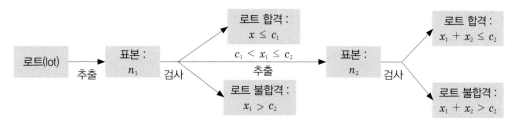

🌸 **그림 12-4   이중 표본추출 검사의 절차**

자를 사전에 설정해야 한다. 우선 첫 번째 표본의 수(n_1)와 두 번째 표본의 수(n_2)를 정해야 한다. 다음으로 첫 번째 검사에서의 허용불량 개수(c_1)와 두 번째 검사에서의 허용불량 개수(c_2)도 정해야 한다. 이때 두 번째 검사의 허용불량 개수는 첫 번째 검사의 허용불량 개수보다 큰 값으로 정의한다. 이제 검사의 구체적 절차를 단계로 나누어 알아보자.

⦙ 1단계

단순 표본추출 검사와 같은 방식으로 생산제품들을 하나 혹은 여러 개의 로트로 나눈 후 각 로트부터 정해진 수(n_1개)의 첫 번째 표본을 추출한다.

⦙ 2단계

첫 번째 표본의 실제 불량품 개수(x_1)와 허용불량 개수(c_1, c_2)의 크기를 비교하여, 불량 여부를 판정한다. 이때 나타날 수 있는 경우는 총 세 가지이다.

- 첫 번째 경우는 실제불량 개수가 첫 번째 검사에서의 허용불량 개수보다 작거나 같은 경우($x_1 \le c_1$)이다. 이 경우에는 관리자는 두 번째 검사를 수행하지 않고 로트를 양호로 판정한다.
- 두 번째 경우는 실제불량 개수가 두 번째 검사에서의 허용불량 개수보다 큰 경우($x_1 > c_2$)이다. 이 경우에는 관리자는 두 번째 검사를 수행하지 않고 로트를 불량으로 판정한다.
- 세 번째 경우는 실제 불량품의 개수가 첫 번째 검사에서의 허용불량 개수와 두 번째 검사에서의 허용불량 개수 사이($c_1 < x_1 \le c_2$)인 경우이다. 이때는 결정이 애매한 상황이므로 다음 단계에서 해당 로트에 대한 두 번째 검사를 실시한다.

⦙ 3단계

두 번째 검사에서는 첫 번째 검사에서 사용된 로트로부터 정해진 수(n_2)의 두 번째 표본을 추출한다. 다음으로 두 번째 표본에 대해 실제 불량한 품질을 가진 제품의 개수(x_2)를 파악한 뒤, 첫 번째 표본과 두 번째 표본에 대한 실제불량 개수의 합 $(x_1 + x_2)$와 허용불량 개수(c_2)의 크기를 비교하여, 불량 여부를 판정한다. 만약 첫 번째 표본과 두 번째 표본에 대한 실제 불량품 개수의 합이 두 번째 검사에서의 허용불량 개수(c_2)보다 작거나 같다면 $(x_1 + x_2 \leq c_2)$, 그 로트는 양호로 판정된다. 반대로 첫 번째 표본과 두 번째 표본에 대한 실제 불량품 개수의 합이 두 번째 검사에서의 허용불량 개수(c_2)보다 크다면 $(x_1 + x_2 > c_2)$, 그 로트는 불량으로 판정된다. 그리고 첫 번째 검사와 두 번째 검사에서 불량으로 판정된 로트에 완전한 검사를 수행하여, 불량품을 찾아낸다.

3 | 공정관리도

1. 기본 개념

앞에서 살펴본 표본추출 검사의 한계는, 결과에 대한 판정을 할 수는 있지만 원인에 대한 분석을 할 수는 없다는 데 있다. 하지만 모든 결과는 원인에 기인한다. 따라서 품질의 결과도 공정 어딘가에 존재하는 원인에 의해 나타나는 것이다. 가장 문제가 되는 결과는 품질의 수준이 일정하지 않고 매번 달라지는 이른바 '품질변동' 또는 '산포' 현상이다.

품질변동의 원인은 크게 우연원인(chance cause)과 이상원인(special cause)으로 나눌 수 있다. 우연원인은 생산조건과 절차가 제대로 지켜졌음에도 불구하고 통제가 불가능한 '우연한' 요인에 의해 변동이 일어나는 원인을 말한다. 우연원인은 사전에 예방하거나 개선할 수 없기 때문에, 이 원인에 의해서만 변동이 일어나는 공정은 '관리상태(state of control)'에 있다고 본다. 큰 문제가 없다고 보는 것이다. 이와는 달리, 이상원인은 우연원인의 범위를 넘어 통제가 가능한 '분명한' 요인에 의해 변동이 일어나는 원인을 뜻한다. 예를 들어, 작업자의 부주의나 설비의 이상 등이 대표적인 원인이 될 수 있다. 이상원인은 사전에 찾아내어 미리 예방할 수 있고 또 발견이 되면 바로 조치를 취할 수 있기 때문에 품질관리의 주요 대상이 된다.

이러한 이상원인을 발견하기 위해 활용되는 방법이 바로 공정관리도(control chart)이다. 공정관리도는 말 그대로 관리를 위해 만든 통계적 도표이다. 즉, 관리의 대상이 되는 품질의 특성을 정의한 뒤, 그 특성의 수준을 측정한 결과를 시각적인 관리도로 작성한 것이다. 관리도를 작성하는 일차적 목적은 품질변동의 원인이 우연원인에 의한 것인지 아니면 이상원인에 의한 것인지 파악하는 데 있다. 이를 위해 두 가지 원인의 경계선이 되는 관리한계선을 정하게 된다. 만약 관리한계선 밖에서 많은 관측치들이 나타나면 이상원인에 의해 변화가 일어났다고 판정한다. 이상원인이 발견되면 공정을 관리상태로 되돌리는 조치를 취하게 된다.

2. 작성과 해석

일반적으로 공정관리도는 그림 12-5와 같이 이차원 평면 위에 그려진다. 이때 X축은 표본의 일련번호나 생산시점 등으로 정의되며, Y축은 측정한 통계량으로 정의된다. 여기서 가운데 선을 중심선(Central Line : CL)이라고 하는데, 이것은 품질특성의 평균치를 의미한다.

그리고 위 아래로 있는 두 개의 선을 관리한계선(control limit)이라고 한다. 이것은 품질변동이 이상원인에 의한 것인지 아니면 우연원인에 의한 것인지를 구분하는 기준의 역할을 한다. 관리한계선은 위에 있는 관리상한선(Upper Control Limit : UCL)과 아래에 있는 관리하한선(Lower Control Limit : LCL)으로 구성된다. 일반적으로 관리상한선과 관리하한선은 중심선에서 관측치의 표준편차(σ)의 3배만큼 떨어져 있는 위치에 그려진다. 또한 관리한계선 내부의 영역

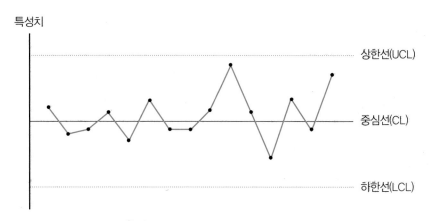

🌸 그림 12-5 공정관리도의 기본형

은 표준편차와 평균선의 거리에 따라 1σ영역, 2σ영역, 3σ영역 등으로 표시된다. 예를 들어, 1σ영역은 공정관리도의 중심선으로부터 관측치의 표준편차(σ) 이내만큼 떨어진 영역을 뜻한다.

그렇다면 공정관리도를 통해 공정의 이상 여부를 어떻게 판단할 수 있을까? 즉, 우연원인과 이상원인을 어떻게 구분할 수 있을까? 한마디로 관측치가 관리한계선을 벗어난다면 공정은 불안정하다고 볼 수 있다. 관리한계선을 벗어나지 않는다 하더라도 변동에 어떤 규칙성이 발견되면 문제가 있을 가능성이 높다. 왜냐하면 만일 공정이 안정되어 있으면 관측치들이 중심선을 기준으로 특별한 패턴 없이 골고루 나타나기 때문이다. 이상원인으로 인해 공정이 불안정 상태에 있다고 판정할 수 있는 몇 가지의 대표적 기준을 보면 다음과 같다.

- 관리한계선(3σ) 영역을 벗어나는 관측치가 존재한다.
- 중심선에 대하여 관측치가 한쪽에 몰려 존재한다.
- 여러 개의 관측치가 연속으로 증가 또는 감소하고 있다.
- 여러 개의 관측치가 교대로 증감을 반복하고 있다.

3. 관리도 유형

공정관리도를 작성하기 위해서는 가장 먼저 품질특성이 무엇인지를 파악해야 한다. 예를 들어, 제품의 크기나 무게 등으로 특성을 측정할 수도 있고, 아니면 결점의 개수로 특성을 측정할 수도 있다. 공정관리도는 어떤 특성지표를 가지고 관리도를 작성하는가에 따라 크게 변량관리도(control chart for variables)와 속성관리도(control chart for attributes)로 나눌 수 있다.

⬢ 변량관리도

변량관리도는 연속적이고 정량적인 품질특성의 값을 측정하여 그 결과를 순서대로 관리도에 표시하는 방식이다. 예를 들어, 제품의 크기, 길이, 두께, 무게 등이 대표적인 품질특성이 된다. 즉, 생산제품의 크기가 어떻게 변하는지, 아니면 무게가 어떻게 변하는지를 보고 공정의 관리상태를 파악하는 것이다. 대부분의 제품에서는 이 기준으로 품질특성을 측정한다.

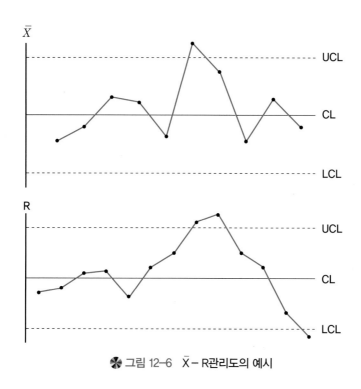

✿ 그림 12-6   X̄ - R관리도의 예시

대표적인 변량관리도는 평균-범위($\bar{X}-R$)관리도이다. 하나는 관측치의 평균을 기록하는 평균관리도이다. 이를 $\bar{X}$관리도라고도 부른다. 다른 하나는 관측치의 분산을 기록하는 범위관리도이다. 이를 R관리도라고도 한다. 보통은 두 관리도를 함께 그려서 평균과 범위의 변동을 관리한다.

⬡ 속성관리도

속성관리도는 불량품의 확률이나 빈도를 관리도에 표시하는 방식이다. 따라서 표시되는 품질특성은 이산적인 지표이다. 즉, 낱개 단위의 연속적인 값이 아니라 전체 안에서 얼마나 많은 불량이나 결점이 있는지를 보는 경우에 사용된다. 예를 들어, 섬유나 종이제품의 경우에는 섬유 한 장의 두께, 종이 한 장의 무게 등이 아니라 섬유나 종이 한 롤(roll) 안에 흠집이나 결점이 몇 개냐 하는 것이 품질특성이 된다.

여기에서도 두 가지 종류의 관리도가 작성된다. 하나는 불량률을 기준으로 작성한 불량률관리도이다. 이것을 p관리도라고 부르기도 한다. 다른 하나는 불량품의 개수를 기준으로 작성한 결점수관리도이다. 이것을 c관리도로 부르기도 한다.

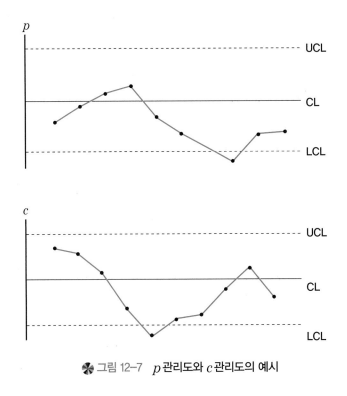

✿ 그림 12-7 p 관리도와 c 관리도의 예시

4. 시각적 도구

불량의 이상 원인을 찾아내기 위해서는 위에서 설명한 공정관리도 외에도 다양한 시각적 도구들이 사용된다. 예를 들어 히스토그램(histogram)을 보면, 공정이 안정된 경우에는 평균값을 중심으로 종 모양(bell-shaped)의 그림이 그려지지만 불안정한 경우에는 산포가 지나치게 넓게 나타나거나 특이한 형상의 그림이 그려지게 된다. 그 경우, 형상의 모양에 따라 어떤 이상 원인이 있는지를 파악할 수 있다. 파레토 그림(Pareto diagram)은 불량(결점)의 발생 건수를 항목별로 나누어 크기(빈도)의 순서대로 나열해 놓은 그림이다. 이 그림을 보면 어떤 항목(요인)들이 가장 자주 그리고 더 심각한 문제를 일으키는지를 알아낼 수 있다. 특성요인도(causes-and-effects diagram)는 품질의 결과에 어떤 원인들이 어떻게 연결되어 있는지를 보여 주는 그림이다. 이 그림을 바탕으로 품질특성을 결정하는 원인과 결과 사이의 관계를 알 수 있다.

4 | 선진화기법과 제도

1. 6시그마전략

6시그마(σ)전략은 1988년 미국의 모토로라 회사의 반도체 사업본부에서 시작된 경영전략이자 품질관리기법이다. 6시그마전략은 품질특성의 표준편차를 나타내는 시그마(σ)라는 척도를 통해 품질을 최대의 수준으로 유지하는 것을 목적으로 한다. 6σ는 추상적인 개념이 아니라 분명한 실천목표를 뜻한다.

6시그마전략의 구체적 내용을 이해하기 위해 그림 12-8을 보자. 여기서 소개된 규격한계(specification limit), 즉 규격상한(S_u)과 규격하한(S_L)은 앞에서 설명한 관리한계선과 구분되는 개념이다. 공정관리도의 관리한계선이 생산자의 입장에서 허용 가능한 품질특성의 최댓값과 최솟값을 의미한다면, 6σ의 규격상한과 규격하한은 고객 입장에서 만족할 수 있는 품질특성의 최댓값과 최솟값을 뜻한다. 즉, 생산자 관점에서 설정한 내부기준이 아니라 외부의 고객 관점에 초점을 맞추어 정해지는 기준이다.

이제 6σ의 실질적 의미를 알아보자. 우선 규격상한과 규격하한을 정한다. 즉, 이 한계를 벗어나는 관측치는 불량으로 판정하는 것이다. 규격상한과 규격하한이 주어지면, 평균과 상한(하한)과의 거리가 정해진다. 이 거리를 d라고 하자. 그러면 d값은 표준편차, 즉 시그마의 배수

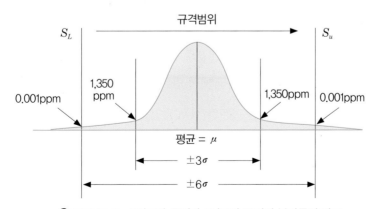

🌀 그림 12-8 **3시그마 공정과 6시그마 공정의 불량률의 비교**

로 표현할 수 있다. 예를 들어, 현재의 공정에서는 $d = 3\sigma$로 되어 있다고 하자. 현재의 공정에서는 규격상한(하한)과 평균값의 차이(거리)가 표준편차의 3배 정도가 된다는 뜻이다. 이 상황에서 기대불량률, 즉 관측치가 규격한계를 벗어날 확률은 2,700PPM(Parts Per Million ; 제품 100만 개당 불량품수)이 된다(이것은 정규분포표로부터 쉽게 알 수 있는 값이다). 즉, 100만 개당 2,700개의 확률로 불량품이 나타난다. 이제 획기적인 공정개선을 통해 표준편차를 현재의 절반으로 줄였다고 하자. 그러면 $d = 6\sigma$가 된다. d값은 그대로인데, σ가 반으로 줄었으니 3σ가 6σ가 되는 것이다. 이 경우 제품의 기대불량률은 0.002PPM으로, 10억 개당 2개의 불량품이 나타날 확률이 된다. 현재에 비해 불량품 수의 기댓값이 대폭 줄어드는 것이다. 정규분포의 평균 변동을 허용하면 6σ의 기대불량률은 3.4PPM이 되는데, 일반적으로 6시그마 전략에서 목표로 하는 불량률은 바로 3.4PPM을 말한다. 이것이 6시그마 전략의 기본원리이다. 한마디로 규격상한과 규격하한이 품질의 중심으로부터 6σ 거리 안에 위치하도록 공정을 관리하는 전략이자 불량품을 최대한 줄이기 위한 구체적인 실천목표인 것이다.

2. ISO 9000 시리즈

그 동안 품질관리의 기법들은 다양하게 개발되었고 실제로 품질수준도 많이 향상되었다. 하지만 1970년대까지는 품질에 대한 표준을 정하고 객관적인 지표를 통해 품질을 보증하는 수단은 존재하지 않았다. 이 때문에 국가별, 산업별로 설정한 품질관리의 기준이 달라, 국제무역의 장벽으로 작용하기도 하였다. 이러한 문제점을 해결하기 위해 국제표준화기구(ISO)가 중심이 되어 국가별 품질규격을 통합, 조정하여 제정한 것이 '품질경영과 품질보증에 관한 국제규격'인 ISO 9000 시리즈이다.

ISO 9000 시리즈는 한마디로 소비자의 관점에서 제품의 품질을 보증하는 기준이다. 또 특정지역의 고객에만 국한되는 것이 아니라 국제적 범위와 수준에서 받아들여져야 하는 기준이다. ISO 9000 시리즈는 매우 광범위한 기준의 집합이다. 제품이나 서비스에 대한 품질보증의 기준 외에도, ISO 9004와 같이 소프트웨어, 서비스 등의 산업에 대한 품질경영 지침, ISO 9001이나 ISO 9002와 같이 공정과정에서의 품질경영지침도 함께 담겨 있다. 한편, 2000년도 이후에는 ISO 9001, 9002, 9003을 ISO 9001 : 2000으로 통합하였다. 그림 12-9는 ISO 9000 시리즈의 구성도를 나타낸 것이다.

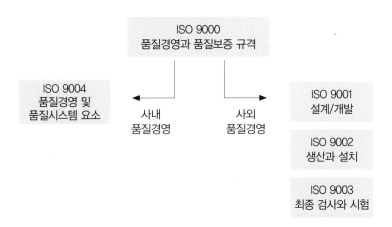

5 | 품질과 신뢰성

1. 기본 개념

품질과 관련하여, 산업공학에서 다루는 또 다른 개념으로 신뢰성(reliability)이라는 용어가 있다. 그리고 신뢰성의 이론과 실제를 다루는 주제를 신뢰성공학(reliability engineering)이라고 한다. 품질경영과 신뢰성공학이 하나의 영역으로 묶여야 되는지에 대해서는 논란의 여지가 있지만, 두 영역 모두 제품(부품)의 기능에 초점을 맞추고 또한 확률이론과 통계학의 지식을 많이 사용한다는 측면에서 밀접하게 관련되어 있는 것은 분명하다. 따라서 신뢰성공학을 별도의 장(chapter)으로 분리하지 않고 여기에서 간략히 설명하기로 한다.

신뢰성은 한마디로 '어떤 아이템이 주어진 기간 동안 주어진 조건에서 요구기능을 제대로 수행할 수 있는 가능성'이라고 정의할 수 있다. 이 정의에 나타나 있는 몇 가지 용어의 의미를 좀 더 자세히 알아보자. 먼저 '아이템'이라고 하는 것은 제품/부품/기기/장비/시스템 등을 망라하는 개념이고, 하드웨어뿐 아니라 소프트웨어도 포함하는 의미이다. '주어진 기간'이라는 것은 그 아이템의 기능을 수행하기 위해 설정된 목표시간을 뜻한다. 모두 묶어서 목표시간이라고 하지만 아이템의 성격이나 용도에 따라 사용시간이 될 수도 있고, 사용횟수가 될 수도 있고, 사용거리가 될 수도 있다. 또 가전제품의 보증기간 10년, 건축물의 안전기간 50년 등과 같이 명시적으로 정하기도 하지만 정확한 목표시간을 정하지 않는 경우도 많다. 다음으로 '주어진 조건'이라는 말의 뜻은 아이템의 기능과 성능에 영향을 미칠 수 있는 조건들, 예를 들어 온도, 진동, 소음, 습도 등을 가리킨다.

2. 신뢰성공학

신뢰성은 고장(failure)이라는 용어와 바로 붙어 있다. 고장은 말 그대로 '요구기능을 수행하지 못하게 되는 사건(event)'을 뜻한다. 따라서 고장이 발생하면 바로 신뢰성을 잃어버리게 된다. 여기서 신뢰도함수(reliability function)와 고장밀도함수(failure density function)라는 개념이 나온다. 신뢰도함수는 아이템이 요구기능을 제대로 수행할 수 있는 확률을 가리킨다. 말을 바꾸면 특정시간(t)까지 고장이 나지 않을 확률을 의미한다. 흔히 신뢰도함수는 $R(t)$로 표시한다. 예를 들어, $R(10,000) = 0.99$라고 하면, 1만 시간 내에 고장이 나지 않을 확률이 99%라는 것을 의미한다. 다른 말로 하면, 전체 아이템 가운데 99%는 1만 시간 이내에 고장이 나지 않는다는 뜻이다.

신뢰도 확률을 계산하기 위해서는 고장 확률을 알아야 한다. 고장의 확률을 계산하기 위한 함수가 바로 고장밀도함수이다. 즉, 고장밀도함수는 단위시간당 고장이 나는 아이템의 비율을 나타내는 함수이다. 아이템에 따라 적합한 함수가 다르지만, 가장 자주 사용되는 고장밀도함수는 지수분포, 와이블(Weibull)분포, 정규분포 등을 들 수 있다. 이 함수를 이용하여 아이템의 수명(lifetime), 즉 고장이 날 때까지의 시간이 어느 정도 되는지를 예상할 수 있다.

신뢰성공학은 신뢰성에 관련된 확률이론을 바탕으로, 고장확률과 기대수명의 계산, 고장패턴의 분석과 고장원인의 파악 등을 통해 궁극적으로 아이템의 신뢰도를 높일 수 있는 설계의 기준과 방법을 찾는 분야로 정리할 수 있다. 품질 개념과 신뢰성 개념을 비교하면, 품질이 규격에 맞게 만들어졌는지에 초점을 맞추는 데 비해, 신뢰성은 규격이 제대로 설계되었는지에 초점을 맞춘다고 할 수 있다. 따라서 설계의 신뢰성이 높아질수록 제품의 품질도 좋아지게 된다. 결국 품질과 신뢰성은 밀접하게 관련되어 있는 것이다.

6 | 서비스 품질평가

1. 기본 개념

전통적으로 품질관리하면 당연히 제조품질, 제품품질을 가리키는 것으로 받아들여져 왔다. 산업공학에서 품질관리가 도입된 초창기는 말할 것도 없고 그 이후에도 오랫동안 서비스 품질이라는 개념과 용어에 대한 논의는 별로 이루어지지 않았다. 서비스 품질의 중요성이 본격적으로 제기된 것은 20세기 후반에 이르러서이다. 산업구조상에서 서비스산업의 비중이 제조업의 비중을 넘어서고, 시장 안에서 제품 못지않게 서비스의 위상이 올라가면서 자연스럽게 서비스의 품질에 대한 인식도 커지게 된 것이다.

하지만 서비스 품질, 즉 QoS(Quality of Service)는 측정하기도 어렵고 따라서 평가하기도 어렵다. 이러한 문제는 대부분 서비스가 지니는 본질적 속성에 기인한다. 이 속성들은 크게 서비스 자체가 지니는 속성과 서비스 프로세스에서 생기는 속성으로 나눌 수 있다.

우선 서비스 품질의 평가를 어렵게 만드는 서비스 자체의 속성들은 어떤 것들이 있을까? 앞에서 이미 설명한 것처럼, 서비스의 가장 큰 특징은 무형성(intangibility)이다. 대부분의 제품은 눈에 보이고 손에 잡히므로 품질의 내용과 수준을 물리적, 정량적으로 측정하는 것이 가능하다. 예를 들어, 자동차의 성능은 연비나 최고속도 등으로, 내구성은 엔진의 수명 등으로 구체적으로 측정할 수 있다. 그러나 음식의 맛, 종업원의 친절 등 많은 종류의 서비스는 그 품질을 물리적, 정량적으로 측정하는 것이 쉽지 않다. 또 측정한다고 하여도 주관적이고 가변적인 값으로 표현되기 때문에 객관적인 평가가 어렵다.

서비스의 이질성(heterogeneity)과 서비스−고객 간의 상호작용(interaction)은 또 다른 문제이다. 서비스의 이질성으로 인해 서비스마다 품질은 달라지고, 시간과 공간의 차이에 따라 크게 바뀔 수 있다. 또 같은 종업원이 같은 서비스를 제공해도 만족하는 고객이 있는가 하면 불만을 표시하는 고객도 있다. 종업원의 입장에서도, 고객이 달라지면 제공하는 서비스 자체가 달라지므로 같은 품질을 유지하기가 어렵다.

서비스 프로세스도 품질의 평가를 어렵게 한다. 우리가 서비스 품질이라고 하면 서비스라는 결과물에 대한 품질을 의미하기도 하지만 서비스가 제공되는 과정, 즉 프로세스의 품질을 뜻하는 경우도 많다. 설사 서비스의 결과물이 좋다고 하더라도 그것이 제공되는 프로세스에 문제가 있다면 그 서비스시스템은 근본적으로 품질의 문제를 안고 있는 것이다. 그러나 프로세스의 품질을 측정하고 평가한다는 것은 매우 어려운 일이다. 더구나 프로세스 안의 어느 단계나 영역에서 어떤 원인 때문에 품질 문제가 발생하였는지를 진단하고 파악하는 일은 더욱 어려운 과제가 된다.

제품과 비교하여, 서비스 품질관리의 시점과 주체가 다른 점도 지적할 수 있다. 제품의 품질은 대부분 구매 이전단계의 활동에 의해 결정된다. 그러나 서비스의 품질은 구매한 시점 이후의 활동에 의해 더 큰 영향을 받는다. 즉, 서비스를 만드는 시점의 생산자나 제공자의 관점이 아니라 서비스가 만들어진 이후의 시점에서 구매자나 사용자의 관점에서 품질을 결정하는 경우가 더 많다.

지금까지 설명한 이유로 인해, 서비스 품질의 정의와 평가는 한 가지의 기준이나 방식으로 이루어지지는 않는다. 서비스의 성격에 따라, 또 서비스시스템의 목적에 따라 적합한 기준과 지표를 사용하는 것이 대부분이다. 따라서 여기에서는 가장 많이 알려지고 가장 자주 사용되는 기법을 대표적으로 소개하기로 한다.

2. 평가지표

바로 앞에서 언급한 것처럼, 서비스 품질의 주관적·감성적 특성 때문에 서비스 품질을 측정하는 지표는 다양하게 개발되어 왔다. 이러한 지표들은 크게 다음 두 가지의 기준을 바탕으로 만든 것이다. 하나는 사용적합성(fitness for use)이다. 즉, 사용자 또는 고객의 기대나 요구를 어느 정도 만족시켜주는가 하는 정도를 서비스 평가의 척도로 삼는 것이다. 다른 하나는 일관성(consistency)이다. 즉, 서비스가 시간이나 공간에 관계없이 얼마나 안정적으로 제공되느냐의 수준을 평가의 지표로 삼는 것이다.

평가지표는 평가의 주체, 즉 누가 서비스를 평가하고 누가 평가지표를 만드느냐에 따라 달라진다. 여기에는 서로 상반된 두 주체가 존재한다. 하나는 서비스 공급자(제공자)의 관점에서, 공급자가 직접 평가지표를 만들고 실제로 서비스를 측정하는 방식이다. 이 방식에서는 서비스 품질도 제품 품질과 마찬가지로 측정 가능한 변수들로 구성되어야 한다고 주장한다. 따라서, 개인의 취향이나 주관적 판단을 배제하고 제조나 기능의 문제, 즉 스펙(spec)이나 요구사항에 대한 합치성(conformance to requirement)만으로 서비스 품질을 측정한다.

다른 하나는 고객(사용자) 입장에서, 그 서비스를 경험한 고객들이 서비스 품질을 평가하는 방식이다. 이 방식은, 서비스가 지니는 본질적 특성 때문에 서비스의 품질은 객관적인 잣대로 측정할 수 있는 것이 아니라고 주장한다. 따라서 그 서비스를 경험한 고객(사용자)이 서비스를 제공받는 과정에서 얻은 지각이나 받은 느낌으로 서비스 품질을 측정한다.

3. 평가기법

앞에서 평가의 주체가 누구냐에 따라 평가지표와 기법도 달라진다고 하였다. 그렇다면 각각의 경우에 가장 대표적인 기법들은 어떤 것들이 있을까? 우선 서비스 제공자(공급자)의 관점에서 사용하는 기법을 보자. 여기에는 무수히 많은 지표와 기법들이 존재한다. 왜냐하면 거의 모든 서비스 기업들은 나름대로의 방식으로 서비스 품질을 관리하고 있기 때문이다. 따라서 그 많은 경우들을 일일이 살펴볼 수는 없다. 대신 여기에서는 페덱스(FedEx)의 사례를 가지고, 제공자 중심의 관점에서 평가지표를 설정하고 품질수준을 평가하는 기법에 대해 알아보기로 한다.

고객의 관점에서 사용하는 기법도 여러 가지가 제시되어 있다. 그 가운데에서도 가장 종합적으로 서비스 품질을 정의한 기법으로 SERVQUAL을 들 수 있다. 실제로 SERVQUAL은 자주 사용되는 기법이자 다른 기법들의 뼈대 역할을 하는 대표적 기법이라고 할 수 있다. 여기에서는 SERVQUAL을 중심으로 고객 중심의 품질평가기법을 살펴본다.

🔷 제공자 중심의 기법

제공자(공급자) 중심에서 서비스 품질을 평가한다는 것은 곧 자신들이 실제로 하고 있는 서비스의 내용을 평가한다는 것을 의미한다. 다시 말해, 우리가 해야 하는 일들을 제대로 하고 있는지를 우리 스스로 점검하는 것이다. 따라서 제공하고 있는 서비스의 내용을 토대로 실제로 측정 가능한 지표들을 주로 사용한다. 이 과정은 크게 두 단계로 이루어진다. 먼저 제공자 입장에서 품질관리의 핵심적인 요소(항목)들을 선정하여 측정지표를 만든다. 다음에는 실제의 측정 결과를 분석하고 개선방안을 도출한다.

(1) 지표의 선정

하나의 예로, 물류 운송을 전문으로 하는 서비스 기업인 페덱스의 경우를 보자. 표 12-1에서 보는 것처럼, 모든 품질지표들은 운송서비스에 관한 것들이다. 대표적인 항목과 지표로는 화물의 분실과 화물의 손상이 선정된 것을 볼 수 있다.

표 12-1 페덱스의 품질지표

고객불만요소	설명	가중치 (A)	건수 (B)	요소별 지수 (A×B)
화물분실	화물 자체의 분실, 내용물 도난	10		
화물손상	드러나거나 드러나지 않은 손상, 젖은 화물, 날씨 탓으로 인한 손상 모두	10		
배달날짜 지연	배달 약속 날짜를 못 지킴	5		
정시인수 실패	약속된 시간에 배달될 물품을 인수하러 가지 못함	3		
추적불능	COSMOS 정보시스템을 통해 배송물품의 현 위치를 파악할 수 없음	3		
불만재발	제기된 불만이 만족스럽게 해결되지 못해 재차 불만이 제기됨	3		
배달시간 지연	약속된 날짜에 배달하였으나 배달 약속을 못 지킴	1		
송장(送狀) 수정 요청	수정요청의 수용 여부에 상관없이 고객의 수정 요구 자체를 문제로 파악	1		
고객의 배달확인 누락	모든 대금 청구서에 대해 고객의 확인을 받아야 함	1		
서비스 품질지수(SQI)	–	–	–	SQI(ΣA×B)

(2) 측정과 개선

이제 앞의 지표들을 바탕으로 실제로 서비스 품질을 평가하는 과정을 알아보자. 우선 개별 평가지표(요소)들이 모두 정의되면, 그 다음에는 각 지표(요소)의 상대적 중요도에 따라 가중치

(weight)를 정한다. 이어서 각 지표의 실제값을 측정한다. 각 지표(요소)들의 실제값에 가중치를 곱하면 지표별(요소별) 평가지수값이 계산된다. 마지막으로 모든 평가지수값을 더하면 최종적인 서비스 품질지수, 즉 SQI(Service Quality Index) 값이 도출된다.

그 다음에는 결과의 해석, 그리고 서비스 품질을 올리기 위한 개선방안의 도출작업이 이어진다. 어느 지표(요소)에서 가장 큰 문제가 발생하고 있는지, 지난 시점과 비교하여 어느 요소가 좋아지고 또 나빠졌는지 등을 살펴보게 된다. 물론 평가의 우선순위와 초점은 가중치가 높은 지표에 두게 된다.

이 과정에서 각 지표의 단위를 결정하는 것도 중요하다. 표 12–1에서, 고객불만에 관한 지표를 비율(%)이 아니라 건수로 측정하는 것을 볼 수 있다. 비율로 측정하는 것과 건수로 측정하는 것의 차이는 무엇일까? 제대로 서비스가 이루어지는 정도를 99.5%라고 표현하는 것과 제대로 서비스가 이루어지지 않는 건수가 1만 개 가운데 50개라고 표현하는 것의 차이를 생각해 보자. 기존의 % 표시법하에서 99.5%라는 수치에 만족하고 있던 종업원들은 새로운 수량(건수) 표시법하에서 나온 50개라는 값을 보면서 서비스 품질에 대한 문제의식을 갖게 된다.

고객 중심의 기법

(1) 기본 개념

고객(사용자) 중심에서 서비스 품질을 평가한다는 것은 곧 서비스를 받는 사람들이 기대하고 요구하는 것을 중심으로 서비스의 수준을 평가한다는 것을 뜻한다. 다시 말해, 고객이 원하는 것들을 제대로 제공하고 있는지를 제공자가 아니라 고객이 점검하는 것이다. 따라서 고객 입장에서 평가지표를 설정하고 고객들이 참여하여 평가결과를 제시한다.

SERVQUAL은 고객 관점에서 품질을 측정하고 평가하는 대표적 기법이다. 실제로 SERVQUAL은 고객이 기대하는 서비스 품질과 실제 인식되는 서비스 품질 간의 차이(gap)를 측정하기 위해 개발된 평가기법이다(Parasuraman, Zeithaml & Berry, 1988). 즉, 서비스의 품질은 고객의 입장에서 자신이 기대했던 수준과 실제로 제공받은 수준의 차이가 어느 정도이냐에 따라 결정된다고 보는 것이다.

SERVQUAL의 특성은 다음 두 가지로 요약할 수 있다. 첫째는, '다중항목(multiple-item scale)'지표라는 점이다. 즉, 서비스 품질을 하나의 항목이 아니라 여러 항목으로 나누어 평가하는 것이다. 둘째는, 앞에서 언급한 것처럼, '갭 분석(gap analysis)'을 기반으로 한다는 것이다. 즉, 품질의 수준을 각각의 항목에 대해 하나의 값으로 측정하는 것이 아니라 그 항목에 대한 기대치와 평가치의 차이, 즉 갭(gap)의 크기로 측정하는 것이다. 나아가 그 갭이 어느 단계에서 발생하느냐에 따라 크게 다섯 가지의 갭으로 나눈 후, 각각의 갭을 해소하기 위한 방안도 함께 제시하는 접근을 취한다.

(2) 품질구조

앞에서 말한 대로, SERVQUAL의 서비스 품질은 여러 가지 지표(항목)로 구성된다. 이 다양한 지표들은 하나의 계층구조를 이루고 있다. 그림 12-10에 도시되어 있는 것처럼, 먼저 상위에서는 서비스 품질을 다섯 가지의 차원(dimension)으로 정의한다. 다음으로 그 밑의 하위계층으로 내려가면, 각 차원별로 구체적이고 세부적인 품질지표들이 제시된다.

우선 첫 번째 차원인 유형성은 서비스를 구성하는 시설, 장비, 인력 등 모든 가시적 품질요소들을 가리킨다. 유형성은 그 밑의 다양한 지표들로 구성된다. 그림에 나타난 은행서비스의 예를 들면, 건물의 외관, 내부 인테리어, ATM 기기의 디자인, 직원들의 복장 등이 모두 유형성의 품질요소이다.

나머지 네 차원은 비가시적이고 감성적인 서비스 품질을 측정한다. 이 중 가장 중요하고 또 기본이 되는 것은 신뢰성이다. 신뢰성은 서비스 공급자가 약속한 서비스를 제대로 정확하게 수행하는지를 평가한다. 예를 들어, 은행직원이 신용카드 해지에 3일이 소요된다고 고객에게 이야기했다면, 서비스의 품질은 카드가 실제로 3일 이내에 해지되었는지에 따라 결정된다.

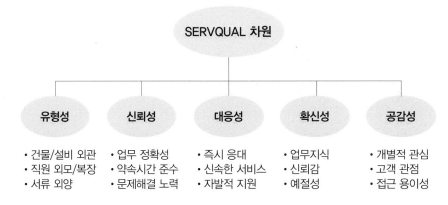

✿ 그림 12-10 SERVQUAL 서비스 품질의 5가지 차원 : 은행서비스의 예

따라서 업무의 정확성, 약속시간의 준수 등이 바로 신뢰성 품질의 기준이 되는 세부지표들이다. 대응성은 고객의 요구에 얼마나 신속하게 반응할 수 있는지를 측정한다. 고객의 도착을 바로 인지할 수 있는 능력, 문제가 발생할 경우 바로 해결할 수 있는 능력 등이 여기에 해당된다.

확신성과 공감성은 보다 더 감성적이고 주관적인 평가기준이다. 대부분의 고객들이 서비스에 대한 지식이 부족한 상황에서 직원의 해박한 지식, 친절한 설명, 풍부한 경험 등은 서비스 품질을 높이는 중요한 요소이다. 마지막으로 공감성은 직원의 고객에 대한 관심을 고객이 긍정적으로 받아들이고 있는지를 평가한다. 진심으로 고객의 편의나 기대를 위한 서비스를 제공하고 있다고 느낄 때, 서비스는 고객으로부터 공감성을 확보하고 있다고 할 수 있다.

(3) 품질측정

그렇다면 SERVQUAL은 실제로 어떤 방식과 절차를 거쳐 서비스 품질을 측정할까? 앞에서 설명한 것처럼, SERVQUAL에서는 고객들의 기대수준과 인지수준의 차이로 품질을 평가한다. 대부분의 경우, 서비스를 받기 전에 고객은 이미 과거의 경험(past experience) 또는 외부의 구전정보(word of mouth)에 의해 서비스 품질에 대한 기대치를 가지고 있다. 이를 기대서비스 품질(Expected Service quality : ES)이라고 한다. 한편, 서비스를 받고 난 고객은 본인의 실제 경험을 토대로 서비스 품질을 인지하게 된다. 이것이 인지(지각)서비스 품질(Perceived Service quality : PS)이다. SERVQUAL 점수는 다음의 식과 같이 고객의 인지(지각) 평가점수와 기대 평가점수의 차이로 계산된다.

$$SERVQUAL\ 점수 = 고객의\ 인지점수(PS) - 고객의\ 기대점수(ES)$$

측정의 순서는 먼저 기대서비스 품질을 측정한 후 다음에 인지서비스 품질을 평가하는 식이다. 서비스 품질의 각 차원에 대해 고객으로부터 기대서비스 품질을 얻고 인지서비스 품질을 얻는다. 이를 위해 주로 설문조사방법이 사용된다. 고객들은 설문지에 포함되어 있는 각 항목에 대해 일반적으로 7점 척도로 품질수준을 표시한다.

(4) 고객만족

그렇다면 고객만족은 어떻게 품질과 연관될까? 그 답은 두 가지 품질, 즉 ES와 PS의 차이를

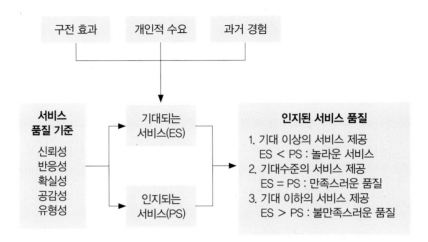

✿ 그림 12-11　**품질과 고객만족도의 관계**

보고 고객만족도를 판정하는 것이다. 그림 12-11에서 보듯이, ES와 PS의 차이에 따라 고객만족도는 크게 세 가지 경우로 나뉘게 된다. 첫째로, 만약 기대서비스 품질보다 인지서비스 품질이 높다면 고객은 서비스의 품질에 감동하고 높은 만족감을 느낀다고 볼 수 있다. 둘째로, 만일 인지 품질이 기대 품질과 거의 비슷하다면 고객은 대체로 서비스에 만족하고 있다고 볼 수 있다. 이 정도면 한 번 받은 서비스를 다시 이용하고 싶어지는 재구매 효과가 발생하는 수준이다. 셋째로, 만약 인지 품질이 기대 품질에 못 미치면, 고객은 불만을 느끼면서 다시는 그 서비스를 찾지 않게 된다.

(5) 갭 분석

앞에서 설명한 것처럼 SERVQUAL의 중요한 목적은 갭 분석(gap analysis)을 통한 문제점의 파악에 있다. 먼저 그림 12-12에서 보듯이, SERVQUAL은 다섯 가지의 갭을 제시하고 있다. 각 갭의 내용과 원인에 대해 알아보자.

⦁ 갭(GAP) 1 : 관리 인식 갭

관리 인식 갭(management perception gap)은 서비스 품질을 관리하는 주체(부서)가 고객이 기대하는 서비스 품질을 잘못 인식하고 있기 때문에 생기는 것이다. 이 갭이 생기는 이유는 시장조사나 고객분석활동 자체를 아예 하지 않거나, 한다고 해도 거기서 나온 정보가 잘못되었기 때문이다. 설사 정보 자체가 정확하다고 해도 그 정보를 잘못 해석하면 갭이 생길 수 있다.

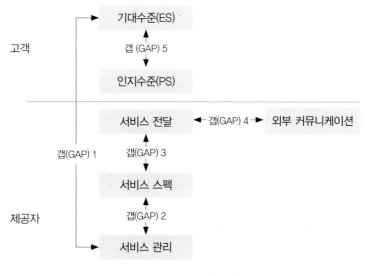

🌸 그림 12-12 갭 분석 모형의 체계

품질관리조직이 너무 복잡하여 아래에서 위로 정보가 올라오지 못하거나 조직 내 소통이 제대로 이루어지지 않는 경우도 문제가 된다.

갭(GAP) 2 : 품질 스펙 갭

품질 스펙 갭(quality specification gap)은 설정된 서비스 품질의 스펙과 관리 조직이 생각하고 있는 서비스 기대치가 서로 다르기 때문에 생기는 것이다. 따라서 주로 품질기획(planning)에 문제가 있는 경우에 발생한다. 즉, 관리조직이 품질의 목표를 잘못 설정한다든가 품질관리의 기획과정이 잘못되었을 때 문제가 생기는 것이다.

갭(GAP) 3 : 품질 전달 갭

품질 전달 갭(quality delivery gap)은 설정된 서비스 품질의 스펙과 실제 제공된 서비스 수준이 다르기 때문에 생기는 것이다. 따라서 이 갭은 가장 실질적이고 기술적인 의미의 문제를 보여 주는 것이다. 우선 품질의 스펙이 너무 까다롭다거나 복잡하여 종업원들이 서비스 스펙을 제대로 숙지하지 못할 경우 이 갭이 생길 수 있다. 또 스펙을 알고 있지만 서비스 제공능력이 떨어지거나 서비스 제공 프로세스에 문제가 있을 때도 갭이 발생한다.

갭(GAP) 4 : 외부 소통 갭

외부 소통 갭(market communication gap)은 외부에 홍보하거나 공지한 서비스 수준과 실제

제공된 서비스수준이 다르기 때문에 생기는 것이다. 대부분 서비스 마케팅부문과 서비스 제
공부문의 커뮤니케이션이 잘못되었을 때 이 갭이 생긴다. 과장광고도 주요 원인의 하나이다.

● 갭(GAP) 5 : 인지 품질 갭

인지 품질 갭(perceived quality gap)은 고객의 기대서비스 품질(ES)과 인지서비스 품질(PS)이
다르기 때문에 생기는 것이다. 따라서 원래의 SERVQUAL이 정의한 갭, 즉 가장 좁은 의미의
갭을 의미한다. 이 갭은 순전히 고객의 관점에서 본 둘 사이의 거리이다. 따라서 이 갭이 발생
하면 고객은 제공된 서비스에 대해 부정적 이미지를 갖게 되고 심지어는 서비스 자체를 거부
하는 상황에 이를 수도 있다.

(6) SERVQUAL의 활용

이제 구체적인 SERVQUAL의 활용방안에 대해 알아보자. 우선은 SERVQUAL 결과를 보고
어디에 어떤 문제가 존재하는지를 찾을 수 있다. 특히, 앞의 갭 분석을 토대로, 어느 부분에 어
느 정도의 격차가 있는지를 알 수 있다. 또 그 문제의 성격과 원인은 무엇이며, 그 문제와 관련
하여 우리의 강점과 약점이 무엇이고, 나아가 그 문제를 해결할 수 있는 방안이 무엇인지를 찾
게 된다.

EXERCISE 연습문제

01 통계적 품질관리에서 출발하여, 전사적 품질관리, 품질경영, 품질보증 등으로 발전해 온 품질관리의 변화과정을 간략히 설명하라.

02 품질 유형의 네 가지를 설명하고 새로운 제품/서비스 설계 시 품질 유형의 역할에 대해 토론해 보라.

03 PDCA 품질관리 사이클의 각 단계에 대해 세부적으로 설명하고, 각 단계에서 주의할 점은 무엇인지를 제시하라.

04 합격품질수준(AQL)과 불량허용수준(LTPD), 1종 오류와 2종 오류의 정의를 설명하고, 이 네 개념의 관계를 표본추출 검사 설계원리의 관점에서 서술하라.

05 단순 표본추출 검사와 이중 표본추출 검사를 각각 어느 경우에 활용하면 좋을지 사례를 들어 서술하라.

06 이중 표본추출 검사(double sampling plan)의 품질검사에서 첫 번째 표본의 크기는 $n_1 = 120$이고 두 번째 표본의 크기는 $n_2 = 40$이다. 또한 허용 불량 개수는 각각 $c_1 = 8$, $c_2 = 12$로 되어 있다. 아래의 경우 품질검사가 어떻게 진행될지에 대해 설명하라.
① 첫 번째 표본의 실제 불량 개수가 6개로 나왔다.
② 첫 번째 표본의 실제 불량 개수가 10개로 나왔다.

07 공정관리도의 기본 개념과 목적을 간단히 서술하라.

08 변량관리도와 속성관리도의 차이를 비교의 관점에서 설명하라.

09 품질 개념과 신뢰성 개념을 비교하여 설명하라.

10 서비스 품질을 측정하기 어려운 본질적 이유를 제조시스템과의 비교를 통해 설명하라.

11 공급자 관점의 서비스 품질과 사용자(고객) 관점의 서비스 품질이 어떻게 다른지를 설명하고 둘 사이의 장단점을 비교해 보라.

12 SERVQUAL기법에서 정의하는 다섯 가지 갭(gap)을 제시하고, 각 갭의 성격과 원인을 설명하라.

13 자신이 경험했던 서비스를 하나 선정하여, SERVQUAL의 다섯 가지 차원에 대입하여 정성적으로 평가해 보라. 각 세부 지표를 어떻게 추가 또는 삭제할 것인지에 대해서도 설명하라.

프로젝트관리

1. 프로젝트 특성, 일회성, 유일성, 구조성, 순서성
2. 간트 차트, 네트워크 차트, PERT/CPM
3. PERT 알고리즘, 전진경로(forward) 계산, 후진경로(backward) 계산
4. 주공정(critical path), 여유시간(slack)
5. 일정단축(crashing), 최소단축 비용(minimum expediting cost) 기준

학습목표

- 일회성, 유일성, 구조성, 순서성 등으로 설명할 수 있는 프로젝트의 특성을 알아본다.
- 간트 차트에서 출발하여 PERT/CPM 등의 체계적 일정관리기법으로 이어지는 프로젝트관리의 발전과정을 알아본다.
- 파업구조도를 토대로 하는 프로젝트의 분해와 베타분포에 의한 소요시간 추정방법을 알아본다.
- PERT 알고리즘의 주요 용어를 이해하고, 전진경로 계산과 후진경로 계산으로 이루어지는 수행 절차를 알아본다.
- 주공정, 여유시간 등의 용어를 이해하고, 제 시간에 프로젝트를 완료할 수 있는 확률 계산을 알아본다.
- 프로젝트 일정을 단축시키는 기준과 방법에 대해 알아본다.

1 | 프로젝트관리의 기본

1. 프로젝트의 특성

앞에서 살펴본 물적자원의 관리는 주로 표준화된 제품을 반복적으로 생산하는 시스템을 대상으로 하였다. 제품의 수명주기가 끝날 때까지 같은 디자인과 규격의 제품을 어제도 만들고 오늘도 만들고 내일도 만드는 상황을 가정한 것이다. 생산뿐 아니라 나머지 대부분의 경영활동도 표준화된 과제를 반복적으로 수행하는 것을 전제로 하였다. 물론 내부 조건 및 외부 상황이 바뀌면서 신축적인 대응을 하기는 하지만, 기본적으로는 수요예측을 토대로 생산 및 판매계획을 미리 수립한 후, 일정에 맞추어 정해진 규격의 제품을 생산하는 과정을 되풀이하는 시스템을 대상으로 한 것이다.

그러나 기업이 모두 표준화된 규격의 제품만을 만드는 것은 아니다. 앞에서 설명한 것처럼 제품의 종류는 MTS 제품에서 DTO 제품까지 다양하다. 이 가운데 주문설계(DTO) 제품의 대표적인 예가 바로 프로젝트(project)이다. 첨단 고층건물을 신축한다든가 고부가가치 유조선을 건조한다든가 하는 것들은 모두 전형적인 프로젝트에 해당된다. 건물은 설계도에 따라 모두 다른 크기와 모양으로 지어지며, 유조선 또한 선주의 요구에 맞추어 배의 구조와 적재량이 달라진다. 또한 신제품을 개발하는 과제라든가, 새로운 서비스나 사업을 창출하는 과제도 프로젝트의 예라고 할 수 있다. 앞에서 가정했던 '표준화된 제품을 반복 생산하는' 시스템과는 매우 다른 새로운 시스템을 대상으로 하는 것이다.

프로젝트의 특성을 좀 더 자세히 살펴보자. 첫째, 프로젝트는 일회성(one-time)과 유일성(unique)의 특성을 갖는다. 대부분의 경우 프로젝트는 한번으로 끝나며 똑같은 프로젝트가 반복되는 것은 아니다. 둘째, 프로젝트는 대규모(large-scale)이며 복잡한(complex) 특성을 보인다. 작은 규모의 프로젝트가 없는 것은 아니지만 일반적으로 프로젝트는 규모가 크고 또한 그 내용이나 과정이 복잡하다. 셋째, 프로젝트는 구조성(structural)과 순서성(sequential)을 가진다. 규모 자체도 크지만 그냥 큰 것이 아니라 매우 정교하고 명확한 구조에 따라 설계되고, 그 안에 존재하는 다양한 활동들은 정해진 순서에 의해 수행된다. 넷째, 프로젝트는 불확실성

(uncertain)의 특성을 보인다. 프로젝트는 일정이나 자원을 관리하는 나름대로의 계획을 가지고 있지만 그 계획이 제대로 지켜지는 경우는 많지 않다. 이 특성들을 잘 살펴보면, 표준화된 제품의 특성과는 상반된 것들이라는 것을 쉽게 알 수 있다. 다시 말해, 앞 장에서 알아본 수요예측–생산계획–주문관리의 방식으로 프로젝트를 관리하는 것은 바람직하지 않다는 사실을 알 수 있는 것이다.

그렇다면 프로젝트관리는 어떤 원리와 기준으로 이루어지는가? 산업공학에서 프로젝트관리(project management)가 독립적인 주제로 다루어진 것은 1950년대 후반부터이다. 물론 20세기 초에 간트 차트(Gantt chart)와 같은 일정관리 수단들이 개발되어 사용되었지만 그 용도는 제한적이었다. 그러다가 대규모의 개발 프로젝트들이 국방 분야와 민간부문에서 수행되면서, 좀 더 체계적이고 구조적인 프로젝트 관리기법들에 대한 연구가 본격적으로 이루어졌다. 이 과정에서 뒤에서 설명할 CPM이나 PERT 같은 기법들이 개발되었고, 이를 계기로 프로젝트관리는 비약적으로 발전하게 되었다.

2. 프로젝트관리의 단계

프로젝트의 성격에 따라 약간의 차이는 있지만 일반적으로 프로젝트는 창출–계획–수행–평가의 네 단계로 이루어진다. 각 단계에서 수행되어야 할 세부적인 활동들이 그림 13-1에 제시되어 있다.

먼저 첫 번째 단계에서는 새로운 프로젝트를 창출한다. 기술 및 산업정보에 대한 전략적 분석과 경제성 평가에 의해 프로젝트가 선정된다. 두 번째 단계에서는 프로젝트관리계획을 수립한다. 먼저 프로젝트를 구성하는 세부활동(activity)을 파악한 후, 개별활동에 대한 일정관리계획, 예산배분계획, 자원배분계획 등을 작성한다. 세 번째 단계에서는 실제로 프로젝트를 수행하면서 중간점검을 한다. 당초 예정된 대로 진도가 관리되고 있는지, 예산은 차질 없이 집행되고 있는지를 정기적으로 평가하고 문제가 있을 경우 수정한다. 네 번째 단계에서는 프로젝트의 성과를 최종적으로 평가한다. 프로젝트가 완료된 시점에서 최종적인 결과를 정리하여, 종합적인 성과평가를 실시하고, 프로젝트 완료 후의 사후관리계획도 수립한다.

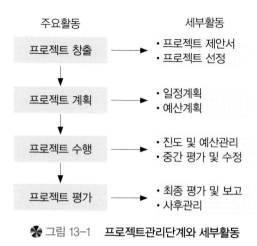

주요활동　　　　세부활동

프로젝트 창출 → • 프로젝트 제안서
• 프로젝트 선정

프로젝트 계획 → • 일정계획
• 예산계획

프로젝트 수행 → • 진도 및 예산관리
• 중간 평가 및 수정

프로젝트 평가 → • 최종 평가 및 보고
• 사후관리

✿ 그림 13-1　　**프로젝트관리단계와 세부활동**

2 | 프로젝트 일정관리

1. 전통적 관리기법

앞에서 설명한대로, 프로젝트의 관리는 프로젝트의 창출에서부터 사후평가까지 여러 단계를 거치면서 다양한 활동들을 포함한다. 그러나 이 책에서는 프로젝트관리의 핵심이 되는 일정관리에 초점을 맞추어 그 내용을 자세히 설명하기로 한다. 프로젝트의 일정관리를 위해 오래 전부터 사용되어 온 전통적 기법은 간트 차트(Gantt chart)이다. 작업관리 분야의 선구자 가운데 한 사람인 간트(Gantt)가 제시한 이 차트는 구조와 내용이 매우 간단하다. 그림 13-2에서 볼 수 있는 것처럼, 간트 차트는 프로젝트의 주요 활동을 파악한 후, 각 활동의 일정을 그것이 시작되고 끝나는 시점을 연결한 막대 모양으로 표시하여, 프로젝트의 전체적 내용과 흐름을 알 수 있게 만든 도표이다. 예를 들어, 프로젝트가 A, B, C, D 네 개의 활동으로 구성된다면, 각 활동의 일정을 차트 위의 도표로 나타낼 수 있는 것이다.

그림에서 알 수 있는 것처럼 간트 차트는 누구나 이해하고 사용하기 쉽다는 장점이 있어 오래 전부터 프로젝트관리의 대표적인 기법으로 사용되어 왔다. 그러나 간트 차트는 표준화

제품의 대량생산 체제하에서 개발된 것이다. 따라서 다음 몇 가지의 단점들을 안고 있다. 첫째, 간트 차트는 평면적이고 총괄적인 도표여서 프로젝트 관리범위가 제한적이다. 만일 프로젝트의 규모가 크고, 작업의 수가 많으며, 구조가 복잡하면 그 내용을 간트 차트 위에 표현하기는 거의 불가능하다. 따라서 간트 차트는 소규모의 단순한 프로젝트의 관리에만 유용하다. 둘째, 간트 차트는 불확실하거나 가변적인 상황에 대한 신축적 대응이 매우 어렵다. 따라서 간트 차트는 안정적인 상황에서 수행하는 프로젝트에만 적용할 수 있다. 셋째, 간트 차트는 자원배분의 효율성을 고려할 수 없다. 작업들 간의 우선순위를 어떻게 정할지, 어떤 작업이 급하고 어떤 작업이 여유가 있는지 등 관리에 필요한 정보를 수집하기가 어렵다.

2. 현대적 관리기법

간트 차트의 단점을 보완하기 위해 개발된 현대적 관리기법이 네트워크 차트(network chart)이다. 그리고 이어서 소개되겠지만, 네트워크 차트에 기반한 대표적인 기법이 PERT/CPM이다. 그림 13-2에서 볼 수 있듯이 기존의 간트 차트에 비해 네트워크 차트는 종합적이면서 분석적이다. 프로젝트의 전체적 구조를 잘 보여 주면서, 동시에 작업들 간의 입체적 연관

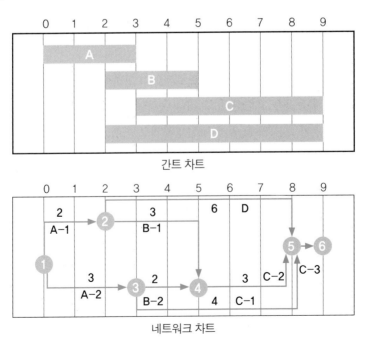

간트 차트

네트워크 차트

✿ 그림 13-2   **전통적 간트 차트와 현대적 네트워크 차트**

성도 알 수 있게 해준다. 또 네트워크 차트의 심층적 분석을 통해 프로젝트의 일정관리를 위한 다양한 추가정보를 얻을 수도 있다.

3. PERT/CPM기법

대규모 프로젝트를 관리하는 네트워크기법들이 개발되기 시작한 것은 1950년대 후반이며, 그중에서 가장 주목을 받은 것이 PERT(Program Evaluation and Review Technique)와 CPM(Critical Path Method)이다. PERT는 미 해군에서 개발되었으며, CPM은 거의 비슷한 시기에 DuPont사에 의해 개발되었다. 이 두 기법은 각각 따로 개발되었지만, 개별활동들의 시간을 추정하는 방법이 PERT는 확률적이고 CPM은 확정적이라는 점 외에 큰 차이가 없어 서로의 장점을 수용하는 방향으로 발전해 왔다. 그 결과, 오늘날에는 두 기법이 통합되어 PERT/CPM 또는 그냥 PERT로 불린다.

◉ 전체적 흐름도

먼저 PERT의 전체적인 흐름을 보면, 그림 13-3에 정리되어 있는 것처럼 크게 PERT 구성, PERT 분석, PERT 평가의 세 단계로 이루어진다.

첫 단계는 PERT 네트워크를 구성하는 과정이다. 이 단계를 통해 프로젝트가 어떤 개별

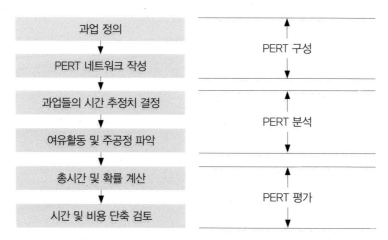

❀ 그림 13-3   PERT의 전체적 흐름도(flow chart)

과업으로 이루어지며 각 과업이 어떤 순서로 연결되어 있는지를 알 수 있다. 두 번째 단계는 PERT 분석을 통해 가장 중요한 관리 대상이 되는 주 경로(critical path)를 찾는 과정이다. 이 단계를 통해 각 세부과업의 일정관리가 얼마나 중요한지를 알 수 있다. 또 프로젝트를 끝내는 데 걸리는 시간이 어느 정도인지도 알 수 있다. 마지막 과정은 PERT 결과에 대한 평가를 토대로 전략적 의사결정을 내리는 과정이다. 이 단계를 통해 일정을 더 줄여야 하는지, 줄이면 어느 세부과업부터 줄여야 하는지를 알 수 있다. 각각의 단계를 좀 더 자세히 살펴보자.

PERT 네트워크의 구성

(1) 과업의 정의

가장 처음 해야 할 과제는 프로젝트를 구성하는 요소 과업(task)을 파악하고 분류하는 일이다. 이 과제의 목적은 전체 프로젝트를 구성하는 요소 과업들의 연관구조를 파악하는 데 있다.

개별 과업들의 전체적인 연계구조를 파악하기 위해 자주 사용되는 도구가 과업구조도(Work Breakdown Structure : WBS)이다. 그림 13-4에 WBS의 예가 도시되어 있다. 일반적으로 WBS는 계층구조로 되어 있다. 자동차 신제품 개발 프로젝트라면, 계층구조의 상위 레벨에 중요한 과업들을 배치한 후, 그 다음 레벨에는 바로 상위 레벨의 과업을 구성하는 보다 세부적인 과업들을 배열하는 식으로 작성하는 것이다.

WBS를 작성하는 데 있어 중요하지만 쉽지 않은 일이 요소 과업의 규모와 범위를 정하는

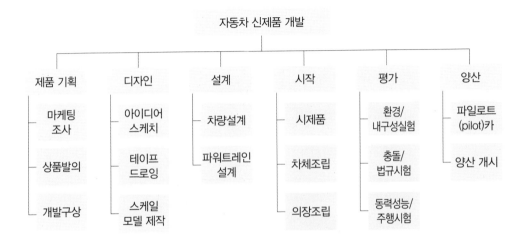

🌸 그림 13-4   **과업구조도(WBS)의 예시**

것이다. 즉, 과연 어느 정도의 크기로 개별 과업의 단위를 결정할 것인가 하는 문제이다. 이에 대한 기본적인 지침(guideline)은 다음과 같다. 첫째, 각각의 요소 과업의 형식과 내용을 표준화 (standardization)한다. 개별 과업은 흔히 SOW(Statement of Work)라고 불리는 표준양식을 사용하여 과업의 핵심정보를 명확히 파악한다. SOW에는 과제명, 책임자, 기간, 예산, 산출물 등의 정보가 포함된다. 둘째, 각각의 요소과업을 시간적·관리적 기준에서 균형화(balancing)한다. 개별 과업의 규모는 약 1~4주 이내의 완료시간 단위로 구성한다. 이때 1주 이내의 소규모과업은 선행 또는 후행과업과 통합하고, 4주 이상의 대규모 과업은 2개로 분할한다. 또 개별 과업의 규모는 각 과업의 관리자(manager)가 관리할 수 있는 적정범위(span of control) 내로 구성한다는 것이다. 주의할 점은, 개별과업은 그 과업이 완료되었을 때 가시적이고 실질적인 산출물(substantial/tangible deliverable)이 만들어질 수 있는 규모로 구성하는 것이다.

(2) 선행관계도의 작성

개별적인 요소 과업의 내용이 정의되면, 다음 작업은 각 과업 간의 순서구조를 도형으로 표시하는 선행관계도(precedence diagram)를 작성하는 일이다. 프로젝트의 개별 과업들은 반드시 먼저 해야만 하는 것이 있는가 하면, 나중에 해도 괜찮은 것도 있다. 또 바로 시작할 수 있는 과업이 있는가 하면, 앞의 일이 끝나야만 시작할 수 있는 과업도 있다. 선행관계도는 과업들 간에 일이 진행되는 순서를 시각적으로 보여 주는 그림이다. 따라서 위에서 설명한 WBS가 요소과업들의 계층적 관계를 파악하는 데 유용하다면, 선행관계도는 개별 과업들의 순서구조를 파악하는 데 필요한 정보를 제공한다. 먼저 선행관계도를 작성하는 과정에 사용되는 용어와 기준을 살펴보자.

선행관계도는 크게 마디와 가지로 구성되는 그림이다. 마디(node)와 가지(arrow)의 정의와 용도는 표 13-1에 설명되어 있다.

표 13-1 마디와 가지의 표시와 의미

	기호	의미
마디	◯	원 모양으로 사건(event)을 나타낸다. 사건은 하나의 시점을 의미하는 것으로 네트워크 상에서 과업을 구분 짓고, 과업의 시작과 끝의 기준이 된다.
가지	⟶	가지는 화살표 모양으로 나타나며, 하나의 화살표가 프로젝트를 구성하는 과업 중의 하나를 의미한다. 화살표의 길이는 아무런 의미를 갖지 않는다.
	⇢	점선으로 표시된 화살표는 가상과업(dummy task)을 표현하며 단지 과업들 간의 선후 관계만을 의미한다. 이들은 실제 과업이 아니기 때문에 과업 소요시간은 '0'이 된다.

실제로 마디와 가지를 다이어그램에 표시하는 간단한 예제를 보자. 먼저 표 13−2에는 A, B, C, D의 네 가지 과업의 작업 내용과 선행과업 정보가 제시되어 있다.

❋ 표 13−2　세부 과업의 관련 정보

과업	작업 내용	선행 과업
A	제품 요구사항 분석	없음
B	내부 설계사항 도출	A
C	외부 설계사항 도출	A
D	요구 자원 분석	B, C

표 13−2에서 알 수 있듯이 과업 A는 선행 과업이 없기 때문에 언제든지 시작할 수 있지만, 과업 B와 C는 과업 A가 종료되어야만 시작할 수 있다. 또 과업 D는 과업 B와 C가 모두 끝나야 시작할 수 있다. 이러한 선후관계를 바탕으로 선행관계도를 그리면 그림 13−5와 같다.

그림 13−5에는 동일한 관계를 표현할 수 있는 두 가지 그림이 그려져 있다. 그림 (a)는 과업과 과업 간의 선후관계를 잘 표현하고 있으나, 마디 ②와 마디 ③을 연결하는 과업으로 B와 C 두 개가 존재한다. 이처럼 마디와 마디를 연결하는 과업이 2개 이상일 경우 다음에 수행할 PERT 분석과정에 혼란을 줄 수 있기 때문에, PERT 네트워크에는 마디와 마디 사이에 존재하는 과업을 하나로 제한하는 것이 일반적인 규칙이다. 이를 위해 앞의 표 13−1에 설명되어 있는 가상 과업(dummy task)을 도입하여, PERT 네트워크를 재구성하면 (b)와 같다. 여기서는 마디 ③과 마디 ④ 사이에 실제로는 과업이 없지만 과업 B와 C가 종료되는 시점이 마디 ④임을

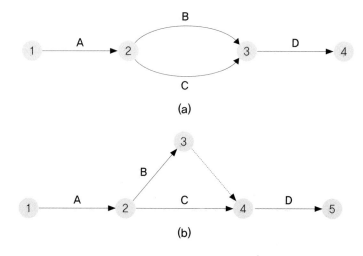

(a)

(b)

❋ 그림 13−5　선행관계도

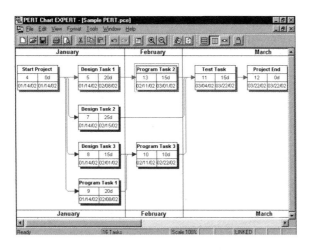

✿ 그림 13-6   PERT의 소프트웨어의 예시

나타내며, 여전히 과업 D가 과업 B와 C가 종료되어야만 시작할 수 있다는 정보를 정확히 설명하고 있다. 실제로 가상 과업은 과업들 간의 복잡한 선후관계를 제대로 설명하기 위해 종종 이용된다.

◉ PERT 분석

선행관계도가 그려지면, 그 다음 단계는 각 과업의 소요시간을 추정한 후, PERT의 알고리즘을 이용하여 주경로(critical path)와 여유시간을 파악하는 일이다.

(1) 과업시간 추정

PERT와 같은 과학적 기법을 이용하여 일정을 관리하는 근본적 이유는, 과업에 걸리는 시간을 정확히 알 수 없기 때문이다. 따라서 과업에 걸리는 시간을 추정(duration time estimation)하는 일은 일정관리에 매우 중요한 의미를 지닌다. 소요시간을 추정하는 방법으로는 크게 세 가지를 들 수 있다. 첫째, 과업의 불확실성이 없는 경우에 단일값으로 추정하는 방법(one-point estimation)이다. 물론 가장 쉽고 간단한 경우이기는 하지만 실제 현장에서 흔히 보기 어려운 경우이기도 하다. 둘째, 불확실성이 있는 경우에 두 개의 값으로 추정하는 방법(two-point estimation)이다. 예상보다 더 빨리 진행될 때 걸리는 최단 소요시간(최솟값)과 반대로 예상보다 훨씬 늦어질 때 걸리는 최장 소요시간(최댓값)의 범위로 추정하는 것이다. 실제 소요시간은 최대와 최소 사이의 값을 가지며, 이때 최소와 최대 사이의 모든 값이 나타날 확률은 동일하다고 가정한다. 셋째, 역시 불확실성이 있는 경우에 세 개의 값으로 추정하는 방법(three-point estimation)이다. 여기서 사용되는 세 개의 값은 앞에서 설명한 최단 소요시간과 최장 소요시간, 그리고 그 가운데의 정상 소요시간이다. 정상 소요시간은 일이 예상한 대로 별문제 없이 진행될 때 걸리는 시간을 의미한다. 이때 실제 소요시간이 나타날 확률은 중간의 정상 소요시간이 가장 크고 중간에서 멀어질수록 점점 작아진다고 가정한다. 따라서 가장 합리적이면서 신축적인 추정 방법이라고 할 수 있다.

규모도 작고 과정도 단순한 토목공사 프로젝트나 이미 여러 번 수행하였던 과업과 같이 소요시간을 확실하게 추정할 수 있는 경우에는 단일값 추정방법을 사용해도 별문제가 없다. 그러나 R&D 과제, 소프트웨어 개발 과제, 해양플랜트 건설 프로젝트처럼 소요기간의 예측이 매우 불확실한 경우에는 흔히 3점 추정방법을 사용한다. 따라서 여기에서는 3점 추정방법을 바탕으로 소요시간을 추정하는 원리를 좀 더 자세히 살펴보자.

먼저 세 개의 추정값은 각각 다음과 같이 정의된다.

- a =최단 추정치(optimistic estimate) : 모든 일들이 예정보다 더 순조롭게 진행된 경우에 소요시간을 가장 낙관적으로(짧게) 추정한 값
- m =정상 추정치(most likely estimate) : 모든 일들이 예정과 별 다름없이 진행된 경우에 소요시간을 가장 현실적으로 추정한 값
- b = 최장 추정치(pessimistic estimate) : 모든 일들이 예정보다 어렵게 진행된 경우에 소요시간을 가장 비관적으로(길게) 추정한 값

추정값은 각 과업의 책임자들이 가장 정확하게 예측할 수 있으므로, 프로젝트 관리자(project manager)는 각 과업의 책임자들로부터 추정치 정보를 수집하여 PERT 분석을 하게 된다.

일단 세 가지 추정값들이 정해지면, 그 다음에는 가중평균을 통해 기댓값을 계산한다. 이 기댓값이 곧 그 과업에 걸리는 시간의 추정치로 사용된다. 기댓값(t_e)은 다음과 같은 공식에 의해 계산된다.

$$t_e = \frac{a + 4m + b}{6}$$

🌀 표 13-3　과업시간의 추정과 기대시간 – 분산의 계산

과업	선행과업	최단치	정상치	최장치	기대시간	분산
A	없음	1	3	5	3	0.45
B	A	4	6	14	7	2.78
C	없음	3	5	7	5	0.45
D	C	2	3	4	3	0.11
E	A	5	7	15	8	2.78
F	B, E, D	7	8	9	8	0.11

앞의 식은 과업의 소요시간이 확률적으로 베타분포(beta distribution)를 따른다는 가정에 근거를 두고 있다. 베타분포를 가정하는 이유는, 현장의 많은 프로젝트들의 소요시간이 실제로 베타분포에 가까운 분포를 하고 있고 또 베타분포를 가정하면 위의 식처럼 간단한 공식으로 기댓값을 계산할 수 있기 때문이다.

다음으로는 분산값(σ^2)을 계산한다. 분산(표준편차)값은 프로젝트가 원래 계획된 시간 내에 완료될 가능성(확률)을 평가하는 데 반드시 필요한 정보이다. 앞에서 설명한 베타분포를 가정한 경우, 분산값은 다음과 같은 식으로 간단히 구할 수 있다. 식에서 알 수 있듯이 분산값은 최장 소요시간과 최소 소요시간값의 차이가 클수록 커지는 속성을 지닌다.

$$\sigma^2 = (\frac{b-a}{6})^2$$

표 13-3은 위와 같은 방법으로 소요시간의 추정치를 계산한 간단한 예를 보여 준다. 표에서 볼 수 있듯이, A~F에 이르는 6개 과업에 대해 최단치, 정상치, 최장치의 세 값만 추정되면 각 과업의 기대치와 분산을 쉽게 계산할 수 있다. 또 그림 13-7은 이 프로젝트의 선행관계도를 나타낸다.

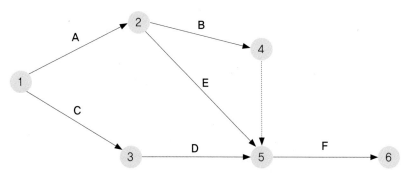

🌀 그림 13-7　선행관계도

(2) 주경로와 여유시간의 파악

각 과업의 소요시간이 추정되면, 그 다음의 작업은 PERT 알고리즘을 통해 주경로(critical path)와 여유시간(slack)을 찾아내는 일이다.

먼저 PERT 알고리즘에 사용되는 기본적인 용어를 알아보자.

- ES(earliest start time) : 어느 과업을 기술적으로 가능한 한 빨리 시작할 수 있는 시간
- EF(earliest finish time) : 어느 과업을 기술적으로 가능한 한 빨리 끝낼 수 있는 시간
- LS(latest start time) : 어느 과업을 전체 프로젝트의 일정에 지장을 주지 않으면서 가능한 한 늦게 시작할 수 있는 시간
- LF(latest finish time) : 어느 과업을 전체 프로젝트의 일정에 지장을 주지 않으면서 가능한 한 가장 늦게 끝낼 수 있는 시간
- SLACK(여유시간) : 어느 과업이 가질 수 있는 여유시간으로 $LS-ES$ 또는 $LF-EF$로 계산되는 값

이렇게 다양한 시간을 정의하는 이유는, 어느 과업을 시작하고 끝내는 시점이 하나의 값으로 정해지지 않기 때문이다. 예를 들어, 어떤 과업은 앞의 과업이 이미 완료되어 기술적으로는 바로 시작할 수 있지만, 다른 과업과의 관계를 볼 때 어느 정도 여유시간을 가지고 천천히 시작해도 좋은 경우도 있고, 반대로 어느 과업은 다른 과업에 지장을 주지 않기 위해서는 무조건 특정시점까지 마쳐야 하는 경우일 수도 있다.

이제 PERT 알고리즘으로 주경로와 여유시간을 찾아내는 과정을 보자. 이 과정은 크게 ES와 EF를 구하는 전진경로 계산과정(forward calculation), LS와 LF를 구하는 후진경로 계산과정(backward calculation)으로 구성된다. 두 개의 계산과정이 끝나면 계산된 여유시간을 바탕으로 주경로를 도출하게 된다.

① 전진경로

전진경로는 PERT 네트워크에서, 앞에서 뒤로 가며 계산하는 과정이다. 따라서 프로젝트가 개시되면 바로 시작할 수 있는 첫 번째 과업부터 전진경로 계산이 시작되며, 다음과 같은 규칙으로 ES와 EF를 계산한다.

- 첫 번째 과업의 가장 빠른 시간인 ES는 0으로 한다.

- 각 과업의 가장 빠른 완료시간인 EF는 ES와 기댓값의 합으로 계산한다.

$$EF = ES + t_e$$

- 각 과업의 선행 과업이 여러 개일 경우, ES는 선행 과업의 EF 가운데 가장 큰 값으로 한다. 이렇게 하는 이유는, 선행 과업이 여러 개인 과업이 가장 먼저 시작할 수 있는 시간은 선행 과업이 모두 완료된 시간이므로, EF 가운데 최댓값으로 정해야 하기 때문이다.

$$ES = max\,[EF_1, EF_2, \cdots]$$

② 후진경로

후진경로는 전진경로의 계산이 끝난 후, 반대로 뒤에서 앞으로 가면서 계산하는 과정이다. 따라서 후진경로 계산은 더 이상의 후행 과업이 없는 마지막 과업부터 시작하여 선행 과업들의 시간을 거꾸로 계산하는 방법을 사용한다. 후진경로 계산은 다음과 같은 규칙으로 LS와 LF를 계산한다.

- 마지막 과업의 가장 늦은 완료시간인 LF는, 앞의 전진경로에서 구한 가장 빠른 완료시간 EF 가운데 가장 큰 값으로 한다.
- 각 과업의 가장 늦은 시작시간인 LS는 그 과업의 LF에서 기댓값을 뺀 시간으로 계산한다.

$$LS = LF - t_e$$

- 각 과업의 후행 과업이 여러 개일 경우, LF는 후행 과업의 LS 가운데 가장 작은 값으로 한다. 이렇게 하는 이유는, 후행 과업이 여러 개인 과업이 프로젝트 전체 일정에 지장을 주지 않으면서 가장 늦게 완료할 수 있는 시간은 후행 과업들의 LS 가운데 최솟값이 되어야 하기 때문이다.

$$LF = min\,[LS_1, LS_2, \cdots]$$

📀 표 13-4   PERT 수행과정 및 결과

과업	선행 과업	t_e	ES	EF	LS	LF
A	없음	3	0	3	0	3
B	A	7	3	10	4	11
C	없음	5	0	5	3	8
D	C	3	5	8	8	11
E	A	8	3	11	3	11
F	B, E, D	8	11	19	11	19

앞의 표 13-3에서 사용한 예제를 가지고 PERT 알고리즘을 수행한 과정과 결과가 표 13-4에 제시되어 있다. 먼저 전진경로를 보면, 선행 과업이 없는 A와 C부터 시작한다. 이 경우 A와 C의 ES는 0이 된다. ES에 기대시간을 더하면 EF가 된다. 이러한 식으로 계속 나가 더 이상 후행과업이 없는 마지막 과업 F의 ES와 EF를 계산하게 되면 전진 경로가 종료된다. 선행과업이 하나밖에 없는 경우는 간단하지만 여러 개인 경우는 좀 더 자세히 설명할 필요가 있다. 이 예제의 경우 F 과업은 B, D, E 세 개의 선행 과업을 가지고 있다. 따라서 앞에서 설명한 규칙처럼, F의 ES는 B, D, E 세 과업의 EF 가운데 최댓값인 11이 된다. 마지막 과업 F의 EF가 19라는 사실은 이 프로젝트를 마치는 데 걸리는 총시간이 19일이라는 정보를 제공한다.

다음으로 후진경로를 보면, 먼저 마지막 과업 F의 LF를 전진경로의 EF 가운데 최댓값인 19로 설정하고 시작한다. LF에서 기대시간을 빼면 LS가 계산된다. 이러한 식으로 계속 거꾸로 나가게 되면 더 이상 선행과업이 없는 마지막 과업 A와 C의 LF와 LS를 계산함으로써 후진경로도 종료된다. 후진경로에서도 후행 과업이 하나인 경우는 간단하지만 여러 개인 경우는 주의를 요한다. 예를 들어, 과업 A는 B와 E 두 개의 후행 과업을 가지고 있다. 따라서 앞에서 설명한 규칙에 따라, A의 LF는 B와 E의 LS 가운데 최솟값인 3이 된다.

③ 주경로와 여유시간

선행관계도에서 알 수 있듯이, PERT 네트워크 위에는 많은 경로(path)가 존재한다. 위의 간단한 예제에서도 처음에서 끝까지 갈 수 있는 경로는 세 개가 있다. 주경로는 PERT 네트워크상에 존재하는 여러 경로 중에서 가장 소요시간이 긴 경로로 정의된다. 실제로는 과업 가운데 여유시간, 즉 여유시간(slack)이 없는 과업들을 연결한 경로가 된다. 따라서 주경로를 도출하기 위해서는 먼저 각 과업의 여유시간을 계산하여야 한다.

여유시간은 LS-ES 또는 LF-EF에 의해 계산된다. LS-ES식의 의미는 과업을 가장 늦추어서 시작하는 시간과 가장 빨리 시작하는 시간 사이에 여유시간이 존재함을 뜻한다. LF-

EF 식은 과업을 가장 늦게 완료해도 되는 시간과 가장 빨리 완료하는 시간 사이에 여유시간이 존재함을 의미한다. 그리고 두 식의 값은 항상 같다. 실제로 PERT 과정의 계산이 정확한지를 확인하기 위해서는, $LS-ES$ 값이 $LF-EF$ 값과 같은지를 보고 판단할 수 있으며, 만일 두 값이 같지 않다면 계산상에 잘못이 있는 것이다. 표 13-5는 앞의 예를 가지고 여유시간을 계산한 결과를 보여 주고 있다.

표 13-5 여유시간 계산 결과

과업	선행 과업	t_e	ES	EF	LS	LF	여유시간
A	없음	3	0	3	0	3	0
B	A	7	3	10	4	11	1
C	없음	5	0	5	3	8	3
D	C	3	5	8	8	11	3
E	A	8	3	11	3	11	0
F	B, E, D	8	11	19	11	19	0

표 13-5의 결과를 보면, 과업 A, E, F의 여유시간 값이 0이며, 이 세 개의 과업을 연결한 경로가 곧 주경로가 된다. 이를 PERT 네트워크상에 나타내면 그림 13-8과 같다. 그림 위에서 진한 선으로 표시된 경로가 주경로이다.

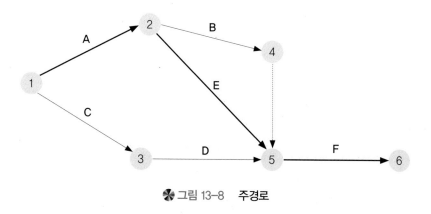

그림 13-8 주경로

프로젝트관리에서 주경로가 중요한 의미를 갖는 이유는 크게 두 가지이다. 첫째, 주경로는 가능한 여러 경로 가운데 길이가 가장 긴 경로이고, 따라서 주경로의 길이를 알면 곧 프로젝트 전체의 소요시간을 알 수 있기 때문이다. 둘째, 주경로상에 있는 과업은 여유시간이 없는 과업, 즉 그 과업이 하루 늦어지면 프로젝트 전체의 완료시간이 하루 늦어지는 중요한 과업이고, 따라서 많은 과업 가운데 특히 집중적으로 관리해야 하는 과업들이기 때문이다.

⬢ PERT 평가 및 검토

주경로를 찾으면, 프로젝트 전체를 완료하는 데 걸리는 시간을 계산할 수 있다. 위의 예에서는 19일이 프로젝트의 완료에 걸리는 총 시간이 된다. 하지만 이 값은 여전히 추정치이기 때문에 실제로 이러한 결과가 나올 가능성을 확률적으로 검토해 볼 필요가 있다. 또한 프로젝트 관리는 단순한 일정관리만을 의미하는 것이 아니기 때문에, 관련된 비용과 가용한 자원 등 다양한 요인에 대한 평가 및 검토가 이루어져야 한다.

(1) 총시간 및 확률 계산

확률이론의 관점에서 보면, 각 과업에 걸리는 시간은 곧 하나의 확률변수(random variable)가 된다. 따라서 프로젝트 시간에 대한 확률적 검토를 위해서는 베타분포를 포함한 여러 가지 확률이론과 가정에 대한 기본적인 지식이 필요하다. 그 가운데 특히 두 가지 가정과 이론에 대해서는 부연설명이 필요하다.

먼저, 과업시간이 독립적(independent)이라는 가정이다. 즉, 하나의 과업에 걸리는 시간은 다른 과업의 시간에 영향을 주지도 않고 영향을 받지도 않는다는 가정이다. 이 가정이 필요한 이유는, 다음의 식이 의미하듯이, 서로 독립인 확률변수(X)들의 합의 분산은 곧 개별변수의 분산을 더한 값과 같아지기 때문이다.

$$Var(X_1 + X_2 + \cdots + X_n) = Var(X_1) + Var(X_2) + \cdots + Var(X_n)$$

다음에는 이른바 중심극한 정리(Central Limit Theorem : CLT)에 대한 이해이다. 중심극한 정리를 간략히 정의하면, 여러 개의 변수들을 합한 값은 개별변수들의 분포가 무엇이든 상관없이 정규분포(normal distribution)를 따른다는 정리이다. 우리가 이미 알고 있는 것처럼, 프로젝트관리의 경우 개별과업의 소요시간은 베타분포를 따른다고 가정하였다. 그러나 주공정의 전체 소요시간은 여러 과업들의 소요시간을 더한 값이기 때문에 중심극한 정리에 의해 정규분포를 따르게 된다. 정규분포를 따르게 되면, 그 다음에는 표준정규분포(Z)표로부터 여러 가지 확률을 쉽게 계산할 수 있게 된다.

이제 프로젝트를 완료할 전체 시간의 확률을 알아보기 위해 다음과 같은 통계량을 사용한다.

- 총기대시간(t_{cp}) : 주경로에 존재하는 각 과업들의 기대 소요시간(t_e)의 합

$$t_{cp} = \sum t_e$$

- 총분산(σ_{cp}^2) : 주경로에 존재하는 각 과업들의 분산(σ^2)의 합

$$\sigma_{cp}^2 = \sum \sigma^2$$

- 프로젝트가 예정일(D)에 완료될 확률의 표준정규분포값(Z)

$$Z = \frac{D - t_{cp}}{\sqrt{\sigma_{cp}^2}}$$

위의 통계량을 사용하여 앞서 살펴본 예제를 다시 보자. 여기서는 프로젝트가 총 20일 안에 완료될 확률을 구하고자 한다.

$$t_{cp} = \sum t_e = 3 + 8 + 8 = 19$$

$$\sigma_{cp}^2 = \sum \sigma^2 = 0.45 + 2.78 + 0.11 = 3.34$$

$$Z = \frac{D - t_{cp}}{\sqrt{\sigma_{cp}^2}} = \frac{20 - 19}{\sqrt{3.34}} = 0.547$$

우선 직관적으로 알 수 있는 정보는, 프로젝트에 걸리는 시간이 19일로 예상된다면 프로젝트가 19일 내에 종료될 확률은 반반이므로 50%라는 사실이다. 따라서 20일 내에 끝날 확률은 적어도 0.5보다는 클 것이다. 그러면 얼마나 클까? 위 식을 보면 프로젝트가 20일에 완료될 확률의 표준정규분포값은 0.547이라는 것을 구할 수 있다. 이 값과 표준정규분포표를 이용하여 프로젝트가 20일 내에 끝날 확률을 구해보면 0.70임을 알 수 있다. 따라서 20일 내에 프로젝트가 완료될 확률은 약 70%이다.

(2) 시간단축

프로젝트 관리자의 입장에서는, 프로젝트가 예정된 기간 내에 완료될 확률이 낮은 경우 시간을 단축해야(crashing) 할 필요가 있다. 프로젝트가 예정보다 늦게 끝나면 지체에 따른 비용(penalty)이 들기 때문이다. 그러나 반대로 프로젝트의 시간을 줄이는 데는 추가적인 비용이 소

요된다. 따라서 비용과 시간과의 상충(trade-off)관계를 고려하여 의사결정을 해야 한다.

비용과 시간의 정보를 토대로 실제로 시간을 단축시키는 과정은, 단축이 가능한 과업 가운데 단축 비용이 가장 작은 과업부터 줄여 나간다는 최소단축 비용(minimum expediting cost) 기준으로 진행된다. 이때 유의할 점은 반드시 주공정 위에 있는 과업만 줄여야 한다는 것이다. 왜냐하면 주공정 밖에 있는 과업은 여유시간이 있기 때문에 그 과업의 시간을 줄인다고 하더라도 프로젝트 전체 시간의 단축에 아무런 도움을 주지 못하기 때문이다. 위의 기준을 좀 더 자세히 정리하면 다음과 같다.

- 먼저 주경로상에 있는 과업을 단축 대상으로 한다.
- 그 가운데 단축 처리 비용이 가장 작은 과업을 선택하여 단축한다.
- 일단 단축작업이 일어나면 그 결과로 주경로가 바뀔 수 있기 때문에 PERT 알고리즘을 다시 수행하여 새로운 주경로를 찾는다.
- 새로운 주경로를 토대로 위의 과정을 반복한다.

그러면 실제로 프로젝트관리에서 시간을 줄일 수 있는 방법에는 무엇이 있을까? 첫째는 인력의 재배치(re-allocation)이다. 앞에서 살펴본 것처럼 여유시간이 있는 작업은 유휴인력이 있게 마련이다. 따라서 여유시간이 있는 작업의 남는 인력을 시급한 작업에 투입하는 방법이 가능하다. 둘째는 작업시간을 늘리는 방법이다. 원래의 근무시간보다 늦게까지 일을 한다거나(overtime) 근무조(shift)를 추가로 편성하여 일할 수 있는 것이다. 셋째는 아예 외주를 주는 방법(outsourcing)이다. 때로는 내부에서 해결하는 것보다 외부의 인력이나 자원을 활용하는 것이 시간 단축에 더 효과적일 수 있다.

이때 제기되는 질문은 이 시간 단축의 과정을 언제까지 계속할 것인가 하는 문제이다. 시간 단축 작업을 종료하는 기준이나 조건으로는 다음 몇 가지를 들 수 있다. 첫째, 지연에 따른 문제가 해소되는 시점이다. 즉, 시간이 충분히 단축되어 제 시간에 마칠 수 있게 되면 더 이상 작업시간을 줄일 필요가 없게 되는 것이다. 둘째, 단축이 비경제적이 되는 시점이다. 단축에 따른 추가비용이 커져서 시간을 줄임으로써 얻는 이익보다 시간을 줄이는 데 드는 비용이 더 커지게 되면 단축 작업을 중단해야 한다. 셋째, 시간 단축이 기술적으로 불가능해지는 시점이다. 아무리 자원을 추가로 투입하여도 시간을 줄이는 것이 기술적으로 불가능해지는 한계가 있기 마련이다. 이 한계에 다다르면 단축 작업은 종료될 수밖에 없다.

EXERCISE 연습문제

01 프로젝트의 특성을 서술하고, 그러한 특성 때문에 프로젝트관리는 표준화 제품의 관리와 어떻게 달라져야 하는지를 설명하라.

02 프로젝트관리의 전통적 기법인 간트 차트(Gantt chart)와 현대적 기법인 네트워크 차트(network chart)의 장단점을 비교하라.

03 프로젝트관리에 사용되는 WBS를 수업시간의 팀 프로젝트의 관리에 적용하여, WBS로 작성해 보라.

04 PERT 기법에서 각 과업에 걸리는 소요시간을 추정하는 세 가지 방법의 기본원리와 방식을 비교하여 설명하라.

05 다음의 정보를 바탕으로, PERT의 선행관계도를 작성해 보라.

과업	선행 과업
A	없음
B	없음
C	없음
D	A, B
E	C
F	C
G	D
H	E, F

06 다음의 표는 프로젝트를 구성하는 과업과 과업들의 관계 및 개별 과업의 소요시간에 대한 추정값이다. 이 정보를 이용하여 PERT의 선행관계도를 작성해 보라.

과업	선행 과업	소요시간(일)
A	없음	3
B	A	5
C	B	16
D	A	23
E	A	14
F	C, E	5
G	C, D	4
H	C	10
I	F, G, H	2

07 다음의 정보를 바탕으로, PERT 알고리즘을 통해 프로젝트의 주경로(critical path)를 구하라.

과업	선행 과업	최단치	정상치	최장치
A	없음	1	3	5
B	없음	3	6	12
C	A	5	8	11
D	B	3	4	5
E	C, D	4	10	16

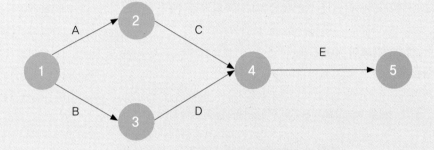

08 앞의 문제에서 프로젝트가 23일 안에 끝날 확률을 구하라.

09 다음은 신제품 개발 프로젝트에서 이루어지는 과업들의 선후 관계 및 과업의 소요시간에 대한 정보를 보여 주고 있다.

과업	선행 과업	소요시간(일)
A	없음	32
B	없음	28
C	A	46
D	B	32
E	B	74
F	D	26
G	D	42
H	C, E, F	30

(1) PERT의 선행관계도를 작성하라.
(2) PERT 알고리즘을 통해 *ES*, *EF*, *LS*, *LF*를 구하라.
(3) 여유시간이 없는 주경로와 반대로 여유시간이 가장 많은 경로를 찾으라.

10 프로젝트 일정을 단축시킬 때 중요한 기준과 단축방법을 제시하라.

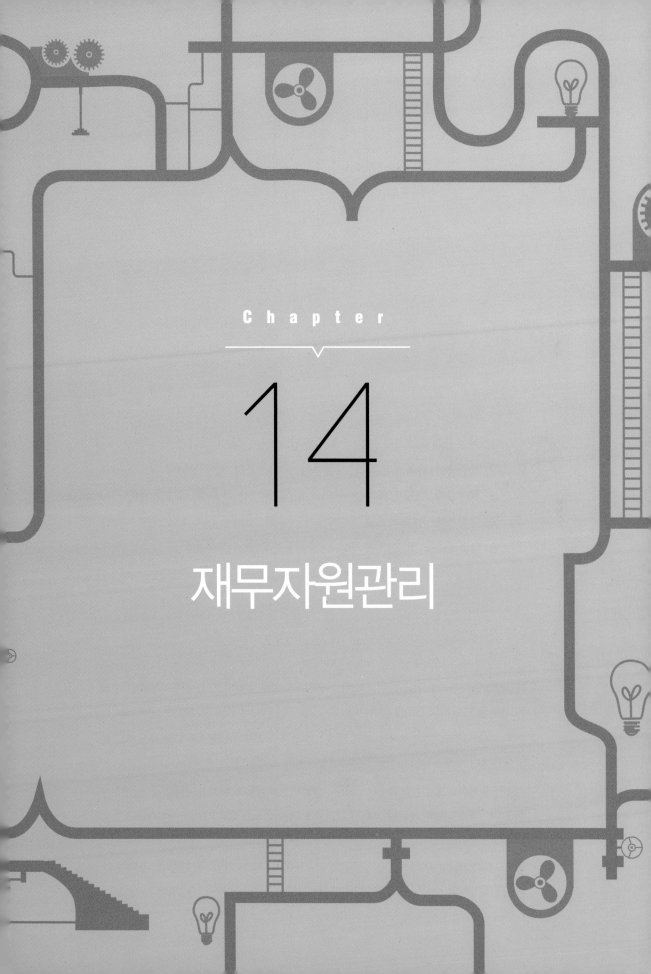

Chapter

14

재무자원관리

학습목표

- 재무상태표(대차대조표)와 손익분기점의 개념과 의미를 이해하고, 재무제표의 바탕이 되는 기본 등식과 적성 절차를 알아본다.

- 유동성분석, 안정성분석, 수익성분석, 활동성분석 등의 재무분석에 사용되는 주요 지표들을 알아본다.

- 전통적 원가회계에서 현대적 원가관리로 변해가는 배경을 이해하고, 간접비를 배분하는 주요 기준을 살펴보며, 원가수명주기 개념을 토대로 목표원가의 의미와 설정기준을 알아본다.

- 레버리지의 개념을 이해하고 단일품목과 복수품목의 손익분기점 계산 공식을 살펴보며, 영업 레버리지의 전략적 의미를 알아본다.

1 | 재무분석

인적자원 및 물적자원과 더불어 경영시스템의 또 다른 중요한 관리대상은 재무자원이다. 기업은 영리조직이다. 재무적으로 튼튼한 구조를 보유하고 알찬 성과를 내는 것이 기업의 궁극적인 목적이다. 하지만 사람이 모여 있고, 좋은 제품과 서비스를 생산한다고 해서 반드시 그 기업의 재무적 성공이 보장되는 것은 아니다. 따라서 재무자원의 분석도 경영시스템관리의 핵심주제가 된다.

물론 재무자원의 관리는 공학에서 전문적으로 다루는 주제는 아니다. 주로 경영학의 재무관리(finance management)나 회계학(accounting)의 영역에 속하는 주제라고 할 수 있다. 또 그 범위도 아주 넓어서, 재무자원을 조달하는 주제와 조달한 자본을 배분하거나 투자하는 주제가 모두 포함된다. 그러나 여기에서는 보유하고 있는 재무자원이 '어떤 상태'로 구성되어 있는지를 보는 주제와 재무자원을 활용하여 '얼마나 좋은 경영성과'를 내고 있는지를 보는 주제에 초점을 맞추어 알아보기로 한다. 또 제품과 서비스의 생산과 판매 과정에서 재무자원의 활용에 핵심적 영향을 미치는 원가(cost)와 레버리지(leverage)에 대해서도 살펴보기로 한다.

흔히 재무자원의 상태와 성과를 분석하는 작업을 줄여서 재무분석이라고 한다. 여기서는 재무상황을 정리한 자료를 읽는 법과 같은 기본적 지식에서부터 다양한 재무비율을 기준으로 재무상태를 심층적으로 분석하는 안목까지가 모두 포함된다. 재무상태표, 손익계산서와 같은 대표적 재무제표의 원리와 의미를 이해하고, 재무분석에 사용되는 각종 비율의 정의와 용도에 대해 알아보자.

1. 재무제표의 기본 개념

경영시스템의 재무자원을 관리한다는 것은 한마디로 다음 두 가지 측면에서 시스템을 분석하고 평가한다는 뜻이다. 하나는 재무적 구조와 상태가 얼마나 튼튼한가를 보는 것이다. 이것은 개인의 경우도 마찬가지이다. 예금이 얼마이고 부채가 얼마이고 부동산이 얼마이고 하는 것이 곧 개인의 재무상태가 얼마나 탄탄한지를 보여 주는 지표가 된다. 또한 재무상태는 갑자기 나타나는 것이 아니라 오랜 시간 쌓이면서 정해지는 것이기 때문에 저장 또는 축적(stock)의 수치이기도 하다. 다른 하나는 경영성과가 얼마나 좋은가를 보는 것이다. 이것 역시 개인에게도 해당된다. 한해 동안 얼마를 벌었고 얼마를 지출하였으며 연말에 저축을 할 여유가 있었는지 아니면 빚을 내어 살림을 꾸려왔는지 등은 그 개인의 재무활동이 얼마나 잘 이루어지고 있는지를 보여 준다. 이것은 한 해라는 기간 안에서의 성과만을 나타내기 때문에 흐름(flow)의 수치이다.

기업의 재무상태가 얼마나 튼실한지 또 경영성과가 얼마나 양호한지를 한눈에 알아볼 수 있도록 정리한 자료가 재무제표(financial statements)이다. 재무제표는 회계활동의 마지막 단계에서 작성되는 최종 산출물이자 경영활동으로 발생하는 모든 거래를 정리한 자료이다. 즉, 기업의 재무상태나 경영실적을 보여 주는 다양한 자료나 보고서를 통틀어서 부르는 개념이다. 이 가운데 특히 재무상태표 또는 대차대조표(balance sheet)와 손익계산서(income statement)는 핵심적인 자료이다. 따라서 회계전문가가 아닌 경우 재무제표라고 하면 이 두 가지 자료를 뜻하는 것으로 해석해도 큰 문제가 없다.

재무제표의 시작은 산업공학의 태동과도 연결되어 있다. 즉 20세기 전반부에 주식회사라는 본격적이고 전문적인 경영조직이 만들어지면서 재무제표의 필요성이 생겨난 것이다. 주식회사는 내부와 외부의 다양한 주주들이 모여 설립 및 운영하는 것이기 때문에 이들 사이의 이해를 조정하는 것이 필요하고, 그러한 조정을 위해서는 일정한 기간을 정하여 그사이에 기업의 재무상태와 경영성과가 어떻게 나타나는지를 보고하는(reporting) 활동을 해야만 한다. 이 활동을 체계적으로 수행하기 위해 회계(accounting) 분야에서 재무제표의 원리와 기준이 만들어진 것이다.

2. 재무상태표

🔷 기본 개념

개인과 마찬가지로 기업은 '현재 우리 회사의 재산이 얼마나 되며 그 재산이 어떤 요소들로 구성되어 있는가?'하는 문제에 깊은 관심을 가지게 되며, 회사 자체뿐만 아니라 이 회사에 투자를 했거나 투자를 할 사람들, 이 회사에 돈을 빌려주었거나 빌려줄 사람들에게도 중요한 관심사가 아닐 수 없다. 이 문제를 기업의 '재무상태(financial position)'라고 한다.

그러면 어느 시점에서 기업의 재무상태를 어떻게 파악할 수 있을까? 회계에서는 재무제표 가운데에서도 가장 첫 번째 자료인 재무상태표(balance sheet)로 전반적인 재무상태를 알아볼 수 있다. 재무상태표는 과거에는 대차대조표라고 불렀으나 국제회계기준(IFRS)에 맞추어 오늘날에는 재무상태표라고 부른다. 재무상태표(대차대조표)는 '일정 시점에서 기업의 전반적인 재무상태를 토대로 재무구조의 건전성(양호도)을 파악할 수 있는 기본 자료'로 정의된다. 여기서 말하는 일정 시점은 주로 회계연도가 끝나는 시점을 가리킨다. 즉, 회계상 그 해의 경영활동이 마무리되는 시점에서 재무상태표를 만드는 것이다.

재무상태표로부터 재무상태를 알아보는 것의 이론적인 근거는 무엇일까? 재무상태표는 애당초 '재무상태표 등식 또는 대차대조표 등식(balance sheet equation)'이라고 불리는 회계등식을 토대로 설계되었다. 이 등식은 한 기업이 보유하고 있는 경제적 자원의 총합은, 그 기업이 외부인에 대해 지고 있는 의무와 기업 자체가 가지고 있는 잔여지분을 합한 양과 같아야 한다는 가정을 전제로 한다. 개인을 예로 들어, 어떤 사람이 은행에서 2억 원의 대출을 받아 5억 원짜리 아파트를 보유하고 있다고 하자. 그러면 아파트라는 재산의 총 가치 5억 원은 크게 자신의 권리 3억 원과 은행의 권리 2억 원의 두 부분으로 구성된다. 마찬가지로 기업의 자산도 크게 두 가지의 구성요소, 즉 자산에 대한 외부인의 청구권(claims)인 부채와 기업 자체가 소유하고 있는 목록(inventory)인 자본으로 구성된다고 가정하는 것이다. 이 가정을 정량적으로 표현하면 [자산 = 부채 + 자본]이라는 재무상태표 등식이 된다. 또 이 식을 달리 표현하면 [자본 = 자산 − 부채]가 된다. 이것을 자본 등식이라고 한다.

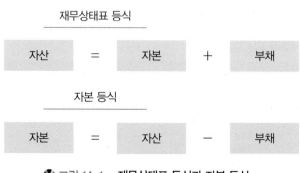

🏵 그림 14-1   **재무상태표 등식과 자본 등식**

재무상태표를 자산, 부채, 자본으로 나누는 것은 기업의 전반적인 재무상태를 몇 가지 부분으로 나누어 좀 더 자세히 살펴본다는 것을 뜻한다. 우선 '자산' 부분으로부터, 그 기업의 전체적인 재력이 어느 정도이며 보유하고 있는 자금을 어떻게 사용하고 있는가를 알 수 있는 정보를 획득할 수 있다. 또 '자본과 부채' 부분으로부터는, 그 기업이 자금을 어떻게 조달하고 있는지, 즉 누구의 어떤 돈으로 구성되어 있는가를 알 수 있는 정보를 얻을 수 있다.

재무상태표 등식을 구체적으로 표현하기 위해서는, 몇 가지 일정한 '양식'과 '순서'를 따라야 한다. 첫째, 양쪽을 대비시킨다는 뜻에서, 전체를 왼쪽과 오른쪽으로 나누어 왼쪽을 차변, 오른쪽을 대변이라고 부른다. 이처럼 대변과 차변을 대비시키기 때문에 재무상태표를 과거에는 대차대조표라고 불렀던 것이다. 그다음에 거래가 발생할 때마다 거래 금액을 왼쪽의 차변에 자산으로, 오른쪽의 대변에 부채나 자본으로 표시한다. 예를 들어, 자본금 10억 원으로 창업을 하면 왼쪽에는 유동자산의 증가로, 오른쪽에는 자본의 증가로 기입한다. 또 5억 원의 대출로 설비를 구입하면 왼쪽에는 설비자산의 증가로, 오른쪽에는 부채의 증가로 기입하여 양쪽의 균형이 이루어지도록 한다. 이렇게 하면 어떤 종류의 거래가 발생하더라도 그 거래로 인해 재무상태가 어떻게 바뀌는지를 파악할 수 있다. 둘째, 전체 자금을 성격에 따라 나눈다는 뜻에서, 자금의 흐름을 기준으로 유동성과 비유동성으로 구분한다. 흔히 유동성과 비유동성을 나누는 기준은 1년이다. 즉, 1년 이내에 현금으로 만들 수 있는 자산은 유동자산이고 1년 이상의 시간이 걸리면 비유동자산이 된다. 마찬가지로, 1년 이내에 갚아야 하는 부채는 유동부채이고, 1년 이후에 갚아도 되는 부채는 비유동부채가 된다. 그 다음에 유동성이 높은 자금을 먼저, 그리고 비유동성이 높은 자금을 뒤에 배열한다. 예를 들어, 자산의 경우라면, 유동성이 높은 당좌자산과 재고자산을 위에 배치하고, 비유동성이 높은 투자자산, 유형자산, 무형자산 등을 아래에 배치시킨다. 표 14-1에 이러한 양식과 순서에 의한 재무상태표의 기본 구조가 나타나 있다.

표 14-1 재무상태표의 기본 구조

자산 = 자금의 운용		부채와 자본 = 자금의 조달	
유동자산	• 당좌자산 • 재고자산	부채	• 유동부채 • 비유동부채
비유동자산	• 투자자산 • 유형자산 • 무형자산	자본	• 자본금 • 자본잉여금 • 이익잉여금 • 자본조정

재무상태표의 실제

앞에서 설명한대로, 재무상태표는 저장(stock)의 개념에서 '특정 시점'에 작성되는 것이다. 이는 다음에 얘기할 손익계산서가 '일정 기간'을 대상으로 흐름(flow)의 개념으로 작성한다는 점과 대비된다. 따라서 재무상태표는 회계기간 마지막에 한 번 작성하는 것을 원칙으로 한다. 표 14-2에, 실제로 2002년 말과 2003년 말에 공시된 A 기업의 재무상태표가 예시되어 있다. 표에서 보듯이, 왼쪽의 자산의 총합과 오른쪽의 자본 및 부채의 총합은 정확하게 일치하여 '대차가 맞음'을 알 수 있다.

재무상태표를 바탕으로 크게 두 가지의 분석이나 평가를 할 수 있다. 하나는 동태적(dynamic) 또는 시계열(time-series) 분석이다. 특정기업을 놓고, 그 기업의 재무상태가 시간의 흐름에 따라 어떻게 변하는지를 분석하는 것이다. 회계연도 사이에 전체 크기의 변화, 구성 비율의 변화, 개별항목의 변화가 어떻게 나타나는지 또 지속적으로 증가 또는 감소하는 추세(trend)가 보이는지 등에 초점을 맞춘다. 다른 하나는 비교(comparative) 또는 횡단(cross-sectional) 분석이다. 특정 시점에서 해당기업과 다른 경쟁기업들의 재무상태를 비교한다든가, 산업(시장) 전체의 평균 수준과 대비시켜 본다든가 하는 작업을 하는 것이다.

표 14-2   재무상태표 예시 : A 기업　　　　　　　　　　　　　　　　　(단위 : 백만 원)

자산			자본 및 부채		
과목	2002년	2003년	과목	2002년	2003년
I. 유동자산	4,917	4,543	I. 부채	9,586	8,337
1. 당좌자산	3,688	3,081	1. 유동부채	3,589	3,510
2. 재고자산	1,229	1,462	2. 비유동부채	5,980	4,827
II. 비유동자산	13,054	13,224	3. 이연부채	17	0
1. 투자자산	2,886	3,991	II. 자기자본	8,385	9,430
2. 유형자산	9,669	8,930	1. 자본금	482	482
3. 무형자산	148	303	2. 자본잉여금	3,904	3,670
4. 이연자산	351	0	3. 이익잉여금	4,086	6,662
			4. 자본조정	△ 87	△ 1,384
자산총계	17,971	17,767	자본총계	17,971	17,767

3. 손익계산서

⬢ 기본 개념

　재무상태 다음으로 기업이 관심을 갖는 것은 '지난 한 해 동안 우리 회사는 얼마나 잘 장사를 해서 얼마의 이익을 남겼는가? 아니면 반대로 얼마나 손해를 보았는가?'라는 질문이다. 이 질문은 기업 자체뿐 아니라 외부의 이해당사자에게도 매우 중요한 관심사이다. 이 주제를 회계에서는 '경영성과(results of business)'라고 한다.

　그러면 어느 기간 동안의 경영성과를 어떻게 측정할 수 있을까? 이 질문에 대한 답으로 작성되는 회계자료가 재무제표 가운데 두 번째 자료인 손익계산서(income statement)이다. 손익계산서는 '일정 기간 동안에 기업이 수행한 경영활동의 결과로 나타난 성과를 측정하여 수익성을 평가할 수 있는 기본 자료'로 정의할 수 있다. 여기서 말하는 일정 기간은 일반적으로 회계연도가 시작된 시점에서 끝나는 시점까지의 기간을 가리킨다.

　손익계산서로부터 경영성과와 수익성을 평가할 수 있는 것의 이론적인 근거는 무엇일까? 앞에서 설명한대로, 회계상의 이익은 손익법의 기준과 재산법의 기준을 동시에 포함한다. 이 논리를 간단한 예로 설명해 보자. 도매상에게서 물건을 떼다가 소매로 파는 어떤 사람이 일 년 동안 번 돈을 계산하기 위해서는 다음 두 가지 측면을 고려할 수 있다. 하나는, 한 해 동안 얻은 수익에서 들어간 비용을 뺀 금액을 순수입으로 계산하는 측면이다. 다른 하나는, 팔지 못하고 남아 다음해로 넘겨야 할 연말재고에다가 전년도에서 이월되어 처음에 가지고 있던 연초재고를 뺀 금액을 순수입으로 계산하는 측면이다.

　이러한 기준에 따라 손익계산서는 먼저 '회계상의 이익은 수익과 비용의 차이로 한다'는 손익법을 토대로 한다. 이 원칙에 의해 [총수익 – 총비용 = 순이익] 이라는 손익법의 공식이 성립한다. 다음으로 손익계산서는 '회계상의 이익은 기말의 순자산(기말 자본)과 기초의 순자산(기초 자본)의 차이로 한다'는 재산법을 토대로 한다. 이 원칙에 의해 [기말자본 – 기초자본 = 순이익]이라는 재산법의 공식이 성립한다.

손익법 공식

| 총수익 | + | 총비용 | = | 순이익 |

재산법 공식

| 기말자본 | − | 기초자본 | = | 순이익 |

✿ 그림 14-2   수익−비용−손익의 관계 : 손익법 공식과 재산법 공식

위의 원칙과 방법을 기초로 하여 실제로 손익계산서를 작성하는 과정은 정해진 일정 기간, 즉 1년간의 회계연도에 대해 수익의 계산 → 비용의 계산 → 순이익의 결정이라는 순서를 따라 이루어진다. 즉, 그림 14-3에 나타나 있듯이, 수익과 비용을 몇 단계로 세분하여 순차적으로 기입하게 되는 것이다. 이 과정을 좀 더 자세히 살펴보자.

- 1단계 : 제일 위에 한 해 동안 얻은 총 매출액을 적은 후, 그 밑에서 생산활동에 직접 사용한 총 비용인 매출원가를 빼주면 일차적으로 매출총이익을 계산할 수 있다.

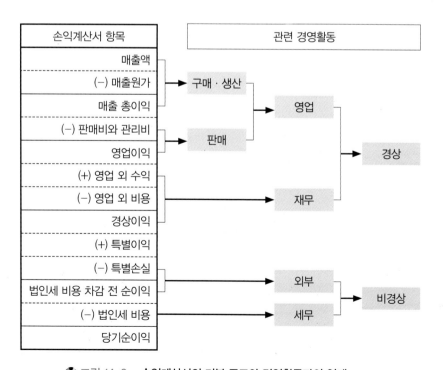

✿ 그림 14-3   손익계산서의 기본 구조와 경영활동과의 연계

- 2단계 : 그 다음으로 생산과정을 간접적으로 지원하는 활동이나 만든 물건을 판매하는 활동에 들어간 비용인 판매와 관리비를 빼주면 영업이익을 계산할 수 있다.
- 3단계 : 은행이자와 같이 생산이나 영업과 관계없이 발생한 영업 외 수익이나 비용을 더하거나 빼주면 경상이익을 계산할 수 있다.
- 4단계 : 보험금을 돌려받는다든가 재해로 피해를 본다든가 하는 것과 같이 생산이나 영업과 상관없이 예기치 않게 생기는 특별이익이나 특별손실을 더하거나 빼주면 세금을 내기 전(before-tax)의 세전순이익을 계산할 수 있다. 여기서 세전(稅前)이라는 말은 세금을 내기 전이라는 뜻이다.
- 5단계 : 마지막으로 법이 정한 일정한 비율의 법인세를 납부하고 나면 당기순이익을 계산할 수 있다. 당기순이익은 세금을 낸 후(after-tax)의 이익이라는 의미에서 세후(稅後)순이익이라고도 한다.

손익계산의 흐름과 경영활동과의 연계를 알아보자. 매출이익의 계산은 구매 및 생산활동과 관련되어 있고, 영업이익의 계산은 판매활동과 관련되어 있으며, 경상이익의 계산은 재무활동과 관련되어 있다. 그리고 이 모든 활동은 넓은 의미의 경상활동이 된다. 그러나 그 이후에 세전이익 및 당기순이익의 계산은 기업 외의 요인들에 의해 결정되므로 비경상활동과 연계되어 있다.

🎯 손익계산서의 실제

앞에서 설명한 대로, 대차대조표가 '특정 시점'을 대상으로 하는 저장(stock) 개념인 데 반해, 손익계산서는 흐름(flow)의 개념, 즉 '일정 기간'을 대상으로 작성되는 것이다. 따라서 손익계산서는 xxxx년 1월 1일 – xxxx년 12월 31일의 기간으로 표시된다. 표 14-3에 실제로 공시된 A 기업의 2002년 및 2003년의 손익계산서가 예시되어 있다.

🌑 표 14-3 **손익계산서 예시 : A 기업** (단위 : 백만 원)

손익계산서	2002년	2003년
I. 매출액	11,138	11,692
II. 매출원가	8,905	9,055
III. 매출총이익	2,232	2,637

(계속)

손익계산서	2002년	2003년
Ⅳ. 판매비와 관리비	512	538
1. 인건비	37	46
2. 경비	149	162
3. 판매비	326	330
Ⅴ. 영업이익	1,720	2,099
Ⅵ. 영업 외 수익	1,073	530
Ⅶ. 영업 외 비용	1,378	1,298
Ⅷ. 경상이익	1,415	1,331
Ⅸ. 특별이익	1	958
Ⅹ. 특별손실	24	0
Ⅺ. 법인세 차감 전 순이익	1,392	2,288
Ⅻ. 법인세	270	651
XIII. 당기순이익	1,123	1,637

4. 재무비율

재무상태표(대차대조표)나 손익계산서는 기업의 재무상태나 경영성과를 파악할 수 있는 가장 기본적인 자료이다. 따라서 이들에 대한 일차적인 분석을 토대로 기업의 전반적인 재무상태나 경영실적을 어느 정도는 이해할 수 있다. 또 회계에 대한 전문지식이 없는 공학도라고 하더라도 재무상태표나 손익계산서를 잘 들여다보면 회계부문의 전반적인 현황을 파악하기는 그리 어렵지 않다. 실제로 앞 절에서 설명한 재무제표의 기본을 이해하고 나면 연말에 신문에 공고되는 여러 회사들의 경영실적을 어느 정도는 파악할 수 있다.

그러나 재무제표가 제공할 수 있는 정보는 다음 두 가지 측면에서 제한적일 수밖에 없다. 첫째, 재무제표는 이미 분류된 항목별로 계산된 값을 하나하나 정리하여 기입한 것에 불과하기 때문에 항목 간의 상호관계라든가 상대적인 비중 등을 파악하기 어렵다. 둘째, 재무제표는 과거에 일어났거나 현재 진행되고 있는 사실을 기록한 것이기 때문에 그 자체로서는 과연 우리 기업이 '절대적'으로 좋은 상태인지 아니면 나쁜 상태인지, 다른 경쟁기업과 비교하여 성과가 '상대적'으로 좋은 것인지 나쁜 것인지를 알기 어렵다. 예를 들어, 재무상태표에서 유동비율이 높게 나온다고 해서 그것이 반드시 좋다 혹은 나쁘다라고 단정짓기 어려우며, 상당한 부채를 가지고 있다고 해서 그것이 빚을 전혀 안 쓰는 이른바 무차입 경영전략보다 언제나 더 바람직하다고 말할 수는 없는 것이다.

하지만 많은 자료와 경험을 근거로 바람직한 재무제표의 모습이 어떤 범위와 수준 안에 있어야 하는가를 얘기할 수는 있다. 특히, 외부의 평가기관이나 감독기관은 나름대로의 공정하고 객관적인 기준치를 설정하고 있어서, 그 범위에 포함될 경우 기업에게 좋은 점수를 주고, 그 범위를 크게 벗어날 경우 나쁜 점수를 주고 있으며, 투자자들이나 대출기관은 이 점수를 토대로 의사결정을 하고 있다.

이러한 목적과 용도로 이루어지는 경영활동이 바로 재무분석(financial analysis)이다. 따라서 재무분석은 재무제표와 불가분의 관계에 있으면서 동시에 보완적인 관계에 있다. 재무분석 자체가 재무제표에 나타난 정보를 토대로 이루어지기 때문에 재무제표와 재무분석은 결코 분리하여 생각할 수 없다. 하지만 재무분석은 한걸음 더 나아가 재무제표가 제공할 수 없는 정보를 추가로 제공하기 때문에 보완적인 성격을 지니고 있다.

재무분석에서는 정량적인 '비율(ratio)'을 계측하여 그것을 하나의 지표(index)로 사용함으로써 절대적 내지 상대적 평가를 하게 된다. 이론적으로 보면 재무비율은 무수히 만들어 낼 수 있다. 그러나 가능한 모든 비율을 사용한다면 엄청난 시간과 노력이 필요할 뿐 아니라, 무의미한 값도 나올 수 있으며, 어떤 값들은 겉으로는 다른 지표지만 실제로는 같은 의미를 갖는 경우도 생길 수 있다. 그래서 재무분석에서는 기업의 재무상태나 경영성과를 파악할 수 있는 몇 가지의 중요한 관점을 설정한 후, 각 관점에서 세부적으로 제시될 수 있는 여러 가지 비율을 개발하여 사용하고 있다.

재무분석의 핵심적인 관점은 기업이나 개인의 성격과 목적에 따라 달라질 수 있으나 일반적으로 (1) 유동성분석, (2) 안정성분석, (3) 수익성분석, (4) 활동성분석으로 나눌 수 있다.

유동성은 기업이 바로 빚을 갚는 데 쓸 수 있는 현금과 같은 유동자산을 얼마나 많이 보유하고 있는가를 나타낸다. 기업의 자산이 많다고 해도 당장 쓸 수 있는 현금이 없으면 원활한 경영활동이 어려워진다. 안정성은 남에게서 빌린 돈에 비해 나 자신이 만들어 보유하고 자기자본이 얼마나 많은지를 보여 준다. 마찬가지로, 기업의 자산이 많다고 해도 내 돈보다 남의 돈이 많다면 부실기업이 될 위험이 크다. 따라서 유동성분석과 안정성분석은 기업의 '재무상태'를 세부적으로 살펴보는 데 사용한다.

한편, 수익성은 말 그대로 기업이 얼마나 효율적으로 돈을 벌었는가를 의미한다. 워낙 이익이 작은 것은 말할 필요도 없고 매출은 많은데, 이익이 작은 것도 문제가 있다. 자본이나 매

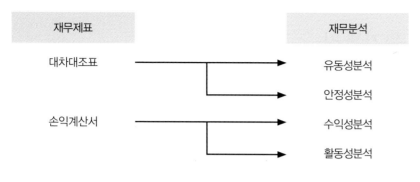

❋ 그림 14-4　재무제표와 재무분석

출의 크기와 비교했을 때 이익이 상대적으로 크게 나타나야 진정한 의미에서 수익성이 높은 것이다. 활동성은 기업이 가지고 있는 자원을 얼마나 효율적으로 사용하고 있는가를 뜻한다. 기계설비가 충분히 가동되고 있는지, 재고는 쌓이지 않고 그때그때 유통이 이루어지고 있는지 등에 의해 기업이 얼마나 활기 있게 돌아가고 있는지를 알 수 있다. 그러므로 수익성분석과 활동성분석은 기업의 '경영 실적'을 자세히 알아보는 데 사용한다.

그림 14-4에 제시되어 있는 것처럼, 처음 두 가지 분석은 기업의 재무상태를 보여 주는 재무상태표를 토대로 하며, 다음 두 가지 분석은 기업의 경영실적을 보여 주는 손익계산서를 토대로 한다. 즉, 유동성과 안정성은 재무상태표가 제공하는 정보를 가지고 평가할 수 있으며 수익성과 활동성은 손익계산서에 담겨 있는 정보를 이용하여 평가할 수 있다.

구체적으로 사용되는 비율 지표에는 어떤 것들이 있는지를 표 14-4에 요약하여 제시하였다.

🌑 표 14-4　재무비율분석의 체계

분류	목적	세부지표
유동성 비율 (liquidity ratio)	단기 채무상환능력을 측정	유동비율, 당좌비율 등
안정성 비율 (leverage ratio)	타인자본 의존도와 장기 채무상환능력을 측정	부채비율, 자기자본비율 등
수익성 비율 (profitability ratio)	경영의 재무적(화폐적) 효율성을 측정	총자본이익률, 자기자본순이익률, 매출액이익률 등
활동성 비율 (activity ratio)	물리적 경영자원의 활용도 및 효율성을 측정	총자산회전율, 재고자산회전율, 고정자산회전율 등

2 | 원가관리

1. 원가의 기본 개념

원가(cost)는 제품이나 서비스를 만들어 내는 데 들어가는 비용을 뜻한다. 그러나 원가의 실질적인 정의는 개인이나 기업의 기준이나 관점에 따라 달라질 수 있다. 예를 들어 식당의 경우, 음식이라는 제품만을 보면 식재료 구입 비용과 요리사 월급이 원가이지만, 식당 전체로 보면 그 외에 임대료, 관리비, 광고비 등도 모두 원가에 포함된다.

원가회계(cost accounting)는 한마디로 원가를 계산하는 작업이다. 그렇다면 원가회계의 의미와 용도는 무엇일까? 당연한 말이지만 원가를 알아야 적절한 가격을 매길 수 있고, 그 가격으로 나온 매출로부터 얼마만큼의 이익을 얻었는지를 알 수 있다. 이어서 이익이 얼마가 났는지를 알아야 재무제표를 만들 수 있고, 나아가 경영관리가 어떤 상태에 있는지를 판단할 수 있다. 즉, 원가회계는 한편으로는 앞에서 설명한 재무제표를 작성하는 데 필요한 정보이자 다른 한편으로는 내부관리용 분석자료를 작성하는 데 필요한 정보인 '원가 정보'를 획득하는 일을 의미한다.

전통적인 원가회계는 주로 제조기업의 제품원가를 계산하는 활동을 뜻하였다. 제조활동을 하지 않는 도소매상 기업의 경우에는 원가의 계산이 아주 간단하기 때문에 대부분의 경우 원가회계가 따로 필요하지 않다. 그러나 제조기업의 경우는 다양한 설비와 복잡한 공정을 통해 제품이 만들어지기 때문에, 재무제표를 정확히 작성하기 위해서는 원가회계의 역할이 중요하다. 하지만 규모에서는 대량생산, 범위에서는 다품종생산이 이루어질수록 현장에서 원가를 파악하는 것이 점점 더 어려워지게 된다. 또한 제품의 구조와 물류의 흐름이 복잡해지고 첨단설비의 도입이 늘어나면서 원가를 정확히 측정하기가 더욱 힘들어진다. 원가계산의 원리와 방식을 정하는 일이 회계의 주요 주제로 부상하게 된 이유가 여기에 있다.

하지만 오늘날의 원가회계는 단순한 회계활동의 범위를 넘어, 종합적인 관리활동의 하나로 인식되고 있다. 단지 재무제표를 만들기 위한 원가의 계산에 그치는 것이 아니라, 기업의 경쟁력을 높이기 위한 전략적 활동이 되고 있는 것이다. 이에 따라 전통적인 원가회계라는 이름 대신 보다 포괄적이면서도 전략적인 의미를 담은 원가관리(cost management)라는 명칭이 사용되고 있다. 이러한 추세의 배경에는 다음 두 가지의 요인이 자리 잡고 있다. 첫째는 기술의 진보와 확산이다. 거의 모든 경영시스템에서 기술집약적인 제품이 생산되고, 자동화된 새로운 공정이 도입되고 있으며, 모든 거래내역이 정보시스템을 통해 관리되고 있는 것이다. 따라서 효과적인 원가관리를 위해서는 회계전문가의 역할 못지않게 엔지니어의 역할이 중요해지고 있다. 둘째는 신제품 개발을 위한 연구개발 투자의 증가이다. 전통적인 원가회계가 제조활동의 원가 계산에 초점을 맞추고 있었다면, 오늘날의 원가관리는 기술개발이나 엔지니어링 활동의 원가기획이나 원가설계에 초점을 맞추고 있다. 따라서 오늘날의 원가관리에서는 이공계 인력의 전문성이 필수적인 요소가 된다.

2. 제조원가의 구성

이공계 관점에서 보면, 원가회계의 핵심은 제조원가(manufacturing cost)를 계산하는 작업이다. 여기서 제조라고 하는 것은 하드웨어 제품을 생산하는 제조업 형태의 기업뿐 아니라, 소프트웨어 개발 기업, 서비스 형태의 기업 등을 망라하여 판매나 거래대상을 만들어 내는 행위에 공통적으로 적용되는 개념이다.

원가를 계산하기 위해서는 먼저 원가를 구성하는 요소들이 무엇인지를 알아야 한다. 원가는 어떤 요소들의 합(sum)으로 이루어질까? 원가의 구성은 관점과 목적에 따라 크게 다음 몇 가지 방식으로 나타낼 수 있다. 첫째, 제품(서비스)과 연관된 정도에 따라 크게 직접비와 간접비의 두 요소로 나눌 수 있다. 이 분류는 원가 = 직접비 + 간접비의 합으로 원가를 표현하는 회계의 관점에 초점을 맞춘 것이다. 둘째, 원가가 만들어지는 내용으로 보면 크게 재료비, 노무비, 경비의 세 요소로 나눌 수 있다. 이 분류도 원가 = 재료비 + 노무비 + 경비의 합으로 원가를 계산하는 회계의 관점을 나타낸다. 셋째, 생산설비의 사용 수준 즉 조업도로 보면 크게 변동비와 고정비의 두 요소로 나눌 수 있다. 이것은 뒤에서 설명할 레버리지 분석에서 이익 = 가격 − 원가 = 가격 − 변동비 − 고정비의 식으로 이익을 파악하는 관점을 뜻한다.

회계의 관점에서 제조원가를 계산할 때에는 첫째와 둘째의 분류를 기준으로 원가를 바라본다. 기본적으로 제조원가는 그림 14-5에서 알 수 있듯이, 먼저 직접비와 간접비로 구분된다. 직접비는 말 그대로 어떤 상품이나 서비스 하나하나를 만드는 데 직접적으로 들어간 원가이다. 직접비는 다시 재료비와 노무비로 구성된다. 재료비는 원재료의 생산이나 구입에 들어간 비용이고, 노무비는 제조활동에 실제로 참여한 종업원들에게 지급된 비용을 뜻한다. 직접비에 반해 간접비는 개별 제품의 제조에 들어간 원가가 아니라, 제품 전체를 제조하는 과정에 간접적으로 녹아 들어간 원가이다. 공장 전체의 전기요금, 냉난방비, 창고관리 등은 대표적인 간접비의 예이다. 물론 재료비나 노무비 중에도 제품 전체에 투입되는 간접재료비나 간접노무비도 일부 있을 수 있다.

이때 원가회계의 실질적인 내용은 간접비를 계산하는 작업이라고 해도 과언은 아니다. 왜냐하면 직접비는 제품 하나하나에 직접 투입되어 원가를 파악하기가 용이한 반면, 간접비는 모든 제품에 나누어 들어가므로 원가를 계산하기가 힘들기 때문이다. 따라서 직접비와 비교하여 간접비의 비중이 커질수록 원가 계산의 불확실성과 부정확성도 커지게 된다. 특히 기술혁신에 의해 제품의 구성, 공정의 설계, 설비의 유형 등이 바뀌면 원가 계산의 기준과 방식도 거기에 맞추어 달라져야 한다.

정확한 간접비의 계산이 어려워지는 만큼 간접비의 계산이 잘못될 경우의 문제점도 커지게 된다. 왜냐하면 간접비를 배분하는 과정에서 오류가 발생하면 이어서 원가계산의 오류가 발생하고 그 결과 가격(pricing)도 잘못 매기게 되는 전략적 실수로 연결되기 때문이다.

✿ 그림 14-5　**제조원가의 구성**

3. 원가회계의 실무

지금까지 원가회계가 회계시스템 내에서 어떤 의미를 갖는지, 그리고 원가회계 정보가 재무제표와 어떻게 연계되어 있는지를 살펴보았다. 그러면 지금부터 원가를 계산하는 실무적 방법과 기준에 대해 알아보자.

앞에서 잠깐 언급한대로, 원가회계의 실무는 결국 제조간접비를 어떠한 기준과 방법으로 하나하나의 제품에 분배하느냐를 결정하는 문제로 요약할 수 있다. 직접비는 원가의 소재가 분명하므로 개별제품에 투입된 양을 그대로 분배할 수 있지만, 간접비는 모든 제품의 제조과정에 묻어 있기 때문에 어떻게 제품 각각의 원가로 나누어 계산할 것인가 하는 것이 회계실무의 핵심이 되는 것이다.

전통적인 원가회계에서 간접비를 노무비(시간)나 기계시간의 비율로 분배하는 기준은 실제로 얼마나 공장을 오래 돌렸느냐 하는 '조업도'에 따라 간접비를 나눈다는 원칙에 근거하고 있다. 즉, 어느 작업이나 공정의 조업도가 높다면 당연히 간접비도 많이 투입되었다고 가정할 수 있으므로, 그 비율로 간접비를 분배하는 것이 합리적이라는 논리이다. 이때 조업도를 측정하는 지표로서, 사람이 얼마나 많이 참여하는가(노무비 또는 노무시간), 혹은 기계를 얼마나 오래 사용하였는가(기계시간)를 사용하는 것이다.

(1) 직접노무비 기준

이 기준은 제조간접비를 직접노무비 사용량에 비례하여 분배한다. 이 기준의 기본 가정은, 어느 제품의 생산에 많은 인력이 투입되었으면 제조간접비도 거기에 맞추어 많이 배분하는 것이 타당하다는 논리에 근거하고 있다. 따라서 이 기준은 노무비의 비중이 큰 노동집약적 기업에 적합하다.

(2) 직접노동시간 기준

이 기준은 제조간접비를 직접노동시간에 비례하여 분배한다. 인력의 사용량을 분배 기준으로 한다는 점에서 이 기준은 앞의 직접노무비 기준과 근본적인 차이는 없다. 다만, 비용과 시간이 항상 일치하는 것은 아니므로 실제 계산에서 약간의 차이가 날 수는 있다. 이 기준도 역시 노동집약적 기업에 적용된다.

(3) 기계시간 기준

이 기준은 제조간접비를 기계시간의 사용량에 비례하여 분배한다. 이 기준은 어느 제품의 생산에 많은 기계가 오래 사용되었다면 간접비도 거기에 따라 많이 배분하는 것이 타당하다는 논리에 근거하고 있다. 따라서 이 기준은 기계설비의 비중이 큰 자본집약적 기업에 적합하다.

이제 간단한 예제를 가지고 실제로 간접비를 배분하고, 원가를 계산하는 절차를 살펴보자. 어느 기업에서는 2004년 5월 중에 A-100, A-200, A-300의 세 가지 작업을 수행하였다. 제조원가에 대한 정보는 표 14-5와 같다.

🌑 표 14-5 제조원가 정보

구분	A-100	A-200	A-300	계
직접재료비(원)	300,000	300,000	400,000	1,000,000
직접노무비(원)	500,000	300,000	800,000	1,600,000
직접노동시간(시간)	1,250	750	2,000	4,000
기계시간(시간)	1,400	1,200	2,400	5,000
제조간접비(원)		2,000,000		

먼저 직접노무비 기준, 직접노동시간 기준, 기계시간 기준의 세 가지 간접비 배부기준의 차이에 따라 '제조간접비 배부율'이 어떻게 정해지는지를 보자.

- 직접노무비 기준
  배부율 = 제조간접비/직접노무비 = 2,000,000/1,600,000 = 125(%)
- 직접노동시간 기준
  배부율 = 제조간접비/직접노동시간 = 2,000,000/4,000 = 500(원/시간)
- 기계시간 기준
  배부율 = 제조간접비/기계시간 = 2,000,000/5,000 = 400(원/시간)

이제 배부 기준에 따라 작업별 제조원가를 표 14-6~14-8과 같이 계산해 보자.

🔵 표 14-6   직접노무비 기준

구분	A-100	A-200	A-300	계
직접재료비(원)	300,000	300,000	400,000	1,000,000
직접노무비(원)	500,000	300,000	800,000	1,600,000
제조간접비(원)	625,000	375,000	1,000,000	2,000,000
합계(원)	1,425,000	975,000	2,200,000	4,600,000

🔵 표 14-7   직접노동시간 기준

구분	A-100	A-200	A-300	계
직접재료비(원)	300,000	300,000	400,000	1,000,000
직접노무비(원)	500,000	300,000	800,000	1,600,000
제조간접비(원)	625,000	375,000	1,000,000	2,000,000
합계(원)	1,425,000	975,000	2,200,000	4,600,000

🔵 표 14-8   직접노동시간 기준기계시간 기준

구분	A-100	A-200	A-300	계
직접재료비(원)	300,000	300,000	400,000	1,000,000
직접노무비(원)	500,000	300,000	800,000	1,600,000
제조간접비(원)	560,000	480,000	960,000	2,000,000
합계(원)	1,360,000	1,080,000	2,160,000	4,600,000

위에서 보듯이, 간접비 배부 기준이 직접노동비나 직접노동시간의 경우에는 원가계산의 차이가 없다. 그러나 기계시간을 기준으로 하는 경우에는 상당한 차이가 발생한다. A-100과 A-300의 원가가 줄어드는 반면, A-200의 원가는 늘어난다. 그 이유는 각 작업에서 사용한 인력과 기계의 비중이 다르기 때문이다.

4. 원가관리

앞에서 언급한대로, 오늘날의 원가회계는 단순한 회계(accounting) 개념으로부터 보다 폭넓은 관리(management) 개념으로 이행하고 있다. 이러한 변화가 일어나고 있는 배경과 원인으로는 첫째, 전통적 원가회계가 안고 있는 문제점에 대한 비판이 제기되고 있는 점, 둘째, 원가의 구성요소와 원가관리의 대상이 바뀌고 있는 점, 셋째, 원가결정의 시점이 달라지고 있는 점을 들 수 있다. 이를 좀 더 자세히 살펴보자.

⬣ 전통적 원가회계의 문제점

1980년대 이후 전통적인 원가회계시스템에 대한 비판이 나타나기 시작하였다. 이 비판론이 제기하고 있는 전통적 원가회계의 문제점들을 정리하면 다음과 같다.

첫째, 전통적 원가회계는 비재무적 요인을 경시하고 있다. 화폐단위로 잴 수 없는 품질, 고객만족, 시장점유율 등이 전혀 반영되지 않고 있다는 지적이다. 둘째, 원가계산방식과 기준이 낡아 원가 자체가 부정확하게 계산된다는 지적이다. 만일 원가의 계산이 잘못된다면 가격 책정(pricing), 제품 비중의 구성(product mix) 등의 전략적 의사결정에 오류를 가져오게 된다. 셋째, 원가정보를 얻어내는 시점이 지연된다는 문제점이 있다. 회계연도 말에 원가정보를 찾아내면 그 의미를 경영활동에 반영하기에는 너무 늦다는 것이다. 넷째, 전통적 회계시스템은 단기적 수익성만을 지나치게 강조한다는 단점이 있다. 특히, 전문경영인에 대한 평가가 장기적인 구조 개선보다 단기적인 수익성 중심으로 이루어지면, 많은 기업들이 매출원가 절감을 위해(당기순이익을 늘리기 위해), 실제수요보다 더 많은 양을 생산하게 된다. 이렇게 되면 결과적으로 불필요한 과잉 재고자산을 안게 되는 것이다.

⬣ 원가구성/대상의 변화

오늘날의 경영시스템을 전통적인 시스템과 비교해 보면, 제품의 수명주기에서 원가를 구성하는 비중이 근본적으로 달라지고 있음을 알 수 있다. 그림 14-6에서 보듯이, 과거에는 원가의 비중이 수명주기상의 후반부인 생산 비용에 집중되어 있었으나 최근에는 전반부인 연구개발이나 기획설계 쪽으로 이행하고 있다. 또 원가관리의 대상이 되는 활동에 있어서도 생산과정의 확인(seeing)보다 개발단계의 기획(planning)이 더욱 중요하게 인식되고 있다. 그림 14–7에 제시된 것처럼, 전통적 원가관리의 초점은 생산과정의 중간점검, 생산완료 이후의 검사 쪽에 있었으나, 오늘날의 원가관리는 생산 이전의 기획과 설계 쪽에 초점을 맞추는 추세이다. 원가의 구성요소도 달라지고 있다. 그림 14–8에 나타나 있는 것처럼, 과거의 원가는 주로 직접비를 중심으로 구성되었다. 하지만 최근의 원가구성을 살펴보면 간접비의 비중이 갈수록 커지고 있다는 사실을 발견할 수 있다.

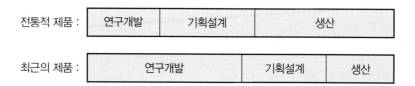

✸ 그림 14–6 제품 수명주기에서의 중요도(원가비중) 변화

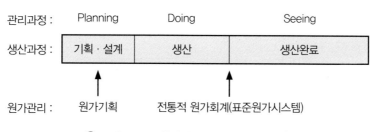

✸ 그림 14–7 원가관리대상의 초점 변화

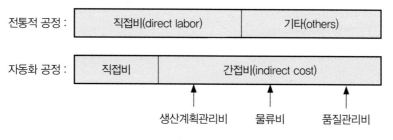

✸ 그림 14–8 원가구성요소의 변화

⬡ 원가 결정시점의 변화

　원가회계시스템의 근본적인 변화를 가져오는 또 하나의 요인으로 원가 수명주기(cost life cycle)라는 개념이 도입된 점을 들 수 있다. 그림 14-9에서 보듯이, 원가의 수명주기상에서 원가를 '발생'시키는 시점과 원가를 '결정'하는 시점이 다르다는 점을 인식하기 시작한 것이다.

　전통적 원가회계는 발생시점을 토대로 한다. 즉, 70~80%의 원가가 실제로 발생하는 시점이 생산 및 판매단계이기 때문에, 생산 및 판매단계가 원가회계의 중심이 되었던 것이다. 그러나 최근의 원가관리는 결정시점을 토대로 한다. 즉, 70~80%의 원가는 이미 개발이나 설계단계에서 결정되어 버리기 때문에, 원가를 결정할 수 있는 여지가 20~30%밖에 남지 않은 생산 및 판매단계에서 원가를 '계산'하기보다는, 개발 및 설계단계에서 원가를 '기획'하는 것이 훨씬 중요하다고 보는 것이다. 원가뿐 아니라 품질, 신뢰도, 납기 등도 이 단계에서 이미 결정이 된다는 점 또한 강조된다.

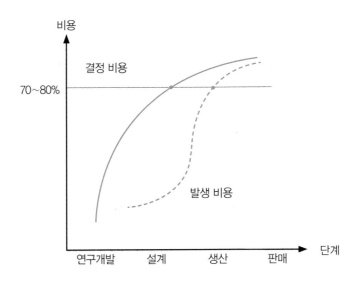

✿ 그림 14-9　원가 수명주기(cost life cycle)의 발생 비용과 결정 비용

⬡ 원가기획과 목표원가

　원가기획(cost planning)은 전통적인 원가회계가 최근의 원가관리로 확대되고 있는 추세를 반영하는 가장 대표적인 활동이다. 또한 원가기획이라는 활동을 구체적으로 실현하는 중요한 기법이 목표원가(target costing)이다. 원가기획의 개념과 목표원가의 내용에 대해 좀 더 자세히 알아보자.

(1) 원가기획의 정의

원가기획은 다음 두 가지의 핵심적 개념을 담고 있다. 첫째, 상품기획, 연구개발 및 설계 등 경영활동의 초기 단계에서 원가를 근본적으로 절감하는 활동이다. 둘째, 원가뿐 아니라 품질, 신뢰성, 납기 등을 지속적으로 개선하는 활동이다. 이를 위해 원가기획에서는 개발·설계에 착수하기 전에 목표원가(target cost)를 설정하여 그 범위 내에서 개발과 설계가 이루어지도록 하고, 만일 목표원가를 달성하기 어려우면 가치공학(Value Engineering : VE)을 통해 원가구조를 개선하려고 노력한다.

(2) 목표원가

목표원가(target costing)는 원가기획을 구체적으로 실현하는 수단이다. 목표원가의 개념과 이론이 나오게 된 배경에는 제품의 가격을 결정하는 사고방식과 전략의 차이가 있다.

전통적 사고는 '비용—더하기(cost-plus)' 개념에 입각하고 있다. 기술지향 관리시스템(push system)이라고도 불리는 이 개념은, '좋은 제품을 만들면 팔린다'라는 가정하에, 원가가 얼마가 들더라도 좋은 제품을 만드는 것에 초점을 두었다. 따라서 개발과 설계과정에서 원가를 기획하는 활동은 없고, 판매가격은 실제원가에 필요이익을 더해(cost-plus) 정하는 것이 일반적이었다. 판매가격을 설정하는 식은 다음과 같다.

판매가격 = 실제원가 + 필요이익

그러나 새로운 사고는 '가격—빼기(price-minus)' 개념을 토대로 하고 있다. 시장지향 관리시스템(pull system)이라고 불리는 새로운 개념은, '어떻게 팔릴 것을 만들 것인가?'하는 문제의식에서 출발하여, 잠재고객이 받아들일 수 있는 성능과 디자인의 요구 수준을 개발과 설계가 이루어지기 전에 파악한 후, 그 정보를 개발과 설계과정에 반영한다. 또한 고객이 원하는 판매가격을 먼저 설정한 후, 거기에서 필요이익을 빼서(price-minus) 목표원가를 산정하고, 그 목표에 맞추어 개발과 설계과정을 관리하게 된다. 목표원가를 도출하는 식은 다음과 같다.

$$판매가격 - 필요이익 = 목표원가$$

또한 목표원가를 실현하고 품질과 신뢰도를 확보하기 위해 가치공학의 다양한 기법들이 적용된다. 이 기법들은 제품설계(product design), 공정설계(process design), 소재개발(new material) 전반에 거쳐 활용된다.

(3) 목표원가의 예제

신제품 A의 기본 정보는 다음과 같다.

- 목표 가격(target price) = 80,000원 / 단위
- 기대 매출량(expected sales volume) = 2,000단위
- 필요이익률(required profit) = 10%
- 추정 총원가(total estimated cost) = 170,000,000원

위 정보를 토대로 목표원가를 계산해 보자.

- 총기대매출액(total expected sales) = 80,000 × 2,000 = 160,000,000원
- 총필요이익(total required profit) = 160,000,000 × 10% = 16,000,000원
- 단위당 필요이익(required profit per unit) = 16,000,000 ÷ 2,000 = 8,000원

따라서 단위당 목표원가(target cost per unit) = 80,000−8,000 = 72,000원이 된다.

다음으로 가치공학을 통한 원가절감 목표액을 계산해 보자.

$$단위당 추정원가(estimated\ cost\ per\ unit) = 170,000,000 ÷ 2,000 = 85,000원$$

그러므로 단위당 원가절감 목표액은 단위당 추정원가 8만 5,000원에서 단위당 목표원가 7만 2,000원을 뺀 1만 3,000원이 된다. 다시 말해, 1만 3,000원이라는 원가를 연구개발이나 엔지니어링 단계에서 줄여야 하는 것이다. 이 역할은 당연히 이공계 출신인 연구원이나 엔지니어의 몫이다. 나아가 이공계 출신의 CEO가 전체적으로 이러한 과정을 관리해야 한다. 그래야만 공학도가 진정한 의미의 원가기획자나 원가관리자가 되는 것이다.

3 | 영업 레버리지 분석

1. 기본 개념

앞에서 재무제표와 재무비율을 이해하는 일과 원가를 계산하고 관리하는 일에 대해 알아보았다. 그 과정에서 비용(원가), 매출, 이익이라는 요소들이 서로 밀접하게 연결되어 있다는 사실을 알았다. 즉, 단순히 원가의 크기를 계산하는 회계의 작업으로 끝나는 것이 아니라 원가가 매출과 이익에 미치는 영향을 분석하는 작업으로 이어지는 것이다. 그렇다면 비용(원가)-매출-이익의 세 요소는 어떤 원리에 의해 어떤 관계를 맺고 있을까? 분명히 하나가 늘어나거나 줄어들면 다른 하나가 영향을 받고 또 다른 하나의 결과도 달라진다. 이 연쇄적인 변화의 방향이나 크기는 넓게는 경영시스템관리, 그리고 좁게는 재무자원관리의 유용한 정보가 될 것이다.

특히, 사업화의 의사결정과정에는 비용(원가)-매출-이익의 관계가 핵심적인 역할을 한다. 새로운 비즈니스를 시작하려면 재무자원을 투입하여야 한다. 공장을 짓기도 하고 기계를 들여놓기도 하고 서비스 기기를 설치하기도 한다. 한마디로 초기투자 비용이 발생하는 것이다. 이럴 경우, 가장 먼저 관심을 가지게 되는 질문은 도대체 어느 정도의 매출을 올려야 일단 비용과 수익의 균형을 맞출 수 있는가 하는 것이다. 예를 들어 신제품의 생산을 위해 새로운 설비를 도입할 때, 고가의 첨단설비를 도입하는 것과 저가의 중고설비를 도입하는 것이 매출이나 이익에 어떤 영향을 미치는지, 자동화 기계를 많이 설치하는 것과 작업자를 많이 채용하는 것이 매출이나 이익에 어떤 영향을 미치는지, 경기예측이나 시장 상황에 따라 설비투자를 확대하는 것과 축소하는 것이 매출이나 이익에 어떤 영향을 미치는지 등에 관심을 가지게 된다. 이 질문에 대한 대답은 사업화 과정에서 이루어지는 초기투자의 크기를 결정하는 데 유용한 정보를 제공해 준다. 특히, 고정자산에 대한 투자가 손익에 어떤 영향을 미치는가 하는 문제는 사업화에 앞서 반드시 분석해야 할 주제이다. 이 문제를 다루는 것이 바로 영업 레버리지(operating leverage) 분석이다.

영업 레버리지 분석을 위해 앞에서 설명한 원가의 구성으로 돌아가 보자. 원가는 조업도에 따라 크게 변동비용과 고정비용으로 나눌 수 있으므로 원가 = 변동비 + 고정비로 표현할 수 있다. 또한 이익 = 가격 - 원가의 관계로 나타낼 수 있다. 여기서 이익을 다시 다음의 두 가지로 나누어보자.

$$\text{공헌이익}(contribution\ margin) = \text{가격}(P) - \text{변동비용}(VC)$$

$$\text{영업이익}(operating\ margin) = \text{가격}(P) - \text{변동비용}(VC) - \text{고정비용}(FC)$$

위에서 공헌(contribution)이라는 용어의 의미는, 초기투자에 들어간 고정비용이 회수된 이후부터 비로소 이익이 발생하기 때문에 고정비용을 뺀 부분만 이익에 공헌한다고 보는 것이다. 이제 전체 과정을 살펴보면, 매출(판매량)의 변동 → 변동비용(VC)의 변동 → 공헌이익의 변동 → 영업이익의 변동으로 이어지는 연결 관계를 알 수 있다.

이때 공헌이익과 영업이익의 관계로부터 나오는 개념이 영업 레버리지이다. 영업 레버리지는 공헌이익과 영업이익을 비교하는 개념이다. 여기서 다음 사실에 유의하자. 매출의 변화에 맞추어 변동비도 똑같은 비율로 변화하므로 매출의 변화율과 공헌이익의 변화율은 동일하다. 하지만 영업이익의 변화율은 다르다. 왜 그럴까? 영업이익에는 매출의 변화에 영향을 받지 않는 고정비가 들어가 있기 때문이다. 즉 고정비의 크기에 따라 매출과 영업이익의 관계가 달라지는 것이다. 그러므로 공헌이익과 영업이익을 비교한다는 말은 곧 매출의 변화율과 영업이익의 변화율을 비교한다는 말이다.

레버리지(leverage)는 우리말로 지렛대라는 뜻이다. 영업 레버리지 분석이라는 용어는, 매출액과 영업이익의 관계에서 고정자산(고정비)이 레버리지, 즉 지렛대의 역할을 하는 관계를 살펴보기 때문에 붙여진 이름이다. 그러므로 영업 레버리지 분석은 초기투자 비용인 고정비를 늘리고 줄이는 것이(지렛대를 어떻게 사용하는 것이) 매출과 이익에 어떤 영향을 미치는가를 알아보거나, 설비 중심의 자본집약적 제품(공정)과 인력 중심의 노동집약적 제품(공정) 사이의 전략적 장단점을 비교하는 일을 하는 것이다.

이 관계를 정량적인 값으로 측정하는 지표가 바로 영업 레버리지도(Degree of Operating Leverage : DOL)이다. 영업 레버리지도는 다음의 식으로 표현한다. 이 식을 통해 매출의 변화율과 영업이익의 변화율을 비교하는 것과 공헌이익과 영업이익을 비교하는 것이 같은 뜻임을 명확하게 이해할 수 있다.

$$\text{영업 레버리지도}(DOL) = \text{영업이익의 변화율} / \text{매출액의 변화율}$$

여기서 분자인 영업이익의 변화율은 (단위당 공헌이익 × Δ 매출량) / 영업이익이고, 분모인 매출액의 변화율은 (단위당 가격 × Δ 매출량) / 매출액이 된다. 이제 분자와 분모의 식을 정리하면 아래의 식이 성립한다.

$$\text{영업 레버리지도(DOL)} = (단위당\ 공헌이익\ \times\ 매출량) / 영업이익$$
$$= 공헌이익 / 영업이익$$

위의 식은 영업이익의 변화율 = 영업 레버리지도(DOL) × 매출액의 변화율로 바꾸어 쓸 수 있다. 예를 들어 DOL = 2.5라고 하면, 매출이 10% 증가할 때 영업이익은 25% 증가한다는 뜻이다.

이제 고정비의 레버리지 효과를 좀 더 자세히 알아보기 위해 아래 표의 예시를 보자. 여기에서는 매출액과 영업이익은 같지만, 고정비의 크기 즉 지렛대의 사용 정도가 다른 두 경우를 비교하고 있다. 각 경우에 현재의 상태에 대비하여 매출이 10% 증가한 상태의 정보가 주어져 있다.

	고정비가 큰 경우			고정비가 작은 경우		
	현재	10% 증가	변화율(%)	현재	10% 증가	변화율(%)
매출액	1,000	1,100	10	1,000	1,100	10
고정비	600	600	0	300	300	0
변동비	300	330	10	600	660	10
공헌이익	700	770	10	400	440	10
영업이익	100	170	70	100	140	40

먼저 매출이 10% 늘어난 변화가 발생할 때, 영업 레버리지는 공헌이익과 영업이익의 변화율로 보든 매출액과 영업이익의 변화율로 보든 DOL = 70/10 = 7.0으로 동일하다는 것을 알 수 있다. 이제 고정비가 다른 두 경우의 영업 레버리지를 비교해 보자. 두 경우 모두 매출이 10% 늘어났을 때, 고정비가 큰 경우의 DOL은 7.0이지만, 작은 경우는 DOL = 40 / 10 = 4.0으로 많이 작아지는 것을 볼 수 있다. 즉, 고정비의 비중이 커지면 영업 레버리지 효과도 확대되는 것이다.

다른 한편으로, 영업 레버리지 분석은 원가(cost)−매출(volume)−이익(profit)의 세 요소를 대상으로 하기 때문에 첫 글자를 따서 CVP 분석이라고도 하고, 손익이 같아지는 손익분기점

(Break-Even Point : BEP)을 찾기 때문에 BEP 분석이라고도 불린다. 따라서 영업 레버리지 분석은 사업화 활동과 관련되어 있지만, 원가회계(관리회계)의 주제이기도 하고 재무관리의 일부로 다루기도 한다.

이 책에서 자세히 설명하지는 않지만, 영업 레버리지와 관련된 개념으로 재무 레버리지(financial leverage)라는 용어가 있다. 경영활동의 순서로 보면 재무 레버리지는 영업 레버리지에 뒤이어 나오는 개념이다. 앞의 손익계산서에서 본 것처럼, 매출액에서 원가를 빼면 영업이익이 나온다. 영업 레버리지는 이 단계에 관련된 개념이다. 그다음으로 영업이익에서 영업과 무관한 나머지 비용을 빼면 순이익이 나온다. 재무 레버리지는 영업이익으로부터 순이익이 만들어지는 단계에 관련된 개념이다. 즉, 영업과 무관한 비용 가운데 이자비용이 순이익에 미치는 영향을 분석하는 것이다.

기업은 필요한 재무자원을 자기자본으로 조달하기도 하지만, 타인자본(부채)을 사용하기도 한다. 즉 타인자본을 지렛대의 용도로 쓰는 것이다. 하지만 타인자본에 대해서는 고정비 성격의 이자비용을 지불하여야 한다. 따라서 이자비용 때문에 순이익의 변화율은 영업이익의 변화율과 다른 비율로 나타나게 된다. 이 관계를 정량적인 값으로 측정하는 지표가 바로 아래 식의 재무 레버리지도(Degree of Financial Leverage : DFL)이다.

재무 레버리지도(DFL) = 순이익의 변화율 / 영업이익의 변화율

당연히 재무 레버리지 효과는 순이익이 (+)의 값으로 더욱 확대되는 긍정적인 효과로 나타날 수도 있지만, 반대로 (−)의 값으로 증폭되는 부정적인 효과로 이어질 수도 있다. 그러므로 자기자본 외에 타인자본을 얼마나 조달하고 사용할 것인가의 의사결정도 전략적 관점에서 신중하게 판단하여야 한다.

2. 기본 모형

영업 레버리지 분석은 먼저 다음 몇 가지 가정과 조건을 토대로 한다. 첫째, 총비용(Total Cost : TC)은 고정비(Fixed Cost : FC)와 변동비(Variable Cost : VC)로 나뉜다. 상업화의 관점에서 보면 고정비는 생산설비를 위한 초기투자에 해당되고, 변동비는 생산과 매출이 늘면서 비례하여 증가하는 재료비나 인건비에 해당된다. 둘째, 변동비는 선형(linear)으로 변한다고 가정한다. 즉, 단위당 비용은 불변이어서 10개의 변동비가 100이면 100개의 변동비는 정확하게 10배 늘어난 1,000이 된다. 셋째, 기초재고나 기말재고는 없다고 가정한다. 즉, 재고수준이 항상 동일하거나 아예 없다고 보는 것이다.

그림 14-10에는 위에서 설정한 가정을 토대로 한 영업 레버리지 도형이 도시되어 있다. 수익을 나타내는 선과 비용을 나타내는 선이 모두 직선이며, 이 두 선이 만나는 점이 손익분기점이 된다.

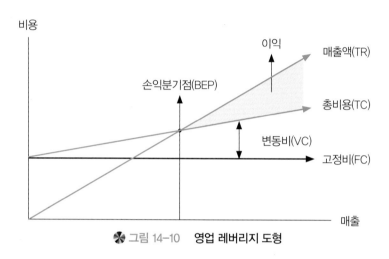

✿ 그림 14-10　**영업 레버리지 도형**

3. 단일품목 손익분기점

앞에서 본 것처럼, 고정비의 비중이 커지면 영업 레버리지 효과도 확대된다. 따라서 얼핏 생각하면 고정비를 계속 늘리는 것이 전략적으로 유리하다고 판단할 수 있다. 그러나 모든 의사결정에는 상충의 요인들이 공존한다. 고정자산에 대한 투자를 늘릴수록 투자금을 회수하고 이익을 실현하는 것이 더 어려워진다. 시간도 더 걸리기 마련이다.

여기서 손익분기(break-even)라는 개념이 나온다. 일반적으로 고정비가 투입되면 초기에는 비용이 수익보다 크지만, 시간이 지나면서 둘이 같아지는 손익분기점이 나타나고 그 이후 비로소 본격적으로 이익이 발생하게 된다. 그러므로 초기의 고정비 투자가 커질수록 당연히 손익분기점에 도달하는 시점은 늦어지게 된다. 그만큼 손익분기점 이후에 영업 레버리지에 의한 이익의 확대효과도 늦게 나타나게 된다. 영업 레버리지 분석에 이어 손익분기 분석을 하는 이유도 이 두 개념이 밀접하게 연결되어 있기 때문이다. 손익분기 분석을 단일품목의 경우와 복수품목의 경우로 나누어 알아보자.

⬡ 기본 공식

먼저 비교적 간단한 경우로 상업화 제품이 한 가지 즉, 단일품목인 경우를 생각해 보자. 손익분기 분석은 총비용과 총수익이 같아지는 점을 찾는 문제이기 때문에 총비용(TC)과 총수익(TR)을 계산해야 한다. 먼저 상업화에 드는 총비용은 고정비(FC)와 변동비(VC)의 합이며, 변동비용은 단위당 변동비(V)에 매출량(Q)을 곱하면 계산할 수 있다. 이 관계는 다음의 식으로 표현된다.

$$TC = FC + VC = FC + V \cdot Q$$

다음으로 총수익(Total Revenue : TR)은 단위당 가격(P)에 매출량(Q)을 곱하면 된다. 이제 총비용과 총수익이 같아지는 점에서 손익이 분기된다는 사실은 다음 식으로 표현된다.

$$TC = FC + VC = FC + V \cdot Q = P \cdot Q = TR$$

따라서 매출량을 기준으로 손익분기점(BEP) Q^*를 계산하면 다음과 같이 표현된다.

$$Q^* = FC / (P-V)$$

여기서 $(P-V)$를 공헌 이익(contribution margin)이라 부른다.

같은 식을 이용하여, 매출량이 아니라 매출액을 기준으로 손익분기점 R^*을 계산하면 다음과 같이 표현할 수 있다.

$$R^* = FC / (1-V/P)$$

여기서 $(1-V/P)$를 공헌이익률(Contribution Margin Ratio : CMR)이라 부른다.

예제

어느 기업이 신제품을 출시하기 전에 영업 레버리지 분석을 실시하기로 하였다. 영업장을 임대하는 데 70만 원, 판매설비를 임대하는 데 20만 원이 들어서, 고정비는 총 90만 원이 소요되었다. 제품 한 단위를 만들어 파는 데 들어가는 변동비는 1,200원이고, 단위당 가격은 1,800원으로 책정하였다. 손익분기가 되는 매출량은 얼마인가?

위의 식에 따라 손익분기 매출량은 다음과 같이 계산된다.

$$Q^* = FC/(P-V)$$
$$= 900,000 / (1,800-1,200) = 1,500(개)$$

민감도분석

상업화를 위한 영업 레버리지 분석은 단지 손익분기점을 찾는 문제를 넘어 다양한 질문에 해답을 구하는 민감도분석(sensitivity analysis)을 동시에 하게 된다. 예를 들어, 손익분기를 넘어 목표 이익을 설정하면 매출량은 얼마나 늘어야 될까? 고정비, 변동비의 변화가 있으면 어떻게 될까? 판매가격을 변화시키면 어떻게 될까? 등이 민감도분석의 대표적인 관심사가 된다.

이런 질문들은 위의 식 자체를 바꾸는 것이 아니고, 값을 바꾸는 것이기 때문에 답을 구하는 방법과 절차는 같다. 예를 들어, 목표 이익(profit)이 설정되면 위의 식에서 분자가 FC로부터 FC + 목표 이익(profit)으로 바뀌게 되고, 따라서 새로운 매출량을 계산할 수 있다. 따라서 별다른 어려움 없이 다양한 민감도 분석을 함으로써, 상업화에서 발생할 수 있는 여러 가지 상황에 대한 전략적 대응을 할 수 있다.

4. 복수품목 손익분기점

만일 여러 가지의 복수품목(salesmix)의 제품을 상업화하는 경우라면 어떻게 영업 레버리지 분석을 할까? 먼저 표 14-9의 예제를 보자. 여기서는 가격과 비용이 다른 A, B, C 세 가지 제품을 대상으로 한다.

표 14-9 복수품목의 관련 정보

제품	가격/단위(원)	변동비/단위(원)	매출비중(%)	고정비(원)
A	1,000	750	20	
B	2,000	1,600	50	1,500,000
C	3,000	2,100	30	

복수 품목의 손익분기점을 매출액 기준으로 계산하면 다음 식이 된다.

$$R^* = FC/\text{가중 공헌이익률}$$

여기서 가중 공헌이익률은 여러 품목의 공헌이익률을 매출비중에 따라 가중 평균한 값으로 WCMR(Weighted Contribution Margin Ratio)로 표기된다.

실제로 손익분기점을 계산하는 절차를 살펴보자. 이 과정은 크게 3단계로 이루어진다.

- 1단계 : 각 제품의 공헌이익률(CMR)을 계산한다.

  제품 A : $CMR_A = 1,000 - 750/1,000 = 0.25$

  제품 B : $CMR_B = 2,000 - 1,600/2,000 = 0.20$

  제품 C : $CMR_C = 3,000 - 2,100/3,000 = 0.30$

- 2단계 : 모든 제품의 가중 공헌이익률(WCMR)을 계산한다.

$$WCMR = \sum CMR_i \times \text{매출비중 } i$$
$$= (0.25 \times 0.2) + (0.20 \times 0.5) + (0.30 \times 0.3) = 0.24$$

- 3단계 : 손익분기점을 계산한다.

$$R^* = 1,500,000/0.24 = 6,250,000(\text{원})$$

이를 매출비중에 따라 분배하면 A = 1,250,000(원), B = 3,125,000(원), C = 1,875,000(원)이 된다.

5. 전략적 의미

    단순한 손익분기점의 계산과정을 넘어 영업 레버리지 분석의 전략적 의미를 다시 살펴본다. 설명의 편의를 위해 서로 다른 세 가지 유형을 비교해보자. 그림 14-11에서 보듯이 A, B, C의 세 가지 유형은 고정비와 변동비의 구조가 다르고, 따라서 영업 레버리지도도 상이하다.

    A 유형은 노동집약적인 기업 또는 제품에 해당되는 경우이다. 노동집약적 유형은 일반적으로 고정비가 작기 때문에 영업 레버리지도(DOL)가 낮은 경향을 보인다. 또 변동비는 크지만 고정비가 작아 손익분기점에 제일 먼저 도달한다. 따라서 상업화에 따른 위험도는 상대적으로 낮다. 그러나 손익분기점 이후에는 공헌이익, 즉 $(P-V)$가 작기 때문에 이익의 증가율과 확대효과가 제일 낮다.

    반면에 C 유형은 자본집약적인 기업 또는 제품에 해당되는 경우이다. 자본집약적 유형은 고정비가 크기 때문에 영업레버리지도(DOL)도 높다. 한편, 변동비는 작지만 고정비 투자가 많아 손익분기점이 가장 크다. 하지만 손익분기점 이후에는 공헌이익, 즉 $(P-V)$가 크기 때문에 이익의 증가율과 확대효과 또한 가장 크다.

    B 유형은 A 유형과 C 유형의 중간 정도에 해당되는 경우이다. 따라서 B 유형은 A 유형과 C 유형의 장단점을 동시에 지니고 있다고 볼 수 있다.

    어떤 유형을 선택할 것인지는 상업화의 대상이 되는 제품의 특성과 시장의 상황에 따라 달라진다. 만일 향후의 매출이 비교적 낮을 것으로 예상되면, 고정비의 투자를 줄여서 낮은 영업 레버리지도를 유지하는 것이 바람직하다. 그러나 예상매출이 크다면, 고정비에 대한 투자를 늘려 높은 영업 레버리지도를 추구하는 것이 유리하다. 결국 영업 레버리지 분석을 하는 일차적인 목적은 손익분기점을 찾는 데 있지만, 더 나아가 영업 레버리지도에 대한 분석을 통해 가장 바람직한 상업화의 전략 방향을 결정하는 과제를 포함한다.

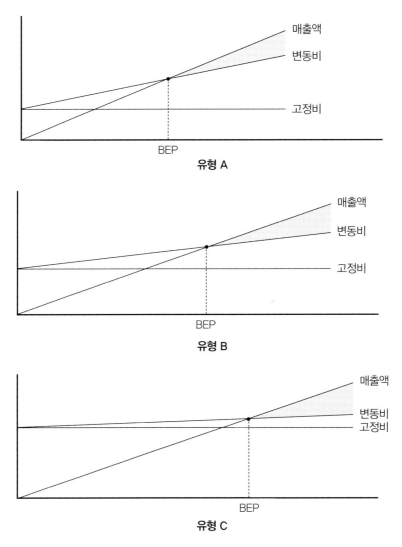

유형 A

유형 B

유형 C

✿ 그림 14-11 　세 기업 유형의 손익분기 도표

EXERCISE 연습문제

01 재무상태표와 손익계산서의 의미와 용도를 비교하여 설명하라.

02 재무상태표 등식(balance sheet equation)과 자본 등식의 내용 및 의미에 대해 설명하라.

03 손익법 공식과 재산법 공식의 내용과 의미에 대해 설명하라.

04 주어진 재무상태표를 바탕으로 수행할 수 있는 분석이나 평가를 크게 두 가지로 나누어 설명하라.

05 재무분석의 종류를 유동성분석, 안정성분석, 수익성분석, 활동성분석으로 나누어 설명하라.

06 재무비율분석에 사용되는 주요 지표의 내용과 의미를 설명하라.

07 원가회계에서 간접비를 배분하는 기준에는 어떤 것들이 있는지를 설명하라.

08 서로 다른 관점이나 기준을 바탕으로, 원가를 어떤 요소들의 합(sum)으로 나타낼 수 있는지를 설명하라.

09 두 개의 제조부문 A, B를 가지고 있는 K 기업에서는 2005년 6월 중에 P-100, P-200, P-300의 세 가지 작업에 착수하여 완성하였다. 각 작업과 관련하여 2005년 6월 중에 발생한 제조원가 및 기타 자료는 다음과 같다.

구분		P-100	P-200	P-300	합계
직접 재료비(원)		300,000	300,000	400,000	1,000,000
직접 노무비(원)		500,000	300,000	800,000	1,600,000
직접 노동시간	A 부문(시간)	250	200	350	800
	B 부문(시간)	60	40	100	200
기계 시간	A 부문(시간)	200	300	400	900
	B 부문(시간)	500	400	300	1200
생산 제품 수(개)		150	100	50	
제조 간접비(원)		A 부문 : 800,000 / B 부문 : 1,200,000			

(1) 공장 전체를 대상으로 직접노무비를 기준으로 하여 제조간접비를 배부할 경우 다음을 계산하라.
    a. 제조간접비 배부율
    b. 작업별 제조원가와 제품단위당 원가
(2) 부문별 제조간접비 배부율을 사용하며, A부문에서는 직접노동시간을, B부문에서는 기계시간을 기준으로 하여 제조부문에 배분할 경우 다음을 계산하라.
    a. 제조간접비 배부율
    b. 작업별 제조원가와 제품단위당 원가

10 최근의 원가회계는 단순한 회계(accounting) 개념으로부터 보다 폭넓은 관리(management) 개념으로 이행하고 있다. 이러한 변화가 일어나고 있는 배경과 원인을 설명하라.

11 원가 수명주기상에서 결정 비용과 발생 비용의 차이를 설명하고, 그 차이가 지니는 전략적 시사점을 제시하라.

12 목표원가의 원리를 '비용－더하기' 개념과 '가격－빼기' 개념의 차이를 기준으로 설명하라.

13 영업 레버리지의 개념을 설명하고, 영업 레버리지도를 식으로 표현하라.

14 S 기업에서는 신제품을 출시하기 전에 영업 레버리지 분석을 실시하기로 하였다. 영업장을 임대하는 데 90만 원, 판매설비를 임대하는데 40만 원이 들어서, 고정비는 총 130만 원이 소요되었다. 제품 한 단위를 만들어 파는 데 들어가는 변동비는 2,500원이고, 단위당 가격은 4,000원으로 책정하였다. 손익분기(break-even)가 되는 매출량은 얼마인가?

15 A 기업은 최근 신제품 출시를 계획하고 있다. 사업화를 위해 생산부지를 임대하는 데 800만 원, 생산설비를 구축하는 데 200만 원, 영업장을 임대하는 데 400만 원, 판매설비를 임대하는 데 400만 원을 투자하였다. 제품 한 단위를 만들어 파는 데 소요되는 재료비는 1,200원이다. 또한 인건비와 설비의 감가상각비를 포함한 제조비는 개당 800원 정도로 예상하고 있다. 시장조사 결과 신제품에 대한 가격은 개당 3,000원 정도가 가장 적당한 것으로 판단되었으므로 이를 신제품 출시 가격으로 책정하였다.

(1) 손익분기가 되는 매출량은 얼마인가?
(2) 지대상승으로 인해 생산부지와 영업장의 임대료가 각각 10%씩 상승하였다. 이때 손익분기가 되는 매출량은 얼마나 증가하는가?
(3) 시장조사 결과를 토대로 제품의 비용을 3,000원에서 3,200원까지 상승시켰을 때 손익분기점은 어떻게 변화하는가?

16 Y 기업에서는 복수의 품목을 상업화하기 위해 영업 레버리지 분석을 수행하려 한다. 다음의 정보를 토대로 손익분기가 되는 매출량은 얼마인지를 구하라.

제품	가격/단위(원)	변동비/단위(원)	매출비중(%)	고정비(원)
A	1,500	800	20	
B	2,000	1,400	40	2,000,000
C	3,500	2,000	40	

17 M 유통은 올해 다음 네 가지 신제품을 출시할 예정이다. 네 제품들은 동일 설비를 통해 생산되고 동일 영업장에서 판매된다. 생산부지를 임대하는 데 1,000만 원, 생산설비를 구축하는 데 200만 원, 영업장을 임대하는 데 400만 원, 판매설비를 임대하는 데 650만 원을 투자하였다. 다음 정보를 이용하여 손익분기점을 계산하라.

유형	가격/단위(원)	변동비/단위(원)	매출비중(%)
A 음료	1,500	1,200	20
B 음료	2,000	1,600	50
C 음료	3,000	2,100	20
D 음료	1,000	750	10

18 노동집약적인 기업 또는 제품과 자본집약적인 기업 또는 제품은 손익분기점과 영업 레버리지에서 어떤 차이가 나타나는지를 설명하라.

Chapter

15

정보자원관리

**핵심
주제**

1. 데이터, 정보, 지식, 빅데이터
2. 정보시스템, 솔루션
3. ERP, CRM, PLM, 빅데이터
4. 정보분석, 데이터 전처리, 분류분석, 연관분석, 군집분석

🔗 학습목표

- 내용 중심의 정보 자체와 기법 중심의 정보기술의 차이를 이해하고 데이터-정보-지식
  으로 이어지는 계층구조를 알아본다.

- 초기의 거래처리시스템에서 출발하여 전략적 분석도구, 전사적 관리도구, 마케팅 수단
  등으로 발전해 온 정보시스템의 진화과정을 알아본다.

- 빅데이터 개념을 바탕으로, ERP, CRM, PLM 등 대표적인 통합 정보시스템의 구조와 용
  도를 알아본다.

- 데이터의 전처리에서 출발하여 분류분석, 연관분석, 군집분석 등으로 이어지는 정보분
  석기법을 알아본다.

1 | 정보자원의 관리

1. 기본 개념

앞에서 인적자원, 물적자원 그리고 재무자원의 관리에 대해 알아보았다. 오늘날의 경영시스템에서 이러한 자원 못지않게 중요한 자원으로 인식되고 있는 것이 바로 정보자원이다. 특히, 이른바 빅데이터(big data) 시대의 도래는 정보 자원의 양적 측면과 질적 측면에서 엄청난 변화를 가져오고 있다. 조직과 개인이 사용할 수 있는 정보량이 폭발적으로 증가하고 있으며 기업 내부에서 만들어지고 저장되는 정보 또한 기하급수적으로 늘어나고 있다. 따라서 방대하고 다양한 정보들의 효율적 관리와 전략적 활용이 경영시스템 관리의 새로운 과제로 대두되고 있다. 이러한 추세에 따라 산업공학 안에서 정보자원의 관리가 차지하는 위상도 크게 올라가고 있다.

정보자원은 그 자체로서도 중요한 자원이지만 동시에 인적자원, 물적자원, 그리고 재무자원의 관리와도 밀접하게 연결되어 있다. 구체적으로 정보기술은 기업의 어느 부문에서 어떤 활동에 사용될 수 있으며 또 실제로 사용되고 있는가? 예를 들어, 재무 부서에서는 정보기술을 통해 기업의 자산을 관리하고, 기업의 투자현황을 분석하며, 가장 적합한 자금의 유형을 결정하기도 한다. 회계 부서에서도 정보기술을 이용하여 재무제표를 만드는 데 필요한 다양한 원가정보를 수집하고, 분류하며, 계산하여 대차대조표나 손익계산서를 만들기도 하고 또 보고된 회계자료가 정확한지를 감시하기도 한다. 마케팅 부서에서 신제품의 유통망을 설계하고 광고전략과 가격전략을 세우는 데 정보 기술의 역할은 필수적이다. 또 오늘날의 고객관리는 곧 정보관리라고 해도 과언이 아니다. 인터넷 마케팅(internet marketing)이나 데이터베이스 마케팅(database marketing)과 같은 새로운 마케팅 기법이 이미 마케팅 관리의 중요한 부분으로 자리잡고 있는 것이다. 생산관리영역에서도 정보기술의 역할은 갈수록 커지고 있다. 수요를 예측하고, 생산량과 일정을 계획하며, 재고수준을 관리하고, 제품의 품질을 측정하는 모든 활동이 정보시스템을 통해 이루어진다. 또한 컴퓨터를 통해 제품을 설계하고(Computer-Aided Design : CAD), 제품을 제조하며(Computer-Aided Manufacturing : CAM), 개발과 제조의 모든 활동을 하나의 시스템으로 통합하는 것(Computer Integrated Manufacturing : CIM)도 모두 정보기술의 역할이라 할 수 있다. 인적자원의 관리도 예외가 아니다. 인력을 채용하고 관리하는 모든 활동들이 데이터베이스를 통해 이루어지고 있다.

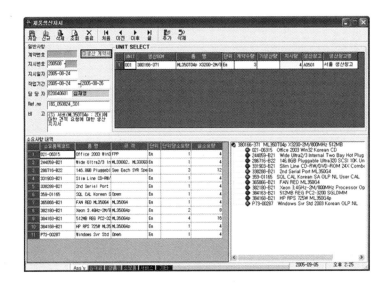

✿ 그림 15-1   생산관리를 위한 정보시스템 화면

한마디로 정보자원의 관리는 이미 기술적인 수준을 넘어 전략적이고 관리적인 수준으로 확대되고 있다. 이러한 추세에 맞추어, 정보관리 책임자는 과거의 기술관리자 개념에서 경영진의 한 사람인 CIO(Chief Information Officer)라는 위상으로 격상되고 있다. 최근에는 정보의 관리를 넘어 지식의 관리라는 개념까지 도입되면서 CKO(Chief Knowledge Officer)라는 자리까지 만들어지고 있다.

2. 정보관리의 의의

자원의 관리라는 관점에서 보면, 정보관리는 크게 두 가지의 주제를 다루고 있다. 하나는 정보(information) 자체의 관리이고 다른 하나는 정보기술(Information Technology : IT)의 관리이다. 이 두 가지는 엄밀하게 보면 서로 다른 말이다. 앞의 정보 자체의 관리는 내용(contents)에 대한 얘기이고 뒤의 정보기술의 관리는 방법(methods)에 대한 얘기이기 때문이다.

먼저 정보 자체의 관리에 대해 알아보자. 정보라는 용어와 함께 자주 쓰이는 용어로 데이터와 지식을 들 수 있다. 그림 15-2의 계층구조를 보자. 제일 하위에 있는 데이터(data)는 단순한 수치나 사실이다. 예를 들어, 매일의 주식 거래량, 개별 주식의 시가와 종가, 국내외 주식 관련 뉴스 기사는 모두 객관적인 사실을 수치로 보여 주는 것에 지나지 않는다. 바로 위의 계층에 있는 정보(information)는 데이터를 일차적으로 가공해서 의미를 부여한 것이다. 개별주식의 자료를 모아서 일주일 혹은 한 달의 주가 흐름을 그래프로 표현하면 정보가 된다. 가장 상위에 있는 지식(knowledge)은 자료와 정보를 가공, 분석한 후 전략적인 목적과 과학적인 방식으로 재가공한 것이다. 예를 들어, 주어진 주가 그래프와 신문기사를 바탕으로 주가를 예측한 자료는 지식이 된다.

요약하면, 데이터를 일차 가공한 것이 정보이며, 정보를 다시 가공한 것이 지식이 된다. 따라서 데이터가 적절하게 저장되고 관리되어야 정보가 될 수 있으며, 믿을 수 있는 정보에 기반을 한 지식이라야 의사결정에 도움을 줄 수 있다. 가공의 정도와 수준이 올라갈수록 시간과 비용이 더 드는 반면 가치와 활용성은 올라가게 된다. 따라서 정보 자체를 관리하는 것이 곧 부가가치를 창출하는 경영활동의 일부가 된다.

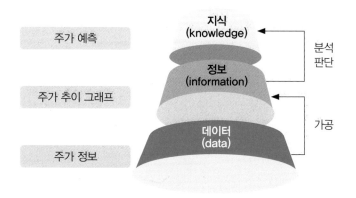

✿ 그림 15-2 데이터, 정보, 지식의 계층구조

다음으로 정보기술의 관리에 대해 알아보자. 정보기술은 한마디로 정보를 수집, 처리, 생산, 저장, 추출, 전송하는 데 사용되는 여러 가지 도구 및 기능을 의미한다. 정보기술의 역할과 의의는 정보처리의 속도를 올리고(speed), 정보처리의 일관성을 유지하며(consistency), 정보처리의 정확도를 올리고(precision), 정보처리의 신뢰도를 높이는 것(reliability)이다. 아무리 좋은 정보가 있어도, 즉 콘텐츠가 좋아도 그것을 다루는 기술, 즉 방법이 좋지 않으면 정보 자원을 효과적으로 관리할 수 없다. 그러므로 정보 자체와 정보기술은 보완적으로 또한 균형적으로 관리되어야 한다.

이러한 관점에서 보면, 정보 자원의 관리는 크게 다음 두 가지 주제로 나눌 수 있다. 하나는 정보시스템의 관리이다. 정보시스템은 정보를 수집하고, 가공하고, 분석하는 시스템을 가리킨다. 따라서 이 시스템을 설계하고, 솔루션을 개발하고, 과정을 관리하는 것이 주요 내용이된다. 이러한 일은 흔히 SI(System Integration) 업체라고 하는 정보시스템 기업의 주요 비즈니스이다. 그러므로 산업공학의 관점에서 보면 정보시스템의 설계와 관리 전문가를 양성하는 것을 목적으로 한다.

다른 하나는 정보분석이다. 이것은 아무렇게나 모아놓은 것처럼 보이는 방대한 데이터로부터 숨겨진 정보와 지식을 끌어내는 작업을 가리킨다. 이 작업은 기업 차원의 일이 아니라 분석자 개인 차원의 일이다. 즉, 분석(analytics)의 문제이다. 따라서 산업공학의 관점에서 보면, 정보분석의 알고리즘을 개발하고 추출한 정보를 전략적으로 해석하는 능력을 보유한 전문가의 양성을 목적으로 한다.

2 | 정보시스템관리

1. 기본 개념

정보는 일반적으로 정보처리과정의 산출물로서, 어떤 목적을 위해 데이터를 가공 및 처리하여 유용한 의미가 부여된 것을 뜻한다. 데이터가 정보가 되고 정보가 다시 지식으로 바뀌는 가공과 변환의 과정을 거치게 된다. 정보시스템(Information System : IS)은 데이터로부터 정보와 지식으로의 변환과정을 지원하는 시스템이다. 즉, '경영자의 의사결정과 작업자의 업무처리를 지원하기 위해 필요한 정보의 수집, 처리, 분석에 관련된 모든 구성요소의 집합'이라 정의할 수 있다. 보다 실질적인 관점에서 보면, 정보시스템은 기업의 많은 사람들이 컴퓨터로 업무를 처리하는 일종의 큰 소프트웨어 프로그램이라 할 수 있다. 정보시스템은 기업의 업무와 의사결정의 문제를 해결해준다는 의미에서 솔루션(solution)이라고 부르기도 한다.

정보시스템은 조직구조와 경영기능을 기준으로 그림 15-3과 같이 분류할 수 있다. 우선 기업 경영기능에 따라, 생산, 마케팅, 재무, 회계, 인사 등의 영역으로 구분된다. 생산정보시스템(manufacturing information system)이란 생산기능을 구성하는 생산계획, 작업관리, 공정운영 및 통제, 재고관리, 실적관리 등의 활동 관련 정보를 관리하는 시스템이다. 마케팅정보시스템(marketing information system)은 목표 고객 발견, 고객 욕구 분석, 제품 및 서비스 기획, 판매 촉진 등의 활동을 지원한다. 재무정보시스템(finance information system)은 자금조달과 재무자원의 운용 및 평가에 관한 정보 제공, 업무 및 의사결정을 지원한다. 회계정보시스템(accounting information system)은 기업 재무에 관한 데이터를 수집, 기록, 정리하여 경영자 및 외부이해관계자의 의사결정에 도움을 주는 기업경영의 기본이 되는 정보시스템이다. 마지막으로 인사정보시스템(human resources information system)은 인력의 효과적인 활용을 위해 직원 고용, 직무 배치, 평가, 복지, 교육과 개발 등 종합적인 인력관리정보를 관리하는 시스템이다.

정보시스템을 경영 계층의 관점에서 나눌 수도 있다. 역시 그림 15-3에 도시된 것처럼, 최고경영층은 장기적인 방향을 결정하는 전략계획 업무를 수행하고, 중간경영층은 자원의 배분 및 부문 간의 조정과 같은 경영통제 업무를 수행하고, 하위경영층은 일상적인 업무를 관리하는 운영통제 업무를 수행한다. 따라서 계층마다 필요한 정보의 성격과 수준이 다르고, 정보시

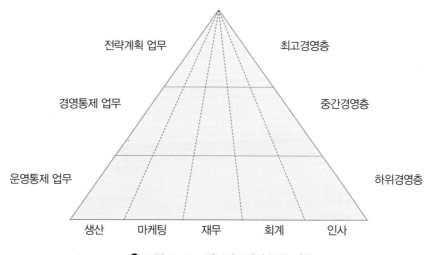

★ 그림 15-3　정보시스템의 분류 기준

스템의 목적과 기능도 달라진다. 하위경영층을 위한 시스템에는 거래처리시스템, 중간경영층을 위한 시스템에는 경영정보시스템이나 의사결정지원시스템, 그리고 최고경영층을 위한 시스템은 임원정보시스템 등이 적합한 것이다.

2. 주요 정보시스템

정보통신기술(ICT)의 발전과 기업환경의 변화와 맞물려 정보시스템의 역할과 위상도 확대와 진화의 과정을 거쳐왔다. 앞서 설명한 정보시스템의 분류로 보면, 하위경영층에서 출발하여 중간경영층을 거쳐 최고경영층까지로 발전되는 변화의 패턴을 보여 주고 있다. 나아가 최근에는, 기능별 시스템들을 전체로 통합하는 방향으로 진화하고 있다. 표 15-1은 정보시스템의 발전과정을 요약하여 보여 주고 있다. 그 과정을 좀 더 자세하게 살펴보자.

● 표 15-1　정보시스템의 변화 및 발전과정

시대	역할	주요 정보시스템
1950년대	데이터 처리 (data processing)	거래처리시스템(TPS)
1960년대	보고서 작성 (management reporting)	경영정보시스템(MIS)
1970년대	의사결정의 지원 (decision support)	의사결정지원시스템(DSS)
1980년대	전략적 활용 (strategic support)	• 전략정보시스템(SIS) • 전문가시스템(ES)
1990년대	e-비즈니스 (electronic business)	전자상거래(EC)
2000년대	시스템 통합 (system integration)	• 고객관계 관리(CRM) • 공급사슬 관리(SCM) • 제품수명주기 관리(PLM) • 전사적 자원관리(ERP)
2010년대	비즈니스 인텔리전스 (business intelligence)	데이터 분석(DM)

자료 : Marakas and O' Brien(2013)을 토대로 부분 수정

데이터 처리를 위한 정보시스템

1950년대에 처음 컴퓨터가 기업시스템에 도입되었을 때 컴퓨터의 역할은 단순한 계산의 효율성 중대에 있었다. 급여 계산, 주문 처리 등의 단순작업을 쉽게 처리하기 위한 수단으로 컴퓨터의 도입이 시작된 것이다. 그 후 컴퓨터의 활용은 생산, 판매, 인사 등 업무 전반에 걸쳐 적용범위가 확대되어 갔다. 이와 같이 컴퓨터를 이용하여 거래 및 업무처리를 자동화하는 정보시스템을 거래처리시스템(Transaction Processing System : TPS)이라고 한다. 실제로 TPS는 업무의 효율화에 획기적인 기여를 하였다.

경영정보 제공을 위한 정보시스템

1960년대 이후, 기업은 업무의 평가, 통제 및 관리를 위한 컴퓨터시스템의 필요성을 인식하게 되었다. 이를 위해서는 기업 내부에서 발생되는 데이터를 체계적으로 저장 및 관리할 수 있는 수단이 필요하게 되었다. 그러면서 필요한 데이터를 데이터베이스라는 저장소에 저장하여 누구나 쉽게 찾아볼 수 있고 원하는 형태로 가공할 수 있는 데이터의 공유체제를 구축하기 시작하였다. 이를 통해, 경영층을 위한 보고자료나 업무의 평가와 통제를 위한 정보를 손쉽게 만들어 내는 것이 가능하게 되었다. 이러한 용도로 사용되는 정보시스템을 경영정보시스템(Management Information System : MIS)이라고 한다.

의사결정지원을 위한 정보시스템

1970년대 이후 컴퓨터의 활용은 경영자와 관리자의 의사결정을 지원하는 영역까지 확대되었다. 계량적 기법이나 통계적 기법을 활용하여 경영자의 의사결정에 필요한 정보를 제공하는 수준까지 발전하게 된 것이다. 이러한 목적에 활용되는 정보시스템을 의사결정지원시스템(Decision Support System : DSS)이라고 한다. 의사결정지원시스템은 1980년대 이후 그룹지원시스템(Group Support System : GSS)으로 확대되었다. 그룹지원시스템은 집단의 의사결정에 필요한 구성원들 간의 의사소통과 아이디어 도출을 지원하는 정보시스템이다.

⬢ 전략수립을 위한 정보시스템

1980년대로 들어서면서 기업 간 경쟁이 치열해짐에 따라, 정보시스템의 활용 범위는 더욱 확장되고 수준도 훨씬 심화되었다. 효율성과 생산성을 넘어, 경쟁우위를 점하기 위한 전략정보시스템(Strategic Information System : SIS)이 등장한 것이다. 전략정보시스템은 산업 내에서의 경쟁력 확보 및 유지를 위한 기업전략 수립을 지원하는 것을 주기능으로 한다. 나아가 특정 분야에서 전문가의 축적된 경험과 지식을 체계적으로 시스템화하여 문제해결의 방안을 제시해 주는 전문가시스템(Expert System : ES)도 활용되기 시작하였다.

⬢ 전자상거래 정보시스템

1990년대 등장한 온라인 또는 인터넷 기술은 정보시스템의 혁명적 변화를 가져왔다. 전자상거래(Electronic Commerce : EC)라는 새로운 정보시스템이 나타나게 된 것이다. e-비즈니스를 통한 새로운 거래방식과 사업기회가 생겨나자 비즈니스 모델(Business Model : BM)과 정보시스템의 결합도 강화되었다.

⬢ 통합적 정보시스템

온라인으로 연결된 전자상거래는 단순한 비즈니스 거래를 넘어 부문과 부문, 기업과 기업, 기업과 고객을 하나의 네트워크로 연결하는 수준으로 확장되었다. 예를 들어, 앞에서 자세히 알아보았던 공급망 관리(SCM)로 돌아가 보자. 전통적 SCM에서는 공급망에 참여한 기업들 간의 물리적 연결을 강조하였다. 그러나 오늘날의 SCM에서는 공급망의 관련 기업들이 주문, 재고, 수요, 리드타임 등에 대한 정보를 서로 실시간으로 공유하는 온라인 네트워크로 묶이고 있다. 오프라인 시대의 물리적 공급망 관리를 단순히 SCM으로 불렀다면 오늘날의 온라인 공급망 관리는 e-SCM으로 부르고 있는 것이다. 이러한 통합의 추세는 마케팅 관리영역과 제품개발 관리영역에서도 일어나고 있고 최근에는 기업 전체를 아우르는 수준까지로 넓어지고 있다.

(1) 고객관계관리

　정보의 네트워크는 기업과 고객 사이에서도 만들어진다. 네트워크는 기업과 고객이 상호 작용의 '관계'로 묶일 때 만들어진다. 즉, 기업이 고객에게 일방적으로 정보를 제공하던 과거의 방식을 벗어나 고객으로부터 받은 정보를 분석하여 고객에게 돌려주는 새로운 방식으로 바뀌면서 네트워크 정보시스템이 만들어지는 것이다. 그 대표적인 예가 고객관계관리(Customer Relationship Management : CRM) 시스템이다. CRM은 고객 관련 데이터를 분석하여 고객의 특성에 기초한 마케팅 활동을 계획, 지원, 평가하는 정보시스템이다. 즉, 공급자인 기업이 일방적으로 고객에게 정보를 제공하는 시스템이 아니라 구매자이자 사용자인 고객과의 네트워크를 통해 양방향으로 정보를 공유하고 고객 맞춤형 정보를 제공하는 시스템을 가리킨다.

　표 15-2에서 보는 것처럼, 고객관리의 시작은 1970년대 단순판매 위주의 방식에서 출발한다. 이때만 해도 기업은 고객을 수동적인 구매자로만 인식하였으며, 기업과 고객 간의 관계는 일방적인 공급과 수동적인 구매의 형태를 보였다. 그러나 1980년대에 들어서서 시장경쟁이 치열해지면서 기업들은 고객서비스(customer service)와 고객만족(Customer Satisfaction : CS)의 중요성을 인식하게 되었다. 이러한 인식이 정보통신기술과 맞물리면서 1990년대에 데이터베이스 마케팅(DataBase Marketing : DBM)의 등장으로 연결되었다. 그러나 아직까지 고객 데이터는 주로 관리 목적으로 사용되는 정도였고, 고객과 시장의 세분화도 기업의 시각에서 이루어졌다.

　1990년대 후반에 접어들면서 고객관계관리가 본격적으로 강조되기 시작하였다. CRM이 부각된 배경은 크게 두 가지로 요약할 수 있다. 첫째는, 고객관리에 드는 비용의 문제이다. 시장이 포화되면서, 신규고객을 창출하는 데 드는 비용이 기존 고객을 유지하는 데 드는 비용보다 훨씬 커지기 시작하였다. 그러면서, 고객을 새로 만들기보다 있는 기존고객과의 관계를 유지, 개선, 강화하는 것이 더욱 중요하다는 인식이 높아지게 된 것이다. 둘째는, 고객관리에 활용할 수 있는 정보의 양이다. 고객관리의 시간이 경과하고 고객에 관한 정보가 축적되면서 고객정보를 과학적, 통계적으로 분석하는 작업이 가능하게 된 것이다. 이러한 배경을 바탕으로, 개별 마케팅(individual marketing), 원투원 마케팅(one-to-one marketing), 관계 마케팅(relationship marketing) 등의 고객 맞춤형 마케팅 개념이 등장하게 되었다.

표 15-2   고객관계관리의 발전과정

시기	1970년대	1980년대	1990년대	1990년대 후반~
정보시스템의 형태	판매 중심 시스템	고객만족 시스템	DB마케팅 시스템	CRM 시스템
고객의 성격	수동적 구매자	선택적 구매자	개성적 구매자	능동적 파트너
고객과의 관계	전체시장에 일방적 공급	고객과의 일방적 관계	그룹고객과의 일방적 관계	개별고객과의 쌍방향 소통

(2) 제품수명주기관리

제품개발관리 분야에서도 정보시스템의 통합이 활발히 진행되고 있다. 그 대표적인 예가 바로 제품수명주기관리(Product Lifecycle Management : PLM)이다. PLM이란 제품의 전 수명주기에 걸쳐 제품 관련 데이터를 통합적으로 관리하는 시스템을 의미한다. PLM을 통합적인 정보시스템으로 보는 이유는 크게 두 가지이다. 하나는 수명주기 단계 간의 통합이다. 제품의 생명주기는 초기의 제품 요구사항에서 시작하여, 설계–개발–생산–유통–운용 및 유지보수–폐기 및 재활용에 이르는 전 단계를 의미한다. PLM은 제품 수명주기의 각 단계에서 투입 및 산출되는 정보를 통합적으로 관리한다. 다른 하나는 기업 내부와 기업 외부 간의 통합이다. 기업 내부의 개발부문은 외부의 고객 및 협력사와 협업 프로세스를 수행하게 된다. PLM은 이러한 협업과정을 지원하는 시스템이다.

PLM의 역사는 1980년대에 개발된 EDM(Electronic Data Management ; 전자데이터관리)시스템에서 시작되었다. EDM은 도면관리 및 문서관리를 위한 정보시스템이다. CAD(Computer-Aided Design)시스템이 보급되면서 제품설계 도면이나 문서 파일들을 저장해두고 필요할 때 검색하여 사용하는 작업을 지원하기 위한 시스템인 것이다. 이후 1990년대 중반에는 워크플로 관리(workflow management) 기능이 추가된 PDM(Product Data Management ; 제품데이터관리)시스템이 개발되었다.

1990년대 말에는 전자상거래와 기업 간 협업기능을 강화한 PDM II(Product Development Management ; 제품개발관리)시스템이 등장하게 된다. PDM II에서는 특히 지리적으로 떨어진 주체들이 마치 하나의 팀처럼 작업할 수 있는 환경의 제공을 강조한다. 2000년대에 들어서는 제품의 설계와 개발단계뿐 아니라, 개발 이전의 기획단계와 개발 이후의 제조, 판매, 유지보수, 폐기, 회수과정까지를 통합적인 네트워크로 연결하는 PLM으로 확장되고 있다.

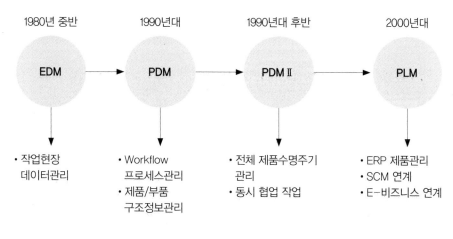

❋ 그림 15-4　PLM의 발전과정

(3) 전사적 자원관리

오늘날의 정보시스템은 기업의 모든 분야와 기능을 연결하고 통합하는 수준으로까지 확대되고 있다. 그 추세를 반영하는 대표적 시스템이 바로 전사적 자원관리(Enterprise Resource Planning : ERP)이다. ERP는 기업 내의 모든 인적자원, 물적자원, 재무자원의 관리가 하나로 통합된 정보시스템이다. 실제로 ERP는 재무 및 원가관리, 마케팅 및 판매관리, 생산 및 운영관리, 인적자원관리를 망라하는 방대한 규모로 이루어져 있다.

그림 15-5에서 보는 것처럼, ERP는 1970년대 생산부문에서 부품의 가공 및 구매활동을 지원하기 위해 개발하였던 MRP(Material Requirements Planning)를 뿌리로 하고 있다. 이후 1980년

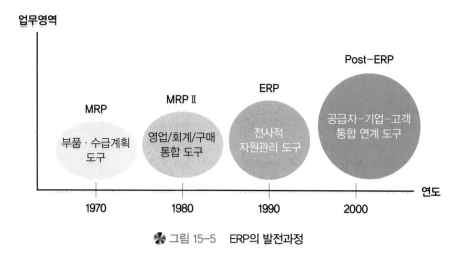

❋ 그림 15-5　ERP의 발전과정

✿ 그림 15-6   ERP 솔루션을 제공하는 기업의 예

대에 생산뿐 아니라 영업과 회계부문이 포함된 MRP II(Manufacturing Resource Planning)를 거쳐 현재의 ERP시스템으로 확장되었다.

3. 빅데이터와 비즈니스 인텔리전스

　비즈니스 인텔리전스는 빅데이터의 출현과 맞물려 있다. 즉, 한편으로는 빅데이터가 만들어지면서 비로소 비즈니스 인텔리전스가 가능해지고 다른 한편으로는 빅데이터가 쌓이면서 자연스럽게 비즈니스 인텔리전스가 필요하게 된 것이다.

　통합화의 추세와 함께 정보시스템 관리의 새로운 과제는 비즈니스 인텔리전스(business intelligence: BI)의 구현이다. 비즈니스 인텔리전스는 기업 내부와 외부에서 수집한 데이터를 정리, 가공, 분석하여 경영관리와 의사결정에 유용한 정보를 적시에 제공할 수 있는 정보체계라고 정의할 수 있다. 물론 이러한 기능을 수행하는 정보시스템은 과거에도 사용되어 왔다. 의사결정 지원시스템(DSS)이 대표적인 예라고 할 수 있다. 하지만 오늘날의 비즈니스 인텔리전스가 기존의 정보시스템들과 근본적으로 다른 점은 첫째 방대한 데이터의 저장 장소인 데이터 웨어하우스(data warehouse)의 운영이고, 둘째 과학적이고 효과적인 인공지능(AI) 기법의 활용이다. 이를 통해 정보시스템이 보완적 도구로 사용되는 수준을 넘어 전략적 내비게이터의 역할을 수행하게 한다는 것이다. 빅데이터라는 말은 아직 공식화, 표준화된 용어는 아니지만 워낙 폭넓게 사용되고 있어서 이미 낯설지 않은 개념이며 용어이다.

빅데이터는 갑자기 나타난 새로운 성격의 데이터를 가리키는 것이 아니라 과거의 데이터와 비교하여 오늘날의 데이터가 갖는 차별적 특성을 의미하는 것이다. 그러면 과거의 데이터와 비교하여 오늘날의 데이터, 즉 빅데이터는 어떤 차이가 있을까? 흔히 다음 세 가지를 들고 있다. 첫째는 데이터의 양(volume)이 기하급수적으로 늘어난 점이다. 둘째는 데이터가 만들어지고 처리되는 속도(velocity)가 빨라진 점이다. 셋째는 데이터 종류의 다양성(variety)이 올라간 점이다. 한마디로 기존의 정보처리 기술이나 능력으로는 감당할 수 없을 만큼 데이터의 양이 늘어나고 속도가 빨라지고 복잡도가 증가한 것이다.

빅데이터 문제가 대두된 배경에는 그림 15-7에서 보는 스마트폰과 SNS(Social Network Service)의 혁명이 자리 잡고 있다. 이들의 출현과 확산에 의해 몇 년 전만해도 생각지도 못한 엄청난 양의 데이터가 생성되고 있고, 종류도 다양해지고 있다. 비교적 처리가 쉬운 정형화 데이터뿐만 아니라 처리와 가공이 어려운 비정형화 데이터도 늘어나고 있다.

빅데이터의 등장과 함께 정보 자원의 관리는 새로운 문제에 직면하고 있다. 우선 기존의 정보처리능력으로는 앞서가는 데이터의 양과 속도를 따라갈 수 없게 되었다. 또 기존의 정보처리기술과 방식으로는 데이터의 수집, 저장, 검색, 분석 등이 어렵게 되었다. 한편으로는 정보의 처리능력을 획기적으로 늘려야 하는 '양적' 문제를 안고 있는가 하면 다른 한편으로 정보의 전문적 분석능력을 올려야 하는 '질적' 문제도 안게 된 것이다.

그러나 빅데이터 시대의 도래는 기업들에게 새로운 기회를 가져다주기도 한다. 고객들의 개인정보 및 소비행태에 관한 정보를 기반으로 개인화된 맞춤형 정보를 제공할 수 있게 된다. 또 사회의 변화나 시장의 흐름을 보다 정확하게 예측하여 새로운 제품이나 서비스를 적시에

🌸 그림 15-7   스마트폰과 SNS의 예시

자료 : http://www.kbench.com/?q=node/136833

개발하는 기회를 찾을 수도 있다. 정보시스템의 역할이 단순히 많은 데이터를 빨리 처리하는 보조적 기능을 넘어 마케팅, 연구개발과 연계하여 기업 전체의 경영전략을 추진해 나가는 핵심기능의 하나로 커지는 계기가 될 수 있는 것이다.

3 | 정보분석

1. 기본 개념

정보시스템의 관리가 하드웨어의 관리에 가깝다면 정보분석은 소프트웨어에 가까운 성격을 지닌다. 또 정보시스템의 관리가 '솔루션'이라는 도구의 설계와 운영을 다룬다면 정보분석은 '알고리즘'이라는 이론의 개발과 응용을 다룬다. 실제로 데이터를 정보로 변환시키고 정보로부터 지식을 추출하는 과정에는 다양한 지능적 이론과 기법이 필요하다.

대표적인 정보분석의 기법으로는 인공지능(Artificial Intelligence : AI)을 들 수 있다. 넓은 의미의 AI는 복잡하고 어려운 업무를 기계가 인간처럼 수행할 수 있도록 도와주는 기술을 통칭하는 개념이다. AI의 핵심기능은 두 가지로 요약할 수 있다. 첫째는, 정보를 요약하고 해석하는 기능이다. 둘째는, 방대한 데이터를 분석하여 데이터들 사이의 특별한 관계나 특정한 규칙을 발견하는 기능이다.

전통적인 AI의 핵심 분야는 전문가 시스템(Expert System : ES)이다. ES는 전문가의 축적된 지식과 경험을 사용하여 AI의 기능을 효과적으로 지원하는 시스템이다. 따라서 전문적 지식이 잘 정리되어 있는 특정 분야에서는 유용하게 사용될 수 있다. 하지만 전문가조차 작동의 원리를 잘 모른다거나 인간이 일일이 규칙을 만들어 줄 수 없는 문제에 ES를 사용하기는 어렵다. 이러한 문제들에 대한 해결방안을 찾는 과정에서 나온 것이 바로 기계학습(machine learning)이다. 기계학습은 이름이 뜻하는 것처럼 기계, 즉 컴퓨터를 인간처럼 학습시켜 빅데이터로부터 스스로 규칙을 만들어 내도록 유도하는 방법이다. 최근에는 기계학습에 신경망 알고리즘을 결합한 심층학습(deep learning) 기법도 활발이 사용되고 있다.

데이터 마이닝(Data Mining : DM)도 정보분석의 유용한 도구이다. DM은 마치 지하자원을 캐내듯이, 방대한 데이터의 내부에 묻혀 있는 유용한 정보를 추출하여 그것으로부터 얻어낸 지식을 의사결정에 활용하는 활동을 뜻한다. 따라서 DM은 지식발견(knowledge discovery : KD)이라고 하기도 하고 앞에서 설명한 비즈니스 인텔리전스(Business Intelligence : BI)라는 용어와 동의어로 불리기도 한다. DM을 중심으로 정보분석에 자주 사용되는 대표적 기법들에 대해 간략히 알아보도록 하자.

2. 지능형 분석기법

지금까지 알려진 정보분석 기법들은 그 종류가 상당히 다양할 뿐 아니라 지금도 계속 새로운 기법들이 개발되고 있다. 또한 기존의 기법들도 수정과 보완의 과정을 통해 성능이 개선되고 있다. 여기에서는 데이터 전처리(pre-processing), 분류분석(classification), 연관분석(association), 군집분석(clustering), 텍스트 마이닝(text mining) 등의 대표적인 기법에 초점을 맞추어 간략하게 살펴보도록 한다.

◉ 데이터 전처리

정보분석을 위해서는 먼저 쓰기 편하게 정리된 수치 데이터가 필요하다. 그러나 현장에서 수집된 데이터는 그대로 사용하기에는 부적절한 경우가 많다. 데이터를 모으는 과정에서 정해진 원리나 규칙을 따르지 않은 채 쏟아져 들어온 데이터일 수도 있고, 성격이 아예 다른 데이터들이 섞여서 들어오는 경우도 있다. 또 데이터의 크기가 너무 크거나 구조가 아주 복잡할 수도 있다. 따라서 원래의 데이터를 사용이 편하고 분석이 쉬운 형태로 바꾸어 주는 과정을 거치게 된다. 이것을 전처리(pre-processing)라고 한다.

데이터 전처리의 주요 작업으로는 데이터 정제(data cleaning), 데이터 통합(data integration), 데이터 정리(data reduction), 데이터 변환(data transformation)이 있다. 데이터 정제는 결측값(missing value)을 채우거나, 잡음값(noisy data)을 줄이거나, 이상점(outlier)을 발견하여 이를 제거하는 등의 과정을 통해 데이터를 깨끗하게 하는 것이다. 데이터 통합은 다양한 채널을 통해 수집한 데이터를 한군데로 모으는 것이다. 데이터 정리는 정보량은 그대로 두면서 데이터베이스의 크기를 줄이는 것을 가리킨다. 마지막으로 데이터 변환은 분석의 효율성을 올리기 위해 데이터의 형태를 바꾸어 주는 것이다. 데이터 전처리는 본격적인 정보분석 작업을 위한 사전준비 과정이기도 하지만, 동시에 그 자체로서 중요한 정보분석의 주제이기도 하다.

데이터 전처리의 또 다른 주제는 데이터의 정형화 또는 구조화이다. 앞에서 설명한 것처럼, 데이터의 형태는 정형 또는 구조적 데이터(structured data)와 비정형 또는 비구조적 데이터(unstructured data)로 나누어진다. 정형 데이터는 정해진 규격이나 기준에 맞추어 데이터 행렬(data matrix) 모양으로 정리된 데이터이다. 예를 들어, 판매 내역, 원자재 구매, 제품 재고, 생산 내역과 같은 기업의 거래 데이터는 대부분 정형 데이터에 해당한다. 반면, 비정형 데이터는 문서, 그림, 영상처럼 데이터의 속성이 불분명하며, 형태와 구조가 정형화되지 않은 데이터를 가리킨다. 책, 잡지, 의료기록, 음성정보, 영상정보와 같은 전통적인 데이터 이외에 이메일, 트위터, 블로그처럼 모바일 기기와 온라인에서 생성되는 데이터의 대부분이 비정형 데이터에 해당된다. 정형 데이터는 바로 사칙연산을 할 수 있기 때문에 정보분석이 용이한 반면, 비정형 데이터는 원래의 형태로는 작업을 수행하기 어렵기 때문에 분석이 가능한 형태로 바꾸어 주는 전처리 과정을 거치게 된다.

◈ 분류분석

분류분석(classification)은 데이터 마이닝의 가장 기본적인 분석기법이다. 이 기법은 분류의 결과가 이미 알려진 기존 데이터를 사용하여 일정한 규칙(rule)들을 찾아낸 다음, 그 규칙들을 분류의 결과가 알려지지 않은 새로운 관측치(대상)에 적용하여 그 관측치가 어느 유형에 속할지를 예측하는 방법이다. 예를 들어, 통신서비스나 금융서비스의 전체 고객을 서비스를 유지하는 그룹과 중간에 이탈하는 그룹으로 나눈다고 하자. 기존 데이터를 분석하여 각 그룹의 속성을 분석하면 고객이 이탈하는(유지되는) 규칙을 도출할 수 있다. 이제 새로운 고객이 가입하였을 때, 이 고객의 속성을 알아보면 앞으로 어느 그룹에 속할지 예측할 수 있을 것이다. 이러한 분류분석은 다양한 영역과 분야에 폭넓게 적용할 수 있다.

분류분석에 사용되는 대표적 방법은 의사결정 나무(decision tree)이다. 이것은 과거에 수집된 데이터를 분석하여 데이터에 나타난 패턴을 나무의 형태로 작성한 도형을 의미한다. 먼저 전체 관측치가 여러 그룹으로 나뉘는 과정에서 가장 큰 영향을 미치는 속성을 가장 위의 뿌리 마디(root node)에, 그다음 중요한 속성들을 차례대로 아래의 중간마디(internal node)에 두고, 마지막의 가장 밑에는 그룹의 유형을 둔다. 이제 각 마디를 가지로 연결하면 하나의 나무가 만들어지고, 마디와 가지를 따라가면 끝에서 어느 그룹으로 연결되는지를 알려주는 규칙들을 도출할 수 있다. 따라서 새로운 관측치(대상)가 나타날 때, 그 대상의 속성값을 차례대로 따라가면 마지막에 어떤 유형으로 분류되는지를 예측할 수 있다.

◉ 연관분석

연관분석(association analysis)은 유사한 속성을 가진 품목이나 활동을 함께 묶어주는 기법을 뜻한다. 연관분석의 전형적인 예로 마케팅의 장바구니 분석(market basket analysis)을 들 수 있다. 고객의 구매 데이터로부터 장바구니에 함께 담기는 품목들이 무엇인가를 찾아냄으로써, 카탈로그 혹은 매장 진열대에서 어떤 품목을 같은 위치에 배치할 것이며 어떻게 제품이나 서비스 패키지(package)를 구성할 것인가를 정하는 데 이용할 수 있다. 장바구니 분석의 기본 아이디어는 마케팅 분야뿐 아니라 제품 포트폴리오(portfolio)의 구성이나 신제품 아이디어의 창출에도 유용하게 활용할 수 있다. 예를 들어, 새로운 서비스 패키지를 설계할 때 'A 기능을 원하는 고객은 B 기능도 원한다'거나 'C 기능을 원하는 고객은 D 기능도 원한다'는 규칙(rule)을 찾을 수 있다면 연관된 기능을 함께 묶어서 제공하는 서비스를 개발할 수 있을 것이다.

규칙을 찾아내는 기본 원리는 두 가지 품목(활동)이 동시에 발생할 확률이 얼마나 높은지를 바탕으로 한다. 예를 들어 두 개의 품목 X와 Y가 있을 때, 연관성 분석을 위해 가장 먼저 보아야 할 것은 전체 중에 두 품목이 동시에 거래되는 확률인 $P(X \cap Y)$이다. 다음으로 보아야 할 것은 X를 거래하면 Y도 따라서 거래하는 조건부 확률인 $P(X|X)$이다. 마지막으로 보아야 할 것은 Y를 거래하는 확률에 대비하여 X를 거래하면 Y도 거래하는 조건부 확률의 비율인 $P(Y|X)/P(Y)$이다. 이제 앞의 값들을 측정하여 그 값이 미리 설정한 기준보다 높게 나오면 하나의 규칙이 만들어지게 된다.

◉ 군집분석

앞의 통계적 분석에서 이미 언급한 것처럼, 군집분석(clustering analysis)은 전체의 관측대상을 비슷한 그룹, 즉 군집(cluster)으로 나누는 데 사용되는 통계적 분석기법이다. 관측치들 사이의 유사성(similarity) 또는 거리(distance)를 측정하여 유사성이 높거나 거리가 짧은 관측치들을 하나의 그룹으로 묶어주는 것이다. 따라서 각각의 그룹 안에 있는 관측치들은 서로 비슷해야 하고 반대로 그룹과 그룹들은 서로 달라야 한다.

군집분석의 목적은 크게 두 가지로 요약할 수 있다. 첫째, 각 집단의 특성을 파악함으로써 데이터 전체의 구조를 이해하는 데 있다. 크고 복잡해 보이는 전체 데이터를 몇 개의 집합으로 나눌 수 있다면 데이터의 구조를 훨씬 단순한 형태로 정리할 수 있다. 둘째, 각 그룹의 차별적 특성을 파악하여 맞춤형 전략이나 방식을 적용하는 데 있다. 예를 들어, 전체 고객집단을 유사한 배경과 취향을 가진 소그룹으로 나눈 후 각 그룹에 맞는 맞춤형 정보를 따로 제공한다든가, 수많은 벤처기업을 기술적 또는 시장적 특성에 따라 소그룹으로 나눈 후 각 그룹에 맞는 맞춤형 지원방식을 제공할 수 있는 것이다.

군집화 과정은 다음의 단계로 이루어진다. 첫째, 관측대상 사이의 유사성이나 상이성을 나타내는 기준 즉 변수(variable)를 정한다. 비슷하다는 것은 보는 관점에 따라 달라지기 때문에 군집분석의 목적과 데이터의 성격에 맞는 변수를 설정하는 것이 매우 중요하다. 신체적 관점에서 비슷한 사람들을 묶는 경우에 체중이나 신장이 아니라 지능지수나 감성지수를 변수로 사용하면 엉뚱한 결과가 나오게 된다. 둘째, 비슷한(다른) 정도를 정량적으로 측정하는 지표를 정한다. 비슷하거나 다르다는 것은 주관적 개념이기 때문에 이것을 수치로 잴 수 있는 유사성 지표 또는 거리 지표가 제시되어야 하는 것이다. 셋째, 군집 알고리즘을 이용하여 유사성이 높은 관측대상끼리 묶는 작업을 한다. 이 과정에서는 바로 뒤에 설명할 다양한 알고리즘을 사용하게 된다. 마지막으로, 도출된 군집의 차별적 특성을 파악하고 그 특성에 맞는 군집의 이름을 지어주게 된다.

군집분석에 사용되는 알고리즘은 매우 다양하지만, 크게 계층적(hierarchical) 알고리즘과 비계층적(non-hierarchical) 알고리즘으로 나눌 수 있다. 계층적 접근은 군집의 수(number)를 미리 정하지 않고 여러 계층을 따라가면서 바꾸어 나가는 방식이다. 즉, 처음에는 모든 관측치를 포함하는 1개의 큰 군집에서 출발하여 점점 여러 개의 군집들로 분할하면서 군집의 수는 늘리고 군집의 크기는 줄여가거나, 반대로 처음에는 모든 관측치를 각각의 군집으로 놓고 시작하여 점점 묶어가면서 군집의 수는 줄이고 군집의 크기는 늘려가는 것이다. 따라서 알고리즘이 끝나야만 몇 개의 군집이 만들어지는지를 알 수 있다. 이에 비해 비계층적 접근은 처음부터 군집의 수(n)를 정한 후, 각 관측치를 가장 가까운 군집에 배치하는 방식으로 진행된다. 매번 배치가 이루어지면 군집의 중심점이 바뀌기 때문에 각 관측치로부터 가장 가까운 군집도 달라질 수 있다. 그렇게 되면 그 관측치는 원래 배치되었던 군집을 벗어나 더 가까우며 새로운 군집으로 재배치된다. 이 과정을 반복하면서 더 재배치할 관측치가 없게 되면 알고리즘이 끝나게 된다.

🔷 텍스트 마이닝

앞의 데이터 전처리에서 설명한 것처럼, 글, 그림, 사진과 같은 비정형 데이터는 정보분석이 가능한 형태로 바꾸어 주는 전처리 단계를 거쳐야 한다. 이 과정에서는 여러 가지 데이터 마이닝 기법들이 사용되는데, 그중 대표적인 기법이 텍스트 마이닝(text mining)이다. 텍스트 마이닝은 대규모의 문서(text) 데이터에서 의미 있는 정보를 추출하는 기법을 가리킨다. 또한, 웹 마이닝(web mining)은 인터넷을 이용하는 과정에서 생성되는 웹 로그(web log) 정보나 검색 어로부터 유용한 정보를 추출하는 기법이다. 예를 들어, 출시 제품에 대한 사용자 인식을 파악하기 위해 SNS상의 텍스트 데이터를 조사해보면 특정 주제어(keyword)가 얼마나 빈번하게 등장하는지를 확인할 수 있고, 이를 바탕으로 제품의 어떤 특성이 사용자들의 긍정적 또는 부정적 의견으로 이어지는지, 향후 신제품 개발에 보완되어야 할 점은 무엇인지 등에 대한 정보를 얻을 수 있다.

텍스트 마이닝은 크게 자료처리(data processing)와 자료분석(data analysis)의 두 단계로 이루어진다. 첫 단계인 자료처리 과정은 구조화되지 않은 비정형 데이터를 분석이 용이하도록 가공 및 정제하는 전처리(pre-processing) 단계이다. 예를 들어, 여러 개의 큰 문서(document)들이 주어졌다고 하자. 하나의 문서는 수많은 단어(word)나 문장(sentence)의 조합이므로 먼저 각 문서를 단어와 같은 소단위의 요소들로 분해한다. 이때 각 요소는 크기는 작지만 그 자체로 의미를 가져야 하고 품사도 알려져야 한다. 이 작업을 모든 문서에 대해 수행하면, 어떤 단어는 모든 문서에서 골고루 나타나기도 하고, 일부 문서에서만 자주 나타나는가 하면, 아예 특정 문서에서만 나타나기도 한다. 이것을 정리하면 표 15-3과 같은 문서-단어-빈도 행렬(document-term-frequency matrix)을 만들 수 있다. 여기서 각 셀(cell)의 숫자는 그 단어가 나타나는 빈도를 의미한다. 처음에는 문서 데이터였지만 이제는 수치로 이루어지는 데이터 행렬로 바뀌었기 때문에 통계적 분석을 수행할 수 있다. 만일 논문이나 특허와 같은 문서인 경우라면 인용(citation) 관계를 보여주는 데이터 행렬을 얻을 수도 있다.

● 표 15-3   문서-단어-빈도 행렬의 구조

	단어 1	단어 2	단어 3	단어 4	단어 5
문서 1	2	4	1	0	5
문서 2	0	6	2	1	7
문서 3	6	1	2	4	2
문서 4	7	0	3	6	0

다음 단계인 자료분석 과정에서는 다양한 알고리즘을 적용하여 유용한 정보와 지식을 추출하게 된다. 예를 들어, 앞에서 설명한 키워드(keyword) 행렬이나 인용(citation) 행렬을 이용하여 자주 나오는 주제어는 무엇이고, 새롭게 등장하는 관심주제는 무엇이며, 지식과 정보의 공유관계는 어떻게 이루어지고 있는지를 알아볼 수 있다. 또 제품이나 서비스에 대한 사용자의 긍정적 또는 부정적 의견을 파악하는 감성(sentiment) 분석도 자주 사용된다. 나아가 시각화(visualization) 알고리즘을 이용하여 문서 속에 묻혀 보이지 않던 정보를 눈으로 찾아낼 수도 있다.

EXERCISE 연습문제

01 정보 자체의 관리와 정보기술의 관리를 비교하여 서술하라.

02 데이터, 정보, 지식의 계층구조를 설명하라.

03 데이터, 정보, 지식의 차이점을 예를 들어 설명하라.

04 정보시스템을 조직구조와 경영기능을 기준으로 분류하고, 각 개별시스템의 의미와 용도를 설명하라.

05 정보시스템의 진화과정을 각 시스템의 성격과 역할의 변화를 기준으로 설명하라.

06 ERP의 주요 기능을 네 가지로 나누어 설명하라.

07 고객관계관리(CRM)의 발전과정을 시대별로 간략하게 설명하라.

08 제품수명주기관리(PLM)의 정의와 장점을 서술하라.

09 빅데이터의 등장이 정보자원관리에 어떤 영향을 미칠지에 대해 설명하라.

10 정보분석기법 중 데이터 전처리의 주요 작업을 설명하라.

11 분류분석과 군집분석의 차이점을 서술하라.

12 실제 기업 현장에서 데이터 마이닝(DM) 기법을 활용한 사례들을 찾아서 정리해보라.

Chapter

16

기술자원관리

학습목표

- 기술자산의 중요성이 대두되고 기술경영(MOT)이라는 새로운 분야가 등장한 배경을 알아본다.

- 기술예측의 요소를 이해하고, 전문가 기반의 정성적 예측과 데이터 기반의 정량적 예측의 기본 개념과 관련 기법들을 알아본다.

- 시장계층, 제품계층, 기술계층으로 구성되는 기술로드맵의 구조를 이해하고, 기술기획의 로드맵을 작성하는 절차를 알아본다.

- 확산 모형을 바탕으로 기술확산이 이루어지는 과정을 이해하고 로지스틱 모형이나 Bass 모형을 이용하여 확산과정을 분석하는 절차를 알아본다.

- 지식재산권의 분류체계를 이해하고, 각 분류 간의 장단점을 살펴보며, 특허지도를 중심으로 특허분석의 목적과 기법을 알아본다.

- 비용접근법, 시장접근법, 수익접근법 등을 중심으로 기술가치를 산정하는 기준과 방법을 알아본다.

1 | 기술자원의 관리

앞에서 우리는 인적자원, 물적자원, 재무자원 그리고 정보자원의 관리에 대해 알아보았다. 여기에 더해, 최근의 경영시스템에서 새롭게 각광을 받고 있는 자원은 좁은 의미의 기술자원, 그리고 넓은 의미의 지식자원이다. 기술력이 곧 경쟁력이라는 인식이 확산되면서, 기술요소가 경영활동의 보조수단이 아니라 핵심자산(assets)이 되고 있는 것이다.

✿ 그림 16-1 대표적인 기술자원 창출단지 : 왼쪽부터 대덕단지, 실리콘밸리, 테헤란밸리

다른 자원과 마찬가지로, 기술자원도 그것을 창출하고 활용하는 과정을 경영해야(manage) 하는 문제가 발생하고, 이를 위한 이론적·실무적 원리와 방법이 쌓이면서 '기술경영', 영문으로는 'Management of Technology(MOT)' 또는 'Technology Management(TM)'라고 하는 새로운 학문 분야가 등장하고 있다. 이 주제를 독자적인 새로운 학제로 볼지, 경영학의 일부로 볼지, 아니면 공학의 일부로 볼지에 대해서는 의견의 차이가 있다. 하지만 산업공학에서는 일찍부터 이 주제를 적극적으로 받아들여 이제는 중요한 분야의 하나로 다루고 있다.

MOT는 기술활동의 전 과정에 관련된 다양한 주제를 다루기 때문에 그 범위가 매우 넓다. 그러나 이 책에서는 투입-전환-산출의 '시스템' 관점에 초점을 맞추어 다음 세 가지 주제에 대해서만 알아보기로 한다. 첫째는, 투입과정의 기술기획이다. 먼저 기술자원의 창출을 위해 기술의 미래를 예측하고 이를 바탕으로 활동계획을 수립하는 주제를 다룬다. 둘째는, 전환과정의 기술확산이다. 창출된 기술이 시장으로 나간 후, 어떤 방향과 속도로 퍼져나가는지를 알아본다. 셋째는, 산출과정의 기술자산관리이다. 특허나 표준과 같은 산출물을 지식자산으로 활용하는 방안과 기술가치를 산정하는 기준을 찾아본다.

2 │ 기술기획

1. 기술예측

투입과정(input)에서 가장 먼저 다루어야 할 주제는 무엇일까? 경영시스템의 운영은 경영계획에서 출발하고, 경영계획은 새로운 프로젝트의 개발로 실현된다. 그리고 새로운 프로젝트의 개발은 기술변화의 추세를 예측하는 작업에서 시작된다. 산업구조의 변화, 시장환경의 변화, 소비자 요구의 변화는 기술진보와 밀접한 관련을 맺고 있기 때문이다.

기업이 기술예측을 수행하는 일차적 목적은 기존 제품의 개선 및 신제품 개발의 영역과 주제를 파악하고 적절한 신기술 도입 시기를 결정하는 데 있다. 나아가 기술진보에 따른 잠재적 기회요소와 위협요소를 미리 찾아내는 것도 중요한 기능이다. 최근에는 기술예측을 통해 앞으로 어느 분야의 인력을 새로 채용할 것인지에 관한 고용계획, 그리고 어느 분야를 중심으로 기존 인력의 재교육을 할 것인지에 관한 직무교육 등의 목적으로도 기술예측을 활용하고 있다.

그러므로 기술경영에서 가장 먼저 다루어야 할 주제의 하나는 '기술의 미래'를 알아보는 일이다. 앞으로 기술이 어느 방향으로, 어떠한 속도로 변할 것인가를 미리 추측하는 활동이 바로 기술예측(technology forecasting)이다. 기술예측의 요소는 무엇이며, 기술예측을 할 수 있는 방법에는 어떤 것들이 있는지를 알아보자.

🔷 기술예측의 요소

기술예측은 다음 네 가지의 조건을 필요로 한다. 첫째, 예측시기(time of the forecast)가 명확하게 제시되어야 한다. '2015년 또는 15년 후'와 같은 표현은 예측이 되지만, '먼 미래 또는 2, 30년 후 정도' 등의 시점은 모호한 표현이어서 예측의 조건을 만족시키지 못한다. 둘째, 예측 대상 기술(technology being forecast)이 명확하게 제시되어야 한다. 기술분류체계의 어디에 속하는 기술이며, 공식적인 이름이 무엇인지가 제시되어야 한다. '생명공학에 관한 기술', '차세대 자동차 기술' 등의 기술은 지나치게 포괄적이므로 좀 더 세부적인 내용으로 범위를 제한하여야 한다. 셋째, 기술의 특성(characteristics of the technology)이 구체적으로 설정되어야 한다. 성능이 무엇이고, 용도가 무엇이며, 구조는 어떻게 되어 있는지 가능한 한 자세하게 밝혀져야 한다. 예를 들어, '인류의 행복에 기여하는 기술', '친환경적인 기술' 등은 기술예측이라고 하기에는 너무 막연한 표현이다. 넷째, 실현가능성(probability)이 확률적으로 설정되어야 한다. '그렇게 될 확률이 매우 높다' 또는 '그럴 가능성이 매우 희박하다'는 예측이 될 수 없다. 실현의 가능성이 정량적인 확률값으로 제시되어야 한다.

그러나 최근에는 기술예측의 요건을 신축적으로 적용하는 경향이 커지고 있다. 우선 오늘날의 기술은 어느 특정 분야의 물리적 물질을 가리키는 것이 아니라 다양한 분야의 문제해결에 활용되는 지식(knowledge)을 가리키므로 기술의 특성과 영역을 분명하게 설정하는 것이 어렵고, 기술의 성능도 명확한 단위(metric)로 측정하기가 쉽지 않게 되었다. 나아가 동일한 기술이라 하여도 어느 상황에서 어떤 용도로 사용되느냐에 따라 그 성능의 수준이 달라지기도 한다. 따라서 기술 자체의 객관적, 정량적 수준을 예측하는 활동보다 그 기술의 실용적 효용과 시장적 가치를 예측하는 활동을 강조하는 추세이다.

🔷 기술예측기법

그렇다면 어떤 방법으로 기술의 미래, 또는 기술진보의 패턴을 예측할 수 있을까? 기술예측의 기법은 매우 다양하다. 직관적인 접근이 있는가 하면, 매우 복잡하고 정교한 이론을 필요로 하는 기법도 있다. 이 다양한 기법들은, 접근방법의 차이를 기준으로 크게 정성적(qualitative) 방법과 정량적(quantitative) 방법으로 나눌 수 있다.

물론 예측 대상 기술의 성격이 매우 복잡하거나 예측의 외부환경이 매우 가변적인 상황에서는 실험적인 시뮬레이션(simulation)을 통해 예측하기도 하고, 미래 상황을 여러 가지의 경우로 나누어 신축적으로 예측하는 시나리오 플래닝(scenario planning) 접근을 하기도 하지만, 여기에서는 가장 기본적인 기법들만 간략히 알아보기로 한다.

(1) 정성적 방법

기술예측에서 자주 사용되는 정성적 방법은 한마디로 전문가의 판단에 의존하는 것이다. 기술예측은 고도의 전문지식과 풍부한 경험을 필요로 하기 때문에, 전문가들의 의견을 수렴하여 예측하는 것이 합리적인 방법이 될 수 있다. 특히, 다음과 같은 경우에 정성적 기법을 사용한다. 첫째, 과거의 실증 데이터가 없거나 데이터의 수집에 지나치게 많은 비용이 드는 경우, 둘째, 외부환경요인의 변화가 심하여 과거 데이터의 의미가 없어진 경우, 셋째, 사회적 내지 정치적 요인이 기술적 요인보다 더 중요하게 작용하는 경우 등이다.

전문가 판단을 이용하는 예측방법도 여러 가지가 있다. 먼저, 직접적인 인터뷰, 즉 심층면접(in-depth interview)을 이용하는 접근을 들 수 있다. 또, 많은 전문가들을 대상으로 미리 작성된 설문지를 이용하는 방법도 사용할 수 있다. 하지만 가장 자주 사용되는 방법은 전문가집단을 활용하는 것이다. 이 범주에 속하는 대표적 방법으로는 지명집단기법(nominal group technique)과 델파이기법(Delphi method)을 들 수 있다.

소규모 예측의 경우에는 지명집단기법이 자주 사용된다. 여기에서는 보통 10명 내외, 즉 8명 내지 12명 정도의 전문가들이 모여서 자유로운 토론을 거쳐, 최종적인 공개투표(open voting)의 결과에 의해 기술을 예측하기도 하고, 차례로 자신의 의견을 제시한 후 토론을 거쳐 최종적인 비밀투표(closed voting)의 결과에 의해 기술을 예측하기도 한다. 이때 토론의 핵심은 브레인스토밍(brain-storming) 효과에 있다. 용어가 의미하는 것처럼, 참여자들이 서로 지식과 의견을 연쇄적으로 도출하고 교환함으로써 예측의 정확성과 신뢰성을 높일 수 있다.

대규모 예측의 경우에는 델파이기법이 사용된다. 델파이법의 원리와 방법을 한마디로 요약한다면 전문가 집단에 대한 집중적이고 반복적인 설문조사를 통해 신뢰성 있는 합의점(consensus)을 도출하는 과정이라고 할 수 있다. 브레인스토밍 중심의 기존의 전문가집단 기법과 비교하여 델파이법의 가장 큰 차이이자 장점은 의견수렴 과정을 여러 번 반복(iteration)하는 데 있다. 델파이법에 대해서는 이미 앞의 수요예측에서 설명했기 때문에 자세한 내용은 생략하기로 한다.

최근 빅데이터의 유용성과 활용도가 부각되면서 소수의 전문가에게 직접적으로 의존하는 방식 대신 다수의 전문가를 간접적으로 활용하는 방식을 사용하기도 한다. 예를 들어, 유망기술(emerging technology)의 미래에 대해 각 분야의 전문가들이 예측 의견을 올려놓은 온라인 사이트(site)로부터 수집한 예측 정보들을 종합적으로 분석하여 유망기술의 미래에 대한 예측 시나리오를 도출하는 것이다. 물론 전문가 의견은 대부분 문서(text) 형태로 되어 있기 때문에 예측 작업을 수행하기 위해서는 앞에서 설명한 텍스트 마이닝(text-mining) 기법을 사용해야 한다.

(2) 정량적 방법

정량적 방법은 한마디로 추세분석(trend analysis)을 의미한다. 추세분석은 말 그대로 기술변화의 추세를 보여 주는 정량적인 데이터를 과학적인 모델에 반영하여 예측하는 기법을 말한다. 추세분석에는 다양한 기법들이 사용될 수 있으나, 모든 기법은 일반적으로 다음과 같은 절차를 통해 이루어진다. 먼저 과거의 자료를, 시간(time)을 X축 그리고 기술성능의 값을 Y축으로 하는 도면 위의 점으로 표시하여 그 점들을 이은 곡선(curve)을 그린 후(plotting), 그 곡선에 가장 적합한 함수(function)를 찾고, 이어서 함수의 모수를 추정한 후, 마지막으로 그 함수에 미래의 시점을 입력하여 예측값을 도출한다.

정량적 분석에서 가장 중요하고 어려운 과제는 적합한 함수(function)를 찾는 것이다. 모든 기술이 동일한 방향과 속도로 진보하는 것은 아니기 때문에 기술의 변화 추세를 하나의 곡선으로 설명하고 예측할 수는 없기 때문이다. 정량적 추세에 사용되는 곡선은 매우 다양하지만 가장 기본적인 형태로는 S자 모형의 곡선, 지수함수 모형의 곡선, 그리고 선형(linear)의 직선 등을 들 수 있다.

① S자 모형

S자 모형은 성장곡선(growth curve) 모형이라고도 한다. 그림 16-2에 도시되어 있는 것처럼, 성장곡선은 일반적으로 기울어진 S-curve 형태, 즉 sigmoid 곡선(sigmoid curve)으로 나타난다. 이 그림에서 Y 축은 성과(output)로서 기술예측의 대상이 되는 기술 성능을 가리킨다. 기술 성능은 속도가 될 수도 있고 집적도가 될 수도 있다. X 축은 시간의 흐름에 따라 증가하는 누적투입량(input)을 뜻한다.

이 모형은 정량적 추세분석에서 가장 오래되고 또 가장 자주 사용되는 기본 모형이다. 그만큼 S자 모양으로 진보하는 기술이 많다는 뜻이다. 그렇다면 기술진보가 S-curve 형태로 나타나는 이유는 무엇일까? 새로 개발된 기술이나 출시된 제품은 도입기인 초기 단계에는 완만

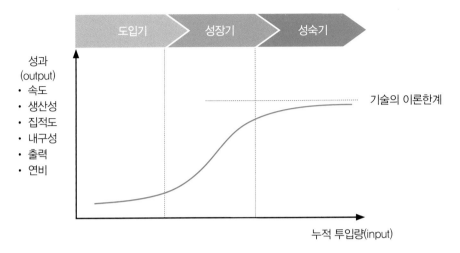

✿ 그림 16-2 **기술진보의 S자 성장곡선**

한 성장 추세를 보인다. 왜냐하면 이 시기에는 수요자가 많지 않고 기술정보도 별로 알려지지 않아서 기술혁신이 활발히 일어나기 어렵기 때문이다. 그러나 일단 시장에서 받아들여져 성장기로 넘어가면, 본격적인 연구개발과 폭넓은 실용화를 통해 급속한 성장과 진보를 하게 된다. 이 단계를 넘어 성숙기로 접어들면, 더 이상 넘을 수 없는 기술의 이론적 한계(theoretical limit)에 부딪쳐 정체 상태에 빠지게 된다. 이러한 변화와 발전과정을 선(line)으로 표현하면 전형적인 S-curve가 된다.

이제 성장곡선을 이용하여 기술예측을 하기 위해서는 S-curve에 적합한 함수형태를 찾아야 한다. S-curve 즉 sigmoid 곡선 모양으로 나타나는 함수들은 많이 있지만, 수리적으로 가장 기본적 모형이면서 또한 폭넓게 이용되는 모형은 로지스틱(logistic) 함수이다. 로지스틱 함수는 초기에는 주로 인구통계나 생물통계에 활용되었으나, 갈수록 적용범위가 확대되었고 최근에는 기술예측 과정에도 자주 이용되고 있다.

로지스틱 모형의 기본 아이디어는 매우 간단하다. 어느 기술이 발전할 수 있는 이론적 한계를 L이라고 하자. 어느 시점 t에서 보면, 이미 진보가 이루어진 값과 L까지 아직 남아 있는 값으로 나눌 수 있다. 여기서 이미 진보가 이루어진 누적값을 $Y(t)$, 남은 값을 $L-Y(t)$라고 하자. 그러면, 그 시점에서의 진보율(growth rate)은 이 두 값의 곱에 비례한다고 가정한다. 따라서 진보율은 다음과 같은 미분방정식으로 표현할 수 있다.

$$\frac{dY(t)}{dt} = K \cdot Y(t)[L - Y(t)] \ \text{(단, } K : \text{상수)}$$

위의 미분방정식을 풀면 다음과 같은 로지스틱 모형이 도출된다. 로지스틱 모형에 의한 S-curve은, 가운데 변곡점을 기준으로 좌우 대칭을 이루고 있다.

$$Y(t)= \frac{L}{(1+ a \cdot e^{-\beta t})} \quad \text{(단, } a, \beta: \text{모수)}$$

보다시피 로지스틱 함수에는 a와 β라는 두 개의 모수(parameter)가 있다. 따라서 남은 과제는 함수 안의 모수인 a와 β의 값을 추정(estimation)하는 일이다. 이 과제는 앞에서 설명한 대로, 위의 모형에 과거의 데이터 값을 넣어서 회귀분석(regression analysis)을 함으로써 해결하게 된다. 통계 소프트웨어를 사용하면 이 작업을 쉽게 수행할 수 있다. a와 β의 값이 추정되면 마지막으로 미래의 시점 t의 값을 대입하여 기술예측을 할 수 있다.

② 선형 모형과 지수 모형

앞에서 살펴본 S자 성장곡선은 기술의 단기적 변화과정을 예측하는 데 적합하다. 그러나 '중장기적 예측'의 경우에는 S-curve보다 선형(linear) 곡선 또는 지수함수(exponential function)가 더 적합한 것으로 나타나는 것이 일반적이다.

하나의 예로, 초음속(supersonic) 항공기의 개발을 생각해 보자. 초기의 가솔린 엔진은 이론적으로 가장 빨리 날 수 있는 속도, 즉 이론적 한계 자체가 초음속에 한참 못 미쳤다. 물론 지속적인 기술개발을 통해 가솔린 엔진의 속도가 빨라지기는 했지만 곧 이론적 한계에 부딪치게 되었다. 그러자, 그 한계를 넘기 위해 제트 엔진이 출현하였다. 하지만 초기의 제트 엔진도 마하 1의 이론적 한계를 극복하지 못하게 되었다. 그러면서 이번에는 터보 제트 엔진이 출현하였다. 하지만 여기에서도 마하 3이라는 이론적 한계가 나타났다. 그러자 램(Ram) 제트 엔진이 개발되었다. 이번에도 마하 5라는 이론적 한계가 드러났다. 이 한계를 극복하기 위해 최근에는 스크램(Supersonic Combustion Ram) 제트 엔진을 개발하고 있는 중이다. 이와 같이, 대부분의 기술은 그 당시의 이론적 한계 안에서 점진적으로 발전하다가, 이론적 한계에 다다르면 그 한계를 뛰어넘는 급진적 혁신을 통해 또 한번 도약하는 패턴을 보인다. 즉, 세대(generation)를 바꾸어가면서 끊임없이 진보하는 것이다.

실제로 짧은 기간 또는 같은 세대(generation) 내에서 기술이 진보하는 모습은 앞에서 설명한 S-curve으로 나타나는 것이 대부분이다. 하지만 오랜 기간 동안 여러 세대를 거치면서 기술이 발전하는 양상은 직선이나 지수함수 모양을 보이는 경우가 더 많다. 그림 16-3에서 볼

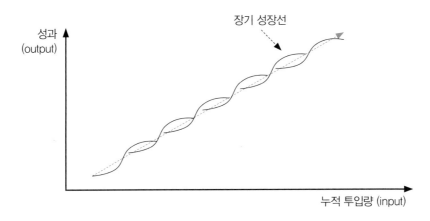

🌸 그림 16-3 **중장기적 기술진보의 추세**

수 있듯이, 여러 개의 S-curve을 이어보면 장기적인 발전 양상이 어떻게 되는지 쉽게 이해할 수 있다. 이와 같이 중장기적인 기술의 진보는 S-curve 함수보다는 지수함수나 선형함수로 예측하는 것이 더 적합하다.

기술진보 곡선이 선형(linear) 함수인 경우에는 바로 회귀분석을 하는 데 아무 문제가 없다. 그러나 지수함수는 비선형(non-linear) 형태이기 때문에 바로 회귀분석을 수행하기 어렵다. 따라서 지수함수에 대한 기술예측은 먼저 데이터를 로그 변환을 통해 선형 함수로 바꾼 후, 회귀분석을 하는 것이 일반적이다. 지수함수의 원형은 $y = y_0 e^{kt}$의 식으로 표현된다. 여기서 t는 시간, y는 t시점에서의 기술수준, k는 기술발전 속도를 나타내는 모수, y_0는 기술이 처음 개발되었을 때의 기술수준을 의미한다. 기술발전 속도를 나타내는 k의 경우에는, 계수의 값이 클수록 기술발전 속도가 크다는 것을 의미한다.

이제 위의 지수함수를 로그 변환하게 되면, 다음의 선형식(linear line)으로 바뀌게 된다. 이 선형식에 대해 회귀분석을 하면, 시간(t)의 변화에 따른 기술성과(y)의 값을 결정하는 기술예측을 할 수 있다.

$$log\ y = Y = log\ y_0 + kt$$

2. 기술전략과 기획

🔷 기본 개념

기술예측에 의해 미래 상황에 대한 정보를 얻게 되면, 그 다음에 할 일은 기술전략 (technology strategy)을 수립하는 것이다. 전략은 본질적으로 의사결정과 선택의 문제이다. 복수의 대안(alternative)이 존재하고, 대안들 간의 우열에 대한 명확한 평가가 어려운 상황에서 나름의 기준을 토대로 '최적'의 대안을 선택하는 의사결정의 과제인 것이다.

따라서 기술전략은 '여러 기술대안 가운데 어떤 기술을 선택할 것이며, 선택한 기술을 자체적으로 개발할 것인가 아니면 외부에서 조달할 것인가'를 결정하는 작업이다. 이 선택과 결정을 위해 기술 분석, 시장 분석, 경쟁 분석을 차례로 거치게 된다. 먼저 기술 분석에서는 '기술대안들의 매력과 위험은 무엇인가?'에 초점을 맞춘다. 각각의 기술대안은 장점과 단점이 있고 기술적 매력이 있는가 하면 기술적 위험도 있게 마련이므로 다양한 요소와 기준을 바탕으로 각 기술대안의 우열을 평가하게 된다. 이어서 시장 분석의 핵심 질문은 '진출하려고 하는 시장의 매력과 위험은 무엇인가?'이다. 어느 시장이든 진출해도 좋을 만큼의 매력이 있는가 하면 진출하는 것을 피해야 할 위험도 있기 때문에 해당시장의 상대적 장점과 단점을 평가하게 된다. 마지막으로 경쟁 분석에서는 '우리의 역량과 수준이 경쟁기업과 비교하여 어느 정도인가?'를 보게 된다. 우선 자사의 역량을 분석하고 이어서 경쟁기업과 비교한 경쟁우위를 평가하게 된다.

이 과정을 거쳐 다양한 기술대안 가운데 '우리가 얻으려고 하는 또는 얻어야 하는 기술'을 선택하게 된다. 기술대안이 정해지면 그다음 단계에서는 그 기술을 획득하기 위한 전략의 체계를 수립하게 된다. 여기에서 핵심 질문은 '어떤 활동과 프로세스를 통해 필요한 기술을 얻을 것인가?'이다. 필요한 기술을 얻는 방법은 내부획득과 외부획득 두 가지가 있다. 먼저, 내부의 자체개발을 통해 기술을 획득한다면 사업전략과 연구개발전략의 연계, 연구개발 자원의 조달과 배분, 연구개발 조직의 설계와 운영 등이 기술전략의 주요 내용에 포함된다. 만일 외부에서 기술을 조달한다면 아웃소싱 전략과 방식, 오픈 이노베이션 전략, 기술거래 전략 등이 주요 내용이 된다.

이때 기술전략은 상위의 기업전략(corporate strategy)과 연계되어야 한다. 왜냐하면 기술전략은 기업 전체의 전략을 뒷받침하는 하위의 기능전략(functional strategy)이기 때문이다. 그림 16-4, 16-5에 나타나 있는 것처럼, 상위의 기업전략 영역과 하위의 기술전략 영역은 계층적

전략책임자 : CEO			
주요 활동	일정계획(Milestone)		
	2005	2006	2007
1. 사업영역 A를 B로 교체 2. 사업영역 D를 C에 추가 3. 사업영역 E와 F를 통합 4. 사업영역 G를 개선	12월 말까지 완료 4월에 시작 10월에 시작 12월까지 5% 개선	 12월까지 70% 추진 12월까지 50% 추진 12월까지 8% 개선	 7월까지 100% 완료 12월까지 100% 완료 12월까지 10% 개선

✳ 그림 16-4   **기업전략의 예시**

경영기능 : R&D			
전략책임자 : CTO			
주요 활동	일정계획(Milestone)		
	2005	2006	2007
1. A 기술 자체개발 2. B 기술 라이센스 도입 3. C 기술은 D와 공동 개발 4. A, B, C 기술을 시스템으로 통합	10월까지 50% 12월까지 투입 3월에 시작	12월까지 100% 12월까지 내부화 11월에 완료	 1월에 시작하여 12월까지 완료

✳ 그림 16-5   **기술전략의 예시**

으로 나누어져 있지만 동시에 유기적으로 연결되어 있다.

전반적인 기술전략이 수립되면 그 다음에 할 일은 세부적인 기술기획(technology planning)이다. 넓은 의미의 기획은 한마디로 언제, 어떠한 활동을 수행할 것인가를 보여 주는 계획서를 만드는 것이다. 이 가운데 특히 기술적 부분, 즉 신기술과 신제품의 개발과 출시에 관련된 활동(activity)과 시점(time)을 정하는 작업이 기술기획이다.

기획은 '언제'와 '무엇'을 정하는 일이기 때문에 시각적 형태로 보여 주는 것이 효과적이다. 즉, 아래에 '언제'를 나타내는 시간의 축을 놓고 그 위에 '무엇'을 나타내는 활동들을 배열하는 것이다. 이 목적으로 최근 자주 사용되는 시각적 도구가 바로 기술로드맵(Technology Roadmap : TRM)이다. TRM은 1980년대 후반에 모토로라에서 처음 개발되었고 초기에는 주로 가전부문 기업들을 중심으로 활용되어 왔으나, 1990년대 초반부터 그 활용 범위가 크게 확대되어 현재는 거의 모든 산업 분야에서 폭넓게 사용하고 있다.

TRM은 다양한 형태로 작성될 수 있지만, 가장 일반적인 모양은 그림 16-6에 도시되어 있는 것처럼, 시간(time)과 계층(layer)을 두 개의 축으로 놓은 네트워크형 차트이다. 이때 계층은 시장, 제품, 기술의 세 개로 나누는 것이 보편적이다.

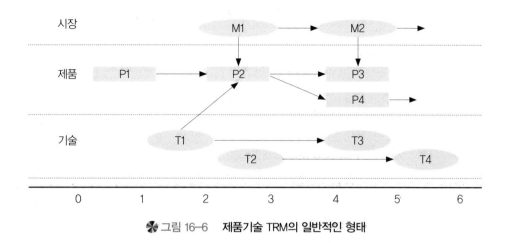

❀ 그림 16-6   제품기술 TRM의 일반적인 형태

🔷 예시

무선 핸드폰 제품을 생산하는 가상의 기업을 대상으로 TRM을 작성하는 과정을 다음의 몇 단계로 나누어 살펴보자.

● 1단계 : 시장계층 작성

먼저 핸드폰 제품의 시장환경과 경쟁전략을 분석하고, 핸드폰에 대한 소비자 니즈를 파악하여 목표시장을 '10대 고객 시장'으로 선정하였다. 또 시장조사를 통해 10대 고객들이 핸드폰에 있어 가장 중요하게 생각하는 요소는 '디자인', '가격', '액정의 성능', '카메라 등의 부가기능', '모바일 기능'의 순서라는 사실을 알아내었다. 따라서 TRM의 대상 분야를 '디자인이 우수한 핸드폰'으로 설정하였다. 이 단계에서는 TRM의 계층구조에서 제일 상위의 계층인 '시장'이 채워진다.

● 2단계 : 제품계층 작성

그 다음은 향후 3년간의 제품출시계획을 수립하는 단계이다. 구체적으로, 네 가지의 신제품 모델인 애니폰, 애니폰 1.0, 애니폰 1.1, 애니폰 1.2의 출시시점을 결정하였다. 이 단계에서는 TRM의 두 번째 계층인 '제품'이 채워진다.

● 3단계 : 기술계층 작성

이 단계에서는 필요기술의 내역이 정해지고 각 기술별 개발(도입)완료 시점이 제시된다. 이 단계에서는 세 번째 계층인 '기술'이 채워진다.

이제 그림 16–7에서 보듯이, 시장–제품–기술의 세 계층을 연계한 TRM이 완성된다.

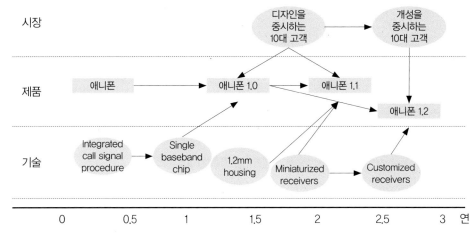

❋ 그림 16–7   시장계층–제품계층–기술계층 TRM

3 | 기술 확산

1. 기본 개념

기술기획에 맞추어 연구개발활동이 진행되면 '신기술'이라는 성과물을 얻게 된다. 그러나 신기술은 그 자체로서 완성품이 되는 것이 아니라 '신제품'이라는 형태로 시장에 출시되고 고객들에 의해 채택되어야 비로소 실질적인 의미를 지니게 된다. 시스템의 관점에서 보면, 기술은 예측 → 기획 → 확산의 단계를 거쳐 진화해 나가는 생명체 같은 것이다. 따라서 성공적인 출시 자체도 중요하지만, 출시 이후에 시장이 신기술과 신제품을 채택(adoption)하는 과정을 관리하는 것도 매우 중요하다. 실무적으로도, 기술의 확산과정을 예측할 수 있다면 마케팅 전략을 세우고 차세대 개발시점을 정하는 데 큰 도움이 된다.

신기술에 의한 신제품이 시장에서 퍼져나가는 패턴을 예측하는 것을 기술확산(technology diffusion)이라고 한다. 또 신기술이 확산되는 패턴을 정량적으로 추정하는 기법을 기술확산 모형(technology diffusion model)이라고 한다.

기술확산 모형은 기술수용 수명주기(technology adoption lifecycle)라는 개념적 틀에 기반을 두고 있다. 이 틀은 원래 제품의 확산과정을 실증적으로 분석한 결과에서 만들어진 것이다(Rogers, 1995). 그림 16-8에서 알 수 있는 것처럼, 기술이 시장에서 수용되는 과정은 전체적으로 종 모양의 곡선(bell-shaped curve)으로 나타난다. 그리고 신기술을 수용하는 고객집단(customer group)은 수용의 시점과 성향에 따라 크게 다음의 다섯 그룹으로 나눌 수 있다.

(1) 혁신자

혁신자(innovator)는 신기술의 출시와 거의 동시에 그것을 수용하는 고객 그룹을 가리킨다. 이 그룹은 직업상의 이유로 신제품의 성능을 테스트하거나 연구개발에 참고하는 목적을 가진 사람들, 신기술에 대한 마니아 등으로 구성된다. 이들의 성향은 실험적이라고 할 수 있다. 전체 고객에서 혁신자 그룹의 비중은 2~3% 정도이다.

(2) 초기수용자

초기수용자(early adopter)는 신기술의 이름이 알려지고 그것의 새로움과 차별성이 시장에 인식되기 시작하면, 매우 적극적으로 그것을 수용하는 그룹을 가리킨다. 그림 16-8에서 보듯이, 이 그룹에 속한 사람들의 성향은 선도적이고 적극적이다. 전체 고객에서 초기수용자가 차지하는 비중은 13% 정도이다.

(3) 전기다수

신기술의 차별적 성능과 가치가 인정되고 또 신제품의 규격과 품질이 표준화되면, 비교적 일찍 이를 수용하는 다수의 사람들이 전기다수(early majority) 그룹에 속한다. 이들의 성향은 실용적이라고 할 수 있다. 전체 고객에서 전기다수가 차지하는 비중은 전체의 1/3 정도이다.

(4) 후기다수

신기술이 시장에 상당히 확산되고 이미 과반수의 고객들이 그것을 사용함으로써 신뢰도가 충분히 인식된 후에 비로소 수용하는 다수의 사람들이 후기다수(late majority) 그룹에 속한다. 이들의 성향은 보수적이라고 할 수 있다. 후기다수가 차지하는 비중은 전체의 1/3 정도이다.

(5) 비수용자

비수용자(laggards)는 신기술의 확산이 거의 포화상태에 이르러 압도적인 다수가 수용하고 있음에도 불구하고 여전히 구기술의 사용을 고집하고 있는 사람들을 가리킨다. 이들의 성향은 지나치게 보수적이며 매사에 회의적이라고 할 수 있다. 비수용자가 차지하는 비중은 16~17% 정도이다.

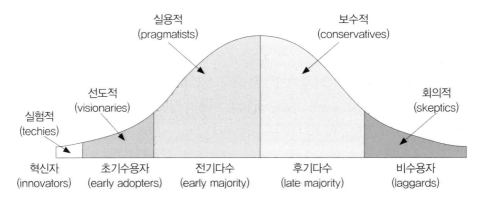

❋ 그림 16-8　**기술수용 수명주기와 고객 집단의 분포**

❋ 그림 16-9　**초기수용자들의 홈페이지 예시**

자료 : http://www.earlyadopter.co.kr

2. 기술확산 모형

🔷 기본 이론

지금까지 설명한 기술수용 수명주기를 보면, 신기술이 어떤 방향과 속도로 확산될지를 대충 짐작할 수 있다. 그러나 이 과정을 정량적으로 예측하기 위해서는 수리적 모형이 필요하다. 이 모형이 기술확산 모형이다.

기술확산 모형은 신기술의 확산이 '커뮤니케이션 채널(communication channel)을 통해 이루어진다'는 가정을 토대로 한다. 다시 앞의 기술수용 수명주기로 돌아가 보자. 어느 시점에서 보면, 고객 집단 안에는 이미 신기술을 받아들이는 그룹도 있고 아직 받아들이지 않은 그룹도 있다. 앞서가는 혁신적인 그룹도 있고 뒤늦게 따라가는 보수적인 그룹도 있다. 따라서 신기술의 확산은 어떤 매개체를 통해 아직 수용하지 않은 그룹이 수용하는 그룹으로 바뀌어가는 과정이라고 할 수 있다. 그렇다면 여기서 매개체의 역할을 하는 것은 무엇일까? 기술확산 모형에서는, 신기술에 관한 정보를 교환하는 채널을 매개체로 한다고 가정한다. 즉, 모든 고객들은 커뮤니케이션 채널을 가지고 있고, 이 채널을 통해 신기술을 수용할지 말지를 결정하는 정보를 얻는다는 것이다.

커뮤니케이션 채널은 다시 외부의 매스미디어(massmedia) 채널과 내부의 대인(personal) 채널이라는 두 가지 형태로 나눌 수 있다. 외부채널은 고객집단 밖에서 정보가 주어지는 채널이고, 내부채널은 고객집단 안에서 정보가 유통되는 채널이다. 예를 들어, 혁신적인 스마트폰이 시장에 나오면, 사람들은 한편으로는 광고나 전문 사이트를 참고하여 나름대로 관련 정보를 얻기도 하고 다른 한편으로는 이미 스마트폰을 구매한 사람들의 입소문을 듣기도 한다. 전자가 외부의 매스미디어 채널이고, 후자가 내부의 대인 채널이다. 결국 고객 집단 안에 있는 어느 개인이 신기술을 수용할지 말지를 결정하는 것은 어느 채널이 확산의 매개체가 되느냐에 따라 달라진다고 보는 것이다. 따라서 이 두 가지 채널이 확산에 미치는 영향을 정량적으로 설명하는 함수 모형으로 기술확산과정을 예측하게 된다.

🔷 수리 모형

기술확산 모형의 기본 아이디어는 앞에서 살펴본 기술예측의 S-curve 모형과 크게 다를 바가 없다. 즉, 과거의 자료들을 플로팅(plotting)하여 곡선(curve)을 만든 후, 그 곡선에 가장 적합한 함수를 찾는 식이다. 기술확산에 자주 사용되는 두 가지 모형인 로지스틱 모형과 Bass 모형을 간략히 알아보자.

(1) 로지스틱 모형

로지스틱(logistic) 모형은 기술확산이 내부의 채널만을 통해 일어난다고 본다. 즉, 그 기술을 사용하고 있는 사람들의 입소문을 통해서만 수용 여부가 결정된다고 가정한다. 이때는 앞의 기술예측에서 설명한 로지스틱 모형이 사용된다. 예를 들어, 신기술이 처음 시장에 나와서 구매자들 사이에서 퍼져나가는 추세를 생각해 보자. 그 기술을 구매할 수 있는 전체 구매자의 규모, 즉 모집단은 정해져 있다. 처음 0에서 출발한 구매자의 수는, 이미 구매한 사람들 사이에서 입소문을 타면서 초기에는 완만하게 늘어난다. 그러다가 소문이 여기저기 퍼지면서 구매자의 수는 점점 빨리 증가하게 된다. 하지만 최고점을 지나면서부터는 서서히 줄어들면서 언젠가는 멈출 것이다. 이미 앞의 로지스틱 모형에서 설명한 것처럼, 어느 시점에서 구매자가 증가하는 추세는 그 시점에서 아직 구매하지 않은 사람들의 비중과 이미 구매한 사람들의 비중의 변화에 따라 결정된다. 여기서 전체 구매자의 규모를 L이라고 하면, 시점 t에서 이미 구매한 사람의 크기는 $Y(t)$, 아직 구매하지 않은 사람의 크기는 $L-Y(t)$가 된다. 그리고 그 시점에서 구매자의 증가추세는 $Y(t)[L-Y(t)]$에 따라 달라지게 된다. 나머지 과정은 앞의 기술예측 부분의 설명을 참고하면 된다.

(2) Bass 모형

Bass 모형은, 고객집단 안에 진보적인 사람들과 보수적인 사람들이 균형적으로 섞여 있다고 본다. 즉, 입소문만으로 판단을 하는 것이 아니라 다른 정보도 적극적으로 활용한다는 것이다. 따라서 Bass 모형에서는 신기술의 채택자를 두 개의 그룹으로 나눈다. 하나는 외부채널에 영향을 받는 그룹이다. 이들은 남의 얘기와 상관없이 본인이 얻은 객관적 정보를 토대로 독자적인 구매결정을 하는 혁신자(innovator) 그룹이다. 다른 하나는 내부 채널에 영향을 받아서 이미 구매한 다른 사람들을 따라서 구매결정을 하는 모방자(imitator) 그룹이다. 그러므로 그림 16-10에서 보는 것처럼, 전체 채택자의 수는 혁신자 그룹과 모방자 그룹을 합한 값이 된다.

이제 정량적 분석을 위한 수리적 모형을 알아보자(사실 Bass 모형의 수리적 내용은 이 책의 범위를 벗어나기 때문에 기본 개념과 원리를 이해하는 것만으로 충분하다). 먼저 신기술을 채택할 수 있는 모집단(population) 전체를 m이라고 하자. 또한 시점 t에서 채택한 사람들의 수를 $n(t)$로, 그때까지의 누적 채택자 수를 $N(t)$로 하자. 그러면 $[m-N(t)]$는 아직 채택하지 않은 사람의 수를 가리키게 된다. 여기서, 다음과 같은 Bass 모형의 기본식이 성립한다.

$$n(t) = \frac{dN(t)}{dt} = p[m-N(t)] + \frac{q}{m} N(t)[m-N(t)]$$

먼저 첫 번째 항을 보자. 이 항은 아직 채택하지 않은 사람의 수인 $[m-N(t)]$에 계수 p를 곱한 값으로 이루어진다. 즉, 이미 채택한 사람들의 입소문은 아무런 영향을 미치지 않는다. 따라서 이 항은 외부의 매스미디어 채널만의 영향을 받는 혁신자 그룹을 나타낸다. 그러므로 이때의 계수 p를 혁신계수(coefficient of innovation)라고 한다. 다음으로 두 번째 항을 보자. 여기에서는 이미 채택한 사람들인 $N(t)$가 아직 채택하지 않은 사람들인 $[m-N(t)]$에 직접적인 영향을 미치고 있다. 즉, 내부채널의 입소문에 영향을 받는 모방자 그룹을 의미하는 것이다. 그러므로 여기서 나타나는 계수 q를 모방계수(coefficient of imitation)라고 부른다. 이제 남은 일은 과거의 데이터를 이용하여, 회귀분석을 통해 혁신계수(p)와 모방계수(q)를 추정하는 것이다. 추정이 끝나면 미래의 시점 t값을 대입하여 확산 패턴을 예측하게 된다.

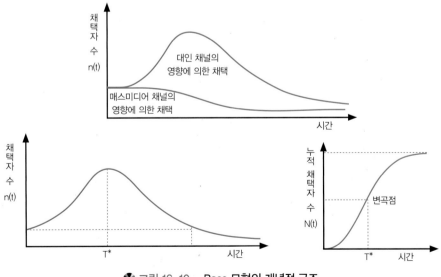

✿ 그림 16–10　Bass 모형의 개념적 구조

4 | 지식자산관리

1. 기본 배경

기술개발의 성과물은 신제품으로 전환되어 시장으로 나가기도 하지만, 동시에 특허와 같은 지적재산권(Intellectual Property Rights : IPRs)의 형태로 바뀌기도 한다. 즉, 그 자체로서 중요

✿ 그림 16-11   **지적재산권의 분류체계**

한 기술자원이 되는 것이다. 최근에는 지적재산권이라는 용어 대신 지식재산권이라는 용어를 사용하기도 한다. 지적재산권은 '지적 활동을 통해 얻어진 결과물에 대해 배타적인 소유권을 인정하는 법적·제도적 장치'이다.

기술자원은 다양한 형태의 지적 재산으로 보유할 수 있다. 철저한 소유권을 보장받는 대신 높은 관리 비용을 내야 하는 형태의 재산도 있고, 느슨한 소유권을 갖는 대신 관리의 부담도 별로 없는 형태의 재산도 있다. 하이테크 분야의 기술적 재산도 있고, 비즈니스 분야의 영업적 재산도 있다. 그렇다면, 지적 재산은 어떤 유형으로 나눌 수 있을까? 그림 16-11에 도시된 것처럼, 지적 재산은 크게 전통적 재산권과 신 재산권으로 나눌 수 있다.

❖ 전통적 지적재산권

전통적인 지적재산권은 크게 산업재산권과 저작권으로 나눈다. 먼저 산업재산권은 특허권(patent), 실용신안권(utility model), 의장권(design), 상표권(trademark)으로 구성된다. 저작권은 저작권(copyright)과 저작인접권(neighboring right)으로 구성된다.

(1) 특허와 실용신안

특허는 어떤 발명에 대해 일정한 요건하에서 일정 기간 동안 독점적이고 배타적인 권리를 부여하여 발명자를 보호하는 제도이다. 그 대신 특허 발명의 상세한 내용을 공포를 통하여 모든 사람들에게 공개해야 한다. 또 통상 20년으로 되어 있는 특허의 유효기간이 만료되면 일반인들이 자유롭게 그 기술을 사용할 수 있다. 특허권은 크게 물품 자체에 대한 발명(물질 특허), 그것의 용도에 대한 발명(용도 특허), 그것을 만드는 방법에 대한 발명(제법 특허)으로 나눈다.

특허권과 실용신안권의 차이는, 발명의 질적 수준이 다르다는 점에 있다. 대발명(major

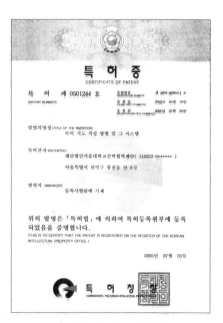

❀ 그림 16-12　특허증

invention)으로 불리는 특허에 비해 소발명(minor invention)으로 불리는 실용신안은, 특허만큼의 경제적 가치나 기술적 진보는 없지만 실제 생산 및 사용과정에서 기능 및 용도의 부분적이고 실용적인 개선이 이루어진 경우이다. 예를 들어, 아날로그 시계를 디지털 시계로 바꾸는 기술은 특허에 해당되지만, 두 나라 이상의 시간이 표시될 수 있도록 시계판의 모양을 바꾸는 기술은 실용신안에 해당된다.

(2) 저작권

저작권 제도는, 학문적 혹은 예술적 저작물의 저작자를 보호함으로써 학문과 예술의 발전에 이바지하기 위한 제도이다. 따라서 저작권을 가진 저작물에 대해서는 무단사용이나 복제 및 변경이 금지되어 있고, 저작권자는 저작물의 사용에 대해 금전적 보상을 요구할 수 있다.

저작권은 원래의 저작에 대한 권리를 말하며, 저작인접권은 원래 저작물에 대한 추가적인 작업에서 발생한 부가가치에 대한 권리를 가리킨다. 예를 들어, 노래를 처음 만든 작곡가는 저작권을 갖지만, 나중에 그 노래를 편곡한 편곡자는 저작인접권을 갖는다. 등록이 되어야만 권리가 인정되는 특허권과 달리, 저작권은 창작한 날부터 저절로 권리가 발생한다. 또 통상적인 특허권의 유효기간이 20년인 데 반해, 저작권은 저작자의 생존기간은 물론 사후 70년 또는 50년 동안 권리가 보장된다.

❸ 신 지적재산권

최근에 관심을 끌고 있는 분야는 신 지적재산권이 추가된다. 이 분야는 과거의 산업재산권이나 저작권으로 분류하기 어려운 새로운 기술이나 새로운 주제들을 수용하기 위해 신설된 영역이다.

우선 기존의 저작권이 다루지 못했던 컴퓨터 프로그램, 소프트웨어, 데이터베이스 등의 저작권을 산업저작권으로 분류한다. 이 기술들은 그 명칭이 시사하는 대로, 한편으로는 저작권의 성격을 지니고 있고, 다른 한편으로는 특허권의 성격을 지니고 있다. 또 생명공학이나 반도체 설계 등의 신기술 분야에서 창출되는 산업재산권을 첨단 산업재산권으로 분리한다. 본질적인 성격은 산업재산권이지만, 새롭게 등장한 첨단기술영역을 다루기 때문에 특별히 첨단산업재산권으로 부르는 것이다.

마지막으로는 노하우(know-how)와 같이, 특허로 등록하기는 어렵지만 권리의 보호가 필요한 주제를 위해 신설한 영역으로 정보재산권이 있다. 정보재산권은 흔히 영업비밀이라고 한다. 특허와 비교하여 영업비밀은 여러 가지의 장점이 있다. 첫째, 특허권은 반드시 등록을 받아야 하는 데 반해, 영업비밀권은 별도의 등록절차가 없이 바로 인정된다는 점이다. 둘째, 특허는 출원 및 보호범위가 제한적이지만, 영업비밀은 기술적 지식뿐 아니라 마케팅 방법, 경영관리 기법 등 기업이나 개인이 보유하고 있는 모든 노하우를 포함한다. 셋째, 특허권의 유효기간은 20년으로 제한되어 있지만, 영업비밀은 비밀이 유지되는 한 보호기간의 제한이 없다. 이러한 장점에도 불구하고 영업비밀의 치명적인 단점은 독점권이 없다는 사실이다. 같은 기술이나 지식을 다른 사람이 정당한 방법으로 개발하거나 취득할 경우, 이를 제재할 방법이 없다. 결국 기업이나 개인이 보유하고 있는 지적 자산을 특허로 관리할 것인지, 아니면 영업비밀로 관리할 것인지는 전략적 선택의 문제라고 할 수 있다.

🔶 기술표준

(1) 기본 개념

하나의 신기술이 신제품으로 연결되고 그것이 새로운 시장을 만들어 내는 데는 오랜 시간과 많은 단계를 거치게 된다. 그 과정에서, 수많은 과학적 알고리즘과 기술적 솔루션들이 등장하고 치열한 경쟁을 한다. 하지만 궁극적으로는, 기술적 우위, 경제적 장점, 시장의 선호도 등의 요인에 의해 이른바 지배제품(dominant design)이 등장하면서 그 제품(기술)을 중심으로 시장이 통합된다. 이렇게 시장을 지배하고 통합하는 기술이나 디자인이 바로 '기술표준(technical standards)'이다.

아무리 뛰어난 기술도 표준으로 채택되지 못하면 시장에서 사라지게 된다. 1980년대 초반, VCR 방식의 표준을 둘러싼 베타(Beta)방식과 VHS방식의 경쟁은 전설적인 사례이다. 기술적 우위를 확보한 베타방식이 결국 표준 전쟁에서 밀려 시장에서 사라진 사실은 표준의 중요성을 잘 말해주고 있다. 운영체제(OS)의 사례도 유명하다. 애플, IBM, HP 등이 서로 다른 운영체제를 놓고 경쟁하고 있던 1985년에 MS사의 운영체제 윈도우즈(Windows)가 나왔을 때를 기억해 보자. 그 당시에 윈도우즈가 지배적 표준이 될 것으로 예측한 사람은 거의 없었다. 그러나 IBM과 애플이 자사제품에만 쓸 수 있는 폐쇄적 운영체제를 고집한 사이 윈도우즈는 어떤 컴퓨터에도 호환될 수 있는 개방적 표준을 지향하여 시장을 석권할 수 있었다.

표준은 좋은 것일까 아니면 나쁜 것일까? 표준은 이론적으로는 순기능이 크다고 할 수 있다. 기술표준을 정함으로써 연구개발에 대한 중복투자를 줄일 수 있고, 기술의 확산을 촉진할 수도 있으며, 연구개발의 미래방향과 영역을 미리 제시하는 효과를 가져올 수 있기 때문이다. 그러나 현실적으로는 표준의 역기능도 매우 크다. 우선 표준을 보유하거나 주도한 기업들에 의한 독점의 폐해가 나타날 수 있다. 또 소비자의 선택권을 제약할 수 있다. 더구나 경우에 따라서는 열등한 기술이 마케팅 능력을 토대로 우수한 기술을 도태시키고 기술표준이 되는 문제가 발생할 수도 있다.

(2) 표준특허

특허와 표준은 밀접하게 관련되어 있다. 한편으로는, 둘 다 기술개발의 효율성을 올리고 경제적 효용을 늘린다는 공통적인 목적에 바탕을 두고 있으므로 서로 보완적인 관계를 맺고 있다. 하지만 다른 한편으로는, 표준이 기술자산의 공유화를 추구하는 데 반해 특허는 사유화를 강조한다는 측면에서 서로 상충적인 관계에 있기도 하다.

표준특허는 기술표준임과 동시에 특허로 등록된 기술, 즉 표준에 사용되는 특허를 가리키는 용어이다. 앞에서 언급한대로 특허와 표준은 서로 상충적인 문제를 일으킬 수 있다. 이를 해결하는 보완적 대안으로 표준특허를 생각할 수 있다. 특허가 표준이 되면, 한편으로는 특허기술이 한곳에만 독점되지 않고 넓은 범위로 신속하게 확산되고 보급되는 장점이 있다. 다른 한편으로는 시장의 확대를 통해 특허권자가 수익을 얻을 수 있는 가능성이 높아진다는 장점이 있다. 모두에게 도움이 될 수 있는 것이다. 따라서 특허만의 싸움, 표준만의 싸움을 넘어 표준특허를 확보하기 위한 경쟁이 더욱 중요해지고 있다.

2. 특허분석

🔘 기본 개념

기술자원의 용도는 신기술의 개발이나 신제품의 출시에만 있는 것이 아니다. 기술자원은 그 자체로서 귀중한 지식의 원천(source)이 된다. 즉, 기존의 기술지식을 활용하여 새로운 기술

지식을 창출하고, 나아가 그 지식을 바탕으로 더욱 새로운 기술을 만들어 내는 연쇄작용을 일으키는 것이다. 또한 기술자원의 전략적 가치도 매우 크다. 기술의 동태적 패턴을 파악하고 기술의 구조적 내용을 분석하면, 경쟁전략이나 마케팅전략의 수립에 유용한 정보를 얻을 수 있다.

특허분석(patent analysis)은 특허라는 기술문서를 분석하여 경영전략이나 개발계획의 수립에 유용한 정보를 추출하는 것을 가리킨다. 특허는 그 자체로는 평면적인 문서(text)의 형태로 되어 있다. 따라서 그 안에서 바로 유용한 의미를 찾기는 쉽지 않다. 무엇인가 분석의 과정을 거쳐야 한다. 그것이 바로 특허분석이고, 특허분석의 핵심은 특허지도(Patent Map : PM)의 작성이다. 그림 16-13에서 보듯이, 특허지도는 한마디로 특정 기술에 관한 특허정보를 가공하여, 그 결과를 시각적인 형태로 정리한 도표라고 할 수 있다.

원시자료(raw data)를 시각정보로 바꾸는 것은 다음과 같은 장점이 있다. 첫째, 정보파악의 용이성이다. 방대하고 복잡한 양의 자료를 2차원 평면의 형태로 시각화하는 것은, 단순한 테이블의 형태로 표현하는 것보다 훨씬 이해하기 쉽다. 둘째, 정보기억의 우수성이다. 짧은 시간 안에 전체 데이터의 구조를 한눈에 인지할 수 있고, 지도로부터 얻은 결과를 기억하기 쉽다.

◈ 특허지도의 형태

표 16-1에 요약된 것처럼, 특허지도는 사용자가 누구이며 용도가 무엇인가에 따라 크게 세 가지로 나눌 수 있다. 첫째는, 경영정보지도이다. 이 지도는 경영자를 위한 지도로서, 기술동향지도, 신규참여 기업지도, 경쟁기업 동향지도 등과 같이 기술 전체나 기업수준의 동향을

◈ 표 16-1　특허지도의 종류와 세부 목적

구분	주요 용도	세부 목적	종류
경영정보지도	경영/연구개발전략 수립	• 전반적 기술변화 경향 파악 • 경쟁기업의 동향 파악 • 신시장 개척전략 수립 • 연구개발 경쟁력 조사	• 기술동향지도 • 신규참여 기업지도 • 경쟁기업 동향지도
기술정보지도	신기술 및 신제품개발 기획	• 공백기술 발견 • 기술 파급효과 파악 • 중복연구 방지	• 신제품개발 동향지도 • 기술분포지도 • 분류상관지도
권리정보지도	기술권리 확보 및 예방	• 특허취득 및 침해 가능성 파악 • 특허망 구축 • 특허 위치(position) 평가 • 기술권리범위 확인	• 권리기간지도 • 인용관계지도 • 특허 패밀리지도 • 청구항목지도

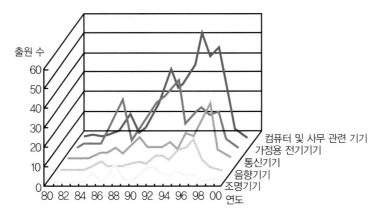

경영정보지도 : 특허 출원 동향

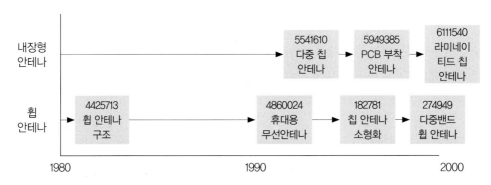

기술정보지도 : 기술 진보 추세

순번	권리	Claim 특허				저축범위	저축 모델
		출원	공계	공고	해외		
1	특허	52-142185 (77. 11. 29)	54-75215 (79. 6. 15)	57-3542 (82. 7. 29)	한국 미국 서독 영국 홍콩 싱가폴	Cross Arm	DSG-0972 EL,FL DSE-1422 DSE-1492 DSE-1592 DSE-1692
2	실용	53-79108 (78. 6. 9)	54-1806227 (79. 12. 20)	58-17323 (83. 4. 6)		Coil SPT에 Cross Arm 을 체결하는 구조	DSG-0972 EL,FL DSE-1422 DSE-1492 DSE-1592

권리정보지도 : 클레임 현황지도

✿ 그림 16-13   대표적 특허지도

분석하는 지도가 포함된다. 둘째는, 기술정보지도이다. 이 지도는 기술개발자를 위한 지도로서, 신제품 개발 동향지도, 기술분포지도, 분류상관지도와 같이 기술의 특성이나 연계성에 관련된 정보를 제공하는 지도들이 여기에 속한다. 셋째는, 권리정보지도이다. 이 지도는 특허관리자를 위한 지도로서, 권리기간지도, 인용관계지도, 권리청구 항목지도 등과 같이 기술의 독점적 권리와 연관된 지도들이 여기에 포함된다.

이어서 그림 16-13은 각 지도의 예시를 보여 주고 있다. 첫 번째 지도는 대표적인 경영정보 지도의 예로서, 정보통신산업의 제품과 관련하여 연도별로 특허 출원 추이를 정리한 것이다. 두 번째 지도는 기술정보지도로서 안테나 신기술 개발의 흐름을 연도별로 정리한 것이다. 세 번째 지도는 권리정보지도의 하나로서, 권리침해 소송이 발생했던 특허들의 리스트와 세부적인 저촉사항 및 분쟁 상대 기업의 정보를 정리한 것이다.

이러한 기본적 지도 외에도 최근에는 더 심층적이고 전문적인 특허지도들도 만들어지고 있다. 뒤에서 다시 언급하겠지만, 특허문서에 대한 텍스트 마이닝 작업을 수행하고 거기에 시각화 알고리즘을 사용하면 다양한 모양의 지도를 그릴 수 있고 유용한 지식을 추출할 수 있다.

특허지도의 작성 절차

1단계 : 목적의 설정

특허지도의 목적은 활용 주체별로 상이하다. 기술 동향을 파악할 것인지, 기술 저촉 여부를 검색할 것인지 등에 따라 특허지도의 종류와 형태는 달라진다. 따라서 가장 먼저 해야 할일은 특허지도의 작성 기준과 활용 목적을 결정하는 것이다. 이 결정에 따라 작성자는 특허지도의 주제(theme)를 선정하고, 필요한 자료의 범위를 정하게 된다.

2단계 : 자료의 수집

특허자료는 한국의 특허청, 미국의 USPTO, 유럽의 EPO, 일본의 JPO 등과 같은 국내외 특허청의 데이터베이스를 직접 이용하거나, 이를 가공하여 정보를 제공하는 제3의 데이터베이스를 통해서 수집할 수 있다. 앞 단계에서 분석 범위가 정해지면 그에 부합하는 세부 기술 분야, 출원연도, 출원인, 국가, 특허인용관계 등의 자료에 대한 데이터베이스를 구축하고 용도에 맞게 가공해야 한다.

3단계 : 특허지도의 작성

먼저 개별 특허들을 연도별, 국가별, 기업별, 기술 분류별 등의 기준에 따라 군집화 (grouping)한다. 다음에는, 군집화된 분류 기준들을 조합하여 다양한 형태의 지도를 작성하다. 위의 과정은 수작업으로 하기도 하고, 소프트웨어를 이용하기도 한다. 특허지도 작성의 실무는 기술적으로 어느 정도의 전문성이 필요하기 때문에, 관련 매뉴얼을 참조하는 것이 필요하다.

4단계 : 특허지도의 해석과 활용

특허지도는 작성보다 해석 및 활용이 더 중요하다. 특허지도는 다양한 형태로 작성되고 또 다양한 목적으로 이용된다. 기존의 특허지도가 주로 대규모 정보를 요약, 정리하는 수준에 그쳤다면, 최근의 특허지도는 감추어진 기술 내용의 분석과 가공에 초점을 맞추고 있다. 이러한 작업을 위해서는, 인용 분석(citation analysis), 키워드 분석(keyword analysis)과 같은 일차적 기법은 물론, 개별적인 기술용어나 구조를 심층적으로 분석할 수 있는 고도의 텍스트 마이닝 (text-mining)기법 및 다양한 시각화기법이 필요하다.

3. 기술가치 평가

🔷 기본 개념

기술자원은 그 자체로서 하나의 자산(assets)이 된다. 즉, 첨단제품이나 기계설비와 같이 비싼 돈을 받고 팔 수도 있고 반대로 비싼 돈을 주고 살 수도 있는 것이다. 팔 수도 있고 살 수도 있다는 말은 곧 거래(transaction)가 이루어진다는 것을 의미한다. 거래가 이루어지려면 가격이 정해져야 한다. 다시 말해, 거래대상이 되는 기술자원의 가치에 대해 판매자(seller)와 구매자 (buyer) 사이의 합의가 있어야 거래가 성사될 수 있는 것이다.

기술가치 평가(technology valuation)는, 특정 기술 자체의 가치 또는 그 기술이 중요한 부분을 차지하면서 창출된 관련 기술의 경제적 가치(technology property value)를 평가하는 것을 말한다. 최근 기술자원의 거래가 활성화되면서, 기술가치평가가 기술자원관리의 중요한 이슈로 대두되고 있다. 공공기관의 경우, 연구개발 과제의 평가와 선정, 정책자금지원 대상의 선정, 연구결과의 실용화 및 기술이전 등을 위해 기술가치의 평가를 필요로 한다. 민간부문에서도 기술자산의 가치평가와 투자, 기술시장을 통한 첨단기술의 거래, 기술도입 및 라이센싱 (licensing) 등을 위해 기술의 가치를 평가한다.

그러나 기술의 가치를 객관적이고 정량적인 지표로 측정하는 일은 본질적으로 매우 어려운 과제이다. 그 이유로는 다음 몇 가지를 들 수 있다. 첫째, 기술은 무형적(intangible) 특성을 지니고 있다. 볼 수도 없고 만질 수도 없는 대상의 가치를 측정하는 일은 주관적일 수밖에 없다. 둘째로, 기술이라는 상품(commodity)은 수요-공급관계의 불균형으로 인해 시장에서 거래되기가 어렵다. 기술거래는 기술을 가지고 있는 사람이 주도하는 공급자 시장(supplier's market)의 성격을 지니고 있기 때문에 수요-공급의 균형에서 적정한 시장가격이 형성되기 어려운 것이다. 셋째, 기술거래는 자주 하나의 묶음(package)으로 이루어지기 때문에, 개별기술 자체만으로 그 가치를 측정하는 것은 효용성에 한계가 있다. 넷째, 산업이나 기술 분야마다 그 가치가 달라지는 특성이 있어 한 가지 방법이나 기준을 모든 분야에 일반적으로 적용할 수 없는 문제도 존재한다.

기술가치 평가기법

기술가치의 평가 자체가 주관성을 지니고 있는 것처럼, 기술가치를 평가하는 방법도 매우 다양하다. 하지만 기술가치 평가의 궁극적인 목적은 특정 기술의 가치를 금액으로 측정하는 데 있다. '이 기술은 도대체 얼마짜리 기술인가?', '이 기술을 사는 데는 얼마를 지불해야 하는가 또는 파는 데는 얼마를 받아야 하는가?', '이 기술을 담보로 대출을 해주려면 얼마까지 해줄 수 있는가?' 등의 질문에 답을 해주어야 하는 것이다. 기술의 가치를 화폐가치(monetary value)로 측정하는 방법은 크게 비용접근법, 수익접근법, 시장접근법으로 나눌 수 있다.

(1) 비용접근법

비용접근법은 기술의 가치는 그 기술을 얻기 위해 투입한 비용을 기준(base)으로 한다는 원리를 기반으로 한다. 쉽게 말해, '이 기술을 개발하는 데 얼마 들었으니 이 기술의 가치는 개발비용 + α로 하는 것이 합리적이고 현실적이다'라는 주장이다. 구체적으로는 대상 기술자산과 동등한 가치를 갖는 다른 기술자산을 다시 만들기 위해 필요한 비용인 재생산원가(Cost of Reproduction New : CRN) 또는 다른 곳에서 취득하는 데 필요한 대체원가(Cost Of Replacement :

COR)가 곧 기술가치가 된다고 가정한다.

비용접근법의 가장 큰 장점은, 회계 자료나 시장 자료가 확보되어 있는 경우 측정이 용이하다는 점이다. 즉, 평가기술을 개발하기까지 소요된 물적·인적 자원의 가치를 합산한 후 이를 현재 가치로 환산하는 방법이므로, 자료의 신뢰도만 보장된다면 측정과정은 비교적 단순하다. 그러나 비용접근법은 다음 몇 가지의 단점과 한계를 안고 있다. 첫째, 비용접근법은 '비용'을 근거로 하기 때문에 기술자산에서 얻을 수 있는 미래의 경제적 이익이 어느 정도되는가를 직접적으로 평가하지 않으며, 또한 경제적 이익을 유지할 수 있는 기간도 평가액의 계산과정에 직접 반영되지 않는다. 둘째, 비용접근법은 미래의 경제적 이익에 관한 추세나 변화요인에 관한 정보도 고려하지 않는다. 즉, 사회구조나 시장구조적 요인을 반영할 수 없다. 셋째, 기대수익의 획득에 수반되는 위험을 고려하지 못한다.

(2) 시장접근법

시장접근법은 기술거래시장에서 이루어졌거나, 이루어지고 있는 거래정보를 바탕으로 가치를 평가하는 방법이다. 즉, 평가대상이 되는 기술과 동등 내지 유사하다고 판단되는 기술들이 시장에서 실제 거래되는 가치를 토대로 해당기술의 가치를 간접적으로 결정하는 접근이다. '이 기술과 같은 기술이 이미 얼마에 팔렸으니 이 기술의 가치도 거기에 맞추면 된다'라는 논리이다.

시장접근법은 시장정보가 많고 거래과정이 투명한 시장이 존재하는 경우, 합리적이고 효율적인 기준이나 방법이 될 수 있다. 따라서 부동산이나 자동차 등과 같이 거래시장이 활성화되어 있는 경우에는 매우 유용한 방법이다. 그러나 유사 거래의 빈도가 낮고 관련 정보가 부족한 경우, 또는 평가 대상 간의 이질성이 높고 호환성이 낮은 경우에는 효용이 떨어지는 단점이 있다.

(3) 수익접근법

수익접근법은 금액법 가운데 가장 현실성과 유용성이 높은 기법이다. 이 방법의 기본 원리는, 기술자산의 가치를 해당기술의 내용기간(life cycle) 동안 거둘 수 있는 경제적 이익(현금유입에서 현금지출액을 공제한 것)의 현재가치로 평가하는 것이다. '이 기술의 가치는 이 기술을 가지고 앞으로 얼마나 많은 돈을 벌 수 있느냐에 달려 있다'는 주장이다.

수익접근법은 앞의 경제성 평가에서 이미 설명한 순현가법(NPV)이나 내부수익률법(IRR)의 원리를 기술가치평가에 원용한다. 즉, 기술의 활용을 통해 들어오고 나가는 현금의 흐름을 토대로 가치를 측정하는 것이다. 따라서 수익접근법의 주요 구성요소는 기술자산으로 발생되는 현금흐름의 총액, 현금 흐름이 일어나는 기간 그리고 기대수익실현에 관한 위험도의 세 가지이다.

수익접근법의 가장 큰 장점은 실용적이고 현실적이라는 점이다. 그러나 단점으로는 다음의 세 가지를 들 수 있다. 첫째, 위험도는 다양한 변수에 의해 결정되기 때문에 이를 정확하게 산정하기가 어렵다는 점이다. 둘째, 미래의 현금흐름에 관한 크기와 시기를 정확히 예측하기 어렵다는 점이다. 셋째, 기술자산의 기여도는 실질적인 활용의 범위나 수준에 따라 달라질 수 있기 때문에 명확하게 파악하기가 어렵다는 점이다.

▪ 예시

수익접근법으로 기술가치를 산정하는 간단한 예시를 살펴보자. 표 16-2는 A 기술의 상품화에 따른 향후 14년 동안의 매출에 대한 예측이며, 그 이후는 특허권이 만료되어 경제적 수익을 기대할 수 없다. 이 기술이 총수익에 기여하는 비율이 10%로 설정되어 있으며 동금액에 서 법인세가 공제된다. 할인율이 10%라고 가정할 때, A 기술의 가치를 수익접근법을 이용하여 측정하면 얼마가 될까?

표 16-2에 요약되어 있는 A 기술의 기술가치 계산과정을 보자. 먼저 해당기술을 사용한 사업이나 제품의 예상매출액이 제일 왼쪽 열에 제시되어 있다. 다음 열은 매출의 10%로 설정된 수익기여액을 나타낸다. 모든 수익접근법의 핵심은 해당기술의 수익기여액을 결정하는 데 있다. 어떤 기술이라고 하더라도 그 기술이 100% 수익에 기여할 수는 없다. 이때 과연 그 기술이 수익에 어느 정도 기여했는가를 결정하는 것이 중요하고도 어려운 문제가 되는 것이다. 관련된 사업 혹은 제품의 수익으로부터 사용 기술의 공헌도를 결정하기 위해서는, 먼저 기술이 사용되는 사업이나 제품 내에서의 유용도, 기술 자체의 본질적 특성과 시장적 가치, 경쟁사업, 경쟁기업과의 상대적 비교 등 다양한 요인들을 종합적으로 평가하여야 한다.

일단 수익 기여도가 결정되면, 그 후의 과정은 세금을 공제한 순 공헌액을 계산하고, 할인율(discount rate)에 의해 현재가치로 환산한 후, 최종적인 기술가치를 계산하는 순서로 이어진다. 이 예제에서, 각 연도별로 현금유입과 유출을 고려한 순현가(net present value)를 계산한 후, 이를 합산하면 해당기술의 가치는 15억 9,700만 원으로 산정된다.

표 16-2　수익접근법에 의한 기술가치의 평가표　　　　　　　　　　　　(단위 : 백만 원)

연도	매출예측	수익기여액	세후공헌액	현가이자요소	현재가치
1	1,500	150	90	0.9091	182.27
2	3,000	300	180	0.8265	148.77
3	4,000	400	240	0.7513	180.31
4	4,500	450	270	0.6830	184.41
5	4,700	470	282	0.6209	175.03
6	4,900	490	294	0.5645	165.96
7	5,000	500	300	0.5132	156.96
8	5,150	515	309	0.4665	144.15
9	5,400	540	324	0.4241	137.41
10	5,600	560	336	0.3856	129.56
11	5,800	580	348	0.3505	121.97
12	6,000	600	360	0.3186	114.70
13	6,300	630	378	0.2897	109.51
14	6,500	650	390	0.2633	102.69
현재 가치의 합계					1,590.70

EXERCISE 연습문제

01 기술예측의 네 가지 요소를 서술하라.

02 정성적 기술예측은 어떤 경우에 하는 것이 좋은지 생각해 보고, 전문가 기반의 정성적 예측방법에는 어떤 것들이 있는지를 제시하라.

03 정량적 기술예측에서는 주로 추세분석을 한다. 추세분석에 사용되는 여러 모형의 내용과 원리를 설명하라.

04 일반적으로 기술성능의 진보 추세가 S-curve(sigmoid) 형태로 나타나는 이유를 설명하라.

05 기술진보의 성장곡선이 S자 모형으로 나타난다는 사실의 의미와 이유를 설명하라.

06 기술예측과 확산을 분석하기 위한 수리적 모형 중 다음 모형식을 쓰고, 수식의 의미를 설명하라.

(1) 기술예측을 위한 로지스틱 모형
(2) 기술확산 분석을 위한 로지스틱 모형
(3) 기술예측을 위한 선형 모형과 지수 모형
(4) 기술확산 분석을 위한 Bass 모형

07 기술기획 도구로서, 기술로드맵(TRM)의 기본구조, 용도와 장점에 대해 설명하라.

08 기술의 확산과정에서 신기술을 수용하는 고객집단을 다섯 개의 그룹으로 나누고, 각 그룹의 특성에 대해 설명하라.

09 기술확산은 '커뮤니케이션 채널'을 통해 이루어진다는 가정을 토대로 하고 있다. 두 가지의 커뮤니케이션 채널을 제시하고 각 채널의 차이를 설명하라.

10 지적재산권의 분류체계를 제시하라.

11 다음 두 가지 지적재산권의 차이와 장단점을 설명하라.

(1) 특허와 실용신안
(2) 특허와 영업비밀

⑫ 특허지도의 세 가지 분류 형태에 대하여 형태의 용도가 무엇인지 설명하라.

⑬ 특허문서와 비교한 특허지도의 장점을 설명하고 실질적 용도를 제시하라.

⑭ 기술의 가치를 산정하는 기준과 방법에는 비용접근법, 시장접근법, 수익접근법이 있다. 각 방법의 기준과 장단점을 서술하라.

⑮ A전자는 2004년 개발한 기술을 바탕으로 다음 표와 같은 재무성과를 예상하고 있다. 초과이익에 대한 기술 기여도는 20%라고 하며 이자율은 5%라고 할 때 A 전자가 개발한 기술의 가치를 평가하라. 자본 비용은 전액 기술 개발에 투자하였으며 감가상각비의 절감도 100% 기술개발의 결과이다.

(단위 : 억만 원)

연도	매출액	생산 비용	법인세	자본 비용	감가상각비 절세효과
2005	18	12	2	1	0
2006	31	19	7	1.5	1.5
2007	52	26	13	2	2

⑯ S기업에서는 새로운 LCD 백 라이트(back light) 기술의 개발 결과, 첫해 10억 원의 매출 이후 향후 10년간 매년 전년도 대비 10억 원씩 추가적인 매출을 예상하고 있다. 기술의 기여도가 15%이며 법인세율은 10%이다. 할인율이 5%일 때 수익접근법을 이용하여 이 기술의 가치를 구하라.

Appendix

부록

1. 표준정규분포표

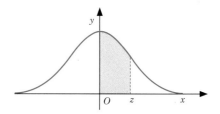

	0.00	0.01	0.02	0.03	0.04	0.05	0.06	0.07	0.08	0.09
0.0	.0000	.0040	.0080	.0120	.0160	.0199	.0239	.0279	.0319	.0359
0.1	.0398	.0438	.0478	.0517	.0557	.0596	.0636	.0675	.0714	.0753
0.2	.0793	.0832	.0871	.0910	.0948	.0987	.1026	.1064	.1103	.1141
0.3	.1179	.1217	.1255	.1293	.1331	.1368	.1406	.1443	.1480	.1517
0.4	.1554	.1591	.1628	.1664	.1700	.1736	.1772	.1808	.1844	.1879
0.5	.1915	.1950	.1985	.2019	.2053	.2088	.2123	.2157	.2190	.2224
0.6	.2257	.2291	.2324	.2357	.2389	.2422	.2454	.2486	.2518	.2549
0.7	.2580	.2611	.2642	.2673	.2704	.2734	.2764	.2794	.2823	.2852
0.8	.2881	.2910	.2939	.2967	.2995	.3023	.3051	.3078	.3016	.3133
0.9	.3159	.3186	.3212	.3238	.3264	.3289	.3315	.3340	.3365	.3389
1.0	.3413	.3438	.3461	.3485	.3508	.3531	.3554	.3577	.3599	.3621
1.1	.3643	.3665	.3686	.3708	.3729	.3749	.3770	.3790	.3810	.3830
1.2	.3849	.3869	.3888	.3907	.3925	.3944	.3962	.3980	.3997	.4015
1.3	.4032	.4049	.4066	.4082	.4099	.4115	.4131	.4147	.4162	.4177
1.4	.4192	.4207	.4222	.4236	.4251	.4265	.4279	.4292	.4306	.4319
1.5	.4332	.4345	.4357	.4370	.4382	.4394	.4406	.4418	.4429	.4441
1.6	.4452	.4463	.4474	.4484	.4495	.4505	.4515	.4525	.4535	.4545
1.7	.4554	.4564	.4573	.4582	.4591	.4599	.4608	.4616	.4625	.4633
1.8	.4641	.4649	.4656	.4664	.4671	.4678	.4686	.4693	.4699	.4706
1.9	.4713	.4719	.4726	.4732	.4738	.4744	.4750	.4756	.4761	.4767
2.0	.4772	.4778	.4783	.4788	.4793	.4798	.4803	.4808	.4812	.4817
2.1	.4821	.4826	.4830	.4834	.4838	.4842	.4846	.4850	.4854	.4857
2.2	.4861	.4864	.4868	.4871	.4875	.4878	.4881	.4884	.4887	.4890
2.3	.4893	.4896	.4898	.4901	.4904	.4906	.4909	.4911	.4913	.4916
2.4	.4918	.4920	.4922	.4925	.4927	.4929	.4931	.4932	.4934	.4936
2.5	.4938	.4940	.4941	.4943	.4945	.4946	.4948	.4949	.4951	.4952
2.6	.4953	.4955	.4956	.4657	.4959	.4960	.4961	.4962	.4963	.4964
2.7	.4965	.4966	.4967	.4968	.4969	.4970	.4971	.4972	.4973	.4974
2.8	.4974	.4975	.4976	.4977	.4977	.4978	.4979	.4980	.4980	.4981
2.9	.4981	.4982	.4983	.4983	.4984	.4984	.4985	.4985	.4986	.4986
3.0	.4987	.4987	.4987	.4988	.4988	.4989	.4989	.4989	.4990	.4990
3.1	.4990	.4991	.4991	.4991	.4992	.4992	.4992	.4992	.4993	.4993
3.2	.4993	.4993	.4994	.4994	.4994	.4994	.4994	.4995	.4995	.4995
3.3	.4995	.4995	.4996	.4996	.4996	.4996	.4996	.4996	.4996	.4997
3.4	.4997	.4997	.4997	.4997	.4997	.4997	.4997	.4997	.4997	.4998

2. 누적표준정규분포표

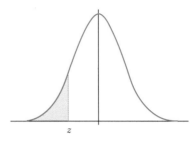

z	0.00	0.01	0.02	0.03	0.04	0.05	0.06	0.07	0.08	0.09
−3.4	0.0003	0.0003	0.0003	0.0003	0.0003	0.0003	0.0003	0.0003	0.0003	0.0002
−3.3	0.0005	0.0005	0.0005	0.0004	0.0004	0.0004	0.0004	0.0004	0.0004	0.0003
−3.2	0.0007	0.0007	0.0006	0.0006	0.0006	0.0006	0.0006	0.0005	0.0005	0.0005
−3.1	0.0010	0.0009	0.0009	0.0009	0.0008	0.0008	0.0008	0.0008	0.0007	0.0007
−3.0	0.0013	0.0013	0.0013	0.0012	0.0012	0.0011	0.0011	0.0011	0.0010	0.0010
−2.9	0.0019	0.0018	0.0018	0.0017	0.0016	0.0016	0.0015	0.0015	0.0014	0.0014
−2.8	0.0026	0.0025	0.0024	0.0023	0.0023	0.0022	0.0021	0.0021	0.0020	0.0019
−2.7	0.0035	0.0034	0.0033	0.0032	0.0031	0.0030	0.0029	0.0028	0.0027	0.0026
−2.6	0.0047	0.0045	0.0044	0.0043	0.0041	0.0040	0.0039	0.0038	0.0037	0.0036
−2.5	0.0062	0.0060	0.0059	0.0057	0.0055	0.0054	0.0052	0.0051	0.0049	0.0048
−2.4	0.0082	0.0080	0.0078	0.0075	0.0073	0.0071	0.0069	0.0068	0.0066	0.0064
−2.3	0.0107	0.0104	0.0102	0.0099	0.0096	0.0094	0.0091	0.0089	0.0087	0.0084
−2.2	0.0139	0.0136	0.0132	0.0129	0.0125	0.0122	0.0119	0.0116	0.0113	0.0110
−2.1	0.0179	0.0174	0.0170	0.0166	0.0162	0.0158	0.0154	0.0150	0.0146	0.0143
−2.0	0.0228	0.0222	0.0217	0.0212	0.0207	0.0202	0.0197	0.0192	0.0188	0.0183
−1.9	0.0287	0.0281	0.0274	0.0268	0.0262	0.0256	0.0250	0.0244	0.0239	0.0233
−1.8	0.0359	0.0351	0.0344	0.0336	0.0329	0.0322	0.0314	0.0307	0.0301	0.0294
−1.7	0.0446	0.0436	0.0427	0.0418	0.0409	0.0401	0.0392	0.0384	0.0375	0.0367
−1.6	0.0548	0.0537	0.0526	0.0516	0.0505	0.0495	0.0485	0.0475	0.0465	0.0455
−1.5	0.0668	0.0655	0.0643	0.0630	0.0618	0.0606	0.0594	0.0582	0.0571	0.0559
−1.4	0.0808	0.0793	0.0778	0.0764	0.0749	0.0735	0.0721	0.0708	0.0694	0.0681
−1.3	0.0968	0.0951	0.0934	0.0918	0.0901	0.0885	0.0869	0.0853	0.0838	0.0823
−1.2	0.1151	0.1131	0.1112	0.1093	0.1075	0.1056	0.1038	0.1020	0.1003	0.0985
−1.1	0.1357	0.1335	0.1314	0.1292	0.1271	0.1251	0.1230	0.1210	0.1190	0.1170
−1.0	0.1587	0.1562	0.1539	0.1515	0.1492	0.1469	0.1446	0.1423	0.1401	0.1379
−0.9	0.1841	0.1814	0.1788	0.1762	0.1736	0.1711	0.1685	0.1660	0.1635	0.1611
−0.8	0.2119	0.2090	0.2061	0.2033	0.2005	0.1977	0.1949	0.1922	0.1894	0.1867
−0.7	0.2420	0.2389	0.2358	0.2327	0.2296	0.2266	0.2236	0.2206	0.2177	0.2148
−0.6	0.2743	0.2709	0.2676	0.2643	0.2611	0.2578	0.2546	0.2514	0.2483	0.2451
−0.5	0.3085	0.3050	0.3015	0.2981	0.2946	0.2912	0.2877	0.2843	0.2810	0.2776
−0.4	0.3446	0.3409	0.3372	0.3336	0.3300	0.3264	0.3228	0.3192	0.3156	0.3121
−0.3	0.3821	0.3783	0.3745	0.3707	0.3669	0.3632	0.3594	0.3557	0.3520	0.3483
−0.2	0.4207	0.4168	0.4129	0.4090	0.4052	0.4013	0.3974	0.3936	0.3897	0.3859
−0.1	0.4602	0.4562	0.4522	0.4483	0.4443	0.4404	0.4364	0.4325	0.4286	0.4247
0.0	0.5000	0.4960	0.4920	0.4880	0.4840	0.4801	0.4761	0.4721	0.4681	0.4641

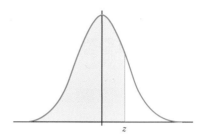

z	0.00	0.01	0.02	0.03	0.04	0.05	0.06	0.07	0.08	0.09
0.0	0.5000	0.5040	0.5080	0.5120	0.5160	0.5199	0.5239	0.5279	0.5319	0.5359
0.1	0.5398	0.5438	0.5478	0.5517	0.5557	0.5596	0.5636	0.5675	0.5714	0.5753
0.2	0.5793	0.5832	0.5871	0.5910	0.5948	0.5987	0.6026	0.6064	0.6103	0.6141
0.3	0.6179	0.6217	0.6255	0.6293	0.6331	0.6368	0.6406	0.6443	0.6480	0.6517
0.4	0.6554	0.6591	0.6628	0.6664	0.6700	0.6736	0.6772	0.6808	0.6844	0.6879
0.5	0.6915	0.6950	0.6985	0.7019	0.7054	0.7088	0.7123	0.7157	0.7190	0.7224
0.6	0.7257	0.7291	0.7324	0.7357	0.7389	0.7422	0.7454	0.7486	0.7517	0.7549
0.7	0.7580	0.7611	0.7642	0.7673	0.7704	0.7734	0.7764	0.7794	0.7823	0.7852
0.8	0.7881	0.7910	0.7939	0.7967	0.7995	0.8023	0.8051	0.8078	0.8106	0.8133
0.9	0.8159	0.8186	0.8212	0.8238	0.8264	0.8289	0.8315	0.8340	0.8365	0.8389
1.0	0.8413	0.8438	0.8461	0.8485	0.8508	0.8531	0.8554	0.8577	0.8599	0.8621
1.1	0.8643	0.8665	0.8686	0.8708	0.8729	0.8749	0.8770	0.8790	0.8810	0.8830
1.2	0.8849	0.8869	0.8888	0.8907	0.8925	0.8944	0.8962	0.8980	0.8997	0.9015
1.3	0.9032	0.9049	0.9066	0.9082	0.9099	0.9115	0.9131	0.9147	0.9162	0.9177
1.4	0.9192	0.9207	0.9222	0.9236	0.9251	0.9265	0.9279	0.9292	0.9306	0.9319
1.5	0.9332	0.9345	0.9357	0.9370	0.9382	0.9394	0.9406	0.9418	0.9429	0.9441
1.6	0.9452	0.9463	0.9474	0.9484	0.9495	0.9505	0.9515	0.9525	0.9535	0.9545
1.7	0.9554	0.9564	0.9573	0.9582	0.9591	0.9599	0.9608	0.9616	0.9625	0.9633
1.8	0.9641	0.9649	0.9656	0.9664	0.9671	0.9678	0.9686	0.9693	0.9699	0.9706
1.9	0.9713	0.9719	0.9726	0.9732	0.9738	0.9744	0.9750	0.9756	0.9761	0.9767
2.0	0.9772	0.9778	0.9783	0.9788	0.9793	0.9798	0.9803	0.9808	0.9812	0.9817
2.1	0.9821	0.9826	0.9830	0.9834	0.9838	0.9842	0.9846	0.9850	0.9854	0.9857
2.2	0.9861	0.9864	0.9868	0.9871	0.9875	0.9878	0.9881	0.9884	0.9887	0.9890
2.3	0.9893	0.9896	0.9898	0.9901	0.9904	0.9906	0.9909	0.9911	0.9913	0.9916
2.4	0.9918	0.9920	0.9922	0.9925	0.9927	0.9929	0.9931	0.9932	0.9934	0.9936
2.5	0.9938	0.9940	0.9941	0.9943	0.9945	0.9946	0.9948	0.9949	0.9951	0.9952
2.6	0.9953	0.9955	0.9956	0.9957	0.9959	0.9960	0.9961	0.9962	0.9963	0.9964
2.7	0.9965	0.9966	0.9967	0.9968	0.9969	0.9970	0.9971	0.9972	0.9973	0.9974
2.8	0.9974	0.9975	0.9976	0.9977	0.9977	0.9978	0.9979	0.9979	0.9980	0.9981
2.9	0.9981	0.9982	0.9982	0.9983	0.9984	0.9984	0.9985	0.9985	0.9986	0.9986
3.0	0.9987	0.9987	0.9987	0.9988	0.9988	0.9989	0.9989	0.9989	0.9990	0.9990
3.1	0.9990	0.9991	0.9991	0.9991	0.9992	0.9992	0.9992	0.9992	0.9993	0.9993
3.2	0.9993	0.9993	0.9994	0.9994	0.9994	0.9994	0.9994	0.9995	0.9995	0.9995
3.3	0.9995	0.9995	0.9995	0.9996	0.9996	0.9996	0.9996	0.9996	0.9996	0.9997
3.4	0.9997	0.9997	0.9997	0.9997	0.9997	0.9997	0.9997	0.9997	0.9997	0.9998

3. 현가계수표

$$현가이자요소(n, i) = \frac{1}{(1+i)^n} = (1+i)^{-n}$$

기간(n)	2%	2½%	3%	4%	5%	6%
1	.98039	.97561	.97087	.96154	.95238	.94340
2	.96117	.95181	.94260	.92456	.90703	.89000
3	.94232	.92860	.91514	.88900	.86384	.83962
4	.92385	.90595	.88849	.85480	.82270	.79209
5	.90573	.88385	.86261	.82193	.78353	.74726
6	.88797	.86230	.83748	.79031	.74622	.70496
7	.87056	.84127	.81309	.75992	.71068	.66506
8	.85349	.82075	.78941	.73069	.67684	.62741
9	.83676	.80073	.76642	.70259	.64461	.59190
10	.82035	.78120	.74409	.67556	.61391	.55839
11	.80426	.76214	.72242	.64958	.58468	.52679
12	.78849	.74356	.70138	.62460	.55684	.49697
13	.77303	.72542	.68095	.60057	.53032	.46884
14	.75788	.70773	.66112	.57748	.50507	.44230
15	.74301	.69047	.64186	.55526	.48102	.41727
16	.72845	.67362	.62317	.53391	.45811	.39365
17	.71416	.65720	.60502	.51337	.43630	.37136
18	.70016	.64117	.58739	.49363	.41552	.35034
19	.68643	.62553	.57029	.47464	.39573	.33051
20	.67297	.61027	.55368	.45639	.37689	.31180
21	.65978	.59539	.53755	.43883	.35894	.29416
22	.64684	.58086	.52189	.42196	.34185	.27751
23	.63416	.56670	.50669	.40573	.32557	.26180
24	.62172	.55288	.49193	.39012	.31007	.24698
25	.60953	.53939	.47761	.37512	.29530	.23300
26	.59758	.52623	.46369	.36069	.28124	.21981
27	.58586	.51340	.45019	.34682	.26785	.20737
28	.57437	.50088	.43708	.33348	.25509	.19563
29	.56311	.48866	.42435	.32065	.24295	.18456
30	.55207	.47674	.41199	.30832	.23138	.17411
31	.54125	.46511	.39999	.29646	.22036	.16425
32	.53063	.45377	.38834	.28506	.20987	.15496
33	.52023	.44270	.37703	.27409	.19987	.14619
34	.51003	.43191	.36604	.26355	.19035	.13791
35	.50003	.42137	.35538	.25342	.18129	.13011
36	.49022	.41109	.34503	.24367	.17266	.12274
37	.48061	.40107	.33498	.23430	.16444	.11579
38	.47119	.39128	.32523	.22529	.15661	.10924
39	.46195	.38174	.31575	.21662	.14915	.10306
40	.45289	.37243	.30656	.20829	.14205	.09722

기간(n)	8%	9%	10%	11%	12%	15%
1	.92593	.91743	.90909	.90090	.89286	.86957
2	.85734	.84168	.82645	.81162	.79719	.75614
3	.79383	.77218	.75132	.73119	.71178	.65752
4	.73503	.70843	.68301	.65873	.63552	.57175
5	.68058	.64993	.62092	.59345	.56743	.49718
6	.63017	.59627	.56447	.53464	.50663	.43233
7	.58349	.54703	.51316	.48166	.45235	.37594
8	.54027	.50187	.46651	.43393	.40388	.32690
9	.50025	.46043	.42410	.39092	.36061	.28426
10	.46319	.42241	.38554	.35218	.32197	.24719
11	.42888	.38753	.35049	.31728	.28748	.21494
12	.39711	.35554	.31863	.28584	.25668	.18691
13	.36770	.32618	.28966	.25751	.22917	.16253
14	.34046	.29925	.26333	.23199	.20462	.14133
15	.31524	.27454	.23939	.20900	.18270	.12289
16	.29189	.25187	.21763	.18829	.16312	.10687
17	.27027	.23107	.19785	.16963	.14564	.09293
18	.25025	.21199	.17986	.15282	.13004	.08081
19	.23171	.19449	.16351	.13768	.11611	.07027
20	.21455	.17843	.14864	.12403	.10367	.06110
21	.19866	.16370	.13513	.11174	.09256	.05313
22	.18394	.15018	.12285	.10067	.08264	.04620
23	.17032	.13778	.11168	.09069	.07379	.04017
24	.15770	.12641	.10153	.08170	.06588	.03493
25	.14602	.11597	.09230	.07361	.05882	.03038
26	.13520	.10639	.08391	.06631	.05252	.02642
27	12519	.09761	.07628	.05974	.04689	.02297
28	.11591	.08955	.06934	.05382	.04187	.01997
29	.10733	.08216	.06304	.04849	.03738	.01737
30	.09938	.07537	.05731	.04368	.03338	.01510
31	.09202	.06915	.05210	.03935	.02980	.01313
32	.08520	.06344	.04736	.03545	.02661	.01142
33	.07889	.05820	.04306	.03194	.02376	.00993
34	.07305	.05340	.03914	.02878	.02121	.00864
35	.06763	.04899	.03558	.02592	.01894	.00751
36	.06262	.04494	.03235	.02335	.01691	.00653
37	.05799	.04123	.02941	.02104	.01510	.00568
38	.05369	.03783	.02674	.01896	.01348	.00494
39	.04971	.03470	.02430	.01708	.01204	.00429
40	.04603	.03184	.02210	.01538	.01705	.00373

참고문헌 Reference

국내 문헌

강석호, 산업경영공학, 박영사, 2007.

고시근 외, 산업경영공학개론, 청람, 2014.

고일상, 안병혁, 이재정, 이종호, 정경수, 최무진, 한영춘, 스마트시대의 정보시스템, 이프레스, 2014.

김성철, (디지털시대의) 생산운영관리, 시그마프레스, 2004.

김상훈, 하이테크 마케팅, 박영사, 2004.

김형수, 김영걸, 고객관계관리 전략 원리와 응용, 영, 2014.

김홍재, 인간공학개론, 청목출판사, 2001.

남상오, 회계원리, 다산출판사, 1997.

노경호, 함호종, e-비즈니스 시대의 경영정보시스템의 이해, Global, 2014.

노형진, Excel을 이용한 품질경영, 학현사, 2011.

문기주, 산업 시뮬레이션, 생능출판사, 1994.

문일경, 김병수, 김훈태, 서용원, 이철웅, 정병도, 생산 및 운영관리, 생능출판사, 2016.

박성현, 박영현, 통계적 품질관리, 민영사, 제4판, 2013.

박용태, 공학도와 경영마인드, 생능출판사, 2013.

박용태, 공학도를 위한 기술과 경영, 생능출판사, 2012.

박용태, 기술지식 경영, 생능출판사, 2014.

박용태, 산업경영공학, 생능출판사, 2015.

박용태, 서비스공학, 생능출판사, 2012.

박용태, 금영정, 데이터 통계학: 이론과 응용, 생능출판사, 2019.

박정식, 현대재무관리, 다산출판사, 1991.

송상엽, 오경수, 원가·관리회계, 등용문출판사, 1995.

안성진, Minitab을 이용한 통계적 품질관리, 자유아카데미, 2012.

윤명환, 박우진, 박태준, 반상우, 사용자 중심 디자인을 위한 인간공학, 생능출판사, 2021.

이명환, 시스템경영. 1.총론편, 21세기북스, 2007.

이순룡, 현대품질경영, 법문사, 제2판, 2012.

정병용, 이동경, 현대인간공학, 민영사, 2014.

정영배, 염경철, 개정된 KSQ, ISO 규격이 적용된 통계적 품질관리, 성안당, 제2판, 2012.

조동성, 21세기를 위한 경영학, 서울경제경영, 2004.

조순, 정운찬, 경제학 원론, 법문사, 1993.

한상찬, 산업공학개론, 형설출판사, 2014.

홍성필, 경영과학, 율곡출판사, 2014.

국외 문헌

Alderfer, C., An Empirical Test of a New Theory of Human Needs, *Organizational Behavior and Human Performance*, 4, 1969.

Askin R. and Goldberg, J., Design and Analysis of Lean Production System, Wiley, 2002.

Babbage C., On the Economy of Machinery and Manufactures, Charles Knight, 1835.

Badiru, A. (eds), Handbook of Industrial and Systems Engineering, CRC Press, 2014.

Baker, K., Scheduling: Theory, Algorithms, and Systems, Prentice-Hall, 2001.

Banks, J. and Carson, J., Discrete Event System Simulation, Prentice-Hall, 1984.

Bass, F., A New Product Growth Model for Consumer Durables, *Management Science, 15*(5), 1969.

Blake, R. and Mouton, J., The Managerial Grid, Gulf Publishing Company, 1964.

Blake, R. and Mouton, J., The Managerial Grid, Gulf, 1964.

Blanchard B. S. and Fabrycky W. J., System Engineering and Analysis, Prentice-Hall, 1990.

Boer, P., The Valuation of Technology, Jon Wiley and Sons, 1999.

Box, G., Hurnter, W. and Hunter, J., Statistics for Experimenters, John Wiley and Sons, 1978.

Broom, V., Work and Motivation, Wiley, 1964.

Brown, R., Smoothing, Forecasting, and Predicting of Discrete Time Series, Prentice-Hall, 1963.

Buffa, E., Modern Production/Operations Management, Wiley, 1980.

Buzacott, J. and Shanthikumar, J., Stochastic Models of Manufacturing Systems, Prentice Hall, 1993.

Chase, R. B., Where Does the Customer Fit in a Service Operation?, *Harvard Business Review, 56*(6), 1978.

Chase, R. B., The Customer Contact Approach to Services: Theoretical Bases and Practical Extensions, Operation Research, 21, 1981.

Chase, R. and Aquilano, N., 'Production and Operations Management: A Life Cycle Approach', Irwin, 1989.

Clark, C., The Conditions of Economic Progress, Macmillan and Co Ltd, 1951.

Clark, K. and Wheelwright, S., The Product Development Challenge, Harvard Business Review Book, 1994.

Cooper, R., Winning at New Products, Addison−Wesley Publishing, 1993.

Dantzig, G., Linear Programming and Extensions, Princeton University Press, 1963.

Davis, M. and Heineke, J., Operations Management, McGraw−Hill, 2005.

Deming, W., Sample Design in Business Research, Wiley, 1960.

Drucker, P., The Post Capitalist Society, Harper Collins, 1993.

Duncan, A., Quality Control and Industrial Statistics, Irwin, 1959.

Emerson, H. and Naehring, D., Origins of Industrial Engineering, IE&M Press, 1988.

Fabrycky, W. and Theusin, G., Economic Decision Analysis, Prentice−Hall, 1974.

Fayol, H., General and Industrial Management, Pitman & Sons, 1949.

Fiedler, F., A Theory of Leadership Effectiveness, McGraw Hill, 1967.

Hersey, P. and Blanchard, K., Managing Organizational Behavior, Prentice−Hall, 1984.

Fitzsimmons, J. and Fitzsimmons, M., Service Management: Operations, Strategy, and Information Technology, McGraw−Hill, 1998.

Groover, M., Automation, Production Systems, and Computer−Aided Manufacturing, Prentice Hall, 2001.

Gross, D. and Harris, C.M., Fundamentals of Queuing Theory, Wiley, 1985.

Hadley, G. and Whitin, T., Analysis of Inventory System, Prentice−Hall, 1963.

Harvey, J., Service Quality: A Tutorial, *Journal of Operations Management, 16*(5), 1998.

Hayes, R. and Wheelwright, S., Restoring Our Competitive Edge: Competing through Manufacturing, John Wiley & Sons, 1984.

Hax, A. and Majluf, N., Strategic Management: An Integrative Perspective, Prentice−Hall, 1984.

Hayes, R. and Wheelwright, S., Link Manufacturing Process and Product Life Cycles, *Harvard Business Review*, 1979.

Hayter, A., 'Probability and Statistics', Duxbury, 2002.

Herzberg, F., One More Time, How Do You Motivate Employees?, *Harvard Business Review*, Jan.–Feb., 1968.

Hillier, F. S. and Lieberman, G. J., Introduction to Operations Research, McGrawHill, 1995.

Hoffman, K. D. and Bateson, J. E. G., Essentials of Services Marketing, The Dryden Press, 1997.

Hoffmann, W., The Growth of Industrial Economies, Manchester University Press, 1958.

Holl, R., Zero Inventories, Dow Jones–Irwin, 1983.

Horngren, C., Introduction to Management Accounting, Prentice–Hall, 1984.

Hurwicz, L., Statistics, 335, 1951.

Janis, I. and Mann, L., Decision Making: A Psychological Analysis of Conflict, Choice, and Commitment, The Free Press, 1977.

Juran, J., Quality Control Handbook, McGraw–Hill, 1962.

Kaplan, R. and Norton, D., The Balanced Scorecard: Translating Strategy into Action, Harvard Business School Press.

Kotler, P. and Armstrong, G., Principle of Marketing, Prentice–Hall, 2001.

Krajewski, L. and Ritzman, L., Operations Management: Strategy and Analysis, Addison–Wesley, 1987.

Kuhn, T., The Structure of Scientific Revolution, University of Chicago Press, 1970.

Law, A. and Kelton, W., Simulation Modeling and Analysis, McGraw–Hill, 1982.

Lehmann, D., Market Research and Analysis, Irwin, 1989.

Leontief, W., The Structure of American Economy 1919–1939, Oxford University Press, 1951.

Locke, E., The Ubiquity of the Technique of Goal Setting Theory, *Behavior Science*, 11, 1966.

Levitt, T., Production–Line Approach to Services, *Harvard Business Review*, 50(5), 1972.

Lewin, K., Principles of Topological Psychology, McGraw–Hill, 1936.

Lovelock, C., Classifying Services to Gain Strategic Insights, Journal of Marketing, 47, 1983.

Lovelock, C., Services Marketing, Prentice–Hall, 1996.

Lovelock, C. and Yip, G., Developing Global Strategies for Service Strategies, *California Management Review*, 38(2), 1996.

Marakas, G. M. and O'Brien, J. A., Introduction to Information Systems, McGraw–Hill/Irwin, 2013.

Martino, J., Technological Forecasting and Decision Making, North–Holland, 1983.

Maslow, A., Motivation and Personality, Harper & Row, 1954.

Maynard, H., Industrial Engineering Handbook, McGraw—Hill, 1971.

McGregor, D., The Human Side of Enterprise, McGraw—Hill, 1960.

Metters, R. D., King—Metters, K.H. and Pullman, M., Successful Service Operations Management, Thomson, 2002.

Miller, D. and Schmidt, J., Industrial Engineering and Operations Research, John Wiley & Sons, 1990.

Miller, G., The Magical Number Seven, plus or minus Two: Some Limits on Our Capacity for Processing Information.

Miller, W. and Morris, L., 4th Generation R&D: Managing Knowledge, Technology, and Innovation, John Wiley & Sons, 1999.

Moore, G., Crossing the Chasm, Harper Business, 1991.

Muther, R., Systematic Layout Planning, 2nd ed., Cahners Books, 1973.

Myers, P., Knowledge Management and Organizational Design, Butterworth Heinemann, 1996.

Myers, B., Principles of Corporate Finance, McGraw Hill, 2003.

Nickels, W. et al., Understanding Business, McGraw Hill, 2009.

Niebel, B., Motion and Time Study, Irwin, 1976.

OECD, Technology and the Economy: The Key Relationships, 1992.

OECD, The Knowledge—based Economy, 1996.

OECD, The Service Economy, 2000.

Ohno, T., The Toyota Production System: Beyond Large Scale Production, Productivity Press, 1988.

Pappas, J., Brigham, E. and Hirschey, M., Managerial Economics, Dryden Press, 1983.

Parasuraman, A., Zeithaml, V. A. and Berry, L. L., SERVQUAL: A Multiple—item Scale for Measuring Consumer Perceptions of Service Quality, Journal of Retailing, 64(1), 1988.

Porter, M., Competitive Strategy, The Free Press, 1980.

Porter, M., How Competitive Forces Shape Strategy, Harvard Business Review, May 1979.

Rivett, P., Principles of Model Building, Wiley, 1972.

Rainer, R. K., Watson, H. J. and Prince, B., Management Information Systems, Wiley Publishing 2013.

Rogers, E., Diffusion of Innovations, The Free Press, 1995.

Rosenberg, N., Inside the Black Box: Technology and Economics, Cambridge University Press, 1982.

Rosenberg, N., Exploring the Black Box, Cambridge University Press, 1994.

Saaty, T., The Analytic Hierarchy Procss: Planning, Priority Setting, Resource Allocation, McGraw—Hill, 1980.

Sanders, M. and McCormick, E., Human Factors in Engineering and Design, McGraw—Hill, 1994.

Sasser, E., Olsen, P. and Wyckoff, D., Management of Service Operations: Text, Cases, and Readings, Allyn and Bacon, 1978.

Savage, L., *Journal of American Statistical Association*, 46, 1951.

Schumenner, W., How Can Service Businesses Survive and Prosper?, Sloan Management Review, 28(3), 1986.

Schumpeter, J., Capitalism, Socialism and Democracy, Harper & Row, 1943.

Shannon, C., A Mathematical Theory of Communication. *The Bell System Technical Journal*, 27(1), 1948.

Shewhart, W., Economic Control of Quality of Manufactured Product, Van Nostrand, 1931.

Simon, H., The New Science of Management Decision, Harper & Row, 1977.

Sink, D. S., Productivity Management: Planning, Measurement and Evaluation, Control and Improvement, Wiley, 1985.

Slack, N., Chambers, S. and Johnston, R., Operations Management, Prentice—Hall, 2001.

Smith, A., The Wealth of Nations, Modern Library, 1937.

Souder, W., A Scoring Methodology for Assessing the Suitability of Management Science Model, *Management Science, 18*, 1972.

Spearman, M., Factory Physics, McGraw/Hill, 2000.

Stanton, N. et. al., Human Factors Methods; A Practical Guide for Engineering and Design, Ashgate Publishing, 2005.

Taha, H., Operations Research: An Introduction, Prentice—Hall, 1997.

Taylor, F., Scientific Management, Harper & Row, 1911.

Telsang, M., Industrial Engineering and Production Mangegement, S. Chand Technical, 2008.

Thuesen, G. and Fabrycky, W., Engineering Economy, Prentice—Hall, 1993.

Timmers, P., Business Models for Electronic Markets, Electronic Markets, 8(2), 1998.

Turban, E., Expert Systems and Applied Artificial Intelligence, Macmillan, 1992.

Turner, W., Mize, J., Case, K. and Nazemetz, J., Introduction to Industrial and Systems Engineering, Prentice—Hall, 1993.

Ulrich, K. and Eppinger, S., Product Design and Development, McGraw-Hill, 1995.

Urban, G. and Hauser, J., Design and Marketing of New Products, Prentice-Hall, 1993.

Vollman, T., Berry, W. and Whybark, D., Manufacturing Planning and Control Systems, Irwin, 1984.

Wagner, H., Principles of Operations Research, Prentice-Hall, 1969.

Wald, A., Statistical Decision Functions Which Minimize the Maximum Risk. *The Annals of Mathematics*, 46(2), 1945.

사이트

삼성안전환경연구소, http://www.greensamsung.com

안전보건공단, http://www.kosha.or.kr

통계청, http://www.nso.go.kr

한국은행, http://www.bok.or.kr

4assist, http://www.4assist.co.jp

Business Week, http://images.businessweek.com

FedEx, http://www.fedex.com

Fraunhofer IDM, Nanyang Technological Uninversity, http://www.fraunhofer.sg

Instantestore, http://ecommerce.instantestore.com

Mediacorp, http://www.eurocircuits.com

Morten Fjeld, Chalmers University of Technology, http://www.fjeld.ch/hci/

Pricerunner, http://www.pricerunner.co.uk

Rakuten, http://global.rakuten.com

RoperResources, http://www.RoperResources.com

Searchpp.com, http://www.searchpp.com

SpeckTech, http://www.specktech.com/MFTF

Wikipedia, http://www.wikipedia.org/

찾아보기 Index